Savoie Mont Blanc

Cofondateurs : Philippe GLOAGUEN et Michel DUVAL

Directeur de collection et auteur
Philippe GLOAGUEN

Rédacteurs en chef adjoints
Amanda KERAVEL
et Benoît LUCCHINI

Directrice de la coordination
Florence CHARMETANT

Directrice administrative
Bénédicte GLOAGUEN

Directeur du développement
Gavin's CLEMENTE-RUÏZ

Direction éditoriale
Catherine JULHE

Rédaction
Isabelle AL SUBAIHI
Mathilde de BOISGROLLIER
Thierry BROUARD
Marie BURIN des ROZIERS
Véronique de CHARDON
Fiona DEBRABANDER
Anne-Caroline DUMAS
Géraldine LEMAUF-BEAUVOIS
Olivier PAGE
Alain PALLIER
Anne POINSOT
André PONCELET

Conseiller à la rédaction
Pierre JOSSE

Administration
Carole BORDES
Éléonore FRIESS

2016/17

hachette

TABLE DES MATIÈRES

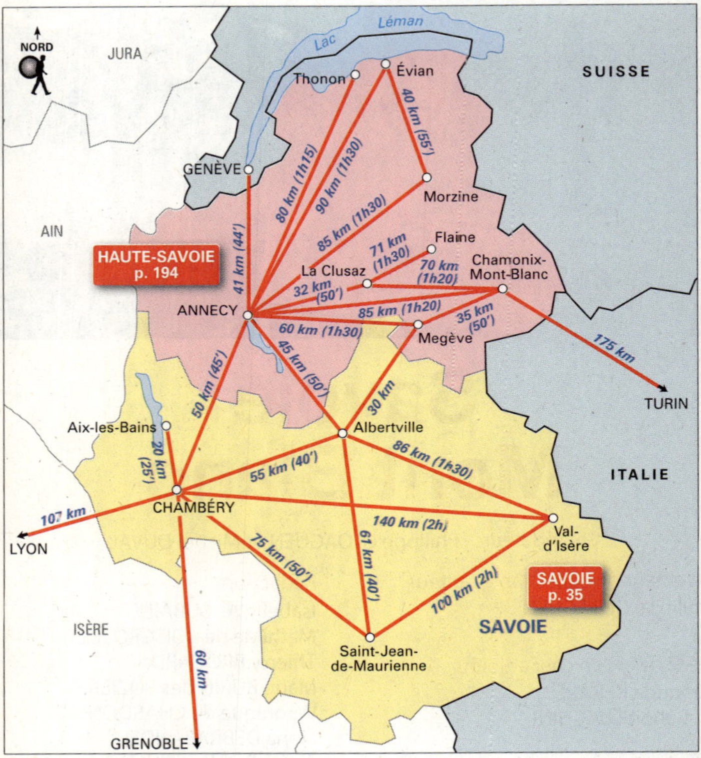

PRÉAMBULE

LA SAVOIE 35

Important : dernière minute

Sauf rare exception, le *Routard* bénéficie d'une parution annuelle à date fixe. Entre deux dates, des événements fortuits (formalités, taux de change, catastrophes naturelles, conditions d'accès aux sites, fermetures inopinées, etc.) peuvent modifier vos projets de voyage. Pour éviter les déconvenues, nous vous recommandons de consulter la rubrique « Guide » par pays de notre site *• routard.com •* et plus particulièrement les dernières ***Actus voyageurs.***

Recommandation à ceux qui souhaient profiter des réductions et avantages proposés dans le *Routard* par les hôteliers et les restaurateurs.

À l'hôtel, pensez à les demander au moment de la réservation ou, si vous n'avez pas réservé, **à l'arrivée.** Ils ne sont valables que pour les réservations en direct et ne sont pas cumulables avec d'autres offres promotionnelles (notamment sur Internet). Au restaurant, parlez-en **au moment** de la commande et surtout **avant** que l'addition soit établie. Poser votre *Routard* sur la table ne suffit pas : le personnel de salle n'est pas toujours au courant et une fois le ticket de caisse imprimé, il est souvent difficile de modifier le total. En cas de doute, montrez la notice relative à l'établissement dans le *Routard* de l'année et, bien sûr, ne manquez pas de nous faire part de toute difficulté rencontrée.

☎ **112 :** c'est le numéro d'urgence commun à la France et à tous les pays de l'UE, à composer en cas d'accident, agression ou détresse. Il permet de se faire localiser et aider en français, tout en améliorant les délais d'intervention des services de secours.

LA RÉDACTION DU ROUTARD

(sans oublier nos 50 enquêteurs, aussi sur le terrain)

© R. Delalande et E. Dessons

Thierry, Anne-Caroline, Éléonore, Olivier, Pierre, Benoît, Alain, Fiona, Gavin's, André, Véronique, Bénédicte, Jean-Sébastien, Mathilde, Amanda, Isabelle, Géraldine, Marie, Carole, Philippe, Florence, Anne.

La saga du *Routard* : en 1971, deux étudiants, Philippe et Michel, avaient une furieuse envie de découvrir le monde. De retour du Népal germe l'idée d'un guide différent qui regrouperait tuyaux malins et itinéraires sympas, destiné aux jeunes fauchés en quête de liberté. 1973. Après 19 refus d'éditeurs et la faillite de leur première maison d'édition, l'aventure commence vraiment avec Hachette. Aujourd'hui, le *Routard,* c'est plus d'une cinquantaine d'enquêteurs impliqués et sincères. Ils parcourent le monde toute l'année dans l'anonymat et s'acharnent à restituer leurs coups de cœur avec passion.

Merci à tous les Routards qui partagent nos convictions : liberté et indépendance d'esprit ; découverte et partage ; sincérité, tolérance et respect des autres.

NOS SPÉCIALISTES SAVOIE MONT BLANC

Amanda, Mathilde et Marie : quand l'une arpente les routes bretonnes en quête de la meilleure pâte à crêpes, l'autre explore le bocage normand à coups de gorgées de cidre, pendant que la troisième chausse les skis pour dégoter le meilleur refuge alpin. La curiosité, l'enthousiasme et la gourmandise sont leur meilleur sonar, que complètent deux décennies d'expérience à user leurs semelles sur les routes de l'Hexagone. Un trio complice et indépendant qui essaie, entre deux voyages, de garder la ligne.

François Chauvin : pour avoir, depuis tout môme, usé ses godasses au long des sentiers, de son massif du Jura natal à de lointains ailleurs, il se sent chez lui partout où la terre n'est pas plate. Mais se laisse également facilement emporter par les vibrations urbaines. D'ailleurs, ses études de journalisme, c'était d'abord pour écrire sur le rock.

UN GRAND MERCI À NOS AMI(E)S SUR PLACE

Pour cette nouvelle édition, nous remercions particulièrement :

- **Muriel Della Mea, Christelle Lacombe, Alice Ramus** et toute l'équipe de Savoie Mont Blanc Tourisme.
- **Gérard Charpin,** de l'office de tourisme de Chambéry.
- **Laurie Sauvignet,** de l'office de tourisme d'Aix-les-Bains.
- **Maryline Suret,** de l'office de tourisme de Peisey-Vallandry.

- **Géraldine Cousin,** de l'office de tourisme des Menuires/Saint-Martin-de-Belleville.
- **Isabelle Arbuz,** de l'office de tourisme de Saint-Sorlin-d'Arves.
- Les offices de tourisme du Bourget-du-Lac, de Pralognan-la-Vanoise, Champagny-en-Vanoise, Bonneval-sur-Arc, Séez, Valloire, Méribel, porte de Maurienne, haute Maurienne-Vanoise, Saint-Jean-de-Maurienne, Aussois, Les Entremonts-en-Chartreuse, Val-d'Isère, La Plagne, Bourg-Saint-Maurice/Les Arcs.
- **Patricia Meilleray,** de l'office de tourisme du lac d'Annecy.
- **Pascale Ducrot,** de l'office de tourisme de Châtel.
- **Nadine Chevalier,** de l'office de tourisme de Morzine.
- **Cécile Bouzard et Cécile Gruffat,** de l'office de tourisme de Chamonix.
- **Alexandra Savary,** de l'office de tourisme de Flaine.
- **Isabelle Cadoux,** de l'office de tourisme de Samoëns.
- Les offices de tourisme d'Évian, Thonon, Megève, La Clusaz, Manigod, Aiguebelette, Les Houches, Thônes, La Chapelle-d'Abondance, Les Contamines, Le Grand-Bornand, l'Albanais et Les Carroz-d'Arâches.
- Ainsi que l'ensemble des offices de tourisme qui nous apportent leur soutien, année après année. Impossible de tous les citer, mais qu'ils soient vivement remerciés !
- Enfin vous, chers lecteurs, pour votre abondant courrier, dans lequel nous trouvons foule d'infos, les bons plans, les moins bons – et des critiques qui nous permettent d'avancer. Allez roule, petit Routard, toujours plus loin, toujours plus haut, jusqu'au mont Blanc !

Pictogrammes du Routard

Établissements

- Hôtel, auberge, chambre d'hôtes
- Camping
- Restaurant
- Boulangerie, sandwicherie
- Glacier
- Café, salon de thé
- Café, bar
- Bar musical
- Club, boîte de nuit
- Salle de spectacle
- Office de tourisme
- Poste
- Boutique, magasin, marché
- Accès Internet
- Hôpital, urgences

Sites

- Plage
- Site de plongée
- Piste cyclable, parcours à vélo

Transports

- Aéroport
- Gare ferroviaire
- Gare routière, arrêt de bus
- Station de métro
- Station de tramway
- Parking
- Taxi
- Taxi collectif
- Bateau
- Bateau fluvial

Attraits et équipements

- Présente un intérêt touristique
- Recommandé pour les enfants
- Adapté aux personnes handicapées
- Ordinateur à disposition
- Connexion wifi
- Inscrit au Patrimoine mondial de l'Unesco

Tout au long de ce guide, découvrez toutes les photos de la destination sur • *routard.com* • Attention au coût de connexion à l'étranger, assurez-vous d'être en wifi !

Le *Routard* est imprimé sur un papier issu de forêts gérées.

I.S.B.N. 978-2-01-912470-0

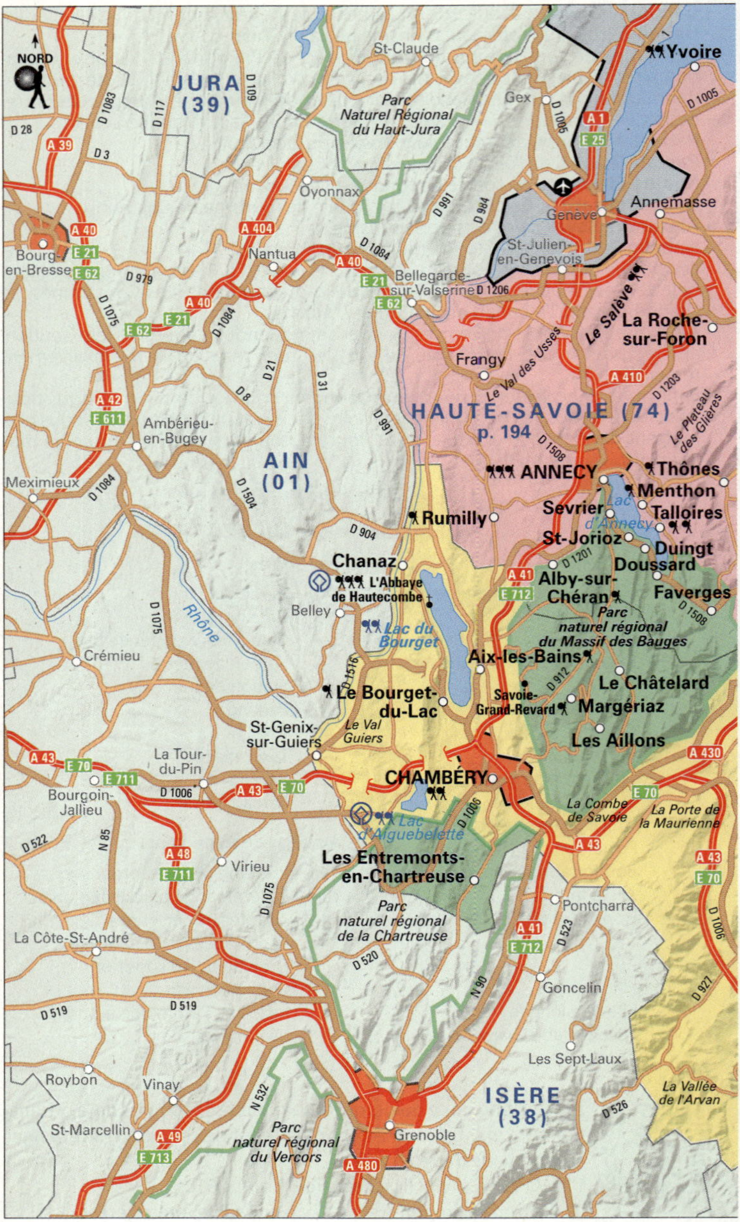
NORD
JURA (39)
St-Claude
Parc Naturel Régional du Haut-Jura
Yvoire
Gex
Oyonnax
Genève
Annemasse
St-Julien-en-Genevois
Bourg-en-Bresse
Nantua
Bellegarde-sur-Valserine
Le Salève
La Roche-sur-Foron
Frangy
Le Val des Usses
HAUTE-SAVOIE (74)
p. 194
Le Plateau des Glières
Ambérieu-en-Bugey
AIN (01)
Meximieux
ANNECY
Thônes
Menthon
Sevrier
Lac d'Annecy
Talloires
Rumilly
St-Jorioz
Duingt
Chanaz
Doussard
L'Abbaye de Hautecombe
Alby-sur-Chéran
Faverges
Belley
Lac du Bourget
Parc naturel régional du Massif des Bauges
Rhône
Crémieu
Aix-les-Bains
Le Bourget-du-Lac
Savoie-Grand-Revard
Le Châtelard
Margériaz
Les Aillons
St-Genix-sur-Guiers
Le Val Guiers
La Tour-du-Pin
CHAMBÉRY
Bourgoin-Jallieu
Lac d'Aiguebelette
La Combe de Savoie
La Porte de la Maurienne
Virieu
Les Entremonts-en-Chartreuse
Pontcharra
Parc naturel régional de la Chartreuse
La Côte-St-André
Goncelin
Les Sept-Laux
Roybon
Vinay
ISÈRE (38)
La Vallée de l'Arvan
St-Marcellin
Grenoble
Parc naturel régional du Vercors
A 39
A 40
A 404
A 42
A 41
A 410
A 43
A 430
A 48
A 49
A 480
A 1
E 25
E 21
E 62
E 611
E 712
E 70
E 711
E 713
D 1083
D 117
D 109
D 28
D 3
D 979
D 1075
D 1084
D 21
D 8
D 31
D 991
D 984
D 1005
D 1206
D 1203
D 1508
D 1504
D 904
D 1201
D 1516
D 912
D 1006
D 522
N 85
D 520
D 523
N 90
D 927
D 519
N 532
D 526

SAVOIE MONT BLANC

© Guziou Franck/hemis.fr
Le Lac d'Amour, à Beaufort

« La montagne, ça vous gagne », disait la publicité. Pour une fois, la pub disait vrai, la montagne, ça vous gagne vraiment ; ça vous élève près du ciel, avec les aigles et le soleil ; ça vous éblouit de glaciers, d'aiguilles, de monts roses et bleus de cristal ; ça vous écrase au creux des vallées, des défilés, des failles ; ça vous prend aux tripes, à la tête, quel vertige ! Il y a beaucoup plus de nature et de force qu'en plaine. Telle est la montagne.

Et les Alpes sont reines parmi les montagnes, toujours altières, vives, scintillantes. Le mont Blanc, fier sommet, rêve de rêveurs et d'alpinistes. Splendides parcs naturels – Bauges et Chartreuse – et un parc national (de la Vanoise), refuge de bouquetins, de chamois et d'une faune protégée. Et leurs perles, lacs d'altitude noirs ou turquoise, selon le ciel grand ouvert ou les berges en à-pic, lacs toujours solitaires et secrets. À gauche, à droite – ubac, adret –, des chalets d'estive, des montagnettes. Des bovins roux ou bruns, Tarine ou Abondance, des brebis claires, de longues prairies semées de couleurs.

Puis le village en hameaux épars, et les hommes, éleveurs, ébénistes, cultivateurs de parcelles difficiles, courtes et pentues. Secrets, économes, simples et naturels. Sachant le prix des saisons, sachant la force du relief et du ciel. De petites villes s'immiscent dans les vallées, se posent au bord des lacs – Annecy, Évian, Thonon, Aix-les-Bains –, s'accrochent aux pentes ou trouvent parfois une aire accueillante – Chambéry, ravie d'être là, hôte de la montagne. Néanmoins, d'autres aménagements ont été créés, parfois ex nihilo, et ont essaimé dans la montagne, à l'assaut des massifs. Des sites étonnants pour enfants, grands gamins qui s'amusent follement à dévaler les pistes. Les hommes, qui ne sont pas tous fous, et que la montagne éduque – la beauté ne se discute pas –, décident d'en prendre soin, de plus en plus. Ce sont les réserves et les parcs naturels, les stations-villages, les lacs sauvés de la pollution – la belle montagne, qui nous gagne, ça oui !

Artisan, vallée de la Maurienne

NOS COUPS DE CŒUR

1 Pousser les portes cochères du vieux Chambéry et découvrir un patrimoine secret et préservé.

À l'image de ses hôtels particuliers qui présentent des façades très étroites (pour payer moins d'impôts et parce que la ville, autrefois cernée de murailles, a dû grandir en hauteur !) derrière lesquelles se cachent des cours parfois somptueuses, Chambéry trompe son monde ! De fait, l'ancienne capitale des ducs de Savoie puis des rois de Piémont-Sardaigne est pleine de surprises : Ville d'art et d'histoire, elle offre à ses visiteurs un remarquable centre historique, activement mis en valeur et bien vivant. À explorer sans modération ! *p. 47*

***Bon à savoir :** à l'hôtel de Cordon, 71, rue Saint-Réal, infos sur les visites guidées de la ville via le CIAP.*

© Guiziou Franck/hemis.fr

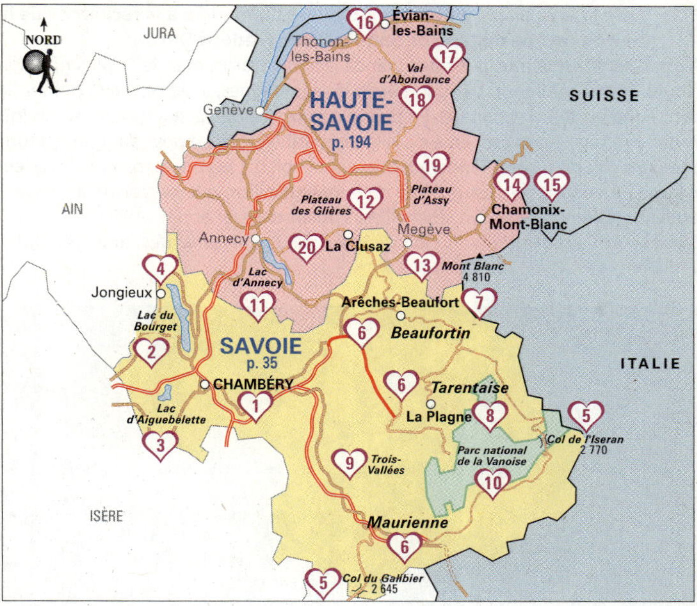

(2) **Au Bourget-du-Lac, grignoter en terrasse une friture de perchots du lac, accompagnée d'un petit verre de blanc de Savoie bien frais.**
Hier plus grand port du lac, Le Bourget est aujourd'hui une tranquille petite station touristique, fréquentée par les familles, où la randonnée et les sports nautiques sont à l'honneur. Les amoureux du plus grand lac naturel de France l'admirent à vélo, le long des pistes cyclables, à pied sur les sentiers de randonnée et depuis la route des Belvédères, à couper le souffle. Le village ne compte pas moins de quatre restaurants étoilés, ce qui lui vaut le label de Cité gourmande lacustre. *p. 60*
Bon à savoir : *itinéraire cyclable de 11 km entre la plage du Bourget et Aix-les-Bains, le long du lac.*

© Jacques Pierre/hemis.fr

3 **Faire le tour du lac d'Aiguebelette, loin du monde, à la recherche de la maison cachée du père de San-Antonio, Frédéric Dard.**

Aiguebelette est le plus petit des grands lacs savoyards, mais le 3e plus grand lac naturel français. Mignon dans son écrin de montagnes, avec ses deux petites îles dont l'une porte une chapelle. En pleine nature (les bateaux à moteur thermique y sont interdits), le lac est cerné de villages paisibles, où l'on peut s'adonner à toute une panoplie de sports : rando aquatique ou à pied, canyoning, parapente, pêche, aviron… À ce propos, c'est du côté de la base d'aviron que se trouve la villa dans laquelle Frédéric Dard écrivit ses meilleurs polars dans les années 1950-1960… *p. 54*

Bon à savoir : *la base internationale de Novalaise-Lac organise des stages d'initiation à l'aviron. • aviron-lac-aiguebelette.com •*

4 **Quitter le lac du Bourget pour partir dans le vignoble, du côté de Jongieux, et s'offrir une des bonnes tables du coin.**

Entre le lac du Bourget et le Rhône, autour de Jongieux, s'étend un vignoble dont les origines remontent au XIIIe s, et qui, outre les cépages savoyards habituels (gamay, mondeuse), donne la célèbre roussette-de-savoie cru marestel, un vin blanc AOC très fruité et racé. La petite route qui serpente de Monthoux à Jongieux, entre les vignes, vous mènera tout naturellement aux portes des vignerons prestigieux. *p. 59*

Bon à savoir : *liste des domaines sur* • *vindesavoie.net* •

5 **Franchir, mais pas nécessairement à vélo, ces cols mythiques du Tour de France : l'Iseran, le plus haut col européen, et le Galibier, l'un des plus spectaculaires et des plus préservés.**

Dans les montagnes de Savoie se sont écrites quelques-unes des grandes pages du Tour de France. De superbes routes en lacet grimpent vers des paysages sauvages, et le franchissement de ces cols mythiques donne, aujourd'hui encore, l'impression d'avoir arraché de haute lutte un droit de passage à la nature. *p. 103, 126*
Bon à savoir : *en général, route ouverte de fin mai à fin oct.*

© Hauser Patrice/hemis.fr

6 **S'émerveiller des splendeurs baroques que cache la moindre église ou chapelle du Beaufortain, de Maurienne ou de Tarentaise.**

Apparu en Savoie au XVIIe s, dans le courant de la Contre-Réforme, le baroque est la forme d'art religieux à laquelle il est impossible d'échapper dans les hautes vallées. Si les églises paraissent sobres à l'extérieur, tout se passe, en fait, à l'intérieur, dans leur chœur. Festival de volutes, d'angelots joufflus, déluge d'ors et de couleurs franches, le retable savoyard est conçu pour émerveiller le fidèle, comme une porte ouverte sur les beautés du paradis.

Bon à savoir : *un patrimoine à découvrir en suivant les « chemins du Baroque » en Savoie ; plus d'infos sur • fondation-facim.fr •*

7 **Après avoir fait le plein de beaufort, à Arêches-Beaufort, partir pique-niquer près du barrage de Roselend par une route superbe en lacets serrés.**

Dans le Beaufortain, quand les barrages ont noyé les alpages et que sont tombées les indemnités d'EDF, les paysans n'ont pas investi dans le béton mais dans le fromage ! En préférant la qualité à la quantité, ils ont ainsi réinstallé sur son trône le beaufort, ce « prince des gruyères » protégé par une AOP. On ne se lasse pas, l'été, de voir les alpages de Roselend encore fauchés à la main et ces bidons de lait au bord de la route, juste après la traite… *p. 181, 184*

Bon à savoir : *pour tout apprendre du beaufort et faire ses provisions, direction la coopérative, à Beaufort.*

8 **Racler la glace dans une descente de bobsleigh à La Plagne.**
Une piste unique en France, construite pour les J.O. d'Albertville de 1992 ! Les engins sont autoguidés et autofreinés pour le bob-raft (quatre par engin) ou la speed-luge (on est tout seul dans son bob…), ou bien conduits par un pilote professionnel pour le bob-racing (avec des pointes à 110 km/h !). C'est cher mais très impressionnant. *p. 151*
Bon à savoir : *taille minimale 1,30 m pour le bob-raft, 16 ans min pour la speed-luge.*

© Yoan Valat/epa/Corbis

9 **Se faire une orgie de ski sur le plus grand espace de ski au monde.**
Les Trois-Vallées, ce sont plus de 600 km de pistes qui relient les stations de Courchevel, Méribel, Les Menuires et Val Thorens. Aujourd'hui, ces stations huppées côtoient des villages pleins d'authenticité. Pourtant, autrefois, ces vallées étaient si difficiles d'accès que les comtes-archevêques de Moûtiers, dont les collecteurs d'impôts peinaient à grimper jusque-là, choisirent dès le Xe s d'exempter les habitants de la vallée des Allues. *p. 163*
Bon à savoir : *skier le samedi pour avoir 20 % de réduc et réserver son forfait sur Internet pour éviter de faire la queue.* • *les3vallees.com* •

© Jacques Pierre/hemis.fr

10 Aller observer une faune et une flore uniques dans le parc national de la Vanoise.

La Vanoise, premier parc naturel français (historiquement), est l'un des patrimoines naturels les mieux préservés d'Europe. Une faune incomparable : bouquetins, chamois, lièvres variables, aigles royaux, impressionnants gypaètes barbus (près de 3 m d'envergure) surnommés « casseurs d'os ». Flore tout aussi exceptionnelle : 1 200 espèces végétales qu'on appréciera en partie en se promenant le nez au ras des vastes alpages semés de chardons bleus. On peut aussi apercevoir la très rare linnée boréale sur les rochers moussus en sous-bois. Un patrimoine presque accessible à tous : de nombreuses vallées et des cols faciles à gravir traversent la Vanoise. *p. 35*

***Bon à savoir :** • parcnational-vanoise.fr •*

11 Au printemps, mener sa belle (son beau) en bateau sur le lac d'Annecy.
Un lac cerné par la montagne, mais aux eaux – les plus pures d'Europe – qui affichent environ 24 °C à la belle saison ! Avec ses quais croulant sous les fleurs, son entrelacs de canaux et de ruelles médiévales, Annecy a tout pour elle. Cette ville coquette et vivante est aussi terriblement séduisante. D'ailleurs, son centre historique est fort fréquenté en été. Cela dit, personne ne vous empêche de succomber à ses charmes au printemps ou à l'automne. *p. 195*
Bon à savoir : *privilégier les plages gratuites, comme celles des Marquisats ou Albigny.*

12 Randonner sur le plateau des Glières avec le souvenir de tout ce que l'on doit au sacrifice des maquisards.
À l'orée du massif des Aravis, un plateau comme suspendu à 1 450 m d'altitude, cloisonné par deux crêtes hérissées d'épicéas et de pins crochets. Est-ce l'immensité quasi sauvage ou l'empreinte de l'Histoire qui appelle au recueillement ? La visite permet de comprendre comment le plateau des Glières est « entré dans la légende de la Résistance ». *p. 243*
Bon à savoir : *l'accès le plus aisé se fait par la D 2 jusqu'à Thorens-Glières, fléché ensuite ; on peut aussi y grimper par Petit-Bornand-les-Glières.*

13 **Contempler le mont Blanc et la crème des plus hauts sommets des Alpes depuis les charmants villages de Combloux ou de Cordon.**
Profitons de ce spectacle grandiose, le souffle coupé par l'émotion esthétique devant ces 31 km de pics, de dents, d'aiguilles, d'arêtes, de glaciers. Plus de 10 sommets dépassant les 4 000 m, et 60 les 3 000 m, aux noms inscrits dans l'inconscient collectif : les Drus, les Grandes Jorasses… Et au sommet le plus haut d'Europe, le seul, l'unique mont Blanc, qu'on ne se lasse jamais d'admirer. *p. 256, 257*

14 Fondre d'émerveillement pour la mer de Glace et se piquer pour l'aiguille du Midi à Chamonix.

Les panoramas les plus fantastiques accessibles aux non-alpinistes, l'ivresse des sommets à portée de câble… Ici, la plus grosse concentration de téléphériques du monde met la haute montagne à la portée de tous, nous offrant l'accès à des paysages somptueux, toujours propres à frapper les imaginations. On accède à la mer de Glace par le fameux chemin de fer à crémaillère du Montenvers. p. 289, 290

Bon à savoir : réservation conseillée sur • compagniedumontblanc.com •

© Jon Arnold/hemis.fr

(15) **Se lancer au printemps dans l'inoubliable descente à skis tout au long des glaciers de la vallée Blanche.**

La légende du hors-piste de Chamonix, un itinéraire que tout skieur doit avoir fait au moins une fois dans sa vie : 20 km, 2 800 m de dénivelée depuis l'aiguille du Midi, des panoramas féeriques ! Praticable de janvier à mai selon les conditions, il est fortement conseillé de faire la vallée Blanche avec un pro de la haute montagne. En effet, on skie sur glacier, et qui dit glacier dit crevasses… Compter de 4 à 6h pour la descente. La tradition veut que l'on s'arrête pique-niquer à la Salle à Manger… *p. 291*

***Bon à savoir :** la vallée est accessible depuis le téléphérique de l'aiguille du Midi.*

(16) **S'offrir une tranquille balade le long du lac à Évian, à la tombée de la nuit, quand s'illuminent, en face, les villes de la rive suisse du Léman.**

Le site est superbe. Avant qu'elle ne soit gagnée par le thermalisme, Évian était autrefois une petite cité médiévale aux remparts les pieds dans l'eau. À une dizaine de kilomètres seulement, Thonon-les-Bains est joliment bâtie en surplomb du lac et de son pittoresque port de pêche. *p. 335*

***Bon à savoir :** en été, de Thonon ou d'Évian, rejoignez donc le village médiéval d'Yvoire ou encore Lausanne en bateau, grâce aux liaisons assurées par la Compagnie générale de navigation. • cgn.ch •*

17 Essayer d'établir un classement des plus beaux chalets traditionnels : entre val d'Abondance, Aravis, haute Maurienne et Beaufortain, le match est serré !

Autrefois, l'habitat était construit avec ce que l'on trouvait sur place : de la pierre, mais aussi et surtout du bois. Dans les hautes vallées (Tarentaise, Maurienne, Chablais…) où les forêts sont rares, les toits étaient recouverts de lourdes dalles de pierre ou bien d'ardoises. Dans les boisés Aravis, c'étaient de petites tuiles de bois posées ou clouées… Des constructions dictées aussi par le relief et un climat. En tout cas, d'une vallée à l'autre, l'habitat traditionnel est d'une séduisante variété ! *p. 104, 177, 224, 317*

Bon à savoir : *un des plus beaux, un des plus emblématiques se trouve à La Fontaine, vers Châtel.*

18 **Arpenter le val d'Abondance à la recherche des plus belles vaches de la race du même nom, qui donnent ce beau fromage de caractère.**

Cette vallée à forte tradition pastorale a conservé et valorisé son patrimoine, ce qui lui a valu l'obtention du label Pays d'art et d'histoire. Une reconnaissance qui concerne les six villages de la vallée : Abondance, La Chapelle-d'Abondance, Châtel, Bonnevaux, Chevenoz et Vacheresse. En hiver, pourquoi ne pas jouer à saute-mouton de station en station via les pistes en découvrant le magnifique domaine des Portes-du-Soleil, à cheval entre la France et la Suisse ? *p. 317*

19 **Grimper jusqu'au plateau d'Assy sur les hauteurs de Sallanches pour y découvrir l'improbable église Notre-Dame-de-Toute-Grâce, consacrée en 1950.**

Son principal attrait : sa décoration, confiée aux plus grands noms de l'art moderne. Parmi eux, Fernand Léger, Rouault, Braque, Bonnard, Matisse, Lurçat, Chagall… Cette église est un véritable musée posé au pied des falaises de la chaîne des Fiz. À la belle saison, passer au jardin des Cimes tout proche, pour une visite pédagogique et poétique, et se perdre dans la réserve naturelle de Passy. *p. 255*

20 En hiver, s'essayer au ski de fond au-dessus du lac des Confins, à La Clusaz, avec en toile de fond la chaîne des Aravis.

C'est sur ce site que se déroule la Coupe du monde de ski de fond. *p. 229*

Bon à savoir : *Coupe du monde en décembre (années paires).* • *laclusaz-nordic.com* •

Lu sur routard.com

En Savoie, redécouvrir la Maurienne
(tiré du carnet de voyage de Marie Burin des Roziers)

La plus méridionale des vallées de Savoie traverse les Alpes sur 120 km entre Aiton et Bonneval-sur-Arc, au pied du col de l'Iseran, où la rivière de l'Arc prend sa source. Au nord, le parc de la Vanoise sépare la Tarentaise de la vallée de la Maurienne.

À Saint-Georges-d'Hurtières, dans un paysage extraordinaire, le ***Grand Filon*** plonge les visiteurs dans les entrailles d'une mine de fer (la seule de la région) qui a fonctionné pendant plus de 700 ans.

Saint-Jean-de-Maurienne est un carrefour obligé avant de plonger vers les espaces sauvages de la haute Maurienne ou de s'élever vers l'une des stations de ski. Au Moyen Âge, une cathédrale est élevée par Gontran, duc de Bourgogne (et petit-fils de Clovis), pour abriter trois doigts de saint Jean-Baptiste rapportés d'Alexandrie par sainte Thècle. Mais la vedette, c'est l'Opinel ! Le mythique couteau savoyard, né dans l'atelier de Gévoudaz dans le village d'Albiez, a son musée à Saint-Jean : il livre moult explications sur la réussite de cette entreprise familiale fondée en 1890 par Joseph Opinel, forgeron-taillandier. Pas si étonnant dans une région où les mines de fer sont exploitées depuis des siècles !

Tout autour de Saint-Jean-de-Maurienne, on a le béguin pour le chapelet de villages et de hameaux qui s'égrènent à flanc de montagne, jusqu'aux stations de sports d'hiver. On les rejoint en s'engouffrant dans la ***vallée de l'Arvan,*** au sud de Saint-Jean-de-Maurienne.

Pour se remettre, il y a toujours la fondue, mélange de trois fromages, dont le beaufort, fabriqué sur place, dans une fromagerie coopérative (située à l'entrée du village). L'Appellation d'origine protégée (AOP) beaufort s'étend sur la quasi-totalité de la vallée de la Maurienne ! Les caves d'affinage se visitent le matin, du lundi au samedi.

Saint-Michel-de-Maurienne n'est qu'à une quinzaine de kilomètres de Saint-Jean-de-Maurienne. Son intérêt ? Le musée de l'Épopée de l'aluminium dans les Alpes (Espace Alu). C'est pointu vu comme ça, mais ça nous a passionnés, sans qu'on y connaisse grand-chose !

Cap ensuite sur le photogénique village de ***Valloire,*** au pied du mythique col du Galibier, pour le concours international de sculptures sur neige, qui a lieu en janvier. La version estivale, c'est le concours de sculpture géante sur paille et foin. Tout aussi impressionnant ! Dans un autre registre, allez admirer la remarquable église baroque du XVIIe s, l'une des plus belles de la Maurienne. À l'image de cette église, chaque chapelle des 17 hameaux de Valloire renferme un retable, véritable catéchisme en images.

En poussant jusqu'en ***haute Maurienne,*** plus loin encore dans la vallée, on pénètre sur un territoire de plus en plus sauvage. Dans les villages se dressent d'authentiques maisons en pierre de taille et toits de lauze. De quoi avoir l'imagination vagabonde.

ITINÉRAIRES CONSEILLÉS

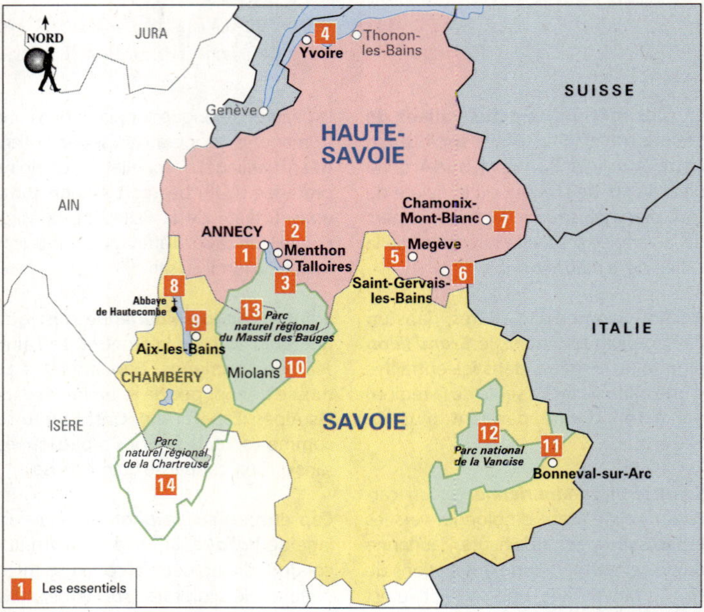

Les essentiels

À pied, à skis, à vélo, en train, en parapente ou en voiture, découvrez les différents visages de la Savoie et de la Haute-Savoie entre ***montagnes*** et ***vallées. Annecy (1)*** l'élégante séduit par le charme de ses canaux fleuris et son fier château. Sur la rive orientale de son lac, le ***château de Menthon (2)*** et le village de ***Talloires (3),*** avec sa coquetterie bien agencée, complètent l'image de carte postale. Sur le Léman, ***Yvoire (4)*** mérite le label Plus Beau Village de France. Prenez de l'altitude en découvrant les chalets traditionnels aux balcons ouvragés, dans le val d'Abondance notamment, moins huppés que ceux de ***Megève (5).*** Pour couver du regard le mont Blanc sans craindre les courbatures, asseyez-vous à bord du tramway du Mont-Blanc qui part de ***Saint-Gervais (6)*** ! Le lendemain, prenez place dans un autre chemin de fer à crémaillère, celui du Montenvers à ***Chamonix (7),*** pour admirer la mer de Glace. En descendant en Savoie, glissez en bateau sur le lac du Bourget pour rejoindre l'***abbaye de Hautecombe (8)*** depuis ***Aix-les-Bains (9).*** Au ***château de Miolans (10)*** posé sur un rocher à pic, on tremble en pensant au sort des prisonniers qui y étaient enfermés. En haute Maurienne, ne faites pas demi-tour avant d'avoir atteint ***Bonneval-sur-Arc (11),*** qui se fond dans un paysage sublime au pied du col de l'Iseran. Hardi petit, le ***parc national de la Vanoise (12)*** et les parcs naturels régionaux des ***Bauges (13)*** et de ***la Chartreuse (14)*** sont le refuge d'une flore et d'une faune exceptionnelles ! Osez une nuit en ***refuge,*** les chances de croiser bouquetins et chamois seront décuplées ! Les plus beaux paysages se méritent…

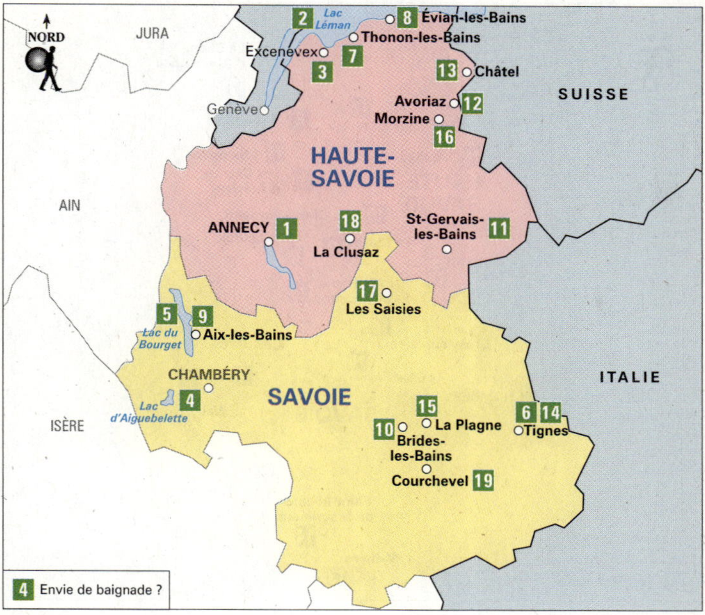

Envie de baignade ?

Sur les quatre grands lacs aux eaux cristallines, c'est la mer à la montagne ! D'ailleurs, en plus d'y faire trempette dans des eaux à 23° en moyenne, on y pratique tous les sports nautiques imaginables, et on peut même s'offrir une ***croisière*** !

De Talloires jusqu'à Saint-Jorioz, les eaux translucides du ***lac d'Annecy (1)*** bordent de superbes plages. Frontière naturelle entre la France et la Suisse, le ***Léman (2)*** forme une véritable mer. Au choix, des galets ou du sable fin, comme à ***Excenevex (3).*** Plus confidentiel, le ***lac d'Aiguebelette (4)*** est néanmoins connu des amateurs d'aviron. Quant au ***lac du Bourget (5),*** il abrite une dizaine de plages et des criques souvent désertes.

Nettement plus frisquets, les lacs de montagne ! Pour nos lecteurs un peu givrés, la ***plongée sous glace*** se pratique dans certains lacs d'altitude, notamment à ***Tignes (6).***

Option plus douillette, les établissements des ***villes thermales,*** pardi ! Thonon ***(7),*** Évian ***(8),*** Aix ***(9),*** Brides ***(10),*** Saint-Gervais-les-Bains ***(11)…*** Le charme suranné de ces stations réputées pour les vertus de leurs eaux opère encore.

En outre, de magnifiques ***espaces aquatiques*** ont éclos ces dernières années en altitude ! Les stations de sports d'hiver ont mis la gomme pour attirer petits et grands dans des piscines ludiques pour les enfants, et des espaces zen pour les adultes.

À ***Avoriaz (12),*** ambiance tropicale décalée à l'Aquariaz ; même esprit à ***Châtel (13), Tignes (14), La Plagne (15), Morzine (16), Les Saisies (17), La Clusaz (18)*** ou ***Courchevel (19),*** pour ne citer qu'elles.

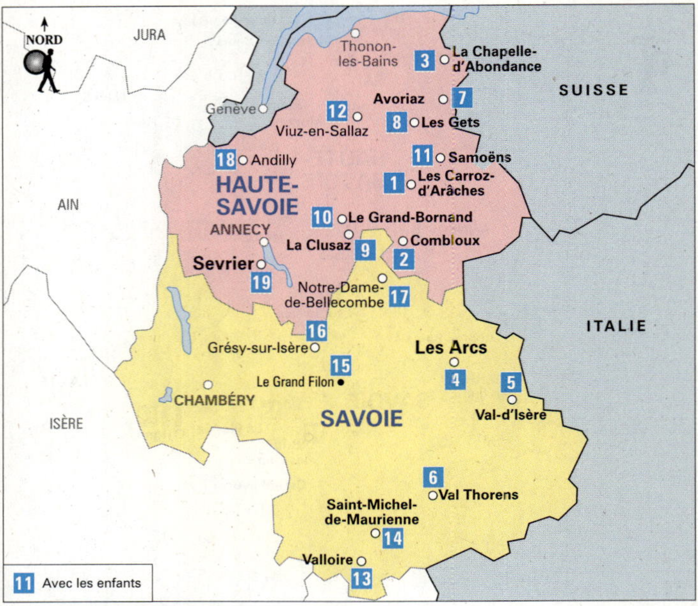

Avec les enfants

Vous partez skier ? Privilégiez les stations-villages, chacun y trouvera son bonheur : domaines skiables étendus, chalets typiques et activités sportives variées. On a le béguin pour ***Les Carroz-d'Arâches (1), Combloux (2), La Chapelle-d'Abondance (3)*** où les sports d'hiver n'ont pas gommé la tradition pastorale. Les ados ne cachent pas leur attirance pour les grandes stations à la pointe de l'innovation : ***Les Arcs (4), Val-d'Isère (5)*** ou ***Val Thorens (6),*** notamment. À ***Avoriaz (7),*** station entièrement piétonne, on se déplace en luge ou en voiture à cheval ! Profitons de la liaison par les pistes pour s'émerveiller devant les automates et instruments du musée de la Musique mécanique des ***Gets (8).*** Une halte artistique de choix ! Dans les Aravis, à ***La Clusaz (9)*** ou au ***Grand-Bornand (10),*** on ne louperait pour rien un goûter à la ferme pour saluer les vaches et rapporter un reblochon bien crémeux. L'écomusée du Clos-Parchet, près de ***Samoëns (11),*** ou le Musée paysan de ***Viuz-en-Sallaz (12)*** rappellent que dans ces contrées isolées, on vivait en quasi-autarcie. À ***Valloire (13),*** on peut compter sur les dociles lamas pour enthousiasmer les enfants le temps d'une balade ! En redescendant dans la vallée, arrêtez-vous à l'Espace Alu à ***Saint-Michel-de-Maurienne (14)*** : une découverte ludique et vivante de l'histoire de l'aluminium dans la vallée. Au Grand Filon, à ***Saint-Georges-d'Hurtières (15),*** c'est une mine de fer qui est accessible. Direction l'écomusée de la Combe-de-Savoie et le musée du Sapeur-Pompier 73 à ***Grésy-sur-Isère (16)*** pour se plonger dans les métiers d'autrefois et l'histoire des soldats du feu ! Les plus jeunes seront enchantés par la Maison des contes de fées à ***Notre-Dame-de-Bellecombe (17)*** et le hameau du Père Noël à ***Andilly (18),*** dans le Salève. On revient à la réalité avec les célèbres cloches du musée Paccard, à ***Sevrier (19),*** où l'on peut visiter la fonderie.

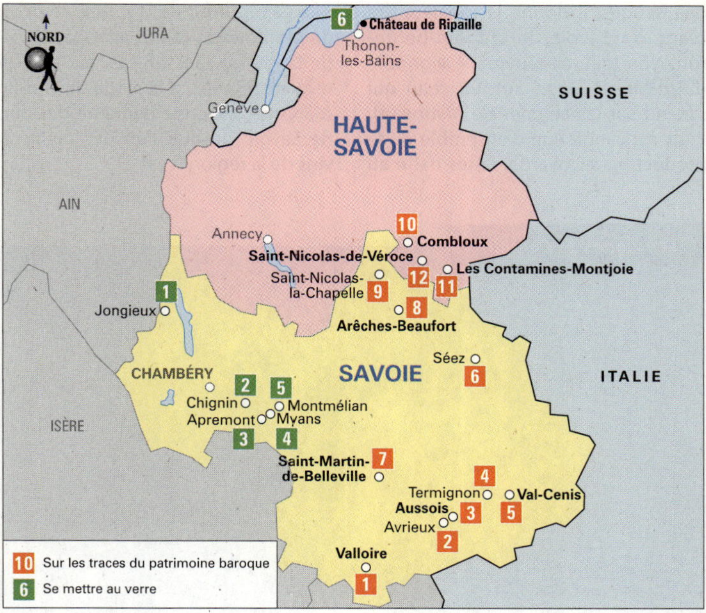

Sur les traces du patrimoine baroque

Partez vous émerveiller devant le patrimoine baroque religieux : pas moins de 90 sites estampillés « chemins du baroque » en Savoie. ***En Maurienne,*** la somptueuse église de ***Valloire (1)*** illustre à merveille le baroque savoyard : massive d'extérieure, d'une richesse exubérante à l'intérieur. Poussez jusqu'en haute Maurienne pour découvrir les églises d'***Avrieux (2),*** d'***Aussois (3)*** et de ***Termignon (4)*** qui renferment d'admirables retables, emblématiques de la Contre-Réforme. L'Espace baroque Maurienne à ***Val-Cenis (5)*** comblera vos dernières lacunes sur le patrimoine baroque de la vallée ! À compléter avec le ***musée Saint-Éloi*** de Séez ***(6),*** en ***Tarentaise.*** Dans cette vallée, s'il ne fallait voir qu'une seule église, ce serait ***Notre-Dame-de-la-Vie,*** à Saint-Martin-de-Belleville ***(7).*** Côté ***Beaufortain*** et ***val d'Arly,*** ne passez pas tout schuss devant l'église ***Saint-Maxime de Beaufort (8),*** ni devant celle de ***Saint-Nicolas-la-Chapelle (9),*** dignes d'intérêt elles aussi. En Haute-Savoie, ***Combloux (10)*** est le point de départ du « sentier du baroque » qui mène, sur 20 km, d'église en chapelle jusqu'à ***Notre-Dame-de-la-Gorge*** (à 4 km des Contamines, ***11***) en passant par l'église de ***Saint-Nicolas-de-Véroce (12),*** joyau de la vallée.

Se mettre au verre

La route des Vins recense 110 caves, domaines et châteaux en Savoie Mont Blanc ! Filez vous balader dans le vignoble de ***Jongieux (1),*** fleuron des vins de Savoie au pied de la dent du Chat, qui produit la roussette-de-savoie, un vin blanc frais et fleuri. Quant au vignoble situé autour du petit village de ***Chignin (2),*** blotti dans la Combe de Savoie sur les contreforts des Bauges, il donne le meilleur vin blanc de Savoie, le chignin-bergeron. Non loin, découvrez le vignoble d'***Apremont (3)*** et autour, celui qui s'étend sur les abymes de ***Myans (4).*** Pour avoir une vue d'ensemble de la production savoyarde, faites halte au ***Musée régional de la vigne et du vin*** de Montmélian ***(5).*** Et ne repartez pas de la région sans une escale au ***château de Ripaille,*** à la sortie de Thonon ***(6).*** Cette ancienne demeure des ducs de Savoie produit l'un des meilleurs vins de la région !

Les vignes de Chignin

© Guiziou Franck/hemis.fr

BON À SAVOIR AVANT LE DÉPART

ABC de Savoie Mont Blanc

- ***Superficie :*** 10 416 km^2.
- ***Population :*** 1 153 050 hab.
- ***Préfectures :*** Chambéry (Savoie) et Annecy (Haute-Savoie).
- ***Point culminant :*** le mont Blanc (4 807,73 m !).
- ***Nombre de kilomètres balisés :*** environ 5 000, soit la distance entre Paris et Bombay !
- ***Espaces naturels :*** 2 parcs naturels régionaux dans les Bauges et la Chartreuse, 1 parc national (la Vanoise) et 17 réserves naturelles régionales.
- ***Nombre de plages naturelles :*** 90 (sur les lacs et plans d'eau, pardi !).

Adresse utile

Savoie Mont Blanc Tourisme : *20, rue Croix-des-Petits-Champs, 75001 Paris ; 20, av. du Parmelan, BP 348, 74012 Annecy Cedex ; 24, bd de la Colonne, 73025 Chambéry Cedex. ☎ 0820-00-73-74 (coût d'un appel local). • info@smbtourisme.com • savoie-mont-blanc.com • Accueil téléphonique lun-ven 9h-12h30, 13h30-17h30.* Savoie et Haute-Savoie ne forment qu'un département touristique : Savoie Mont Blanc. Toutes les infos sur les 2 départements sont disponibles sur leur site, bien utile pour préparer son voyage en montagne, autour des lacs ou dans les stations thermales. Propose des séjours en résidence, en auberge de jeunesse, en camping, en hôtel ou en gîte. Envoi gratuit de documentation (magazines, cartes, brochures hiver et été, magazines, guides séjours).

SITES INSCRITS AU PATRIMOINE MONDIAL DE L'UNESCO

Organisation des Nations Unies pour l'éducation, la science et la culture

En coopération avec le centre du patrimoine mondial de l'UNESCO

Pour figurer sur la liste du Patrimoine mondial, les sites doivent avoir une valeur universelle exceptionnelle et satisfaire à au moins un des 10 critères de sélection. La protection, la gestion, l'authenticité et l'intégrité des biens sont également des considérations importantes.

Le patrimoine est l'héritage du passé dont nous profitons aujourd'hui et que nous transmettons aux générations à venir. Nos patrimoines culturel et naturel sont deux sources irremplaçables de vie et d'inspiration. Ces sites appartiennent à tous les peuples du monde, sans tenir compte du territoire sur lequel ils sont situés.

Pour plus d'informations : • *whc.unesco.org* •

– Depuis 2011, ***111 sites palafittiques préhistoriques*** (des habitations préhistoriques sur pilotis) autour des Alpes font partie des sites classés. En Savoie Mont Blanc, 5 sites sont concernés par ce classement : sur le lac du Bourget, la baie de Grésine, la baie de Châtillon, Hautecombe, le littoral de Tresserve, et sur le lac d'Aiguebelette, le site de Beau-Phare. De ces maisons, qui datent de 3800 av. J.-C. à 805 av. J.-C., seuls les pilotis subsistent aujourd'hui.
Par ailleurs, le ***parc des Bauge***s et le Chablais sont classés Géoparc par l'Unesco : une reconnaissance valorisant la géologie de ces territoires.

SITES INTERNET

• ***routard.com*** • Rejoignez la plus grande communauté francophone de voyageurs ! Échangez avec les routarnautes : forums, photos, avis d'hôtels. Retrouvez aussi toutes les informations actualisées pour choisir et préparer vos voyages : plus de 200 fiches pays, une centaine de dossiers pratiques et un magazine en ligne pour découvrir tous les secrets de votre destinations. Enfin, comparez les offres pour organiser et réserver votre voyage au meilleur prix. Routard.com, le voyage à portée de clics !
• ***france-montagnes.com*** • S'occupe de la promotion de la montagne française. Généraliste donc, avec pas mal de thématiques : « bons plans et conseils », « famille », « gastronomie ». Également un guide des stations avec des actus.
• ***fondation-facim.fr*** • Sa mission est d'assurer la valorisation du patrimoine culturel de la Savoie, et d'animer le *Pays d'art et d'histoire des Hautes vallées de Savoie* (Maurienne, Tarentaise, Beaufortain et Val d'Arly). La fondation Facim propose des visites de découverte des patrimoines, ainsi que des rencontres littéraires et des éditions. Visites guidées, randonnées culturelles, itinéraires thématiques, notamment autour des « chemins du baroque ».
• ***skipass.com*** • Un mag avec l'actu des stations, et plein de bons plans à travers des petites annonces et un forum très actif.
• ***savoie-haute-savoie-nordic.com*** • Pour connaître l'actualité des activités nordiques.
• ***anena.org*** • Site de l'Association nationale pour l'étude de la neige et des avalanches. Pour tout savoir sur la formation des avalanches.

LA SAVOIE

• Carte *p. 36-37*

ABC de la Savoie

- ***Superficie :*** 6 267 km^2.
- ***Population :*** 433 110 hab.
- ***Préfecture :*** Chambéry (agglomération 125 250 hab.).
- ***Sous-préfectures :*** Albertville (19 775 hab.), Saint-Jean-de-Maurienne (8 710 hab.).
- ***Point culminant :*** la Grande-Casse (3 855 m).

Un département au nom ambigu, puisque cette Savoie ne correspond évidemment pas à la Savoie historique. Ambiguïté sciemment créée par la France lors de l'« annexion » de 1860 ? Ambiguïté résolue par le rapprochement des deux départements savoyards en une seule entité touristique, « Savoie Mont Blanc », qui renforce l'image en France et en Europe de cet attachant petit pays.
La Savoie est pourtant un département qu'il est presque inutile de présenter, avec son palmarès de premier de la classe : un parc national pionnier (la Vanoise !), deux parcs naturels régionaux (des Bauges et de la Chartreuse), le plus grand domaine skiable du monde avec 60 stations de sports d'hiver... sans oublier « le plus grand domaine cyclable du monde », pour reprendre l'argument publicitaire lancé non sans humour et raison par la Maurienne.
Mais ça, c'est le sapin (en latin *sabaudia,* d'où le mot « Savoie ») qui cache la forêt. Une moyenne montagne de carte postale (le Beaufortain, les Bauges, un bout de la Chartreuse), des vallées oubliées, des coteaux viticoles (Combe de Savoie, Chautagne) et, pour les gastronomes en culottes courtes ou non (car il y a deux saisons bien tranchées en Savoie), un petit paradis pour amateurs de bons produits : on s'apprêtait à tracer le portrait de la Savoie à grands coups de fusain, ouvrons plutôt la boîte à pastels...

LE PARC NATIONAL DE LA VANOISE

La Vanoise est historiquement le premier parc naturel français. Il aura quand même fallu quelques décennies de pourparlers entre administrations, élus, acteurs économiques et associations de protection de l'environnement (du projet avorté de classement en réserve de chasse de 1936 à la création du parc en 1963) avant que ne soient protégés ces 53 500 ha de montagne entre 1 280 et 3 855 m d'altitude, entre Maurienne et Tarentaise, regroupant 29 communes.
Pas facile de faire cohabiter tout ce petit monde. Chacun faisant pression, il a fallu trouver un compromis acceptable. Ainsi, le parc est entouré de quatre réserves naturelles, soit 146 500 ha d'un espace de solidarité écologique avec le cœur (zone de haute protection de la nature), qui compense les dégradations entraînées par l'installation des équipements des stations. Car on ne peut nier que la forte implantation des stations de sports d'hiver soit et reste un enjeu économique essentiel

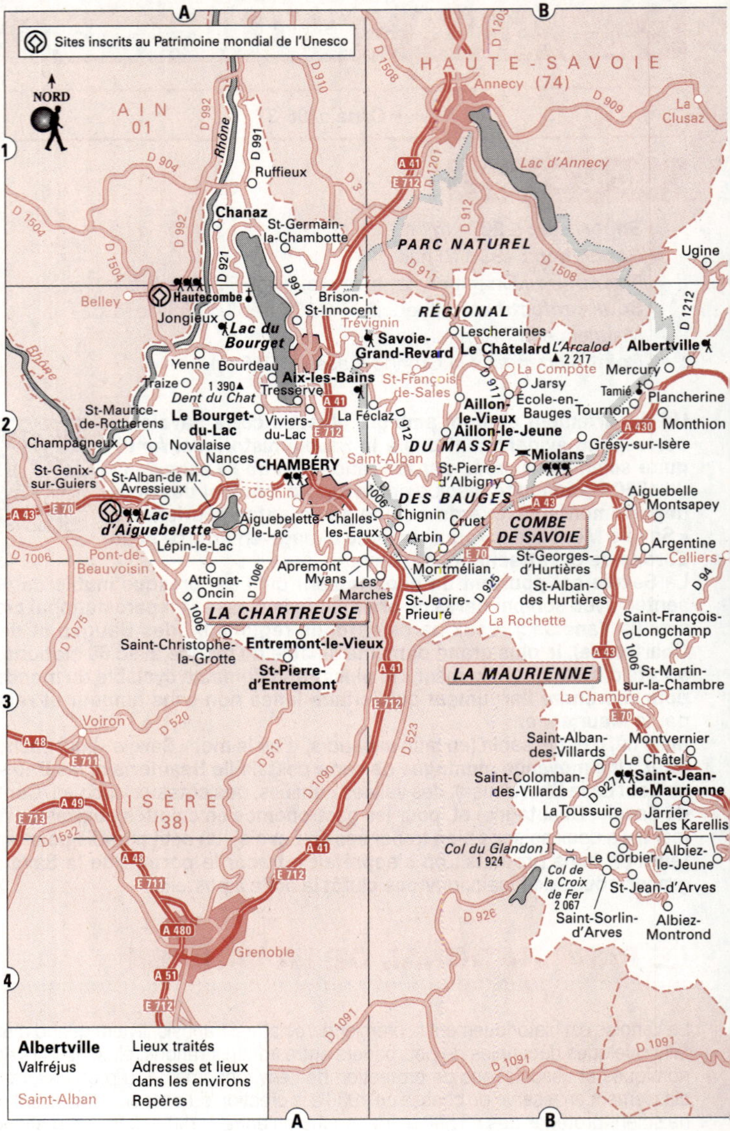
Sites inscrits au Patrimoine mondial de l'Unesco
NORD
AIN 01
HAUTE-SAVOIE
Annecy (74)
Lac d'Annecy
La Clusaz
Ugine
PARC NATUREL RÉGIONAL DU MASSIF DES BAUGES
Rhône
Ruffieux
Chanaz
St-Germain-la-Chambotte
Belley
Hautecombe
Jongieux
Lac du Bourget
Brison-St-Innocent
Trévignin
Savoie-Grand-Revard
Lescheraines
Le Châtelard
L'Arcalod 2 217
Albertville
Mercury
La Compôte
Jarsy
École-en-Bauges
Tamié
Plancherine
Monthion
Tournon
Yenne
Bourdeau
Aix-les-Bains
Tresserve
St-François-de-Sales
Traize
1 390
Dent du Chat
Aillon-le-Vieux
Aillon-le-Jeune
Grésy-sur-Isère
St-Maurice-de-Rotherens
Le Bourget-du-Lac
Viviers-du-Lac
La Féclaz
Champagneux
Novalaise
Nances
CHAMBÉRY
Saint-Alban
Miolans
St-Genix-sur-Guiers
St-Alban-de M.
Avressieux
Cognin
St-Pierre-d'Albigny
Aiguebelle
Montsapey
Lac d'Aiguebelette
Aiguebelette-le-Lac
Challes-les-Eaux
Chignin
Cruet
COMBE DE SAVOIE
Arbin
Argentine
Celliers
Lépin-le-Lac
Pont-de-Beauvoisin
Apremont
Myans
Les Marches
Montmélian
St-Georges-d'Hurtières
St-Alban-des Hurtières
Attignat-Oncin
St-Jeoire-Prieuré
La Rochette
LA CHARTREUSE
Saint-François-Longchamp
Saint-Christophe-la-Grotte
Entremont-le-Vieux
St-Pierre-d'Entremont
LA MAURIENNE
St-Martin-sur-la-Chambre
La Chambre
Voiron
Saint-Alban-des-Villards
Montvernier
Le Châtel
Saint-Colomban-des-Villards
Saint-Jean-de-Maurienne
La Toussuire
Jarrier
Les Karellis
ISÈRE (38)
Col du Glandon 1 924
Col de la Croix de Fer 2 067
Le Corbier
Albiez-le-Jeune
St-Jean-d'Arves
Saint-Sorlin-d'Arves
Albiez-Montrond
Grenoble
Albertville Lieux traités
Valfréjus Adresses et lieux dans les environs
Saint-Alban Repères

C
D
SUISSE
ITALIE
1
2
3
4
A 40
Chamonix-Mont-Blanc
N 205
D 909
Mont-Blanc
4 810
Courmayeur
S 26
A 5
La Giettaz
LE VAL D'ARLY
Flumet
St-Nicolas-la Chapelle
Notre-D.-de-Bellecombe
Crest-Voland
Les Saisies
Cohennoz
Hauteluce
D 945
Beaufort-sur-Doron
LE BEAUFORTAIN
Villard-sur-Doron
Les Chapieux
Cormet-de-Roselend
Arêches
Lac et barrage de Roselend
Le Planay
Boudin
Col du Petit-Saint-Bernard
2 188
D 1090
La Rosière
1 850
D 902
Séez
Bourg-Saint-Maurice
Hauteville
Sainte-Foy-Tarentaise
Valezan
La Côte-d'Aime
Les Arcs
Granier
Peisey-Vallandry
Aime
D 225
N 90
Macôt
Peisey-Nancroix
LA TARENTAISE
D 221
Montchavin-les-Coches
La Plagne
D 95
Moûtiers
Champagny-en-Vanoise
Val-d'Isère
Tignes
Aigueblanche
Brides-les-Bains
Col de l'Iseran
2 764
Valmorel
La Tania
Le Planay
Pointe de la Grande Casse
3 855
D 117
D 90
Courchevel
Méribel
PARC NATIONAL DE LA VANOISE
St-Martin-de-Belleville
Pralognan-la-Vanoise
Bonneval-sur-Arc
Les Menuires
Bessans
Termignon-la-Vanoise
Lanslebourg
Lanslevillard
Val-Thorens
Sollières-Sardières
D 1006
Val-Cenis
Col du mont Cenis
2 084
LA HAUTE MAURIENNE VANOISE
Saint-Michel-de-Maurienne
Les Glières
Lac du Mont-Cenis
Aussois
Le Vernay
Bramans
Val d'Ambin
Avrieux
St-Pierre-d'E.
Orelle
Modane
Villarodin-Bourget
A 43
La Norma
S 25
Valmeinier
2 917
Valloire
Valfréjus
A 32
E 70
D 902
Col du Galibier
2 645
HAUTES-ALPES (05)
D 109
S 24
0
10
20 km

LA SAVOIE

en Vanoise. Mais l'écologie et le développement durable ont le vent en poupe et s'avèrent porteurs d'avenir. Chacun a compris qu'il en allait de l'intérêt de tous, à commencer par les stations de ski, de plus en plus soucieuses de la protection de leur environnement. De plus, la loi de 2006 sur les parcs nationaux a fait évoluer cet espace de protection et son mode de gestion. Confirmant le caractère exceptionnel et la valeur ajoutée des parcs nationaux, cette loi propose d'ajuster la politique des parcs nationaux au contexte et aux enjeux actuels ; l'objectif est d'améliorer la gouvernance des parcs à travers la mise en place de chartes territoriales.

Chardons bleus et « casseurs d'os »

La Vanoise est l'un des patrimoines naturels les mieux préservés d'Europe, une faune incomparable : bouquetins – bêtement chassés dans la région au XIXe s mais revenus en voisins (pour certains !) du parc italien du Grand-Paradis –, chamois, lièvres variables, aigles royaux, impressionnants gypaètes barbus (près de 3 m d'envergure) surnommés « casseurs d'os ». Flore tout aussi exceptionnelle : 1 200 espèces végétales (dont 200 remarquables) qu'on appréciera en partie en se promenant le nez au ras des vastes alpages semés de chardons bleus. On peut aussi apercevoir la très rare linnée boréale sur les rochers moussus en sous-bois. Un patrimoine presque accessible à tous : de nombreuses vallées et des cols faciles à gravir traversent la Vanoise. Ce qui explique qu'en juillet-août, le nombre de randonneurs qui arpentent les 600 km de sentiers flirte avec les 350 000 ! La fréquentation du parc est soumise à des règles bien précises. Respectez-les !

Refuges, cartes et guides

On compte une cinquantaine de refuges dans le parc, dont 16 gérés directement par le parc et 13 gérés par la Fédération française des clubs alpins et de montagne. Les autres refuges sont privés ou communaux. En haute saison, résa quasi obligatoire et refuge par refuge car il n'y a pas de service de réservation centralisé. Le site • *refuges-vanoise.com* • vous permettra néanmoins de réserver votre circuit sur le tour des glaciers de Vanoise en quelques clics. Quatre refuges (à Termignon, Champagny-en-Vanoise, Villarodin-Bourget et Peisey-Nancroix) ont, outre leurs possibilités d'hébergement et de restauration, vocation de points d'informations. Un effort particulier est fait par le parc national pour en améliorer l'accessibilité aux personnes handicapées. Le refuge-porte de Plan-du-Lac à Termignon est le premier à avoir reçu le label Tourisme et Handicap pour les quatre types de handicaps. Ont suivi ceux du Bois à Champagny-en-Vanoise et de Rosuel à Peisey-Nancroix. Tous renseignements sur le site internet du parc (• *vanoise-parcnational.fr* •) ou à la Maison des parcs et de la montagne à Chambéry (voir ce chapitre).

Quelques cartes et guides pour vous accompagner :

– *Carte du parc national de la Vanoise.* Éditions Cartagene. 1/60 000 (en vente – quand ils ne sont pas en rupture de stock – dans les points info Vanoise, certains bureaux de tabac, les librairies).

– *Guide du parc national de la Vanoise,* Éditions Glénat.

– *Pays du Mont-Cenis, haute Maurienne, Vanoise, Trois-Vallées :* cartes IGN au 1/50 000.

– *IGN série Top 25 :* au 1/25 000. N°s 3532 ET, 3532 OT, 3432 ET, 3433 ET, 3534 OT, 3633 ET, 3634 OT.

Adresses et infos utiles

■ ***Savoie Mont Blanc Tourisme :*** *24, bd de la Colonne, 73024* ***Chambéry*** *Cedex.* ☎ *0820-00-73-74.* • *info@smbtourisme.com* • *savoie-mont-blanc.com* • Savoie et Haute-Savoie ne forment donc plus désormais qu'une seule destination touristique : Savoie Mont Blanc. Toutes les infos sur les 2 départements sont disponibles sur leur site commun. Demandez leurs brochures hiver, printemps-été, carte touristique, guide séjours...

■ ***Gîtes de France :*** *24, bd de la Colonne, 73024* ***Chambéry*** *Cedex.* ☎ *04-58-14-12-12.* • *info@gites-de-france-savoie.com* • *gites-de-france-savoie.com* • Pour tout renseignement sur les gîtes d'étape, chambres d'hôtes, gîtes ruraux.

i ***Parc national de la Vanoise (siège administratif) :*** *135, rue du Docteur-Julliand, BP 705, 73007* ***Chambéry*** *Cedex.* ☎ *04-79-62-30-54.* • *vanoise-parcnational.fr* • Publie chaque année *L'Estive,* un document qui tient compte de l'actualité du parc et recense une foule d'infos pratiques pour les visiteurs. Également un autre journal d'info, gratuit et semestriel, *Vanoise,* destiné aux habitants du parc. Vous trouverez aussi, en été, des ***points info*** Vanoise dans les offices de tourisme des villages et stations du parc.

■ ***Association Passe montagne :*** • *passemontagne.fr* • Une association qui propose aux 12-30 ans une carte, *Passe montagne,* qui offre des réductions sur les forfaits remontées mécaniques, les sports et loisirs, les hébergements et la location de skis. Prix : 15 €/an ; elle est souvent amortie dès la 1re utilisation.

■ ***Fondation FACIM :*** ☎ *04-79-60-59-00.* • *savoie-patrimoine.fr* • *fondation-facim.fr* • C'est la fondation qui anime localement le Pays d'art et d'histoire. Organise visites thématiques (« Chemins du baroque », « Terre des Alpes », « Les archipels d'altitude »...), conférences, rallyes découverte pour enfants, randonnées, dans tout le département.

■ ***Info routes :*** ☎ *0826-022-022 (0,15 €/mn).*

■ ***Transport en Savoie :*** • *mobi savoie.fr* • Le réseau de transports du conseil régional de la Savoie compte 34 lignes de bus pour accéder aux stations savoyardes depuis les gares.

■ ***Météo :*** ☎ *32-50 (2,99 €/appel !).*

La Savoie à pied, sac au dos

Les 4 tours majeurs de Savoie :

➢ ***Le tour de la Vanoise :*** une boucle qui emprunte les GR 5 et 55. Les glaciers scintillants, les chamois... la Vanoise, quoi ! Durée : 1 semaine. • *vanoise.com* • Topoguide réf. 530 FFRP.

➢ ***Le tour des Bauges :*** GR 96. Dans le plus vrai des massifs savoyards. Durée : 6 jours. • *pnr-massif-bauges.fr* • Topoguide réf. 902 FFRP.

➢ ***Le tour du Beaufortain :*** GR de pays. Durée : 6 à 8 jours autour du pays des 1 000 chalets. • *lebeaufortain.com* • Topoguide réf. 731 FFRP.

– Mais aussi des centaines de balades faciles, à faire en famille, dans l'avant-pays comme dans les massifs montagneux !

➢ ***Le Grand Tour de Tarentaise :*** pour une randonnée de 2 jours à plusieurs semaines reliant les stations de la Tarentaise en 27 étapes. En tout 240 km de sentiers balisés et 18 800 m de dénivelée positive.

CHAMBÉRY

(73000) 60 299 hab. Alt. : 270 m *Carte Savoie, A2*

• Plan *p. 43*

Chambéry est une ville en pleine mutation, qui se bouge vraiment, et depuis déjà quelques décennies, pour faire oublier sa réputation de ville grise.

Réputation qu'on serait cependant prêt à continuer à lui faire, qu'on y arrive en train (le quartier de la gare, ravagé en mai 1944, a été reconstruit à la va-vite) ou en voiture (un réseau routier serré qui rappelle la position stratégique de la ville). Mais Chambéry vaut largement le détour. À l'image de ses hôtels particuliers qui présentent des façades très étroites (pour payer moins d'impôts et parce que la ville, autrefois cernée de murailles, a dû grandir en hauteur !) derrière lesquelles se cachent des cours parfois somptueuses, Chambéry trompe son monde (comme une autre « spécialité locale », les murs peints en trompe l'œil). Grise ? Les maisons du centre-ville ont retrouvé leurs couleurs sardes : vieux rose, ocre, vert amande, et le musée des Beaux-Arts a connu la même renaissance après 3 ans de travaux. De fait, l'ancienne capitale des ducs de Savoie et du royaume de Piémont-Sardaigne est pleine de surprises : un centre vivant, avec un véritable labyrinthe d'allées (cousines savoyardes des traboules lyonnaises) qui troue ce quartier ancien bâti sur pilotis – le sol étant autrefois marécageux – et, tout proche, un quartier à l'architecture contemporaine plutôt réussie, qui concentre l'animation estudiantine.

Et visiblement, Chambéry, par ailleurs Ville d'art et d'histoire, ne compte pas s'arrêter en si bon chemin puisqu'elle a entrepris un ambitieux chantier de résurrection en créant un centre d'interprétation de l'architecture et du patrimoine, en rénovant les halles et le musée des Beaux-Arts, en ouvrant le Phare (un centre multifonctionnel pour les gros événements), ou encore des installations énergétiques nouvelles (Institut national de l'énergie solaire, Maison des énergies, centrale photovoltaïque des Monts...). Dernière nouveauté, la création d'un centre d'interprétation de l'architecture ferroviaire dans la magnifique rotonde (à la charpente métallique de type Eiffel) et, en cours, la reconstruction du Musée savoisien.

UN PEU D'HISTOIRE

Les archéologues s'accordent sur l'existence d'une communauté installée par ici dès le Néolithique. Ils sont aussi assez bavards sur la période gallo-romaine (la ville, située sur le tracé de la voie qui traversait l'antique *Allobrogie,* était alors perchée sur l'éperon rocheux de Lémenc). Le nom de la ville serait d'ailleurs d'origine celte : *Campus Ber* (« champ sur la hauteur »). Comme Chambéry est une ville de plaine à 270 m d'altitude, on préférera l'origine légendaire de ce nom : un champ *(campus)* aurait été donné à un certain Bérius, compagnon du roi Arthur, pour le remercier d'avoir occis un genre de King Kong félin qui faisait régner la terreur dans toute la région. Autre version, plus gastronomique celle-là : Chambéry viendrait des *chamberoz* (« écrevisses » en patois) que l'on ramassait autrefois dans le lac du Bourget et dans les marécages sur lesquels la ville est bâtie.

Quoi qu'il en soit, l'histoire de Chambéry commence vraiment ***en 1232, quand le comte de Savoie, Thomas Ier, achète la ville*** à l'un des seigneurs qui y sont établis depuis le XIe s. La maison de Savoie délaisse alors la Maurienne pour installer sa résidence dans ce gros bourg castral qui a, pour ceux qu'on surnommait les « portiers des Alpes », l'immense intérêt d'être placé à un carrefour stratégique. Du XIIIe au XVe s, les règnes successifs des trois Amédée sont pour Chambéry une époque faste. Promue capitale, la ville accompagne la maison de Savoie dans son essor (et les ducs voient grand, européen !). Mais ***en 1536, Charles III,*** qui n'a semble-t-il pas conclu la bonne alliance, ***abandonne la ville aux troupes de François Ier.***

Échaudé par ce précédent, Emmanuel-Philibert de Savoie, qui a mis fin à l'occupation française, préfère rester à l'abri des Alpes et installe, en 1562, sa capitale à Turin. La ville piémontaise obtient tout, jusqu'à l'exceptionnel saint suaire, et Chambéry pas grand-chose sinon un sénat chargé de l'administration territoriale de la Savoie. Les habitants en gardent une certaine rancœur

à l'égard de leurs dirigeants. Et ils accueillent triomphalement les troupes révolutionnaires en 1792. Bonne fille, la Révolution offre à Chambéry le statut de ***chef-lieu du département du Mont-Blanc.***
Après la chute de l'Empire, Chambéry entre dans le giron de la maison de Savoie mais la capitale reste à Turin. Et il faudra attendre l'« annexion » de 1860 pour qu'elle devienne la préfecture du département de la Savoie.

LA TRUFFE AU CHOCOLAT EST CHAMBÉRIENNE !

La veille de Noël 1895, le chocolatier Louis Dufour se retrouva à court de chocolat pour fabriquer ses pâtisseries de réveillon. Il utilisa donc les ingrédients qu'il avait sous la main pour palier cette pénurie. Un savoureux mélange de crème fraîche, de vanille et de cacao sont la base de la truffe, qui fut alors créée !

Arriver – Quitter

Gare SNCF *(plan A1)* **:** *pl. de la Gare. ☎ 36-35 (0,34 €/mn).* Liaisons TGV avec Paris et Lyon, mais aussi Modane, Turin et Milan. TER avec la Maurienne (terminus France : Modane), la Tarentaise (Bourg-Saint-Maurice), Aix-les-Bains, Annecy, Genève, Lyon, Turin... En cours, la transformation de la gare en pôle d'échange multimodal (*Vélostation* agrandie, passerelle piétonne, grand parking)...
✈ ***Aéroport Chambéry Savoie :*** *73420* ***Viviers-du-Lac.*** *☎ 04-79-54-49-54. • chambery-airport.com • À 7 km au nord de Chambéry, en direction d'Aix-les-Bains.* Vols réguliers pendant la saison d'hiver, depuis et vers 12 destinations d'Europe du Nord. Nombreux vols charters également. Vous avez aussi la possibilité d'atterrir avec votre Falcon... Les aéroports les plus proches, sinon, sont ceux de Grenoble, Lyon et Genève.
Gare routière *(plan A1)* **:** *sq. Paul-Vidal. ☎ 04-79-69-11-88. • mobisavoie.fr • altibus.com • Guichet ouv lun-sam à partir de 6h45.* Lignes régulières avec Aix-les-Bains, Belley, Grenoble, Lyon et les villes voisines étrangères. Et l'été, la « ligne des plages », depuis la gare routière, assure jusqu'à 10 trajets/j. entre Chambéry et les plages du lac du Bourget (aller : 1,50 €, AR 2,20 € ; rollers autorisés). À noter que le site internet répertorie toutes les liaisons en bus vers les stations de ski depuis Chambéry (gare, aéroport), Albertville, Moûtiers, Bourg-Saint-Maurice... Vraiment idéal pour ne pas rater ses correspondances.
Bus urbains *(plan B1)* **:** *le STAC (ne dites pas « la » STAC, ce sont les abattoirs de la ville...). Guichet 23, bd du Musée, à deux pas de l'office de tourisme. ☎ 04-79-68-73-73. • bus-stac.fr • Ticket à l'unité : 1,30 € ; forfait 24h 2,60 €.* 33 lignes de bus desservent la ville et ses proches environs. À signaler, des bus Noctambus dans toute l'agglomération jusqu'à 23h.

Adresses et infos utiles

Office de tourisme *(plan A1)* **:** *5 bis, pl. du Palais-de-Justice. ☎ 04-79-33-42-47. • chambery-tourisme.com • ♿ Juil-août, lun-sam 9h30-18h30 et dim 10h-13h ; sept-juin, lun-sam 9h-12h30, 14h-18h.* À disposition, un guide pratique téléchargeable sur le site à l'usage des personnes handicapées (pour les 4 handicaps : physique, mental, auditif et visuel).
– Chambéry propose des offres promotionnelles qui permettent notamment, sous certaines conditions, de passer des week-ends dans des hôtels de 2 à 5 étoiles et de bénéficier d'activités culturelles, le tout à prix préférentiels.
CIAP *(Centre d'Interprétation de l'Architecture et du Patrimoine ; plan B2)* **:** *à l'hôtel de Cordon, 71, rue Saint-Réal. ☎ 04-79-70-15-94.*

Mai-sept, tlj sf lun 10h-12h, 14h-18h (non-stop en juil-août) ; oct-avr, tlj sf lun 14h-18h. GRATUIT. Infos sur les nombreuses et intéressantes visites guidées de la ville et de ses principaux monuments. On peut aussi y retirer un plan de visite de la ville : « Chambéry recto verso ». Expo permanente des « Villes d'art et d'histoire » ; se reporter plus loin à la rubrique « À voir ».

✉ ***Poste principale*** *(plan A1) : sq. Paul-Vidal. ☎ 04-79-96-69-15. Lun-sam 8h-18h30 (12h sam). Également un bureau au carré Curial, pl. du Marché et faubourg Montmélian.*

■ ***Savoie Information Jeunesse*** *(plan A1) : 79, pl. de la Gare. ☎ 04-79-62-66-87. • teamchambe.fr • mlchambery.org • Ouv de lun ap-m à ven.* 💻

– Noter que 4 ***« parcs-relais »*** ont été créés (les Landiers, au centre commercial *Chamnord*, la Poterie à Cognin et la Maison brûlée, à la limite de Sonnaz et Chambéry) pour se garer en dehors du centre-ville et le gagner en bus ou à vélo. *Rens :* ***Allô STAC,*** *☎ 04-79-68-73-73. • bus-stac.fr •*

■ ***Vélostation*** *(plan A1) : agence* ***Écomobilité,*** *pdt les travaux de la gare : parc de Verney, devant la poste. ☎ 04-79-96-34-13. • velostation-chambery.fr • Tte l'année 8h (9h w-e)-19h ; nov-mars, fermé dim et j. fériés, ouv à 13h30 sam. Loc de vélos avec ou sans assistance électrique : à partir de 6 €/j., 4 € la ½ journée. Consigne possible à la journée pour votre vélo perso, pour combiner train ou bus : 1 €.* Le vélo est ici un bon moyen pour visiter la ville (85 km de pistes cyclables) et ses environs (l'*avenue Verte* permet de rejoindre le lac du Bourget en 10 km au nord et le lac Saint-André en 12 km au sud). Service entretien et réparation. Plan des pistes cyclables disponible à l'office de tourisme et à la *Vélostation*.

■ ***Location de voitures :*** ***Hertz*** *(dans le quartier de la gare SNCF), 25, av. de la Boisse, ☎ 04-79-68-98-46. Et 685, quai des Allobroges, ☎ 04-79-96-95-36. Lun-sam mat.* ***Car'go Location,*** *415, quai des Allobroges, ☎ 04-79-96-15-15.* ***ADA,*** *71, quai des Allobroges, ☎ 04-79-62-91-22.* ***Sixt,*** *395 quai des Allobroges, ☎ 04-79-68-98-70.* ***À l'aéroport,*** *☎ 04-79-34-07-06 ; tlj 8h-minuit.*

Où dormir ?

Bon marché

⌂ ***Hôtel des Voyageurs*** *(plan A1,* **2***) : 3, rue Doppet. ☎ 04-79-33-57-00. Doubles 27-35 € selon confort ; familiale 50 €.* Quelque chose de la *guesthouse* d'une métropole d'Asie. Chambres d'une austérité redoutable (avec lavabo pour les moins chères, mais proprettes et à la literie correcte), à l'étage d'un petit immeuble d'habitation. On passe prendre les clés (ou son petit déj) au rez-de-chaussée dans un petit bar populaire, mais il ne faut pas trop « chercher » Lucienne, la patronne... Et on paie d'avance !

Prix moyens

⌂ |●| ***Hôtel Ô Pervenches*** *(hors plan par B2,* **5***) : 600, chemin des Charmettes. ☎ 04-79-33-34-26. • contact@lespervenches73.fr • lespervenches73.fr • ♿ (resto slt). À 1 km du centre-ville. Suivre la direction vallon des Charmettes, musée Jean-Jacques-Rousseau. Resto fermé dim soir-lun midi. Doubles 70-75 €. Formule déj 17 € ; menu midi et soir (sf dim) 20 € ; autres menus 28-46 €. Carte env 40 €. Parking. 📶 Digestif maison offert sur présentation de ce guide.* Ce brave Jean-Jacques a eu une bonne idée quand il a décidé de venir habiter tout à côté avec Mme de Warens. Grâce à eux, ce mignonnet vallon, classé, a échappé à la furie des promoteurs immobiliers. Un petit nid de nature très tranquille aux portes de Chambéry. Cet hôtel a d'ailleurs de sacrés airs d'auberge de campagne, même si les chambres ont été sérieusement rénovées. Nouveaux patrons (accueillants), et au resto, une cuisine de tradition, fraîche et bien tournée. La salle mériterait un petit coup de jeune, mais la terrasse est bien agréable aux beaux jours.

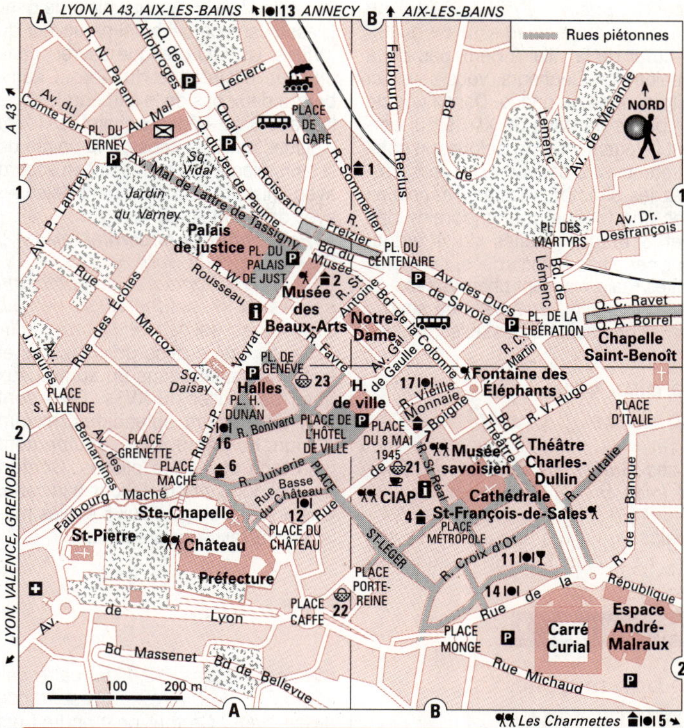

CHAMBÉRY

Adresses utiles

- Office de tourisme
- CIAP

Où dormir ?

1 Ibis Styles
2 Hôtel des Voyageurs
4 Les Suites de l'Hôtel de Sautet
5 Hôtel Ô Pervenches
6 Petit Hôtel Confidentiel
7 Hôtel des Princes

Où manger ?

11 L'Arbre à Bières
12 Café Chabert
13 Brasserie Les Barjots
14 L'Atelier
16 L'Émulsion
17 Côté Marché

Où acheter de bons produits ?

21 Cédric Pernot – Au Fidèle Berger
22 Confiserie Mazet
23 Pâtisserie Fauge

Ibis Styles (plan B1, **1**) : *154, rue Sommeiller. ☎ 04-79-62-37-26. • h9541@accor.com • Doubles 79-86 € selon confort, petit déj inclus ; triples.* Récemment repris, cet hôtel a été rénové, à deux pas de la gare (mais tranquille). Idéal pour un court séjour.

Chic

Hôtel des Princes (plan B2, **7**) : *4, rue de Boigne. ☎ 04-79-33-45-36. • reception@hoteldesprinces.com • hoteldesprinces.com • Tte l'année. Doubles 75-115 € selon saison ; familiales (4-6 pers) 123-193 €. Accord avec* *le parking public voisin.* 💻 📶 *10 % de réduc sur présentation de ce guide.* Au cœur de la ville, à deux pas de la fontaine des Éléphants, vous serez ici traité comme un prince. Dans l'une de ces belles bâtisses du XIXe s qui bordent l'élégante rue de Boigne, un hôtel entretenu avec beaucoup de soin. Préférez les chambres joliment rénovées avec une touche contemporaine des 2e et 3e étages. Celles du 4e étage, pour certaines mansardées, sont plus petites mais vraiment charmantes... et elles ont la clim. Spa, salle de sport... Accueil pro mais très aimable.

De plus chic à beaucoup plus chic

🏠 ***Les Suites de l'Hôtel de Sautet*** *(plan B2,* ***4****) : 6, rue Métropole.* 📱 *06-16-83-16-64. • hotelsautet@gmail.com • hotel-chambery-sautet.com • Doubles 130-160 € ; familiales 185-205 €.* 💻 📶 Accueil plein de gentillesse dans ce bel hôtel particulier du XVIIIe s. Un lieu presque secret, dans une ruelle piétonne du vieux Chambéry, à deux pas de la cathédrale et de la place Saint-Léger. 5 chambres (dont 2 suites familiales) cosy, à la pointe de la technologie tout en restant en accord avec l'histoire. Superbe petit déjeuner avec des produits de la région.

🏠 ***Petit Hôtel Confidentiel*** *(plan A2,* ***6****) : 10, rue de la Trésorerie.* ☎ *04-79-26-24-17. • contact@petithotelconfidentiel.com • petithotelconfidentiel.com • Résa obligatoire. Doubles 180-320 €.* 📶 Une dizaine de chambres et suites installées dans un somptueux hôtel particulier du XVe s. Elles sont tout simplement splendides, mixant design contemporain, équipement high-tech et vieilles pierres. Confort optimal donc, et prestations à la carte. Une adresse insolite aux 5 étoiles rutilantes qui ravira les amoureux.

Où manger ?

De bon marché à prix moyens

🍽 ***Café Chabert*** *(plan A2,* ***12****) : 41, rue Basse-du-Château.* ☎ *04-79-33-20-35. • contact@cafe-chabert.com • Ouv le midi slt tlj sf dim et j. fériés, plus le dernier ven du mois pour soirée cuisses de grenouille à volonté (19h-23h). Réserver (ou revenir un peu plus tard !). Plat du jour 9,40 €, formule 16 €, carte 15-25 €. Apéro offert sur présentation de ce guide.* On adore (et depuis longtemps !) ce bistrot historique du vieux Chambéry. On s'y régale au coude à coude d'une bonne cuisine généreuse, familiale et savoyarde. Délicieux diots, fameux gratin de crozets, mais aussi fondue, tartiflette et... cuisses de grenouilles fraîches certains jours ! Les habitués, quant à eux, se ruent sur le plat du jour. Petits vins au verre pour faire glisser tout cela. Excellent accueil.

🍽 🍷 ***L'Arbre à Bières*** *(plan B2,* ***11****) : 144, rue Dessaix.* ☎ *04-79-69-46-51. • arbreabieres@gmail.com • Tlj soirs sf dim. Formule en sem (avec salade et dessert) 12,40 € ; carte env 13,50 €. Café offert sur présentation de ce guide.* Ce tout petit endroit est avant tout un bar (à bières, comme on peut s'en douter à la lecture de l'enseigne). Mais la jolie sélection de bières (dont pas mal de régionales) peut s'accompagner d'excellentes tartes flambées qui s'agrémentent souvent de produits du terroir savoyard. Vieilles tables d'école au coin du comptoir, tranquille terrasse côté rue piétonne, bonne musique (concerts de temps à autre) et accueil à la cool.

🍽 ***Brasserie Les Barjots*** *(hors plan par A1,* ***13****) : 688, av. Les Follaz.* ☎ *04-79-75-27-99. • kiki.lesbarjots@orange.fr • En face du Phare ; depuis le centre-ville, prendre la direction de la gare, ensuite suivre les panneaux « ZI Bissy » puis « Parc expo-Le Phare ». Tlj sf dim et j. fériés (sf concert ou manifestation sportive). Congés : août. Formules et menus 14-18 € déj sem, puis 29-38 € ; carte env 50 €.* L'enseigne fait référence à l'équipe de France de handball, championne du monde en 1995. Tenu par une bande de barjots, d'anciens copains (accessoirement anciens champions de rugby, de hand, voire de pétanque !), c'est un repaire de gourmands sportifs au solide appétit ! Une halte de choix pour tous ceux qui veulent éviter le centre, ou assistent à une manifestation en face. L'ambiance est plus récréative et conviviale qu'intime, on s'en doute. Cuisine dans l'air du temps, à la fois copieuse et variée. Mais rien ne vous oblige à jouer les 3 mi-temps !

De prix moyens à chic

L'Atelier *(plan B2, **14**) : 59, rue de la République. ☎ 04-79-70-62-39. • restaurantlatelier@orange.fr • ♿ Tlj sf dim-lun. Congés : 1re sem de janv et 2de quinzaine d'août. Le midi, formule 18 € et menu 21 € ; le soir, menus 32-40 € ; mar soir, formule tapas 22 €.* Malgré son parcours auprès de chefs renommés (Ducasse, Senderens, Bocuse) et de nombreuses ouvertures de palaces, dont *Le Kilimandjaro* à Courchevel, Gilles Hérard est plus heureux aujourd'hui dans cet ancien atelier ayant appartenu au père Opinel que dans ses anciennes brigades. Il retrouve du plaisir à travailler vite et bien, plus simplement, sans artifices. Plus proche de sa clientèle en partageant plus de plaisir, de sincérité. La sagesse de la quarantaine !

L'Émulsion *(plan A2, **16**) : 41, rue Jean-Pierre-Veyrat. ☎ 04-79-84-24-15. • gauthier.ba@gmail.com • ♿ Tlj sf dim-lun. Congés : août. Formule déj sem 20 €, menu 37 €. Apéritif offert sur présentation de ce guide.* Un décor zen, sobre et frais, en parfait accord avec la cuisine. Le tout jeune chef privilégie une carte courte (voire très courte le midi avec un choix unique), l'approvisionnement local et les produits de saison. Un gage évident de fraîcheur ! Les recettes sont légères, créatives et gourmandes, mettant à l'honneur aussi bien la féra que le bœuf ou les légumes anciens. Idéal à midi ! On peut regretter néanmoins l'absence de terrasse.

Côté Marché *(plan B2, **17**) : 60, rue Vieille-Monnaie. ☎ 04-79-85-04-35. • contact@cotemarche-restaurant.com • Fermé dim-lun. Menus 32 € (déj sem, avec un verre de vin) et 58 €.* Allez savoir pourquoi les chefs quittent *Le Kilimandjaro* à Courchevel, hôtel prestigieux s'il en est, pour ouvrir leur resto à Chambéry. Envie de sincérité, d'authenticité ? C'est en tout cas le choix d'Alexandre Ongaro, jeune chef fou de produits, qui a décidé d'ouvrir dans sa ville natale ce « restaurant, table et épicerie » (les produits utilisés non seulement sont vendus mais font partie du décor). Cuisine épurée, axée sur le goût, le produit, la cuisson, le savoir-faire d'un vrai chef.

Où manger une glace ? Où boire un verre ? Où sortir ?

L'activité nocturne se concentre autour de la place Monge et du carré Curial (plusieurs résidences étudiantes sont installées dans le coin).

On trouvera par exemple le ***Charly's Pub*** *(371, av. de la République ; fermé dim)* au décor plus vrai que nature, ainsi que la paire gagnante « *music and dance* » du moment, les discothèques « intégrées » ***L'Opéra, V.I.P.*** et ***Le RDC,*** dans le carré Curial. Dans ce même carré Curial, le ***Brock'Art Café*** dont on aime bien l'ambiance relax et, comme son enseigne l'annonce, les fréquentes expos et autres concerts rock.

Dans la vieille ville, testez les terrasses du ***café du Théâtre*** *(pl. du Théâtre)* ou du ***O Cardinal's*** *(5, pl. Métropole ; devant la cathédrale ; café offert côté resto sur présentation de ce guide),* pub ouvert tous les jours proposant une cuisine de brasserie le midi en semaine. On peut également passer un bon moment à ***L'Arbre à Bières*** (voir « Où manger ? »). Autre lieu de rendez-vous pour les jeunes : ***Le Wall Street Café*** *(20, av. des Ducs-de-Savoie ; tlj 18h-1h30),* bar d'ambiance et déco tendance.

La Sibérienne : *9, rue Doppet. ☎ 04-79-44-87-28. • info@*

CHAMBÉRY

lasiberienne-glaces.com • Tlj sf lun 11h-22h en été ; le reste de l'année, mar-sam 12h-18h30 ; ouv aussi dim mai-oct 14h30-18h30. Dans une salle discrètement design, les très bonnes glaces artisanales d'une petite entreprise créée dans les années 1950 par une famille italienne. Autre boutique à Aix-les-Bains *(42, bd Pierpont-Morgan).*

Où acheter de bons produits ?

Le marché *(plan A2)* **:** *les matinées des mar, mer, ven et sam (le plus important), dans le nouvel îlot commercial des Halles et tt autour, pl. de Genève.* Le bâtiment des Halles et la place Henri-Dunant *(plan A2)* ont été entièrement réaménagés et transformés en un véritable espace commercial bien plus attractif. On y retrouve désormais les grandes enseignes (inter)nationales, un cinéma multiplex, un resto... Tandis qu'au marché, toujours populaire et très animé, on pourra faire le plein de bons produits savoyards. Ne pas rater le traditionnel café (ou petit déjeuner) au ***café Folliet*** (héritier d'une grande dynastie de torréfacteurs), à l'angle de la place du Marché et de la rue de Maistre.

Cédric Pernot – Au Fidèle Berger *(plan B2,* ***21****)* **:** *15, rue de Boigne. ☎ 04-79-70-22-62. Fermé dim ap-m et lun.* Pâtisserie-chocolaterie. Une institution que ce salon de thé Empire installé depuis 1832 sous les arcades de la rue. Clientèle un brin huppée, atmosphère guindée et l'accueil qui va avec. Mais, parmi d'autres confiseries, de fameuses truffes au chocolat dont l'origine est, rappelons-le, chambérienne (elles furent inventées ici en 1895).

Confiserie Mazet *(plan A2,* ***22****)* **:** *2, pl. Porte-Reine. ☎ 04-79-33-07-35. Fermé dim et lun mat.* Encore une institution : son caramel rond (pas moins de 9 parfums : chartreuse, violette, noisette...) est né à Chambéry en 1820. Goûter aussi les muscadines, les tommes aux myrtilles (ganaches) ou encore les ducs de Savoie.

Pâtisserie Fauge *(plan A2,* ***23****)* **:** *6, pl. de Genève. ☎ 04-79-33-36-77. Fermé dim ap-m.* Pour le sucré, le « flocon de neige des Alpes » (un enrobage de chocolat qui cache un subtil mélange de pâte d'amandes et de noix parfumée au Grand-Marnier). Pour le salé, le fameux « pâté de Chambéry » (en croûte de veau, et qui se mange chaud et en sauce).

À voir

Pour découvrir Chambéry et ses principaux monuments, on ne peut que vous encourager à suivre (de mai à mi-septembre, mais aussi certains week-ends et vacances scolaires) l'une des passionnantes visites guidées proposées par le service Ville d'art et d'histoire de Chambéry Tourisme et Congrès, dans le cadre du label Ville d'art et d'histoire *(6 € ; réduc ; gratuit jusqu'à 12 ans).* Tous renseignements à l'office de tourisme ou auprès du CIAP, sis à l'hôtel de Cordon (voir plus loin).

Curiosité : *le trompe-l'œil.* Technique très développée à Chambéry que l'on retrouve dans les églises (Sainte-Chapelle, Cathédrale...) sur les façades des maisons et hôtels particuliers, dans les montées d'escaliers...

Le musée des Beaux-Arts *(plan A1)* **:** *pl. du Palais-de-Justice. ☎ 04-79-33-75-03. • musees.chambery.fr • Tlj sf mar et j. fériés 10h-12h, 14h-18h. Entrée : 3 € (5,50 € en cas d'expos temporaires) ; réduc ; gratuit le 1er dim du mois.* Installé dans l'ancienne halle aux grains, le musée présente des tableaux superbement mis en valeur grâce à la lumière naturelle, que laisse filtrer la verrière. C'est le cas de la magnifique collection de peintures baroques italiennes (la deuxième en France après le Louvre), avec de spectaculaires toiles de l'école de Naples : *La Mort de Didon* de Mattia Preti ou une *Descente de Croix* de Francesco Solimena.

Le rez-de-chaussée accueille quelques œuvres contemporaines. Dans les deux étages, le parcours est ensuite chronologique (si aucune exposition temporaire ne vient gentiment bousculer les accrochages !) : des primitifs de Savoie à l'école savoyarde du XIXe s en passant par la Renaissance, le baroque italien donc et le néoclassicisme. Ne manquez pas non plus la galerie de portraits et la *Rixe des musiciens* de Georges de La Tour, pleine de vivacité.

La fontaine des Éléphants *(plan B2)* **:** une fontaine où trônent quatre moitiés d'éléphants d'Asie (on l'appelle ici « fontaine des quatre-sans-cul ! »), récemment restaurés. Bizarre monument élevé en 1838 pour rendre hommage au général de Boigne (Le Borgne, de son vrai nom), mercenaire et bigame qui a consacré une bonne partie de sa fortune, acquise aux Indes, à embellir sa ville. On ne peut pas dire que les habitants de Chambéry ont eu la mémoire courte envers celui que les manuels continuent d'appeler leur bienfaiteur (il faut dire qu'il a aussi construit le théâtre, le lycée, la maison de retraite, etc.). La statue du dernier nabab chambérien culmine au sommet d'une colonne en forme de tronc de palmier et regarde vers la rue qu'il a fait percer.

La rue de Boigne *(plan A-B2)* **:** percée à la demande du général de Boigne, une longue (pour la ville) artère très rectiligne mais joliment bordée d'arcades. C'était le rendez-vous mondain de la ville au XIXe s. Il en reste encore un petit quelque chose (voir plus haut « Où acheter de bons produits ? »), même s'il n'y a plus de grands cafés pour étaler leurs terrasses sous les arcades.

Le château des ducs de Savoie (plan A2) **:** ☎ *04-79-33-42-47. Visite guidée slt ; infos à l'office de tourisme ou auprès du CIAP, horaires des visites variables. GRATUIT.*

Vu de la place, il a encore fière allure. Le château féodal des sires de Chambéry, devenu résidence des comtes et ducs de Savoie de 1295 à 1563 puis des rois de Piémont-Sardaigne (il abrite désormais la préfecture et le conseil général de Savoie), a subi les caprices de ses propriétaires successifs comme ceux du temps. Résultat, il juxtapose joyeusement styles et époques. Les parties les plus anciennes, comme l'imposante tour semi-circulaire ou la tour Trésorerie, datent du XIVe s, le bâtiment de la Chambre des comptes (où, à l'automne 1731, un certain Jean-Jacques Rousseau s'ennuyait prodigieusement à la confection du cadastre) du XVIe s, le bâtiment de la préfecture reconstruit au XIXe s dans la cour d'honneur est de styles Premier et Second Empire, et la Sainte-Chapelle est du début du XVe !

– *Les salles basses :* impressionnantes caves (fin XIIIe-début XIVe s) situées sous le jardin, à côté de la tour Trésorerie. Immenses voûtes en berceau, sous lesquelles les préfets conservaient autrefois leurs bonnes bouteilles de vin !

– *La Sainte-Chapelle :* on y trouve la copie du saint suaire et de superbes vitraux.

– *Le carillon :* le plus grand de France ! 70 cloches de 42 tonnes ! Le son en est parfait car les cloches ont toutes été fondues en même temps et s'accordent parfaitement... Concert les 1er et 3e samedis du mois à 17h30.

PRÊTER, C'EST DONNER

Si la chapelle du château de Chambéry est sainte, c'est parce que le saint suaire y a été déposé en 1502. Mais la relique fut prêtée à Turin en 1578. Grave erreur ! Elle ne fut jamais restituée. Du coup, l'évêque de Turin a fait un geste, à Pâques 2010 : il a offert une copie à l'identique du suaire...

Le vieux Chambéry *(plan A2)* **:** *on vous encourage une nouvelle fois à suivre une visite guidée et ce d'autant plus que beaucoup d'hôtels particuliers ont souvent porte close.* Tout le centre pourrait mériter l'appellation, mais c'est au pied du château, dans ce lacis de petites rues, que Chambéry ressemble le plus à ce qu'il devait être quand les ducs de Savoie y avaient résidence. La *rue Basse-du-Château* (du XIVe s) est jalonnée d'étals de pierre (dits « banches ») et de vieilles boutiques (au n° 56 notamment). Elle est traversée par le dernier passage aérien au-dessus d'une rue de la ville. On trouvera aussi, *rue Trésorerie* (au n° 10), une boutique du XVe s. *Rue Juiverie* s'alignent des hôtels particuliers. Un peu plus loin, la *rue de Lans* est si étroite que les toits des maisons se touchent presque.

La place Saint-Léger *(plan A-B2)* **:** une fausse place, puisque, à l'origine, il s'agissait de deux rues parallèles séparées par un canal de l'Albanne, rivière aujourd'hui recouverte. C'est pourtant le cœur de la ville. Quelques sobres mais beaux hôtels particuliers. Au n° 60 (au-dessus du magasin *Roche Bobois*), remarquable horloge solaire du XIXe s accrochée à la façade de l'*hôtel Chollet du Bourget* (une méridienne du temps moyen indique midi le premier jour de chaque mois) ; au n° 130, au-dessus d'un tabac, la *maison Dieulefis* dont la superbe façade Renaissance, construite en fragile molasse, a miraculeusement traversé les siècles depuis le XVIe s. Jean-Jacques Rousseau y donnait des leçons de musique à une jeune voisine qu'il redoutait fort de trouver « en déshabillé » (sacré Jean-Jacques !).

Les allées *(plan A-B2)* **:** c'est de part et d'autre de la place Saint-Léger que partent la plupart des allées. Un labyrinthe tracé au travers de la ville qui permettait autrefois aux habitants de gagner au plus vite les murailles en cas d'attaque. Comme les Lyonnais le font avec les traboules, les Chambériens les utilisent encore aujourd'hui pour passer plus vite d'une rue à l'autre. N'hésitez pas à pénétrer, au hasard, sous un porche : le plus souvent, un couloir le prolonge, puis une étroite galerie, qui s'évase en une cour ou deux, redevient obscur boyau avant de déboucher sur une rue passante. Et prenez votre temps : façades fatiguées par les années ou murs peints en trompe l'œil, arrière-boutiques, cours d'hôtels particuliers, les allées cachent de bonnes surprises.
Place Saint-Léger, quelques entrées dans ce monde un peu secret : aux nos 141-147, on franchit le passage couvert de l'ancien *hôtel des comtes de Montjoye* (XVIIe s), restauré par le général de Boigne au XIXe s. Belle volée de marches dans la deuxième cour, dans une tour carrée. Au-delà, un dédale conduit à un autre hôtel particulier, l'*hôtel Lambert de La Croix.* Dans le passage a été installée une étonnante porte de pierre du XVIe s (rescapée des bombardements de 1944), aux mystérieux ornements et à la non moins mystérieuse inscription latine (assez effacée)... Aux nos 61-67, un passage voûté conduit à l'*îlot de l'Horloge,* bel exemple de rénovation urbaine réussie, avec une façade qui, une seconde, fait illusion. Mais c'est un trompe-l'œil...

La rue Croix-d'Or *(plan B2)* **:** c'était, à l'époque du duché de Savoie, l'artère aristo-chic de la ville. Elle aligne encore aujourd'hui les façades colorées de beaux hôtels particuliers, des XVe et XVIe s. Au n° 18, l'*hôtel Castagnery de Châteauneuf,* datant quant à lui du XVIIe s, offre, au fond de la cour, le remarquable exemple d'un artisanat que Chambéry a quasiment élevé au niveau d'art : la ferronnerie ; dommage que la cour serve de parking... Juste en face, l'*hôtel de Bellegarde,* à la belle façade du XVIIIe s.

Le Centre d'Interprétation de l'architecture et du patrimoine **(CIAP** ; *plan B2)* **:** *dans l'hôtel de Cordon, 71, rue Saint-Réal. ☎ 04-79-70-15-94. Mai-sept, tlj sf lun 10h-12h, 14h-18h (non-stop en juil-août) ; oct-avr, tlj sf lun 14h-17h. GRATUIT.*
La visite de l'hôtel de Cordon est l'occasion de pénétrer dans l'un des magnifiques hôtels particuliers qui font la fierté de Chambéry ; si sobres à l'extérieur et si richement décorés à l'intérieur. Le rez-de-chaussée accueille et renseigne les visiteurs. On y trouve également une salle de conférences et un centre de documentation. C'est en outre le point de départ des visites guidées du centre ancien et des visites combinées centre ancien-château et une annexe de l'office de tourisme.
À l'étage, dit « noble », une belle expo relate les différentes campagnes de restauration, de mise en valeur et de restitution du patrimoine de la ville, en se concentrant sur sept chantiers emblématiques du secteur sauvegardé. Une maquette montre tout ce qui fait la particularité du patrimoine de Chambéry, à savoir un

dense réseau d'allées et de canaux, un parcellaire en lanières, une nappe phréatique affleurant, les travaux entrepris par de Boigne... L'expo s'intéresse aussi à l'époque moderne, aux croissances et mutations que connut Chambéry ces dernières décennies.
Cordon expose une sublime série de papiers peints en grisaille représentant les amours de Cupidon et de Psyché. Maquettes, photos, projections, documents audio, etc. complètent la visite. En guise de conclusion, une dernière salle, conçue comme un cabinet de curiosités, ouvre une fenêtre vers le présent, le futur...

Le Musée savoisien *(plan B2)* ***:*** *sq. de Lannoy-de-Bissy. ☎ 04-79-33-44-48. • musee-savoisien.fr • Ouv 14h-18h. GRATUIT. Fermé pour travaux jusqu'à fin 2019 (mais l'accueil et le cloître restent accessibles lun-ven 8h30-12h, 14h-17h30).* Rendez-vous dans le cloître pour la Nuit des musées, la fête de la Musique, les Fins de semaines agitées, les Journées européennes du patrimoine.

La cathédrale Saint-François-de-Sales *(plan B2)* ***:*** *sur la pl. de la Métropole, très agréable aux beaux jours. ☎ 04-79-33-25-00. Lun-sam 10h-12h, 14h-17h (18h juin-nov) ; dim 15h-19h. Entrée libre.*
Sa belle façade gothique a été rénovée (et ça se voit !). Superbes portes sculptées du XVIIe s. De l'extérieur, ses dimensions semblent bien modestes pour une cathédrale ! Et pour cause : à l'origine (XVe s) église d'un couvent de franciscains, elle n'est cathédrale que depuis 1777, quand Chambéry, savoyarde, arracha au pape un statut d'évêché dont les rois de France ne voulaient pas (Chambéry dépendait de l'évêque de Grenoble, or le Dauphiné, à l'époque, était déjà français). Quant à son clocher, il fut rasé à la Révolution ! Pourtant – Chambéry, capitale de l'illusion d'optique ! –, chœur et nef paraissent démesurément grands ! Et le plafond, 6 000 m^2, n'est que volutes et arabesques néogothiques délicatement sculptées par... un peintre ! C'est encore un trompe-l'œil, en grande partie œuvre de Casimir Vicario, en 1833. Et franchement, dans la semi-pénombre, l'illusion tarde à se dissiper (là, on vient de vous faire économiser l'euro que coûte l'éclairage). Statue en bois de Notre-Dame-du-Pilier (protectrice de la cité et très vénérée) sur un... pilier devant la chapelle du même nom du XVe s. Elle n'a jamais quitté l'église.
Le grand orgue romantique est classé Monument historique. Des concerts sont régulièrement donnés et de début juillet à mi-septembre, des auditions publiques (libre participation aux frais) le dimanche à 17h30. Elles sont précédées, à 17h, d'une visite guidée de la cathédrale. *• amisdelorgue.fr •*
– Le ***petit trésor*** *de la cathédrale : visites (GRATUIT) 15 mai-30 sept, sam 15h-17h. Entrée par le bas-côté gauche de la cathédrale, à l'intérieur, juste avt la sacristie.*
Renferme des objets liturgiques assez exceptionnels (diptyque en ivoire du XIIe s d'inspiration byzantine, pyxide en émail du XIIIe s) et statuaire (*Nativité* en bois polychrome du XVe s).

Le quartier Curial *(plan B2)* ***:*** l'abandon en 1975 par l'armée de deux anciennes casernes a entraîné un bouleversement complet de ce quartier, où une architecture résolument contemporaine a trouvé sa place et où se concentre désormais la vie culturelle et étudiante.
– Le carré Curial : ancienne caserne édifiée en 1802 sur le modèle des Invalides. D'une rigueur toute militaire. Cour centrale bordée d'arcades, façades aux murs ocre rouge, qui accueillent la plupart des lieux de nuit de la ville, presque trop vaste mais d'un calme impérial (doit-on écrire « napoléonien » ?) dans la journée, en plein centre-ville. Yves Boisset y a tourné en 1980 les principales scènes d'*Allons z'enfants,* violent réquisitoire contre la discipline des écoles d'enfants de troupe, qui a fait grincer quelques dents à Chambéry comme ailleurs.
– L'Espace culturel André-Malraux : œuvre du célèbre architecte tessinois Mario Botta (1987). Nos lecteurs branchés architecture contemporaine apprécieront le travail sur les volumes... Abrite une salle de spectacle de 1 000 places et un cinéma.

– Accolé au carré Curial, le ***Bateau-Livre,*** œuvre architecturale (1992) de son compatriote et complice Galfetti, accueille la *médiathèque Jean-Jacques-Rousseau* et la *galerie Eurêka,* centre de culture scientifique technique et industrielle d'initiation pour un nouveau regard sur la montagne. Particulièrement intéressant avec les enfants. *Pour les horaires : ☎ 04-79-60-04-04 (médiathèque) ou 25 (Eurêka).*

– ***Le Manège :*** annexe de l'ancienne caserne de cavalerie. Transformé en centre de congrès. On applaudit des deux mains la reconversion : ce bâtiment néo-classique a été prolongé d'une façade de verre et de métal, œuvre de Morisseau (1992), qui ressemble à une gigantesque serre avec ses quatre grands palmiers.

Les Charmettes – Maison de Jean-Jacques Rousseau *(hors plan par B2) :* *890, chemin des Charmettes. ☎ 04-79-33-39-44. • musee-chambery.fr • À 1,5 km du centre. Accès fléché depuis la pl. Monge. On peut aussi y monter à pied (30 mn) depuis le parc de la Calamine, derrière le carré Curial. Tlj sf mar et j. fériés 10h30-18h ; 2 déc-20 mars, w-e slt 10h-16h30. GRATUIT. Possibilité de visites guidées ou audioguidées, parcours multimédias sur smartpones ou tablettes. Expos temporaires.*

Vue de l'extérieur, la petite maison à flanc de vallon est sûrement telle que Jean-Jacques Rousseau l'a découverte au cœur de l'été 1735, quand il y débarqua dans les bagages de Mme de Warens. Posez-vous dans le jardin de curé, reconstitué avec ses herbes médicinales et ses légumes d'un autre siècle, ou dans le verger, et ouvrez les *Confessions* (Livres V et VI) ou les *Rêveries d'un promeneur solitaire* (10e promenade). Rousseau y évoque ce séjour et le bonheur d'être avec celle qui était sa maîtresse mais qu'il appelait « maman » (intéressant !).

La maison se visite, bien sûr. Les pièces ont changé mais peu : un papier peint à la main du XVIIIe s sur les murs autrefois simplement blanchis à la chaux, mais pas de fausses poutres ni de formica. La chambre de Jean-Jacques (alias « Petit » ou « Petit Chat » !) est presque intacte, tout comme la mansarde où était relégué son serviteur...

Comme l'a écrit Lamartine, *Les Charmettes,* « pour les poètes, c'est la première page de cette âme qui fut un poème, pour les philosophes, c'est le berceau d'une révolution, pour les amants, c'est le nid d'un premier amour ».

Manifestations

– ***Les Nuits de la roulotte :*** *fin janv, début fév. • lesnuitsdelaroulotte.com •* Festival tsigane.

– ***Tour du monde au Manège (centre des congrès) :*** *fin mars.* 40 stands tenus par les étudiants étrangers de la ville pour faire découvrir leurs pays.

– ***Grande braderie de Chambéry :*** *2 fois/an, les derniers w-e d'avr et de sept (la soirée et la nuit du sam plus le dim dans la journée).* Immense marché aux puces, marché forain et braderie des commerçants.

– ***Festival du Premier Roman :*** *fin mai-début juin. Rens : ☎ 04-79-60-04-48. • festivalpremierroman.com •* C'est le seul festival où les auteurs invités sont choisis par les lecteurs. Chaque année, ils accueillent une vingtaine d'auteurs de premiers romans francophones et étrangers. Durant 3 jours, plus d'une centaine d'événements : tables rondes, apéros, lectures, dédicaces...

– ***Été Show :*** spectacles d'animations estivales, gratuits et en plein air, « fête des Éléphants », *1er ven de juil.*

– ***Estivales en Savoie :*** *de mi-juin à juil, dans la cour d'honneur du château. • estivalesensavoie.fr •* Spectacles gratuits de théâtre, danse, musique, opéra.

– ***Bel-Air Claviers Festival :*** *mi-sept. • rencontresbelair.com •* Musique classique avec les plus grands pianistes, organistes, clavecinistes...

– ***Festival international de la B.D. :*** *1er w-e d'oct. • chamberybd.fr •* Une cinquantaine d'auteurs dédicacent leurs ouvrages. Un des plus importants rendez-vous bédéphiles de France.

LE MASSIF DE LA CHARTREUSE

Entre Grenoble et Chambéry, voici le plus petit des massifs préalpins. Un nom connu surtout pour sa célèbre liqueur fabriquée par les moines de la Grande Chartreuse (voir le *Routard Isère, Alpes du Sud*). Classé parc naturel régional depuis 1995. Paysages certes un peu austères, surtout à cause des grandes forêts sombres de conifères (50 % du massif). On y retrouve les strates d'arbres classiques : tout en bas, le hêtre (à partir de 600 m), puis le sapin et l'épicéa (de 800 à 1 600 m), enfin le pin à crochet.
Pour les amoureux du « hors des sentiers battus », l'aubaine ! Avec de nombreuses routes forestières peu fréquentées et chemins de randonnée, dans des paysages verts et frais à souhait. Venez pour les mêmes bonnes raisons que les moines chartreux, qui s'y connaissaient en choix de sites sauvages propices au recueillement et à la méditation... Nous traitons dans ce guide la partie savoyarde du massif.
– En plus des cartes IGN (série Top 25, n°s 3333 et 3334 OT, respectivement nord et sud), une carte de randonnée (au 1/35 000) du massif de la Chartreuse est disponible aux éditions Didier Richard.

LES ENTREMONTS-EN-CHARTREUSE

(73670) *Carte Savoie, A3*

Dominée par l'imposante silhouette du mont Granier (voir le chapitre « La Combe de Savoie »), une riante vallée coupée en deux par la frontière départementale et semée de villages encore authentiques (Corbel dont l'église a été décorée par Arcabas, le Désert, le Château...).

ENTRE DEUX

Un particularisme, héritage du tracé de l'ancienne frontière entre Dauphiné et Savoie : il y a deux Saint-Pierre-d'Entremont au fond de la vallée ; deux villages, deux mairies, deux églises, mais une seule poste, côté savoyard.

Adresse utile

i *Office de tourisme :* *73670* ***Saint-Pierre-d'Entremont.*** *☎ 04-79-65-81-90. • chartreuse-tourisme.com • Ouv tte l'année.* Abrite également un relais du parc. Carte en relief du massif, expo et vente de produits artisanaux.

Où dormir ? Où manger ? Où boire un verre dans le coin ?

Chalet du Cirque de Saint-Même : *Saint-Même-d'en-Haut, 73670* ***Saint-Pierre-d'Entremont.*** *☎ 04-79-65-89-28. • chaletducirque@*

wanadoo.fr • chalet-hotel.com • Ouv tte l'année sur résa, sf oct. Double 62 €. ½ pens 57 €/pers. Menu 21 €. L'ancienne maison forestière du début du XXe s (qui, à 10 m près, sur l'autre rive du Guiers, serait en Isère !) est partie en fumée il y a quelques années. Dans ce même joli site, face à la rivière et au cirque, s'élève aujourd'hui un bâtiment moderne mais dans le même esprit. Chambres mignonnettes, certaines de plain-pied avec terrasse. Salle à manger tout de bois revêtue, joliment aménagée autour de la cheminée. Décor parfait pour profiter au mieux des nombreuses spécialités montagnardes : raclette fumée, diots aux crozets, jaille, tourte au reblochon... Terrasse ombragée dès que le soleil fait de l'œil. Espace de jeux pour les enfants, bons tuyaux sur les activités du coin.

À voir. À faire dans le coin

***Les gorges du Guiers-Vif :** à l'est de Saint-Pierre par la D 520c.*
Très spectaculaire en certains endroits, en particulier, au ***pas du Frou*** (*frou* signifie « effrayant » en patois), où la route est taillée en encorbellement dans la paroi rocheuse et surplombe de 150 m le Guiers-Vif. Celui-ci fut longtemps la frontière entre l'État sarde et la France (aujourd'hui, entre l'Isère et la Savoie).
Juste après le pas du Frou, une route à droite conduit au foyer de ski de fond de *La Ruchère* (en Isère). À la sortie de *Saint-Pierre-d'Entremont,* une autre route (la D 102b cette fois) mène au château, point de départ de superbes randonnées, notamment vers le *col de Bovinant,* pour accéder au *Grand Som.*
Au débouché du très étroit et sauvage défilé de l'Échaillon, une arche de pierre est jetée sur le Guiers : c'est le *pont Saint-Martin,* appelé « pont romain », qui date, c'est sûr, plutôt du Moyen Âge.

***Le cirque de Saint-Même :** à env 4 km à l'est de Saint-Pierre-d'Entremont.*
Un site exceptionnel et superbement préservé. Cirque entouré de falaises de calcaire de 400 m de haut, entrecoupées de petites plates-formes verdoyantes, appelées ici « sangles ». C'est là que naît le Guiers-Vif, qui tombe en deux belles cascades.
➢ Pour s'y rendre à pied de l'office de tourisme de Saint-Pierre-d'Entremont, prendre, à la tour d'Infernet, le sentier en direction des Bandets-Saint-Même-d'en-Bas (balisage jaune) puis Saint-Même-d'en-Haut (balisage rouge et jaune). Retour à Saint-Pierre-d'Entremont par le tour de Chartreuse (balisage rouge et jaune). Compter 3h aller-retour. En voiture, parking payant à l'entrée du cirque en été ainsi que les week-ends et jours fériés de mai à septembre.
Après le parking, passer devant l'auberge, puis suivre au choix le *tour du Cirque* (30 mn) ou le *sentier des Cascades* (1h30) ; prévoir des chaussures de marche. La première s'appelle la « Pisse du Guiers ». On monte par la rive droite et on revient par la rive gauche du Guiers-Vif (dénivelée d'environ 170 m).

***Le musée de l'Ours des cavernes en Chartreuse :** 73670 **Entremont-le-Vieux.** ☎ 04-79-26-29-87. • musee-ours-cavernes.com • À 5 km au nord-est de Saint-Pierre-d'Entremont par la D 912. Juil-août, tlj 10h-12h30, 14h-18h ; mai, juin et sept, 14h-18h, plus le mat dim et j. fériés ; oct-avr, pdt les vac scol tlj sf sam 14h-18h. Entrée : 5,50 € ; réduc, notamment sur présentation de ce guide ; gratuit jusqu'à 6 ans.* Espace moderne où l'on apprend tout ou presque de l'ours des cavernes (alias *Ursus spelaeus*), dernier géant de la préhistoire. Reconstitution d'un squelette complet (l'ourse Colombine !) qui donne une bonne idée de la stature de l'animal, et une foule de petites expériences scientifico-ludiques à réaliser (les enfants devraient aimer) : comparer des crânes pour différencier le mâle de la femelle, déterminer l'âge d'un ourson à partir d'une radiographie de sa mâchoire ou encore son régime alimentaire en étudiant la forme et l'usure de ses dents... Dans une reconstitution réussie du site, projection d'un film en 3D réellement spectaculaire : l'impression d'être un homme préhistorique se trouvant subitement nez à museau avec l'un de ces ours gigantesques. On peut prolonger la visite en profitant des aménagements extérieurs : cheminement ludique, aire de jeux et aire de pique-nique.

Les grottes du site de Saint-Christophe : *73360* ***Saint-Christophe-la-Grotte.*** *☎ 04-79-65-75-08. • animgrotte.com • Accès par les gorges du Guiers-Vif jusqu'aux Échelles, puis 4 km sur la D 1006 (direction Chambéry) jusqu'à* l'Auberge du Tunnel, *point de départ des visites. Ouv avr-oct : mer-dim 11h-18h et tlj vac scol zone A et juil-août 10h30-19h. Entrée : 8,50 € ; réduc ; gratuit jusqu'à 4 ans. Durée de la visite : env 1h30. Prévoir une petite laine !* Visite guidée de deux grottes. La plus impressionnante s'appelle le Grand Goulet, ample galerie souterraine qu'on découvre d'une passerelle accrochée à la paroi. Belles concrétions et autres marmites de géant.

➢ ***La voie sarde :*** *départ de l'*Auberge du Tunnel *(lire plus haut ; la visite des grottes emprunte d'ailleurs une partie de la voie sarde).* Petite balade (bien compter 30 mn aller-retour) à la découverte d'un site assez étonnant. Un large chemin qui descend doucement mais sûrement (il fallait, l'hiver, retenir avec des cordes les attelages qui l'empruntaient dans le sens de la montée) entre deux parois rocheuses. Une voie romaine empruntait déjà ce passage, élargi (à grands coups d'explosifs) à la demande de Charles-Emmanuel II, duc de Savoie, en 1665. Un monument impressionnant (et un peu incongru ici) a été élevé à sa mémoire au milieu du passage. Cette voie dite « sarde » est tombée en désuétude avec le creusement (à la demande de Napoléon en 1813) du tunnel qu'emprunte aujourd'hui la D 1006.

L'AVANT-PAYS SAVOYARD

Sûrement la moins fréquentée (hormis le lac d'Aiguebelette) des microrégions savoyardes. Mais quel bonheur de la découvrir à la belle saison… Aujourd'hui limitrophe avec l'Isère et l'Ain, hier zone frontière entre la Savoie et la France, ce paysage de moyenne montagne semble encore bruire des exploits du célèbre contrebandier Mandrin. Moyenne montagne accessible, montagne douce… mais sensations fortes néanmoins !
Porte d'entrée en Savoie depuis l'ouest, terrain de jeu des amateurs de nature préservée, cet avant-pays est d'une extraordinaire diversité : c'est en fait le seul territoire à posséder à la fois un lac, un fleuve – le Rhône – et des rivières offrant des itinéraires aquatiques inédits.
Un pays à (re)découvrir, si l'on vient de Paris, des vallées de Chartreuse et des Entremonts, au sud, à Yenne au nord, en passant par Saint-Genix-sur-Guiers et le lac d'Aiguebelette.

Infos utiles

Avant-Pays Savoyard Tourisme : *ttes les infos touristiques sur le site • avant-pays-savoyard-tourisme.com •* Brochures dans les 6 offices de tourisme du secteur : Yenne, Saint-Genix-sur-Guiers, Pont-de-Beauvoisin, lac d'Aiguebelette, Les Échelles, Saint-Pierre-d'Entremont. Pour les enfants, un programme estival d'animations spécifique, disponible dans chacun d'eux.

– ***Le Pass futé :*** gratuit, il permet d'obtenir des entrées à tarifs privilégiés sur des sites culturels, activités sportives et produits locaux. Disponible sur les sites partenaires et dans tous les offices de tourisme.
– ***La ViaRhôna :*** portion de la voie cyclable (en cours de réalisation) qui reliera Genève à la Méditerranée. Une cinquantaine de kilomètres le long du Rhône sont déjà accessibles sans difficulté entre Yenne et Saint-Genix. Itinéraire à télécharger sur le site ou disponible dans les offices de tourisme.
– ***Le classeur des randonnées :*** 39 randonnées pour découvrir le pays, à commander sur le site internet ou sur place dans tous les offices de tourisme (12,50 €).

LE LAC D'AIGUEBELETTE

Carte Savoie, A2

À l'ouest de Chambéry, par l'A 43 pour les plus pressés, par la sinueuse mais superbe route du col de l'Épine (D 916) pour les autres. Le plus petit des grands lacs savoyards, mais le troisième plus grand lac naturel français. Plus jurassien qu'alpin, d'ailleurs. Apprécié depuis toujours ou presque (quelques vestiges de villages palafittiques en témoignent). Mignon dans son écrin de montagnes, avec ses deux petites îles dont l'une porte une chapelle, nature (les bateaux à moteur thermique y sont interdits) et cerné de villages paisibles. Dommage cependant que les prix pratiqués sur ses rives soient un peu excessifs en saison.
Évidemment, on peut s'adonner à toute une panoplie de sports : rando aquatique, à cheval (ou à pied), canyoning, parapente, pêche, aviron (avec les championnats du monde en 2015)... et faire de jolies balades autour des deux ports d'Aiguebelette (rive sud) et de Nances (juste à la sortie de l'autoroute). Le lac s'est engagé dans une démarche écotouristique exemplaire, aussi bien au niveau des hébergements et de leur adaptation, des outils de découverte du milieu (Maison du lac), de la valorisation des circulations douces (parcours piétons et vélos, bateau solaire) et des sports doux que de la mise en valeur du patrimoine paysager, agricole et gastronomique. Classé en réserve naturelle régionale en mars 2015.

SUR LES PAS DE SAN-ANTONIO

La base d'aviron de Novalaise a aujourd'hui intégré la villa que s'était fait construire Frédéric Dard. Une maison presque futuriste pour l'époque, plantée sur ces rives où le père de San-Antonio s'était réfugié pendant la Seconde Guerre mondiale pour fuir Lyon sous la coupe de Klaus Barbie. Dans certaines pages de Tango chinetoque, *Frédéric Dard se souvient de son passage ici.*

Adresse et info utiles

Office de tourisme du lac d'Aiguebelette : *Maison du lac, Cusina, 73470* ***Nances.*** *☎ 04-79-36-00-02. • lac-aiguebelette.com • Mai-sept, tlj 9h30-12h30, 14h30-18h30 (19h w-e, juil-août 9h30-20h) ; oct-avr, lun-ven 9h-12h, 14h-17h30.*

Gare SNCF : *à* ***Lépin*** *et* ***Aiguebelette-le-Lac.*** *☎ 36-35 (0,34 €/mn).* Sur la ligne Lyon-Chambéry. Quelques liaisons/j. pour les 2 villes, en train ou bus SNCF, surtout depuis Lépin.

Où dormir ? Où manger autour du lac et dans les environs ?

Campings

Le Curtelet : *73610* ***Lépin-le-Lac.*** *☎ 04-79-44-11-22. • lecurtelet@orange.fr • camping-le-curtelet.com • À 1,5 km à l'ouest de Lépin par la D 921d. Ouv de mi-mai à mi-sept. Compter 15,70-19,70 € pour 2. CB refusées.* Camping de taille moyenne, tranquille et familial, joliment arboré et au bord du lac. Les sanitaires sont récents et bien tenus. Plage.

Le Sougey : *rue Ouest, 73610* ***Saint-Alban-de-Montbel.*** *☎ 04-79-36-01-44. • info@camping-sougey.com • camping-sougey.com • À env 5 km au nord de Lépin, par la D 921d puis la D 921. Ouv du 1er mai à mi-sept. Compter env 20,50-28,80 € pour 2 selon saison. Loc de mobile homes et chalets 4-5 pers 305-765 €/sem selon saison.* Au bord du lac, un camping-base de loisirs assez international, aux emplacements bien délimités, raisonnablement ombragé et bien entretenu. Accès plage (surveillée et gratuite) à 100 m (embarcations à pédales, miniclub, snack). Également un resto, l'*Auberge du Sougey,* aménagé dans une ancienne grange restaurée, avec terrasse au-dessus du lac. Bonnes pizzas et, surtout, très bonne ambiance.

De bon marché à prix moyens

Chambre d'hôtes Les Grands Champs : *73610* ***Attignat-Oncin.*** *☎ 04-79-44-41-85. • cat@lesgrandschamps.fr • lesgrandschamps.fr • À 5 km au sud du lac par la D 921. Compter 67-71 € pour 2 selon saison, familiales 88-136 €. Formules dîner 12-18 €. Remise de 10 % sur le prix de la chambre (sf juil-août) sur présentation de ce guide.* À l'entrée du village, au bord de la route, une ancienne ferme entièrement rénovée, avec 3 chambres réparties de chaque côté de la maison. Ambiances différentes dans chacune (on passe de la « Savoyarde » à l'« Africaine »). C'est à l'étage que tout le monde se retrouve, en terrasse, à l'heure de l'apéro, pour refaire le monde, avant de se mettre à table. Du convivial, du copieux, en v'là ! Et les enfants ne sont pas oubliés (basse-cour, pré avec les ânes, étang paysager).

Les Belles Rives : *Le Port, 73610* ***Aiguebelette-le-Lac.*** *☎ 04-79-36-05-03. • lesbellesrives@wanadoo.fr • Congés : oct-avr. Formules et menus déj sem 15-18 € ; autres menus 22,50-37 €. Kir à la myrtille offert sur présentation de ce guide.* Une véritable institution des bords du lac, et ce depuis 1936 ! Avec sa terrasse ombragée et fleurie et sa jolie pagode presque posée sur le lac, le resto prend des airs de guinguette... Et un peu d'usine aussi, il faut l'avouer. Le week-end, c'est le grand rendez-vous des familles et des grandes tablées bruyantes et joyeuses (gare à vous si vous n'avez pas réservé ! – cela vaut d'ailleurs pour tous les restos du secteur). Cuisine correcte sans plus : fritures, poissons de lac, grenouilles (fraîches selon arrivage)...

À voir

La Maison du lac : *Cusina, 73470* ***Nances.*** *☎ 04-79-36-00-02. • maisondulac-aiguebelette.com • Sur la D 921d ; juste à la sortie de l'autoroute. Mai-sept, tlj 9h30-12h30, 14h30-18h30 (19h w-e et juil-août 9h30-20h) ; oct-avr, lun-ven 9h-12h, 14h-17h30. Dernier billet 1h avt la fermeture. Entrée : 5 € ; réduc ; gratuit jusqu'à 6 ans. Possibilité de billet groupé avec le musée Lac et Nature.* Muséographie très contemporaine, ludique et instructive (on y comprend, pour ne prendre qu'un exemple, ce qu'est ce curieux phénomène appelé le « retournement du lac »), avec des tiroirs à ouvrir, des interviews en vidéo (de l'hydrogéologue au

pêcheur de lavaret), de jolis films (dont un projeté sur de l'eau)... Parcours enfants sur les traces de Toug la Goutte.
Boutique de produits régionaux et salon de thé avec une très sympathique terrasse (côté lac, évidemment !).

Le musée Lac et Nature : *pl. de la Gare, 73610* ***Lépin-le-Lac.*** *07-81-82-27-50. • fapla.fr • De mi-juin à fin août, lun-sam 10h-12h, 16h30-19h. Entrée : 2 € ; gratuit jusqu'à 15 ans.* Un lieu associatif pour faire découvrir la richesse écologique de la région, et qui traite de géologie, histoire, faune et flore de fort pédagogique façon.

Sports et loisirs d'été

Baignade : les eaux du lac, à 373 m d'altitude, sont souvent très chaudes en été (jusqu'à 29 °C !). Une moitié du lac appartient toujours aux comtes de Chambost, l'autre à EDF. Les sept plages sont payantes l'été, les propriétaires des berges percevant un droit d'accès (mais au moins, en contrepartie, elles sont surveillées, aménagées et entretenues).

➢ ***Randonnées :*** *topoguides disponibles à l'office de tourisme. En vente également, une carte des circuits VTT.* Neuf circuits de randonnée autour du lac (par exemple, le *mont Grêle* au départ de Lépin-le-Lac ou d'Attignat-Oncin, et les *voies de l'épine,* au départ d'Aiguebelette...) et 45 en tout, à l'échelle de l'avant-pays savoyard.

– ***Pêche :*** *pour les vrais amateurs. ☎ 04-79-36-18-79. • aappma-aiguebelette.org •* L'AAPPMA propose des permis adaptés aux besoins de chacun et peut mettre à disposition des barques sans moteur pour partir à la découverte de ce lac glaciaire, le seul avec des îles, avec ses frayères au milieu. Demandez à Julien, le « gendarme du lac », les règles à suivre pour aborder au mieux ce lieu privilégié pour la pêche (omble chevalier, truite, lavaret, sandre).

– ***Parapente :*** *ZA du Goutier, 73470* ***Novalaise.*** *Avec* ***Aiguebelette Parapente*** *: ☎ 04-79-75-60-41. • aiguebeletteparapente.fr •* Baptêmes, vols biplaces. Planant...

– ***Sports nature :*** *avec* ***Vertes Sensations,*** *directement à la sortie d'autoroute à* ***Nances.*** *☎ 04-79-28-77-08. • vertes-sensations.com •* Escalade, canyoning, embarcations nautiques, *stand-up paddle,* location de vélos...

– ***Aviron :*** *☎ 04-79-26-55-50. • aviron-lac-aiguebelette.com •* Sans vent et sans courant, le lac s'y prête bien. Séances et stages d'initiation à la base internationale de Novalaise-Lac. Vous êtes ici dans la Mecque de l'aviron !

LE VAL GUIERS

Carte Savoie, A2

Le long du Guiers, petite rivière qui marquait autrefois la frontière entre Savoie et Dauphiné, dans un cadre naturel préservé, un territoire vraiment à part.
On croise quelques maisons en pisé (l'influence du voisin) et de gentils bourgs comme Saint-Genix-sur-Guiers (qui a vu naître une célèbre brioche) ou Pont-de-Beauvoisin. Dans cette cité double (un Pont-de-Beauvoisin sur chaque rive), jetez un coup d'œil (côté Savoie !) au joli tableau formé par le clocher de l'église surplombant les maisons en encorbellement au-dessus de la rivière.
Pays de contrebandiers, c'est aussi une région où les gourmands sont à la fête.

Adresse utile

Office de tourisme : *47, route de Pont-Beauvoisin, 73240* ***Saint-Genix-sur-Guiers.*** *☎ 04-76-31-63-16. • valguiers.com • Juil-août, tlj ; hors saison, tlj sf dim-lun.* Au départ d'un jeu de piste sur « La cité du gâteau », à faire en famille.

Où dormir ? Où manger dans le val Guiers ?

Hôtel des Bergeronnettes : *L'Église, 73240* ***Champagneux.*** *☎ 04-76-31-81-01. • gourjux@orange.fr • hotel-bergeronnettes.com • À 5 mn de Saint-Genix-sur-Guiers. Tlj sf dim soir hors saison. Double 78 € ; familiale 125 €. Formule déj sem 15 €, menu 30 €.* Sur les hauteurs du village, grande bâtisse pimpante, en pleine campagne. Un *Relais du Silence* idéal pour qui cherche une étape tranquille entre Lyon et Chambéry, ou veut découvrir les collines méconnues de l'avant-pays savoyard. Chambres très spacieuses, avec balcon, donnant pour la plupart au-dessus de la vallée du Rhône. Également 2 appartements pour les familles. Piscine couverte et chauffée toute l'année. Au resto, cuisine de femme franche et généreuse, dans la grande tradition.

Auberge campagnarde Ailloud : *1170, route de Joudin, 73240* ***Saint-Genix-sur-Guiers.*** *☎ 04-76-31-80-19. • contact@auberge-ailloud.fr • ♿ Dans un hameau à 2 km au sud-est de Saint-Genix-sur-Guiers, par la D 916a puis à gauche par la C 4 ou la C 16 (Joudin est indiqué). Tlj sf sam et le soir mar, mer, dim et j. fériés. Congés : sept et 24 déc-2 janv. Formule déj 15 €, menus 20-39 €. Apéritif maison offert sur présentation de ce guide.* Une adresse intemporelle, mélange entre la ferme-auberge (pour la généreuse cuisine familiale à base de produits du coin, pour la déco éminemment rustique des grandes salles) et le routier (pour l'accueil sans façons mais souriant, le service dans des plats en inox, l'addition qu'on règle au bar...). Grande terrasse.

Où acheter de bons produits ?

Gâteaux Labully : *pl. de l'Église, 73240* ***Saint-Genix-sur-Guiers.*** *☎ 04-76-31-63-02. Fermé lun. Congés : 3 sem de mi-fév à mi-mars et 3 sem fin juin-début juil.* Quitte à goûter au gâteau de Saint-Genix, ronde brioche à la fleur d'oranger et fourrée de pralines rouges, autant le faire dans la pâtisserie où la recette a été inventée en 1850... La maison, quant à elle, date de 1630 et confectionne toutes sortes de spécialités au bon goût de Savoie.

Coopérative laitière d'Avressieux : *au centre du village, 73240* ***Avressieux.*** *☎ 04-76-37-00-36. Accès par la D 1006 entre Pont-de-Beauvoisin et Saint-Genix-sur-Guiers. Tlj sf dim et j. fériés 9h-12h, 15h30-19h.* Espace de production et magasin de vente flambant neuf. Tomme de montagne, emmental, raclette... On ne peut rêver plus « en direct du terroir ».

À voir. À faire dans les environs

➢ ***La ViaRhôna « Du Léman à la Méditerranée » :*** elle permet la pratique du vélo, roller, ski à roulettes... en toute sécurité et en longeant le Rhône. Cette voie verte est vraiment idéale pour les sorties en famille !

L'AVANT-PAYS SAVOYARD

Le château de Montfleury : *73240* ***Avressieux.*** *☎ 04-76-32-92-71. • chateau-montfleury.fr.nf • Accès par la D 1006 entre Pont-de-Beauvoisin et Saint-Genix-sur-Guiers. Juil-août, tlj 13h-18h ; mai-juin et sept, w-e et j. fériés 14h-18h. Entrée : 5,50 € ; réduc.*

Un petit château quelque peu disparate : un imposant donjon du XIIIe s, un logis central du XVIIe s, une aile Renaissance... Ce château revient de loin : transformé en colonie de vacances après la Seconde Guerre mondiale et jusqu'en 1972, il ne doit qu'à ses nouveaux propriétaires d'avoir retrouvé un peu d'allure.

La rénovation, œuvre d'un passionné, tient ici ou là un peu du bricolage, mais plusieurs pièces remeublées du château sont dignes d'intérêt : la magnifique cuisine savoyarde avec sa grande cheminée du XVIe s, la chambre de l'ancienne propriétaire, qui a vécu moult histoires d'amour avec les grands noms du XIXe s artistique (Delacroix, Stendhal, Mérimée, Rossini). La visite de Montfleury vaut aussi pour les collections qu'il abrite, à commencer par celle d'armes. Des pièces rares (comme un casque gaulois), imposantes (canon russe modèle 1794, récupéré au siège de Sébastopol), étonnantes (hache-pistolet du XVIIe s ou éventails-poignards japonais). Belle collection de bicyclettes également, de la draisienne de 1820 au tandem des congés payés, en passant par la Célerette de 1840 ou un curieux vélo-ski. Et une foule d'outils agricoles dans l'ancien grenier à foin des dépendances.

Le repaire Louis-Mandrin : *47, route de Pont-de-Beauvoisin, 73240* ***Saint-Genix-sur-Guiers.*** *☎ 04-76-31-63-16. • repaire-mandrin.fr • ♿ Dans les locaux de l'office de tourisme, derrière la mairie. Ouv tte l'année mar-sam 14h-18h, plus dim pdt les vac scol ; juil-août, lun-sam 10h-12h30, 14h-18h et dim 14h-18h. Dernière visite 1h avt la fermeture. Durée : 40 mn. Entrée : 4,70 € ; réduc ; gratuit jusqu'à 7 ans.* C'est à Saint-Genix-sur-Guiers que Louis Mandrin vous invite à vivre l'aventure extraordinaire de la contrebande au XVIIIe s. Un parcours interactif rythmé de projections et d'effets sonores vous entraîne à travers bois, tavernes et caches fréquentées par le célèbre contrebandier (qui n'était pas un vulgaire « porte col » !). On a là une plaisante évocation qui ravira en premier lieu les enfants, même si les plus grands y prendront assurément du plaisir. Idéal en famille ! Mais attention, prenez garde à la Ferme générale ! On peut compléter la visite par une vidéo (gratuite) sur l'histoire et les curiosités du val Guiers.

LES SEINS DE LA SAINTE SONT SAINS !

C'est à une sainte femme, martyre sicilienne du IIIe s, qu'on doit la forme du gâteau de Saint-Genix, un moelleux fourré aux pralines confectionné depuis deux siècles selon une recette restée secrète (comme toujours, par ici). À vous de voir, en revanche, comment vous allez expliquer à vos enfants que ce qu'ils dévorent, ce sont les seins de la sainte, coupés pour la punir d'avoir repoussé les avances du proconsul romain. Bon, ses attributs repoussèrent dans la nuit et on les honore depuis.

Le radio-musée Galletti : *73240* ***Saint-Maurice-de-Rotherens.*** *☎ 04-76-31-76-38. À l'est de Saint-Genix-sur-Guiers par la D 916. Mai, juin et sept, dim 15h-18h ; juil-août, jeu et w-e 15h-18h. Entrée : 4,50 € ; gratuit jusqu'à 6 ans.*

Petit musée sur les exploits de Roberto Clemens Galletti Di Cadilhac, l'un des inventeurs de la TSF. À l'extérieur, sentier balisé qui mène aux « Fils », belvédère d'où partait l'antenne de la station TSF de Leschaux. Prudence avec les enfants ! Le musée propose aussi un espace pour découvrir la faune et la flore locales.

DU VAL GUIERS AU LAC DU BOURGET

En quittant Saint-Genix vers le nord, la départementale qui longe le Rhône laisse apparaître, après quelques kilomètres, la célèbre montagne de la dent du Chat. À ses pieds se nichent le bourg médiéval de Yenne et le très pittoresque vignoble de Jongieux, fleuron des vins de Savoie. Ici passe aussi le GR 65, le chemin de Saint-Jacques-de-Compostelle dans sa partie Genève-Le Puy.

Où dormir ? Où manger dans les environs ?

De prix moyens à plus chic

Chambres d'hôtes Les Balcons du Chat : *hameau de Soirin, 73170* ***Traize.*** *D 921, puis D 40e (suivre fléchage). ☎ 04-79-36-99-96. • lesbalconsduchat@gmail.com • lesbalconsduchat.fr • Compter 65 € pour 2 pers, 80 € pour 3 et 100 € pour 4. Table d'hôtes 23 €.* Au-dessus de Yenne, entre vignes et Rhône, face à la dent du Chat. La ferme la plus importante du village abrite dans ses anciennes granges et étables 5 chambres champêtres et colorées, au mobilier chiné ici et là. Les 2 chambres de plain-pied ont une petite terrasse. Pierre Vidal-Rosset a repris la propriété familiale, après avoir quitté une vie professionnelle stressante, pour en faire un vrai lieu convivial, rare mais pas si cher pour autant. Il cultive son jardin pour la table d'hôtes qu'il propose, en toute décontraction. Une belle adresse.

La Grange de Mon Père : *Soirin, 73170* ***Traize.*** *☎ 04-79-26-23-59. • odette.exertier@yahoo.fr • lagrangedemonpere.com • D 921, puis D 40e (suivre fléchage). Congés : oct-avr. Compter 100 € pour 2. Remise de 10 % sur présentation de ce guide.* Une belle ferme de pays très joliment rénovée dans un esprit franchement contemporain : calme absolu, volumes magnifiques, ambiance très soft, avec piscine et petite salle de remise en forme. 3 chambres spacieuses, agréables à vivre.

À voir. À faire

Yenne *(73170) : à une dizaine de km à l'ouest du lac du Bourget.* Mignonne petite bourgade dont la place centrale a conservé un caractère médiéval. Patrie de l'homme de théâtre Charles Dullin. L'église, derrière un portail roman, cache de superbes stalles gothiques provenant d'une ancienne chartreuse. Plus loin, entre le Rhône et le lac du Bourget, autour de Jongieux, s'étend un vignoble dont les origines remontent au XIIIe s, et qui, outre les cépages savoyards habituels (gamay, mondeuse), donne la célèbre roussette. La coopérative laitière de Yenne collecte chaque jour le lait des producteurs du pays et fabrique tomme bio, gruyère, emmental... *Magasin à* ***Chambuet*** *ouv tlj 8h30-12h (et 15h-18h30 ven ap-m) sf dim et j. fériés. ☎ 04-79-36-97-11.*

Office de tourisme : *1, chemin du Port. ☎ 04-79-36-71-54. • yenne-tourisme.fr • Ouv tlj en été ; mar-sam 15h-18h30 le reste de l'année. Fermé de mi-déc à fin janv.* Dans la Maison de la dent du Chat, un espace scénographié consacré au territoire.

Jongieux *(73170) :* la petite route qui serpente de Monthoux à Jongieux, entre les vignes, vous mènera tout naturellement aux portes de vignerons prestigieux. Vous êtes ici au royaume de la roussette-de-savoie cru marestel, un vin blanc AOC très fruité et racé. Caveaux ouverts.

LE LAC DU BOURGET

Avec une superficie de 4 462 ha, c'est le plus grand lac naturel de France. Pourtant, dans le train qui longe ses rives, les voyageurs le confondent souvent allègrement avec le lac d'Annecy. Les rives ouest et nord du lac du Bourget, pourtant habitées depuis au moins 3 500 ans av. J.-C., ne sont guère peuplées. Et si Aix-les-Bains peut évoquer un décor d'opérette, le lac du Bourget semble appeler la mise en scène d'un opéra de Wagner : des reliefs tourmentés, une rive ouest abrupte, des brumes matinales quasi fantomatiques, des eaux couleur de plomb l'hiver et un vent naufrageur, la fameuse traverse, qui se lève presque chaque jour vers 17h. Ses amoureux apprécient les nombreux aménagements qui ont permis de le faire entrer, sans vagues, dans le cercle des grands lacs alpins aux côtés du Léman et du lac d'Annecy, dans le total respect de l'environnement et dans un souci de préserver son site naturel : il s'est équipé de pistes cyclables sécurisées, de sentiers de randonnées (Randolac) et d'une route des Belvédères à couper le souffle.

C'est dans son caractère assez sauvage que réside son charme (une poignée de pêcheurs professionnels y travaillent encore, à Chatillon, Bourdeau ou Brison-Saint-Innocent).

Mais bien que sauvage et changeant, le lac du Bourget offre une dizaine de plages et de nombreuses criques désertes permettant de profiter en été d'une eau à 26 °C. Labellisé France Station nautique, le lac du Bourget est devenu aujourd'hui un véritable terrain de jeu pour sportifs amateurs et professionnels.

LE BOURGET-DU-LAC

(73370) 4 440 hab. *Carte Savoie, A2*

Hier plus grand port du lac (auquel il a donné son nom, car le village s'appelait Bourgetum), c'est aujourd'hui une tranquille petite station touristique, fréquentée par les familles, où la randonnée et les sports nautiques sont à l'honneur. Quant aux gastronomes qui ne font pas confiance à leur bonne étoile perso pour choisir, ils sont comblés puisque le village ne compte pas moins de trois restaurants étoilés, ce qui lui vaut le label de Cité gourmande lacustre.

Adresse et info utiles

i ***Office de tourisme :*** *pl. du Général-Sevez, au centre du bourg.* ☎ *04-79-25-01-99.* • *bourgetdulactourisme.com* • *Ouv lun-sam et dim mat en juil-août ; fermé sam ap-m et dim au printemps et à l'automne (plus sam ap-m en hiver).* Vente de carte de pêche.

– ***Marché :*** *le jeu mat, pl. de l'Église.* Pour les marchés nocturnes, des peintres, du terroir : dates disponibles sur le site internet de l'office de tourisme.

Où dormir ? Où manger ?

Camping

⛺ ***Camping international L'Île aux Cygnes :*** *501, bd Ernest-Coudurier, lieu-dit La Croix-Verte. ☎ 04-79-25-01-76. • camping@lebourgetdulac.com • ♿ Accès direct depuis le centre-ville. Ouv de mi-avr à début oct. Compter 13,10-17,20 € pour 2 selon la saison. Loc de quelques mobile homes et chalets 277-796 €/sem.* Au bord du lac, grand camping bien équipé, offrant des emplacements ombragés, avec accès direct à une petite plage privée. Pistes cyclables, ping-pong.

Prix moyens

🏠 🍽 ***Le Savoy Hôtel :*** *600, route du Tunnel. ☎ 04-79-26-40-00. • lesavoy-hotel.com • Resto fermé le soir lun-mer (plus dim soir et jeu hors saison). Doubles 75-85 € selon confort. Menus 23 € déj sem, puis 33-55 €. Parking. 📶 Café offert sur présentation de ce guide.* La façade tristoune (et face à une route plutôt passante) cache des chambres plutôt sympas, à la déco au goût d'aujourd'hui. On préférera évidemment celles sur l'arrière, pour la tranquillité et la petite vue sur le lac. Bon, l'isolation phonique n'est pas le point fort de cette adresse à laquelle il reste encore un peu de travail de rénovation, mais l'ambiance familiale fait chaud au cœur. Au resto, cuisine de tradition (avec grenouilles en saison et poissons du lac), qui s'en sort vraiment bien.

🏠 🍽 ***Beaurivage :*** *1171, bd du Lac. ☎ 04-79-25-00-38. • direction@beaurivage-bourget-du-lac.com • beaurivage-bourget-du-lac.com • Resto tlj sf mer soir (mer en basse saison), jeu et dim soir. Doubles 78-80 € selon saison. Menus 26 € déj en sem, puis à partir de 39 €. Carte 50-70 €. 📶 Café offert sur présentation de ce guide.* Un établissement classique sur les berges du lac ; une maison sérieuse et régulière. Le chef est « maître-restaurateur », ce qui est le gage d'une cuisine maison soignée, sinon créative. Mention spéciale pour le lavaret, cuit *a la plancha,* servi avec une sauce au coulis d'abyme et une tartiflette aux épinards... 4 chambres agréables pour prolonger l'étape.

🍽 ***Restaurant du Port :*** *553, bd du Lac. ☎ 04-79-25-00-21. • leport73@orange.fr • Ouv tlj ; fermé le soir dim-mar hors saison. Congés : janv. Formule déj en sem 14,50 €, menus 23,50-44,50 €. Digestif offert sur présentation de ce guide.* La meilleure friture du lac, tout simplement ! À déguster (avec les doigts, comme il se doit) en terrasse, sur le port, si le temps le permet. Le cadre « nautique » est à la fois élégant et décontracté. Accueil et service souriant.

Chic

🏠 🍽 ***Hôtel Atmosphères :*** *618, route des Tournelles. ☎ 04-79-25-01-29. • info@atmospheres-hotel.com • atmospheres-hotel.com • À 2,5 km à l'ouest du Bourget-du-Lac vers Belley, puis à gauche, fléché. Resto tlj sf dim-lun (en juil-août lun plus midi mar-mer). Doubles 140-170 €. Formule déj en sem 32 €, menus 52-92 €. Parking. 📶* Au pied de la dent du Chat, en pleine campagne, donc tranquille, l'hôtel surplombe superbement le lac du Bourget. 4 chambres seulement, immenses, avec vue sur le lac ou la montagne, entièrement repensées autour d'une déco contemporaine haut de gamme fort réussie. Le luxe n'est pas toujours dans les grandes maisons aux ors clinquants. Car il s'agit bien de luxe, lorsqu'on déguste, dans un environnement calme et verdoyant, l'une des cuisines les plus fines et imaginatives de la région, signée Alain Perrillat. Salle à manger (et terrasse) elle aussi très « déco », à l'ambiance (ici, on devrait plutôt écrire « atmosphère »...) apaisante.

🏠 ***Chambres d'hôtes La Maison côté Ouest :*** *port de Charpignat. ☎ 04-79-25-01-72. • maison.cote.ouest@gmail.com • maisoncoteouest.monsite-orange.fr • Compter 100-120 € pour 2. 📶* À 100 m du lac, en surplomb, une maison ouverte, qu'on imagine là de longue date alors qu'elle a tout simplement été reconstruite par M. et Mme Gonay sur l'ancien chalet de famille. 3 chambres, dont 1 suite, notre préférée, pleine de charme, avec terrasse pour chacune, et un grand jardin avec piscine à se partager. Accueil tonique.

Où casser la croûte dans les environs ?

Boulangerie Vincent : *600, route du Bourget-du-Lac, Villarcher, 73420* ***Voglans.*** *☎ 04-79-54-41-74. À 3,5 km au nord du Bourget-du-Lac par la D 1504. Tlj sf lun, dim et j. fériés 7h30-13h30. Congés : de mi-juil à mi-août et 25 déc-1er janv. Sandwich env 4 €.* On se doutait bien, à voir le nombre de véhicules garés devant cette boulangerie centenaire et réputée des kilomètres à la ronde, qu'on y vendait plus que du pain, fût-il au levain. En fait, Vincent a, mine de rien, inventé il y a belle lurette le fast-food savoyard en glissant dans ce pain de très bons diots (saucisses savoyardes) au vin rouge et aux oignons. Un superbe plateau de fromages pour suivre, un verre de chignin ou de mondeuse, et on a fait un casse-croûte royal !

À voir. À faire

Visites guidées des différents sites (voir le calendrier des visites sur le site internet de l'office de tourisme) en juillet-août seulement et pendant les Journées du patrimoine.

L'église Saint-Laurent : *au centre du bourg. Tlj 10h-18h sf pdt les offices.* Fondé par des bénédictins au XIe s, l'actuel édifice, de banale allure, a été construit au XIIIe s, puis remanié au XVe s. Dans le chœur, remarquable ensemble de sculptures polychromes (XIIIe s) en haut-relief provenant de l'ancien jubé. Les couleurs se sont estompées, mais ces scènes de la vie du Christ, au découpage quasiment cinématographique, restent impressionnantes d'expressivité. À gauche de l'entrée du chœur, une petite porte, cachée dans les stalles, donne accès (interrupteur juste avant la descente) à une minuscule crypte carolingienne où subsistent des pierres d'un ancien temple romain dédié à Mercure. Étrange impression d'avoir voyagé dans le temps. Dans la nef, une curieuse pierre tombale datée de 1482 : celle d'Oddon de Luyrieux. L'ancien prieur y est représenté sous forme de squelette... Un petit rictus semble indiquer que la mort reste une plaisanterie comparée à tous les maux endurés sur terre.

Le prieuré : *contigu à l'église. Ouv slt à l'occasion des visites guidées ou lors d'expositions.* Il partage bien sûr la même histoire que l'église. La visite conduit du réfectoire des moines à la bibliothèque au plafond tendu de cuir de Cordoue, en passant par le cloître aux élégantes voûtes gothiques. Jolis jardins à la française (accès libre) : ifs taillés en formes topiaires qui évoquent un jeu d'échecs et une statue de femme nue (dans le jardin d'un prieuré !). Concerts en été.

Le château de Thomas II et son marais : *accès depuis Le Bourget par la piste cyclable qui débute après le camping. ♿ Ouv de début juil à mi-sept, tlj 14h30-19h et les w-e mai-juin. Entrée : env 3 € ; gratuit jusqu'à 7 ans.* Au milieu d'un site naturel d'exception (propriété du Conservatoire du littoral) avec 320 plantes et 200 espèces d'oiseaux recensées. Encore fières ruines d'un château d'agrément construit en 1248 par le comte de Piémont, Thomas II, et depuis 2012 musée-observatoire dans l'une des tours permettant de découvrir de manière ludique les richesses de la flore et de la faune.

➢ **La dent du Chat :** face à son alter ego du versant est (Le Revard), ce sommet serait l'une des canines du félin qui terrorisait, en des temps immémoriaux, la région... À 1 390 m d'altitude, cela donne une idée de la taille du monstre. Pour s'y rendre, prendre depuis la mairie du Bourget la route du Relais (spectaculaire et étroite !), sur 13 km. Se garer au relais TV. On peut gagner le sommet à pied en une petite heure de marche. Balade tranquille le long de la ligne de crête jusqu'au *col des Quatre-Sentiers* situé sous la dent du Chat (l'accès au sommet nécessite quelques notions d'escalade...). Essayez d'y grimper un jour de beau temps, car tout l'intérêt est dans le panorama. Retour par le même chemin, en essayant de ne pas faire comme Alexandre Dumas qui fut accusé d'avoir déclenché un incendie sur ces pentes.

– *Sports et loisirs d'été :* au Bourget-du-Lac, une multitude d'activités sont offertes aux petits comme aux grands : location de bateaux avec ou sans permis *(Nautic Pulsion, Bourget Nautic),* location de pédalos *(Bourget Nautic),* de canoës et accompagnement *(Pierre Descotes, Club de voile, Fun Boat Service).* Location de *stand-up paddle (Fun Boat Service),* école de ski nautique et *wakeboard,* stages de voile *(YCBL)* et d'aviron *(CNCB),* location de catamarans *(YCBL),* location de vélos électriques et de VTT (*Locavelec* ; en juil-août seulement), minigolf, cours de tennis, accompagnement activités de pleine nature *(Green Expérience, Savoir Sport Nature).* Renseignements auprès de l'office de tourisme.

DANS LES ENVIRONS DU BOURGET-DU-LAC

BOURDEAU *(73370)*

Deux itinéraires pour se rendre à ce petit village joliment perché au-dessus du lac. Soit la D 1504 qui, du centre du Bourget, s'élève au-dessus du lac et offre quelques sympathiques points de vue. Soit la petite route du bord du lac au départ du port du Bourget.

À voir

Le petit port : *à 700 m en contrebas du village. Accès pédestre slt.* Jetez un coup d'œil en passant au château du XIXe s où George Sand situe l'intrigue de son roman *Mademoiselle de La Quintinie.* Un endroit tout simplement charmant : une jetée minuscule au milieu des frondaisons. Ensemble de grottes dites *grottes de Lamartine,* accessible uniquement par le lac. Certains assurent qu'ici Lamartine et sa bien-aimée, Julie Charles, ont voulu mourir, mais rien ne prouve que le poète y ait jamais mis les pieds. Dans le premier virage qui descend au port, départ du sentier qui mène à l'abbaye de Hautecombe (durée : 8h30 aller-retour).

L'ABBAYE DE HAUTECOMBE

(73310 Saint-Pierre-de-Curtille) *Carte Savoie, A2*

De Bourdeau à l'abbaye de Hautecombe s'étend la bien nommée Côte sauvage : des rives abruptes, de petites criques où on n'accédera qu'en bateau ou en canoë. La route s'en éloigne prudemment pour s'offrir une succession de détours, et on croit cent fois s'être égaré avant de découvrir, enfin, le site superbe de l'abbaye de Hautecombe. À l'origine monastère cistercien, fondée en 1139, cette abbaye prospère et à l'intense

rayonnement (elle a quand même donné deux papes à l'Église !) a connu son apogée au XIVe s.
Hautecombe est aussi un véritable panthéon, surnommé à juste titre « le Saint-Denis de la maison de Savoie ». Quarante-cinq de ses comtes et princes s'y sont fait inhumer jusqu'au XVIe s, avant d'opter pour la basilique Superga de leur nouvelle capitale, Turin.
Transformée en faïencerie par la Révolution qui ne pouvait que se payer un tel symbole, l'abbaye sera abandonnée à l'orée du XIXe s, où elle devint pour les romantiques un lieu idéal où traîner sa mélancolie. Lamartine y situa l'intrigue de *Raphaël.* Hautecombe renaîtra sous la restauration sarde, avec le roi Charles-Félix et la reine Marie-Christine, qui furent inhumés dans la chapelle de Belley, à l'entrée de l'église actuelle. Dès 1826, les cisterciens revinrent habiter l'abbaye, suivis des bénédictins en 1922. En 1983, Umberto II, le dernier roi d'Italie, et en 2001 son épouse, la reine Marie-José, furent inhumés à Hautecombe. Une communauté charismatique occupe les lieux depuis 1992. Une université spirituelle y reçoit catholiques, orthodoxes et protestants (dans un louable souci d'œcuménisme).

À voir

– Rens : ☎ 04-79-54-58-80. • hautecombe.org • L'ensemble du site est fermé mar. À environ 24 km du Bourget-du-Lac et 27 km d'Aix-les-Bains ; compter respectivement 30 et 35 mn par une route assez tortueuse. On peut aussi arriver en bateau depuis Aix (renseignements à l'office de tourisme d'Aix).

L'église : *visite audioguidée tlj sf mar, ttes les 10 mn, 10h-11h15, 14h (14h30 l'hiver)-17h. Fermé à Noël et le mat du mercredi des Cendres (mi-fév) et du Vendredi saint (fin mars-début avr). Entrée : 3,50 € ; gratuit moins de 18 ans.*
Elle a été quasiment reconstruite au XIXe s, ne vous attendez donc pas à une sobre église cistercienne ! Seul le plan traditionnel en forme de croix latine et quelques rares parties romanes ont subsisté. La façade, de style « gothique troubadour », exubérant et romantique, foisonne tellement de sculptures que c'en est presque fatigant. L'intérieur est tout aussi chargé mais possède une grâce certaine : une débauche de stucs, des centaines de statues et de bas-reliefs qui ornent les tombeaux de la maison de Savoie. Kitsch mais grandiose ! S'il faut faire un tri : dans le bas-côté gauche près de l'entrée, remarquez le groupe en marbre de Carrare d'Albertoni, œuvre du XIXe s représentant la reine Marie-Christine protégeant les arts et les pauvres. Aux croisillons, une belle pietà en marbre de Carrare de Benoît Cacciatori. À voir aussi, quelques toiles des XIVe, XVe et XVIe s, dont la superbe *Annonciation* de Ferrari et de son école (1520). Sans oublier les 120 pleureuses que l'on retrouve sculptées un peu partout.
Pendant les Journées du patrimoine, le reste de l'abbaye est exceptionnellement accessible au grand public. Mais les bâtiments (XVIIIe s) ne présentent guère d'intérêt, si ce n'est la magnifique terrasse, largement ouverte sur le lac.

La grange batelière : *au bord du lac. • hautecombe.org • De mi-juin à mi-sept, tlj sf mar 10h-18h. GRATUIT.* Le voilà enfin, ce dépouillement cistercien ! « Grange d'eau » du XIIIe s, paraît-il unique en France. Vu les conditions d'accès terrestres, les produits des terres de l'abbaye étaient acheminés par l'eau. Ingénieux : la grange est juste au-dessus du bassin à flot (jolie voûte) et de la cale sèche sur laquelle on tirait les bateaux. Gérée en partenariat avec le conseil général, elle accueille des concerts, des expos (de mi-juin à mi-septembre)...

CHANAZ

(73310) 520 hab. *Carte Savoie, A1*

Chanaz marquait autrefois la frontière du duché de Savoie, d'où cet air de cossu village médiéval. Mignon tout plein aussi parce que traversé par le « canal » de Savières (3,5 km), exutoire naturel du lac du Bourget jusqu'au Rhône. Désormais très touristique aux beaux jours. Pour les amateurs de calme, la voisine microrégion de la Chautagne cache l'une des plus vastes peupleraies d'Europe (750 ha à découvrir à pied ou à VTT) et le toujours sauvage marais de Lavours (dont on vous parle en long et en large dans le *Routard Jura franco-suisse*).

Adresse utile

Maison du tourisme : *pl. Antoine-Gianetto. ☎ 04-79-54-59-59. • chanaz.fr • Pâques-oct, tlj sf mer (fermé dim mat sf juil-août) 10h-12h, 14h-17h30 ; fermé w-e hors saison.* Installée dans la belle maison de Boigne (XVIe-XVIIe s).

Où manger ?

De prix moyens à chic

Auberge de Savières : *rue de l'Auberge. ☎ 04-79-54-56-16. • auberge.dessavieres@orange.fr • Sur les quais. Tlj le midi sf mer. Congés : nov-mars. Formule 21 €, menu 34 €, carte env 40 €. Apéritif offert sur présentation de ce guide.* Genre ancienne auberge de mariniers. Salle rustique et terrasse tout au bord du canal. Petite friture, grenouilles, poissons du lac (rognons de veau pour ceux qui saturent)... selon les saisons et surtout selon arrivage.

Où acheter du vin sur la route ?

Cave et Maison de Chautagne : *carrefour de Saumont, 73310* ***Ruffieux.*** *☎ 04-79-54-27-12. • cave-de-chautagne.com • À env 8 km au nord-est de Chanaz, par la D 921 puis la D 991. Tlj 9h-12h, 14h-19h (18h en hiver). Parcours de découverte plutôt ludique.* Une cave pour faire votre choix parmi les différentes AOC chautagne, où l'on produit essentiellement des vins rouges, mais aussi des blancs, des rosés et des pétillants.

À voir. À faire

Le Musée gallo-romain « Les Potiers de Portout » : *face à la mairie. ☎ 04-79-52-11-84. • musee-galloromain-chanaz.fr • Juil-août, tlj 14h-18h ; 15 avr-30 juin et 1er sept-15 oct, lun, ven et sam 14h30-17h30, dim 14h-18h. GRATUIT. En juil-août et pdt les vac scol, ateliers de poterie et d'apprentis archéologues 2-2,80 € (adultes et enfants, se renseigner).* Au cœur du village, petit musée moderne (aménagé dans une chapelle gothique du XVe s) qui évoque l'activité d'un atelier de potiers gallo-romains installé à Portout, au bord du canal de Savières près du lac, au Ve s apr. J.-C. Les fouilles conduites pendant 10 ans ont permis de mettre au jour plus de 11 t de céramiques « luisantes » ! Quelques exemples des pièces fabriquées sont exposés ici : gobelets, bols, cruches, pichets... On découvrira aussi la technique de fabrication et d'ornementation (sur CD), la commercialisation (jusqu'à l'actuelle Turquie), la vie quotidienne des habitants de Portout (chaussures, bijoux...).

Le moulin : *chemin de la Fontaine. ☎ 04-79-54-56-32. • moulindechanaz.com • En haut du village (et ça grimpe !). Mars et oct, tlj 14h30-17h ; avr-sept, 10h30-12h, 14h-18h. GRATUIT.* Un petit moulin de 1868, restauré à l'identique. Sa meule de pierre tourne à nouveau pour fabriquer huiles de noix et de noisette. Démonstration et vente de produits (dont une confiture de noisettes qui ravira les petits comme les grands).

➢ ***Croisières sur le canal :*** le canal de Savières serpente sur près de 4 km, dans une zone de marais (riche en faune et en flore), de Portout à Chanaz où une écluse unique en Savoie permet la navigation sur le haut Rhône. Une croisière romantique et bucolique ! Plusieurs compagnies, plusieurs embarcadères et plusieurs balades : *mai-sept, voire mi-oct ; balades 1h-2h15 ; compter env 13-17 €/adulte ; réduc.* ***Bateau Canal,*** *☎ 04-79-54-51-80 ; • bateaucanal.com •* ***Chanaz Croisières,*** *☎ 04-79-35-88-85. • chanaz-croisieres.fr •* En bateau à aubes, silencieux, écologique et non polluant. On peut aussi partir d'Aix (à partir d'avril), compter alors 4h30 de balade (environ 23 €/adulte) : ***Compagnie des bateaux du lac du Bourget et du Haut-Rhône,*** *☎ 04-79-63-45-00 ; • compagniedesbateauxdulac.fr •*

AIX-LES-BAINS (73100) 28 580 hab. *Carte Savoie, A2*

Troisième station thermale de France après Dax et Balaruc, Aix a su rester une véritable référence en la matière, entre tradition et innovation. Des cures conventionnées à la balnéo en passant par la remise en forme en eau thermale, Aix est aujourd'hui « LA » capitale du ressourcement, entre bien-être et activités de pleine nature.
Au-delà de la santé, la ville nous fait découvrir un riche patrimoine architectural Belle Époque mais également plus lointain (tous les chemins ramenant à Rome, c'est bien connu). Le nom de la ville est d'ailleurs un énorme pléonasme, puisque Aix vient du latin *aquae,* « les eaux ».
« Ô temps, suspends ton vol », implorait Lamartine ; il a été – semble-t-il – exaucé. Aix, c'est toute l'atmosphère un brin théâtralisée des villes de cure : parties de bridge et thés dansants, balades dans les parcs avec mari au bras et toutou en laisse, kiosques pour excursions en autocar...
Des images qui vous feront sourire mais ne correspondent plus vraiment à la physionomie actuelle de la ville. La cité thermale s'est transformée et a pris un vrai coup de jeune depuis qu'elle a été labellisée France Station nautique (ski nautique, funboard, kitesurf, voile ou plongée). L'été, la jeunesse file au Grand-Port, sur les rives du lac, où restos et bars-terrasses offrent ainsi, à 3 km du centre, un pôle d'animation plus « punchy ».

UN PEU D'HISTOIRE

Les Allobroges, premiers habitants du coin, vouent déjà un culte aux sources dont ils ont découvert les vertus bienfaitrices. Au Ier s de notre ère, les Romains aménagent des thermes. Au Moyen Âge, Aix est déjà prisée des têtes couronnées (Henri IV et l'une de ses girondes maîtresses, par exemple) ; mais c'est du XVIIIe au XIXe s que toute l'aristocratie du Vieux Continent se précipite (enfin, façon de parler, les voyages duraient plusieurs jours) sur les rives du Bourget.

Sissi, l'impératrice d'Autriche, qui, pour être sûre d'arriver incognito, débarque avec une bonne cinquantaine de malles ; la reine Victoria, elle aussi incognito, sous le pseudo de « comtesse de Balmoral » ; Verlaine, souffrant d'arthrite, qui hésite entre le « presque voluptueux » massage aux jets d'eau avec deux solides gaillards et la compagnie des blanchisseuses. Une flopée de belles aristocrates qui prennent tant d'amants vite relégués au rôle de soupirants qu'Aix s'offre une rue des Soupirs. Sans parler de tout un petit peuple d'escrocs internationaux, de demi-mondaines, de joueurs invétérés.
Sans oublier, enfin, Lamartine qui vivra à Aix en 1816 une idylle passionnée avec la belle et phtisique Julie Charles (30 ans, un mari de 60, physicien brillant mais impotent...). Lamartine se consola de la mort de Julie en écrivant ce poème que vous avez dû apprendre à l'école, et en épousant Mary Ann Birch, qui lui donna une fille prénommée... Julie.
Cette vie mondaine perdurera jusqu'aux deux guerres mondiales et à l'avènement du thermalisme social.

Adresses et infos utiles

Office de tourisme : *pl. Maurice-Mollard. ☎ 04-79-88-68-00. • aixlesbains.com • Central de résas : ☎ 04-79-88-68-05. Tlj avr-oct ; fermé dim et j. fériés nov-mars. Point info au Grand-Port : mai-sept tlj (lun-ven 14h-18h ; w-e 10h-12h30, 14h-18h).* Une équipe rodée. Pour recevoir 25 000 visiteurs chaque année, il vaut mieux ! Organise d'intéressantes visites guidées de la ville – pour découvrir la richesse de son patrimoine gallo-romain ou bien le faste de son architecture Belle Époque, à moins que l'on ne préfère une balade plus littéraire sur les pas de Lamartine, Sand ou Balzac. Propose la carte d'hôte qui offre de nombreux avantages, dont – c'est à souligner – le transport en bus gratuit pour tous les visiteurs séjournant au moins une nuit. Location de vélos.

Gare SNCF : *bd Wilson. Rens : ☎ 36-35 (0,34 €/mn).* Liaisons pour Chambéry, Bourg-Saint-Maurice, Annecy, Paris...

Ondéa : *kiosque d'info dans la gare. ☎ 04-79-88-01-56. • ondea-bus.fr •* Bus urbains. La ligne n° 1 relie le centre (thermes nationaux) et la gare SNCF au Grand-Port et à la plage. Un « bus des plages » dessert en été... les autres plages et Chambéry.

Location de voitures : ***Hertz,** 475, bd Wilson ; ☎ 04-79-88-48-73 ; quasiment en face de la gare. **Ada Location,** 2, bd de Russie ; ☎ 04-79-34-04-70 ; • ada.fr • **Seigne location,** 41-43, av de Marlioz ; ☎ 04-79-61-09-55 ; • seigle-location.com •*

Location de vélos : ***Vélodéa,** au sein de la gare ; ☎ 04-79-88-01-56. **Takamaka,** 65, bd du Lac, le Grand-Port ; ☎ 04-79-35-45-36 ; • takamaka.fr/aixlesbains • **Cycles 73,** 21, bd de Lattre-de-Tassigny ; ☎ 04-79-34-62-07 ; • cycles73.com • **Elliptigo,** av. Daniel Rops ; 06-63-60-90-67 ; • activbody.fr • Vélos elliptiques. **Camping du Sierroz,** ☎ 04-79-61-89-89. Ainsi qu'à l'office de tourisme.*

Où dormir ? Où manger côté lac ?

Campings

Camping International du Sierroz : *bd Barrier. ☎ 04-79-61-89-89. 06-16-08-80-70. • info@camping-sierroz.com • camping-sierroz.com • ♿ Face au lac du Bourget. Ouv de mi-mars à début nov. Compter 14,90-18 € selon saison. Mobile homes 2-5 pers 289-689 €/sem.* Un camping de belle taille. Comme il s'étend sur 4 ha, que l'équipe veille au grain, on comprend sa fréquentation, à deux pas du Grand-Port et de ses restaurants. Terrain ombragé. Bus gratuit vers le centre-ville.

Camping du Pêcheur : *160, av. du Petit-Port. ☎ 04-79-54-77-77.*

06-81-16-79-75. • louis-paris@wanadoo.fr • campingpecheuraixlesbains.com • Suivre les indications pour le centre nautique ; camping 100 m derrière le McDo. Ouv tte l'année sf janv. Compter 11,40-12,50 €. Chalets 270-350 €/sem. Gîtes et chalets 2-4 pers 270-350 €/sem. À 500 m du lac et 100 m du centre nautique, petit camping au look désuet dans un quartier résidentiel tranquille mais pas très glamour. Bien ombragé. Tous commerces, lac, bowling, plages et piscine municipale dans un rayon de 300 m. Service de bus gratuit vers le centre-ville.

Bon marché

Auberge de jeunesse : *promenade du Sierroz. ☎ 04-79-88-32-88. • aix-les-bains@hifrance.org • auberge-aix-les-bains.com • À 3 km au nord-ouest du centre-ville (fléchage) ; en bus, ligne n° 2, direction Plage-d'Aix, arrêt Camping. Pas d'accueil le mat. Congés : 15 nov-15 fév. Résa conseillée. Nuitée 22,74-23,34 €/pers, petit déj et draps inclus. Juil-août, ½ pens env 35 €/pers. Menu 12,70 €.* À 200 m du Grand-Port et des plages, dans un petit coin de campagne qui, malheureusement, a commencé à subir les assauts des bétonneurs. Grand bâtiment contemporain avec de faux airs de chalet. Dispersées sur 3 niveaux, des chambres de 2 à 6 lits. Petite cuisine à dispo. Accueille pas mal de groupes...

De prix moyens à chic

Hôtel Davat-Restaurant l'Échiquier : *21, chemin des Bateliers, le Grand-Port. ☎ 04-79-63-40-40. • info@davat.fr • davat.fr • Tlj sf dim soir-lun. Doubles 67-80 € ; familiales 87-95 €. Menus 19-36 €. Parking. Sur présentation de ce guide, apéro offert ainsi que 10 % de réduc sur le prix de la chambre.* Hôtel familial à l'ancienne, de 20 chambres, plutôt rassurant avec son parc fleuri et sa terrasse ombragée, à 100 m du lac. Peu de circulation la nuit. Chambres rénovées, colorées. Le restaurant, chaleureux lui aussi, propose des plats qui ne cherchent pas à suivre la mode, mais rendraient jaloux nombre d'hôteliers-restaurateurs incapables de proposer aussi bien. Sur place, hammam, sauna, salle de muscu et soins esthétiques.

Hôtel Beaurivage, café-brasserie Le Skiff Pub : *pl. du Président-Édouard-Herriot, le Grand-Port. ☎ 04-79-63-41-00. • skiff3@wanadoo.fr • skiffpub.fr • Congés : 18 déc-15 janv. Doubles 69-79 € selon saison. Formules à partir de 19,80 €.* Chambres entièrement rénovées en 2010, à la déco sobre et actuelle, d'une discrète inspiration marine. Quelques-unes donnent sur le lac (mais aussi sur la terrasse du resto, plutôt bruyante les soirs d'été). Au rez-de-chaussée, une brasserie à la jolie déco entre pub, lounge et yacht-club « classieux ». Cuisine de brasserie proposant poissons du lac, fruits de mer et autres plats plus anecdotiques. Crêperie attenante (ouverte toute l'année). Ambiance jeune, l'esprit à la fête les week-ends d'été.

De chic à beaucoup plus chic

Hôtel Iroko : *pl. du Président-Édouard-Herriot, le Grand-Port. ☎ 04-79-63-40-95. • iroko@hotel-aixlesbains.com • hotel-aixlesbains.com • Doubles 65-125 € selon confort et saison. Parking.* Hôtel récemment repris. 23 chambres entièrement rénovées et offrant un confort 3 étoiles : excellente literie, minibar, écran plat, bouilloire, etc. Petite vue sur le lac pour certaines chambres ; celui-ci n'est qu'à deux pas, quoi qu'il en soit.

Aquakub : *280, av. Pierre-de-Coubertin ou 173, av. du Petit-Port. ☎ 04-79-63-06-00. • info@aquakub.com • aquakub.com • Au Petit-Port. Ouv tte l'année. Resto tlj sf sam midi, dim soir-lun. Doubles 115-190 €. Formules déj sem 15-18 € ; carte env 25 €.* Un récent 3-étoiles qui a opté pour une belle architecture résolument contemporaine, toute de bois et métal. Il est conçu et géré dans une optique de développement durable (énergie solaire, gestion de l'eau, produits « verts » ou issus du commerce équitable...). Son principal atout reste sa superbe terrasse panoramique avec vue sur le lac. Les chambres, avec ou sans balcon, ont en revanche une vue un peu plus bouchée du fait des constructions environnantes. Elles offrent un confort remarquable, y compris les moins chères (un peu plus petites). Bel espace de remise en forme sur place (accès libre à la salle de sport, à la piscine, au sauna, au jacuzzi... cours et soins en option) et piscine olympique derrière l'hôtel. Fait aussi resto.

Hôtel Marina Adelphia : *215, bd Barrier. ☎ 04-79-88-72-72. • info@adelphia-hotel.com • adelphia-hotel.com • Ouv tte l'année. Doubles 114-204 € selon vue et saison. Promos intéressantes sur le site internet, avec notamment des forfaits « séjour bien-être » ou des soins à la carte.* Le bâtiment est d'une rare laideur, mais c'est le seul hôtel (4 étoiles) face au lac à posséder un centre de bien-être intégré. 70 chambres rénovées et spacieuses, et un centre de remise en forme neuf qui justifie à lui seul le choix du séjour. Piscine et jacuzzi en accès libre pour les clients de l'hôtel. Belle terrasse extérieure.

Où dormir ? Où manger dans le centre-ville ou à proximité des thermes ?

Bon marché

Hôtel Broisin : *10, ruelle du Revet. ☎ 04-79-35-06-15. • hotel-broisin@hotmail.fr • hotel-broisin.com • Congés : de mi-déc à début fév. Doubles 33-42 € selon confort.* En plein centre, à quelques pas des thermes, mais planqué (depuis 1881 !) au fond d'une ruelle. Au calme donc. Petit hôtel de ville de cure, un 1-étoile comme on se les imagine, à l'ambiance très pension de famille. Clientèle assez âgée, fidèle de la maison. Mais des chambres pas désagréables, presque rajeunies (certaines sont dans 2 bâtiments annexes) et à prix modiques. Fait aussi resto.

L'Arbre à Palabres : *12, pl. du Revard. ☎ 04-79-88-39-37. Tlj en saison, sinon fermé le soir lun-jeu, plus dim. Congés : de mi-déc à mi-janv. Formule déj en sem env 14,90 €. Compter 19 € à la carte.* Un petit resto-pizzeria moderne qui propose à prix doux cuisine traditionnelle et spécialités savoyardes. Pour ceux qui seraient en manque, pizzas sur place ou à emporter. Terrasse ombragée sympa.

De prix moyens à chic

Auberge Saint-Simond : *130, av. de Saint-Simond. ☎ 04-79-88-35-02. • auberge@saintsimond.com • saintsimond.com • À 1,5 km du centre, en direction de l'A 41 Aix-Nord. Resto fermé dim soir, plus lun midi oct-avr sf Pâques. Congés : 18 déc-21 janv. Doubles 75-120 €. Formules déj en sem 19-26 €, menus 32-45 €. Parking.* Bel établissement à l'orée de la ville, dans un cadre déjà champêtre. Grande terrasse ombragée, pelouse avec platanes, patio, piscine... Une vingtaine de chambres (dont certaines avec terrasse, les plus chères), assez différentes mais toutes confortables, avec des couleurs chaudes et une déco soignée. La plupart ont été rénovées et agrandies (moquette, TV à écran plat...). Au resto, cuisine plutôt élaborée, à base de plats du marché et de poisson. Bon accueil.

Chez les Copains : *13, rue Albert-Ier. ☎ 04-79-34-43-90. • info@vintagebaravins.com • En plein centre, dans la principale rue piétonne. Tlj sf dim-lun. Formule déj env 15 €. Menu soir 26 € ; carte 35-40 €.* Au rez-de-chaussée et à l'étage, 2 petites salles vraiment mignonnes dans le genre bistrot montagnard d'aujourd'hui. Carte des vins longue comme le bras. Normal : ce resto est une annexe du *Vintage*, le bar à vins d'en face (voir la rubrique « Où boire un verre ? Où sortir ? »). Vraie et bonne cuisine au gré du marché et inévitables spécialités régionales. Un peu d'attente (mais c'est toujours plutôt bon signe), que le service sait meubler de quelques sourires. Microterrasse sur la rue.

Le 59 : *59, rue du Casino. ☎ 04-79-88-29-75. Tlj sf dim-lun. Congés : vac scol de printemps et de Toussaint. Menus env 26 € midi en sem, puis 32-44 €.* Cédric Campanella fait partie de ces jeunes chefs fougueux qui préfèrent à la vie de château l'aventure d'une création, en centre-ville. Décor contemporain mais pas triste, pour apprécier la cuisine de l'enfant prodige, toujours aussi amoureux des produits qu'il accommode avec audace et simplicité tout à la fois.

Le Baladin : *6, av. Charles-de-Gaulle. ☎ 04-79-35-07-21. • lebaladinaix@gmail.com • Ouv tte l'année, slt le soir jusqu'à env 2h. Menus à partir de 24 € ; carte env 30 €. Apéritif offert sur présentation de ce guide.* La façade banale, aux néons « grill pizzeria », n'invite pas à entrer. À l'intérieur, on se retrouve pourtant dans une belle et vaste cave médiévale au plafond en voûtes de brique. Dans ce qui fut les anciennes écuries du *Grand Hôtel* voisin, on sert une cuisine tout-venant, qui vaut surtout pour ses pierrades, ses fondues et l'assurance de pouvoir dîner tard dans une ville qui s'endort tôt.

Où dormir ? Où manger dans les environs ?

Hôtel Week-end : *139, rue du Col-Bachette, 73420* ***Viviers-du-Lac.*** *☎ 04-79-54-40-22. • week-end-hotel@orange.fr • weekendhotel.com • À 4 km au sud d'Aix, en longeant le lac, puis tourner à droite au 1er feu (fléché). Resto tlj. Congés : 15 déc-15 janv. Doubles 50-98 € selon saison et vue (mont Revard ou lac) ; familiales 98-108 €. Formule déj sem 17 € ; carte env 20-40 €.* Hôtel pied dans l'eau (et pour de vrai, il est en partie construit sur pilotis). Chambres colorées, à la déco hétéroclite et kitschissime, il faut bien l'avouer (portemanteaux dorés, dessus-de-lit en Nylon scintillant, fresques – très – contemporaines sur les murs...). Un peu cher quand le prix fort s'applique, il faut bien l'avouer aussi... Reste l'accueil vraiment cool, la vue, l'ambiance. Car port et terrasses sont vraiment croquignolets. L'hôtel, le bar, le resto, rétro à souhait, ont de quoi faire craquer. Ils ont d'ailleurs servi de lieu de tournage au film *Un dernier pour la route* avec François Cluzet (qui campe un journaliste luttant contre l'alcoolisme).

Chambres d'hôtes La Jument verte : *pl. de l'Église, 73000* ***Verlioz-Trévignin.*** *☎ 04-79-34-95-12. • contact@la-jument-verte.com • la-jument-verte.com • À 5 km à l'est d'Aix, par la D 49. Compter 75-95 € selon confort et saison ; 95-115 € en roulotte selon période et nombre de nuits. Table d'hôtes 35 € (boissons comprises).* Une ferme du XVIIIe s dans un petit village dynamique, planté sur les pentes du Revard. Plus, peut-être, que les 4 chambres (moins poétiques que leurs noms le laissent espérer), on a bien aimé les expos d'art contemporain qui embellissent la salle à manger, la piscine façon étang... Et adoré la belle roulotte tout équipée !

Les Suites du lac : *81, route de Saint-Innocent, 73100 Aix-les-Bains. ☎ 04-79-63-59-18. • lessuitesdulac@orange.fr • lessuitesdulac.com • Ouv à l'année. Doubles 115-160 €, loft 240 €.* Hyper moderne et très chic, c'est un véritable havre de paix avec des suites de rêve, une piscine à débordement et une vue plongeante sur le lac. Très beau jardin exotique et possibilité de bénéficier de soins d'aromathérapie et de chromothérapie.

L'Annexe : *205, lieu-dit Bord-du-Lac, 73100* ***Tresserve.*** *☎ 04-79-35-25-64. Tlj sf dim (slt soir en hiver)-lun. Congés : vac de Noël. Formule déj en sem 18 €, menus 28-40 €.* Bar lounge, restaurant tendance, faut dire ce qui est, même si les mots énervent un peu. Grand espace vitré ouvrant sur le lac et belle terrasse extérieure. Déco agréable aux couleurs actuelles, service de qualité et carte originale et variée.

Les Oliviers : *212, route de Paris, lieu-dit Brison-les-Oliviers, 73100* **Brison-Saint-Innocent.** *☎ 04-79-54-21-81. • restaurant.lesoliviers@orange.fr • Sur la D 991, au bord du lac. Tlj sf dim soir-lun, plus mar oct-mars. Formule et menu en sem 22-29 € ; autres menus 38-58 €. Café offert sur présentation de ce guide.* Dans un hameau au bord du lac mais collé à la route et pas bien loin de la voie ferrée. Peu importe car le plaisir est d'abord dans l'assiette. Le chef travaille les poissons du lac et propose une cuisine de marché et de saison pleine d'entrain. De bonnes idées et un très bon rapport qualité-prix. Terrasse agréable malgré tout.

Le Belvédère : *route des Belvédères, 73410* **Saint-Germain-la-Chambotte.** *☎ 04-79-88-44-06. • infos@belvedere-la-chambotte.com • À une dizaine de km au nord d'Aix par la D 991 puis la D 991b ou, si vous n'aimez pas les routes de montagne un peu vertigineuses, par la D 1201. Tlj. Congés : janv-fév. Résa plutôt conseillée. Formule déj 18,50 €, menus 26-34,50 €, carte env 45 €. Digestif offert sur présentation de ce guide.* On est en droit de regretter la vieille maison d'autrefois et ses *scones* à la recette inchangée depuis 1883, quand la reine Victoria grimpait jusqu'à ce belvédère (en chaise à porteurs !) pour l'*afternoon tea.* Le bâtiment d'aujourd'hui est un contemporain rectangle de béton largement ouvert sur le plus beau panorama qui existe sur le lac. Dont on profitera (encore mieux depuis la terrasse) en découvrant une cuisine de tradition, pas mal amenée.

Où boire un verre ? Où sortir ?

Bar à vins Le Vintage : *13, rue Albert-Ier. ☎ 04-79-61-05-04.* Bon choix de vins au verre, accompagnés de tapas rustiques. Crus d'exception et nombreux champagnes. Déco ambiance vieille cave voûtée en pierre apparente. Que l'on soit novice ou expert, idéal pour passer un bon moment entre amis.

Pas de « folle ambiance » à Aix, hormis les week-ends d'été au Grand-Port. Pour une ambiance lounge, un détour jusqu'à ***La Rotonde,*** le café-resto aux allures *trendy* du square Jean-Moulin. Pour les amateurs de lieux historiques, passage obligé au ***Café des Bains*** *(9, rue des Bains),* un de nos chouchous avec sa déco dans son jus, sa bande-son jazzy et son ambiance à la cool.

♫ Les noctambules trentenaires iront danser à l'***Élixir du Casino Grand Cercle*** et pourront également profiter de la discothèque ***La Suite*** jusqu'au petit matin.

À voir

Le musée Faure : *10, bd des Côtes. ☎ 04-79-61-06-57. Tlj sf mar et j. fériés 10h-12h, 13h30-18h ; nov-mars, fermé lun, mar. Derniers tickets 30 mn avt la fermeture. Congés : 19 déc-2 janv. Entrée : 5 € ; réduc ; gratuit moins de 16 ans et étudiants jusqu'à 25 ans.*

En pénétrant dans cette jolie villa bourgeoise, on a l'impression d'avoir été invité à découvrir la collection privée d'un amateur éclairé. C'est un peu le cas, puisque le fonds de ce musée a été légué par le docteur Faure, pharmacien parisien, grand amateur d'art, dont l'un des coups de cœur fut Auguste Rodin : il a constitué une importante collection de ce sculpteur, dont *Amour et Psyché,* une *Baigneuse* très B. B. avant l'heure... Quelques autres bronzes de Rodin : *L'Homme qui marche, La Danaïde, Les Illusions reçues par la terre...* Et aussi et surtout, au premier étage, une très belle collection de toiles impressionnistes. Tous les grands noms du mouvement sont représentés : Degas (les célèbres *Danseuses mauves*), Marquet *(Le Pont-Neuf),* Pissarro *(Vue d'Éragny, Le Remorqueur, Les Rameurs de poix),* Cézanne *(Le Bac à Bonnières),* Boudin (*La Seine à Rouen* et le petit et charmant

La Plage de Trouville), Jongkind *(Boulevard des Invalides sous la neige)*, Utrillo, Sisley...
Sous les combles, reconstitution de la chambre qu'occupait Lamartine à la pension *Perrier*, aujourd'hui disparue. Le lit est minuscule. Soit le grand poète dormait en chien de fusil, soit il dormait dans d'autres lits...

Les thermes nationaux : *pl. Maurice-Mollard.* Construits à partir de 1783 mais constamment agrandis par la suite, ils ne sont plus en activité. Pas très emballant vu de l'extérieur, malgré la récente restauration. Il faut y entrer pour découvrir son architecture Art nouveau-Art déco et sa coupole de verre. L'aile gauche, qui abrite les thermes Pelligrini (1861), a plus d'allure. Les thermes ont été construits autour de deux sources chaudes (45 °C) qui ont toutes deux les mêmes propriétés chimiques, bénéfiques pour les rhumatismes, les suites de fractures et de traumatismes. En revanche, les eaux thermales ne sont pas buvables. Un projet de réaménagement est annoncé.
– Aujourd'hui, les soins sont pratiqués aux ***thermes Chevalley.*** *☎ 04-79-35-68-66. • valvital.fr •* Ces thermes ont développé un nouveau concept, celui de la remise en forme en eau thermale.
– ***Les thermes de Marlioz :*** *av. de Marlioz. ☎ 04-79-61-79-61. • accorhotels.com •* Recommandés et agréés dans le traitement des affections des voies respiratoires, ces thermes offrent également des cures spécifiques antitabac, à compléter par des soins de remise en forme.

Le château : aujourd'hui hôtel de ville (ne se visite pas). Si les tours de l'ancienne résidence (XVe et XVIe s) des marquis de Seyssel, seigneurs d'Aix, ont depuis longtemps disparu, le bâtiment, avec ses nombreuses fenêtres à meneaux, conserve une certaine allure.

Le temple de Diane : *à l'intérieur de la mairie. Accessible slt dans le cadre de la visite guidée « Balade dans Aix », organisée chaque jeu avr-nov à 14h30 par l'office de tourisme (5 € ; réduc).* Si le temple est romain, son appellation remonte au Moyen Âge, quand on baptisait du nom de la déesse au bain tous les monuments en rapport avec les eaux. Murs de blocs de pierre (posés sans mortier, et on se demande comment ça tient depuis si longtemps) littéralement encastrés dans le château. Abrite un petit Musée lapidaire. Quelques sculptures et objets usuels intéressants : torse de femme drapé, belle et mélancolique tête de Vénus (ou de muse) du IIe s, superbe cadran solaire, baignoire de marbre...

L'arc de Campanus : *sur la place devant les thermes.* Ultime vestige d'un imposant et prestigieux monument funéraire comme il était courant à l'époque (Ier ou IIe s) d'en installer autour des stations thermales, les sources assurant la liaison avec le monde des morts. Le temps a eu raison de ses épitaphes en l'honneur de la famille de Lucius Pompeius Campanus, mais il garde belle allure, même un peu perdu à un angle de la grande place...

Le casino Grand Cercle : *200, rue du Casino. ☎ 04-79-35-16-16. Tlj 10h-3h (4h w-e).* Un peu oublié avec la démocratisation des cures, ce casino de 1849 a retrouvé, grâce à une judicieuse rénovation, tout son lustre du XIXe s, et les plaisirs y sont désormais variés sans qu'on y perde forcément un mois de salaire. On peut y manger, écouter de la musique ou simplement visiter le *Grand Cercle,* juste le temps de se faire un torticolis en admirant la coupole (1883) du mosaïste vénitien Salviati, restaurateur de la basilique Saint-Marc : 3 500 000 petits cubes de verre pourpres sertis sur fond d'or. Franchement superbe. Si vous voulez tout voir et tout savoir de ce lieu, somme toute étonnant (le théâtre où fut donnée, en 1897, une des premières du *Tristan et Isolde* de Wagner), passage obligatoire par la visite de l'office de tourisme *(ven à 14h30 ts les 15 j. mai-oct ; 11 € ; réduc).*

Les palaces Belle Époque : le gotha qui avait fait d'Aix sa destination de prédilection ne séjournait pas, bien sûr, dans les petites pensions de famille, mais dans des hôtels rivalisant d'un luxe époustouflant. Après la Seconde Guerre mondiale,

le changement de clientèle et les frais d'entretien exorbitants ont eu raison de ces palaces, morcelés et vendus en appartements. Mais ils sont toujours là. Si vous voulez y pénétrer (sauf le château de la Roche-au-Roi), on vous conseille les visites guidées de l'office de tourisme.
On vous propose tout de même une petite balade à la rencontre de ces astres déchus.
– Commencez par le *Grand Hôtel,* juste à côté du casino, face à la place du Revard. On peut essayer d'entrer dans le hall de ce qui fut le premier hôtel de luxe d'Aix en 1853 : du marbre blanc et noir, et quatre étages de galeries rythmées de colonnettes et de verrières. Grimpez ensuite les marches du passage Rossignoli (au départ de la rue Georges-Ier, juste derrière les thermes). Au débouché des marches surgit le chalet Charcot, recouvert d'écailles de bois.
– En montant à droite la rue Georges-Ier, on trouve, au nº 33, le *Splendide,* ouvert en 1884, puis, plus au nord, le *Royal* (1914), et de l'autre côté de la rue, le *Beauregard* (1904), autrefois *Excelsior.* Ce sont aujourd'hui des propriétés privées, elles ne se dévoilent que dans le cadre des visites guidées.
– On dégringole ensuite par un petit sentier à travers le parc du Bois-Vidal vers le boulevard de la Roche-au-Roi. En s'éloignant du centre, on trouvera, au nº 6, le *Régina-Bernascon,* faux château Louis XIII, et au nº 10, son annexe Art nouveau, la *villa Régina.*
– Tout au bout du boulevard se dresse notre petit chouchou, le château de la *Roche-du-Roi,* une folie débordant de tourelles, dômes à l'impériale, balustrades... Tout ça pour un seul homme : l'administrateur du *casino des Fleurs* (rival du *Grand Cercle* et aujourd'hui disparu). Ce délire baroque est malheureusement à l'abandon et a connu plusieurs départs d'incendie ces dernières années...

Le lac : séparé de la ville par 3 km et par une zone pavillonnaire assez mignonne, plus quelques immeubles d'un goût discutable. Le plus grand lac naturel de France abrite 34 espèces différentes de poissons et crustacés d'eau douce. Le Grand-Port qui accueille les bateaux de plaisance est le point de départ des croisières (voir « À faire »). À droite, quelques petites plages et un bel espace vert. Le petit port, tout juste rénové, abrite lui aussi quelques bateaux, de plaisance et de pêche.
– Du Grand-Port, une passerelle sur pilotis a été aménagée au-dessus de l'eau, qui conduit jusqu'à la pointe de l'Ardre à Brison-Saint-Innocent (2 km). Cette jolie balade (uniquement pédestre et baptisée « Au fil de l'eau ») longe notamment le « jardin vagabond » où 1 600 espèces poussent en toute liberté.

L'aquarium : *au Petit-Port. ☎ 04-79-61-08-22. • aquarium-lacdubourget.com • Tlj : juil-août, 10h-18h ; mai-juin et sept, 10h-11h30, 14h-18h ; fév-avr et oct-nov, 14h-17h. Derniers billets 1h avt la fermeture. Fermé déc-janv sf l'ap-m pdt les vac scol. Entrée : 8,50 € ; réduc ; gratuit jusqu'à 4 ans.* On y découvre une bonne cinquantaine d'espèces de poissons d'eau douce dont, pour certaines, on ne soupçonnait même pas l'existence (comme le spirlin), plusieurs écrevisses, des oiseaux d'eau naturalisés, comme la mouette rieuse chère à Gaston Lagaffe... Bassin tactile (Igor l'esturgeon et Ginette la carpe en redemandent !) et une expo sur la pêche de loisir au lac. Également un film de 30 mn sur la vie du lac du Bourget, au fil des quatre saisons. Surtout, une première salle d'expo est consacrée au lac, à sa faune, sa flore, mais aussi à sa géographie, à son histoire, à la qualité de l'eau... Ludique et bien fichue avec toutes ses cartes, maquettes et écrans tactiles. En sortant, vous saurez tout – ou presque – des dangers qui menacent les poissons du lac, des phénomènes de pollution ou d'eutrophisation !

À faire

➢ ***Croisières sur le lac :*** ***Compagnie des bateaux du lac du Bourget et du Haut-Rhône,*** *☎ 04-79-63-45-00. • compagniedesbateauxdulac.fr • Au*

Grand-Port. Ouv tte l'année. Nombreuses possibilités : des croisières à la journée, le midi ou le soir (avec illumination des berges), restauration, etc. Soirées à thème. Également des promenades vers l'abbaye de Hautecombe (avec escale pour la visite), vers le canal de Savières (avec passage de l'écluse et visites) ou encore vers Le Bourget-du-Lac (voir plus haut).

– ***Sports nautiques :*** labellisée France Station nautique 3 étoiles, Aix-les-Bains se devait d'offrir un large de choix d'activités nautiques. Du ski nautique à la voile en passant par la plongée ou le canoë, en toute liberté ou accompagnées, ces activités sont toutes accessibles via le point plage situé au club de voile au niveau du Grand-Port. La pêche sur le lac est en revanche une activité qu'il est conseillé de réserver bien à l'avance *(résa à l'office de tourisme).*

– ***Takamaka :*** *65, bd du Lac, le Grand-Port. ☎ 04-79-35-45-36. • aixlesbains.takamaka.fr • Ouv tte l'année.* Déjà cités plus haut pour la location de vélos, ils s'occupent aussi de chute libre, de parapente, VTT, traîneaux à chiens, raquettes, scooter des neiges, canyoning, hydrospeed, rafting, etc.

– ***Farniente à la plage :*** *pl. Daniel-Rops. ☎ 04-79-61-48-80.* La plage municipale et le centre nautique situés à l'entrée de la ville sont des lieux prisés par les familles. Aires de jeux et espaces détente. Pour profiter toute l'année des plaisirs de l'eau (même quand il pleut).

Manifestations

– ***Meeting aérien du lac du Bourget :*** *août ou sept.* Show exceptionnel et gratuit avec des animations au sol.
– ***Spectacles de rue et concerts gratuits :*** *juil-août.*
– ***Musilac :*** *mi-juil pdt 3 j.* Une vraie cure de rock, avec 3 jours de concerts en plein air au bord du lac. Des artistes de renommée nationale ou internationale.
– ***Festival de l'Opérette :*** *mi-juil, sur plusieurs w-e.*
– ***Festival de Tango :*** *fin juil.* Spectacles, milongas, apéros tango, démonstrations.
– ***Baila Latina :*** *mi-août pdt 3 j.* Musiques latines, concerts (gratuits !), DJs et cours de danse.
– ***Nuits romantiques :*** *fin sept-début oct.* Festival musical autour d'un compositeur romantique, vous l'auriez deviné.

LES BAUGES

Encore inconnu au bataillon des grandes destinations touristiques, ce massif des Préalpes, et finalement, tant mieux pour ses amoureux ! Il faut dire qu'en Savoie aussi les Bauges sont mal connues, sinon mal aimées. Certains Chambériens se sont longtemps ingéniés à faire aux Baujus une réputation de paysans arriérés, affublant leur rustique vaisselle en bois tourné de l'ironique surnom d'*argenterie.* Mais les Bauges sont plus aimables. Pas de sommets vertigineux (l'Arcalod culmine à 2 217 m), des vallées ouvertes, un grand plateau aux faux airs de Vercors, où, l'hiver, s'enroulent de superbes pistes de ski de fond, une faune et une flore protégées depuis 1995 par un statut de parc naturel régional. Le patrimoine géologique du massif est aussi mis

en valeur avec l'obtention du label Géoparc. Le tourisme s'y développe mais doucement, peut-être parce que les Baujus sont presque fiers de garder leurs distances, peut-être aussi parce que, ayant survécu dans ce monde rural longtemps clos, ils ne sont pas prêts à le brader au premier promoteur venu.

SAVOIE-GRAND-REVARD

Carte Savoie, A-B2

Savoie-Grand-Revard, c'est l'union de trois stations-villages (*Le Revard, La Féclaz* et *Saint-François-de-Sales*) qui forment les trois portes d'entrée d'un des plus beaux domaines nordiques de France et proposent une multitude d'activités hiver comme été. Au Revard, quelques discrètes constructions au milieu des sapins. Celle qui fut, à deux pas d'Aix-les-Bains, l'une des premières stations de sports d'hiver françaises (en 1936, un téléphérique reliait directement la station thermale au Revard ; on reparlerait d'ailleurs d'une liaison...) est aujourd'hui bien modeste. Mais la vue sur Aix et le lac du Bourget depuis le mont Revard est tout bonnement exceptionnelle. La Féclaz, quant à elle, reste une petite station familiale, fréquentée entre autres par les habitants de Chambéry (à 25 mn).

Adresse utile

ℹ ***Office de tourisme Savoie-Grand-Revard :*** *centre-station. • savoiegrandrevard.com • À **La Féclaz :** ☎ 04-79-25-80-49.*

Où dormir ? Où manger ? Où boire un verre ?

Hôtel Notre-Dame-des-Neiges : *73230 **La Féclaz.** ☎ 04-79-25-80-60. • notredamedesneiges73@orange.fr • notredamedesneiges.free.fr • ♿ En plein centre. Tlj en saison. Congés : de mi-avr à mi-juin et de fin sept à mi-déc. Doubles 60-69 € ; ½ pens de préférence : 64-66 €/pers. Menus à partir de 22 €.* Clientèle d'habitués fidèles à l'ambiance un peu pension de famille à l'ancienne. Chambres de bonne taille (et petit à petit rénovées dans un style montagnard), avec balcon pour certaines ou communicantes pour les familles. Généreuse cuisine familiale et accueil plein de générosité lui aussi. Petite piscine chauffée dans le jardin fleuri (en été).

Brasserie de montagne La Crémaillère : *73100 **Le Revard.** ☎ 04-79-54-00-59. • laetitia.vansevenant@orange.fr • ♿ Dans la station. Ouv tlj en saison (en hiver ouv le soir sur résa). Carte env 25 €.* Une salle en pierre et bois où l'on sert, avec le sourire, une cuisine traditionnelle et des spécialités savoyardes ; certaines sur commande, comme la tartiflette ou la matouille en été (de la tome des Bauges fondue au four)... Pain artisanal, pizzas et produits locaux privilégiés. Terrasse et barbecue l'été.

Le Chalet Bouvard : *73100 **Le Revard.** ☎ 04-79-54-00-80. Tlj en saison. Congés : avr-mai, oct-15 déc. Menu 25 €, plat du jour 17 €.* Un hôtel-resto hors du temps, qui devrait plaire aux fans des années 1930-1950 car ici tout est resté dans son jus ou presque. Ambiance Agatha Christie, Chabrol ou... Cluedo ! Ce bâtiment classé a été construit en 1892 en même temps que la ligne de chemin de fer reliant Trévignin au Revard. Chambres d'un autre âge pour randonneurs harassés et cuisine locale. Mais allez y boire un verre, pour profiter de la vue depuis la grande terrasse, de l'ambiance et, bien sûr, du décor.

Ski et neige

Le domaine Savoie-Grand-Revard (1 100-1 550 m) englobe trois stations : Le Revard, La Féclaz et Saint-François-de-Sales.

Ski alpin : *50 km de pistes (pour une trentaine de pistes). Forfait journée adulte : 18,50 €.* Un domaine idéal pour l'initiation et la pratique conviviale de l'alpin en famille. Snowpark à *La Féclaz,* avec une vue imprenable sur le plus grand lac naturel de France.

Ski de fond : *150 km de pistes au travers de paysages qui n'ont pas grand-chose à envier à ceux du Grand Nord canadien. Forfait journée adulte : env 8,90 €.* Nocturne à la lueur de sa lampe frontale sur la *piste du Hibou* le mardi soir et les soirs de pleine lune calendaire.

➢ **Raquettes :** *60 km d'itinéraires balisés.*

– **Autres activités :** *ski joëring,* traîneaux à chiens, troïka, *pulka,* sulky, motoneige, *paret, airboard, yooner,* pistes de luge.

Sports et loisirs d'été

VTT : le coin s'y prête bien. Des circuits pour tous niveaux et souvent en forêt. Également une piste de descente de 22 km entre Le Revard et Aix-les-Bains (un bus assure le retour, se renseigner pour les horaires).

– **Escalade :** deux *via ferrata,* l'une classée difficile +, l'autre extrêmement difficile.

– **Autres activités :** randonnée, équitation, parcours aventure forestier, parapente, vélo à assistance électrique, Segway, orientation, tir à l'arc, marche nordique...

LES BAUGES

LE CHÂTELARD (73630) 680 hab. *Carte Savoie, B2*

Capitale historique des Bauges. Point de contact entre les Bauges-Derrière et les Bauges-Devant, deux mondes clos dans un monde clos. Bourg-rue sans charme réel sinon celui de ses vieilles boutiques.

Adresse et infos utiles

Office de tourisme du Cœur des Bauges : *pl. Grenette (vieux bourg). ☎ 04-79-54-84-28. • lesbauges.com • Mai-sept, lun-sam ; hors saison, lun-ven (sf jeu).* Toute l'info sur les Bauges en général.

■ **Maison du parc naturel régional du massif des Bauges :** *☎ 04-79-54-86-40. • parcdesbauges.com •*

Voyages Francony : *☎ 04-79-54-81-23. • francony.com •* Liaisons régulières par bus Chambéry, Aix-les-Bains/École et Annecy via Le Châtelard.

Où dormir ? Où manger ?

Campings

Les Cyclamens : *☎ 04-79-54-80-19. 07-86-86-03-58. • contact@camping-cyclamens.com • camping-cyclamens.com • Accès : à 500 m du bourg. Ouv 15 avr-15 oct. Compter 12,10-14,20 € pour 2 selon saison. Loc* *de caravanes 4 pers 190-260 €/sem. CB refusées.* À l'orée du bourg, un camping tout petit mais bien équipé. Une cabane tout équipée perchée dans les arbres pour changer d'horizon *(98 €/nuit pour 2 pers).*

Camping municipal de L'Île : *base de loisirs Les Îles du Cheran, 73340* ***Lescheraines.*** *☎ 04-79-63-80-00. • contact@savoie-camping.com • savoie-camping.com • À env 5 km au nord du Châtelard, par la D 911 puis la D 912 en direction de Chambéry. Ouv fin avr-fin sept. Compter 11-17 € pour 2 selon saison. Loc de mobile homes et de chalets 4-6 pers 264-610 €/sem.* Un camping bien tenu et assez grand, étiré le long d'un plan d'eau, juste à côté d'une base de loisirs (baignade surveillée en juillet-août, embarcations à pédales, canotage, centre équestre...). Assez ombragé pour sa partie haute, beaucoup moins pour les emplacements vers la berge.

Prix moyens

Auberge Les Clarines : *Les Granges, 73630 Le Châtelard. ☎ 04-79-54-80-80. • hoteldesclarines@orange.fr • hotel-les-clarines.fr • Depuis Lescheraines, remonter sur Le Châtelard ; à l'entrée du village, à gauche. Resto fermé (sf pour les clients de l'hôtel) dim soir-lun, plus mar hors saison. Doubles 70-90 € selon saison ; familiales 4 pers 120-150 €. Formules déj sem 14-18 €, menus 25-32 €. Apéro offert sur présentation de ce guide.* Une façade hyper banale (voire rebutante depuis le parking), puis, ô surprise, une ravissante terrasse ombragée... Une belle salle à manger, bruyante et conviviale (c'est souvent plein à craquer !), avec minisalon, poêle et mobilier de brocante... Belle atmosphère ! Belle cuisine surtout... Une cuisine de femme, de terroir et de saison... Une cuisine appliquée et savoureuse. La patronne affectionne céréales et légumes anciens ; produits locaux fermiers et artisanaux. À l'étage, une poignée de chambres entièrement relookées, insonorisées, climatisées, le tout dans un style décalé « néosavoyard » (peau de vache !). Bel accueil.

Où dormir ? Où manger dans les environs ?

Hôtel L'Arcalod-restaurant la Baugeline : *chef-lieu, 73630* ***Jarsy.*** *☎ 04-79-54-81-53. • infos@arcalod.com • arcalod.com • (resto). À 8 km au sud du Châtelard. Resto ouv tlj en saison (midi slt dim et j. fériés hors saison). Doubles 72-82 €, familiales 103-115 €. Menus 19 € déj sf dim, puis 26 €. Apéritif maison offert sur présentation de ce guide et 3 € de réduc sur la ½ pens hors saison.* Dans un village tranquille qui domine la vallée, une adresse qui a conservé de vrais airs d'hôtel de campagne avec son escalier aux marches de bois qui craquent un peu. Chambres gentiment rénovées, claires et plutôt confortables. Excellent accueil d'une patronne qui gère un peu tout, toute seule. On prendra donc son temps au resto, pour une bonne cuisine de tradition et de région. Agréable terrasse.

Chambres d'hôtes Maholyne : *Précherel, 73630* ***Jarsy.*** *☎ 04-79-52-22-43. • maholyne@orange.fr • maholyne.com • Tte l'année. Compter 80 € pour 2, 90 € pdt les vac scolaires (et séjour min de 3 nuits souhaité). Table d'hôtes 1er nov-31 mars slt, 25 € (20 € à partir de 3 nuits). Apéritif offert sur présentation de ce guide.* À 975 m d'altitude, dans un petit hameau perdu au pied des alpages. Une ancienne menuiserie transformée en l'une des plus attachantes maisons d'hôtes du pays, avec ses pièces à vivre chaleureuses, ses chambres à thème dépaysantes (où l'on peut créer sa propre ambiance lumineuse !), sa terrasse, son bain nordique (payant) et sa salle de massage. Un pari un peu fou, qui semble gagné, pour cette famille revenue au pays pour créer un univers assez unique en son genre.

Manifestation

– **Festival Musique et Nature :** *juil-août. Résas : ☎ 04-79-54-84-28. • musiqueetnature.fr* • Concerts classiques, dans différents villages des Bauges.

DANS LES ENVIRONS DU CHÂTELARD

La Maison faune-flore : *73630* ***École-en-Bauges.*** *☎ 04-79-54-97-77. • parcdesbauges.com • ♿ À 5 km au sud-est du Châtelard par la D 911. L'été, tlj sf lun 10h-13h, 14h-18h30 ; de mi-avr à mi-juin, sept et vac scol de printemps et de la Toussaint, slt mer et dim 14h-18h ; hiver, vac scol de Noël, mer-ven et dim 14h-18h ; le reste du temps, se renseigner. Entrée : 2,50 € ; réduc ; gratuit moins de 7 ans.* Une des deux maisons thématiques du parc. Un espace très ludique, destiné principalement aux enfants et aux familles : souffler sur un pissenlit et suivre le parcours de ses graines, découvrir le menu de la chouette effraie, apprendre à grimper comme un chamois... Salle de projections, des manipulations interactives et un ensemble de maquettes pour découvrir le massif des Bauges. Espace géologique, documentation et boutique. De mai à la Toussaint, expo en plein air pour découvrir comment la nature adopte des astuces ingénieuses pour s'adapter à son milieu.

LES AILLONS-MARGÉRIAZ

(73340) 460 hab. *Carte Savoie, B2*

Comme son pluriel l'indique, ce village regroupe *Aillon-le-Jeune, Aillon-le-Vieux* ainsi que les domaines de *Margériaz* et d'*Aillon-Station.* Aillon-le-Jeune abrite une ancienne chartreuse (où l'on trouve la Maison du patrimoine) et la chapelle de la Correrie, inscrite à l'inventaire supplémentaire des Monuments historiques, porte de l'ancien domaine des chartreux.

Adresse utile

Office de tourisme : *73340* ***Aillon-le-Jeune.*** *☎ 04-79-54-63-65. • lesaillons.com • Tlj en juil-août et en hiver (au village) ; le reste de l'année, tlj sf mar et w-e.* Visite guidée du village sous forme de rallye découverte « Sur les traces de Sarvantès ».

Où dormir ? Où manger ?

Bon marché

Gîte d'étape Humbert 2 : *au centre d'****Aillon-le-Jeune.*** *☎ 04-79-54-63-65. • infos@lesaillons.com • lesaillons.com • Ouv mai-oct (gîte de groupe nov-avr). Rens et résas auprès de l'office de tourisme. 13 €/pers la nuitée ; en hiver, 480-870 €/sem. CB refusées. Entrée gratuite au musée Secrets de Fruitière sur présentation de ce guide (se présenter à la fromagerie du val d'Aillon en dessous du gîte).* 2 chambres de 6 et 4 lits au 1er étage de la fruitière du village, en gestion libre (couvertures fournies mais on apporte son duvet). Douche et w-c sur le palier. Cuisine équipée pour faire sa popote. Sur commande, la supérette *Sherpa* livre des paniers-repas et pique-niques.

Prix moyens

Chambres d'hôtes La Grangerie : *Les Ginets, 73340* ***Aillon-le-Jeune.*** *☎ 04-79-54-64-71. • pascal@lagrangerie.com • lagrangerie.com • Depuis Aillon-le-Jeune, rejoindre Aillon-Station et prendre à gauche, direction Les Ginets. C'est la dernière grande maison à flanc de montagne, tt en haut. Tte l'année. Compter 53 € pour 2. Repas 20 € (sur résa). Apéritif et café offerts sur présentation de ce guide.* Superbe ferme traditionnelle dominant, à 1 070 m d'altitude, la petite station de sports d'hiver d'Aillon-le-Jeune et presque tout le massif des Bauges (waouh !). 4 chambres spacieuses et accueillantes. La plus grande est réservée aux familles. Repas autour d'une massive table de bois, dans l'ancienne étable transformée en immense et chaleureuse pièce à vivre. Souvent complet car ils accueillent beaucoup de groupes de randonneurs.

Chambres d'hôtes Au Vieux-Four : *Chez Curiaz. ☎ 04-79-54-61-47. 06-16-90-06-84 • auvieuxfour@gmail.com • auvieuxfour.fr • À env 1 km d'Aillon-le-Jeune, en direction d'Aillon-le-Vieux. Compter 50 € pour 2, 82 € pour 4. Table d'hôtes 18 €.* 4 chambres d'hôtes mignonnettes et au calme dans une petite maison de ce hameau à l'écart de la route (et qui abrite, évidemment, un vieux four banal). À la table d'hôtes, produits fermiers et pain cuit dans le four à bois de la maison.

Où acheter du fromage ?

Fromagerie du Val d'Aillon : *à* ***Aillon-le-Jeune.*** *☎ 04-79-54-60-28. Tlj 9h-12h, 15h-19h30. Entrée de l'espace découverte : 2,50 € (3 € pour la visite guidée avec dégustation) ; réduc. Visites commentées (avec dégustation) 1 fois/sem pdt les vac d'été et d'hiver 5,50 €.* On y vient pour sa tome (avec un seul « m », ici on y tient !) des Bauges et ses autres fromages locaux : le monpela (entre la tome et le reblochon), le valbleu (un persillé), les antiques chevrotins et un excellent « gruyère », le margeriaz. Un « espace découverte » permet de tout savoir de la fabrication du fromage.

Ferme de la Correrie : *à* ***Aillon-Station.*** *☎ 04-79-54-64-70. Tlj sf mer 9h30-12h30, 17h (15h w-e)-19h30.* La ferme produit divers fromages fermiers tels que tome des Bauges et vacherin. On peut visiter la ferme, apercevoir les caves d'affinage et assister à la traite des vaches à l'alpage en été, à la ferme en hiver.

LES BAUGES

À voir

La chartreuse d'Aillon, Maison du patrimoine Bauju : *73340* ***Aillon-le-Jeune.*** *☎ 04-79-54-97-77. • parcdesbauges.com • À 12 km au sud de Lescheraines par la D 59 ; en hte saison, se garer en contrebas (puis grimpette de 10 mn à pied). De début avr à mi-juin et vac de la Toussaint, ouv mer-ven et dim 14h-18h ; l'été, tlj sf mar 10h-13h, 14h-18h30 ; vac scol fév et Noël, tlj sf mar 14h-18h ; le reste de l'année, mer et dim 14h-18h. Fermé 25 déc et 1er janv. Entrée : 3,50 € ; réduc ; gratuit moins de 7 ans.* La Maison du patrimoine du parc naturel régional du massif des Bauges a investi les murs de cette ancienne chartreuse du XIIe s, dans la combe de Lourdens. Visite audioguidée (1h30 environ) sur les traces du patrimoine culturel et historique de la région. Patrimoine rural et aspect religieux ne sont pas oubliés. Scénographique vivante et ludique. Expos temporaires et boutique avec produits locaux ou estampillés « parc ».

Ski et neige

Ski alpin : deux domaines (1 000-1 900 m), Aillon-Station et Margériaz, idéaux pour l'apprentissage du ski. Navettes entre les deux, au moins pendant les vacances scolaires. 40 km de pistes. Forfait journée adulte : 24 €. Le type même de la station à taille humaine, qui fait le bonheur des familles et des skieurs régionaux.

Ski de fond : une vingtaine de kilomètres,de pistes sur le site de Margériaz. Forfait journée adulte : 6,40 €.

➢ ***Raquettes :*** plusieurs d'itinéraires balisés en sortie autonome ou avec un accompagnateur. Livret de randonnées en vente à l'office de tourisme (3,50 €).

Sports et loisirs d'été

➢ ***Randonnée pédestre :*** 80 km de sentiers balisés et entretenus. Sentiers thématiques pour adultes et enfants, dont le *sentier des Orchidées* (durée : 1h). Possibilité de spéléo-rando : traversée d'une grotte spécialement aménagée (compter 1h30). Accès libre, mais casque et lampe frontale obligatoires (location possible dans les magasins de sport de la station).

– ***Autres activités :*** VTT, canyoning, parapente, *via ferrata* enfants, télésièges d'Aillon-Station *(ouv 2 ap-m/sem)* et piscine découverte et chauffée *(juil-août).*

LA COMBE DE SAVOIE

Carte Savoie, A-B2-3

Plaine s'allongeant entre Chambéry et Albertville, creusée il y a bien longtemps par les glaciers de Tarentaise et de Maurienne, et dans laquelle l'Isère s'étale largement. Une région certainement propice à la méditation, puisque le centre bouddhiste Karma Ling s'y est installé dans un ensemble monastique du XIe s niché dans la forêt d'Arvillard. Mais c'est aussi et surtout la principale région viticole de Savoie, ce qui justifie bien une petite visite !

CHALLES-LES-EAUX (73190)

Petite station thermale renommée depuis le XIXe s pour les vertus de ses eaux soufrées sur les affections des voies respiratoires. À la belle saison, il n'est pas rare d'y croiser quelques célébrités du spectacle soucieuses de préserver leur voix. Un certain cachet : château du XVIIe s transformé en hôtel (lire ci-après), établissement thermal et casino de style Napoléon III dressés dans un beau parc.

Où dormir ? Où manger à Challes et dans les environs ?

Beaucoup de petits hôtels plutôt bon marché (ville de cure oblige) mais qui (ville de cure oblige bis) privilégient les séjours en demi-pension...

Château des Comtes de Challes : *247, montée du Château, BP 1. ☎ 04-79-72-72-72. • info@chateaudescomtesdechalles.com • chateaudescomtesdechalles.com • Congés : 3 sem autour de la Toussaint. Doubles 128-158 € selon confort. Menus 29 € (déj en sem)-62 € ; carte env 70 €.* Envie de charme, de calme, de confort ? C'est tout ça, le *Château des Comtes de Challes.* Construit sur les bases d'un château dont l'origine remonte au XIIIe s, l'hôtel est protégé par un vaste parc (4 ha) agrémenté d'une piscine et d'un tennis. Chambres au calme donc, spacieuses, d'un confort optimal et rénovées avec énormément de goût. Agréable terrasse couverte pour déjeuner ou dîner, côté jardin. Cuisine de saison, raffinée sans être prétentieuse, utilisant au mieux les produits du marché, du potager et du verger. Accueil plutôt décontracté pour ce genre d'adresse.

La Ferme de Ramée : *500, chemin de Ramée, 73190* ***Saint-Jeoire-Prieuré.*** *☎ 04-79-28-03-05. ♿ À env 4 km de Challes-les-Eaux, direction Montmélian, puis à droite dans Saint-Jeoire, fléché. Tlj sf dim soir-lun. Résa conseillée, surtout le soir. Menu campagnard unique 21 € en sem, autres menus 23-26 € le w-e (apéro inclus).* Une bonne grosse auberge à la campagne, dans un environnement on ne peut plus champêtre. Sur des tables nappées de carreaux rouges et blancs, ou l'été en extérieur ou sous un bel auvent, on déguste un menu invariable et consistant, avec charcuterie, omelette, fromage blanc et tarte aux pommes (tartiflettes et fondues sur commande). Bons petits blancs de Savoie pour aller avec. Et pour ceux qui en veulent encore, biscuiterie sur place. Après ça, repu, sieste ou dodo !

CHIGNIN *(73800)*

Un petit village qui – pas fou – s'est blotti le plus possible au soleil, au pied des falaises des Bauges. Le vignoble alentour donne le chignin-bergeron, un vin-de-savoie blanc parmi les plus typés, qui fait des heureux depuis le XIe s au moins. Les amoureux de vieilles pierres partiront à la recherche des sept tours (enfin, ce qu'il en reste), érigées entre le VIIIe et le XIe s et qui pourraient être les vestiges d'une citadelle. Un indice : les plus identifiables sont recouvertes de lierre, d'autres ont été transformées en maisons.

LES BAUGES

MYANS *(73800)*

Bourg perché. Originale (on n'a pas écrit jolie) église à deux étages. On la repère de loin à la monumentale statue de la Vierge en bronze doré plantée en haut du clocher. Important lieu de pèlerinage, la Vierge noire de la crypte aurait protégé Myans lors de l'éboulement du mont Granier en 1248.

Où acheter de bons produits ?

Boulangerie Varcin : *route de Belledonnes. ☎ 04-79-28-12-84. À deux pas de l'église. Tlj sf mer.* Une boulangerie-bar-tabac-resto de village, la dernière (à notre connaissance...) à fabriquer des rioutes, ces biscuits traditionnels savoyards (une pâte à pain aromatisée à l'anis) si durs qu'on doit les tremper pour les manger (parfaits à l'apéro avec un verre de vin-de-savoie).

À voir près de Myans

Le lac de Saint-André : *à 5 km au sud de Myans par la D 22.* Tout petit mais adorable. Baignade en principe interdite, mais tout le monde y fait trempette...

APREMONT *(73190)*

Autour de ce bourg viticole, les vignes s'étendent sur les *abymes* de Myans : un chaos géologique formé par l'éboulement (en 1248, suite à des pluies diluviennes) du mont Granier. Rochers épars, fondrières et étangs. Surveillez bien les panneaux, les petites routes qui sillonnent le coin ressemblent vite à un vrai labyrinthe. On y produit, bien sûr, l'apremont, le vin-de-savoie blanc le plus connu.

Par le col du Granier, on gagne la vallée des Entremonts et le superbe ***cirque de Saint-Même*** (voir le chapitre « Les Entremonts-en-Chartreuse » dans la partie consacrée au massif de la Chartreuse).

Où goûter et acheter du vin ?

Le Vigneron Savoyard : *Le Gaz. ☎ 04-79-28-33-23. Tlj sf w-e 8h-12h, 14h-18h (17h ven).* Un caveau de dégustation très couleur locale qui offre un bon aperçu de la production puisqu'il rassemble une dizaine de producteurs (essentiellement d'apremont) et 50 ha de vigne.

LES MARCHES (73800)

Joli village sur un éperon rocheux, sorte de tête de pont entre la vallée de l'Isère et la combe de Chambéry. On accède au vieux village par une porte fortifiée. Le château, en proue, semble avoir été posé là pour surveiller la plaine. Il abrite aujourd'hui une maison de retraite.

MONTMÉLIAN (73800)

Gros bourg perché qui fut, sur la route de Turin, une des places fortes les plus redoutées d'Europe. Peu de monuments significatifs, mais une ambiance, notamment dans la longue rue qui serpente dans le centre-ville (Docteur-Veyrat et François-Dumas). Et le sommet du rocher (chemin fléché « le fort ») offre un beau panorama sur les environs.

Office de tourisme : *au Musée régional de la vigne et du vin. • tourisme.coeurdesavoie.fr • Visite guidée de la vieille ville (mer à 15h, 4 €).*

À voir

Le Musée régional de la vigne et du vin : *46, rue du Docteur-Veyrat. ☎ 04-79-84-42-23. • montmelian.com • Juin-sept, lun-sam 10h-12h, 14h-18h30 ; oct-mai, mar 14h-18h, mer-ven 10h-12h, 14h-18h, sam 10h-12h30. Fermé 24 déc-2 janv. Entrée : 4 € ; réduc ; gratuit jusqu'à 6 ans (visite guidée à 16h30 le mer).* Vous voulez tout savoir des vins de Savoie ? Rendez-vous dans ce musée bien conçu et aéré pour tenter de démêler l'écheveau des cépages, terroirs et appellations qui parsèment le territoire de Savoie, depuis les vins de la cluse de Chambéry jusqu'à ceux des bords du Léman en passant par la Chautagne et Jongieux. Très belle collection de pressoirs. Également des objets typiques de la viticulture de montagne, comme le « casse-cou », sorte de hotte en bois portée autrefois sur les épaules et qui servait à remonter la terre ravinée sur les parcelles pentues. Visite aussi des caves, fraîches, où trônent quelques grands crus.

ARBIN (73800)

C'est le village de la fameuse mondeuse, ce vin d'un rouge presque noir, doté d'un sacré tempérament et qui descendrait, selon certains, de l'*allobrogica* romain, déjà célébré par les auteurs latins comme Pline. Maison forte du XVe s à l'entrée du village. Et jolie route juste au pied des abrupts coteaux de vigne, entre Arbin et Cruet (D 201).

Où goûter et acheter du vin ?

Cave Louis Magnin : *90, chemin des Buis. ☎ 04-79-84-12-12. • domainelouismagnin.fr • Sur rdv sf dim.* Un viticulteur indépendant qui produit en agriculture biologique mondeuses et roussettes mais surtout l'un des plus fameux chignin-bergeron de Savoie.

Les Fils de Charles Trosset : *280, chemin des Moulins. ☎ 04-79-84-30-99. Sur rdv.* Une des indiscutables références pour la mondeuse.

CRUET (73800)

Petit bourg viticole gardé par l'une des nombreuses forteresses qui ponctuent la Combe de Savoie, le château de la Rive. Ne se visite pas, mais le Musée savoisien de Chambéry conserve ses intéressantes peintures murales.

Où acheter du vin ?

Cave coopérative de Cruet : *quartier Gavy. ☎ 04-79-84-28-52. Tlj 9h-12h30, 14h-19h.* Plus grosse cave de Savoie, elle regroupe près d'une centaine de viticulteurs de Cruet et d'ailleurs, et son offre fait un peu le tour de la question : chignin, mondeuse générique, mondeuse d'Arbin...

MIOLANS (73250)

Le château de Miolans : *☎ 04-79-28-57-04. • chateau-de-miolans.com • Avr-juin, ouv w-e et j. fériés 13h30-18h30 (tlj vac de printemps) ; juil-août, tlj 10h-19h ; 1re quinzaine de sept, tlj 13h30-18h30 ; de mi-sept à la Toussaint, ouv w-e et j. fériés (tlj pdt les vac scol) 13h30-18h30. Entrée : env 7 €. Visite libre (dépliant), en 1h15 (ne laissez pas trop courir les enfants !). Pour les visites guidées (intéressantes) et les animations, consultez le site internet.*

Le site est époustouflant. Un château médiéval posé sur un rocher à pic, 300 m au-dessus de la Combe de Savoie. Derrière, l'Arclusaz (2 040 m), l'un des plus beaux synclinaux perchés (plongez-vous dans vos vieux manuels de géo) d'Europe ! Du Xe au XVe s, le château a appartenu aux seigneurs de Miolans. À l'extinction de leur lignée en 1523, il a été transmis par héritage aux ducs de Savoie.

Rampe d'accès barrée par trois portes et protégée sur près de 200 m par un chemin de ronde enterré, donjon massif, flanqué de quatre tourelles : Miolans ressemble bien à une forteresse voulue imprenable. Pourtant, il a surtout, de 1559 à la Révolution, servi de prison.

Un château sans oubliettes ne serait pas un château : il y en a, un peu légendaires mais sinistres quand même. Sur la terrasse, dominant le vignoble,

QUARTIER VIP

Sur plusieurs étages de la tour Saint-Pierre du château de Miolans, les cellules ont conservé les noms très évocateurs que leur donnaient les détenus. Selon son crime et son rang (surtout son rang...), le condamné avait droit à l'Enfer, au Purgatoire, au Trésor (dont les fenêtres étaient exposées au sud), au Paradis... Enfermé pour « débauche outrée », le marquis de Sade eut droit en 1772 à l'Espérance (aujourd'hui détruite), à un domestique et à... tout ce qui lui fut nécessaire pour mener à bien son évasion, l'année suivante.

magnifiques jardins d'inspiration médiévale. D'un grand raffinement, ils contrastent fortement avec l'architecture sombre, massive et austère du château. De là-haut se dévoile une vue magnifique, du mont Blanc au Vercors, les jours de très beau temps.
Sachez enfin que le château, toujours privé, est propriété de la même famille depuis 1869.

Où dormir ? Où manger chic dans les environs ?

Chambres d'hôtes Château des Allues : *335, rue Audibert, Les Allues, 73250* ***Saint-Pierre-d'Albigny.*** *06-75-38-61-56. • info@chateaudesallues.com • chateaudesallues.com • Congés : nov. Compter 140-165 € pour 2 ; familiales 150-240 €. Table d'hôtes sur résa le soir 48 € (boisson incluse).* Dans une grande bâtisse grise et austère du XIXe s mais de fort belle allure. L'intérieur s'avère bien plus chargé, bien plus cosy. 5 chambres d'hôtes de grand confort, toutes spacieuses et personnalisées, aménagées avec un goût exquis (objets d'art, tissus anciens, vieux meubles...). Dans la grande salle à manger habillée de panneaux en noyer sculptés, le dîner fait la part belle à une cuisine raffinée et copieuse. Superbe terrasse-pelouse avec vue sur la chaîne de Belledonne, idéale pour prendre le petit déj quand il fait beau. Excellent accueil. Sublime potager bio, qui fournit la table d'hôtes.

À voir dans les environs

L'écomusée de la Combe-de-Savoie : *Les Coteaux-du-Salin, 73460* ***Grésy-sur-Isère.*** *04-79-37-94-36. • lescoteauxdusalin.pagesperso-orange.fr • À 8 km au nord-est par la D 901. Tlj 10h-17h (fermeture billetterie) juil-août ; 14h-17h le reste de l'année. Compter 1h30 de visite. Entrée : 9 € ; gratuit moins de 16 ans accompagnés de leurs parents. Dégustation de vins de Savoie et jus de fruits en fin de visite.* Un coteau boisé où l'on se balade le long d'un chemin, de hangar en maisonnette, au total une vingtaine de constructions qui abritent plus de 7 000 pièces, outils, machines, meubles... Un village-musée de la vie et des métiers d'autrefois, où toutes les activités traditionnelles ou presque sont représentées. La forge, la viticulture, le moulin, les fruitières et, pour l'agriculture, des centaines de pièces : chariots, tombereaux, calèches, charrues (et atelier de charron), tracteurs des années 1900 à 1960. Vous pourrez aussi découvrir le patrimoine « industriel » dans l'atelier des vieilles mécaniques. Une centaine de moteurs en état de marche, et ils se réveillent chaque année le dernier week-end de juillet pour le vrombissement des moteurs. Les membres de la famille qui ont conçu, seuls, cet endroit sont toujours sur le site et ne se lassent pas de livrer des anecdotes sur ces objets patiemment collectés. Et ils n'ont de cesse d'agrandir encore leurs collections. Le musée accueille par exemple celui du Sapeur-Pompier 73 qui retrace toute l'histoire des soldats du feu du temps de Napoléon au début du XXe s. Et en 2011, l'écomusée a inauguré l'Espace Reine-Marie-José où sont présentées deux expositions : « De la Savoie à l'Italie, 850 ans avec la maison de Savoie » et « Une dynastie européenne millénaire : la royale maison de Savoie » (44 portraits historiques des souverains de la maison de Savoie). Tout au long de l'année, expos temporaires et événements complètent la visite.

LA VALLÉE DE LA MAURIENNE

Avec 120 km d'Aiton à Bonneval-sur-Arc, une des plus longues vallées des Alpes, continuellement encaissée. Grande voie de passage vers l'Italie depuis l'Antiquité. Le fond de la vallée, traversé par l'autoroute, le cours d'eau de l'Arc et les voies de chemins de fer, a été sacrifié aux ambitions de l'homme. On n'a qu'une envie, s'échapper au plus vite vers les authentiques vallées affluentes ou vers la haute Maurienne, aux portes du parc national de la Vanoise, après avoir apprécié au passage le gentil patrimoine de Saint-Jean-de-Maurienne, ville carrefour, au départ du « plus grand domaine cyclable du monde » (nom déposé à l'INPI) pour pasticher, *of course,* une célèbre voisine.
Mais ce serait oublier d'un coup les charmes cachés des villages de la porte de la Maurienne, entre les massifs des Hurtières, de la Lauzière et du Grand-Arc. Traditionnellement divisée en basse, moyenne et haute, pour reprendre des dénominations peu touristiques mais facilement mémorisables, la Maurienne, classée Pays d'art et d'histoire, mérite qu'on s'attarde dans son fond de vallée, avant d'attaquer la haute Maurienne-Vanoise. « Ne passez pas sans nous voir » pourrait être le slogan de ceux qui vivent, travaillent ici et entretiennent la mémoire de ceux qui ont œuvré dans la vallée (à travers des musées passionnants comme celui de Saint-Michel-de-Maurienne, consacré à l'aluminium). L'émigration a été, ici, une vraie réalité jusque dans les années 1960. Tous les écaillers des grandes brasseries parisiennes venaient, par exemple, de hameaux de la vallée. Maurienne, une vraie terre d'émigration comme d'immigration, au temps de l'ère industrielle.

Arriver – Quitter

En train

– ***Rens SNCF :*** *☎ 36-35 (0,34 €/mn).* • *voyages-sncf.com* •

➢ ***De/vers Saint-Jean-de-Maurienne :*** liaison avec Paris, train direct (en 3h40) ou avec correspondance à Lyon ou Chambéry. Liaison avec Marseille, correspondance à Lyon. Jusqu'à 5 A/R directs avec Lyon. Également des gares à La Chambre, Saint-Michel-de-Maurienne et Modane.

En bus

Gare routière de Saint-Jean-de-Maurienne : • *mobisavoie.fr* •

➢ ***De/vers Saint-Jean-de-Maurienne :*** liaison avec Albiez-Montrond, La Toussuire, Le Corbier, Les Karellis, Saint-Jean-d'Arves et Saint-Sorlin-d'Arves. Pour Saint-François-Longchamp, bus au départ de la gare de ***Saint-Avre-la-Chambre,*** à 10 km de Saint-Jean-de-Maurienne, vers Chambéry. Pour les stations de Valloire et Valmeinier, bus en gare de ***Saint-Michel-de-Maurienne***, 13 km au sud-est de Saint-Jean-de-Maurienne, en direction de Modane.

En avion et bus

– Depuis les aéroports de Lyon et Chambéry, un service de navettes est assuré 2 ou 3 fois/sem (des vac de Noël et la mi-avr) avec toutes les stations de la Maurienne. *Tarifs : depuis Lyon, env 73 € l'aller simple, 115 € A/R. • altibus.com •*

Adresse utile

ℹ ***Maurienne Tourisme :*** *☎ 04-79-83-23-94. • maurienne-tourisme.com •* N'accueille pas le public. Documentation sur tout le territoire, dont un *Guide patrimoine* par circuits, très bien réalisé, un *Guide des sentiers à thème,* une *carte des itinéraires à vélo.* Tous sont gratuits et distribués dans les offices de tourisme de la vallée. Site à visiter avant de partir à l'assaut de la vallée !

LA PORTE DE LA MAURIENNE

Carte Savoie, B2-3

À l'entrée de la vallée de la Maurienne, sur la route des stations, un territoire que l'on traverse souvent trop vite. Et c'est un tort, car il cache quelques petites merveilles.

LA MAURIENNE

Adresse utile

ℹ ***Office de tourisme Porte de Maurienne :*** *Grande-Rue, 73220* ***Aiguebelle.*** *☎ 04-79-36-29-24. • portedemaurienne-tourisme.com • Vac scol, tlj sf dim et j. fériés ; sinon ouv mar-sam.*

Où dormir ? Où manger ?

Prix moyens

🍴 ***Ferme d'Ambrune et Polalye :*** *Le Grey, 73220* ***Saint-Alban-des-Hurtières.*** *☎ 04-79-62-05-09. • mjd.godard@wanadoo.fr • Sur résa slt ven soir, sam soir, dim midi et j. fériés, plus mar midi en juil-août. Congés : 2 sem début juil. Menus 23-28 € selon saison et abattages, apéritif, digestif et café compris.* Producteurs de poulets de ferme, de canards gras et de petits fruits, Jean-Dominique et Marielle proposent un menu unique, variant chaque semaine, et composé en fonction de la production du moment et de la saison. Authentique et roboratif ! Ici, on ne chipote pas sur la quantité. Si ça ne vous suffit pas, vous pouvez acheter, pour emporter, foie gras, confits, magrets, rillettes, confitures *(jeu-ven 17h-19h).* Jolie terrasse pour les beaux jours.

Chic

🏠 🍴 ***Chambres d'hôtes Le Relais du Lac Noir :*** *Tioulévé, 73220* ***Montsapey.*** *☎ 04-79-36-30-52. • contact@relaisdulacnoir.com • relaisdulacnoir.com • Congés : vac de Toussaint. Compter 86 € pour 2, 129 € pour 4. Table d'hôtes 26 €.* 📶 Sur les hauteurs de Montsapey, tout au bout (au bout) de la route, un magnifique hameau constitué d'une poignée de vieux chalets. Dans l'un d'eux, l'une des plus belles adresses de ce coin de montagne. Au choix, 2 chambres dans la maison principale et 2 autres dans d'adorables mazots (2 adorables petits chalets de poupées). Pour dormir au calme, coupé du monde, sans télé, sans téléphone... Juste le bruit des clarines !... Rustique, authentique, simple... le charme à l'état pur ! Table d'hôtes et bar de montagne. Également un gîte tout équipé à louer.

À voir. À faire

Le musée du Félicien : *73220* ***Argentine.*** *☎ 04-79-44-33-67. • museedufelicien.com • Juil-août, tlj 14h-17h (dernière entrée) ; fermé sam autres vac scol ; hors vac scol, ouv mer-ven et dim. Fermé de fin sept à mi-oct. Entrée : 4,30 € ; ½ tarif pour les adultes le mer ; gratuit jusqu'à 17 ans.* Laissez-vous guider par le Félicien, paysan du siècle dernier qui vous racontera son village, sa famille, sa terre... et le temps qui s'égrène au rythme des saisons. Courts-métrages, expos. Du beau travail.

Circuit « Nature & souvenirs » : *73220* ***Montsapey.*** *GRATUIT.* Cette balade, facile (compter 1h), fait revivre la vie d'autrefois dans les alpages jusqu'au milieu du XXe s. Elle présente l'utilisation que faisaient nos ancêtres des plantes et explique les fonctions des vieilles pierres.

Le Grand Filon : *73220* ***Saint-Georges-d'Hurtières.*** *☎ 04-79-36-11-05. • grandfilon.net • À l'entrée de la vallée de la Maurienne, au sein du méconnu et pourtant joli massif des Hurtières ; à env 35 km de Saint-Jean-de-Maurienne, par la N 6 vers Chambéry, puis la D 73 à gauche après Épierre, direction Saint-Georges-d'Hurtières. Juil-août, tlj sf sam 11h-19h ; entre les vac de printemps et d'été, w-e 14h-18h. Entrée formule découverte : 7 € ; formule aventure avec la visite de la galerie Sainte-Barbe (sur résa) : 12-15 €. Prévoir lainage et bonnes chaussures.*

À 900 m d'altitude, dans un cadre exceptionnel, face au massif de la Lauzière et des Aiguilles-d'Arves, découvrez l'histoire de cette mine de fer (700 ans d'exploitation ! jusqu'en 1931...), les secrets de la formation du filon et la vie des mineurs d'autrefois qu'explique l'exposition permanente grâce à des technologies de pointe : vidéo (pleine de grâce et de poésie), merveilleux théâtre optique, son et lumière dans une galerie de mine reconstituée. Ensuite, après avoir poussé la porte de l'ancienne école qui semble encore résonner du bruit des enfants de mineurs, on se balade le long d'une authentique galerie de mine, puis dans le parc métallurgique où sont présentées toutes les techniques de transformation du minerai de fer. Pour ceux qui en veulent encore, l'une des dernières galeries à avoir été exploitées est désormais accessible. Et, pour situer, la galerie Sainte-Barbe ne montre en fait qu'une infime partie des 22 km que totalise le réseau !

Boutique, buvette (boissons, glaces, snack), salle hors sac et terrasse avec vue panoramique.

– Pour vous rafraîchir, avant d'attaquer la moyenne vallée, faites une pause au *plan d'eau des Hurtières*, à ***Saint-Alban-des-Hurtières.*** Baignade surveillée en juillet-août.

PLUS SOLIDE QU'UN ROC

C'est l'acier des mines des Hurtières qui a servi à forger Durandal, la légendaire épée qui, à Roncevaux, a ouvert un passage à travers les Pyrénées. C'est du moins ce que raconte La Chanson de Roland...

Manifestation

– ***Les Arts Jaillissants :*** *2 sem mi-juil, à* ***Montsapey.*** *• les-arts-jaillissants.fr •* Festival de musique baroque avec concerts, rando-concerts, rencontres, repas, expos...

SAINT-JEAN-DE-MAURIENNE

(73300) 8 845 hab. *Carte Savoie, B3*

Avec son centre-ville où trônent quelques arcades et des façades aux couleurs chaudes, Saint-Jean annonce déjà l'Italie voisine et est riche d'un petit patrimoine hérité de son passé de cité épiscopale. L'histoire religieuse de Saint-Jean-de-Maurienne a débuté au VIe s avec une sainte au nom bizarre : Thècle. Cette jeune fille, qui vivait à Valloire, partit avec son baluchon pour Alexandrie. Une bonne idée puisqu'elle en revint avec trois doigts de la main droite de saint Jean-Baptiste, celle-là même qui avait baptisé le Christ ! Ces reliques furent déposées à Maurienne, qui prit alors logiquement le nom de Saint-Jean.
La petite ville est devenue aujourd'hui une cité active, bien connue des cyclogrimpeurs en route pour les cols mythiques environnants, et la porte des Sybelles, le plus grand domaine skiable de Maurienne (310 km de pistes reliant les stations de Saint-Sorlin-d'Arves, Saint-Jean-d'Arves, Saint-Colomban-des-Villards, Le Corbier, La Toussuire et Les Bottières).

Adresse utile

Office de tourisme : *ancien évêché, pl. de la Cathédrale. ☎ 04-79-83-51-51. • saintjeandemaurienne.com • Tlj en juil-août, fermé dim juin et sept, plus sam ap-m oct-mai.* Propose une visite des monuments classés et des visites gourmandes et à thème. Programme des animations gratuites de l'été (concerts, théâtre, marché au clair de lune) et des grands événements cyclistes (Tour de France, Critérium du Dauphiné...).

Où dormir ? Où manger ?

Camping

Camping municipal des Grands Cols : *422, av. du Mont-Cenis. ☎ 04-79-64-28-02. • info@campingdesgrandscols.com • campingdesgrandscols.com • ♿ Ouv de mi-mai à fin sept. Compter 16-18 € selon saison. Loc de mobile homes 4-5 pers 370-560 €/sem.* Un camping très confort, tout beau, branché cyclisme (il y a même un atelier de réparation pour les vélos). À deux pas du centre mais tranquille et verdoyant. Vastes emplacements.

De bon marché à prix moyens

Hôtel des Sports : *10, rue Brun-Rollet. ☎ 04-79-64-02-40. • hoteldessports@gmail.com • Doubles 37-40 € selon confort ; familiale 75 €. Parking gratuit pour motos et vélos. Apéritif maison ou café offert sur présentation de ce guide.* Petit bar-hôtel dans le centre (vers le Forum) mais relativement au calme. Chambres pas chères, bien tenues et, dans l'ensemble, confortables ; elles sont de plus en plus grandes à mesure qu'on monte les

3 étages. Accueil décontracté. Et bar d'habitués au rez-de-chaussée.

Chambres d'hôtes L'Orée du Bois : *255, rue Guille. ☎ 04-79-64-31-27. 06-35-36-01-97. • laurent necca@yahoo.fr • l-oree-du-bois.net • Sortir du centre direction Turin, 1re à droite après le pont, c'est sur la gauche au fond de l'impasse. Compter 63 € pour 2, 96 € pour 4. Lit bébé gratuit sur présentation de ce guide.* L'accès n'a rien de vraiment glamour, autant le préciser. Mais une fois dans la cour de cette villa récente, tout change. L'accueil cordial, les 2 chambres joliment refaites, le jardin, tout donne envie de se poser.

Hôtel du Nord : *pl. du Champ-de-Foire. ☎ 04-79-64-02-08. • info@hoteldunord.net • hoteldunord.net • Tlj sf dim soir hors juil-août et lun midi. Congés : 15-25 avr et 24 oct-2 nov. Doubles 68-70 €. Formules midi en sem 15-20 €, menus 25-50 €. Apéritif offert sur présentation de ce guide.* Cette grande bâtisse avec tour est sans conteste la meilleure table de la ville. Jolie salle (voûtes et murs de pierre) aménagée dans les anciennes écuries de ce qui était autrefois un relais de diligence. Cuisine bien tournée, d'une belle régularité, classique mais avec de l'idée et privilégiant les produits du cru. 19 chambres spacieuses et claires, d'un bon rapport qualité-prix.

Hôtel Saint-Georges : *334, rue de la République. ☎ 04-79-64-01-06. • info@hotel-saintgeorges.com • Doubles 80-82 €, familiales 105-110 €. Parking. Café offert sur présentation de ce guide.* L'hôtel a bénéficié d'un sérieux lifting et propose des chambres confortables, climatisées, toutes avec écrans plats et bien isolées, pour celles donnant côté rue (celles qui donnent sur l'arrière sont plus calmes, évidemment). Pas mal de cyclistes en été. Bon rapport qualité-prix et accueil sympathique.

Le Gavroche : *pl. du Marché. ☎ 04-79-20-49-30. • info@restaurant-le-gavroche.com • Tlj sf lun. Formule 15,50 € et menu 19 € midi sem ; autres menus 29-49 €. Café ou infusion offert(e) sur présentation de ce guide.* Une des bonnes surprises de Saint-Jean. Une cuisine 100 % maison, 100 % fraîcheur... Spécialité de poissons frais, d'ici ou d'ailleurs, cuits *a la plancha.* Cadre moderne et agréable. Terrasse sur la place (qui n'est pas la plus jolie de Saint-Jean, soyons honnêtes). Le midi, les formules du jour font l'unanimité, mais la carte a de quoi séduire. Vins au verre. Service jeune et souriant, très pro.

Où acheter de bons produits ?

Aux Produits Savoyards : *8, rue Saint-Antoine. ☎ 04-79-64-23-14. Tlj sf dim ap-m.* Son enseigne est suffisamment explicite. Remarquables fromages comme ces tommes fermières de la Maurienne ou le bleu de Bonneval...

– **Marchés hebdomadaires :** *mer mat, pl. Fodère ; sam mat, pl. de la Cathédrale.*

À voir

La cathédrale Saint-Jean-Baptiste : *ouv tlj 7h-12h, 14h-19h (sf pdt la messe). Visites guidées de la cathédrale, du cloître et de la crypte tte l'année (sur demande auprès de l'office de tourisme). Tarif : 4 € ; gratuit moins de 12 ans. Compter 1h30 de visite.*

Sur le parvis, une tour carrée bizarrement isolée, ancien clocher (XIe-XIIe s) d'une église endommagée par la Révolution. La cathédrale est précédée d'un péristyle où, sous un mausolée édifié au XIXe s, repose Humbert Ier aux Blanches Mains (ce qui ne veut pas dire qu'il ne faisait rien de ses dix doigts !), premier comte de Maurienne et fondateur de la maison de Savoie.

À l'intérieur, deux intéressantes peintures murales : une *Annonciation* et une *Mise au tombeau* (dans le bas-côté droit). À voir aussi : les stalles gothiques de la fin du XVe s, réalisées avec des noyers d'Argentine (acheminés pour l'occasion). Les appuis des sièges, les miséricordes et les hauts dossiers donnent une idée du talent (et de la fantaisie) de l'artiste.
En sortant de la cathédrale, pénétrez, à droite, dans le cloître du XVe s, conservé, et c'est plutôt rare, dans son intégralité. Dans la galerie sud, un escalier gagne la ***crypte*** : deux salles séparées par un mur percé d'un oculus où l'on vénérait les reliques de saint Jean-Baptiste. Remarquez les chapiteaux de gypse aux incisions rehaussées d'ocre, bel exemple d'art roman naissant.

Le musée de l'Opinel : *25, rue Jean-Jaurès. ☎ 04-79-64-04-78. • opinel-musee.com • ♿ Dans l'av. qui mène de la pl. de la Cathédrale à la gare SNCF. 15 juil-31 août, tlj 9h-19h ; sinon 9h-12h, 14h-19h sf dim et j. fériés. GRATUIT. Visite commentée pour les groupes sur résa.* Considéré comme l'un des 100 plus beaux objets du monde par les conservateurs du Victoria & Albert Museum à Londres et exposé au MoMA de New York, ce couteau de légende (inventé en 1890) a aussi son musée. Rénové et agrandi en 2013, ce bel espace contemporain est installé dans un ancien atelier qui a fonctionné de 1932 à 1986, avec son outillage d'origine, dont un impressionnant martinet pour étirer le métal chauffé. Objets personnels de Joseph Opinel (dont un appareil photo fabriqué par ses soins bien avant le premier couteau), film vidéo sur les techniques actuelles de fabrication (l'usine, qui appartient toujours à la même famille, est désormais installée à Chambéry), couvertures de romans qui évoquent le célèbre couteau...
Boutique où l'on trouvera tous les Opinel : des classiques de la gamme ou autres modèles sculptés jusqu'aux plus récents.

Le musée des Costumes et des Traditions populaires : *pl. de la Cathédrale. ☎ 04-79-83-51-51 (office de tourisme). De fin juin à mi-sept, tlj sf dim et j. fériés 10h-12h, 14h-18h ; pdt les vac scol d'hiver et de printemps, tlj sf sam-dim et j. fériés 14h30-17h30. GRATUIT.* Dans les élégants appartements de l'ancien palais épiscopal (beaux plafonds peints), où Louis XIII et Richelieu ont séjourné en 1630, pendant la peste. Reconstitution d'un intérieur mauriennais, petite section d'archéologie, salle d'art religieux et belle collection de costumes traditionnels où l'on notera les différences flagrantes des costumes de villages, pourtant séparés par une poignée de kilomètres.

Fête et manifestation

– ***Fête du Pain :*** *1er jeu d'août.* À ne pas manquer si vous êtes par là. Partage du pain géant (les trois doigts représentant les reliques de saint Jean !), marché artisanal, animations, etc.
– ***Festival de Théâtre et des Arts vivants :*** *1er w-e d'août, sur 3 j.* Nombreuses scènes de théâtre et arts de la rue (danse, cirque...) dans le centre-ville, avec talents locaux et comédiens nationaux.

DANS LES ENVIRONS DE SAINT-JEAN-DE-MAURIENNE

Nous vous indiquons ici deux des curiosités à ne pas manquer (L'Aura, les lacets de Montvernier), mais il faudrait déjà signaler les cols pour le point de vue (Glandon, Croix-de-Fer, Chaussy, Madeleine) et un lac de baignade à Villargondran pour se rafraîchir ensuite l'été.

L'Aura : *à flanc de montagne, sur la gauche en descendant la D 1006, en direction de La Chambre (à hauteur du hameau Les Champagnes).* Une sculpture monumentale en forme d'auréole. L'une des plus grandes créations collectives du monde : 42 000 pièces d'aluminium (la richesse de la vallée), qui occupe 5 000 m² à flanc de montagne. Projet un peu fou, initié par une poignée d'associations et d'artistes de la vallée pour fédérer les Mauriennais. Plus de 20 000 pièces ont déjà été gravées par des autochtones mais aussi par des habitants de France et du monde : dessins, messages, poèmes. Et ça continue !

Le Châtel : à 7 km au nord de Saint-Jean-de-Maurienne et dominant la vallée, Le Châtel présente, sur un promontoire, un ensemble assez exceptionnel : une ancienne église (Notre-Dame-de-l'Assomption), une chapelle accrochée à flanc de coteau (Saint-Marin) et une solide tour carrée de 18 m de haut (tour de Bérold de Saxe). Cet ensemble balisé et accessible par un agréable sentier permet aussi une vraie lecture du paysage de la vallée. La tour trouve son origine avec la maison de Savoie puisque l'incontournable Humbert aux Blanches Mains y serait né. Nombreuses animations en été.

Juste en face, au centre du bourg, bonne auberge sur fond de gastronomie traditionnelle, tenue par la même famille depuis 3 générations : **Chez Grange,** *(☎ 04-79-64-25-77. Fermé mer, sam midi et dim soir ainsi que de mi-déc à Pâques. Menus 19-27,80 € ; dim 35 €).*

➢ **Les lacets de Montvernier :** une des plus belles routes de montagne de Maurienne, sinon de Savoie. Lacets réguliers sur 4 km, qui s'élèvent lentement jusqu'au village de Montvernier, posé sur un petit plateau au-dessus de la Maurienne. Profitez-en pour faire une rando sur place.

LES STATIONS DES ENVIRONS DE SAINT-JEAN-DE-MAURIENNE

Carte Savoie, B3-4

SAINT-FRANÇOIS-LONGCHAMP *(73130)*

À 23 km au nord de Saint-Jean-de-Maurienne, sur la (superbe) route du col de la Madeleine qui, depuis 1968, relie la Maurienne à la Tarentaise. Au passage du col, tout là-haut, vue panoramique à 360° sur le mont Blanc et le massif des Écrins ! Et en route, de gracieux pitons rocheux surnommés les *Demoiselles coiffées.* C'est la première station de Maurienne que dessert l'autoroute A 43.
Construite autour de plusieurs villages et hameaux (Montgellafrey à 1 200 m, Saint-François à 1 450 m et, 4 km plus haut, Longchamp, à 1 650 m), « moderne », Saint-François-Longchamp n'a pas de charme particulier, mais l'ambiance y est assez sympa, familiale et sans frime. Et les prix sans commune mesure avec ceux de la Tarentaise voisine, pour le cinquième domaine skiable de Savoie (relié à celui de Valmorel).

Adresse utile

Office de tourisme : *Maison du tourisme, station 1 650. ☎ 04-79-59-10-56. • saintfrancoislongchamp.com • Tlj de mi-déc à mi-avr et juil-août ; fermé w-e le reste de l'année.* On s'y procure, entre autres, la carte Soleil (à puce) offrant des réductions sur les différentes activités proposées par la station.

Où dormir ? Où manger dans les environs ?

Le Clocher des Pères : *Le Mollard, 73130* ***Saint-Martin-sur-la-Chambre.*** *☎ 04-79-59-98-06. • leclocherdesperes@gmail.com • leclocherdesperes.com • Dans un village sur la D 213 qui monte vers la station. Resto ts les soirs sf mar-mer, plus le midi w-e. Congés : 15 j. en mai et oct. Résa conseillée. Compter 80 € pour 2. Menus 39-62 € ; carte env 50 € ; magnifique menu-enfants 15 €. Apéritif offert sur présentation de ce guide.* Cette jolie demeure du XVe s, dominant la vallée de la Maurienne, face à la chaîne de Belledonne, abrite 3 ravissantes chambres d'hôtes (à l'étage) mais aussi et surtout une table magnifique. Le site mérite déjà la grimpette, mais la cuisine, elle, vaut le détour ! Pierre Troccaz, jeune chef inspiré, et son adorable Éloïse voulaient un lieu à eux, où ils pourraient œuvrer ensemble, à leur rythme, libres et loin de la ville. Maître en cuisine, Pierre joue avec les couleurs, les textures, le terroir et les saisons. Produits du cru, admirablement mis en valeur, et ce, dès le 1er menu. Un de nos plus beaux souvenirs en Savoie, l'un des plus gourmands aussi.

Ski et neige

Ski alpin : domaine skiable (1 450-2 550 m ; centre de la station à 1 650 m), 70 km de pistes. Relié (Le Grand Domaine) à celui de Valmorel (voir ce chapitre) : 165 km de pistes. Forfait journée adulte : 34 € ; domaine relié : 43 €. Le versant mauriennais, qui forme comme un vaste cirque autour de la station, offre un ski varié. Les skieurs moyens emprunteront le télésiège du Marquis (jolie vue sur l'Étendard de l'autre côté de la vallée) qui dessert, par exemple, la rouge des *Coqs*. Les skieurs plus expérimentés prendront le télésiège de la Lauzière qui grimpe à 2 550 m d'altitude, direction la haute montagne ; au loin se profilent les sommets du mont Blanc, de l'Eiger ou du mont Rose, descente par les sportives rouge de la *Reverdy* ou noire de la *Lauzière*.

– **Centre de balnéothérapie :** *plan Mollaret, 73130* ***Montgellafrey.*** *☎ 04-79-20-27-25. • centredebalneotherapie.fr • Tlj de mi-déc à mi-avr et juil-août.* Un centre d'un genre nouveau, où chacun peut entretenir sa forme après ou avant le ski en profitant des bienfaits de l'eau (techniques utilisées par les sportifs de haut niveau). Également un bowling sur place.

Ski nordique : zone nordique du Grand-Coin autour de Montaimont, petit village authentique à 12 km de Saint-François-Longchamp. 40 km de pistes balisées qui relient des villages typiques comme Montpascal ou Le Châtel (voir plus haut). Charmants passages en forêt et très beaux sites (col du Chaussy, hameaux des Rieux, des Mottes...). Forfait journée : 7 €.

– Plusieurs itinéraires raquettes également.

ALBIEZ-LE-JEUNE *(73300)*

À 15 km au sud-est de Saint-Jean-de-Maurienne, à 1 350 m d'altitude, par une jolie route en forêt où on n'en finit plus de compter les lacets. Un village encore bien authentique et un joli domaine de randonnée nordique, dont une bleue longue de 11 km qui serpente dans une forêt de mélèzes. *Rens au ☎ 04-79-59-92-85 (mairie).*

ALBIEZ-MONTROND *(73300)*

À 18 km de Saint-Jean-de-Maurienne. Un petit domaine skiable autour de deux hameaux traditionnels de Maurienne (Le Chef-Lieu et Le Mollard), posés sur un plateau ensoleillé, au pied des aiguilles d'Arves. Le hameau de Gévoudaz est le berceau d'une famille dont le nom est désormais célèbre : les Opinel. Leur maison est toujours là.

Adresse utile

Office de tourisme : *pl. Opinel.* ☎ *04-79-59-30-48.* • *albiez.fr* • *De mi-déc à début avr et juil-août, tlj ; en intersaison, ouv le mat en sem.*

Où dormir ? Où manger ?

Chambres d'hôtes Chalet Saint-Roch : *Le Chalmieu.* ☎ *04-79-59-75-66.* • *gmillat@club-internet.fr* • *chalet-saint-roch.com* • *À 9 km d'Albiez-Montrond, en direction de Saint-Jean-d'Arves par la D 80 puis à gauche. Congés : vac de printemps et d'automne. Compter 85-89 € pour 2 selon saison. Table d'hôtes 25 €. CB acceptées. Apéritif ou café offert sur présentation de ce guide.* Très grand chalet de montagne isolé à 1 600 m, au pied des aiguilles d'Arves. 5 chambres spacieuses, étonnamment fraîches en été, à la déco boisée « tradition ». Sous le toit, grande salle de séjour avec bar et cheminée centrale pour prendre les repas le soir et se détendre. Accueil aimable et cuisine évidemment d'inspiration savoyarde. Super endroit pour ceux qui aiment les balades estivales (à pied, à VTT...) ou hivernales (raquettes, ski de fond...).

À faire

➢ ***Les sentiers des Légendes :*** autour du village, 2 balades familiales (compter 2h30-3h) jalonnées de panneaux qui racontent des légendes locales : l'avalanche maudite, le meunier sans souci, la vache ensorcelée, le diable dans le four... En été, une autre promenade savoyarde de découverte sur le plateau de Montrond, avec des ateliers pédagogiques.

– Nombreuses ***activités*** : site d'escalade, circuits VTT, asinerie, visite de fermes...

Ski et neige

Ski alpin : un domaine (1 520-2 200 m). Tout un panel de pistes au-dessus des hameaux du Chef-Lieu et du Mollard. 35 km de pistes. Forfait journée adulte : 24,50 € ; réduc. Une station-village comme la Maurienne en a le secret, avec des pistes faciles et moyennes, idéales pour les familles.

Ski nordique : 22 km de chemins de ski de fond tracés, non balisés et libres d'accès sur le plateau de Montrond, sur Le Chef-Lieu et sur l'alpage.

– ***Autres activités :*** raquettes (plan à l'office de tourisme), parapente, traîneaux à chiens, *ski joëring, yooner, freestyle airbag,* etc.

Manifestations

– ***Coupe de ski de bosses :*** *fin janv.*
– ***Festival des Contes et Légendes de montagne :*** *2de quinzaine de juil.* Spectacles, randonnées contées, veillées en alpage...
– ***Festival Les Celti'cimes :*** *1 sem fin juil.* Musiques irlandaises dans les bars, grand concert de clôture le dernier jour.

LES KARELLIS (73870)

À 17 km au sud-est de Saint-Jean-de-Maurienne, Les Karellis est une station dite « intégrée » des années 1970, pionnière du « ski social » à la portée de toutes les bourses. C'est en effet la seule station française à statut associatif.
Immeubles bardés de mélèzes, regroupés face au front de neige, en bordure des pistes. Pour l'hébergement, essentiellement des villages-vacances avec formules « tout compris ». Ambiance (inévitablement) très familiale.

Office de tourisme : *Le Forum.* ☎ *04-79-59-50-36.* • *karellis.com* • *Tlj sf w-e hors saison.* Fait également central de réservation.

À quelques kilomètres, faites un voyage dans le temps, les jours gris, en allant visiter l'***écomusée d'Autrefois,*** abrité dans une ancienne demeure au cœur du village de ***Montricher.*** ☎ *04-79-59-61-50 (mairie). Ouv mar et jeu 14h-17h juil-août et de fin déc à mi-avr. Entrée : 2 € ; réduc ; gratuit jusqu'à 7 ans.*

À voir aussi, ***Albanne,*** petit village typique, où il fait bon flâner (visite guidée – et gratuite – de l'église baroque le mercredi après-midi).

Ski et neige

Ski alpin : un domaine (1 600-2 550 m). 60 km de pistes. Forfait journée adulte : 26 €. Le domaine jouit d'une exposition nord-est, l'enneigement est donc, à priori, garanti. Les pistes les plus ensoleillées glissent sur le versant est, entre la pointe des Chaudannes (2 520 m) et le village d'Albanne. Snowpark et *boardercross*.

Ski nordique : 30 km de pistes. Accès gratuit.

LA VALLÉE DE L'ARVAN

Carte Savoie, B3-4

Au sud de Saint-Jean-de-Maurienne par la D 926. Un chapelet de villages et de hameaux authentiques, au pied des aiguilles d'Arves. Et le plus grand domaine skiable (Les Sybelles) de Maurienne, qui relie les stations de Saint-Sorlin-d'Arves, Saint-Jean-d'Arves, Saint-Colomban-des-Villards, Le Corbier, La Toussuire et Les Bottières, soit 310 km de pistes.

JARRIER (73300)

Des hameaux accrochés à la pente au-dessus de Saint-Jean-de-Maurienne. Étonnantes maisons traditionnelles sur jambes : sur ces pentes peu stables, les charpentes reposaient sur des poutres de bois calées par des pierres plates (les murs ne sont pas porteurs). Si le sol bougeait, il suffisait de modifier le calage !
– À ne pas manquer : la ***Jarrienne des Cîmes,*** fin janvier (événement sportif autour de la raquette, pour les jeunes de 3 à 77 ans).

Où dormir ? Où manger ?

La Tuvière : *La Tuvière.* ☎ *04-79-64-08-74.* • *chaletuviere@orange.fr* • *chaletuviere.jimdo.com* • *Dans un hameau sur les hauteurs (c'est fléché). Nuitée 21 €/pers ; 50,40 € en ½ pens. Menu déj sem env 18 € ;*

autres menus 24-27 €. Dans un gros chalet récent, presque loin de tout (sauf des sentiers de randonnées !), un gîte tout simple (20 lits répartis en 5 chambres) situé plein sud, face aux aiguilles d'Arves. Au-dessus, la salle de resto, avec un patron aux fourneaux qui joue la carte des produits bons et sains (sinon bio). Une cuisine simple mais inventive, colorée et savoureuse, préparée devant vos yeux ou presque. Les meubles tout autour sont du patron aussi, ébéniste de son autre métier.

LA TOUSSUIRE (73300)

Station créée de toutes pièces à partir des années 1940, sur un vaste plateau d'alpage dénudé, à 1 800 m (avec un panorama à 360°). Pas vraiment le genre vieux village savoyard donc : une foule de petites constructions face aux crêtes. Patrie de Jean-Pierre Vidal, médaille d'or de slalom spécial aux J.O. de Salt Lake City en 2002.

Adresse utile

ℹ ***Office de tourisme :*** ☎ *04-79-83-06-06.* • *la-toussuire.com* • *Tlj sf w-e hors saison.* Vente de topoguides de randonnée.

Où dormir ? Où manger ?

Auberge de jeunesse : ☎ *04-79-56-72-04.* • *la-toussuire@fuaj.org* • *auberge-la-toussuire.com* • *Ouv slt 15 déc-15 avr. Avec la carte FUAJ, séjour à la sem slt en pens complète, à partir de 325 €/pers ; séjours de ski 480-545 €/sem selon saison.* Environ 70 places (en chambres de 6, sanitaires sur le palier) dans un bâtiment sans réel charme mais sur les pistes et exposé plein sud. Soirées fondue ou tartiflette.

Chambres d'hôtes Chalet du Levant : *06-06-67-16-60 ou 06-74-95-54-15.* • *info@chalet-du-levant.fr* • *chalet-du-levant.fr* • *À gauche quand on arrive dans la station. Compter 90 € pour 2 en été, 120 € en hiver (ou en ½ pens 75-90 €/pers). Table d'hôtes 30 €. Remise de 5 % sur le prix de la chambre (sf déc-avr) sur présentation de ce guide.* Au calme et face aux aiguilles d'Arves, un chalet contemporain mais dans la tradition (du bois partout ou presque !), que vient de construire un accueillant couple d'origine belge. Tout y a été conçu pour le bien-être des hôtes : chambres mignonnettes (avec mezzanine pour les familles), sauna et jacuzzi.

Hôtel Les Soldanelles : ☎ *04-79-56-75-29.* • *infos@hotelsoldanelles.com* • *hotelsoldanelles.com* • *En station. Ouv en saison slt. En été, doubles 76-112 € ou ½ pens 64-85 €/pers selon période ; en hiver, slt ½ pens 90-135 €. En été, formules sem 18,50-25 € ; menus 32,50-42,50 €.* Un grand chalet au centre de la station (donc à deux pas des pistes) et plutôt agréable, avec piscine couverte, sauna, hammam, salle de sport... Chambres qui, pour certaines, commencent à vieillir un peu mais de bonne taille, toutes avec balcon. Au resto, cuisine très bien amenée (avec un chef qui affectionne le poisson). Ambiance encore familiale et accueil chaleureux...

Ski et neige

Ski alpin : domaine skiable (1 800-2 620 m). 45 km de pistes. Relié au domaine des Sybelles : 310 km. Forfait journée adulte : La Toussuire, 33,20 € ; Les Sybelles, 42,90 €. Côté Toussuire, des pistes sans problème (station familiale oblige). Les skieurs sportifs dirigeront leurs spatules vers la rouge de *Bellard* ou vers le *Grand Turc,* assez techniques.

Ski nordique : 23 km de pistes reliées au Corbier. Accès gratuit.

– ***Autres sports :*** snowpark, itinéraires raquettes, patinoire, parapente, piste de slalom, *ski joëring,* etc.

LE CORBIER *(73300)*

En contrebas de La Toussuire, station piétonne, 100 % skis aux pieds, poussée dans les années 1960. Hauts immeubles habillés de bois, dominant une vallée un chouia austère, voitures reléguées dans les parkings, longue galerie marchande. Un « modernisme » qui a un peu vieilli... Comme toutes (ou presque) les stations nouvelles, Le Corbier « passe » mieux l'hiver que l'été. Ambiance familiale : la station est labellisée Famille plus.

Adresse et info utiles

Office de tourisme : *Le Tripode. ☎ 04-79-83-04-04. • le-corbier.com • Tlj sf ven ap-m et dim hors saison. (payant sur tte la station)*
– ***Pass partout :*** *slt l'été. Carte ou chéquier (30 ou 50 €) multi-activités permettant d'accéder à la plupart des activités de la station (devalkart, piscine, miniquad, tir à l'arc, Accro Bungee, espace détente, tennis, télésiège...).*

Ski et neige

Ski alpin : domaine skiable (1 550-2 620 m), le Corbier/Saint-Jean-d'Arves (90 km, 25 pistes) fait partie de celui des Sybelles (310 km). Forfait journée adulte : 33,70 € (42,90 € avec Les Sybelles). Pistes tous niveaux, bien entretenues, faciles aux abords de la station, vite rapides et techniques (mais pas dangereuses) dès qu'on grimpe en altitude. Un passage obligé pour les bons skieurs : la *Casse-Pipe* (quel nom !), noire tracée au pied de l'aiguille du mont Corbier.

Ski nordique : 20 km de pistes reliées à La Toussuire. Accès libre.

– ***Galaxie spa :*** *☎ 04-79-83-04-70. Ouv en hiver et en été. Entrée : env 12,10 € (piscine seule 5 €).* Espace de détente avec sauna, hammam, piscine découverte chauffée, jacuzzi, etc.

– Plein d'autres sports à pratiquer en hiver ou en été : parapente, traîneaux à chiens, raquettes, luge, motoneige, centre équestre, randonnées pédestres, glaciaires, cani-rando, VTT, tennis, tir à l'arc, piscine...

SAINT-JEAN-D'ARVES *(73530)*

Groupe de hameaux (22 au total !) plus que village, frappés par l'exode rural mais encore bien vivants grâce à l'agriculture de montagne et au tourisme. Quelques belles maisons du XVIe s face à l'un des plus grandioses paysages du coin : les aiguilles d'Arves et la chaîne des Grandes-Rousses. Sur la façade de l'église d'Entraigues, un cadran solaire des plus insolite...

Adresse et info utiles

- ℹ **Office de tourisme :** *à* ***La Chal,*** *☎ 04-79-59-73-30. • sja73.com • Tlj en saison, sinon fermé w-e et j. fériés.*
- **Marché :** *mer ap-m en saison au hameau de La Chal.*

Où manger ?

Le Bouj : *au hameau de* ***La Chal.*** *☎ 04-79-59-00-37. Tlj midi et soir début juil-fin août et de mi-déc à fin avr ; hors saison, ouv slt lun-ven. Carte env 15-20 €.* L'été, en journée, sur la grande terrasse ensoleillée, face aux aiguilles d'Arves, on se retrouve autour de salades, de bonnes viandes mais également de spécialités locales. L'hiver, en journée, la terrasse est au pied des pistes et à proximité du rassemblement de l'école de ski. Snack, crêpes, plat du jour. Le soir, dans un cadre aussi typiquement savoyard, on repart pour une raclette, une fondue, une pierrade...

Ski et neige

Ski alpin : domaine relié aux Sybelles (soit 310 km de pistes au total). Le domaine Saint-Jean-d'Arves/Le Corbier s'étend sur 90 km avec une trentaine de pistes. Forfaits journée adulte : 33,70 € Saint-Jean-d'Arves ; 42,90 € Les Sybelles.

Fête et manifestation

- **Fête de l'Emmontagnage :** *le 3e dim de juin.* Montée des bêtes en alpage.
- **Foire aux bestiaux :** *l'avt-dernier dim d'août.* Concours agricoles, repas et animations traditionnels.

SAINT-SORLIN-D'ARVES (73530)

Au pied du glacier de l'Étendard (3 464 m) et du col de la Croix-de-Fer, une station-village à 1 550 m, constituée de 14 hameaux et d'un grand domaine skiable dominé par les majestueuses aiguilles d'Arves. La station s'étire le long d'une route sinueuse, au bord de laquelle sont disséminées d'anciennes fermes. Du charme à revendre et une atmosphère très familiale.

Adresse utile

ℹ **Office de tourisme :** *☎ 04-79-59-71-77. • saintsorlindarves.com • Tlj en été et en hiver ; fermé w-e et j. fériés hors saison.*

Où dormir ? Où manger ? Où boire un verre ?

Hôtel Beausoleil : *Le Pré. ☎ 04-79-59-71-42. • info@hotel-beausoleil.com • hotel-beausoleil.com • Ouv juil-août et de mi-déc à mi-avr. Doubles 78-89 € en été ; familiales 101-122 €. En hiver, slt ½ pens 84-109 €/pers selon période. Formules déj 15-18 € et menus 22-30 € ; le soir, resto réservé aux pensionnaires.* Une sorte de gros chalet à peine à l'écart du village, idéalement posé au pied des pistes en hiver. Chambres classiques et salles de bains petites mais confortables. Espace de remise en forme (sauna, hammam, jacuzzi). Bar-brasserie et resto.

Chalet-hôtel La Balme : *chemin des Prés-Plans. ☎ 04-79-59-70-21. • info@hotel-balme.com • hotel-balme.com • À 500 m de la station, directement sur les pistes en hiver. Ouv saisons hiver et été. Double env 110 € en été, petit déj inclus ; L'hiver, séjour à la semaine en ½ pens 574-770 €/pers. Resto ouv en hiver slt, midi et soir. À la carte, env 40 €.* Installé un peu à l'écart du village, ce gros chalet gagne (encore !) en tranquillité. Une affaire familiale tenue avec professionnalisme et gentillesse. Des chambres douillettes avec balcon et une vue dégagée sur le village. Côté resto, *Le Cerf aux bois d'argent* est une excellente table !

Résidence Prestige Odalys L'Orée des pistes : *☎ 04-79-20-54-70. • oreedespistes@odalys-vacances.com • Fermé de mi-avr à fin juin et de sept à mi-déc. À partir de 210 €/sem pour un 2-pièces 4 pers.* Cette résidence skis aux pieds est située juste à côté du village ESF. De style savoyard, les chalets abritent des appartements pouvant accueillir jusqu'à 10 personnes. Belle piscine couverte chauffée, avec sauna et hammam (payant). En été, animations gratuites pour enfants et ados, et randonnées à la demi-journée avec accompagnateur inclus dans le prix.

Hors Piste : *immeuble Les Gentianes. ☎ 04-79-64-47-90. • hors-piste@orange.fr • Ouv en saisons hiver et été, le soir sf lun. Menus 22-30 € ; carte env 30-40 €. Digestif offert sur présentation de ce guide.* Une adresse confidentielle de 5 tables seulement, avec banquettes blanches, lumière tamisée, musique lounge. Sushis originaux, brochettes de viande et de poisson à cuire soi-même sur une plancha, l'esprit est ludique et convivial ! Dans un registre savoyard créatif, foncez sur la Sybel' miche, une exceptionnelle fondue où la miche de pain remplace le caquelon (existe aussi en version raclette, et même en version chocolat, dans une brioche, pour le goûter !). Renversant ! Desserts tout aussi gourmands... Vous ne regretterez pas d'avoir réservé votre table dès le début du séjour !

Chez Nath' : *La Tour. ☎ 04-79-20-47-44. • j.marchiset@laposte.net • ♿ Ouv hiver et été, tlj. Carte env 15-20 €.* Face à la mairie, un resto chaleureux et efficace, qui ne se prend pas la tête et satisfait toute la famille. Spécialités savoyardes, galettes et crêpes, ainsi que salades et omelettes, ou encore un hamburger montagnard réussi, avec pain maison. Vaste terrasse aux beaux jours.

À voir

L'église Saint-Saturnin : du XVIIe s mais plusieurs fois remaniée. Étonnant : au mur, côté cimetière, sont accrochées presque jusqu'au toit des couronnes mortuaires. Parce que sur les tombes, le poids de la neige briserait leur fragile assemblage de fils de fer et de perles de verre.

Le musée de la Vie d'autrefois : *dans l'ancienne cure. Ouv en saisons été et hiver, jeu 15h-18h. GRATUIT.* Un aperçu de la vie d'autrefois à travers un chalet traditionnel, des mannequins vêtus de costumes d'époque et des outils anciens.

La fabrication du beaufort : *à la coopérative laitière de la vallée des Arves, à l'entrée du village en venant de Saint-Jean-de-Maurienne. ☎ 04-79-59-70-16. ♿ Visite gratuite, tlj sf dim et j. fériés 9h-11h30. Magasin ouv tlj.* Toute la chaîne de fabrication, depuis la livraison du lait tôt le matin jusqu'aux caves où les meules sont retournées régulièrement. À travers les vitres, on aperçoit les fromagers qui s'affairent, ainsi que les caves d'affinage.

➢ Lorsque les *cols de la Croix-de-Fer* et *du Glandon* (superbe itinéraire cycliste), encore sauvages, sont ouverts, on peut gagner l'Oisans (voir le *Routard Isère, Alpes du Sud*) ou la mignonnette et bucolique vallée des Villards et ses deux villages, **Saint-Colomban** et **Saint-Alban.**

Ski et neige

Ski alpin : domaine skiable (1 500-2 620 m) avec 120 km de pistes. Forfait journée adulte : 35,50 €. Relié – skis aux pieds – au domaine des Sybelles, 310 km de pistes (forfait journée 42,90 €). Le point culminant du domaine et les plus belles pistes sont à Saint-Sorlin. Pistes tous niveaux sur des pentes bien ensoleillées. Pour les amateurs de longues descentes, une belle bleue (*Les Vallons,* qui passe par le col de la Croix-de-Fer et permet de rejoindre Ouillon, d'où le panorama est fabuleux) et une rouge *(Les Tuffs)* au départ du *refuge de l'Étendard,* à 2 500 m d'altitude *(on peut y passer la nuit en été : ☎ 04-79-59-74-96).* Le forfait Saint-Sorlin sans l'extension Sybelles est suffisant pour accéder au snowpark.

➢ ***Sorties accompagnées*** à raquettes, ski de randonnée, VTT sur neige, traîneaux à chiens ; alpinisme, parapente, ULM, taxi ski (ski assis pour les personnes handicapées)...

Sports et loisirs d'été

➢ ***Randonnées :*** *topoguide en vente à l'office de tourisme.* Nombreux sentiers balisés en été. Des suggestions parmi d'autres : les trois lacs (*Blanc, Bramant* et *Tournant*), le *glacier de Saint-Sorlin,* le *pic de l'Étendard,* le *col de la Croix-de-Fer,* le *village des Prés-Plans.*

– ***Autres activités :*** escalade et *via ferrata* de Comborcière, plan d'eau de baignade surveillée, pêche en lacs et torrents, parcours forestier en hauteur, montées en télésiège, randonnées avec les ânes, tennis, équitation, VTT, parapente, ULM, cani-rando, tir à l'arc, *mountain board...*

Fêtes

– ***Fête du Mouton :*** *en juil.* Minitranshumance au col de la Croix-de-Fer.
– ***Fête du village :*** *en juil.* Marché et animations diverses.
– ***Week-end country :*** *dernier w-e de juil.* Pour se replonger dans l'époque de la conquête de l'Ouest.
– ***Semaine de l'astronomie :*** *en août.* Activité de construction de fusée. Observation du ciel.
– ***Alpage en fête :*** *en août.*

VALLOIRE

(73450) 1 300 hab. *Carte Savoie, C4*

Blottie au creux d'un bassin verdoyant, entre les cols du Télégraphe (on peut y voir le fort du Télégraphe où se trouvait un poste Chappe sur la ligne Lyon-Milan) et du Galibier, la plus grande des stations de sports d'hiver de Maurienne, celle du champion Jean-Baptiste Grange, est un... village, serré autour de son église au fin campanile. Est-ce parce que c'est la commune la plus au sud de la Savoie, ou est-ce à force de voir passer sur la route des Grandes-Alpes des milliers d'automobilistes, de motards, de cyclistes que les Valloirins et Valloirinches (drôle de féminin !) nous ont semblé plus accueillants, plus vrais, plus chaleureux que d'autres ? Il faut dire que Valloire ne vit pas, loin de là, que du tourisme...

Arriver – Quitter

➢ ***En train :*** TGV direct Paris/Saint-Michel-Valloire (à 17 km) en 4h30 les w-e des vacances d'hiver (également des trains de nuit en fin de semaine). Le reste de l'année, TGV Paris-Chambéry, puis correspondance directe Chambéry/Saint-Michel-Valloire.

➢ Depuis la gare, correspondances par bus. *Infos sur • mobisavoie.fr •*

Adresse et info utiles

Office de tourisme : *☎ 04-79-59-03-96. • valloire.net • Ouv tte l'année, tlj sf dim en mai et nov.*

– ***Centrale de réservation : Valloire Réservations,*** *☎ 04-79-59-00-22. • resavalloire.com •*

Où dormir ? Où manger ?

Camping

Camping Sainte-Thècle : *route des Villards. ☎ 04-79-83-30-11. • camping-caravaneige@valloire.net • valloire.net • ♿ À 400 m du centre du village. Ouv tte l'année sf mai et de fin sept à mi-déc. Compter env 21 €.* Près de la base de loisirs (patinoire, bowling, piscine d'été), un camping simplement équipé mais bien tenu et avec des sanitaires impeccables (et chauffés).

Bon marché

Gîte « Pierre-Paul » : *Les Verneys. ☎ 04-79-59-01-02. • gitepierrepaul@free.fr • gitepierrepaul.free.fr • À 2 km du village sur la route du Galibier. Congés : de mi-avr à mi-juin et de sept à mi-déc. Nuitée en chambre, w-c sur le palier 25-28 €/pers ; double 50 € selon confort. Nombreuses possibilités d'hébergement, de la petite chambre pour randonneur solitaire à l'appart pour 5 pers en passant par le studio pour 2 (avec cuisine). Café offert sur présentation de ce guide.* Ce n'est certes pas le grand luxe, mais, au bord d'un torrent, cette vieille maison au large balcon de bois, avec sa déco bricolo et ses meubles de famille, a une sacrée gueule d'atmosphère. Téléphoner quand même avant, les accueillants proprios finiront bien un jour par hisser les voiles (ces apiculteurs sont doublement *happy*, car ce sont des fous de voile)...

Prix moyens

Christiania Hôtel : *av. de la Vallée-d'Or. ☎ 04-79-59-00-57. • info@christiania-hotel.com • christiania-hotel.com • Congés : de mi-avr à mi-juin et de mi-sept à mi-déc. Doubles 80-150 € selon saison ; familiales 190-260 €. ½ pens (demandée pdt l'hiver) 72-112 €/pers. Menus 24-48 € ; carte env 35 €.* Une institution locale que ce superbe chalet fleuri (l'été !), au cœur du village. Toute la station ou presque, à un moment ou à un autre, s'accoude au comptoir d'un bar sérieusement branché sport. Chambres de bon confort, rénovées dans un superbe style montagnard contemporain. Savoureuse cuisine d'influence régionale.

Hôtel Le Relais du Galibier : *Les Verneys. ☎ 04-79-59-00-45. • info@relais-galibier.com • relais-galibier.com • À 2,5 km du centre sur la route du Galibier. Congés : 2 avr-12 juin, 10 sept-20 déc. Doubles 65-75 € selon saison. ½ pens demandée vac scol d'hiver 65-82 €/pers selon saison. Menus 16-27 €. Apéritif maison offert sur présentation de ce guide.* Hôtel repris récemment. Chambres à la déco qui commence à dater un peu, mais de bon confort, et pour certaines avec balcon plein sud. Hôtel très fréquenté par les randonneurs, les

LA MAURIENNE

motards et les cyclotouristes l'été et par les équipes de ski (il est au pied des pistes) pour les stages d'entraînement l'hiver. Fait aussi resto. Jardin.

Résidence Le Hameau et les chalets de la vallée d'Or : *Les Charbonnières. ☎ 04-79-59-61-26 • valloire.v@odalys-vacances.com • Fermé de mi-avr à fin juin et de sept à mi-déc. À partir de 260 €/sem pour un 2-pièces 4 pers.* Un ensemble de chalets traditionnels en bois et pierre, situés entre 300 et 900 m du village et des remontées mécaniques. Magnifique vue sur le mont Galibier. Piscine semi-couverte chauffée toute l'année, sauna, bains à remous... En juillet et août, club enfants (de 4 à 11 ans) et randonnées accompagnées d'un guide (2 par séjour) gratuits.

La Poutre : *hameau de Bonnenuit, route du Galibier. ☎ 04-79-59-08-75. • scotto.christelle73@orange.fr • À 5 km de la station sur la D 902 en direction du col du Galibier. Tlj sf dim soir-lun hors saison. Congés : fin avr-fin mai et de mi-sept à mi-déc. Résa fortement conseillée. Compter 70-80 € pour 2 en chambre d'hôtes. Menu 15 € le midi ; carte 35 €.* Voilà une auberge qui fait l'unanimité ! Cette ancienne ferme jouit d'un environnement superbe, calme, avec vue imprenable sur le Galibier. En salle, murs en vieille pierre, poutres, outils anciens, casseroles en cuivre apportent chaleur et authenticité. Et dans l'assiette, de belles spécialités savoyardes traditionnelles ou plus originales, comme la potence qui n'a vraiment rien d'un supplice. Tout est bon, copieux. Également une terrasse pour les jours ensoleillés, ainsi que 2 chambres et 1 appart pour ceux qui souhaitent séjourner ici (pistes de ski de fondà 50 m).

Chez Fred : *av. de la Vallée-d'Or. ☎ 04-79-59-08-32. Tlj. Congés : de mai à mi-juin et de sept à mi-déc. Plat du jour 14-16 € ; carte env 30 €.* Bonne humeur et créativité, voilà ce qui transparaît dans cette cuisine qui sort habilement du registre savoyard et renouvelle quotidiennement ses suggestions à l'ardoise. De bons produits, certains plats qui jouent la note exotique sans excès et une ambiance bistrot : une adresse sympathique.

Où acheter de bons produits ?

La Petite Ferme du Col : *rue de la Setaz, près de la mairie. ☎ 04-79-59-05-67. De mi-déc à avr et fin juin-début sept, tlj 9h-12h30, 16h-19h30. Fermé le reste de l'année.* Impossible de manquer cette petite boutique toujours pleine comme un œuf, spécialisée dans les fromages de la région. Reblochon crémeux à souhait, beaufort d'anthologie, tomme de Valloire, Tamié, bleu de Termignon et de Bonneval... Croyez-nous sur parole, ça vaut le coup d'attendre son tour. En prime, les patrons sont charmants.

Boucherie Daniel Bolliet : *rue de la Setaz, pl. de la Mairie. ☎ 04-79-59-03-45. En saison, tlj 7h-12h30, 13h-19h ; en intersaison, ouv le mat des mar, jeu-ven et dim.* Bonne charcuterie savoyarde (diots de Valloire, etc.). C'est aussi l'un des derniers bouchers-charcutiers dans le coin à fabriquer du jambon de mouton. Mais il faut être là en hiver ou au printemps...

Brasserie Galibier : *rue de la Bonne-Eau ! ☎ 04-79-59-04-95. • biere-galibier.com • Tlj 16h30-18h30, plus w-e 10h-12h en saison ; et présents sur le marché ven.* La bière locale a pris le nom du fameux sommet. Brice, ancien champion de snowboard, s'est lancé dans cette aventure et ne cesse d'innover, pour proposer, en plus des 3 classiques vendus à l'année (blonde, blanche et ambrée) des bières éphémères, brassées sur place.

À voir

L'église : *en été, tlj sf mar 10h-12h, 14h30-17h30 ; l'hiver, horaires variables (rens à l'office de tourisme).* Du XVIIe s et plutôt costaude (si ce n'était ce fin clocher, vestige d'un édifice antérieur), solidement plantée dans le roc et étayée par de robustes contreforts. La vraie église de montagne ! Un aspect extérieur qui ne laisse en rien présager l'exubérance et la richesse de l'intérieur. C'est l'une des plus somptueuses églises baroques de la région. Retable du maître-autel majestueux et solennel, en pin cembro en partie doré à la feuille. Un chef-d'œuvre de François Rimelin, sculpteur chambérien. Inévitables colonnes torses délicatement façonnées, et dans chacun des panneaux latéraux, statues polychromes de saint Pierre (à gauche) et de sainte Thècle (à droite) qui tient les doigts de saint Jean-Baptiste (on y tient, à ces doigts, dans la région). Et un tabernacle qui étincelle de mille feux, comme pour obliger les regards à converger vers lui. Levez quand même les yeux vers la voûte : une vraie vision de paradis ! Sur fond d'azur, une foule d'angelots finement ciselés s'égaient entre guirlandes et rinceaux de gypse. À la fois kitsch et sublime.

Ski et neige

Ski alpin : domaine skiable Galibier Thabor (1 430-2 600 m) relié à celui de Valmeinier. 150 km de pistes. Forfait journée adulte : 37,50 € ; réduc. Un domaine intéressant qui accueille régulièrement des compétitions internationales. Pour les premières glissades, domaine débutant du plateau de la Sea et petit téléski gratuit du hameau des Verneys (2 km – liaisons navettes gratuites). Les petits nouveaux iront skier sur Valmeinier ou sur le massif du Crey-du-Quart, inondé de soleil l'après-midi. Les bons skieurs grimperont, par exemple, jusqu'à la Setaz (2 410 m) d'où part la noire de la *Cascade*.

Ski nordique : 10 km de pistes. Accès gratuit. Un petit domaine mais deux belles pistes en direction du hameau de Bonnenuit. N'oubliez pas vos jumelles, les chamois sont souvent au rendez-vous.

– ***Patinoire Philippe-Candeloro :*** *ouv hiver comme été tlj sf sam. Entrée : env 7,50 € (entrée + loc de patins) ; réduc.* 1 800 m² de glace artificielle.

– ***Balades à raquettes :*** *bureau des guides et accompagnateurs, l'ESF, 06-99-96-41-87, randonnées raquettes, 06-61-89-35-09. Galibier Raquettes avec l'ESI, ☎ 04-79-59-05-18. L'**Estancot** au **Kosa Kruta,** pl. de la Mairie, 06-11-44-84-89.* Balades en montagne ultra conviviales, avec des accompagnateurs.

LA MAURIENNE

Sports et loisirs d'été

➢ ***Randonnées :*** *plan de 42 randonnées vendu à l'office de tourisme, ainsi qu'un topoguide 12 randos faciles autour de Valloire.* Quelques suggestions : le *circuit des 3 Lacs* (3h), le *col de la Ponsonnière* (4-5h), itinéraire vers le refuge des Aiguilles d'Arves (3h), etc. Petit sentier « Écosylve » (3 km) dans la forêt de Poingt-Ravier, avec panneaux explicatifs.

➢ ***Randonnée avec ânes :*** *06-70-04-45-07.* Promenades à la journée ou 2 jours. Ou, pour changer, ***avec lamas :*** *06-26-23-83-24. • lamas-de-valloire.over-blog.fr •* Le contact avec les lamas est aussi facile que ludique, et les dociles camélidés obéissent au doigt et à l'œil aux adultes comme aux bambins ! Et la balade avec Gilles, qui accompagne la joyeuse équipe, est toujours haute en couleur.

VTT : *topoguide « 11 circuits cross-country » vendu à l'office de tourisme et infos sur les loueurs.* Pour la descente : 4 pistes, 7 tracés avec sauts et passerelles, et 4 itinéraires moyennement descendants pour toute la famille. *Bike park* accessible grâce aux remontées mécaniques ouvertes juillet et août. Et pour les amateurs de la « petite reine », ascension du Galibier !

– ***Via ferrata :*** *rens au Bureau des guides, 06-99-96-41-87.* Valloire en possède deux : à Poingt-Ravier (difficulté moyenne, et au sommet, un hameau charmant) et à Saint-Pierre (plus difficile et sportive, avec devers et surplomb).

– **Piscine :** ☎ *04-79-59-03-90. Ouv fin juin-fin août.* Un bassin de plein air chauffé avec toboggan de 50 m.

– **Parapente :** ***Envergure, à Valmeinier.*** *06-10-82-01-69.*

Fête et manifestations

– ***Concours internationaux de sculptures sur neige et sur glace :*** *mi-janv.* Chaque année, plus de 10 nations répondent présent à ces rendez-vous de l'art éphémère. De gigantesques sculptures sont réalisées dans des cubes de neige de 4 m sur 4. Elles couvrent tous les registres : de l'académisme le plus contrit au surréalisme le plus débridé. Surprenant et superbe !
– ***Concours de sculptures géantes sur paille et foin :*** *mi-juil.* Unique au monde et vraiment étonnant : constructions de 10 géants de paille et foin (entre 4 et 6 m de haut), qui ensuite restent en place tout l'été à la sortie du village, sur la route du Galibier.
– ***Valloire autrefois :*** *fête du Terroir et de la Tradition, fin juil.* Démonstration de tonte de moutons, fabrication de beurre et de tomme de Savoie, marché artisanal. Contes et légendes. Danses folkloriques.
– ***Festival Valloire Baroque :*** *début août.* Festival de musique baroque, concerts à l'église, concerts promenades, master class de chant soliste.
– ***Fête patronale :*** *14-15 août.* Défilé de chars, grande kermesse, feux d'artifice.

DANS LES ENVIRONS DE VALLOIRE

LE COL DU GALIBIER

En général, la route est ouv fin mai-fin oct. Ne pas prendre le tunnel qui évite le col. Superbe route où se sont écrites quelques-unes des grandes pages du Tour de France et qui donne, aujourd'hui encore, l'impression d'avoir arraché de haute lutte un droit de passage à la nature. Un arrêt au col (2 645 m) très sauvage encore, et où on a l'impression, hors saison, d'être le dernier survivant d'une catastrophe nucléaire... Table d'orientation avec, par beau temps, vue sur le mont Blanc, les Écrins, les aiguilles d'Arves... Superbes couchers de soleil. Sur l'autre versant débutent les Hautes-Alpes.

VALMEINIER *(73450)*

Un vieux village à 1 500 m d'altitude et une petite station « skis aux pieds » (la dernière-née des stations de Maurienne) à 1 800 m, finalement pas si mal intégrée dans de superbes paysages dominés par le mont Thabor. Domaine skiable Galibier Thabor (Valloire-Valmeinier).

Offices de tourisme : Valmeinier 1800. *Résidence Ours Blanc.* ☎ *04-79-59-53-69. • valmeinier.com • Tlj en saison, sinon lun-ven.*

Également un office de tourisme à ***Valmeinier 1500*** *(slt en saison, tlj).*
– ***Central de réservation :*** ☎ *04-79-59-25-34.*

SAINT-MICHEL-DE-MAURIENNE *(73140)*

Pas la peine de reprendre l'autoroute pour repartir en direction de Modane : il va falloir vous arrêter, une fois revenu en fond de vallée, à Saint-Michel-de-Maurienne pour découvrir l'*Espace Alu,* un bien vilain nom pour un si beau musée.

Espace Alu – musée de l'Épopée de l'aluminium dans les Alpes : *pl. de l'Église. ☎ 04-79-56-69-59. • musee@espacealu.fr • Juil-août, tlj 10h-12h30, 13h30-19h ; le reste de l'année, tlj sf lun et sam, 14h-18h. Fermé après la Toussaint jusqu'aux vac scol de fév sf pdt vac de Noël. Entrée : 5,50 € ; réduc ; gratuit jusqu'à 7 ans ; réduction de 1 € sur présentation de ce guide. Pour 1 € de plus, visite guidée pdt les vac scol (voir le site).*
Un parcours passionnant, sur 3 étages, qui permet de remonter le temps en comprenant mieux la Maurienne, la « vallée de l'aluminium », à travers ses usines, son histoire mais aussi tout ce qui a mené à « l'âge de l'aluminium ».
L'exposition présente les scientifiques qui ont permis sa découverte, les procédés de production, tout ça de façon très vivante, ludique, tout en étant scientifiquement au top. Casque sur la tête et crayon en main, les enfants de 7 à 12 ans peuvent suivre un parcours qui leur est consacré. Les pièces suivantes réconcilient toute la famille, présentant une incroyable collection d'objets, dans tous les domaines : on passe de l'artisanat des tranchées au design contemporain en découvrant jouets, gourdes en alu, grille-pain, raquette de tennis, coques d'iPod... Et on finit par la boutique et un espace d'expositions temporaires.

LA HAUTE MAURIENNE-VANOISE

Géographiquement au sud du parc national de la Vanoise, qui la jouxte, et au nord de l'Italie, que l'on rejoint par le col du mont Cenis. Cette vallée abrite une grosse poignée de bourgs et de villages, qui, au sein de la communauté de communes, développent autant que possible l'écomobilité : *Estibus,* VTT à assistance électrique, *Trottibus* hivernal de Termignon... Alors si vous avez envie de lâcher un peu le volant, renseignez-vous !

Arriver – Quitter

En train

– ***Rens SNCF :*** *☎ 36-35 (0,34 €/mn). • voyages-sncf.com •*
➢ ***De/vers Modane :*** liaisons directes avec Paris. Compter env 4h10 de trajet. Liaison avec Marseille, correspondance à Lyon.

En bus

➢ ***De/vers Modane :*** *avec* ***Transdev Savoie,*** *☎ 0820-320-368 (0,118 €/mn). • transavoie.com •* Liaisons régulières entre Modane et les stations de haute Maurienne.

Infos utiles

■ ***Location de VTT à assistance électrique :*** *plusieurs points de loc dans la vallée. Compter 25 € la ½ journée et 35 €/j.* Pour se balader sur les routes et les chemins en faisant fi du relief montagnard ! *Liste des loueurs partenaires au ☎ 04-79-05-99-06, ou sur le site • haute-maurienne-vanoise.com •*

Parcours-jeux : 5 parcours-jeux thématiques (épopée guerrière, chasse au trésor...) adaptés aux 6-12 ans, praticables de mai à octobre et localisés à Bramans, Bessans, Sollières-Sardières et Val-Cenis-Lanslevillard. Infos auprès des offices de tourisme concernés, qui vous délivreront le carnet de jeu à moins que vous ne préfériez télécharger l'appli correspondante. Compter 7 €/famille et 2h30 par parcours.

– ***Association Pôle N :*** une association qui fait partager son goût pour la mise en valeur de l'environnement montagnard en proposant des balades thématiques (famille, enfants) : découverte et utilisation des plantes sauvages, observation de la faune, lecture d'une carte de randonnée... Programme sur *• pole-n.com •* Et à Bramans, l'association cultive un potager, où chacun peut venir cueillir et acheter ses légumes.

MODANE

(73500) 4 060 hab. *Carte Savoie, C4*

« Pas un charme fou », écrivions-nous autrefois de Modane... La formule pourrait aujourd'hui encore s'appliquer à cette ville qui a grandi un peu trop vite au tournant du XXe s et qui a, de surcroît, été marquée par la Seconde Guerre mondiale et par une terrible crue de l'Arc en 1957. Cette ville frontière avec l'Italie a toutefois une histoire à part que l'on découvrira en poussant la porte du Muséobar.
À l'ouverture des frontières en 1992, l'économie de cette ville frontalière en pâtit fortement : militaires et douaniers quittent alors Modane. Aujourd'hui, elle regagne du dynamisme. Petit à petit, les façades reprennent de la couleur, avec leurs balcons « sardes » en fer forgé qui évoquent déjà l'Italie si proche. Ne pas manquer le marché du jeudi sur la place de l'Hôtel-de-Ville. Le samedi, les voyageurs sont nombreux dans le quartier de la gare, on les retrouve à la terrasse des cafés, dans des restaurants aussi bien italiens que turcs.
Et, surtout, la ville constitue la porte d'entrée incontournable de la vallée de la haute Maurienne, près du parc de la Vanoise et du site classé du Thabor, et le point d'ancrage de *Terra Modana*, un canton englobant Aussois, La Norma, Valfréjus.

LA MAURIENNE

Infos utiles

ℹ ***Terra Modana :*** *point info à la Maison cantonale de la gare. ☎ 04-79-05-26-67. • terramodana.com • Ouv lun-ven, plus w-e en saison d'été slt.* Revue très bien faite présentant l'actualité de tout le territoire.

– À goûter, la spécialité locale, le *pain de Modane*, dont la boulangerie-pâtisserie ***Noguera*** dans le quartier de la gare détient la recette originale.

Où dormir ? Où manger à Modane et dans les environs ?

🏠 🍴 ***Chambres d'hôtes Ché Catrine :*** *88, rue Saint-Antoine, 73500 Villarodin-Bourget. ☎ 04-79-20-49-32. • info@che-catrine.com •*

che-catrine.com • À env 4 km au nord-est de Modane par la D 215 ; au centre du village. Congés : oct-nov. Compter 80 € pour 2, 160 € pour 4. Table d'hôtes le soir 20 €. Apéritif maison et café offerts sur présentation de ce guide. Une jolie adresse entre les murs d'une ferme vieille de 5 siècles, au cœur d'un village tranquille. Une maison attachante qui a su trouver l'équilibre entre vraie modernité (sauna et spa), parti pris écolo et respect des traditions. Pain maison, plantes et fleurs comestibles, légumes du jardin à la table d'hôtes. Ambiance (très) décontractée, comme l'accueil de vrais amoureux de toutes les montagnes.

***L'Échappée :** 13, rue de la République. ☎ 04-79-05-42-99. • restaurant-lechappee@hotmail.fr • Dans la rue principale. Tlj sf lun-mar. Congés : 15 avr-7 mai et 1er-18 sept. Résa conseillée. Formule déj 14,90 €, menus 19,90-38 €. Kir offert sur présentation de ce guide.* Le bouche à oreille a vite consacré ce restaurant parmi les plus authentiques et les plus sympathiques de la vallée. Produits d'ici simplement mais joliment travaillés, assiettes bien présentées et prix plutôt serrés. Accueil impeccable. Terrasse côté rue (mais elle très passante).

***Il Pepuccio :** 28, pl. Sommeiller. ☎ 04-79-05-23-46. • romain.damevin@wanadoo.fr • Quasiment en face de la gare. Tlj sf dim. Menus 12,50 € le midi en sem ; carte env 20 €. Café offert sur présentation de ce guide.* Nouveau décor façon lounge (on aime ou pas...) pour ce resto italien. Pizzas et pâtes fraîches comme là-bas, histoire de se donner l'impression d'avoir déjà franchi la frontière. Simple et bon. Et servi avec le sourire.

À voir

***Le Muséobar :** 42, rue de la République. ☎ 04-79-59-64-23. • museobar.com • Face à la gare, pratique entre 2 trains. Congés : de mi-nov à mi-déc. Jeu-sam 10h-12h, mar-sam 15h-19h. Fermé dim-lun sf dim ap-m juil-août. Entrée : 4,50 € ; réduc ; 2 € pour ts le sam et pour les familles (à partir de 4 pers) ; gratuit jusqu'à 7 ans.*

Petit retour en arrière avant le lever du rideau sur l'un des plus attachants espaces muséographiques de la région.

La Savoie s'est toujours enorgueillie de son titre de « portier des Alpes », et la route de Maurienne, qui mène au mont Cenis, était la voie la plus praticable vers l'Italie depuis Charlemagne. Diligences, carrosses, chaises à porteurs circulaient en toutes saisons sur cette route. À la moitié du XIXe s, tout change : c'est l'avènement du chemin de fer, et la Savoie devient française en 1860. En 1871, on termine le percement du premier long tunnel ferroviaire sous une montagne entre la France et l'Italie : Modane devient ville frontière et gare internationale. Sa population n'a de cesse de croître, et les célèbres chasseurs alpins y sont basés.

C'est l'époque des grandes vagues d'immigration italienne : deux trains d'immigrants italiens arrivent en gare de Modane chaque jour au début du XXe s. La ville est biculturelle avec ses cheminots et douaniers italiens, ses écoles italiennes, sa musique italienne.

Le *Muséobar* vous entraîne dans l'ambiance de ce Modane-là, de 1860 à 1935, à la rencontre de ses habitants, dans l'atmosphère de ses cafés et au son des pianos mécaniques.

Ce musée attachant a l'originalité de démontrer que la richesse d'un lieu n'est pas uniquement dans son patrimoine architectural ou naturel mais aussi dans sa population. Il présente régulièrement des expositions temporaires, des cafés littéraires, des petites expos dans la rue, etc.

***La Rizerie des Alpes :** pl. du 17-Septembre-1943. ☎ 04-79-05-84-31. Ouv 1er juin-30 sept, mar-sam 14h-18h ; 1er oct-31 mai lun-ven mêmes horaires. GRATUIT.* Étonnant bâtiment construit en 1929 mais largement inspiré d'un temple de la Grèce antique. On y empaquetait le riz produit chez le voisin italien avant de l'expédier dans toute la France. Cette rizerie abrite aujourd'hui une exposition autour de la future liaison ferroviaire Lyon-Turin. Présentation très technique de ce projet titanesque qui devrait trouver son aboutissement vers 2030 et soulager les vallées alpines de quelques camions (même s'il est très controversé, notamment du côté italien avec le mouvement « No T.A.V. »)...

Le laboratoire souterrain de Modane – Carré Sciences : *1125, route de Bardonnèche. ☎ 04-79-05-22-57. • lsm.fr • En direction de Valfréjus. Lun-ven 14h-17h. GRATUIT.* Il s'agit en fait de l'expo permanente liée au laboratoire souterrain situé au milieu du tunnel routier du Fréjus (et donc caché sous 1 700 m de montagne) et qui tente de percer les mystères de l'univers. La très faible radioactivité ambiante mais surtout la quasi-absence de rayons cosmiques lui permettent des mesures d'une précision inégalable. On découvre tout cela par le biais de démonstrations et d'expériences simples et ludiques.

À faire au départ de Modane

➢ ***Le chemin du Petit-Bonheur :*** l'été à pied et à VTT, l'hiver à skis de fond. Un nom joyeusement poétique qu'on croirait piqué à une chanson de Trenet. De Modane (ou plutôt de La Norma) à Bonneval-sur-Arc, 50 km de sentiers balisés (double trait rouge et blanc du GR) qui jouent à saute-rivière avec l'Arc, traversent mignons hameaux, forêts d'épicéas et de mélèzes, alpages. On peut, bien sûr, fractionner (heureusement !).

➢ ***Le vallon de l'Orgère :*** accessible en voiture, en fait depuis Saint-André (arrêt l'été pour visiter ses deux moulins à eau restaurés) et Amodon. Une promenade idéale, l'été, avec des enfants pour partir à la rencontre des marmottes. Pause gourmande au hameau du col, *chez René et Brigitte* (à l'*Auberge du Col*). Accès en voiture jusqu'au *refuge de l'Orgère,* à 1 900 m d'altitude *(☎ 04-79-05-11-65 ; repas juin-sept ; nuitée 16,35 € et refuge non gardé en hiver).* Vous voilà devant l'une des portes du parc national de la Vanoise.

La maison penchée : *route de Valfréjus. GRATUIT.* Une des curiosités du pays. En 1944, les Allemands ont dynamité le tunnel ferroviaire. Situé juste à l'entrée du tunnel, le blockhaus a aussi sauté. Projeté en l'air par le souffle de l'explosion, il a atterri, penché, 30 m plus loin. Une ruine des plus fréquentée pour les sensations qu'elle procure (pas loin de celles du mal de mer pour les sujets sensibles, à bon entendeur...).

Juste à côté se trouve la monumentale entrée d'un *tunnel ferroviaire,* construite lors de la première percée des Alpes (1857-1871), et déplacée lors du tracé de l'accès au tunnel du Fréjus. Une vieille locomotive à tender a été installée sur le site, ainsi que deux wagons. *Juil-août, tlj sf lun 14h-18h ; entrée 2 €.*

DANS LES ENVIRONS DE MODANE

Le fort Saint-Gobain : *route du Bourget. ☎ 04-79-05-01-50. • fortifications-maurienne.com • À 2,5 km au nord-est par la D 915. Tlj juil-août 10h-12h, 14h-18h30 ; fermé mar juin-sept ; hors saison, se renseigner auprès de l'office de tourisme. Entrée : 8 € ; réduc ; gratuit moins de 15 ans.* Ne refusez pas le blouson fourni à l'entrée : il fait en permanence entre 7 et 10 °C à l'intérieur. Une ligne Maginot dans les Alpes ? Eh bien, oui. Même si elle est largement moins connue que sa cousine du nord-est de la France. Construit entre 1933 et 1939, le fort Saint-Gobain est l'un des maillons de cette ligne Maginot des Alpes, chargé de bloquer l'accès terrestre ou ferroviaire à la Maurienne. On découvre au long des 400 m de galeries tous les équipements (du bloc chirurgical à l'usine électrique) qui devaient permettre à une garnison de 150 hommes de vivre en autarcie pendant plus de 3 mois. Et on comprend vite pourquoi les militaires confinés dans ce « sous-marin terrestre » se choppaient la bétonite (soit de sérieuses baisses de moral)...

L'église Saint-Thomas-Becket : *73500* ***Avrieux.*** *À 6 km au nord-est par la D 215. Visite guidée vac d'été et d'hiver, jeu à 14h (3 €), ou sur demande à la mairie d'Avrieux (☎ 04-79-20-33-16).* Étape sur l'ancienne route qui menait vers l'Italie, Avrieux a vu passer pléthore de voyageurs (pèlerins, marchands venus de toute l'Europe) dont Charles le Chauve, roi de France, mort à Avrieux le 6 octobre 877, à son retour d'Italie, et, paraît-il, Thomas Becket, archevêque de Cantorbéry (auquel cette église du XVIIe s est consacrée).

MANQUE PAS D'AIR !

Les navettes spatiales tout comme l'Airbus A 380 ont fait leurs premières heures de vol à Avrieux, petit village des environs de Modane. Enfin... juste des prototypes de ces engins, testés dans une soufflerie qui recrée les conditions rencontrées en vol. Avrieux abrite même la plus grande soufflerie du monde !

Ne vous arrêtez pas aux naïves fresques de l'austère façade, l'intérieur est tout autre. Redécorée aux XVIIe et XVIIIe s par des artistes locaux dans un style baroque flamboyant, elle n'est que profusion de couleurs et d'ors... préfigurant la beauté du paradis. Superbe retable central, doré et polychrome décoré de nombreux angelots. Au centre, saint Thomas accueilli au ciel par la Vierge et l'Enfant Jésus. Colonnes torses inspirées de celles du baldaquin de Saint-Pierre de Rome. Au sol, dans la nef, on voit des trappes par lesquelles on descendait les corps des morts en hiver. Ils étaient déposés dans la crypte jusqu'à ce que la terre ne soit plus gelée et qu'on puisse creuser des tombes.

Le Centre d'interprétation du patrimoine fortifié : *redoute Marie-Thérèse, RD 1006 Pont-du-Nant, 73500* ***Avrieux.*** *☎ 04-79-20-33-16. • redoutemariethe rese.fr • Juil-août, tlj 11h30-18h30 ; juin et sept, mer-dim 11h30-18h. Entrée : 4 € ; réduc ; gratuit jusqu'à 7 ans. Visite commentée : 5,50 € ; réduc.* Présentation très synthétique de l'ensemble de l'Esseillon : maquettes, panneaux, vidéos et témoignages audio. Expos temporaires également. Sur place, restauration, boutique, librairie. Voir aussi plus loin « Les forts de l'Esseillon » dans le chapitre sur Aussois.

Les centrales hydroélectriques EDF : *73500* ***Avrieux.*** *À 6 km au nord-est par la D 215. Sur résa slt : ☎ 04-79-20-31-46. Visite guidée mar et ven en juil-août. Prix : 8 €. Attention, chaussures fermées obligatoires et les enfants de moins de 12 ans ne sont pas acceptés.* Qu'est-ce que la « houille blanche » ? À quoi sert un barrage de montagne ? Comment transformer la force de l'eau en électricité ? La visite des centrales hydroélectriques EDF d'Avrieux et de Villarodin répond à ces questions et permet d'en savoir bien plus encore. Après un diaporama sur l'histoire de cette technique, on découvre deux centrales où d'énormes machines turbinent l'eau des barrages. Des visites rares : ces centrales sont normalement interdites au public.

LES STATIONS DES ENVIRONS DE MODANE

Carte Savoie, C4

ORELLE *(73140)*

Pas vraiment une station « skis aux pieds ». Idéale en hiver, avec un grand parking au pied de la deuxième plus grande télécabine d'Europe (elle grimpe de

LA MAURIENNE

880 à 2 350 m d'altitude) qui permet de rejoindre, via un télésiège, Val Thorens et le domaine skiable des Trois-Vallées (voir ce chapitre). Au village (450 âmes à peine !), amusez-vous à dénicher les maisons en pierre et au toit de lauzes, les églises baroques et le lavoir.

Office de tourisme : *Francoz. ☎ 04-79-56-87-22. • orelle.net • Tlj en saison, sinon fermé le w-e.*

VALFRÉJUS (73500)

Station « skis aux pieds » dite « de la quatrième génération ». Et, à la voir, plutôt bien intégrée dans sa forêt de mélèzes et d'épicéas, on se dit que quelques leçons ont été tirées des erreurs architecturales commises par les trois générations précédentes ! Ici donc, une architecture plutôt respectueuse du site, avec des immeubles qui ne dépassent jamais les cinq étages, inspirée des maisons traditionnelles ; une ambiance à la fois familiale et sportive. Voir la *chapelle du Charmaix,* construite directement dans la roche : elle possède une source qui, dit-on, soigne la vue, et abrite une Vierge noire (pèlerinage le dimanche le plus proche du 8 septembre).

Office de tourisme de Modane-Valfréjus : *Maison de Valfréjus. ☎ 04-79-05-33-83. • valfrejus.com • Tlj sf w-e hors saison. (payant).*

Ski et neige

Ski alpin : domaine skiable (1 550-2 737 m). 65 km de pistes. Forfait journée adulte : 28,50 €. Domaine d'altitude exposé au nord, donc, dans l'ensemble, pas de souci pour l'enneigement. Même si on est vite en haute montagne (jolis paysages dominés par le mont Thabor), des pistes faciles comme les longues et belles bleues du *Lac* ou de la *Combe* vous attendent. Les bons skieurs grimperont jusqu'à la Punta Bagna à 2 737 m (superbe vue) : la piste noire du même nom n'est pas triste.
– ***Autres sports :*** une école de *speed riding* (à mi-chemin entre le ski et le parapente), grande patinoire naturelle et une piste de luge éclairées.

LA NORMA (73500)

Sur un vaste plateau surplombant la Maurienne, face au massif de la Vanoise. Station née à l'aube des années 1970 mais dont les constructions se fondent (presque !) dans la forêt de mélèzes et de bouleaux. Cœur de la station réservé aux piétons (en partie grâce aux nombreux parkings souterrains).

Office de tourisme : *Maison de La Norma. ☎ 04-79-20-31-46. • la-norma.com • Tlj sf w-e hors saison.*

Ski et neige. Sports et loisirs d'été

Ski alpin : domaine skiable (1 350-2 750 m). 65 km de pistes. Forfait journée adulte : 29 €.

➢ ***Raquettes :*** *carte disponible à l'office de tourisme.* 4 itinéraires balisés.

➢ ***Les sentiers de l'Art :*** *carte disponible à l'office de tourisme.* 4 sentiers de randonnée bordés de sculptures monumentales en marbre illuminées la nuit.

– ***Baignade :*** en été, plan d'eau de 1 000 m².

AUSSOIS

(73500) 668 hab. *Carte Savoie, C3*

Judicieusement posé à 1 500 m d'altitude sur l'adret, versant le plus ensoleillé de la vallée. Un vrai vieux village traditionnel, porte d'entrée du parc de la Vanoise, avec de minces ruelles tracées bien avant l'invention de l'automobile entre des maisons qui se serrent les unes contre les autres pour ne pas trop empiéter sur les champs cultivables. Et tout à côté, quelques constructions plus récentes bien intégrées dans le paysage. Si vous êtes motorisé l'été, gagnez Aussois depuis Modane par l'ancienne route qui franchit en quelques superbes lacets la barrière de l'Esseillon.

Adresse et infos utiles

Office de tourisme : *Maison d'Aussois, route des Barrages. ☎ 04-79-20-30-80. • aussois.com • De mi-déc à mi-avr env et juil-août, tlj ; le reste de l'année, fermé dim et j. fériés.*

– **Point info du parc de la Vanoise :** *☎ 04-79-20-31-50. Ouv en été, tlj sf sam et dim ap-m 9h-12h, 15h-18h.*

– **Bureau des guides.** *☎ 04-79-20-31-16. • guides-savoie.com •*

– **Central de réservation :** *☎ 04-79-20-42-21.* Nombreux gîtes et appartements.

Où dormir ? Où manger ?

Camping

Camping La Buidonnière : *route de Cotteriat, à La Buidonnière. ☎ 04-79-20-35-58. 📱 06-81-18-59-65. • camping@aussois.com • camping-aussois.com • ♿ À la sortie du village, à gauche de la D 215 (direction Modane). Ouv tte l'année. Compter 13,80 € en hte saison. Loc de caravanes 138,60 €/sem (avec électricité).* Dans un joli coin, à l'écart du village et surplombant la barrière de l'Esseillon. Belle vue sur la haute Maurienne aussi. Comme souvent en station, axé l'hiver sur le caravaneige ; mais, en été, on y trouvera toujours une place pour planter sa tente. Prix raisonnables pour un équipement 3 étoiles (étonnants blocs sanitaires dans une sorte de tour et dans un ancien fortin...).

Chic

Hôtel du Soleil Savoie : *15, rue de l'Église. ☎ 04-79-20-32-42. • hotel-du-soleil@wanadoo.fr • hotel-du-soleil.com • Resto ouv le soir slt en hte saison. Congés : de mi-avr à mi-mai et de mi-oct à mi-déc. Doubles 69-115,50 € selon confort et saison ; familiales 98-190 €. Formule 19 €, menus 21-42 €, carte env 48 €. Café offert sur présentation de ce guide.* Au cœur du village, à côté de l'église... Rassurez-vous, le carillon ne sonne pas la nuit ; l'hôtel est d'ailleurs estampillé Relais du silence. 22 chambres de style savoyard, de taille variable, toutes bien équipées, avec sèche-cheveux, TV satellite... Salle de muscu, terrasse solarium avec bain nordique et sauna panoramique. Cuisine traditionnelle au resto pour reprendre des forces. Notre meilleure adresse dans le secteur (où la plupart des 2-étoiles sont au prix de ce 3-étoiles).

L'Étagne : *10, route des Mottets. ☎ 04-79-20-41-81. • laurentrichard73@gmail.fr • ♿ À deux pas du centre du village, au départ de la D 215 qui descend vers Modane. Tlj sf lun soir. Congés : mai, oct-nov. Menu 19,50 € ; carte 22-35 €. Digestif offert sur présentation de ce guide.* La salle, qui respire la montagne de toujours, n'est vraiment pas grande, donc réservation conseillée (surtout si le temps ne

LA MAURIENNE

permet pas de profiter de la terrasse). D'autant qu'on tient là un endroit à ranger dans la catégorie « bonne petite adresse », avec un accueil tout sourire et une cuisine de région fort bien tournée.

À voir à Aussois et dans les environs

L'église Notre-Dame-de-l'Assomption : *tlj 9h-18h.* Date pour l'essentiel du XVIIe s (hormis le portail qui est du XIIIe s). À l'intérieur, les inévitables retables baroques éclatant d'or et de couleurs. Mais aussi et surtout, l'une des poutres de gloire les mieux conservées de Savoie : des anges littéralement suspendus dans le vide recueillent dans un calice le sang du Christ crucifié, pendant que Marie Madeleine, la Vierge et saint Jean se tordent de douleur.

L'Arche d'Oé – Maison du patrimoine : *7, rue de l'Église. ☎ 04-79-20-49-57. • arche-doe@aussois.com • En saison, été comme hiver, lun-mar, jeu-ven 15h-19h, mer et dim 15h-18h. Entrée : 4 € ; réduc ; gratuit jusqu'à 5 ans.* Petit musée drôlement bien fait, qui vous dit tout, plus que de grands discours, sur la vie d'une communauté montagnarde, de ses origines agropastorales à l'activité touristique actuelle. Installé dans une maison plusieurs fois séculaire, il vous fait revivre, avec tous les sens, la vie en autarcie d'hier. Une vision juste, pour mieux ressentir le passé, le comprendre, l'aimer.

Le parc archéologique des Lozes : *☎ 04-79-20-30-80 (office de tourisme). Sortir d'Aussois par la D 83 direction Sardières, puis prendre à droite, sur 700 m, un chemin carrossable. Continuer 5 mn à pied, du parking jusqu'au parc. GRATUIT. Visite guidée chaque jeu en juil-août (env 3 €).* Allez-y tôt le matin ou en fin d'après-midi, quand le soleil n'écrase pas le relief (sous peine de ne voir que des cailloux !). Dans la pente, au milieu des pins et des pelouses alpines, deux circuits (compter de 30 mn à 1h pour chacun des circuits) permettent de découvrir d'étonnantes gravures rupestres. Des dessins (formes géométriques, personnages armés, chiens, bouquetins...) laissés par les premières civilisations alpines (entre les VIe et IIIe s av. J.-C.) sur de grandes dalles rocheuses polies par le passage des glaciers. Si certains dessins ont beaucoup souffert de l'érosion (et du vandalisme...), d'autres sont encore clairement marqués. Surprenant.

Les forts de l'Esseillon : *rens pour les visites guidées à l'office de tourisme d'Aussois (☎ 04-79-20-30-80) et à la mairie d'Avrieux (☎ 04-79-20-33-16), village évoqué plus haut dans les environs de Modane.*
Un des plus impressionnants ensembles fortifiés des Alpes. Quatre forts et une redoute, déployés sur la haute barrière rocheuse de l'Esseillon qui cadenasse la vallée de l'Arc. Construits entre 1819 et 1833 pour barrer la route du col du mont Cenis aux Français. Ironie des décisions internationales : ce sont les indemnités de guerre versées par la France au royaume de Piémont-Sardaigne de Victor-Emmanuel Ier, à la suite du congrès de Vienne (1815), qui ont financé cette ligne de fortifications. Symbolique en outre de la politique italianisante du roi de Sardaigne : elle ne protège, dans un premier temps, que le Piémont, pas la Savoie ! En 1860, lors du rattachement de la Savoie à la France, les ouvertures des meurtrières sont inversées et dirigées face à l'Italie naissante.
On peut les découvrir, à pied, en suivant le sentier des Bâtisseurs (compter 4h sans la visite des forts ; fléchage, tables de lecture et questions-jeux pour les enfants).
Si vous ne voulez pas faire toute la balade, vous pouvez redescendre par la route et rejoindre la redoute Marie-Thérèse (chacune de ces fortifications porte le prénom d'un membre de la maison de Savoie), sur la rive gauche de l'Arc, accessible depuis la D 1006, entre Modane et Bramans.
De la redoute Marie-Thérèse, le pont du Diable qui franchit une profonde gorge (sujets au vertige, s'abstenir !) donne ensuite accès à l'imposant (il pouvait

accueillir 1 500 soldats) *fort Victor-Emmanuel,* la pièce maîtresse de l'ensemble, qui semble presque une excroissance naturelle du rocher. Une promenade savoyarde de découverte aménagée autour et dans ce fort vous permet de tout savoir sur la vie de garnison, en empruntant deux parcours scénarisés (dont un parfaitement adapté à tous). Muni du « baluchon du soldat » (en vente à l'office de tourisme d'Aussois), comportant un carnet de jeux avec carte, on chemine sur les traces d'Alessandro, soldat en garnison au fort Victor-Emmanuel en 1839-1840. On frôle ensuite le fort Charles-Félix qui n'est plus que belles ruines, avant de grimper, pour ceux qui veulent faire toute la balade, vers le fort Marie-Christine, le plus élevé des cinq (entièrement restauré et transformé en un gîte d'étape). Il accueille ponctuellement des expositions. On jette ensuite un coup d'œil aux ruines du fort Charles-Albert, avant de redescendre vers la redoute Marie-Thérèse, en découvrant l'ancien cimetière sarde, de vieux fours à chaux et une carrière de lauzes.

Ski et neige

Ski alpin : domaine skiable (1 500-2 750 m). 55 km de pistes. Forfait journée adulte : 27,50 € ; réduc. La station-village type avec sa fidèle clientèle familiale (Aussois est d'ailleurs labellisée Famille plus). Pas mal de pistes pour skieurs débutants ou moyens. Pour bons skieurs, une piste immanquable : la noire des *Balmes,* qui s'offre une belle descente au pied de la pointe de Bellecôte et de la dent Parrachée.

Ski nordique : carte journée adulte 8,50 €. Une piste de liaison (15 km) avec le plateau nordique de Sollières-Sardières (voir plus loin) : 30 km de pistes dans des forêts de mélèzes et d'épicéas.

Ski de randonnée : *bureau des guides, ☎ 04-79-20-31-16 ; ou ESF, ☎ 04-79-20-37-13.* Dans le parc de la Vanoise.

– Également deux pistes de ***luge,*** dont une pour les 2-6 ans, de nombreux ***itinéraires raquettes*** balisés et entretenus. Autres activités : *big air bag,* chiens de traîneaux, handiski, cascade de glace, parapente.

LA MAURIENNE

Sports et loisirs d'été

➢ ***Randonnées :*** quelques suggestions : les *lacs de Plan-d'Amont* et de *Plan-d'Aval,* le *col d'Aussois* et le *col de la Masse* au cœur du parc de la Vanoise, le *lac du Génépy,* de nombreuses randonnées sont accessibles au départ du village en empruntant le télésiège du Grand-Jeu *(ouv en été, tlj sf sam).*

VTT : 14 circuits sur le secteur de l'Esseillon (plan vendu à l'office de tourisme) et un *bike park. Loc : **Everest Sport,** ☎ 04-79-20-18-08 ; **Sport 2000,** ☎ 04-79-20-31-11.*

– ***La via ferrata du Diable :*** la plus longue de France avec ses 3 760 m de long et ses 6 à 8h de parcours total (on la pratique surtout en fractionné). Plusieurs voies dans les gorges de l'Arc, aux intitulés pour le moins évocateurs : la Descente aux Enfers, la Montée au Purgatoire... Un autre moyen – plutôt acrobatique – de découvrir les forts de l'Esseillon. Et grande originalité : une *via ferrata,* les Angelots, pour l'initiation des enfants dès l'âge de 6 ans, ainsi qu'une passerelle de 89 m.

– ***Escalade :*** *bureau des guides, ☎ 04-79-20-31-16.* Une grosse concentration de falaises tous niveaux dans les environs. Et un mur artificiel à la station.

– ***Le parc du Diable :*** *06-84-48-26-17.* Le plus grand parc aventure de la Maurienne, avec plus de 200 ateliers dans la forêt. C'est ici que se trouve la plus grande tyrolienne du monde en parc aventure : la tyrolienne du Paradis, 640 m de long, à 180 m de hauteur, au-dessus des gorges !

BRAMANS

(73500) 370 hab. *Carte Savoie, C3*

Discret village avec deux hameaux principaux, Le Verney et Bramans, parsemé de maisons traditionnelles (toits de lauzes, balcons posés sur des consoles sculptées) à l'écart de la nationale. Hannibal et ses célèbres éléphants auraient, paraît-il, emprunté le vallon d'Ambin pour passer en Italie. Mais si on y trouve la plus vieille église de Maurienne, nulle trace de pachydermes.

Adresse utile

Office de tourisme : *☎ 04-79-05-99-06. • bramans.haute-maurienne-vanoise.com • Tlj en été et en hiver (en fonction de l'ouverture des pistes) ; fermé hors saison.*

Où dormir ? Où manger à Bramans et dans le coin ?

Camping

Le Val d'Ambin : *602, route de l'Église. ☎ 04-79-05-03-05. 06-16-51-90-91. • campingbramans@gmail.com • camping-bramansvanoise.com • Juste à côté de l'église. Ouv de mi-avr à mi-oct pour le camping (chalets tte l'année). Compter 12,20 € pour 2. Loc de tentes et de chalets 5-6 pers 175-669 €/sem. Cadeau de bienvenue offert sur présentation de ce guide.* Camping familial à l'orée du village, pas très ombragé, mais on n'est pas non plus en plein désert. Excellent accueil et petit plan d'eau. Location insolite (tente Hannibal). Très très calme.

Bon marché

Refuge-gîte du Suffet : ***Le Planay.*** *☎ 04-79-05-30-17. • louis.daurevin@neuf.fr • refuge-gite-du-suffet.over-blog.net • À 8 km au sud-est de Bramans par la D 100 puis une route carrossable (fléchée mais ouv l'été slt). Nuitée 12 €/pers ; ½ pens 32 €/pers en dortoir, 40-49 € en chambre. CB refusées. Digestif offert sur présentation de ce guide.* Grande et belle maison de pierre et de bois, au cœur d'un vallon, tout près du torrent qui serpente entre les mélèzes et face à de superbes falaises dolomitiques. 4 chambres et 3 dortoirs avec terrasse privative et salle de bains. Le vrai refuge, au charme certain, d'autant plus que les chambres ont été superbement rénovées par Louis, le propriétaire. Possibilité de camping. Très bon accueil.

De chic à très chic

Chambres d'hôtes Le Relais de la Diligence : *route Napoléon, **Les Glières.** ☎ 04-79-20-30-99. • mathias.maillot@free.fr • chambres-hotes-maurienne.info • Fermé oct-20 déc. Compter 88 € pour 2 ; ½ pens 65 €/pers.* Au bord de la route (eh oui, c'est moche !), une adresse à l'ambiance très cosy dès qu'on est à l'intérieur : bois récupéré dans la maison pour une majeure partie, murs de pierre, vastes volumes et lumières tamisées. Ce relais, bâti en 1813, fut un café avant d'être entièrement retapé par Mathias, personnage aux états d'âme attachants, dont la compagne a eu l'idée, un jour, de quitter sa pizzeria pour créer ici cette maison d'hôtes. Belles chambres très adaptées pour les familles, donnant directement sur des pistes de fond en hiver, avec de très bons lits et terrasse pour certaines. Un coin cheminée avec de la lecture et un salon télé avec des jeux. Produits aussi bio et bons que possible à la table d'hôtes. Beau petit déj bien complet.

Chambres d'hôtes Chalet Lavis Trafford : Le Planay. ☎ *04-79-05-06-83.* • *resa@chalet-lavis-trafford.com* • *À 7,5 km au sud-est de Bramans par la D 100 (jolie route de montagne). Ouv juil-août et janv-mars. Compter 115-145 € pour 2 ; suite familiale 2 205 €. Repas le soir 32 €. CB acceptées.* Un chalet comme on en rêve, bâti de mélèze et de lauzes, cosy, serein, ouvrant sur le torrent, les aiguilles rocheuses, la forêt. Il a gardé le nom de son constructeur, médecin anglais resté célèbre pour son obstination à vouloir prouver qu'Hannibal et ses éléphants étaient passés pas loin de là. 4 chambres et 1 suite familiale, pour se faire plaisir. L'intérieur s'est plié aux nécessités du confort moderne mais sans exagération. Bain norvégien. En hiver, le chalet n'est accessible qu'avec les véhicules maison, les sorties se font à raquettes ou à skis. Table d'hôtes à découvrir.

À voir dans le val d'Ambin

L'église de Saint-Pierre-d'Extravache : *à 4 km de Bramans par la D 100, direction Le Planay, puis à pied en 15 mn, voire en voiture. Toujours ouv.* Certains voient dans ces vestiges, isolés à 1 660 m d'altitude, la première église des Gaules. C'est en tout cas la plus ancienne de Savoie. L'abside en cul-de-four, d'une surprenante pureté de lignes, est en effet du XIe s.

L'église Notre-Dame-de-l'Assomption : *entre Bramans et Le Verney.* Clocher à base carrée dans le style roman-lombard assez typique de cette partie de la Maurienne. À l'intérieur, quelques intéressants retables baroques. Mais l'église n'est que peu ouverte, le retable du maître-autel entièrement recouvert d'or attirant sûrement autant la convoitise de collectionneurs peu scrupuleux que les regards des visiteurs... Un monde fou, en tout cas, le 15 août (lire plus loin la rubrique « Fête »).

Ski et neige. Sports et loisirs d'été

Ski nordique : 30 km de pistes. Forfait journée adulte : 7 €. Boucles dans les beaux paysages de la vallée du Planay et autour de Bramans.

– Également, ***raquettes, ski de randonnée*** et une ***piste de luge.***

➢ ***Randonnées :*** *infos à l'office de tourisme.* De tous niveaux, de 1 200 à 3 400 m d'altitude (trois refuges). On suggère notamment le *col du petit mont Cenis,* le *col du Clapier et de Savine* (passage supposé d'Hannibal et ses éléphants), le *vallon d'Ambin* et le lac du même nom. Avec des enfants, le sentier à thème autour du passage d'Hannibal (encore lui !), accessible à tous, qui relie en 1 km les deux parties du village.

VTT : 27 itinéraires. Vous pouvez aussi louer un VTT à assistance électrique (voir en tête du chapitre « Haute Maurienne-Vanoise », plus haut).

Fête

– ***Fête du Pain bénit :*** *15 août.* À Bramans, la fête du Pain bénit remonterait à un très ancien culte païen de la fécondité. Le 15 août, 60 kg de larges couronnes et de nombreux petits pains ronds parfumés à l'anis et au safran, appelés *micons*, sont accrochés à une pyramide de bois surmontée d'une croix... en pain. Une procession, avec en tête les sapeurs en tenue Empire et pour laquelle les femmes ressortent les costumes traditionnels (coiffes tuyautées et châles colorés), emmène cet assemblage à l'église Notre-Dame-de-l'Assomption (voir plus haut). Après la bénédiction, le pain est partagé entre tous.

SOLLIÈRES-SARDIÈRES

(73500) 195 hab. *Carte Savoie, C3*

Sur la D 83 (depuis Aussois), on aperçoit d'abord la flèche élancée du clocher de l'église de Sardières. Rien à voir avec le célèbre monolithe recherché par les amateurs : une surprenante aiguille de pierre de Cargneule, haute de 93 m et plantée, solitaire, au milieu de la forêt. Paradis pour grimpeurs confirmés l'été. On s'y rend en balade à pied (ou à skis l'hiver, lire plus loin), en 1h depuis Sardières. Plus loin, Sollières a dispersé ses deux hameaux de part et d'autre de l'Arc : sur la rive droite l'Endroit, sur la rive gauche l'Envers, pur hameau mauriennais avec ses vieilles et belles maisons.

Adresse utile

Office de tourisme : *à **Sollières-Endroit** l'été (☎ 04-79-05-99-06), à **Sardières** l'hiver. • sollieres-sardieres.haute-maurienne-vanoise.com • Tlj en saison. Fermé hors saison (se renseigner à Termignon).*

Où dormir ? Où manger ?

Camping

Le Chenantier : ***Sollières-Envers.*** *☎ 04-79-56-73-30. 06-86-85-76-98. • florent.dejardin@orange.fr • camping-lechenantier.com • yourte-et-tipi-de-montagne.com • ♿ Ouv 15 mai-30 sept (tte l'année pour les cabanes). Compter 11 € en hte saison. Yourtes et cabanes 2-5 pers 235-895 €/sem. CB refusées.* Camping municipal idéalement installé aux abords du plan d'eau du village et de l'Arc, la rivière qui descend des glaciers, le tout face à un panorama exceptionnel. Accueil chaleureux de Marion, Florent et Mathis, qui ont redonné vie à ce lieu, rénovant, nettoyant, multipliant les jeux pour petits et grands. Yourtes joliment aménagées à l'entrée du site et tipis.

Prix moyens

L'Érablo : ***Sollières-Endroit.*** *☎ 04-79-20-53-28. • erablo@wanadoo.fr • Tlj juil-août, midi et soir ; tlj sf soir lun-jeu en basse saison. Congés : 15 j. au printemps et 15 j. en automne. Menus 21-33 € ; carte env 33 €. Café offert sur présentation de ce guide.* Grande terrasse avec vue pour doublement découvrir l'Endroit (c'est le nom du hameau) et profiter de la tranquillité des lieux. Bel intérieur voûté en pierre (une ancienne étable du XVIe s), qui peut s'animer assez vite. Un restaurant très agréable, avec un jeune chef en cuisine, passé dans de grandes maisons (tout comme sa femme), mais qui a choisi de vivre au grand air, ici, plutôt que confiné dans une brigade de palace. Cuisine

LA MAURIENNE

du moment, fraîche, savoureuse, généreuse, qui ne triche ni avec le goût ni avec le terroir. Service gentil comme tout.

Achats

Le Bois s'amuse : *73500* ***Sollières-Endroit.*** *☎ 04-79-20-58-22. De mi-juin à mi-sept, lun-sam 14h30-19h ; et de mi-déc à fin avr, lun-sam 14h30-18h30.* Philippe et Anne travaillent le bois de la région (pin, mélèze) dont ils font non seulement des meubles – Philippe est ébéniste –, mais aussi une foule de petits objets utilitaires ou décoratifs : boîtes, petits puzzles, déco de Noël... Démonstrations du travail du bois à la scie à chantourner ou à la scie à ruban, l'été *(mar à 14h30 ; 30 mn).*

Ski et neige

Ski nordique : site nordique du Monolithe (1 300-1 600 m) ; 35 km de pistes. Forfait journée adulte : 8,50 €. Un des plus beaux domaines du coin avec celui de Bessans. Les pistes sillonnent un plateau ensoleillé, planté de forêts d'épicéas et de mélèzes. Passage presque obligé vers le monolithe.

TERMIGNON

(73500) 434 hab. *Carte Savoie, C3*

LA MAURIENNE

Termignon, tout le monde descend ! Le nom de cette commune descendrait en effet du latin *terminus.* Jusqu'au XIIe s, la Maurienne s'arrêtait à Termignon. Un village de montagne, un peu austère, qui cache bien son jeu : c'est l'une des plus grandes communes de France. Le territoire communal couvre à lui seul plus du tiers du parc de la Vanoise ! Belles balades en perspective donc, à pied ou à VTT, dans les alpages (notamment sur la *via alpina* qui s'étend sur huit pays !), où l'on fabrique discrètement un petit bleu persillé très rare. À moins que vous ne préfériez la pêche à la mouche. Et au village, en ouvrant l'œil, vestiges d'étonnants (à cette altitude) canaux qui bordent les vieilles maisons de bois et de lauzes.

Adresse utile

Office de tourisme – Maison de la Vanoise : *☎ 04-79-05-99-06. • termignon.haute-maurienne-vanoise.com • En hte saison, tlj ; fermé le w-e en intersaison (voir le site).* Situé dans la Maison de la Vanoise : intéressante expo permanente « La nature en projet », vision du milieu montagnard à travers le regard croisé du touriste, de l'agriculteur et du garde-moniteur du parc national (entrée libre). On peut même survoler en 3D les espaces protégés de l'arc alpin européen.

Où dormir ? Où manger ?

Camping

Les Mélèzes : *route du Doron. ☎ 04-79-20-51-41. 📱 06-71-33-70-10. • arnaud.michelle@orange.fr • camping-termignon-lavanoise.com • Ouv janv-sept. Compter 15,10 € pour 2. Loc mobile homes 300-460 €/sem.* Accueillant et familial, ce petit camping avec des emplacements ombragés au bord du torrent. Assez loin du village pour être tranquille, assez près pour profiter de tous les services.

Prix moyens

Chambres d'hôtes La Grange : *3, rue du Scheuil. ☎ 04-79-20-53-34. • martine.rosaz@wanadoo.fr • locationtermignon.fr • Compter 60-68 € pour 2, 105 € pour 4. Gîte 3 pers 210-520 €/sem. Remise de 10 % sur le prix de la chambre sur présentation de ce guide.* Un chalet récent au cœur du village, sans vue mais pratique, avec des prix doux, comme le caractère de Martine, dont la bonne humeur motive les habitués, lorsqu'ils décident de revenir.

Chambres d'hôtes Le Chalet du Lys : *Le Lièvre. ☎ 04-79-20-18-25. 06-68-48-44-19. • chalet-du-lys@orange.fr • chaletdulys.com • À 3 km du village par la D 1006 direction Val-Cenis puis la 1re route à gauche (c'est fléché). Compter 70 € pour 2. Également un gîte pour 15 pers : 690-890 € w-e ; loc à la sem slt pdt les vac de fév : 3 490 €. Table d'hôtes (sur résa et pour 8 pers min) 23 €. Une mignonnette de génépi offerte sur présentation de ce guide.* Tout près du village, mais on se sent presque au bout du monde dans ce gros chalet de pierre et de bois. Chambres mignonnettes avec leurs meubles de bois faits main par Fred, le proprio, menuisier. Excellent accueil pas avare de conseils pour vous faire découvrir cette superbe haute Maurienne. Sauna et jacuzzi (payants).

Le Sabot de Vénus : *9, rue de la Parrachée. ☎ 04-79-20-51-76. De mi-juin à mi-sept, tlj midi et soir sf lun midi ; de mi-déc à avr, le soir slt. Menus 17-25 € ; carte 30-35 €. Digestif offert sur présentation de ce guide.* Très couleur locale : la salle, rustique, a été aménagée dans l'ancienne étable, et on rejoint une petite terrasse par une passerelle en bois qui court au-dessus d'un ruisseau. Murs blanchis à la chaux, poutres et plancher de bois, et une petite touche perso dans la déco pour qu'on s'y sente bien. Cuisine maison simple et bonne, carte de spécialités savoyardes ou de pâtes italiennes. Une adresse à l'accueil sympathique.

L'Estanco : *rue de Savoie. ☎ 04-79-56-59-93. • estanco-termignon@orange.fr • Le midi, formule 16,50 € ; carte 25-30 €. Digestif offert sur présentation de ce guide.* Un petit théâtre gourmand, à la déco de bric et de broc, mélange improbable de grenier et de chalet, au pied d'un immeuble en béton imperturbable. On y vient autant pour l'ambiance créée par Daniel que pour la cuisine *slow food* de Béatrice (du « fait maison » à base de produits locaux et artisanaux)... Attention, certains plats sont servis uniquement sur commande (les habitués ne s'y trompent pas !). L'hiver, ici, mieux vaut réserver, même pour goûter à la gaufre traditionnelle, au chocolat chaud ou au pain perdu, au retour des pistes. Terrasse en été. Animations et soirées à thème tout au long de l'année *(• estanco-termignon.com •).*

LA MAURIENNE

Où acheter de bons produits ?

À la Ferme d'Anouchka : *19, rue de la Parrachée. ☎ 04-79-20-46-49. Tlj 15 déc-15 oct.* Remarquables fromages, comme les tommes fermières, mais également charcuterie, artisanat local. Visite libre des caves à fromages.

À voir

L'église Notre-Dame-de-l'Assomption : *rens à l'office de tourisme pour connaître les heures d'ouverture.* Posée sur un promontoire rocheux, elle domine, presque démesurée, le village. À l'intérieur, pas moins de cinq retables baroques, parmi les plus prestigieux de Savoie. Celui du maître-autel en pin cembro (fin XVIIe s) est sûrement le plus spectaculaire de la haute Maurienne. Remarquez le pampre de vigne détaché qui enlace les colonnes torses. À voir aussi, le retable du Rosaire et ses glacis (vernis teintés semi-transparents) qui font ressortir au mieux ors et argents de sa polychromie.

Ski et neige

Ski alpin : domaine skiable (1 300-2 800 m). 125 km de pistes entre Termignon et Val-Cenis (domaine relié). Forfait journée adulte : 34 €. Domaine idéal pour le ski en famille.

Ski nordique : une boucle de 15 km en accès libre.

– Possibilités de ***raquettes*** et ***ski de randonnée*** pour les plus sportifs. Renseignements à l'office de tourisme.

Sports et loisirs d'été

➢ ***Randonnées :*** la plupart des sentiers balisés sont dans le parc de la Vanoise. Quelques suggestions : le *refuge du Plan-du-Lac* (panorama exceptionnel) et le *col de la Vanoise*, le *hameau de Chavières*, les *vallons de la Leisse et de la Rocheure*.

Manifestation

– ***Festival national d'accordéon :*** *1 sem fin janv.*

VAL-CENIS (73480) 1 115 hab. *Carte Savoie, D3*

Une station qui englobe depuis 1967 *Lanslebourg* et *Lanslevillard,* deux villages séparés par 3 km. Lanslebourg, bourg de passage, est sans charme réel, même s'il annonce déjà les villes italiennes du val de Susa voisin avec ses maisons crépies de gris et de rose alignées comme à la parade. Lanslevillard fait plus station-village.
Pour être politiquement correct, on devrait préciser, pour parler du domaine skiable, relié à celui de Termignon, qu'on est ici à *Val-Cenis-Vanoise.*

Adresse et infos utiles

Office de tourisme : *Maison de Val-Cenis, 73480* ***Lanslebourg.*** *☎ 04-79-05-99-06. ● valcenis.haute-maurienne-vanoise.com ● Tlj en saison. Également un office à* ***Val-Cenis-Lanslevillard :*** *☎ 04-79-05-99-06.*

– ***Central de réservation :*** *☎ 04-79-05-99-10.*

Bus : pour Modane et Bonneval-sur-Arc. Bus pour Susa, en Italie (l'été), avec arrêt au col du mont Cenis. *Rens :* ***Transavoie,*** *☎ 04-79-05-01-32.*

Où dormir ? Où manger ?

Bon marché

Auberge de jeunesse : *Les Champs, 73480* ***Lanslebourg.*** *☎ 04-79-05-90-96. ● val-cenis@hifrance.org ● hifrance.org ● Situé dans un hameau sur la D 902, à mi-chemin entre Lanslebourg et Lanslevillard.*

À 200 m de la télécabine du Vieux-Moulin. Congés : 18 avr-15 juin et 19 sept-17 déc. Résa impérative en juin et sept. Carte FUAJ obligatoire (en vente sur place). Nuitée 19-23,30 €/pers suivant la saison ; ½ pens 32,70-38,70 €/pers. En hiver, séjour ski au w-e ou à la sem, env 379-499 €/pers selon période. Accueil cyclo en été. *Digestif offert sur présentation de ce guide.* Dans une vieille maison gentiment rénovée. C'est une petite structure, et l'accueil est excellent. Chambres de 2, 4 et 5 lits avec lavabo (douches et w-c collectifs), bien tenues. Possibilité de louer des draps.

Prix moyens

Hôtel-résidence Les Mélèzes : *rue Saint-Jean-Baptiste, La Mathia, 73480* ***Lanslevillard.*** *☎ 04-79-05-93-82. • residencelesmelezes@orange.fr • residencelesmelezes.com • À l'entrée de Lanslevillard, au départ de la télécabine du Vieux-Moulin. Congés : de mi-avr à fin juin et de mi-sept à mi-déc. Doubles 58-65 €. Apparts 2 pers env 325-690 €/sem ; 6 pers 650-1 330 €/sem selon saison. Menus 17,90 (en sem)-28 €.* *Apéritif offert sur présentation de ce guide.* Petit immeuble de station, façon chalet mais bien béton quand même. L'intérieur est plus rustique. 4 chambres qui datent un peu, et des appartements de 2 à 6 personnes plus récents. Les repas se prennent au sympathique resto attenant, tenu par la même famille.

La Grange d'Auguste : *L'Adroit, rue du Mollaret, 73480* ***Lanslevillard.*** *☎ 04-79-59-83-37. • lagrangedauguste@gmail.com • Un peu sur les hauteurs ; prendre la rue à gauche face à l'office de tourisme. Tlj en saison (été-hiver). Menu 26 € ; carte 20-40 €.* En fait de grange, c'est dans une ancienne étable que ce resto s'est installé. Une adresse tous budgets entre la carte de crêpes (le midi) et de bons plats de région (entre Savoie et Italie). Cadre évidemment typique et accueil amical.

À voir. À faire dans les environs

L'Espace baroque Maurienne : *montée du Canton, 73480* ***Lanslebourg.*** *☎ 04-79-05-90-42. De fin juin à mi-sept, lun-mer 9h30-12h, jeu-ven 14h30-19h ; Noël-fin avr, lun-mer 9h30-12h, jeu-ven 15h-19h. Entrée : 1 € ; réduc ; 2 € par famille ; gratuit avec le pass musée et le pass exploration.*
Comme à Séez (voir le chapitre « La Tarentaise »), la visite permet de mieux cerner le pourquoi et le comment de l'art baroque ; un art au service de la foi et surtout de la Contre-Réforme ! Les deux visites se complètent d'ailleurs fort bien. On retrouve les grandes explications philosophiques, sociologiques, politiques et religieuses liées au mouvement baroque, mais le musée (aménagé dans l'ancienne église du village) se concentre ici sur la vallée de la Maurienne. Avec, par exemple, les grands maux et fléaux (foudre, feu, avalanches, peste, famine...) connectés au culte des saints intercesseurs. Une riche iconographie (associée à une jolie muséographie) permet d'admirer les plus belles fresques de la Maurienne et du Piémont comme si on y était. Si la période baroque est particulièrement présente dans la région, le roman et le gothique ne sont pas oubliés. Désormais, en visitant églises et chapelles, vous saurez qu'il faut « lire » un retable de bas en haut parce qu'il symbolise la démarche forcément ascendante du croyant.
On trouvera également sur place les horaires d'ouverture des églises ou des visites guidées des sites situés sur les « chemins du Baroque »... Outre l'expo permanente, des expos temporaires présentent l'histoire et le patrimoine de la vallée et du milieu montagnard.

La chapelle Saint-Sébastien : *73480* ***Lanslevillard.*** *Juil-août, tlj sf sam 16h30-18h30 ; Noël-fin avr, ouv mer 15h30-16h et ven 9h30-10h. Entrée : 2 €. Pour plus d'infos, s'adresser à la mairie de Val-Cenis-Lanslevillard (☎ 04-79-05-93-78) ou à l'office de tourisme.* Dédiée à saint Sébastien, qui fut invoqué lors d'une épidémie de peste. À l'intérieur, un exceptionnel ensemble de fresques de la fin du

XVe s, évoquant le martyre du saint et la vie du Christ. Comme ce livre d'images était destiné à l'instruction religieuse des villageois, on y retrouve des éléments de leur existence : l'entrée de Jérusalem est en fait celle de Chambéry, les personnages portent des costumes médiévaux... Dans le même registre, de chaque côté de la toile centrale du maître-autel, les anges ne sont pas tout nus, mais vêtus de courtes tuniques et chaussés de hauts cothurnes ! Levez aussi la tête vers le plafond Renaissance rénové, de toute beauté.

Les inconditionnels pourront compléter leur pèlerinage baroque par la visite de l'***église Saint-Michel*** et de la ***chapelle Saint-Roch,*** à ***Lanslevillard,*** qui abrite un petit musée communal et une présentation des « Chemins de l'histoire ». *Ouv de mi-juin à mi-sept et Noël-fin avr, lun-mer 16h-18h30, jeu-ven 10h-12h ; rens auprès de la mairie : ☎ 04-79-05-93-78.*

La coopérative laitière de haute Maurienne-Vanoise : *36, rue de l'Arc,* ***Lanslebourg.*** *☎ 04-79-05-92-79. Visites guidées sur résa 2 fois/sem été et hiver (4 € ; réduc). Plusieurs points de vente dans la vallée.* En surplomb de l'atelier de fabrication, derrière des vitres, on peut – tous les jours, le matin uniquement – observer la fabrication du beaufort, tout en lisant les panneaux qui jalonnent le petit parcours.

Fête et manifestation

– ***« C'est l'printemps à Val-Cenis » :*** *4 j. vers le 20 mars.* Sous la direction artistique de Laurent Gerra, l'auditorium accueille humoristes, chanteurs, musiciens.
– ***Fête franco-italienne de l'Alpage :*** *à la mi-juil, au col du mont Cenis.* Courses pédestres et VTT autour du lac, messe en plein air, kermesse, groupes folkloriques, etc.
– ***Semi-marathon du mont Cenis :*** *à la mi-août.* Courses pédestres autour du lac.

DANS LES ENVIRONS DE VAL-CENIS

Le col du mont Cenis : *à 10 km au sud-est de Val-Cenis-Lanslebourg par la D 1006.* Une des plus grandes voies vers l'Italie avant le percement du tunnel du Fréjus. Dès l'an mille, ce col était situé sur l'axe d'un pèlerinage Angleterre-Rome ; des pèlerins auxquels vont se joindre les commerçants circulant entre Flandres et Méditerranée. Après une route au tracé qui n'a guère changé depuis sa construction de 1803 à 1811 à la demande de Napoléon Ier (alors que la Savoie et le Piémont étaient occupés par les Français), on franchit le col, ample cuvette verdoyante et fleurie, à 2 084 m d'altitude. Au-delà, au cœur de ce large plateau où les vaches montent à l'alpage, s'étend un vaste lac de barrage. Sur la rive, une chapelle bizarrement pyramidale, construite par... EDF en 1968.
– Au sous-sol, petit ***musée*** sur l'histoire du col *(ouv de mi-juin à mi-sept, 10h-12h30, 13h30-18h ; entrée : 3 €, réduc).*

Le fort de Ronce : *☎ 04-79-05-91-62 (mairie). Compter env 30 mn de marche en partant du plan des Fontainettes. Tlj juin-sept. GRATUIT.* Les reliefs alentour sont truffés de forteresses comme ce fort rebondi, cousin montagnard du médiatique fort Boyard. Exposition sur la place militaire du mont Cenis. Le fort de Ronce, ouvrage fortifié italien de 1877, atteste, comme d'autres constructions similaires, des tensions franco-italiennes de l'époque.
De l'autre côté du col, sur le versant italien, démarre le val de Susa.

Où dormir ? Où manger ?

Gîte d'étape Le Toët : *Fontainette, 73480* ***Lanslebourg.*** *☎ 04-79-05-95-67. • info@giteletoet.com • giteletoet.com • ♿ 5 km* *après le col (c'est fléché sur la droite quand on arrive de Lanslebourg). Ouv 1er juin-30 sept. Nuitée 19 €/pers (25,50 € avec petit déj) ; ½ pens 40-45 €/pers. Menus 16-19 €. Digestif maison offert sur présentation de ce guide.* Joliment situé, dans un ancien chalet d'alpage qui domine le lac. Les chambres (de 2 à 5 personnes), toutes neuves et plaisantes pour ce type d'hébergement, donnent naturellement sur les flots gris-bleu. Terrasse pour profiter encore plus du paysage. Bonne cuisine familiale et régionale, accueil souriant.

Ski et neige

Ski alpin : un domaine (1 300-2 800 m) relié à celui de Termignon. 125 km de pistes. Forfait journée adulte : 34 €. Le plus vaste domaine skiable de la vallée de l'Arc, avec de nombreuses pistes pour débutants, dont la longue piste verte, l'*Escargot,* qui descend du col du mont Cenis. Les bons skieurs trouveront quelques pistes techniques à se mettre sous les spatules comme la *Michèle-Jacot,* une noire à la dénivelée impressionnante (1 400 m !), ou la tout aussi longue rouge de l'*Arcelle.* Également un snowpark.

Ski nordique : tout petit domaine avec une boucle gratuite de 15 km sur le domaine Val-Cenis-Vanoise.

– ***Patinoire :*** *à* ***Lanslebourg.*** Naturelle et découverte, ouverte en fonction du temps ; également une patinoire artificielle à Lanslevillard.

– ***Le parc de loisirs des Glières :*** *à* ***Lanslevillard.*** *☎ 04-79-05-89-32.* Patinoire artificielle, piscine couverte (jacuzzi, hammam...) et mur d'escalade à l'extérieur.

– Également des ***randonnées à raquettes, baptêmes de traîneaux à chiens*** au col du mont Cenis.

Sports et loisirs d'été

Randonnées

Parmi toutes les randonnées que propose le coin, en voici deux qui allient cours d'histoire et plaisir de la balade.

➢ ***Le chemin de la Ramasse :*** 4h aller-retour. Départ : derrière la coopérative laitière, à Lanslebourg. Emprunte le sentier muletier qui, avant la route du XIXe s, montait au col du mont Cenis. Redescente par le même chemin.

➢ ***La Pierre aux Pieds :*** 6h aller-retour. Départ : parking des Grattais, après Lanslevillard en direction de Bessans. Plus que curieux : en pleine montagne, à 2 750 m d'altitude, un bloc erratique de 5 m de diamètre, creusé de 82 empreintes de pied et d'une cinquantaine de cupules (cavités creusées en demi-sphère). Témoignage d'un culte lié aux montagnes qui remonterait au Néolithique ? On attend la machine à remonter le temps pour vous offrir la réponse...

DES RAMASSES À LA PELLE

Le chemin de la Ramasse tient son nom des ramasses, ces fagots de branches d'aulnes (donc souples) autrefois utilisés comme luge pour redescendre du col l'hiver ! Le matériel se sophistiqua ensuite : une sorte de chaise était fixée sur des patins de bois, attelage guidé par les « marrons » (nom autrefois donné aux guides). Hardi, petit. On vous laisse imaginer les gadins !

LA MAURIENNE

BESSANS

(73480) 390 hab. *Carte Savoie, D3*

Encaissé dans une vallée d'une austère beauté, Bessans a un côté plus brut, moins léché que Bonneval-sur-Arc. Et on y est accueilli par un diablotin, cornu comme il se doit et fourche bien en main, perché sur la fontaine de la place centrale. Parce que Bessans est le village du diable, des diables même !

Adresse utile

Office de tourisme : *rue de la Maison-Morte. ☎ 04-79-05-99-06. • bessans.haute-maurienne-vanoise.com • Tlj en juil-août et de Noël à mi-avr.* Point d'info du parc national de la Vanoise en juillet-août.

Où dormir ? Où manger ?

Chambres d'hôtes chez Mamie Anna : *rue Saint-Étienne (en face du magasin Sherpa). ☎ 04-79-05-89-16. • chapoteur@wanadoo.fr • chambres-hotes-bessans.com • Congés : vac de la Toussaint. Compter 90 € pour 2, 150-170 € pour 3-5 pers.* Ne cherchez pas la mamie, elle n'est plus là qu'à travers les peintures de sa petite-fille, qui lui a rendu hommage en donnant son nom à ce chalet tout neuf, bâti sur de l'ancien. Chambres cosy, avec vue, ambiance chaleureuse, meubles artisanaux et cuisine à disposition. Sauna en accès libre.

Le Paradis : *rue Saint-Sébastien. ☎ 04-79-05-96-11. • leparadis-bessans@wanadoo.fr • Tlj sf lun. Congés : de fin avr à mi-juin et oct (ouv vac d'automne). Formules 13-25 €. Apéritif offert sur présentation de ce guide.* Le Paradis... ici, on n'y va pas avec le dos de la cuillère pour les symboles (le nom de la rue, les diables sculptés sur la place). Un espace de vie agréable, en tout cas, avec un patron tatoué et des sportifs qui avalent en quelques minutes le farci de Bessans, recette maison qu'on vous conseille de partager si vous ne partez pas dans l'heure en rando... Et sinon, pizzas et spécialités savoyardes...

À voir

L'église : *ouv en saison estivale, tlj 10h-12h, 15h30-18h30 sf dim mat et lun. Pour des visites guidées en saison hivernale, se renseigner à l'office de tourisme.* Du XVIIe s, mais restaurée. Reconnaissable entre mille à son clocher, le seul de Maurienne à ne pas être en pierre mais recouvert de plaques de cuivre. À l'intérieur, deux retables inévitablement baroques et du XVIIe s, signés Clappier, célèbre dynastie locale de sculpteurs. Les resplendissants blancs et ors des colonnes cannelées du retable du Rosaire devraient vous sauter aux yeux !

La chapelle Saint-Antoine : *juste à côté de l'église (mêmes horaires).* Une des 16 (!) chapelles de Bessans. Celle-ci est célèbre pour ses peintures murales du début du XVIe s. En façade, un peu fatiguées par les années, elles représentent le cortège des Vices et des Vertus (une jeune femme fortement décolletée figure la Luxure...). À l'intérieur, les peintures retracent la vie du Christ en 40 scènes. Comme souvent dans la région, histoire religieuse et traditions locales se mélangent allègrement : un diablotin s'est immiscé dans la Tentation du Christ, et on retrouve la fameuse Pierre aux Pieds (lire plus haut « Dans les environs de Val-Cenis ») dans la fresque de l'Ascension.

LA MAURIENNE

Le vieux village : quoique en grande partie incendié durant la Seconde Guerre mondiale, puis ravagé par une crue de l'Arc en 1957, Bessans possède encore quelques vieux quartiers, notamment derrière l'office de tourisme.

L'habitation-étable « l'Érablo » : *même adresse que l'office de tourisme. 1 seule visite/sem ; se renseigner. Entrée : 3 € ; gratuit moins de 12 ans.* Une ancienne maison plus qu'un musée, parfait exemple d'habitat traditionnel de ce bout de haute Maurienne, avec son rez-de-chaussée à demi enterré pour offrir le moins de prise possible au froid et au vent. Tout était prévu pour passer au mieux les longs mois d'hiver : les fenêtres judicieusement évasées pour laisser passer la lumière mais pas le froid, le puits directement creusé dans le sol de la cuisine... Une visite à ne pas manquer.

UN BON PETIT DIABLE

L'histoire des diables de Bessans est authentique et remonte au XIXe s. Un certain Étienne Vincendet, fâché contre son curé, mit tout le talent qu'il avait à sculpter un diablotin tenant un curé sous son bras, qu'il plaça sur la fenêtre du prêtre. Celui-ci, dans sa grande perspicacité, le redéposa sur la fenêtre du mécréant. Ce satané manège dura quelques jours, jusqu'à ce que la scupture attire l'œil d'un voyageur qui s'empressa de l'acheter. Ainsi commença et se perpétua le commerce du « Diable de Bessans ».

Au Chapoteur : *☎ 04-79-05-95-49. • chapoteur.com • Pdt les saisons d'été et d'hiver, tlj 10h-12h, 15h-19h.* En patois, un *chapoteur* est un sculpteur. Cette enseigne indique l'atelier de Georges et Fabrice Personnaz, deux des derniers sculpteurs sur bois à maintenir la tradition des diables de Bessans. Expo-vente.

Ski et neige

Ski nordique : un des plus beaux domaines nordiques de Savoie, avec ceux des Saisies et de La Féclaz ! 133 km de pistes. Forfait journée adulte : 9,80 € ; gratuit jusqu'à 11 ans. Pour renforcer l'aspect scandinave du plateau de Bessans, l'une des pistes bleues permet de découvrir des peintures rupestres dont certaines représentent des rennes ! Bessans est aussi le centre permanent d'entraînement et de compétition de biathlon.

➢ **Piétons et raquettes :** 15 km de parcours balisés.

Ski alpin : tout petit domaine (1 740-2 000 m). Forfait journée adulte : 9,80 €. Deux remontées mécaniques et trois pistes bien exposées ! Bien pour l'apprentissage des petits et des grands.

– Et aussi : patinoire naturelle, ski de randonnée, télémark, cascade de glace.

Sports et loisirs d'été

➢ **Randonnées :** parmi les nombreux sentiers balisés, un coup de cœur, la *vallée d'Avérole.* En direction de Bonneval-sur-Arc, une petite vallée étroite mais bucolique, dominée par le Charbonnel, le plus haut sommet de la haute Maurienne (3 752 m). Trois hameaux se la partagent, intacts : vieilles maisons aux murs de pierre, toits de lauzes coiffés de ces drôles de cheminées où culmine un monolithe. Une petite route suit le cours du torrent jusqu'au hameau de Vincendières (berceau des Clappier, célèbre famille de sculpteurs). En 1h, on grimpe à pied jusqu'au hameau d'Avérole, cerné par un cirque montagneux où l'on remarquera le sommet de la Bessanèse (3 592 m) qui évoque la coiffe traditionnelle des femmes de

Bessans. On pourra ensuite poursuivre (1h) jusqu'au (chaleureux !) refuge d'Avérole. Noter qu'en juillet et août une navette relie Bessans au hameau d'Avérole. Carte IGN au 1/25 000, n° 3634 Est.

– ***Plan d'eau :*** *à 1 km du village.* Base de loisirs : baignade surveillée en juillet-août, pêche, etc.

– ***Autres sports :*** *via ferrata,* canyoning, escalade, alpinisme, sentiers à thème, roller et ski-roues sur le stade de biathlon, tennis...

➢ ***Parcours-jeu thématique pour les enfants*** (voir en tête du chapitre « La Haute Maurienne-Vanoise », plus haut).

Manifestations

– ***Marathon de Bessans :*** *2e dim de janv.* Plus de 1 200 participants à cette course de ski nordique.
– ***Les Musicales de Bessans :*** *juil-août.* Programmation hebdomadaire de concerts de musique classique et de chant choral à l'église Saint-Jean-Baptiste.
– ***Fête du Rocher*** et ***fête du Foin :*** *le 13 juil.* Une vingtaine de bénévoles en costumes traditionnels savoyards font revivre la pratique des foins tels qu'ils étaient faits il y a quelques dizaines d'années. Animations, repas, feu d'artifice et bal.
– ***Procession du 15 août :*** une statue de la Vierge est promenée dans le village par les jeunes filles qui fêtent leurs 20 ans dans l'année. Pour l'occasion, on ressort des armoires costumes traditionnels et larges coiffes blanches.
– ***Crèche vivante :*** dans une grotte enneigée, plus d'une quarantaine de bénévoles en costume traditionnel, lors de la veillée de Noël...

BONNEVAL-SUR-ARC (73480) 340 hab. *Carte Savoie, D3*

Un peu perdu, à 1 850 m d'altitude, dans un bout du monde formé par les glaciers, au pied du plus haut col routier des Alpes, l'Iseran (2 764 m), sur la route des Grandes-Alpes et à la porte du parc national de la Vanoise. S'il n'y avait pas les quelques autocars sur le parking (la rançon du succès...), Bonneval, couleur schiste, se fondrait presque dans ce sublime paysage. Un des Plus Beaux Villages de France, c'est évident, mais pas un village sous Cellophane. Bonneval vit. Et pas seulement du tourisme, les tas de fumier en témoignent ! Pourtant, le village a failli mourir. Mi-juin 1957, l'Arc, gonflé par des pluies diluviennes, emportait ponts et chemins, ensevelissant la moitié des maisons sous des tonnes de sable.
Le vieux village a depuis retrouvé sa superbe. Bonneval-sur-Arc, en misant sur le développement durable, les sports de plein air (il faut dire que le site grandiose s'y prête !) et l'énergie de ses habitants, a su négocier avec le diabolique tourisme sans lui vendre son âme. Un de nos coins préférés, vous l'aviez compris...

Adresse utile

ℹ ***Office de tourisme :*** *le Pré-Catin.* ☎ *04-79-05-95-95.* • *bonneval.haute-maurienne-vanoise.com* • *Noël-avr et juil-août, tlj.* Découvertes accompagnées du village *(4 €/pers).*

Où dormir ? Où manger ?

De prix moyens à chic

Gîte-auberge de l'Oul : *Vieux-Village. ☎ 04-79-05-87-99. • auberge doul@orange.fr • auberge-oul.com • Tlj été comme hiver. Congés : mai-15 juin et de mi-sept à mi-déc. Nuitée en dortoir (prévoir duvet et serviettes de toilette) 26-29 €, petit déj compris. Compter 68 € pour 2, 130 € pour 4 en chambre. ½ pens env 36-40 €/pers selon chambre. Formule midi en sem 16,50 €, menus 19,50-24,50 €.* Dans une vieille maison rénovée au cœur du village. Escaliers abrupts, enchevêtrements de poutres, pièces miniatures : tout le charme de l'ancien ! L'ensemble, rénové, se compose d'une chambre pour 2 ou 4 personnes et d'une poignée de dortoirs (de 8 lits au plus). Quelques tables pour y manger (et bien manger !) : cuisine de montagne traditionnelle avec quelques recettes originales ; certaines sur commande, comme le fameux carré d'agneau au génépi. Produits locaux et de qualité. Agréable terrasse. Excellent accueil.

Chambres d'hôtes Chalet La Rosa : *Vieux-Village. ☎ 04-79-05-95-66. • chambresdhote-la.rosa@orange.fr • la-rosa.fr • Fermé mai-juin et 1er sept-28 déc. Compter 80-90 € pour 2, 130 € pour 4.* Olga Cavatore vous accueille gentiment à l'entrée de ce joli chalet en pierre et toit de lauzes, comme la plupart des autres maisons au cœur du village. 4 chambres douillettes et chaleureuses, 2 avec balcon, 2 avec mezzanine. Déco montagnarde, forcément.

Chambres d'hôtes Les Abeillos : *au-dessus du Vieux-Village. ☎ 04-79-05-96-08. • chassots@wanadoo.fr • chalet-les-abeillos.fr • Compter 75-85 € pour 2 selon type de chambre. Un pot de confiture maison offert sur présentation de ce guide.* Près de tout mais loin déjà de l'agitation du village, un chalet plein de charme, avec un jardin remarquable pour l'été, et des chambres cocooning avec vue dégagée pour l'hiver. Également 3 gîtes très confortables, avec vue eux aussi.

À voir

Le vieux village : *visite du village proposée 2 fois/sem incluant le petit musée de l'espace « Neige et Montagne ». Inscription à l'office de tourisme.* Des ruelles tordues interdites aux voitures, des toits de lauzes piquetées par la mousse, où ne pointe aucune antenne... Et des maisons de pierre aux balcons de bois à deux étages où sèchent encore quelques briques de fumier de mouton appelées « grébons », autrefois combustible local (le bois se fait rare ici), qui, paraît-il, sent plus la résine que la...

Ski et neige

Ski alpin : un domaine (1 800-3 050 m) avec 25 km de pistes. Forfait journée adulte : 27 €. Certes, le domaine n'est pas immense, mais il présente quelques avantages. D'abord, bout du monde oblige et volonté de ne pas trop développer la capacité d'hébergement, il n'y a pas foule sur les pistes ! Ensuite, la neige est ici de qualité d'un bout à l'autre de la saison. Les bons skieurs grimperont jusqu'à la pointe d'Andagne par le télésiège des 3 000 (un des plus beaux panoramas du coin en prime : la Vanoise en Cinémascope !).

Ski de randonnée : de superbes possibilités dans le coin. Renseignements à l'*ESF* ou au bureau des guides *(même numéro).*

➢ **Promenades à raquettes, à pied ou à skis de fond :** de Bonneval à l'Écot (itinéraire de 4 km le long de l'Arc).

– **Patinoire :** naturelle. *Ouv en fin d'ap-m et en soirée (rarement au-delà de fin fév).*

Sports et loisirs d'été

Randonnées

➢ Nombreux sentiers balisés aux portes du parc de la Vanoise. *Carte et idées randos vendues à l'office de tourisme.* Deux belles balades familiales :
– ***le hameau de L'Écot :*** 1h environ l'aller, depuis Bonneval. Avec quelques habitants de plus, il supplanterait (à 2 070 m d'altitude) Saint-Véran au titre de plus haute commune de France. Une chapelle du XIIe s et de superbes maisons de pierre. De L'Écot, on peut poursuivre jusqu'au refuge du Carro (3h15 aller). Chemin faisant, belle vue sur le glacier des Sources-de-l'Arc.
– ***le refuge et le lac des Évettes :*** 1h45 depuis le hameau de L'Écot (retour possible par les gorges de la Reculaz ; itinéraire superbe, mais quelques passages délicats). Cirque glaciaire à la flore incomparable au cœur d'un sublime massif.
– ***Via ferrata :*** entre Bonneval et Bessans. Départ à 2 000 m d'altitude ; 1 000 m de longueur, 500 m de dénivelée. Compter 3-4h aller-retour. Classée difficile.

VTT : plusieurs circuits balisés.

Ski d'été

Sur le glacier de Pisaillas, au col de l'Iseran (voir plus loin le chapitre « Val-d'Isère »).

DANS LES ENVIRONS DE BONNEVAL-SUR-ARC

LE COL DE L'ISERAN

Une belle route en lacet à travers les alpages, qui grimpe jusqu'au passage du col à 2 764 m d'altitude, ce qui en fait le col routier le plus haut d'Europe. Les plus beaux paysages sont sur la route de montée. Encore sauvage, presque austère (seules constructions : une chapelle contemporaine et un resto). Très belle vue sur les glaciers de haute Maurienne. Sur l'autre versant, où, dans les creux, la neige se conserve jusqu'au cœur de l'été, débute la Tarentaise.

LA TARENTAISE

LA TARENTAISE

Cette haute vallée de l'Isère (la rivière...) évoque – d'autant plus depuis les J.O. de 1992 – les domaines skiables frappés de gigantisme, les immeubles de béton (parfois admirablement planqués sous des bardeaux de bois), les pylônes métalliques qui hérissent glaciers comme alpages, et des prix qui

augmentent autant que le nombre de canons à neige. Mais il existe une autre Tarentaise, celle des églises et chapelles qui laissent les siècles glisser sur leurs précieux décors baroques, celle des tarines, ces vaches brunes aux grands yeux doux, celle des villages cernés de vergers, celle du parc de la Vanoise. C'est vers cette Tarentaise-là que nos pas nous ont naturellement portés, sans pour autant rechigner à côtoyer les stations d'altitude où, l'été, les fondus de glisse échangent leur paire de skis contre un VTT pour continuer à dévaler les pentes.
Pas de jaloux, c'est bien l'ensemble de la Tarentaise qui a été classé Pays d'art et d'histoire.

Arriver – Quitter

En train

– ***Rens SNCF :*** *☎ 36-35 (0,34 €/mn).* • *voyages-sncf.com* •
➢ ***De/vers Paris :*** plusieurs liaisons/j. avec Bourg-Saint-Maurice, avec changement à Chambéry et train de nuit direct. Env 5-6h de trajet. 1 train de nuit.
➢ ***De/vers Marseille :*** liaison avec Bourg-Saint-Maurice, changement à Lyon.

En bus

Infos et résas : ☎ 0820-320-368 (0,12 €/mn). • *altibus.com* •
➢ ***De/vers Bourg-Saint-Maurice :*** bus réguliers pour La Rosière, Les Arcs, Sainte-Foy-Tarentaise (village), Val-d'Isère et Tignes. Depuis les aéroports de Lyon, Chambéry et Genève, liaisons avec les stations de la Tarentaise.
– Liaison directe avec Les Arcs par le funiculaire reliant en 10 mn Bourg-Saint-Maurice à Arc 1600 (se renseigner à l'office de tourisme).
➢ ***De/vers Aime :*** liaisons avec La Plagne.
➢ ***De/vers Moûtiers :*** Liaisons régulières avec les stations de Pralognan, Champagny, Méribel, Courchevel, La Tania, Les Menuires, Val Thorens, Valmorel.

VAL-D'ISÈRE

(73150) 1 600 hab. *Carte Savoie, D3*

Avec sa grande et large rue de ville de Far West où s'alignent boutiques, hôtels et résidences, Val-d'Isère n'a vraiment rien d'un no man's land. Pourtant, jusqu'en 1887, ce hameau, perdu dans une montagne grandiose et sévère, accessible par un mauvais chemin muletier coupé par la neige en hiver, n'avait même pas de nom !
C'est à partir des années 1930 que la station s'est développée sous l'impulsion conjointe des autochtones, d'un Alsacien, Charles Diebold, et d'un Parisien, Jacques Mouflier, suivis 20 ans plus tard par Robert Killy et Robert Goitschel. Tout le monde ou presque connaît la suite : Jean-Claude Killy, les sœurs Goitschel, Marielle et Christine, des gamins nés les skis aux pieds, qui traverseront les sixties en haut des podiums, assurant pour quelques décennies la notoriété de Val-d'Isère.
Depuis, le centre de la station n'en finit pas d'embellir et de monter en gamme, renouant avec la pierre, les lauzes et le bois. Avec sa vieille église, Val-d'Isère ressemble – comparée à sa voisine Tignes – presque au village qu'il était. « Val », comme disent les habitués qui y viennent depuis des générations, est une station sportive, et (écrivons-le !) plutôt friquée, même si elle est moins frime que Courchevel.

Adresses utiles

Office de tourisme : *au centre de la station. ☎ 04-79-06-06-60. • valdisere.com • Tlj en saison.* *(spots dans les bâtiments communaux et sur Fornet, Solaise, Bellevarde et la Daille)*

Point I : *au col de l'Iseran, en été (brochures slt).*

Central de réservation : *Val-d'Isère Réservation, BP 228, 73155 Val-d'Isère Cedex. ☎ 04-79-06-06-60. • info@valdisere.com • reservation.valdisere.com •*

Où dormir ?

De chic à très chic

Hôtel Le Kern : *pl. Frédéric-Petri. ☎ 04-79-06-06-06. • contact@hotellekern.com • hotellekern-valdisere.com • Congés : début mai-fin nov. Doubles 170-240 € selon période, petit déj inclus. Familiales (4 pers) 240-330 €. ½ pens possible avec l'hôtel La Savoyarde.* Un immeuble récent du centre, tout proche des pistes, qui propose une vingtaine de chambres délicieusement arrangées. Accueil adorable.

Hôtel restaurant L'Avancher : *☎ 04-79-06-02-00. • info@hotel-lavancher.com • hotel-lavancher.com • À 500 m du centre de la station, direction col de l'Iseran. Congés : de début mai à mi-juin et sept-nov. Resto soir slt. Doubles 127-248 € selon confort et saison ; familiales (4 pers) 295-350 €. Plats 18-30 €. Garage motos et vélos.* Grand chalet, à 5 mn de marche des remontées mécaniques. Ouvert depuis 1958, c'est l'un des plus anciens hôtels de la station. Il a conservé son ambiance familiale tout en se modernisant régulièrement : chambres dans l'esprit montagne, sauna... Le resto, célèbre pour sa raclette « à l'ancienne », propose aussi d'autres plats de région, simplement mais adroitement préparés, à base de bons produits. Excellent accueil.

Auberge Saint-Hubert : *av. des Jeux-Olympiques, BP 95. ☎ 04-79-06-06-45. • auberge.st.hubert@wanadoo.fr • auberge-sthubert.com • Au centre de la station, à 150 m des remontées mécaniques. Congés : 10 mai-15 juil. Doubles 89-449 € selon confort et saison. ½ pens 90-250 €. Formules déj 24 € (en sem)-49 €.* Chambres entièrement (et inévitablement ?) lambrissées et bien équipées. Au resto, bonne ambiance, cuisine bourgeoise et spécialités savoyardes.

Où manger ?

Dans la station

– Voir également les restos des hôtels indiqués ci-dessus.

De bon marché à prix moyens

Flash Pizza : *impasse des Cimes, centre-ville. ☎ 04-79-41-96-06. Tlj en saison à partir de 18h, sur place ou à emporter. Pizzas env 10,50-14,50 €. Digestif offert sur présentation de ce guide.* 3 tables et un bar en bois dans cette salle pas plus grande qu'un mouchoir de poche. Sur les murs, des photos du monde entier, que le proprio parcourt à vélo ! Un sacré bonhomme, devenu expert en pizzas (généreuses), à peine plus chères livrées à domicile. Une échoppe bien connue des locaux et des saisonniers.

Le Salon des Fous : *immeuble Le Télémark, av. Olympique. ☎ 04-79-00-17-92. • carine@lesalondesfous.com • Ouv en saisons été et hiver, tlj 8h-22h ; en inter-saisons, tlj sf w-e 8h30-17h. Carte 15-20 €.* Une escale centrale et bonne franquette, à mi-chemin entre le resto et le salon de thé, pour casser la croûte à toute heure. Délicieux

LA TARENTAISE

petits déj et des suggestions du jour d'une qualité constante, ce qui explique un choix parfois restreint. Les gourmands se souviendront des pâtisseries.

Dans le Jardin des Alpes : *galerie des Cimes, av. Olympique. ☎ 04-79-07-93-04. • contact@danslejardindesalpes.com • Tlj en saisons été et hiver. Menus 20-65 €.* « Dans le Jardin » au fond d'une galerie marchande ? On avait comme un doute... Levé, ce doute, après avoir découvert le décor presque théâtralisé (les enfants devraient adorer la fausse voûte céleste) de cette petite adresse, bistrot gastro. Chouettes produits, classiques régionaux revus et corrigés (fondue à la tomate et ail des ours), service aux petits soins...

Le Bistrot de L'Atelier d'Edmond : *Le Fornet. ☎ 04-79-00-00-82. • restaurant@atelier-edmond.com • Tlj sf lun de mi-juil à mi-sept, déj slt. Formule 21 €, menu 25 €.* Benoît Vidal, le chef plus que brillant de *L'Atelier d'Edmond,* a eu une très bonne idée : ouvrir, pour l'été, une petite salle tapissée de carrelage façon station de métro prolongée d'une terrasse ensoleillée. Pour y proposer une cuisine certes simplifiée mais très emballante, et avec des additions sans commune mesure avec celles de l'étoilée maison mère, un étage au-dessus...

Chic

La Luge : *hôtel* Le Blizzard, *av. Olympique. ☎ 04-79-06-68-58. • information@hotelblizzard.com • Ouv déc-avr le soir slt. Compter env 30 € pour une fondue.* Pour ceux qui veulent jouer à « celui qui laisse tomber son morceau de pain a un gage », un des bons restos de spécialités de la station. Fondues, raclettes, tartiflettes ou viandes rôties à la broche sous vos yeux... Mignonnet décor montagnard.

Les Clochetons : *vallée du Manchet. En bas des pistes Épaule du Charvet et Santons. Accès en voiture possible, et navettes gratuites depuis la station. ☎ 04-79-41-13-11. • lesclochetons@orange.fr • En saison, tlj sf le soir dim-mar. Le midi carte env 30 €. Le soir, menu 60 €, carte 30-50 €.* Au bout du village, dans un coin paisible, on accourt indifféremment de Val-d'Isère ou de Tignes (via les pistes) dans ce beau chalet au toit de lauzes pour des grillades au feu de bois particulièrement goûteuses. La côte de bœuf (pour 2 personnes) est un must, la terrasse royale et l'ambiance détendue ! Piscine en été.

Sur les pistes

Chic

La Fruitière – La Folie Douce : *arrivée du télécabine de la Daille. ☎ 04-79-06-07-17. • administratif@lafoliedouce.com • Ouv déc-début mai slt le midi, 12h-15h30 ; 9h-17h pour* La Folie Douce. *Plats 18-36 €.* Petit chalet idéalement situé à la jonction des pistes de Tignes et de Val-d'Isère, à l'arrivée de la télécabine de La Daille (accessible aux piétons). Au choix : d'un côté le gastro, *La Fruitière ;* de l'autre le snack, *La Folie Douce (même accès, même période d'ouverture).* Si, à *La Fruitière,* on vient goûter une cuisine traditionnelle et des plats de pâtes, à côté, à *La Folie Douce,* c'est le feu ! Terrasse avec DJ, cracheurs de feu et musique électrisante qui aimante tout skieur-teufeur.

Le Bar de l'Ouillette : *massif de Solaise, en bas du télésiège Madeleine (un peu en retrait). ☎ 04-79-41-94-74. Carte 20-30 €.* Un panorama grandiose face au lac recouvert de neige en hiver, une vaste terrasse plein sud, des chaises longues et un joli mobilier coloré, on n'est pas loin de la carte postale paradisiaque ! Croques, grillades, quiches et salades : c'est bon et les prix sont raisonnables. Une bonne raison pour ne pas faire l'impasse sur les délicieux desserts de chez *Chevallot* (mmmhhhh !).

Là-haut, près des cimes, on aime aussi **Le Signal** *(au Fornet ; ☎ 04-79-06-03-38 ; fermé en été)* avec son self au rez-de-chaussée et le gastro à l'étage.

Où boire un verre ? Où sortir ?

Café Face : *immeuble Christiania, le Bon Coin.* ☎ *04-79-06-29-80.* • *administratif@lafoliedouce.com* • *Déc-avr slt, tlj 16h-2h.* Le bar *hype* de Val. Toujours noir de monde. DJ, house, pop, rock, jazz et techno.

2 boîtes, le ***Dick's Tea-Bar*** *(☎ 04-79-06-14-87 ;* • *dicksteabar.com* • *; tlj fin nov-fin avr),* évidemment anglophile, et **La Doudoune** *(☎ 04-79-24-60-04 ;* • *doudouneclub.com* • *; navette gratuite tte la nuit).*

Où acheter de bons produits ?

Maison Chevallot : *L'Adroit.* ☎ *04-79-06-16-09. Tlj en saison 6h30-20h.* Un excellent maître chocolatier, MOF (Meilleur Ouvrier de France) de surcroît, véritable référence dans la station en matière de pâtisserie... C'est si bon qu'en fin de compte on ne regrette ni d'avoir fait la queue ni d'avoir trop dépensé. On peut aussi se poser pour un fameux petit déj.

À voir. À faire

L'église : *dans le vieux village. Tlj 9h-19h.* Beau retable baroque avec tous les attributs du genre : tabernacle, colonnes torses d'un vert éclatant et statues de saints (ici, saint Bernard de Menthon, qu'on repère grâce à sa croix tréflée, et saint Pierre II de Tarentaise). Autour de l'église s'étend le vieux Val-d'Isère. Grands chalets de pierre aux balcons de bois sculpté.

– ***Centre aquasportif :*** ☎ *04-79-04-26-01.* • *centre-aquasportif.com* • *Horaires et tarifs variés, consulter le site internet.* 5 000 m² pour 4 espaces (plage, sportif, tonique, lounge) au pied de la Face de Bellevarde. Sur place, piscine, spa, hammam, sauna, salle de gym et de muscu, squash, yoga, murs d'escalades, simulateurs de golf et de conduite, etc.

Ski et neige

Ski alpin : domaine skiable Tignes-Val d'Isère (1 550-3 456 m). Environ 300 km de pistes. Forfait journée grand domaine Tignes-Val d'Isère adulte : 54 €. Difficile (sinon impossible !) d'évoquer en quelques lignes l'un des plus beaux domaines skiables des Alpes (sinon du monde !). Val-d'Isère, c'est d'abord un impressionnant parc de remontées mécaniques dont le *Funival,* véritable métro des neiges, et le téléphérique de l'Olympique, de la station au sommet de Bellevarde en 5 mn ! C'est ensuite quelques-unes des pistes noires les plus célèbres du monde, comme la *Face,* qui plonge du rocher de Bellevarde sur la station.
Val-d'Isère propose enfin, contrairement à certaines idées reçues, un domaine varié qui s'adresse également aux skieurs moyens ou débutants. Pistes douces et pistes de luges gonflables pour débutants et skieurs tranquilles. Ski facile aussi sur des pistes sous le soleil le matin, à l'arrivée du téléphérique de l'Olympique ou de Solaise, et le domaine Fornet-Iseran-Pisaillas qui offre la haute montagne aux petits skieurs...

Ski nordique : 23 km côté Val-d'Isère. Gratuit (mis à part l'achat du forfait piéton pour les pistes situées en altitude).

– ***Activités hors ski hiver :*** *ice driving,* patinoire, parapente, *speed riding,* randonnées à raquettes, cascade de glace, alpinisme, biathlon...

Sports et loisirs d'été

➢ ***Randonnées :*** en Vanoise. Quelques suggestions : le *vallon de la Sassière* (un lac... et quelques bouquetins), le *refuge du Prariond* et le *col de la Galise,* le *col des Fours,* le *col de la Lose.* Accès gratuit aux remontées mécaniques pour les piétons.

– ***Le lac de l'Ouillette :*** balade, pêche, pique-nique, avec panorama splendide.

– ***Escalade, courses de glace, alpinisme :*** *rens au bureau des guides,* *06-87-52-85-03.*

– ***Via ferrata :*** aux plates de La Daille et au roc de Tovière (une partie de cette dernière étant destinée à l'initiation).

Ski d'été : sur le glacier du Pisaillas. 2 remontées mécaniques. De mi-juin à mi-juillet (selon l'enneigement) de 7h30 à 13h.

VTT : *bike park* Tignes-Val-d'Isère, accès libre.

Manifestations

– ***Classicaval :*** *en janv et mars.* Festivals de musique classique.
– ***Festival du film « Aventure et découverte » :*** *4 j. en avr.* Une douzaine de films en compétition autour du thème de l'aventure, du sport et des explorations.

TIGNES

(73320) 2 623 hab. *Carte Savoie, D2-3*

Tignes la jeune, la dynamique, l'internationale, regroupe plusieurs sites assez éloignés les uns des autres : *Les Brévières,* petit village à 1 550 m d'altitude, *Tignes 1800* (« Les Boisses ») ancien hameau devenu village fringant neuf au bord du barrage ; le « cœur de la station » est formé par *Tignes 2100,* deux « quartiers » (Tignes-le-Lac et le Lavachet) aux abords d'un lac de montagne : quelques hôtels bien caractéristiques des années 1950 construits par les Tignards grâce aux indemnités d'EDF, et des buildings de béton édifiés par les marchands de neige. Cela dit, la station a fait d'énormes efforts ces dernières années pour donner une unité à cette architecture un peu anarchique. Tout en haut, on trouve enfin *Tignes-Val-Claret,* station « skis aux pieds » (et un peu béton). Cadre naturel grandiose, fantastique domaine skiable, Tignes ravit les skieurs acharnés – puisqu'on y skie même l'été –, les vététistes et les mordus de sport en général.

UN PEU D'HISTOIRE

Tignes, le vrai, pétri de traditions, avec même son parler *lo terrachu,* n'est plus que quelques pierres au fond du lac. Ce vieux village, les Tignards l'ont défendu jusqu'au bout, jusqu'à ces journées de 1952 où ils ont vu leurs maisons dynamitées et quelques siècles de vie pastorale communautaire noyés sous les eaux du lac du Chevril, lors de la création du barrage EDF. Les subventions de la compagnie d'électricité ont dédommagé les habitants, mais les blessures sont restées à vif pendant de nombreuses années.

Adresses et infos utiles

Office de tourisme : *Tignes-le-Lac. ☎ 04-79-40-04-40. • tignes.net • Ouv tte l'année, tlj sf w-e mai-juin (ouv slt le mat en sept).*
– **Central de réservation :** *☎ 04-79-40-03-03. • tignesreservation.net •*
– **Bureau des guides :** *au Val-Claret. ☎ 04-79-06-42-76.*
– **2 Écoles du ski français (ESF) :** *Tignes-le-Lac, ☎ 04-79-06-30-28. Val-Claret, ☎ 04-79-06-31-28. • esftignes.com •*
– Bon point pour **Les Marmottons :** *Tignes-le-Lac, ☎ 04-79-06-51-67, et Ski One – Les Marmottons Val-Claret, ☎ 04-79-06-37-12. • skione-tignes.com •* Jardin d'enfants et école de ski. Pour les enfants de 2 ans ½ à 10 ans. Des équipes sympathiques qui proposent des stages à la demi-journée ou à la journée entière, avec un but pour vos enfants : apprendre le ski tout en s'amusant !
– **Évolution 2 :** *☎ 07-60-82-10-12 (Tignes-le-Lac, Val-Claret). • evolution2.com •* École de ski et snowboard, plongée sous glace, parapente... 8 élèves max par cours.
– **333 Ski & Snowboard School :** *☎ 04-79-06-54-21. • 333school.com •* L'ESI propose aussi des cours en effectifs plus réduits qu'à l'ESF.

Où dormir ? Où manger ?

Depuis que l'auberge de jeunesse a fermé, il est difficile de se loger en saison sans lâcher un billet vert...

Bon marché

Le Kiosk : *rond-point des pistes, Val-Claret. 📱 06-09-82-84-97. • lekiosk.tignes@gmail.com • Fermé le midi lun-mar. Formule 11 €. Soupe du jour offerte sur présentation de ce guide.* Rien de sophistiqué, une sandwicherie plébiscitée par les locaux pour les burgers bien saisis, à engloutir dare-dare quand le froid est glacial sur les tables en bois ou enfoncé dans un transat. Aussi des paninis et des soupes.

De chic à très chic

Hôtel Le Paquis : *Le Rosset, Tignes-le-Lac (BP 79, 73322 Tignes Cedex). ☎ 04-79-06-37-33. • info@hotel-lepaquis.fr • hotel-lepaquis.fr • ♿ Congés : début mai-fin juin et fin août-début nov. ½ pens 72-163 €/pers. Formule déj 20 €, menu 34 €, carte 47 €. Remise de 10 % sur la ½ pens ou sur le prix de la chambre et petit déj en été sur présentation de ce guide.* Sur les hauteurs de Tignes-le-Lac, près de l'église, un hôtel tenu par des Tignards soucieux de satisfaire leur clientèle. Du coup, ils améliorent régulièrement le confort des chambres. Lambrissées, elles sont très plaisantes et adaptées aux séjours en famille (suite pouvant accueillir jusqu'à 6 personnes au dernier étage). Toutes – ou presque – contemplent la montagne alentour depuis le balcon. Sauna, hammam et jacuzzi.

Le Marais : *Les Boisses. ☎ 04-79-06-40-06. • infos@hotel-le-marais.com • hotel-le-marais.com • À 5 km de Tignes-Station, un peu avt le barrage. Doubles 95 € l'été, 130-205 € l'hiver selon période, petit déj compris.* Le joli hameau des Boisses, prisé par les constructeurs, a gardé son caractère. L'hôtel a tout le charme qu'on pouvait espérer, dans un style montagnard cosy. 13 chambres douillettes et personnalisées, meubles en bois peint, lits à semi-baldaquin, TV à écran plat, lit savoyard dans la chambre triple... La plupart des chambres ont un balcon avec vue dégagée sur la vallée. Même ambiance dans le salon, avec ses confortables canapés Chesterfield, sa déco chic et enveloppante. Balnéo, sauna et piscine d'été.

Chambres d'hôtes Chalet Colinn : *Le Franchet, route de Val-d'Isère. ☎ 04-79-06-26-99. • contact@chaletcolinn.com • chaletcolinn.com • À 3 km de Tignes :*

prendre la direction de Val-d'Isère, puis à gauche après le tunnel du Chevril en direction de la Sassière. En été, double 120 € ; l'hiver, ½ pens 95-220 €/pers ; table d'hôtes 25-40 €. Apéritif offert sur présentation de ce guide. À l'écart des pistes et de l'agitation de la station, un hameau de carte postale, avec ce chalet en pierre que Mylène et Élisabeth ont la bonne idée d'ouvrir aux hôtes. 5 chambres élégantes et chaleureuses (2 ou 3 personnes), de plain-pied et ouvertes sur la terrasse, d'où la vue sur les montagnes et le lac est époustouflante. L'été, les sentiers de randonnée sont à portée de godillot, et l'hiver, une navette vous dépose en station. Détente assurée dans cet intime havre de paix. Bain norvégien et sauna pour couronner le tout. Une adresse exceptionnelle !

Hôtel Odalys Chalet Alpina : *route de la Grande-Motte,* ***Tignes-Val-Claret.*** *☎ 04-79-06-55-37. Fermé fin avr-sept. À partir de 400 € la sem/pers en chambre double et en ½ pens.* L'hôtel est situé à 150 m du funiculaire de la Grande-Motte. Pour plus de confort, préférez les spacieuses suites aux chambres. Restaurant sur place et joli bar tout en bois. Piscine couverte chauffée et sauna gratuit.

La Ferme des Trois Capucines : ***Le Lavachet,*** *juste en contrebas des télésièges Chaudannes et Paquis. ☎ 04-79-06-35-10. Ouv midi et soir. Fermé mai-juin et sept-début déc. Résa conseillée. Carte env 35 €.* Le resto le plus authentique de Tignes, aménagé dans la seule ferme de la station, est tout simplement réjouissant : on prend ses repas dans l'ancienne ferme, si possible au plus près de la cheminée, ou sur la terrasse ensoleillée. Dans l'assiette, généreuses spécialités savoyardes, plat du jour et pâtisseries maison (le pain aussi est fait sur place). Vente du beaufort et du fromage à raclette de la ferme, ainsi que des spécialités du pays, qui ne viennent jamais de bien loin. En été, une centaine de vaches.

Chalet Bouvier : ***Val-Claret,*** *en bas de la station, au niveau de l'ascenseur des Platières. ☎ 04-79-06-99-90. Ouv slt le soir en hiver. Menus 32 € (entrée + plat)-38 €.* Ce chalet cossu, à la décoration montagnarde appuyée, tient à son atmosphère feutrée et retient une clientèle de skieurs de passage ou d'habitués grâce à une solide cuisine. Un restaurant qui se vante d'être paysan et tient ses promesses, en mitonnant des spécialités de toujours, comme la souris d'agneau, en plus des incontournables plats savoyards.

Jean-Michel Bouvier, chef locavore et adepte des bons produits, dirige aussi deux autres belles adresses : ***La Table en montagne,*** au Val-Claret *(resto de l'hôtel* Les Suites du Nevada, *accolé au bar* Le Whitney *– voir plus loin « Où boire un verre ? Où danser ? » ; ouv slt le soir)* et ***Le Panoramic*** *(☎ 04-79-06-47-21, ouv déc-avr),* perché à 3 032 m d'altitude sur le glacier de la Grande-Motte. Accessible à skis ou à pied via le funiculaire, *Le Panoramic* a 3 facettes : le restaurant chic et choc pour se taper la cloche, le self pour un déjeuner rapide entre 2 pistes et le snack gourmand. Tout est mitonné sur place, avec de beaux produits, ce qui assure une qualité constante. Bref, des plats revisités, des spécialités régionales qui assurent, des charcuteries qui ont du goût et même des huîtres pour plaire à la clientèle de Val venue déposer ses spatules au pied du glacier le temps d'une halte gastronomique.

L'Armailly : *Les Brévières. ☎ 04-79-06-41-82. • info@armailly.com • Tlj en saison d'hiver. Menus 16-32 € ; carte 20-40 €.* Il faut descendre sous le barrage de Tignes, dans le village le plus bas de la station (accessible skis aux pieds) pour trouver cette adresse qui cultive la qualité depuis plusieurs générations. Derrière le gros chalet de pierre, que vient adoucir un décor traditionnel en bois, on sert ici une franche cuisine de terroir. Pas d'entourloupe, la qualité prime ici, des viandes aux desserts en passant par les généreuses pizzas et les spécialités savoyardes. À arroser d'un petit verre de chignin ou d'une bouteille parmi les nombreuses références. Terrasse aux beaux jours.

Où boire un verre ? Où danser ?

🍸 ***Le Grizzly's Bar :*** *pl. des Curlings,* ***Val-Claret.*** *☎ 04-79-06-34-17. Ouv hiver et été, tlj 9h-minuit.* Dès la grande terrasse, déco réussie, tout de bois, ambiance Grand Nord canadien, avec des ours partout (en bois...).

🍸 ***Le Whitney :*** ***Val-Claret*** *(haut). ☎ 04-79-01-11-43. Tlj en hiver 15h-minuit. Buffet de pâtisseries 13 €.* Le bar de l'hôtel chic *Les Suites du Nevada* et du resto *La Table en Montagne* est tout indiqué pour un après-ski relaxant dans un cadre contemporain. Lieu de passage sympa et confortable avec sa cheminée et ses fauteuils dont on a du mal à s'extirper.

♫ Sans oublier les discothèques en vogue, le ***Melting Pot*** et le ***Blue Girl,*** toutes 2 à Val-Claret.

Où se détendre ?

– ***Spa Ô des Cimes :*** *dans l'hôtel Les Suites du Nevada, à* ***Val-Claret.*** *☎ 04-79-41-58-79.* Si, à l'hôtel, les prix sont vertigineux, une petite folie au spa, accessible aux personnes extérieures, est un luxe pour lequel on casse volontiers sa tirelire. Cadre magnifique et accès libre à la piscine, hammam et sauna de l'hôtel pour un soin de 1h *(env 80-110 €).*

À voir. À faire

Le barrage du Chevril : on oublie le village englouti et on trouve ce barrage impressionnant : 180 m de haut, 300 m de long sur la crête franchie par la route, 44 m d'épaisseur à sa base. Il faut bien ça pour tenir la pression de quelque 235 millions de mètres cubes d'eau. Il alimente en électricité pratiquement tout le département de la Savoie.

– ***Le Lagon*** (piscine) **:** ***Tignes-le-Lac.*** *☎ 04-79-40-29-45. Fermé de début mai à mi-juin et sept. Horaires variables selon saison, se renseigner. Entrée adulte : 5 € ; réduc et accès gratuit avec le forfait de ski Tignes & Val-d'Isère (hiver) et 2 entrées gratuites avec la carte Sportignes (été). Piscine + espace bien-être : 15 €.* Vaste espace aquatique assez complet, bassin de 25 m (intérieur), toboggans, pataugeoire, bassins ludiques (courants), grottes, cascades... Salle de sport (en sus) et spa (hammam, sauna, jacuzzi).

Ski et neige

Ski alpin : domaine skiable de Tignes (1 550-3 450 m) relié à celui de Val-d'Isère. Soit au total environ 300 km de pistes. Forfait journée Tignes & Val-d'Isère : 54 €. La meilleure neige est sans surprise à la Grande-Motte ! Le funiculaire puis le téléphérique vous propulsent à près de 3 500 m d'altitude ! Vue époustouflante et pistes sans difficultés. La longue « double M » (rouge) est un régal. Les bons skieurs dévaleront le vallon de la Sache (dans une réserve naturelle où il n'est pas rare de croiser bouquetins et chamois) jusqu'aux Brévières. Les amateurs de panoramas ne manqueront pas la photo souvenir à l'aiguille Percée avant de redescendre par la bleue de la *Corniche.*

Ski nordique : 40 km sur le domaine Tignes & Val-d'Isère. Accès gratuit.

– ***Activités aventure :*** alpinisme hivernal, aviation et ULM, plongée sous glace (là où Luc Besson a tourné certaines scènes – censées se dérouler au Pérou ! – du *Grand Bleu*), traîneau à chiens, patinoire naturelle sur le lac gelé, luge, camps *freeride* et *freestyle, Bun J Ride* (saut à skis, harnaché et sécurisé), etc.

Sports et loisirs d'été

Intéressant : pour tout séjour en hôtel ou en résidence à Tignes en juillet et août, la carte *Sportignes* est offerte à chaque membre de la famille. Elle donne droit à des activités en accès illimité : tennis, remontées mécaniques, tir à l'arc, trampoline, embarcations à pédales, minigolf, *water jump, crazy air bag, blob jump... Infos à l'office de tourisme.*

Ski d'été : sur le glacier de la Grande-Motte qui rétrécit d'année en année, de mi-juin à début août. 20 km de pistes et un snowpark d'été. Ouvert de 7h15 à 13h. Forfait journée adulte : environ 36 €. L'ESF propose aussi des cours en été.

Randonnée : *rens à la Maison de Tignes.* Randos accompagnées.

VTT : *rens à la Maison de Tignes.* 150 km de pistes de descente, d'enduro et de cross-country pour débutants ou experts (accès gratuit aux remontées mécaniques) et un espace ludique.

– ***Activités nautiques :*** *sur le lac.* Location de barques, canoës-kayaks, planches à voile, dériveurs, ski acrobatique, *stand-up paddle, water-jump, blop jump* (on vous laisse essayer).

Club jeunes : *Tignes-le-Lavachet. Infos à la Maison de Tignes. Inscriptions sur place dim (10h-12h à la sem, 14h-17h tte autre inscription). Forfait sem 135-155 € selon l'âge.* Pour les enfants de 4 à 15 ans, des activités à la semaine (demi-journée ou journée complète) proposées par tranches d'âge : loisirs sportifs, jeux collectifs. Équipe dynamique.

Fête

– ***Red Bull Linecatcher :*** *janv.* Compétition phare de ski « Backcountry », discipline mêlant *freestyle* et *freeride.*
– ***Live in Tignes :*** *3 j. en avr.* Les Francofolies à Tignes : concerts avec 15 artistes, en station et sur le domaine skiable !

DANS LES ENVIRONS DE TIGNES

SAINTE-FOY-TARENTAISE *(73640)*

Un agréable bourg de montagne sur la D 902 et, dans les environs, quelques hameaux superbes qu'il est indispensable de visiter : ***Le Miroir,*** avec sa chapelle et ses maisons à colonnes de pierre qui supportent d'élégantes galeries construites par des maçons piémontais au XVIIIe s. Et ***Le Monal,*** village classé, à 1 874 m d'altitude, l'un des plus beaux exemples de montagnette (hameau d'habitation temporaire) de la vallée. Accès uniquement à pied en 1h30 depuis la station de Sainte-Foy ou depuis le hameau de Chenal. Robustes chalets serrés autour d'une chapelle. Tout ce à quoi on aspire en débarquant de Tignes. Bernard Favre y a situé le décor de *La Trace,* film culte pour les Savoyards, avec Richard Berry dans le rôle d'un paysan colporteur. Une petite station, enfin, pas mal réussie, dont l'architecture reprend les maisons traditionnelles à colonnes, et qui se développe tranquillement.

Adresse utile

Office de tourisme : *à la station. ☎ 04-79-06-95-19. • saintefoy.net • Tlj sf w-e hors saison. Antenne ouv au village, en été (face à l'hôtel* Le Monal*).*

Où dormir ? Où manger ? Où boire un verre ?

Hôtel Le Monal : *au village.* *04-79-06-90-07. • le.monal@wanadoo.fr • le-monal.com • Tte l'année, tlj. Doubles 95-130 € selon confort. Formule déj en sem 20 €, menu 40 €, carte env 50 €.* Le rendez-vous incontournable de Sainte-Foy. Le matin, devant le grand comptoir, ouvriers et locaux viennent prendre le café ; le soir, d'autres se retrouvent pour s'enfiler une pizza et s'affronter autour de quelques jeux de société, tandis que les amateurs de vin poursuivent au caveau situé au sous-sol. Ambiance chaleureuse, donc ! À l'étage, salle de resto qui se donne des allures branchouilles et distinguées – les prix aussi, d'ailleurs ! Cuisine variée avec bon nombre de spécialités savoyardes. Bar à vins. Une vingtaine de chambres joliment rénovées, la plupart avec balcon. Mieux vaut privilégier celles donnant sur l'arrière, sachant que la D 902 est une route assez fréquentée (et ce, de bon matin !).

Ski et neige

Ski alpin : un domaine (1 550-2 620 m). 32 km de pistes. Forfait journée adulte : 30 €. La plus petite station de la Tarentaise, mais quelle poudreuse ! Les skieurs des Arcs, de Tignes, de Val-d'Isère dédaignent souvent leurs vastes domaines rien que pour ces espaces de neige vierge. Deux itinéraires hors-piste (avec toutes les précautions d'usage évidemment) : la descente vers Le Monal depuis le col de l'Aiguille, la face nord de Foglietta et le col du Granier.
Liaison par télésiège vers Les Arcs depuis le village de Villaroger.

➢ Également 4 sentiers ***raquettes*** balisés *(plan gratuit disponible à l'office de tourisme).*

À voir dans les environs

La réserve naturelle des Hauts-de-Villaroger : *au-dessus du hameau du Planay-Villaroger (et à l'orée du domaine skiable des Arcs), sur la rive gauche de l'Isère, 1 200-3 650 m d'altitude.* Une faune (cerfs, sangliers, écureuils...) et une flore (pins cembros, rhododendrons) à découvrir à travers plusieurs sentiers balisés et pas trop fréquentés. Point d'accueil au Planay ouvert en été.

LA TARENTAISE

LA ROUTE DU PETIT-SAINT-BERNARD

SÉEZ (73700)

Petit bourg de montagne tout en longueur (et plein de hameaux), construit à l'emplacement de la sixième borne de l'antique voie romaine, aujourd'hui au carrefour des routes du col de l'Iseran et du Petit-Saint-Bernard. Lieu de passage, donc, mais où l'arrêt s'impose car le village a conservé pas mal de traditions artisanales. Relié au domaine skiable de l'espace San Bernardo (La Rosière et La Thuile d'Italie) par le télésiège des Écudets, depuis la route du col du Petit-Saint-Bernard.

Adresse utile

Office de tourisme : *25, rue Célestin-Freppaz. ☎ 04-79-41-00-15. • otseez.com • En saison, tlj sf dim ap-m ; sinon lun-ven sf j. fériés.* Visites guidées par un guide du patrimoine sur résa.

Où dormir ? Où manger ?

Camping

Le Reclus : *☎ 04-79-41-01-05. • contact@campinglereclus.com • campinglereclus.com • À la sortie de Séez, en direction de Bourg-Saint-Maurice. Tte l'année. Compter 12,90-14,90 € selon saison. Yourtes (jusqu'à 6 pers) 300-650 €/sem selon saison.* 60 emplacements nus dont 6 réservés aux camping-cars. Pour le reste, des chalets, des mobile homes, des caravanes, une roulotte et 4 superbes yourtes ! Le tout pêle-mêle, ce qui n'est pas forcément très agréable à l'œil mais permet d'accueillir les « campeurs » à l'année. La beauté du site, cerné par les montagnes, compense également. Salon avec cheminée, cuisine à disposition... et casier à skis !

De bon marché à prix moyens

Auberge de jeunesse : La Verdache. *☎ 04-79-41-01-93. • seez-les-arcs@hifrance.org • hifrance.org • À env 2 km du bourg par la D 902 direction Tignes (et à 4 km de Bourg-Saint-Maurice, bus direction Tignes/Val-d'Isère), puis une petite route à droite en face de Longefoy. Fermé en mai et 15 sept-18 déc. Carte FUAJ obligatoire (en vente sur place). Nuitée 21,90-27 €/pers, petit déj et draps compris ; la sem du Nouvel An et en fév ½ pens demandée env 42-45 €/pers.* Petit ensemble de bâtiments, en pleine nature, dans un coin très sympa à la lisière de la forêt et à deux pas de l'Isère. Chambres de 2 à 6 lits, certaines anciennes, d'autres plus récentes et agréables. Auberge surtout axée sur les loisirs sportifs : kayak, randos, VTT, raft, escalade, *via ferrata* en été, ski et snowboard en hiver. Mais les itinérants, en été, sont les bienvenus (s'ils ont pris la peine de réserver).

L'Auberge du Val Joli : Le Villard-Dessus. *☎ 04-79-23-42-47. • contact@aubergevaljoli.com • aubergevaljoli.com • Hôtel ouv tte l'année sf 15 j. en oct. Resto ouv slt le soir et fermé oct-nov. Doubles 66-130 € selon confort et saison. Nuitée 30 € en dortoir avec sdb commune ; tarifs dégressifs dès la 3e nuit et forfaits à la sem. Menu 17,50 €.* Cette immense auberge (construite en 1915 et qui fut centre d'entraînement de ski des douaniers !) a été entièrement rénovée, mais elle possède toujours beaucoup de cachet, voire de charme. Chambres et dortoirs peuvent accueillir jusqu'à 12 personnes. Une adresse on ne peut plus routarde ! Magnifique vue sur la vallée depuis la plupart des chambres, sauf pour celles du pigeonnier (petites et assez sombres mais vraiment économiques). Toutes ont été décorées avec goût, dans un style sobre et contemporain. Dans les suites familiales, un gros effort a été fait pour que le confort et l'intimité soient optimums. Excellent accueil. Bref, un vrai bon plan !

Le Relais des Villards : *2370, route du Col-du-Petit-Saint-Bernard,* **Le Villard-Dessus.** *☎ 04-79-41-00-66. • relaisdesvillards@wanadoo.fr • relais-des-villards.com • À 2,5 km du centre par la D 1090 qui monte au col du Petit-Saint-Bernard. Resto fermé le midi en hiver. Congés : 22 mai-1er juin et 20 sept-18 déc. Doubles 67-70 €. Formule 14 € ; carte env 18 €. Café offert et remise de 10 % sur le prix de la chambre à partir de 3 nuits consécutives sur présentation de ce guide.* De ces typiques hôtels familiaux comme on en croise (malheureusement) de moins en moins. Chambres lambrissées, gentiment désuètes, simplement confortables. Bar où se retrouvent les gars du coin avant de faire un sort, le midi, à la bonne et généreuse cuisine de la maison. Accueil sans chichis mais éminemment sympathique. La maison propose aussi des forfaits ski à prix avantageux aux Arcs.

La Ferme d'Angèle : *Le Noyeray. ☎ 04-79-41-05-71. • contact@ferme-angele.com • ferme-angele.com • À 3,5 km du centre par la D 1090 qui monte au col du Petit-Saint-Bernard (c'est fléché). Fermé à la Toussaint. ½ pens 90 €/pers. Doubles 150-140 € ; familiales 210-240 €. Table d'hôtes 25-30 €.* Un délicieux chalet de carte postale, posé entre La Rosière et Les Arcs, à la déco aussi douillette que raffinée. Il faut dire que la sympathique propriétaire, ancienne sportive de haut niveau, veille méticuleusement au confort de ses hôtes. 5 chambres adorables, avec mezzanine et balcon pour certaines. Sauna, bain nordique extérieur, et possibilité de vous faire cornaquer par Olivier, également moniteur de ski, pour découvrir les domaines skiables (Espace Killy, La Plagne, Les Arcs...). Et pour ne rien gâcher, la table d'hôtes jouit d'une excellente réputation (la maîtresse de maison a même publié un livre de recettes !). Une adresse de grand charme.

Où acheter de bons produits ?

Le Père Rullier : *30, rue Célestin-Freppaz (la rue principale). ☎ 04-79-41-04-43. En saison, ven-dim 9h-19h30 (12h30 dim).* Une fabrique artisanale, l'une des dernières en Tarentaise, de pit'chus (divins crozets), diots, pormoniers, terrines de Savoie, etc. Un must !

À voir

La filature Arpin : *2, rue de la Filature, La Fabrique. ☎ 04-79-07-28-79. • arpin1817.com • À gauche à la sortie du village, direction Bourg-Saint-Maurice. Visite guidée slt des ateliers en juil-août (résa conseillée), lun-ven mat 10h30, 13h30, 14h45 et 16h ; le reste de l'année, visite libre (avec livret) lun-ven 9h30-12h, 14h-16h. Entrée : 5 € pour la visite guidée, 4 € pour la visite libre ; réduc. Boutique.* Le drap de Bonneval est à la filature Arpin ce que le jean 501 est à Levi's : un mythe. Un tissu 100 % pure laine vierge de mouton (et d'alpage, s'il vous plaît) dans lequel étaient taillés fuseaux, knickers... Paul-Émile Victor y était fidèle. Épais, imperméable et increvable, le drap de Bonneval est donc fabriqué à... Séez (c'est un colporteur de Bonneval qui a assuré sa renommée), dans cette filature installée depuis 1817 au bord d'un torrent assez puissant pour faire tourner les métiers mécaniques (classés au Patrimoine historique). On suit toutes les étapes en « -age » de la fabrication (battage, ourdissage, foulonnage, cardage...) sur des machines hors d'âge : une cardeuse (avec des chardons, c'est de là que vient son nom), une cuve en bois pour fouler la laine.

LA TARENTAISE

La tannerie Favre Frères : *1, rue des Tanneurs. ☎ 04-79-41-00-48. Dans le village, à 200 m de la D 902. Hiver, lun-ven 9h30-12h, 14h30-18h ; été, lun-sam 9h30-12h, 14h-19h. GRATUIT.* Une tannerie qui ne fonctionne plus mais dont on visite l'étonnant et vaste atelier d'origine (1805), avec de nombreux outils de tannage restés en l'état. À l'étage, *boutique* où l'on décore toujours les larges colliers de cuir qui supporteront les cloches autour du cou des tarines.

L'église Saint-Pierre : *3, rue Saint-Pierre. De mi-juin à mi-sept, lun-ven 15h-18h ; en hiver, rens à l'office de tourisme.* Du XVIIe s, déco intérieure donc inévitablement baroque. Tout autant que le retable, remarquez, à gauche de l'entrée principale, le gisant représentant un chevalier de Val-d'Isère du XVᵉ s en tenue de travail (comprendre en tenue de bataille !).

L'Espace Saint-Éloi : *5, rue Saint-Pierre. ☎ 04-79-40-10-38. Hiver, vac scol (Noël et fév), se renseigner à l'office de tourisme. Été (de mi-juin à début sept) lun-ven 15h-18h – 13 juil-27 août, lun-sam 14h-18h. Entrée : 3 € ; gratuit jusqu'à 12 ans.* Atelier de forgeron et d'orfèvre, ainsi qu'une collection de 200 bijoux de Savoie (dont les fameuses croix) et une présentation de l'art baroque savoyard. Et de ce point de vue, force est d'avouer qu'il s'agit d'un modeste mais remarquable musée ! Réforme, Contre-Réforme, économie, philosophie, politique, découvertes scientifiques, architecture, iconographie... Tout y est simplement mais admirablement présenté, décrypté... On « révise » au passage l'histoire des états de Savoie (il est toujours utile de se rafraîchir la mémoire !). Passionnant ! En été et en hiver, des artisans viennent, de temps à autre, animer le musée. On pourra compléter par la visite de la Maison des artisans et créateurs, située à deux pas.

Fêtes

– **Fête de la Pass'Pitchü :** *fin juin, une année au village de Séez (en 2017), l'autre à La Thuile-d'Aoste (en 2016), côté italien.* Fête pastorale de l'ouverture du col du Petit-Saint-Bernard. Près d'une centaine d'artisans et de producteurs de la Tarentaise et du val d'Aoste, mais aussi des autres vallées de la Savoie.
– **Fête des Bergers :** *le dim après le 15 août, au col du Petit-Saint-Bernard.* Fête franco-valdôtaine, avec combats des reines (vaches) côté italien, marché avec exposants, etc.

LA ROSIÈRE *(73700)*

Station familiale sur un site en balcons, à 20 km de Séez et très ensoleillée (c'est la seule de Tarentaise à être exposée plein sud). On y trouve deux hameaux : La Rosière-centre et Les Eucherts, le plus récent. On skie sans frontière, autant en France que côté italien. Ne manquez pas d'aller casser la croûte dans une auberge valdôtaine, le dépaysement est garanti ! Par ailleurs, La Rosière est labellisée Famille plus, notamment grâce à son encadrement adapté pour les enfants et ses prix intéressants qui ciblent les familles...

Adresse et info utiles

Office de tourisme : *☎ 04-79-06-80-51. • larosiere.net • Fermé le w-e hors saison.*
– **Central de réservation :** *☎ 04-79-06-83-92. • reservation@larosiere.net •* Accueil privilégié pour les personnes handicapées.

Où dormir ? Où manger ?

Relais du Petit Saint-Bernard : *☎ 04-79-06-80-48. • info@petit-saint-bernard.com • petit-saint-bernard.com • Ouv été et hiver (fermé dim en basse saison). Doubles 50,80-69 € en été ; ½ pens l'hiver 57,10-68,70 €/pers. Menus 17,50 € du jour en été, puis 24-32 €. Apéritif ou café offert sur présentation de ce guide.* Au cœur de la station, donc au pied des pistes l'hiver, un chaleureux hôtel familial, ouvert depuis une bonne cinquantaine d'années. L'accueil est aux petits soins et les chambres classiquement confortables et lambrissées, telles qu'on s'attend à les trouver. Avec balcon (et vue !) côté sud. Resto dans la tradition. Grignotage sympa et bons vins au verre côté bar. Petit musée du Saint-bernard au rez-de-chaussée (et chenil juste en face !).

Ski et neige

Ski alpin : domaine (1 200-2 650 m) relié à celui de La Thuile dans le val d'Aoste (Italie). L'espace San Bernardo ainsi créé compte 160 km de pistes. Forfait journée adulte espace San Bernardo : 42,30 €. Un ski relax (idéal pour les familles) et au niveau des cols, de beaux panoramas sur le massif du Mont-Blanc d'un côté et le massif de la haute Tarentaise de l'autre.

Ski nordique : 6 km de pistes. Accès gratuit.

LE COL DU PETIT-SAINT-BERNARD

Séparant la Tarentaise du val d'Aoste (voir le *Routard Italie du Nord*), ce haut plateau balayé par les vents et couvert de neige les trois quarts de l'année n'a, à priori, rien d'engageant. Pourtant, les hommes préhistoriques y avaient déjà édifié un cromlech, curieux cercle de pierres, espace de cérémonies religieuses et sûrement sacrificielles, dont on distingue encore nettement les vestiges.
On pourra aussi se balader dans le petit *jardin alpin Chanousia* (juil-sept, 3 €) aménagé au XIXe s par l'abbé qui dirigeait l'hospice. Cet hospice, créé en 1145 par saint Bernard de Menthon, accueillait, jusque dans les années 1920, 15 000 voyageurs par an, dont 500 par mois d'hiver (malgré les 5 à 10 m de neige) ! Bombardé pendant la Seconde Guerre mondiale, l'imposant bâtiment de l'ancien hospice, âme du col, a été rénové et accueille aujourd'hui un gîte d'étape avec resto-snack (☎ 09-82-12-43-19 ; ouv juil-sept ; nuitée 23 €) et un petit mais intéressant espace muséographique sur le col (GRATUIT).
Côté activités sportives, on y pratique le *snowkite* (ce sport de glisse qui permet à un skieur de se faire tracter par un cerf-volant) ou le *speed riding,* à mi-chemin entre ski et parapente.
Point I : sur place (ouv de mi-juin à mi-sept). On y trouve quantité d'infos sur les randonnées, l'histoire ou le patrimoine des vallées et du col, aussi bien pour le côté français que pour le côté italien.

BOURG-SAINT-MAURICE

(73700) 8 030 hab. *Carte Savoie, C2*

La ville, à la porte des plus grandes stations de haute Tarentaise et reliée par funiculaire au domaine des Arcs, présente, hiver comme été, un caractère animé et une ambiance savoyarde plutôt agréables. Les eaux vives qui ont déjà soumis Bourg aux crues dévastatrices des torrents de montagne offrent aujourd'hui aux amateurs de sensations fortes le plus beau parcours de rafting de Tarentaise. En outre, côté hébergement, cette ancienne ville de garnison pratique des tarifs beaucoup plus démocratiques que ses voisines d'altitude.

Adresse utile

Office de tourisme : *pl. de la Gare, sur la route principale. ☎ 04-79-07-12-57. Tlj sf dim hors saison.* Toutes les infos sur Les Arcs également.

Où dormir ? Où manger ?

De bon marché à prix moyens

La Petite Auberge : *Le Reverset. ☎ 04-79-07-05-86 (hôtel) ou 37-11 (resto). • hotel.lapetiteauberge@wanadoo.fr • (hôtel) ou • petitauberge@aol.com • (resto). À 1 km du centre, par la D 1090 direction Moûtiers, prendre ensuite une petite route sur la droite. Resto fermé w-e (ouv dim midi en saison). Doubles 45 (w-c sur le palier)-56 € selon confort ; familiales 67-72 €. Menus 15 € en sem, puis 19-28 € ; carte 30 €.* À l'écart de la nationale, tranquille petite auberge *(of course !)* aux chambres lambrissées de bois clair. Accueil sympathique (et anglophone !). Le resto est indépendant. Il offre une table régulière, simple (mais bonne !) et conviviale. Service rapide et souriant, l'hiver dans une salle au plafond bas, l'été sur une terrasse au milieu des arbres.

L'Edelweiss : *pl. de la Gare. ☎ 04-79-07-05-55. Tlj sf mer. Congés : juin et 15 j. en nov. Le midi, formules 14-16 € ; autres menus 24,50-39 €.* Peut-être ne partagerez-vous pas notre enthousiasme pour le cadre aussi intemporel qu'improbable mais qui change agréablement des lieux branchouilles et finalement si impersonnels... Dans ce resto tenu par la même famille depuis plus d'un demi-siècle, le serveur tutoie et appelle les habitués par leur prénom. Et c'est tout autant à cette ambiance hors normes qu'à ses bons petits plats que la maison doit sa remarquable longévité. L'approvisionnement des diots, pormoniers et crozets artisanaux est évidemment local, et le plateau de fromages est tout simplement époustouflant.

Bazoom : *pl. de la Gare. ☎ 04-79-00-77-18. Face à la gare. Tlj sf dim hors saison. Formule déj en sem 13 € (vin et café compris) ; carte env 25 €.* Galerie d'art, pro-shop pour snowboarders, resto : une adresse multifacettes installée dans un ancien garage laissé presque en l'état (l'ancienne fosse sert de cave à vins). Du design, une ambiance inévitablement très décontractée et une gentille cuisine, qui fait volontiers le tour du monde. Musique live le vendredi (éclectique) et DJ le samedi.

De prix moyens à chic

Hôtel L'Autantic : *69, route de Hauteville. ☎ 04-79-07-01-70. • bonjour@hotel-autantic.fr • hotel-autantic.fr • À 1 km du centre, direction Moûtiers, puis à gauche direction Hauteville-Gondon. Tte l'année. Doubles 40-135 € selon confort. Parking. Garage payant (moto gratuit). Une séance de sauna pour 1 pers offerte sur présentation de ce guide.* Au calme, à l'écart de la ville. Maison de pierre récente, un peu chic mais dont l'accueil reste simple. L'espace intérieur, du hall de réception aux chambres en passant par le salon du petit déjeuner, baigne dans une belle lumière. La déco use du bois et de la pierre mais n'en abuse pas. Les chambres, plutôt spacieuses, ont du charme dans leur sobriété. Les plus belles – et les plus chères –, les chambres « Alpage », sont dotées d'une terrasse ou d'un balcon face à la montagne. Piscine-fitness et sauna.

Le Montagnole : *26, av. du Stade. ☎ 04-79-07-11-52. • contact@restaurantlemontagnole.com • En direction de Séez. Tlj sf mar. Congés : 30 mai-15 juin et 14 nov-7 déc. Formules déj en sem 11-21 €, menus 21-40 €.* Il y a pas mal de restos dans cette portion de la ville traversée par la nationale. En voilà un bon. Petite salle kitsch et bariolée, agrémentée de quelques toiles (signées du maître des lieux) et textes (de madame). Cuisine traditionnelle soignée, avec de l'idée. Assiettes joliment présentées, service impeccable.

Où dormir ? Où manger dans les environs ?

Maison d'hôtes Les Chambres du Soleil : *Les Chapieux, 73700 Bourg-Saint-Maurice. ☎ 04-79-31-30-22. • lesoleildeschapieux@gmail.com • leschambresdusoleil-montblanc.com • À 15 km au nord-ouest par la D 902. Congés : fin oct-début mai. Compter 88 € pour 2 ; ½ pens 70 €/pers. Résa conseillée (l'adresse est sur le tour du Mont-Blanc).* Un hameau dans une vallée encore sauvage qui permet, via le Cormet de Roselend, de gagner le Beaufortain. Et un hôtel du XIXe s, autrefois repaire des bergers avant (et après) leur montée à l'alpage, sauvé de l'oubli pour accueillir 5 chambres d'hôtes, plaisantes avec leur mobilier ancien, et un gîte pour 7 personnes, bien équipé. Table d'hôtes gourmande (comme annoncée !). Et une proprio intarissable sur tout ce que le coin a à offrir.

À voir à Bourg-Saint-Maurice et dans les environs

Les cafés L'Or Vert : *253, av. Antoine-Borrel. ☎ 09-51-23-24-87. • lorvert.net • Mar-sam 9h-12h, 14h-19h ; en été, tlj sf dim 9h-12h, 14h-19h. GRATUIT.* Ce torréfacteur, passionné de café, est aussi un collectionneur frénétique. C'est ainsi qu'il expose une centaine de cafetières et d'objets anciens, tous plus beaux et ingénieux les uns que les autres. Le clou de la visite reste la magnifique et imposante machine datant de 1935 avec laquelle il torréfie encore à l'ancienne, au bois et au charbon.

Le musée des Minéraux et de la Faune : *82, av. du Maréchal-Leclerc. ☎ 04-79-07-12-74. Juil-août, ouv tlj sf mat dim-lun 10h-12h, 15h-19h. Entrée : 4 € ; réduc.* Une collection personnelle de minéraux de la région, qui s'enrichit depuis 3 générations ! Une cinquantaine de vitrines pour découvrir le cristal de roche et ceux qui le taillent, les cristalliers (pour en faire des lustres notamment). Petit film et section consacrée à la faune locale (marmotte, lièvre variable...).

L'église Saint-Martin : *à **Hauteville-Gondon** (73390). À 7 km au sud de Bourg-Saint-Maurice. Rens à l'office de tourisme de Bourg-Saint-Maurice.* Deux retables baroques dans l'église de ce petit village bien authentique. Celui du maître-autel est superbe – même si sa polychromie a un peu passé –, avec les quatre grands docteurs de l'Église d'Occident, une Cène qui semble presque manquer de place et, au sommet, Dieu le Père avec sa grande barbe blanche, et, bien sûr, une kyrielle d'angelots joufflus.

La Maison de la pomme : *à La Chal, **Hauteville-Gondon** (73390). Dans un superbe hameau à 2 km au-dessus de Hauteville-Gondon. Mars-nov tlj visite libre 8h30-17h30. GRATUIT.* Dans le canton de Bourg-Saint-Maurice, la pomme, ça a payé (une cinquantaine de variétés de pommes étaient cultivées dans les vergers), mais ça ne paie plus... Reste cet adorable endroit : un ancien abri-pressoir et une petite maison un peu ouverte à tous les vents, où est rapidement évoquée l'histoire de la pomme dans la région. À flanc de coteau, un verger-conservatoire où poussent des pommes oubliées, comme la canule au goût de vanille.

Sports et loisirs d'été

Pour les coordonnées de l'ensemble des prestataires, infos à l'office de tourisme.

– **Rafting :** *parmi les clubs, **Arc Aventures,** Les Tournavelles, village des Villards, 73706 **Arc 1800.** ☎ 04-79-07-60-00 (bureau en juil-août à la base internationale* *d'eaux vives, voir ci-après). • arc-aventures.com • Et* ***Coureurs de Rivières,*** *près de la base internationale d'eaux vives. ☎ 04-79-04-11-22. • coureurs-rivieres.com •* Descentes accompagnées sur l'Isère. Un parcours classé de 2 à 4 (sur une échelle qui va jusqu'à 5...). Impressionnant !

– ***Canoë-kayak :*** *base internationale d'eaux vives, route de Hauteville-Gondon.* ***Arc Aventures*** *(☎ 04-79-07-60-00), kayak-raft.* ***Club de la Haute-Isère*** *(☎ 04-79-07-33-20).*

– ***Parapente :*** ***Arcs-en-Ciel,*** *48, pl. de Castex, rond-point de la gare ; ☎ 04-79-07-61-91. • arcsenciel.fr •* ***Darentasia,*** *335, Grande-Rue, en face de l'église ; ☎ 04-79-04-16-81. • darentasia.com •*

LES ARCS

(73700) 700 hab. *Carte Savoie, C2*

Les Arcs, comme son pluriel l'indique, c'est quatre stations en une : ***Arc 1600,*** **la plus ancienne (1968), la plus familiale et la moins chère, connectée à Bourg-Saint-Maurice en 7 mn par un funiculaire ;** ***Arc 1800,*** **la plus vivante, avec bars et boîtes, et plutôt réussie dans le genre station nouvelle : des bâtiments de bois bien intégrés dans leur environnement, des appartements à l'agencement intérieur très design conçu à l'origine par Charlotte Perriand, collaboratrice de Le Corbusier. Les ensembles urbanistiques d'*****Arc 1600*** **et d'*****Arc 1800*** **sont labellisés « Patrimoine du XXe s » ;** ***Arc 1950,*** **la station intégrée aux allures de village d'antan, créée en 2003 ; et** ***Arc 2000,*** **la plus sportive, au pied de l'aiguille Rouge. Tous les centres-stations sont piétons.**

Adresses utiles

ℹ ***Office de tourisme :*** *à* ***Bourg-Saint-Maurice.*** *En saison été et hiver, des bureaux à* ***Arc 1600*** *(☎ 04-79-07-70-70),* ***Arc 1800*** *(☎ 04-79-07-61-11),* ***Arc 1950*** *(☎ 04-79-08-81-58) et* ***Arc 2000*** *(☎ 04-79-07-13-78). • lesarcs.com •* Visites guidées gratuites dans la station, pour découvrir ses spécificités architecturales. L'application YUGE, très pratique et intuitive, permet d'avoir en temps réel les infos sur l'état du domaine (pistes ouvertes, affluence aux remontées) et de visualiser son parcours sur tout le domaine Paradiski.

– ***Central de réservation :*** *☎ 04-79-07-68-00. • reservation@lesarcs.com •*

Où dormir ?

🏠 🍽 ***Hôtel Chalet Béguin :*** *village des Deux-Têtes,* ***Arc 1600.*** *☎ 04-79-07-02-92. • welcome@chalet-beguin.com • chalet-beguin.com • Un peu au-dessus d'Arc 1600, en direction d'Arc 2000. Doubles 64-120 €. ½ pens 88-98 €/pers. Aussi des apparts haut de gamme. Parking. 💻 📶 Remise de 5 % sur le prix de la chambre sur présentation de ce guide.* Un des plus anciens hôtels de la station (la déco des chambres mériterait d'ailleurs un rafraîchissement), partiellement transformé en résidence de tourisme. Départ de l'hôtel skis aux pieds l'hiver. Jolie vue des chambres exposées au sud, dotées en outre d'un balcon. Spécialités savoyardes de rigueur au resto. Accueil sympathique.

🏠 🍽 ***Hôtel & spa L'Arcadien :*** *L'Adret,* ***Arc 1600.*** *☎ 04-79-04-16-00. • reservation@hotel-arcadien.com • hotel-arcadien.com • Congés : mai-juin et sept-début déc. Resto soir* *slt. En hiver, compter 112-272 €/pers en ½ pens ; double 73 € en été. Menu 25 €.* 📶 *Café offert sur présentation de ce guide.* Il faut vraiment chercher pour retrouver la touche seventies dans les 28 chambres de ce bel hôtel entièrement rénové (pas d'ascenseur). Les doubles comme les familiales sont douillettes, et les plus chères ont une terrasse avec vue sur la vallée et les chalets pointus, caractéristiques de la station ! Sauna, jacuzzi et bain nordique en libre accès. Salon, bar et resto.

🏠 ***Résidence Odalys Edenarc :*** *lieu-dit Le Chantel,* ***Arc 1800.*** *Infos et résas au ☎ 04-79-41-69-00. • edenarc@odalys-vacances.com • Fermé mai-juin et sept-déc. Sur les hauteurs mais reliée au cœur de la station par la télécabine Le Dahu. À partir de 340 €/sem pour 4 pers selon saison.* Cette résidence de haut standing bénéficie d'une situation privilégiée, skis aux pieds en hiver et face à un golf en été. Spacieux et confortables (chaque chambre est dotée d'une salle de bains ou d'une douche), la plupart des appartements ont de grandes baies vitrées permettant de profiter du panorama sur la vallée de la Tarentaise et le mont Blanc. Décoration intérieure colorée et chaleureuse. Piscine intérieure et extérieure, jacuzzi, sauna, hammam, salle de fitness et salon de repos.

Où manger ?

|●| ***Bélliou-la-Fumée :*** *Pré-Saint-Esprit. ☎ 04-79-07-29-13. • merie.belliou@wanadoo.fr • Au pied des remontées mécaniques du Pré-Saint-Esprit, sur la route entre Arc 1600 et Arc 1950. Ouv 15 déc-fin avr et juil-août, tlj, déj slt. Carte env 40 €.* Enseigne empruntée à un bouquin du grand Jack London pour ce resto installé dans l'ancien relais de chasse à l'ours du roi Emmanuel II de Savoie. Cuisine traditionnelle l'hiver et plutôt méridionale l'été (salades, poisson, grillades...). Piscine chauffée l'été et jacuzzi l'hiver. Belle terrasse ensoleillée.

|●| ***Le Chalet de l'Arcelle :*** *front de neige,* ***Arc 1600.*** *☎ 04-79-04-21-35. • christine-louvel@hotmail.fr • Tlj en juil-août et en saison d'hiver. Planche du skieur 22 € au déj ; env 35 € le soir.* Situé face à l'ESF, ce chalet ancien (une denrée rare aux Arcs) a mis une touche d'élégance à sa déco montagnarde. La bergerie d'autrefois a de la gueule : vieilles pierres, plancher et charpente d'origine. De sympathiques recettes qui sont devenues des classiques, comme l'œuf en cocotte à la truffe, foie gras et girolles. En fonction de la météo, on profite de la terrasse ou on se réfugie au coin du feu...

|●| ***Le Chalet de Candice :*** *résidence les Alpages du Chantel, Arc 1800. Face à la résidence Edenarc, accessible en voiture ou par la télécabine Dahu. ☎ 04-79-07-62-78. Tlj midi et soir en saison d'hiver et d'été. Au déj, cocottes 16,50 €. Carte env 30 €.* Sur les hauteurs d'Arc 1800, le resto a créé une atmosphère « chalet de toujours » réussie, où le bois prédomine forcément. Dans l'assiette, des valeurs sûres : diots, bonnes viandes, spécialités savoyardes et cocotte du moment au déjeuner (un plat du jour servi dans une cocotte en fonte). À déguster face au mont Blanc en terrasse si le temps le permet. Le patron, ancien boucher, est à cheval sur la provenance des produits. Accueil sympa.

|●| ***Les Chalets de l'Arc :*** *piste des Marmottes,* ***Arc 2000.*** *☎ 04-79-04-15-40. • leschaletsdelarc@wanadoo.fr • Accessible aux piétons et skieurs. En saison (hiver et été), ouv au déj ainsi que mer-jeu soir. Carte env 30 €.* C'est dans ce beau chalet en pierre que le patron, ancien boulanger, continue à exercer son savoir-faire en proposant, parmi une carte très variée, une spécialité familiale : le chausson du boulanger, cuit au four à bois. Grosse capacité, mais les poutres, le plancher et la cheminée rendent l'ambiance très chaleureuse.

Où boire un verre ? Où sortir ?

Le Carré : *Les Villards, Arc 1800. ☎ 04-79-07-43-77.* Quelques tables près du bar pour rallier les troupes autour d'un cocktail en surplombant la piste de danse, chauffée par des DJ's ou des groupes, selon les soirs.

J.O. Live-Rock Café : *Le Charvet, **Arc 1800.** ☎ 04-79-07-40-42. Tlj (17h... 7h !) en saison.* Comme son enseigne l'indique, du rock en live et des DJs. On peut d'ailleurs y apprécier le talent du patron, qui est aussi batteur.

Le Bar de l'Hôtel du Golf : *Le Charvet, **Arc 1800.** ☎ 04-79-41-43-43. Ouv en saisons été et hiver.* Pour les ambiances plus feutrées, jazz-blues avec orchestre (seulement en hiver) : le bar de l'hôtel le plus emblématique d'Arc 1800. Ne manquez pas de jeter un œil à ses « coursives inclinées » qui remplacent les traditionnelles cages d'escalier.

Ski et neige

Ski alpin : domaine skiable (1 200-3 226 m). 210 km de pistes. Relié depuis 2003 à La Plagne avec le téléphérique Vanoise Express. Le domaine Paradiski (435 km) ainsi formé offre deux glaciers équipés et une grande variété de possibilités de ski. Forfait adulte « Les Arcs journée » : 50 €, gratuit moins de 6 ans. Réduction le samedi et au printemps.

Pistes tranquilles et familiales à 1 600 et 1 800 m, beaux itinéraires en forêt jusqu'à Peisey. Les pistes les plus sportives déboulent des sommets qui cernent Arc 2000, comme la longue (nos jambes se souviennent encore des 7 km de descente) et technique noire de l'*Aiguille Rouge* (vue imprenable depuis l'arrivée du téléphérique à 3 226 m d'altitude). Un petit faible pour les pistes desservies par le télésiège du Bois-de-l'Ours et ensoleillées le matin.

– **Luge :** *au Rodéo park, en haut du télésiège Arcabulle (Arc 2000). Tlj sf dim. Compter 8 € la descente (tarif dégressif). Accessible aux plus de 10 ans (1,25 m).* 3 km de glissade en luge, parfois acrobatique quand les virages sont serrés !

– Autre piste de luge à Arc 1800 (6 €) sur le nouvel espace de loisirs ***Mille 8,*** ouvert jusqu'à 19h30 (ou 20h30) et accessible aussi bien à skis (télécabine des Villards) qu'en après-skis ou pieds nus : piscine ludique, parcours *freestyle* avec caméras pour filmer ses prouesses, zone ski débutant, espace enfants, sentier piéton avec belvédère, restaurant. **Le Lodge** *(ouv tlj au déj, le soir mer-ven ; plat déj 16 €, menu 27 €).* En bref, un site multi-activités pour toute la famille.

Ski nordique : 15 km de pistes (accès gratuit) sur les sites d'altitude et 15 km à Bourg-Saint-Maurice (selon conditions d'enneigement). Allez plutôt voir à Peisey...

– **Patinoire :** *à Arc 2000.* Naturelle.

– **Village igloo :** *à Arc 2000.* Galerie de sculpture de glace, avec la possibilité de passer une nuit sur place.

– **Autres sports :** *ski joëring* et *speed riding* sont deux disciplines en pleine expansion. Motoneige, traîneaux à chiens...

Sports et loisirs d'été

VTT : nombreux circuits balisés, de 800 à 2 600 m d'altitude. Des nouveautés chaque année.

– ***Plus de 30 activités sportives et ludiques :*** tir à l'arc, parcours de l'aventure, rafting, parapente, golfs, randonnées nocturnes, promenades équestres...

Fêtes et manifestations

– ***Fête de l'Edelweiss :*** *mi-juil.* Festival de folklore, danses et musiques de toutes les montagnes du monde. Défilés, animations sur le marché hebdomadaire, expositions...
– ***Festival de Musique des Arcs :*** *de mi-juil à début août. GRATUIT.* Plus de 30 concerts de musique classique, autour d'une thématique différente chaque année.
– ***Cyclocœur :*** *début août.* Course cyclotouriste, cyclosportive et épreuves VTT au bénéfice des personnes atteintes de handicap.
– ***Festival de Cinéma européen des Arcs :*** *en déc.* Environ 70 films au programme, en présence de certains réalisateurs et comédiens. Animations diverses : soirées, concerts, DJ...

PEISEY-VALLANDRY (73210) *Carte Savoie, C2*

Station moyenne mais au cœur géographique du grand domaine *Paradiski* et en plein essor, avec une stratégie affichée de montée en standing de prestations. En réalité, cinq villages éparpillés sur un versant de l'étroite mais superbe vallée du Ponturin. Si *Vallandry,* construite en 1986, et *Plan-Peisey* constituent le cœur d'une station assez bien intégrée, *Peisey,* vrai village tout au fond de la vallée, a gardé, comme les hameaux semés sur la route du parc national de la Vanoise (Moulin, Nancroix...), le goût de l'authentique. Il y aurait même plus de vaches (on y fabrique du beaufort) que d'électeurs.

Adresse et info utiles

Office de tourisme : *à l'entrée de la station, entre Plan-Peisey et Vallandry. ☎ 04-79-07-94-28. • peisey-vallandry.com • Ouv tte l'année (sf w-e hors saison) avec un accueil au village de Peisey en saison. ☎ 04-79-07-88-67.* Point accueil du parc national de la Vanoise au refuge de Rosuel, l'été slt *(☎ 04-79-06-48-87).*

Gare SNCF : *☎ 36-35 (0,34 €/mn).* Arrêt à Landry, sur la ligne directe Paris/Bourg-Saint-Maurice (TGV), à 11 km. En hiver, liaisons régulières entre la gare de Landry et Peisey-Vallandry, par navettes, taxis ou VTC.

Où dormir ? Où manger ?

Camping

Les Lanchettes : *Nancroix, 73210* ***Peisey-Nancroix.*** *☎ 04-79-07-93-07. • lanchettes@free.fr • camping-lanchettes.com • ♿ 3 km après Peisey, en direction de Rosuel par la D 87 ; à pied par le GR 5. Congés : de début oct à mi-déc. Compter env 24 € en hte saison. Loc de chalets 4-5 pers 301-750 €/sem.* Au bord du Ponturin, à l'orée du parc de la Vanoise l'été, et des pistes de ski de fond l'hiver. Bien ombragé.

De bon marché à prix moyens

Refuge de Rosuel : *Rosuel, 73210* ***Peisey-Nancroix.*** *☎ et fax : 04-79-07-94-03. • beatrice.giachino@wanadoo.fr • refugerosuel.fr • ♿ À 5,5 km de Peisey, au terminus de la route de la vallée (direction Rosuel).*

Congés : oct-mai. Nuitée 15,50 € : ½ pens (en dortoir 4-10 pers) 41 €/pers. Menu 19 €. À 1 547 m, c'est l'une des « portes de la Vanoise » ; d'ailleurs, on y trouve un point accueil du parc national. Exposée aux coulées de neige, son architecture, et plus précisément celle de son toit, est particulière. Mélange de contemporain et de traditionnel, le refuge s'intègre bien dans le paysage, somptueux. Entièrement rénové, il est posé à l'orée du sauvage cirque de la Gurraz, au pied du mont Pourri. Vaste salle de resto tout ouverte sur l'extérieur, avec une cheminée en son milieu, où sont servis de bons repas. Si vous avez des jumelles, avec un peu de chance vous pourrez observer un couple de gypaètes barbus, à quelques minutes de marche de là.

Chambres d'hôtes Maison Coutin : *chemin de la Fruitière, à* ***Peisey.*** *☎ 04-79-07-93-05. • maison-coutin@orange.fr • maison-coutin.com • Fermé mer soir en hiver et jeu soir en été. Compter 62-68 € pour 2 suivant saison. Table d'hôtes 22 €. Réduc de 10 % sur le prix de la chambre hors Noël, fév et juil-août sur présentation de ce guide.* Vieille ferme de 1851, très jolie avec son toit de lauzes et sa façade tout en bois fleurie l'été, à peine à l'écart du village. 5 chambres dont 2 communicantes. Rénovation et entretien aussi écolo que possible, et déco rustique faite main : du bois à profusion, des couvre-lits à carreaux... Un vrai charme et de vieux balcons exposés plein sud, avec une vue superbe sur le massif de Bellecôte. Cuisine de terroir, légumes du jardin et produits fermiers dès les yaourts du petit déjeuner. Excellent accueil d'une famille native du coin et passionnée de sport.

Chalet Hôtel La Tarine : *rue des Monts-d'Argent, à* ***Peisey.*** *☎ 04-79-07-93-09. • infos@latarine.com • latarine.com • Resto fermé le midi lun-ven en hiver. Congés : fin avr-fin juin et de fin août à mi-déc. Doubles 55-104 € selon saison. Menus 20-25 € ; carte env 30 €. Apéritif offert sur présentation de ce guide.* Au cœur du village, un 2-étoiles avec des chambres plutôt confortables, de taille variable, certaines avec balcon. Bon accueil. Grande terrasse hyper ensoleillée.

Chez Félix : *à* ***Plan-Peisey.*** *☎ 04-79-07-92-41. Sur la droite de la route à l'entrée de Plan-Peisey. Tlj sf lun. Menu 19,60 € ; carte env 25 €. Café offert sur présentation de ce guide.* Cette maison toute simple est d'abord une crêperie, mais la carte est aussi axée sur les spécialités régionales. En été, *Chez Félix* se transporte sur la route de Rosuel, dans un ancien chalet d'alpage du XIXe s à l'orée du parc de la Vanoise, face au mont Pourri (même accès que pour le *refuge de Rosuel*). Repas dans une petite salle ou sur la belle pelouse, face au décor grandiose.

Chic

La Vanoise : *à* ***Plan-Peisey.*** *☎ 04-79-07-92-19. • hotel-la-vanoise@wanadoo.fr • hotel-la-vanoise.com • (au resto). Congés : 24 avr-30 juin et 1er sept-15 déc. Doubles 100-120 € selon saison. Menus 23-34 € ; carte env 35 €.* Gros chalet années 1970 sur les hauteurs de la station. Chambres confortables, toutes très joliment rénovées dans un style montagnard contemporain ; les plus spacieuses ont un balcon côté sud. Bonne cuisine classique. Pas mal de pensionnaires en saison, d'où une ambiance un peu « grande famille » pas déplaisante. Piscine d'été chauffée et spa (sauna, hammam, jacuzzi). Accueil aimable.

À voir

L'église de la Sainte-Trinité : *à* ***Peisey.*** *Se renseigner à l'office de tourisme pour les horaires d'ouverture. Visites guidées en saison.* Élevée en 1449 mais restaurée à partir du milieu du XVIIe s. Son mince clocher de pierre (le plus haut de Tarentaise) fera très bien sur une photo de vacances, surtout avec le massif de Bellecôte et le Roignaix en toile de fond. L'intérieur abrite de nombreuses merveilles baroques. Pas moins de sept retables en bois doré, dont celui du maître-autel sculpté avec adresse par des artisans italiens de Novare. Angelots dorés à l'or fin, saints patrons à l'œil compatissant... À noter également, l'orgue classé du XVIIIe s.

L'ancienne mine de plomb argentifère : *lieu-dit Pont-Baudin, sur la D 87 entre Nancroix et Les Lanches. 06-14-94-49-76. Accès libre au sentier de découverte. Visite guidée début juil-fin août, mar, mer et jeu à 14h30 (compter 2h30). Tarif : 9,50 €, réduc ; gratuit jusqu'à 8 ans. Animation enfants « Les p'tits mineurs » en juil-août sur résa (prévoir des vêtements chauds) ; se renseigner à l'office de tourisme pour les horaires.*

Sous la Révolution, Peisey s'appelait « Mont-d'Argent ». Un riche filon de plomb argentifère y était en effet exploité depuis 1740, et le village compta jusqu'à 1 600 habitants. De ce passé subsistent une superbe allée bordée de mélèzes (classés !) qui conduit au palais de la Mine, de style Empire, quelques mètres de galerie, des vestiges archéologiques telle la fonderie...

La visite guidée permet de pénétrer dans le palais de la Mine, une ancienne galerie, etc. Elle évoque aussi la rude existence des mineurs : 400 à la grande époque, des paysans surtout, payés à la tâche, les femmes qui « lavaient » le sable métallique afin de le séparer des autres éléments (pour 70 centimes par jour...), le travail des enfants... Les technologies utilisées ne sont pas oubliées avec une maquette de machine hydraulique.

UNE ÉCOLE CAPITALE

La florissante activité argentifère de Peisey conduisit le Consulat à créer en 1802 l'École des mines françaises, destinée à former des ingénieurs. Devenue l'une des plus prestigieuses grandes écoles françaises, elle fut transférée à Paris. Privés d'activité, nombre de Peiserots émigrèrent aussi dans la capitale, où ils travaillèrent dans les ateliers de bronze du 11e arrondissement et participèrent à la Commune. Certains, revenus au pays, ont construit ces étonnantes maisons, dites « parisiennes », ornées de riches décors de ferronnerie.

Le sanctuaire Notre-Dame-des-Vernettes : *accès en 45 mn de marche facile ou à raquettes depuis le parking Plan-Peisey. Hiver comme été, visites guidées. Infos auprès de l'office de tourisme.* Chapelle solitaire et très colorée du XVIIe s, perchée à 1 816 m d'altitude, au pied de l'aiguille Rousse. Le site était connu bien avant l'édification de la chapelle, puisque la tradition populaire attribue à la source qui coule tout à côté un pouvoir de guérison. C'est toujours un lieu de pèlerinage. À l'intérieur, joli plafond à caissons et trois retables dorés à la feuille d'or et d'argent, en excellent état.

Ski et neige

Ski alpin : domaine situé au départ du Vanoise Express et au centre de Paradiski (1 200-3 250 m), reliant Les Arcs à La Plagne (voir ces chapitres), soit 425 km de pistes, un espace immense pour les amateurs de grandes balades à skis. Pour Peisey-Vallandry, domaine relié, plus de 200 km de pistes. Forfait journée adulte : 37 € (50 € pour Peisey-Vallandry-Les Arcs). Pentes variées, ski de forêts et magnifique vue panoramique sur le mont Blanc et la vallée de la Tarentaise.

Ski nordique : 43 km de pistes, à 1 550 m sur le plateau de Rosuel, à la porte du parc national de la Vanoise. Forfait journée : 8 €. Quatre belles boucles qui s'enroulent en forêt ou dans les alpages, et où il n'est pas rare de croiser des hardes de chamois ou de bouquetins et d'observer l'emblématique couple de gypaètes barbus de la vallée (n'oubliez pas vos jumelles). Panoramas franchement magnifiques sur les glaciers de Bellecôte, des Platières ou du mont Pourri.

– ***Autres sports :*** traîneaux à chiens, traîneaux à cheval et traîneaux à rennes, cascade de glace naturelle, stade de biathlon (ski de fond et tir à la carabine), parapente, ski de randonnée encadré par un guide professionnel, raquettes.

Sports et loisirs d'été

➢ ***Randonnées :*** *un guide d'accueil avec des idées de balades est vendu à l'office de tourisme.* Nombreuses possibilités de balades et randonnées. Normal, on est à l'orée du parc de la Vanoise. Quelques grands classiques : le *refuge du Mont-Pourri,* le *lac de l'Étroit,* le *col d'Entreporte* et les *alpages de La Chal,* le *lac de La Plagne,* le *tour de la Vallaisonnay* (rando de plusieurs jours).

– ***La bergerie du Rey :*** *chez Samuel Silvin, au-dessus de la station de Peisey-Vallandry. Accès à pied (compter 2h) par le télécabine du Transarc ou par le télésiège du Vallandry. 📱 06-20-97-26-24.* Plus d'une centaine de chèvres et une poignée de vaches que Samuel emmène pâturer l'été. On découvre son travail d'alpagiste (fabrication de tomme et fromage frais). Une poignée de petites choses à grignoter sur la terrasse : œuf au plat, gâteau aux noix (mhhh...), fromage blanc en faisselle, glaces fermières, jus de pomme artisanal, lait de chèvre... De quoi se requinquer avant d'attaquer la descente... pour les plus courageux.

– ***Randos avec des ânes :*** ***Au Baudet Malin,*** *hameau des Lanches à Peisey-Nancroix. ☎ 04-79-55-50-12 (juil-août) ou 📱 06-01-08-57-56. • aubaudetmalin.com •* Circuits non accompagnés de 1h30 (22 €) à plusieurs jours. Un sympathique et placide compagnon qui peut porter les sacs et les enfants fatigués. L'hiver, balade en traîneau à rennes dans une ambiance laponne (environ 80 € pour 2 personnes).

🚲 ***VTT :*** de nombreux circuits pour tous niveaux, parmi lesquels les Montagnettes (1h30 en boucle). Toutes les pratiques sont possibles : descentes, itinéraires cross country (32 km), pratiques ludiques ou engagées. De nombreuses remontées mécaniques sont accessibles aux VTT pour permettre de relier les pistes de l'ensemble du domaine Peisey-Vallandry-Les Arcs.

– ***Autres sports :*** escalade, sports d'eaux vives, parapente, équitation, location d'ânes pour des circuits dans le parc national de la Vanoise, parc accrobranches...

Fêtes et manifestations

– ***Festival « Jazz N'Bouf » :*** *3 j. fin juil.* Concerts-repas sur les différents sites de la vallée, alliant jazz Manouche et cuisine gourmande.
– ***VTT Trial masters :*** *début août.* Épreuve de prestige et doyenne des étapes alpines sur deux zones (une en rivière, une artificielle).
– ***Fête du Costume et de la Montagne :*** *15 août.* Défilé coloré (chars représentant les métiers, savoir-faire d'autrefois) dans le village de Peisey, repas champêtre, groupes folkloriques et animation sur le site de Rosuel.
– ***Le brame du cerf :*** *w-e fin sept.* À Rosuel, repas en refuge, projection puis sortie nocturne contée...
– ***La démontagnée :*** *début oct. • peisey-vallandry.com •* À Rosuel, descente des alpages ; défilé de troupeaux, repas concert.

AIME

(73210) 3 540 hab. *Carte Savoie, C2*

Aimable (avec un nom comme ça !) bourg rural et commerçant qui, comme Bourg-Saint-Maurice, doit aujourd'hui beaucoup à sa station satellite, La Plagne. Important patrimoine, y compris aux alentours. Il faut dire qu'Aime fut la capitale de la province romaine des Alpes grées.

Adresse utile

i ***Maison du tourisme :*** *av. de Tarentaise, face à la mairie.* ☎ *04-79-55-67-00.* • *aimesavoie.com* • *Juil-août, tlj sf dim ap-m ; le reste de l'année, lun-sam sf j. fériés.* Organise d'intéressantes visites guidées de la basilique, la tour, l'église et le musée. Fiches sentiers (il y en a au moins 25 !) en vente.

Où dormir ? Où manger ?

Hôtel La Tourmaline : *175, route de la Fortune.* ☎ *04-79-55-62-93.* • *hoteltourmaline@wanadoo.fr* • *tourmaline.com* • *À l'entrée d'Aime en venant de Moûtiers. Resto fermé le midi du w-e printemps et automne. Doubles 105-135 € selon confort et saison ; promos régulières sur son site. Formule et menu déj 17,5 € et 20 € ; carte env 43 €. Apéritif offert et remise de 10 % sur le prix de la chambre (mai-oct) sur présentation de ce guide.* Un bâtiment récent, à la façade banale, un peu à l'écart du centre et légèrement en retrait de la route. Heureusement, ce 3-étoiles révèle un intérieur beaucoup plus cosy, à la déco néosavoyarde. Cela ressemble un peu à un hôtel de chaîne, mais l'accueil fort chaleureux emporte l'adhésion. Et il y a tout ce qu'il faut – sans supplément ! – pour retrouver ou garder la forme : piscine couverte, squash et spa... Fait aussi resto, avec une cuisine soignée, comme on dit, et de copieuses salades pour l'été.

Auberge de Cassiel : *284, rue du Villard, Le Villard-de-la-Côte-d'Aime, 73210 Aime.* ☎ *04-79-09-24-83.* • *imbertjean-pierre@wanadoo.fr* • *aubergedecassiel.fr* • *Accès bien fléché. Resto ouv tlj sf lun (plus le soir dim-mer hors saison). Congés : 7 sept-1er déc. Compter 90 € pour 2. Formule déj sem 18 €, menus 30-40 €, carte env 35 €.* Une belle ferme ancienne d'un paisible hameau du Versant-du-Soleil. Une poignée de chambres d'hôtes, charmantes et bien dans l'esprit de la maison (du bois à l'ancienne et des édredons en plume). Salle d'une tout aussi évidente simplicité campagnarde et parfaite terrasse avec vue sur la vallée. Cuisine pleine de bonnes idées.

À voir

– **Bon plan :** *la carte* Pass'partout *qui, en juil-août, permet de visiter l'ensemble des sites de la commune pour 5,50 €. Chèques-vacances acceptés.*

La basilique Saint-Martin : *tlj sf dim et j. fériés : en été, 10h-12h, 14h30-18h30 ; le reste de l'année, demander la clé à la Maison du tourisme 9h-12h, 14h30-18h30. Entrée : 3 € ; gratuit jusqu'à 15 ans.* Voici l'un des rares monuments romans savoyards, construit au début du XIe s (sur les vestiges d'un édifice romain et d'une église paléochrétienne du Ve s dont on distingue encore le chevet). À l'extérieur, cette basilique est d'une primitive beauté avec ses murs de rugueux galets, son chevet d'une évidente simplicité, ses lauzes et son clocher trapu. À l'intérieur, une crypte aux chapiteaux simplement cubiques. Le chœur est orné de fresques peintes de la fin du XIIe au XIIIe s, un peu fatiguées (pour certaines rénovées au XIXe s), mais où l'on remarque tout de même une influence byzantine. Exposition de vestiges lapidaires gallo-romains et expos temporaires.

Le musée Pierre-Borrione : ☎ *04-79-55-67-00. Ouv slt en juil-août, tlj sf dim et j. fériés 10h-12h, 14h30-18h30. Entrée : 3 € ; gratuit jusqu'à 15 ans.* Installé dans l'ancienne *chapelle Saint-Sigismond* (du XIVe s mais très restaurée) qui domine assez superbement la ville basse et la vallée. Vestiges gallo-romains ou mérovingiens trouvés dans la région (et même d'ailleurs), notamment une touchante et étonnante tombe du Ve s dite de *L'Enfant à l'oiseau.* Également une expo sur les minéraux et les anciennes mines de plomb argentifère de La Plagne, déjà exploitées par les Romains et fermées en 1973.

La tour des Sires de Montmayeur : *mêmes horaires que la basilique Saint-Martin. Entrée : 5 € (tablette fournie en juil-août) ; gratuit jusqu'à 7 ans.* Vraisemblablement édifiée au XIIIe s par les sires de Montmayeur, vicomtes de Tarentaise, pour surveiller un pont à péage sur l'Isère. Assez impressionnante : 19,30 m de hauteur, 9,55 m de côté et des murs épais de plus de 2 m à la base. Belle vue sur la vallée depuis le sommet de la tour. Visite de la salle du prétoire et des caves. Également une intéressante exposition sur l'architecture de montagne et une reconstitution d'une scène médiévale de justice.

LA PLAGNE (73210) 1 590 hab. *Carte Savoie, C2*

En savoyard, une *plagne,* c'est un plateau entouré de montagnes, donc à priori un site idéal pour implanter une station de ski. La Plagne compte 10 sites au total, pour la plupart construits ex nihilo à l'orée des sixties. Un vaste ensemble qui forme désormais la station la plus fréquentée d'Europe. Si vous montez rejoindre des amis dans cette métropole, sachez que La Plagne est une station à paliers. Le domaine skiable relie quatre villages : *Champagny-en-Vanoise* (voir ce chapitre), *Plagne-Montalbert* à 1 350 m, *Montchavin* à 1 250 m et *Les Coches* à 1 450 m ; et six stations d'altitude : *Plagne-Centre* (à 1 970 m), *Plagne 1800* (à 1 800 m, gagné !), *Plagne-Soleil-Plagne-Villages* à 2 050 m, *Plagne-Aime 2000* à 2 100 m, *Plagne-Bellecôte* à 1 930 m et *Belle-Plagne* à 2 050 m. On avoue préférer le village de Montchavin, à Plagne-Centre, aux haies de béton de Plagne-Bellecôte ou à Plagne-Aime 2000, sorte de paquebot des neiges échoué à 2 100 m d'altitude. Belle-Plagne est, en revanche, plutôt réussie dans le genre immeubles de bois et chemins piétons.

Adresses et infos utiles

Offices de tourisme : ● *la-plagne.com* ● Plusieurs bureaux, évidemment.
– Central de réservation : ☎ *04-79-09-79-79.* ● *reservation@la-plagne.com* ● *Tte l'année.*
– Maison du tourisme d'Aime-Macôt-La Plagne :
*À **Plagne-Centre,*** ☎ *04-79-09-02-01. Ouv tte l'année : 7 j./7 en saison, sinon lun-ven.*
*À **Aime** (dans la vallée),* ☎ *04-79-55-67-00. Ouv en saison d'hiver et juil-août, lun-sam et dim mat en été.*
*– Maison de Montalbert : **Plagne-Montalbert,** en station.* ☎ *04-79-09-77-33.* ● *montalbert.com* ●
*– Office de tourisme de Montchavin-Les Coches : en station, 73210 **Bellentre.*** ☎ *04-79-07-82-82.* ● *montchavin-lescoches.com* ●
– Office de tourisme de Champagny :

à ***Champagny-en-Vanoise.*** *☎ 04-79-55-06-55. • champagny.com •*
– Également un point d'info tourisme dans chaque station d'altitude. Pratique, la nouvelle application YUGE à télécharger gratuitement sur Smartphone pour gérer ses parcours sur le domaine Paradiski. Météo, suivi d'activité, itinéraires...

♿ ***Antenne handicap :*** *☎ 04-79-09-13-80, à* ***Plagne-Aime 2000.*** Une école de ski adaptée aux personnes handicapées.

Où dormir ? Où manger ?

Camping Caravaneige Montchavin-Les Coches : *73210* ***Montchavin-Les Coches.*** *☎ 04-79-07-83-23. 📱 06-87-33-54-41. • campingmontchavin@orange.fr • montchavin-lescoches.com • ♿ Ouv tte l'année sf oct. Compter 16,50 € en hte saison. Loc de mobile homes 4-6 pers 294-686 €/sem selon période.* Été comme hiver, au soleil comme sous la neige, le camping fait face au mont Blanc ! À 1 250 m d'altitude, dans un village dominant la vallée de la Tarentaise, il ravira les amateurs de randonnées comme de sports de glisse. Les pistes sont à deux pas et les prestigieuses stations de La Plagne et des Arcs guère plus loin. À proximité, patinoire gratuite pour les campeurs (en saison) et Espace bien-être avec sauna, hammam, soins et bains bouillonnants.

VVF Villages « L'Éterlou » : *Montchavin, 73210* ***Bellentre.*** *☎ 04-79-07-83-06. • montchavin@vvfvillages.fr • vvf-villages.fr • À 6 km de la gare de Landry. Ouv des vac scol de Noël à mi-avr et juil-août. À partir de 322 €/sem en ½ pens hors vac scol ; possibilité de pens complète de loc seule. Parking extérieur gratuit. (à l'accueil).* Pour des vacances en famille, ça fait un bail que VVF a fait ses preuves ! Tout proche du *Vanoise Express,* qui relie le domaine de La Plagne à celui des Arcs. Logements de 2 ou 3 pièces joliment rénovés, avec cuisine équipée, lit et matériel bébé sur demande. Du restaurant comme depuis certains appartements (exposés nord), panorama grandiose sur la vallée et le mont Blanc. Repas bien balancés, servis avec le sourire. Animations enfants et ados à partir de 3 ans, accompagnement au cours de ski... Les pistes les plus proches, peu intimidantes, mettront les skieurs débutants en confiance.

Igloos Blacksheep : *Le Doudu-Praz, 73210* ***Macôt-la-Plagne.*** *☎ 09-51-38-88-15. • contact@blacksheep-igloo.com • blacksheep-igloo.com • Sur les pistes de La Plagne, à 2 100 m d'altitude. Ouv 20 déc-début avr (selon enneigement), mer-sam slt. 5 igloos avec lits en dortoirs de 6 pers max. Compter 99 €/pers en sem et 119 €/pers le sam, incluant l'apéro, le repas du soir et le petit déj. Également 2 igloos pour 2 pers 149 €/pers en sem et 179 €/pers le sam (même formule). Réduc enfants moins de 10 ans. Digestif offert sur présentation de ce guide.* Sylvain et Édouard, 2 jeunes d'école de commerce, ont su combiner leur passion de la montagne avec leur soif d'entreprendre. Nos compères « construisent » chaque année un village d'igloos, sur les pistes de La Plagne, véritable hébergement éphémère et glacé, en altitude. Bon à savoir, même s'il fait entre 0 et 4 °C à l'intérieur de l'igloo, dans le duvet on a vraiment bien chaud ! Les sacs de couchage « grand froid » tolèrent des températures de - 20 °C. Toilettes sèches extérieures. Quant à la douche, vous ferez sans ! Le soir, on se réunit autour d'un bon feu de camp pour un vin chaud revigorant, avant de s'attabler au resto-igloo, magnifique cathédrale de glace, agrémentée de petits salons éclairés aux chandelles. Pour se protéger du froid, on s'assoit sur des peaux de bêtes... synthétiques. Ambiance extra pour déguster une bonne fondue savoyarde (avec charcuterie) et un dessert. Bar de glace pour ceux qui veulent prolonger la soirée. Et toujours un guide présent avec vous le soir, qui reste dormir sur le site. Aux premières lueurs du jour, vue extraordinaire sur les cimes enneigées, parfaitement désertes.

Chalet Les Mélèzes : *Plagne-Centre. ☎ 04-79-09-09-23. • lesmelezes@ternelia.com • plagne-centre-ternelia.com • Compter 385-655 €/adulte par sem en pens complète. Parking gratuit.* Un village vacances à prix serrés et sans surprises, à deux pas des pistes. Chambres simples de 2 à 4 personnes et buffet pour les repas.

Le Forperet : *Plagne-Montalbert, 73210* ***Montalbert.*** *☎ 04-79-55-51-27. • forperet@gmail.com • Accès fléché depuis le village de Montalbert ; se garer vers le village-vacances* Le Dou de la Ramaz, *puis descendre (en 2 mn) le petit chemin. En hiver, à skis par la piste du Gentil ou en navette (gratuite, sur résa) depuis Montalbert ou Longefoy. Tlj en saison (hiver-été) 9h30-19h, le soir sur résa. Plat du jour 11 €. Fondue-raclettes 17-25 €/pers. Café offert sur présentation de ce guide.* Au milieu des prairies (et des vaches l'été !). Dans le cadre dans son jus (planches de mélèzes et vieilles pierres) d'un ancien chalet d'alpage, doté d'une terrasse avec vue. Le midi, omelettes, salades ; tartes aux myrtilles pour le 4h ; et le soir, fondues (dont une, excellente, à la tomme fabriquée sur place). Accueil franchement chaleureux. Et miniferme (les enfants vont adorer) juste à côté.

Où boire un verre ? Où sortir ?

Avec 10 sites, on trouve pas mal d'endroits pour boire un coup. En vogue ces dernières saisons, ***Le Saloon,*** bar club à Belle-Plagne *(☎ 04-79-09-06-98)* avec son décor typique de Far West.

Ski et neige

Ski alpin : domaine skiable la Grande-Plagne (1 250-3 250 m) qui relie les 10 stations. 225 km de pistes. Forfait journée adulte Plagne intégrale : 50 €, et 57 € pour le forfait Paradiski, qui relie La Plagne au domaine des Arcs-Peisey-Vallandry. Un immense domaine (un plan des pistes n'est pas un luxe superflu, même si la signalisation est au top), où les skieurs moyens ne sont pas oubliés. Pour les skieurs plus en jambes, quelques rouges réputées, comme la *Java* ou la *Grande Pente* (secteur du Biolley), ou encore la piste noire du *Dérochoir* qui donne l'impression d'être en dehors du domaine. Infinie variété de paysages évidemment, des glaciers de la Chiaupe et de Bellecôte aux sous-bois de Montchavin ou Montalbert. Pour les amateurs de panoramas, grimpette presque obligée par la télécabine, jusqu'à la Grande-Rochette (2 505 m).

Ski nordique : une boucle de 5 km au départ de Plagne-Villages ; deux liaisons Plage-Bellecôte-Montchavin-Les Coches (6 km) et depuis la piste de bobsleigh jusqu'à Plagne-Montalbert (6 km) ; deux boucles, l'une de 6,5 km à Plagne-Montalbert, l'autre de 13 km à Montchavin-Les Coches ; et superbe domaine à Champagny-en-Vanoise (voir ce chapitre).

– **Bobsleigh :** *sur la piste construite pour les J.O., ouv à ts. Rens : ☎ 04-79-09-12-73 ou n° Vert : ☎ 0800-00-19-92. Ouv début déc-début avr.* Piste de bobsleigh unique en France ! Les engins sont autoguidés et autofreinés pour le *bob-raft* (4 par engin) ou la *speed-luge* (on est tout seul dans son bob...) ou conduit par un pilote professionnel pour le *bob-racing* (avec des pointes à 110 km/h !). C'est très cher mais très impressionnant.

– **La Tour de glace :** *voir le chapitre* ***Champagny-en-Vanoise.***

➢ **Sentiers piétons :** 11 circuits balisés en stations d'altitude l'hiver.

– ***Patinoires :*** naturelles, Plagne-Bellecôte ; artificielle (ouverte hiver et été) aux Coches.

– ***Espace Paradisio :*** *à* ***Montchavin.*** *☎ 04-79-09-33-20. • espace-paradisio.com • Ouv tlj 10h-20h vac scol hiver et juil-août (22h mer, pour les plus de 18 ans). Entrée adulte : 19 € ou 14 € (avt 13h l'hiver), avec accès au sauna, bain bouillonnant et hammam ; réduc. Animations enfants le mer.* Un bel espace bien-être qui donne sur les pistes, avec bassins intérieur + extérieur (en été) et un petit espace ludique pour les enfants. Activités aquatiques en plus. Également une piscine à Plagne-Bellecôte.

Sports et loisirs d'été

– ***Découverte guidée du glacier de Bellecôte :*** pour les piétons, hiver et été, le *Pass Glacier* inclut une visite de la grotte de glace. *Tarif adulte : 15 €, comprenant la montée en télécabine.*

– ***Via ferrata :*** 2 parcours à Champagny-en-Vanoise et aux Bourtes (Belle-Plagne).

➢ ***Sentiers piétons :*** 28 circuits balisés en stations d'altitude.

VTT : 24 itinéraires balisés, dont 5 pistes de descente. Nouveau *bike park* à Plagne-Centre et *wood park* à Montchavin. 6 itinéraires de vélos électriques.

– ***Cascade de tyrolienne*** à Belle-Plagne (été-hiver).

Manifestation

– ***Subli'cimes :*** *mi-avr.* 6 sommets du domaine skiable sont scénarisés. Activités gratuites et tout public.

LA TARENTAISE

MOÛTIERS (73600) 4 650 hab. *Carte Savoie, C2-3*

Même si Moutiers n'est pas à franchement parler une destination touristique, elle mérite une halte autre que contrainte et forcée par les embouteillages.

Adresse et infos utiles

Office de tourisme : *80, sq. de la Liberté. ☎ 04-79-04-29-05. • moutierstourisme.com • Tlj sf dim. Livret-jeu « La boucle urbaine » pour les familles (5 €).*

Gare SNCF : *rens au ☎ 36-35 (0,34 €/mn).* TGV direct en haute saison de/vers Paris. Liaison TER avec Bourg-Saint-Maurice, Chambéry, Aix-les-Bains.

Possibilité de rallier les stations des Trois-Vallées (Les Menuires, Val Thorens, Méribel, Courchevel, Champagny, Pralognan, Valmorel...). Brides est desservi toute l'année ou presque. *• altibus.com •*

Où dormir ? Où manger ?

Chambres d'hôtes du Commerce : *13, av. de la Gare. ☎ 04-79-24-26-37. 06-81-39-04-58. • lola.monterin@free.fr • Ouv tte l'année. Double env 70 €.* Entre le centre et la gare, un discret petit hôtel familial, reconverti en chambres d'hôtes. Elles sont modestes (certaines avec w-c sur le palier) mais ont été gentiment rénovées et s'avèrent finalement plaisantes. Très bon accueil.

Le Rive gauche : *12, rue Sainte-Marie. ☎ 04-79-24-02-36. Tlj sf sam soir-dim et j. fériés. Congés : 20 déc-20 janv. Menu 14,50 € ; carte env 20 €.* La petite adresse populaire comme on les aime. Avec un cadre sans façons, un patron au sens de l'humour plutôt développé, une clientèle d'habitués et une aussi fraîche que généreuse cuisine familiale, à prix d'amis. Terrasse sur une place tranquille.

Le Coq rouge : *115, pl. Aristide-Briand. ☎ 04-79-24-11-33. • patrick nguyen@mac.com • Tlj sf dim et le soir lun et mer. Plat du jour 15 €, menus 33-56 €, carte env 45 €.* Pour faire simple, voici LA bonne table de Moûtiers. À deux pas du musée et de la cathédrale (il suffit de traverser le petit pont en pierre). La carte est équilibrée, proposant une cuisine classique dans la grande tradition française aux accents savoyards. Salle plutôt agréable (avec sa collection de coqs !), mais aux beaux jours, on lui préférera sans hésiter la terrasse protégée. Accueil souriant et service pro.

Où acheter de bons produits ?

Beaufort des Montagnes – Coopérative laitière de Moutiers : *20, av. des XVIe-Jeux-Olympiques. ☎ 04-79-24-03-65. Dans le quartier de la gare. Visite gratuite tlj sf w-e 9h-12h. Boutique tlj sf dim 8h30-12h30, 14h-18h30 (en continu sam vac fév).* Une des grosses coopératives de l'appellation (avec quelque 700 t de beaufort fabriquées chaque année). Petite expo et film sur la vie à l'alpage, et découverte de la fabrication avec descente dans les caves en saison. Et outre le beaufort, plein d'autres produits du terroir à la boutique.

À voir

La cathédrale Saint-Pierre : *tlj 8h-19h.* Si Moûtiers a perdu son statut d'évêché (la ville fut à l'époque médiévale une puissante métropole ecclésiastique dont les évêques régnaient en seigneurs sur la région), reste sa cathédrale. Composite ! La façade gothique du XVe s a été en partie reconstruite au XIXe s, l'abside et le chœur sont caractéristiques du premier âge roman lombard... À l'intérieur, intéressante statuaire : superbe *Mise au tombeau* grandeur nature en bois polychrome du XVIe s ; à sa gauche, une *Vierge en majesté* du XIIIe s, d'une facture presque bourguignonne. À l'entrée du chœur, encadrant un Christ en croix, deux tout aussi belles statues (la Vierge et saint Jean) qui figuraient sur une poutre de gloire du XVe s. Les fresques du XIXe s qui ornent les murs ont été entièrement rénovées.

Le musée des Traditions populaires : *pl. Saint-Pierre, à côté de la cathédrale. ☎ 04-79-24-04-23. • musee-moutiers.fr • ♿ Lun-sam 9h-12h, 14h-18h. GRATUIT.* Un musée pertinent et attachant qui évoque à travers plus de 1 000 objets une culture populaire, assez dénaturée en Savoie par le développement du tourisme. D'emblée, une « allée des idées reçues » en démolit d'ailleurs quelques-unes : sur la fondue, les ramoneurs, le ski... Ici, on découvre plutôt les amulettes destinées à protéger les mulets du mauvais œil, que la vallée des Belleville partage avec le Maghreb, des plaques à beurre qui sont de vraies œuvres d'art, les « ferrures » qu'offrait le fiancé à sa future épouse (non, ce ne sont pas des menottes mais des bijoux !). Également une galerie qui retrace l'histoire des jouets au XXe s et une pièce dédiée à la Seconde Guerre mondiale, en particulier la Résistance savoyarde. Cerise sur le gâteau, les cuisines de l'archevêque ont retrouvé vie. Expos temporaires. Boutique.

Le musée d'Histoire et d'Archéologie : *dans le même bâtiment que le précédent. Ouv sur demande auprès du centre culturel. Entrée : 2 € ; gratuit moins de 26 ans.* Petit musée à l'ancienne, dont les collections font le tour complet de la vie à Moûtiers et en Tarentaise depuis la protohistoire jusqu'au rattachement de la Savoie à la France au XIXe s. Il met l'accent sur l'archéologie gallo-romaine, le rôle de Moûtiers comme siège d'un évêché dès le Ve s (livres liturgiques) et comme centre industriel moderne, avec ses salines et son école des mines au XIXe s.

VALMOREL

(73260) 770 hab. *Carte Savoie, C3*

Valmorel pourrait représenter l'histoire parfaite du village savoyard ancienne et nouvelle générations. Dans les années 1970, frappée par l'exode rural, toute la vallée s'est mobilisée pour ne pas mourir. Alors qu'ailleurs on a lâché les promoteurs dans la nature, ici, un district a été créé pour maîtriser le foncier, le devenir agricole de la vallée et la protection de l'environnement. Aujourd'hui, à 1 400 m, les hameaux de Valmorel, station créée en 1976, s'intègrent bien au paysage, et son centre (Le Bourg-Morel) est une franche réussite : rues piétonnes et placettes, façades aux chauds coloris et murs en trompe l'œil. Et la verdoyante vallée de Morel appartient toujours aux villages et hameaux authentiques, aux vaches qui grimpent l'été vers les alpages.

Adresse utile

Office de tourisme de Valmorel et des vallées d'Aigueblanche : *Le Bourg. ☎ 04-79-09-85-55. • valmorel.com • Ouv tte l'année : en saisons été et hiver, tlj ; hors saisons, lun-ven.*

Où dormir ? Où manger ?

Hôtel du Bourg : *rue du Bourg. ☎ 04-79-09-92-28. • info@hoteldubourg.com • hoteldubourg.com • Au milieu de la rue piétonne. Congés : 19 avr-1er juil et 1er sept-20 déc. Doubles 88-198 €, petit déj inclus ; familiales 188-318 €. Apéritif offert sur présentation de ce guide.* Vue de l'extérieur, la maison a du charme, comme tout le centre, d'ailleurs. La déco des chambres, pour la plupart côté pistes et avec balcon, est, quant à elle, plus sobre et fonctionnelle, mais avec un sympathique côté montagnard. Petit bar plutôt cosy, avec canapés confortables pour laisser filer la soirée en écoutant crépiter le feu. Sauna, spa. Accueil très attentionné.

Ô Pot'âgé : *Le Pré. ☎ 04-79-09-12-34. • alpagealtitude@gmail.com • Dans un hameau, à gauche de la D 95 qui monte vers Valmorel, 3 km avt la station ; sur les pistes l'hiver. Tlj en saisons d'hiver (fermé lun soir sf vac scol) et d'été. Menu déj 19 € ; carte 30-35 €. Digestif offert sur présentation de ce guide.* Petite terrasse au long d'un vieux chalet qui accueille une jolie salle au design d'aujourd'hui. Comme chez les voisins italiens, l'adresse est *slow food,* utilisant au maximum les produits locaux pour une intéressante cuisine de région, pleine de saveurs et de bonnes idées. L'addition ne vous vide pas les poches.

Le Ski-Roc : *rue du Bourg-Morel. ☎ 04-79-09-83-17. • denis@skiroc.com • Dans la rue principale (piétonne). Tlj. Service jusqu'à 14h30 et 22h (plus tard pour le bar). Congés : fin avr-début juin et début sept-début déc. Le midi, formules déj 15,50-19,50 €, menus*

27-35 €, carte 35-40 €. Digestif maison offert sur présentation de ce guide. Bar à vins à la déco sobrement montagnarde, branché sans vraiment l'être. Bonne cuisine, assez mode elle aussi et – inévitables ! – spécialités de montagne. Vins de Savoie au verre avec toasts à l'apéro. Terrasse couverte (et chauffée !).

Ski et neige. Sports et loisirs d'été

Ski alpin : domaine (1 400-2 550 m) relié à celui de Saint-François-Longchamp en Maurienne (Grand-Domaine), à Doucy-Combelouvière et à la vallée de Celliers par une télécabine. 165 km de pistes. Forfait journée adulte Valmorel : 40,90 € ; Grand-Domaine : 43 €. Le domaine fera avant tout plaisir aux familles. Beaucoup de vertes et de bleues comme, pour la balade, la bleue de la *Madeleine* qui longe le col du même nom, dominant villages et vallées. Les skieurs sportifs trouveront toutefois leur compte en grimpant au col du Gollet ou à celui du Mottet, d'où dégringolent les jolies noires du même nom.

Itinéraires nordiques : 20 km d'itinéraires aux Avanchers, dont deux belles boucles tranquilles en forêt. Navette gratuite depuis Valmorel.

➢ ***Sentiers piétons :*** 50 km de sentiers balisés. Des balades de 1h30 à 3h pour découvrir les sommets (accès éventuel avec les remontées mécaniques) et les villages alentour : vieilles fermes, fours communaux et chapelles baroques.

– ***Autres activités :*** cascades de glace naturelles, balades en traîneau à cheval, chiens de traîneaux, ULM, parapente, sorties thématiques à raquettes ou à pied, luge, *airboard, snake gliss,* espace de remise en forme.

– Valmorel vit aussi l'été au rythme de toutes les activités traditionnelles de montagne : ***randonnées*** (la Vanoise est à deux pas), ***VTT, parapente, canyoning, piscine,*** etc.

LE VAL DE VANOISE

BRIDES-LES-BAINS (73570) 580 hab. *Carte Savoie, C3*

Station thermale spécialisée dans le traitement de l'obésité (on le comprend dès la première carte de resto où tous les plats sont indiqués avec leurs calories). Sérieusement rénovée pour les J.O., Brides conserve toutefois, avec sa longue rue principale, ses hôtels début XXᵉ s et ses petits parcs verdoyants, cette impalpable atmosphère des villes de cure. Brides est aussi une station de sports d'hiver puisque reliée par la télécabine de l'Olympe à Méribel, soit au domaine skiable des Trois-Vallées.

Adresse et info utiles

Office de tourisme : *2, pl. du Centenaire. ☎ 04-79-55-20-64. • brides-les-bains.com • Tlj sf w-e de début nov à mi-déc. (payant).*
– Résas en ligne pour les vacances de ski sur • *brides-les-bains.com* •

Où dormir ?

Savoy Hôtel : pl. de l'Église. ☎ 04-79-55-20-55. • contact@savoy-hotel-brides.com • savoy-hotel-brides.com • Congés : 1er nov-25 déc. Doubles 67-160 € selon confort et saison ; voir sur le site les forfaits « bien-être » et « remise en forme » pour 3-8 j. Menu 25 €. Apéritif offert sur présentation de ce guide. Ce bel hôtel, à l'élégante façade évoquant les années fastes du thermalisme et de la Belle Époque, affiche 3 étoiles bien méritées. Entièrement rénové au goût du jour, sa belle architecture a été préservée. Voici donc un établissement moderne, plein de cachet, offrant d'excellentes prestations. L'atmosphère est un peu plus glamour, un peu moins triste et curiste que dans les autres hôtels de Brides... Piscine (extérieure), sauna et jacuzzi. Les thermes sont à deux pas.

Manifestation

– ***Festival Cuisine Santé :*** *début juin.* Ateliers, rencontres, conférences avec des diététiciens, des chefs, des professionnels de la santé, pour apprendre à manger bon, à manger bien, à manger sain.

CHAMPAGNY-EN-VANOISE

(73350) 750 hab. *Carte Savoie, C3*

Station-village faisant partie du domaine de La Plagne, aux portes du parc national de la Vanoise (on s'en serait douté). Deux villages, en fait : *Champagny-le-Bas,* le plus « station », à l'origine constitué de trois hameaux disséminés autour de son église baroque, et, quelques kilomètres (d'une spectaculaire route de montagne) plus haut, *Champagny-le-Haut,* plus terroir. Une succession de hameaux plus qu'un village, au fil d'une ancienne vallée glaciaire d'une beauté sauvage. Un fameux trésor d'authenticité à deux spatules de la brillante métropole des neiges qu'est La Plagne.

LA TARENTAISE

Adresse utile

Office de tourisme : *au centre de **Champagny-le-Bas.** ☎ 04-79-55-06-55. • champagny.com • Tlj sf w-e hors saison.* L'été, point d'info au Laisonnay (porte du parc national de la Vanoise).

Où dormir ? Où manger ?

Camping

Camping Le Canada : *au Bois, à **Champagny-le-Haut.** ☎ 04-79-55-03-41. • camping-champagny@orange.fr • canada-champagny.com • Juste à droite avt le dernier hameau habité de la vallée (accès par la D 91, qui semble taillée à même la roche). Ouv 15 juin-15 sept. Compter env 11 € pour 2 en saison.* Camping offrant des emplacements au bord du Doron, certains ombragés dans un petit bois de mélèzes et de sapins, d'autres plus à découvert.

Bon marché

Le Refuge du Laisonnay : ***Le Laisonnay-d'en-Haut.*** *06-08-54-34-61. • refuge@laisonnay.com • laisonnay.com • Tlj midi et soir de mi-juin à mi-sept. ½ pens 41 €/pers. Planche-repas 28 €. Menus 25-30 €. CB refusées.* Un superbe chalet de montagne aux vieilles pierres et aux poutres vénérables, dans un environnement grandiose. Pour dormir, les randonneurs se serreront dans l'unique dortoir (15 lits). Au resto, ouvert à tous, petite salle et grande terrasse ouverte sur la nature pour une cuisine de région à l'ancienne, avec des recettes familiales et des produits (bio) du cru. C'est simple mais très bon (et un peu cher : la qualité se paie !).

Refuge du Bois : *rue Michel-Ruffier-Lanche, Le Bois,* **Champagny-le-Haut.** *☎ 04-79-55-05-79. • info@gitedubois.com • gitedubois.com • Accès par la D 91. Resto fermé le soir dim-mar en basse saison. Congés : mai et 1er oct-20 déc. Nuitée 17-20 €/pers en dortoir ; ½ pens 43 €/pers (l'hiver, chauffage en plus 4 €). Réduc enfants et moins de 18 ans. Menus 21 € en saison slt (le soir sur résa)-34 €. CB refusées. Café offert sur présentation de ce guide.* À 1 470 m, bâtiment sans grand charme, mais accueil très chaleureux et une vraie ambiance de refuge. De plus, le site est vraiment très beau, grande terrasse. Salle de resto originale avec sa collection de chaussures de montagne suspendues au plafond... Plus d'une cinquantaine de places en dortoirs (box de 4 lits). Le resto est accessible à tous. Cuisine traditionnelle et spécialités locales.

De prix moyens à chic

Hôtel des Glières : *Planchamp,* **Champagny-le-Bas.** *☎ 04-79-55-05-52. • accueil@hotel-glieres.com • hotel-glieres.com • Congés : 10 avr-5 juil et 20 août-17 déc. Resto fermé le midi lun-mar en été. Doubles 84-130 € selon confort et saison. Formule 16,50 €, menus 20-29 €. Remise de 5 % sur le prix de la chambre (min 2 nuits) sur présentation de ce guide.* Maison genre gros chalet, à peine à l'écart de la station, au calme donc, exposée plein sud. Chambres aux murs lambrissés de bois, très cosy (celles côté sud ont un balcon). Détail qui a son importance pour les skieurs, l'hôtel est au pied de la télécabine pour La Plagne. Sauna.

Les Chalets du Bouquetin : *Le Planay, Champagny-en-Vanoise. ☎ 04-79-55-01-13. • info@bouquetin.com • bouquetin.com • À la sortie de la station, direction Champagny-le-Haut. Congés : 15 nov-15 déc. Doubles 70-100 € selon saison ; familiales 100-110 €. Loc à la sem obligatoire en très hte saison. Apéritif offert sur présentation de ce guide.* 2 grandes bâtisses de chaque côté de la route, qui accueillent une résidence hôtelière : appartements tous différents, très confortables, et pour certains avec énormément de charme (mansardes, jacuzzi...).

À voir à Champagny

L'église Saint-Sigismond : *à* **Champagny-le-Bas.** *En été, tlj sf lun 15h-18h. Visites guidées hiver comme été : rens à l'office de tourisme.* Ses bâtisseurs ont fait preuve de persévérance : érigée sur une butte de gypse que l'eau sapait inexorablement, l'église a été reconstruite une première fois au Moyen Âge... au même endroit. Détruite par un incendie en 1639, elle a été reconstruite au XVIIe s... au même endroit. À l'intérieur, le retable consacré à la Vierge se révèle un vrai chef-d'œuvre : une multitude d'angelots, des colonnes torses, des saints qui croulent sous les dorures. Bref, tout l'exubérant vocabulaire du baroque, remarquablement bien maîtrisé.

L'Espace Glacialis, À la découverte des glaciers : *Le Bois,* **Champagny-le-Haut.** *☎ 04-79-55-06-55. En saison d'été, tlj sf sam 15h-19h ; en hiver, ouv dim, mar-mer et jeu 14h-18h. Entrée : 3 € visite libre ; 4 € visite guidée ; réduc ; gratuit jusqu'à 5 ans.* Un centre d'interprétation des glaciers de montagne installé dans un presbytère du XVIIIe s, bien restauré. Découverte des glaciers avec leur dimension symbolique et mythologique, leur approche scientifique et historique.

Ski et neige

Ski alpin : domaine (1 250-3 250 m) de La Plagne (voir ce chapitre). Évidemment, l'intérêt majeur de Champagny est l'accès au versant sud du domaine de La Plagne. Forfait journée adulte : 50 €. Sinon, dès 9h30, le versant de Champagny voit débarquer les skieurs venus de La Plagne pour ses pistes exposées plein sud, donc bien ensoleillées. Quelques jolies rouges pour bons skieurs : la *Kamikaze* et la *Hara-Kiri* (aux noms évocateurs) et la longue piste du *mont de la Guerre* (1 250 m de dénivelée).

Ski nordique : 23 km de pistes à Champagny-le-Haut. Forfait journée adulte : 7,70 €. Un des plus beaux domaines de Tarentaise : de magnifiques boucles de ski de fond, qui serpentent entre mélèzes et sapins, suivent les eaux tumultueuses du Doron.

➢ **Promenades piétons et raquettes :** 9 itinéraires balisés de 1h à 2h30.

– **La tour de glace :** ☎ *04-79-55-06-55. Ouv de mi-déc à mi-mars. À partir de la pointure 38 ! Tarif : 38 € les 2h (matériel fourni). Initiation mar et jeu à partir de 17h30.* Escalade sur glace pour tous sur une structure artificielle haute d'une vingtaine de mètres, avec 26 voies possibles.

Sports et loisirs d'été

➢ **Randonnées :** des centaines de kilomètres de sentiers balisés sillonnent les montagnes du parc. Quelques suggestions : le *lac de la Glière* (asséché depuis 1818, mais on y voit des marmottes !), les *cols de la Croix-des-Frettes, du Palet, de la Grassaz et de Plan-Sery,* la *tour du Merle,* les *alpages de Lécheron* ou *de La Plagne* où l'on fabrique le beaufort et la tomme de Savoie. Un petit sentier de découverte à Champagny-le-Haut, accessible aux poussettes et fauteuils roulants.

– **Via ferrata :** deux à Champagny-le-Haut, cotées peu difficiles à assez difficiles ; une autre à Champagny-le-Bas, cotée extrêmement difficile. *Topoguide gratuit à l'office de tourisme.*

VTT : 3 circuits sur le vallon de Champagny-le-Haut et d'autres circuits descentes à partir de la télécabine (liaisons avec les itinéraires de La Plagne). *Topoguide à l'office de tourisme.*

– **Escalade :** 4 sites équipés. *Topoguide gratuit à l'office de tourisme.*

– **Autres sports :** parapente, piscine chauffée en plein air, parcours aventure...

Manifestations

– **Gorzderette :** *le dernier w-e de janv.* Tournoi multi-activités (glace, glisse, ski nordique...) autour de la tour de glace de Champagny.
– **Marathon du Grand Bec :** *début mars.* Grande course populaire de ski nordique.
– **Musique – le jazz en liberté ! :** *ts les jeu soir de mi-juil à mi-août dans les jardins du presbytère.* Festival qui explore tous les horizons du jazz.

PRALOGNAN-LA-VANOISE

(73710) 774 hab. *Carte Savoie, C3*

Depuis la première ascension de la Grande-Casse en 1860 par l'alpiniste anglais William Mathews et le guide chamoniard Michel Croz, les randonneurs se succèdent toujours plus nombreux dans cette « capitale » de la Vanoise. Et pourtant, après avoir franchi gorges vertigineuses et denses forêts d'épicéas, on éprouve toujours l'impression d'arriver au bout du monde. Toujours ce même paysage à la fois grandiose et familier : rudes sommets et glaciers scintillants, fraîches prairies et torrents chantants... Et toujours ce gros village, plein du charme un peu désuet que distillent aussi certaines stations suisses et tyroliennes. Un domaine skiable qui paraît bien petit comparé à ses voisins. Comme les moines qui s'installèrent dans cette prairie éloignée *(pralo longico)* au XIIe s, on a bien aimé Pralognan.

Adresse et info utiles

Office de tourisme : *290, av. de Chasseforêt. ☎ 04-79-08-79-08. • pralognan.com • Dans la rue principale du village. Tlj sf w-e hors saison.*

– **Bureau des guides :** *☎ 04-79-08-71-21. • guides-pralognan.com •*

Où dormir ? Où manger ?

Qui dit principale porte d'accès au parc de la Vanoise et plus important centre d'alpinisme de Savoie dit réservation conseillée, surtout en juillet-août.

Camping

Camping Alpes Lodges : *route de l'Isertan. ☎ 04-79-08-75-24. • camping@alpes-lodges.com • alpes-lodge.com • Derrière la piscine municipale. Ouv mai-fin sept (et de mi-déc à mi-avr pour le caravaneige et les loc). Compter 17-26,50 € pour 2 selon saison. Tentes et chalets 2-6 pers 190-990 €/sem selon taille et saison.* Une vaste pelouse au pied de la forêt, un peu à l'écart du village. Camping entièrement repensé, avec des sanitaires tout neufs. Location de roulottes, mobile homes, chalets dans l'esprit savoyard et de tentes aménagées façon conquête de l'Ouest. Piscine.

De bon marché à prix moyens

Refuge le Repoju – restaurant La Bergerie : *Les Prioux. 06-83-58-21-73. • lerepoju@gmail.com • refuge-repoju.com • À 5 km de Pralognan. Congés : fin sept-fin mai. Nuitée 21 € ; ½ pens 42 €/pers. Menus 15-30 € ; carte env 25 €. CB refusées.* Ce sublime hameau niché au creux de la vallée est malheureusement sur le chemin des avalanches, et le refuge ferme en hiver. À la belle saison, le lieu rouvre et fait le bonheur des pêcheurs, des touristes et des randonneurs. Le site, sauvage et préservé, est un enchantement. Côté casse-croûte, du savoyard pur jus, à base de produits fermiers : raclette au feu de bois, fondue, pormoniers, crozets... Côté refuge, 2 dortoirs de 6 personnes et 1 dortoir de 8 séparé en deux (avec douches, w-c et cuisine sur le palier). Un petit paradis.

La Vallée Blanche : *pl. de l'Église. ☎ 04-79-08-70-. • lavalleeblanche@orange.fr • lavalleeblanche.fr • Congés : de mi-avr à début juin et de début oct à mi-déc. Doubles 45 (w-c sur le palier)-50 €. Menu 17,90 € ; carte env 30 €. (resto). Café offert sur présentation de ce guide.* Mignonne petite maison très Heidi avec ses balcons fleuris. Dommage, ce n'est pas ici qu'on dort mais dans une annexe, à deux pas, dans la ruelle qui longe l'église. Chambres fonctionnelles mais pas très grandes ; les moins chères avec w-c sur le palier. Gentille cuisine de région au resto et agréable terrasse.

De chic à plus chic

Hôtel de La Vanoise : *chemin du Dou-des-Ponts. ☎ 04-79-08-70-34. • hotel-la-vanoise@wanadoo.fr • hoteldelavanoise.fr • Au centre du village. Congés : 24 avr-29 juin et 1er sept-15 déc. Doubles 100-130 € l'été. ½ pens 80-126 €/pers l'hiver. Menus 22-35 €.* Une enseigne sous laquelle on accueillait déjà les voyageurs en 1875. Et, en 1911, *La Vanoise* fut le 1er hôtel à rester ouvert tout l'hiver ! C'est aujourd'hui un grand chalet aux chambres spacieuses dans l'ensemble, fonctionnelles et avec balcon pour la plupart. Quelques chambres avec mezzanine pour les familles (4 personnes). Bon resto dans une ambiance à la fois design et montagne : cuisine toute simple mais bien tournée et pleine de saveurs. Ambiance vraiment familiale et très bon accueil. Sauna et jacuzzi. L'été, accès gratuit à la piscine de Pralognan pour les demi-pensionnaires.

Hôtel Edelweiss : *chemin du col de la Louza. ☎ 04-79-08-72-40. • contact@hotel-edelweiss-pralognan.com • hotel-edelweiss-pralognan.com • Légèrement en hauteur, derrière le bureau des guides. Doubles 70-108 € selon saison. Formule 20 € ; carte 25 €.* Une vingtaine de chambres réparties dans 2 chalets côte à côte, lambrissées pour la plupart et joliment aménagées. On apprécie les touches de déco personnelles qui font tout le raffinement de cette adresse familiale, tenue avec soin et rigueur. Les chambres côté sud, avec balcon (et un peu plus chères), sont les plus agréables. Salles de bains pas bien grandes mais modernes. Accueil avenant.

Hôtel Les Airelles : *418, rue des Darbelays. ☎ 04-79-08-70-32. • contact@hotel-les-airelles.fr • hotel-les-airelles.fr • Un peu à l'écart du centre (c'est fléché). Ouv saisons été et hiver. Doubles 89-110 € selon période l'été ; familiales 132-154 €. ½ pens 61-87 €/pers l'hiver. Menus 24-27 €.* Un gros chalet fleuri l'été (le jardin autour de la piscine l'est aussi !), qui abrite des chambres toutes mignonnes, à la déco évidemment « esprit montagne ». Excellent accueil et ambiance aussi détendue que familiale. Cuisine de région avec de la tenue au resto.

Où acheter de bons produits ?

La Fromagerie du Plan : *av. de la Grande-Casse. ☎ 04-79-01-40-90. Ouv en saison, tlj 9h-12h, 16h-19h.* Beaufort, tomme et raclette : ici, on ne vend que des fromages fermiers fabriqués en famille.

Ski et neige

Ski alpin : domaine (1 410-2 355 m) avec 26 km de pistes. Forfait journée adulte : 28 €. Domaine certes modeste mais varié. Belle vue depuis l'arrivée du téléphérique du mont Bochor.

Ski nordique : 26 km de pistes (soit le quatrième domaine du département). Forfait journée adulte : 7,40 €.

Ski de randonnée : *ESF (École du ski français), ☎ 04-79-08-72-25.* Le coin regorge de randonnées exceptionnelles (en haute montagne !).

➢ **Raquettes :** nombreux itinéraires possibles, se renseigner à l'office de tourisme.

– ***Patinoire :*** *☎ 04-79-08-74-88. Ouv hiver comme été et olympique ! Entrée : env 8 € avec les patins ; réduc.* Surya Bonaly s'y est entraînée. Patinage, bien sûr, mais aussi initiation au curling, cette rigolote « pétanque » (les pratiquants vont nous maudire pour cette approximation !) sur glace.

Sports et loisirs d'été

➢ ***Randonnées :*** Pralognan et ses environs sont un paradis créé par la nature pour les randonneurs ! Quelques suggestions, un peu en vrac, le choix est tellement vaste (plan des sentiers de montagne à pied et guide des promenades à la journée vendus à l'office de tourisme) : la *cascade de la Fraîche* à deux pas du village, les *sentiers de découverte du bois de la Glière,* le *mont Bochor* pour les petites balades. Le *refuge du col de la Vanoise et ses quatre lacs,* le *cirque du Genépy,* le *petit Mont-Blanc,* le *refuge de La Valette* pour les randos à la journée à la rencontre des bouquetins, chamois, marmottes... Possibilité également de ***randonner avec un âne*** *(Ânes en Vanoise, 📱 06-26-97-59-54.)*

– Par ailleurs, le *Pass'Sports,* valable 7 jours consécutifs de mi-juillet à fin août, donne libre accès au téléphérique, ou télésiège du Génépy et à certaines activités (piscine, patinoire...). *Compter env 50 €/pers pour 1 sem ; gratuit jusqu'à 5 ans.*

– ***Via ferrata :*** *le long de la cascade de la Fraîche. Accès libre.*

– ***Escalade, alpinisme, randonnée glaciaire, parcours aventure :*** *bureau des guides et accompagnateurs.* Premier centre d'alpinisme de Savoie...

– ***Piscine :*** *☎ 04-79-08-74-88.* Deux bassins ludiques et un toboggan.

Fêtes et manifestations

– ***TransVanoise :*** *mi-avr.* Compétition de ski-alpinisme à travers le parc national de la Vanoise.
– ***Trail Tour des glaciers de la Vanoise :*** *début juil.* Trail sur une journée.
– ***Fête du Barioz, fête de l'Alpe et des Guides :*** *un w-e ou un dim en juil-août.*
– ***Trail Tour de la Grande-Casse :*** *fin août.* Trail sur une journée.

LES TROIS-VALLÉES

Un ensemble de vallées qui s'enfoncent dans la montagne comme une fourche à trois branches et forment aujourd'hui le plus grand espace de ski au monde. Aujourd'hui, ces stations huppées côtoient des villages pleins d'authenticité et sont fréquentées par des milliers de touristes. Pourtant, autrefois, ces vallées étaient si difficiles d'accès que les comtes-archevêques de Moûtiers, dont les collecteurs peinaient à grimper jusque-là, choisirent dès le Xe s d'exempter d'impôts les habitants de la vallée des Allues !

Arriver – Quitter

En train

– ***Rens SNCF :*** *☎ 36-35 (0,34 €/mn).* *• voyages-sncf.com •*
➢ ***De/vers Moûtiers-Salins :*** la gare la plus proche ; puis transfert en bus ou en taxi. En hiver slt, TGV directs depuis Paris (4h) et 1 train de nuit depuis Paris. À noter : très peu de liaisons directes avec Grenoble.

➢ ***De/vers Chambéry :*** plusieurs liaisons/j. avec Paris, direct ou avec correspondance à Lyon. Env 4h de trajet.
➢ Autres liaisons avec ***Albertville, Bourg-Saint-Maurice, Lyon.***

En bus

Avec ***Altibus*** : ☎ *0820-320-368 (0,12 €/mn).* • *altibus.com* •
➢ ***De/vers Moûtiers :*** l'hiver, liaisons tlj avec Courchevel, Méribel, Les Menuires, Val Thorens.
➢ ***De/vers Chambéry*** *(aéroport)* ***:*** l'hiver, liaisons tlj avec Les Menuires, Val Thorens.

COURCHEVEL

(73120) 2 014 hab. *Carte Savoie, C3*

Avant même que ne s'élèvent les premiers immeubles, le champion Émile Allais traçait les pistes. Courchevel a été à plus d'un titre une station pionnière, souvent copiée : urbanisation calquée sur le front de mer des stations balnéaires, première apparition des chenillettes pour le damage des pistes... Comme la plupart des stations de Tarentaise, Courchevel est à étages : du fond de la vallée à 1850, on trouve successivement *Saint-Bon* (encore village), *Courchevel 1300-Le Praz, Courchevel 1550, Courchevel 1650-Moriond* (trois stations au charme variable), et *Courchevel 1850* (Courch', comme on dit... *the place to be,* enfin, il paraît). Les mauvaises langues disent que c'est la station de l'après-ski, sinon du non-ski !

MONTAGNES RUSSES

Avec 2 palaces et 17 hôtels 5 étoiles, Courchevel est devenue la station la plus luxueuse au monde, grâce aux oligarques russes qui adorent se retrouver entre eux. Intéressant de savoir que Courchevel fut lancée en 1946 par Pierre Cot, un ministre... communiste. Les Russes aussi ont évolué politiquement !

Adresses utiles

Offices de tourisme : *Le Cœur de Courchevel, Courchevel. ☎ 04-79-08-00-29. • courchevel.com • Hiver et été, tlj ; en intersaison, lun-ven sf j. fériés. Également des bureaux en saison à* ***Courchevel-Le Praz*** *(☎ 04-79-08-41-60),* ***Courchevel-Village*** *(☎ 04-79-08-04-10),* ***Courchevel-Moriond*** *(☎ 04-79-08-03-29).* Service de réservation en ligne sur le site internet de la station. Visites guidées de l'église et du village de Saint-Bon.

Où dormir ?

Prix moyens

Village vacances Le Lac Bleu : *73120* ***Saint-Bon-Courchevel.*** *☎ 04-79-08-25-09. • courchevel@tourístra.com • touristravacances.com • Au cœur du village de Saint-Bon, sur la D 91, env 2 km avt Courchevel 1300 (La Praz). Fermé avr-juin et de sept à mi-déc. En pens complète slt (panier-repas possible le midi) : 81-102 €/pers en été selon période (prix dégressifs au-delà de 4 j.). En hiver, formules sem en pens complète 385-595 €/pers. Café offert sur présentation de ce guide.* Une résidence de vacances à prix abordable, c'est une exception à Courchevel ! Le premier hôtel de la station a dû connaître ses années fastes, et il fonctionne aujourd'hui un peu comme une auberge de jeunesse. Chambres doubles et familiales dans 2 bâtiments séparés : fonctionnelles dans le 1er,

LES TROIS-VALLÉES

plus grandes (avec balcon et vue sur la montagne) dans le 2d. D'un côté comme de l'autre, le confort est basique. Nombreuses activités possibles : piscine d'été dans un grand jardin, terrain multisports, tir à l'arc, espace sauna, jacuzzi, billard... Bar. Location de skis l'hiver. Une navette assure la liaison jusqu'à Courchevel. Bon accueil et bonne ambiance.

Beaucoup plus chic

Hôtel Edelweiss : *pl. du Marquis,* ***Courchevel-Moriond.*** *☎ 04-79-08-26-58. • resa@courchevel-edelweiss.com • courchevel-edelweiss.com • ♿ Ouv de mi-déc à mi-avr. Doubles 125-225 € selon période, petit déj inclus.* Immeuble années 1950-1960. Chambres toutes simples (mobilier de pin et bardage de bois aux murs), avec balcons pour certaines.

Hôtel Les Peupliers : *Le Praz,* ***Courchevel-Le Praz.*** *☎ 04-79-08-41-47. • infos@lespeupliers.com • lespeupliers.com • ♿ Resto fermé w-e sept-nov. Congés : mai-juin. Doubles 120 € en été, 220-300 € en hiver. ½ pens 95-210 €/pers. Menu 30 € ; carte env 40 €. Parking payant.* Chambres de très bon confort et soignées, élégamment décorées (jolies têtes de lit peintes sur bois dans certaines, lambris, balcon en bois sculpté). Les moins chères sont situées dans le chalet juste à côté, ce qui empêche de passer en pantoufles au sauna, au hammam ou au jacuzzi. Dur ! Le resto *La Table de mon Grand-Père* propose une cuisine traditionnelle avec une pointe de raffinement ; les demi-pensionnaires dînent quant à eux dans une salle séparée, sauf en été. Billard, salle de muscu. Prix exorbitants pendant la saison hivernale, dommage.

Où manger ?

Le Petit Savoyard : *rue du Marquis (immeuble La Croix de Verdon),* ***Courchevel-Moriond.*** *☎ 04-79-08-27-44. Ouv slt de mi-déc à mi-avr. Formule déj rapide 14 €, menu 30 €, carte 44 €. Digestif offert sur présentation de ce guide.* Un petit resto sans prétention. Cadre montagnard, bonnes pizzas (à emporter également) et spécialités savoyardes.

Le Chabotté : *rue des Chenus,* ***Courchevel 1850.*** *☎ 04-79-01-46-86. • info@lechabichou.com • Tlj en saisons hiver et été. Formule 21 € et menu 27 € déj sem ; menu 31 € le soir.* Pour son annexe bistrotière, *Le Chabichou,* prestigieuse adresse – s'il en est... – de Courchevel, a vu grand : quelque 300 m² pour un décor qui mixe intelligemment design d'aujourd'hui et montagne d'autrefois. Cuisine dans le même esprit, qui revisite avec le savoir-faire d'une grande table les classiques de la cuisine savoyarde. Et à des prix vraiment incroyables pour la station. Concerts certains soirs en hiver.

Où boire un verre ? Où sortir ?

Suivant l'état de vos finances, vous pourrez faire le tour des bars et des boîtes chicos (ça ne manque pas ici).

À voir

L'église de Saint-Bon : charmante petite église baroque avec un cadran solaire sur le côté gauche, ouverte certains dimanches seulement. Elle fut reconstruite au XVIIe s sur les bases d'un édifice roman. Visite guidée *(rens à l'office de tourisme ☎ 04-79-08-00-29).*

Ski et neige

Ski alpin : domaine skiable (1 100-2 700 m) relié à celui des Trois-Vallées. 150 km de pistes. Forfaits journée adulte : 50 € ; Trois-Vallées : 59 €. On ne va évidemment pas vous détailler ici, piste par piste, le domaine des Trois-Vallées. Juste quelques plans si vous avez décidé de skier sur Courchevel. Les débutants feront leurs premières glisses à Pralong. Ceux qui ont déjà quelques virages dans les guiboles emprunteront les télécabines des Verdons ou de la Loze. Aux bons skieurs, les secteurs de la Chanrossa, de la Vizelle ou de la Saulire (entre Courchevel et Méribel, beau panorama).

Ski nordique : 66 km de pistes. Accès gratuit ; également 17 km de sentiers aménagés pour la ***marche nordique.***

– ***Luge :*** 2 km de piste éclairée (jusqu'à 19h30) entre Courchevel et Courchevel-Village. Également 9 itinéraires ***raquettes*** de 45 mn à 3h.

Saut à skis : quatre tremplins modernes au Praz, deux tremplins olympiques (90 et 120 m), un de 60 m et un de 25 m. On ne s'y aventurera pas, mais ce sport, mal connu, reste toujours spectaculaire. À voir quand il y a des entraînements ou des compétitions, notamment la Coupe du monde de saut à skis, au mois... d'août, sur revêtement synthétique. Exposition permanente sur le site des tremplins.

DANS LES ENVIRONS DE COURCHEVEL

La Tania : dernière-née (en 1991) des stations des Trois-Vallées. Nichée dans la forêt entre Courchevel et Méribel, station « skis aux pieds » avec immeubles aux formes biscornues en front de neige et chalets individuels fort seyants. Beaucoup plus familiale que ses voisines huppées et d'un rapport qualité-prix un peu plus intéressant.

Office de tourisme : *☎ 04-79-08-40-40. • latania.com • Tlj en saison ; en intersaison, lun-ven sf j. fériés.*

MÉRIBEL (73550) 1 932 hab. *Carte Savoie, C3*

La station est née du coup de foudre d'un Écossais pour la vallée des Allues. Au lendemain de la Seconde Guerre mondiale, Peter Lindsay crée ex nihilo la station de Méribel en édictant quelques très strictes règles d'architecture : les façades seront en pierre ou en bois, le toit à double pente recouvert d'ardoises ou de lauzes. Résultat : toujours prisée des Britanniques, aussi huppée que Courchevel (les deux stations se partagent la moitié des hôtels 4 étoiles des Alpes françaises), mais un peu moins poudre-aux-yeux, Méribel est la « belle » des Trois-Vallées (si l'on ferme les yeux sur Méribel-Mottaret, un peu station-béton).

Adresse et info utiles

Méribel Tourisme : *à Méribel. ☎ 04-79-08-60-01. • meribel.net • Tlj été comme hiver. Également un bureau à Méribel-Mottaret : ☎ 04-79-00-42-34.* (payant).

Où dormir ? Où manger ? Où boire un verre ?

Bon marché

En'K : *Les Allues. ☎ 04-79-01-13-75. • enk@hotmail.fr • Tlj sf w-e et j. fériés et soir jeu-sam hors saison. Congés : oct-nov. Résa recommandée. Menu 18 € ; carte 20-25 €. Apéritif offert sur présentation de ce guide.* Un peu à l'écart de la route, le resto affiche un cadre et une carte colorés. On échappe ici au culte des spécialités montagnardes, avec une cuisine qui alterne classiques et plats plus originaux. La souris d'agneau côtoie ainsi les brochettes *satay* et les nems, à accompagner d'un vin au pichet à prix très raisonnable. Très bon rapport qualité-prix.

De prix moyens à chic

Hôtel La Croix-Jean-Claude : *rue de la Resse, Les Allues. ☎ 04-79-08-61-05. • lacroixjeanclaude@wanadoo.fr • croixjeanclaude.com • À 6 km du centre de la station. Resto fermé sam midi et dim hors saison. Congés : mai. Doubles 75-98 € en été selon période, 137-195 €, petit déj compris l'hiver. Carte env 50-60 €.* Un des plus anciens hôtels des Trois-Vallées et parmi les moins chers de Méribel. Grosse maison (construite en 1848, elle abrita d'abord la mairie) au cœur du village originel de la vallée, près de l'église. Les actuels propriétaires de cette institution en ont conservé l'esprit familial. Bonne cuisine de tradition et immense terrasse. Chambres toutes mignonnes, avec des salles de bains rénovées pour celles du dernier étage. Certaines possèdent un balcon.

Le Lac bleu : *route de Morel. ☎ 04-79-08-65-36. • hotel-lelacbleu@raiberti.com • raiberti.com • En direction de l'Altiport, au pied du télésiège Morel (skis aux pieds). Congés : fin mars-début juil et de fin août à mi-déc. Double 204 €, petit déj inclus ; ½ pens demandée pdt les vac d'hiver 130 €/pers.* On repère cet hôtel à la télécabine bariolée posée à l'entrée. Nous aimons bien son atmosphère décontractée, notamment dans le chaleureux salon, avec ses confortables canapés et son feu de cheminée. On se sent tout aussi bien dans les chambres spacieuses, réparties dans 2 chalets : couettes moelleuses sur les lits, entrée séparée, grand placard, balcon et pas de télévision, histoire de faire connaissance avec ses voisins, au salon ou au bar. Pour le couple franco-américain aux commandes de l'établissement, l'ambiance prime avant tout.

Résidence Odalys Le Hameau de Mottaret : *quartier du Laitelet, Méribel-Mottaret. ☎ 04-79-00-46-46 • meribel-mottaret@odalys-vacances.com • Fermé mai-juin et de sept à mi-déc. À partir de 245 €/sem pour un studio 4 pers.* Résidence skis aux pieds, composée de grands chalets en bois. Entièrement rénovés, les appartements, du studio au 3-pièces mezzanine, peuvent accueillir jusqu'à 8 personnes. En été, club enfants, animations adultes et ados, et randonnées accompagnées d'un guide.

Le Chamois d'Or : *chemin Robert-Rondi, Méribel 1600. À 100 m du télésiège du Rondel. ☎ 04-79-08-60-56. • meribel.ternelia.com • À partir de 319 €/pers en chambre de 4 pers ; réduc enfants de 25 à 50 %.* Une formule hôtel-club bien rôdée et à taille humaine. Une trentaine de chambres de 2 à 5 personnes. Sauna.

La Fromagerie : *rue du Centre. ☎ 04-79-08-55-48. • chezfromton@gmail.com • Tlj, soir slt à partir de 19h. Congés : mai-juin et sept-nov. Fondues-raclettes 20-24 €. Carte 25-30 €. Digestif maison offert sur présentation de ce guide.* « Chez From'ton », comme on dit par ici. Et vu l'enseigne, vous avez sûrement déjà une petite idée de ce qu'on mange dans cette grande cave chaleureuse, resto de la fromagerie attenante.

Très chic

Le Télébar : *chemin de l'Adray, Les Allues. ☎ 04-79-08-60-26. • welcome@telebar-hotel.com • telebar-hotel.com • Au départ* *du télésiège de l'Adret. Tlj 11 déc-24 avr env. Doubles 299-399. ½ pens 150-250 €. Menu 35 € ; carte env 50 €. Café et digestif offerts sur présentation de ce guide.* À deux godilles de la route et déjà sur les pistes, dans une ambiance 100 % montagne. Si l'on n'a pas les moyens de s'offrir l'une des chambres cosy ou, encore mieux, l'un des spacieux lodges (4 personnes), une escale bronzette entre 2 pistes, sur la superbe terrasse, est un must ! Carte brasserie au déjeuner.

L'Orée du Bois : *route du Belvédère, Le Rond-Point-des-Pistes. ☎ 04-79-00-50-30. • contact@meribel-oree.com • meribel-oree.com • Tlj. Congés : de mi-avr à mi-déc. ½ pens 202-212 €. Menus 39-71 €. Café et digestif maison offerts sur présentation de ce guide.* Gros chalet sur les hauteurs, dans un coin plus tranquille de la station (c'est un Relais du silence). Des balcons des chambres côté vallée (toutes avec bains), une vue dont on ne se lasse pas. Chambres agréables, certaines avec mezzanine ou cabine enfants, pouvant accueillir les familles. Cuisine régulière, plutôt inspirée et d'un joli rapport qualité-prix pour ce secteur où les additions donnent plus le mal des montagnes que les téléphériques. Vaste terrasse sur les pistes. Dîner pour les enfants. Bon accueil.

Chez Kiki (La Bergerie) : ***Le Morel.*** *☎ 04-79-08-66-68. • contact@chezkiki.fr • Sur la route de l'Altiport. Le soir slt. Congés : sept-nov et mai-juin. Carte 40-50 €.* Un resto de nuit (jusqu'à 1h) où l'on vient depuis des lustres pour manger d'excellentes viandes (magret de canard, brochettes de rognons d'agneau...) grillées au feu de bois et de bonnes spécialités savoyardes.

Bar à vins

Le Saint Amour : *rue du Centre. ☎ 04-79-00-35-27. • magwinebar@gmail.com • À côté de La Fromagerie, en plein centre. Tlj 16h-2h juil-août et début déc-avr. Assiette de charcuterie env 16 €. « Picorage » offert à l'apéritif sur présentation de ce guide.* C'est avec une joie de vivre communicative que Magali Gauthier tient son bar, et avec cœur qu'elle sélectionne ses vins chez les producteurs de l'Hexagone. Avec rigueur aussi. En pensant à ses clients, qui, d'année en année, fraternisent derrière le comptoir du *Saint Amour.*

Où sortir ?

Ambiance, cocktails et musique sont au rendez-vous à l'***Abreuvoir,*** à côté de la poste.

♫ Pour prolonger la nuit, la température monte pas mal aux ***Saints-Pères*** (Méribel-Centre) ou au ***Privilège*** (Méribel-Mottaret).

À voir. À faire

Le musée des Allues : *Maison Bonnevie,* ***Les Allues.*** *☎ 04-79-00-59-08. Ouv juil-août mar-jeu 14h-18h ; vac scol de Noël-fin avr, mar et jeu 14h-18h30. GRATUIT.* Ce sont les traditions et l'histoire des habitants de la vallée des Allues que ce musée retrace en quelques salles.

La scierie et moulin du Raffort : *village du* ***Raffort.*** *☎ 04-79-00-59-08. Accès libre tlj. Visite commentée mar et jeu à 10h15 slt en juil-août.* Découverte du fonctionnement d'une scierie et d'un moulin à eau, récemment restaurés, ainsi que des métiers qui leur sont liés.

La Maison de la réserve du plan de Tuéda : *au bord du lac,* ***Méribel-Mottaret.*** *☎ 04-79-01-04-75. Au bout de Mottaret, laisser sa voiture au parking, puis 10 mn de marche en empruntant le chemin. Ouv en saisons d'hiver et d'été ; se renseigner. GRATUIT.* Point information à l'étage du chalet, avec une exposition sur les métiers du bois, la faune et la flore de cette magnifique réserve (voir plus loin « Sports et loisirs d'été. Randonnées »).

Ski et neige

Ski alpin : domaine skiable (1 400-2 952 m) relié à celui des Trois-Vallées. À Méribel, 150 km de pistes. Forfait journée adulte : 50 € ; Trois-Vallées : 59 €. Méribel est au cœur des Trois-Vallées, l'un des plus vastes domaines skiables. Et les pistes qui vont avec ! Pour les skieurs moyens, nombreuses pistes du versant sud au départ de la Saulire. Aux bons skieurs s'ouvrent les superbes pistes qui strient les massifs du mont du Vallon (en face, la Vanoise dans toute sa splendeur), du mont de la Chambre, du Roc-des-Trois-Marches et du Roc-de-Fer. Pour les débutants, on recommande les pistes de l'Altiport, dans les sapins. Superbes points de vue en haut de mont Vallon ou de Côte Brune.

Ski nordique : 59 km de pistes. Gratuit. Deux jolis sites : le lac de Tuéda et la forêt protégée de l'Altiport, d'où part l'itinéraire Méribel-Courchevel (8 km).

– ***Patinoire d'été et d'hiver :*** espace détente, fitness, spa. Également un ***mur d'escalade*** et une ***piscine.***

➢ ***Sentiers piétons :*** plus de 25 km à travers les différents hameaux de la vallée. Brochure disponible à l'office de tourisme.

Sports et loisirs d'été

➢ ***Randonnées :*** *guide des sentiers en vente à l'office de tourisme.* Belles balades dans la ***réserve naturelle du plan de Tuéda.*** 1 100 ha de milieux naturels préservés (parc de la Vanoise), dont l'une des plus belles forêts de pins cembros des Alpes (à découvrir l'hiver aussi à skis de fond ou à raquettes). Infos à la Maison de la réserve, au bord du lac de Tuéda (lire plus haut « À voir. À faire »). Petite salle d'expo.

– ***Via ferrata :*** *rens au bureau des guides, ☎ 04-79-00-30-38.* Initiation au lac de La Rosière, voie plus aérienne (euphémisme...) sur les pentes de la dent de Burgin, sommet mythique de la vallée des Allues ! Également de l'***escalade*** et du ***canyoning.***

VTT : plan des circuits disponible à l'office de tourisme. Randonnées accompagnées via les écoles de VTT.

LA VALLÉE DES BELLEVILLE

La plus grande (*bella villa* ne signifie pas « superbe maison de campagne » mais « grand domaine ») des Trois-Vallées, la plus austère aussi. Un chapelet de petits villages devenus éminemment touristiques depuis la création des Menuires en 1964, puis de Val Thorens en 1972.

SAINT-MARTIN-DE-BELLEVILLE

(73440) 3 040 hab. *Carte Savoie, C3*

C'est, à 1 400 m d'altitude, une station, et pourtant, avec ses ruelles étroites, ses maisons de pierre aux toits de lauzes et son église baroque, rien ne manque pour qu'on continue à l'appeler « village ».

Adresse utile

Maison du tourisme : *dans le village, à côté du musée. ☎ 04-79-00-20-00. • st-martin-belleville.com • Ouv tte l'année, tlj en saison.* *(payant).* Organise une visite aux flambeaux du vieux village en hiver (5 €).

Où dormir ? Où manger ? Où boire un verre ?

Bon marché

La Ferme de Chantacoucou : *hameau du Châtelard, à 1,5 km du village. 06-13-98-91-56. En hiver, ts les soirs sf dim ; début juil-fin août, tlj sf dim soir-lun. Résa obligatoire. Menus 16 € (en été)-24 €.* Ce couple d'agriculteurs a élargi ses activités en ouvrant sa ferme aux hôtes de passage, le temps d'un repas autour de grandes tablées. Menu unique simple et copieux comme il se doit, à base de produits de l'exploitation. L'hiver, habitués et touristes juste descendus de la vallée des Encombres se réchauffent les os auprès du feu de cheminée dans un même élan de bonne humeur.

De prix moyens à chic

Hôtel Le Lachenal : *au centre du village. ☎ 04-79-08-96-29. • lelachenal@orange.fr • hotel-lachenal.fr • Tlj 15 déc-15 avr. Résa conseillée. Compter 87 €/pers en ½ pens (en chambre double) l'hiver. Brunch du skieur 28 €. Digestif offert sur présentation de ce guide et 10 % de remise sur le prix de la chambre en janv.* Adorable petit hôtel de village. Chambres douillettes, aux murs lambrissés. On a une préférence pour la chambre « Edelweiss », plus spacieuse. Penser à réserver, d'autant qu'il n'y a que 3 chambres ! Fait aussi resto (spécialités savoyardes, comme il se doit).

Le Montagnard : *Les Places. ☎ 04-79-01-08-40. • info@le-montagnard.com • Derrière la mairie, à peine à l'écart du centre du village. Fermé mai-4 juil et sept-nov. Plat du jour midi env 15 € ; carte env 35 €.* Bienvenue dans l'écurie de l'ancienne ferme où habitaient les grands-parents de l'actuel propriétaire ! La déco, faite de petits clins d'œil, ne manque pas de chaleur. Spécialités éminemment savoyardes, dont la pallasse bellevilloise (à base de pommes de terre, de poitrine fumée et de chèvre), qui a fait de nous des routards heureux ! Les irrésistibles desserts traditionnels achèvent de plomber l'estomac. Balade fortement conseillée après le repas. Les habitués montent aussi à son chalet d'alpage *Chez Pépé Nicolas* pour un déjeuner champêtre entre chèvres, cochons et vaches (*06-09-45-28-35 ; fonctionne aussi en hiver).*

Le Jardin de Joséphine : *rue des Places. ☎ 04-79-22-54-84. • info@lejardindejosephine.com • À peine à l'écart du centre du village, un peu sur les hauteurs. Congés : de mi-avr à début juil et de fin août à mi-déc. Carte 25-40 €.* Joséphine, c'était la grand-mère des proprios de cet adorable petit resto. Et son jardin est toujours là. La cuisine s'en inspire même largement : le jeune chef passé chez quelques grands travaille joliment légumes oubliés comme herbes sauvages. De la « jardinomie », comme ils disent. On craignait le concept un peu vide, on tient en fait une bonne petite adresse. Intéressante carte des vins (naturels sinon bio).

Beaucoup plus chic

Hôtel Saint-Martin, restaurant Le Grenier : *Les Grangeraies. ☎ 04-79-00-88-00. • reservations-hotelsaintmartin@orange.fr • hotel-stmartin.com • ♿ En hauteur du village, sur les pistes. Congés : de mi-avr à mi-déc. Compter 130-270 €/pers en ½ pens slt. Formule déj en sem 22 €, menu 29 €, carte env 36 €.* Des chambres charmantes, toutes avec balcon, boisées et décorées avec raffinement. Baignoire et w-c séparés pour chacune. Au resto, on n'est pas dans le registre casse-croûte entre 2 pistes, mais plutôt dans celui d'une cuisine très soignée. Spécialités de cochon, à découvrir avec le « menu tout cochon », et de cuisine régionale. Une adresse agréable, avec une terrasse magnifique face aux pistes. Sauna, hammam et salle de fitness.

En altitude

Le Corbeleys : *Saint-Marcel. Restaurant d'altitude au sommet de la télécabine de Saint-Martin. ☎ 04-79-08-95-31. • suchet.b@orange.fr • Accessible également aux piétons. Ouv de mi-déc à mi-avr. Plats 15-20 €.* On aime bien la terrasse, pour un vin chaud ou pour y casser la croûte à prix très raisonnable. Plats savoyards à la carte : croziflette, fondue, croûte bellevilloise et un plat du jour.

À voir. À faire

La chapelle Notre-Dame-de-la-Vie : *à 1 km au-dessus de Saint-Martin, sur la route des Menuires. Ouv tte l'année, tlj 8h-16h30. Visites guidées : rens à l'office de tourisme.* La vallée regorge de chapelles et d'églises, mais s'il ne fallait en garder qu'une à visiter, ce serait bien celle-là, joliment isolée sur un rocher. Sanctuaire le plus vénéré de la Tarentaise (et depuis le XIIIe s !), ce qui explique la richesse de son patrimoine. Après 2 ans de travaux de restauration, les décors peints et les peintures ont retrouvé tout leur éclat ! Les fresques de la coupole évoquent avec une tendre poésie l'Ancien Testament. Autres joyaux : plusieurs retables baroques, dont celui du maître-autel consacré à la Vierge. Remarquez la niche de la statue de Notre-Dame-de-la-Vie, fermée d'un volet. Pour éviter que les regards des nombreux pèlerins ne l'usent ? À voir enfin, les stalles et la chaire, finement sculptées par des artisans de Moûtiers.

L'église Saint-Martin : *tlj 9h-18h, mais avec une grille. Visite guidée en saison mer 14h30 (tarif : 5 € ou 7 € église + chapelle ; infos à l'office de tourisme).* Sous son clocher de type lombard, une vraie église de montagne basse et trapue. On admirera, de loin, le superbe retable baroque du maître-autel (XVIIe s, bien sûr) qui brille de tous ses ors depuis sa rénovation. Colonnes torses d'une exubérante variété, et une polychromie dominée par le rouge (symbole du sang versé par le Christ).

Le moulin de Burdin : *visite gratuite en juil-août avec l'office de tourisme, mer et ven 10h-11h.* Ancien moulin à grains fonctionnant avec un système de roues horizontales appelées « roues à ailettes ». Le mécanisme complètement restauré permet de fabriquer la farine comme autrefois.

Le musée de Saint-Martin : *dans le village. De mi-déc à fin avr, tlj sf sam 10h-12h, 14h30-19h (juil-août 14h-18h30). Entrée : 3 € ; gratuit jusqu'à 16 ans. Visites guidées mer ap-m (5 €).* Installé dans une ancienne ferme, ce musée est consacré à l'histoire de la région, depuis l'âge d'or de l'élevage au XIXe s jusqu'au développement du tourisme dans les années 1960, en passant par les mutations industrielles du début du XXe s.

Ski et neige

Ski alpin : domaine (1 450-3 200 m) commun avec celui des Menuires et relié à celui des Trois-Vallées. Forfait journée adulte : Saint-Martin-Les Menuires 47 € (160 km de pistes) ; Trois-Vallées (600 km de pistes) : 59 €. Pour le descriptif, voir le chapitre « Les Menuires ».

Ski nordique : 28 km de pistes. Gratuit.

Sports et loisirs d'été

➢ ***Randonnées :*** *carte des sentiers balisés et topoguide disponibles à l'office de tourisme.* 250 km de sentiers. De nombreuses possibilités dans la vallée et dans les vallons affluents encore sauvages. Quelques suggestions : pour tous (de 1h à 4h), le *lac de Tête-Ronde,* le célèbre et néanmoins superbe *lac du Lou* (au départ de la balade, le chalet d'alpage de *Chez Pépé Nicolas* est ouvert à la visite (20 juin-20 septembre) : à partir de 15h30, traite des chèvres, puis fabrication de la tomme de Savoie et traite des vaches) ou encore le *hameau de La Gittaz.* Également à la demi-journée, le circuit du *col de la Fenêtre.* Pour les randos à la journée : la *Croix-Jean-Claude,* le circuit des *lacs de la Masse* et *du Grand-Perron-des-Encombres* pour marcheurs expérimentés.

VTT : 28 itinéraires balisés sur 120 km dans l'ensemble de la vallée. Le tour des villages pour les randos en famille. Pour les plus sportifs, la superbe vallée des Encombres. Quelques grandes descentes pour les amateurs de sensations et une *Kid Zone* au plan d'eau des Bruyères pour se familiariser avec le franchissement d'obstacles à VTT. Très belle descente sur Saint-Martin depuis Tougrète jusqu'aux Grangeraies. Carte IGN en vente à l'office de tourisme.

Manifestations

– ***Rendez-vous musicaux de Belleville :*** *été comme hiver. Rens à l'office de tourisme.* Des concerts de jazz, de blues ou de musique classique ont lieu en soirée à l'église et à l'Espace Maurice-Romanet des Menuires.
– ***Pèlerinage à Notre-Dame-de-la-Vie et fête du 15 août :*** messe de l'Assomption en plein air, suivie d'une fête avec repas champêtre, jeux, folklore savoyard, bal et feu d'artifice.

LES MENUIRES

(73440) 470 hab. *Carte Savoie, C3*

Pour le village authentique, retournez quelques lignes plus haut et quelques kilomètres plus bas. Très représentative de l'architecture des années 1960, cette station a la volonté de faire évoluer son image : elle a d'ailleurs supprimé les barres d'immeubles les plus disgracieuses pour les remplacer par des hôtels et résidences type chalets à l'architecture harmonieuse, formant des nouveaux quartiers qui arrivent à donner le change. Des hébergements plus haut de gamme contribuent à donner un nouveau souffle à la station. Sans parler du domaine skiable des Trois-Vallées, bel et bien fabuleux. Clientèle traditionnellement familiale, parmi laquelle s'immiscent jeunes et sportifs.

Adresse et info utiles

Office de tourisme : *La Croisette. ☎ 04-79-00-73-00. • lesmenuires.com • Ouv tte l'année, tlj en saison, sinon fermé w-e et j. fériés. Également des bureaux aux Bruyères (☎ 04-79-00-69-49) et à Reberty (☎ 04-79-00-63-77) hiver slt. Point info l'hiver à l'entrée de la station (ouv sam 14h-2h du mat, pratique si vous arrivez de nuit). (payant).* Pour les familles, un guide pratique est distribué à l'office de tourisme, avec les bons plans pour faciliter son séjour avec des enfants.

– **Central de réservation :** *☎ 04-79-00-79-79. • location.lesmenuires.com •*

Où dormir ? Où manger ?

De bon marché à prix moyens

La Ferme de Reberty : *à Reberty. ☎ 04-79-00-77-01. • contact@lafermedereberty.com • Tlj 9h-1h. Congés : fin avr-début déc. Plat du jour 13 € le midi, menu 25 €, carte 25-40 €.* Qu'il est bon de faire halte face aux pistes (accès à pied ou en voiture) sur la magnifique terrasse ! Une carte assez originale et variée, qui propose des plats régionaux et d'autres plus originaux, tous joliment présentés ! Pas mal pour une pause skis aux pieds... Et il y en a pour tous les goûts et toutes les bourses.

Au Village : *galerie marchande de l'Adret, La Croisette. ☎ 04-79-41-20-39. • info@auvillage-lesmenuires.fr • Prendre l'ascenseur jusqu'au 3e étage à la gare routière. Déc-avr, ouv ts les soirs, plus le sam midi. Menus 17,90-24,50 € ; carte 25-30 €. Digestif maison offert sur présentation de ce guide.* Une petite adresse chaleureuse qui joue la carte de la convivialité, entre salon de thé cosy et resto. On y sert avec le sourire une cuisine « paysanne et savoyarde » qui colle bien au décor tout en bois. La fondue au chocolat, servie au goûter, a aussi fait quelques accros !

De chic à beaucoup plus chic

Le Menuire Chalet-Hôtel : *à l'entrée de la station, sur la droite. ☎ 04-79-00-60-33. • info@le-menuire.fr • le-menuire.fr • Congés : de mi-avr à mi-déc. ½ pens 99-163 €. Cocktail de bienvenue offert sur présentation de ce guide.* À l'entrée de la station, skis aux pieds, un hôtel de caractère, décoré avec goût et dans un esprit cosy. Suites familiales de 4 à 8 personnes, au 3e étage (pas d'ascenseur). Elles ont pas mal de cachet mais ne possèdent pas de balcon. Toilettes séparées. Les chambres côté montagne sont un peu plus chères. Piscine, jacuzzi et sauna.

L'Ours Blanc : *Reberty 2000. ☎ 04-79-00-61-66. • info@hotel-ours-blanc.com • hotel-ours-blanc.com • Tlj de mi-déc à mi-avr. ½ pens 73-140 €/pers sur la base de 2 pers, selon confort et saison. Formule 32 €, menus 45-88 €. Apéritif offert sur présentation de ce guide.* Gros chalet récent sur les pistes. Chambres lumineuses au confort classique, toutes avec balcon. Celles orientées plein sud, au dernier étage, sont les plus agréables. Service brasserie le midi au resto, entre gastronomie et spécialités savoyardes le soir. Grande terrasse ensoleillée. Salon à l'atmosphère british, sauna, hammam, jacuzzi, salle fitness et solarium.

En altitude

Le Chalet des Neiges : *Les Granges. Restaurant d'altitude sur les pistes, au niveau de l'arrivée de la télécabine du Roc-des-Trois-Marches (accès piétons). ☎ 04-79-00-60-55. • olivierguri@wanadoo.fr • Ouv le midi slt. Congés : 1er mai-1er déc. Plat du jour 14,50 € ; carte env 25 €. Apéro offert sur présentation de ce guide.* Une adresse satisfaisante pour casser la croûte sur les pistes. Plats savoyards classiques et pizzas.

Le Mont de la Chambre : *au sommet de la télécabine, à 2 850 m (accès piéton). ☎ 04-79-00-67-68. Tlj de mi-déc à fin avr. Au self, formule 20,50 € ; au resto, menus 32-47 €.* Pour les skieurs pressés, direction le self de qualité avec son impeccable formule. Les contemplatifs et les gourmands (les mêmes ?) prendront leur temps au resto, certes pas donné, mais vraiment excellent. Le chef, qui est maître restaurateur, régale ses clients avec des produits frais. Également un coin brasserie avec des produits savoyards. Vue panoramique sur les sommets, dont le mont Blanc.

Où acheter du bon fromage ?

La coopérative laitière : *3 adresses aux Menuires, pl. de la gare routière, dans la galerie de la Croisette et dans le quartier Reberty 1850. ☎ 04-79-00-25-31 (ou 52-39). Ouv 9h-12h, 16h-19h.* Difficile de trouver meilleur rapport qualité-prix, notamment pour le beaufort.

Ski et neige

Ski alpin : domaine (1 800-3 200 m) commun à Saint-Martin-de-Belleville et faisant partie des Trois-Vallées. Domaine des Menuires : 160 km de pistes. Forfait journée adulte : 47 €, 59 € pour les Trois-Vallées. Domaine bien ensoleillé et plutôt sportif. Mais les « petits » skieurs trouveront aussi ski à leur spatule et même de belles balades, comme le long de la bleue qui descend du Roc-des-Trois-Marches vers Saint-Martin. Les sportifs grimperont sur le massif de la Pointe-de-la-Masse (panorama sur la Vanoise et le mont Blanc).

Ski nordique : 28 km de pistes, dont une boucle de 21 km entre Saint-Martin et Les Menuires, sur les rives du Doron. Gratuit.

➢ **Raquettes :** un sentier au départ du sommet du mont de la Chambre (1 000 m de dénivelée ! ; compter 3h). Vaste réseau de sentiers piétons (carte gratuite disponible à l'office de tourisme).

– **Centre sportif :** *☎ 04-79-01-08-83. Tlj hiver et été.*

Sports et loisirs d'été

– L'été, la ***carte multiloisirs*** donne un accès illimité aux remontées mécaniques et à une vingtaine d'activités (tennis, piscine, tir à l'arc, *fun park*, etc.) sur la vallée des Belleville. *Compter 45 €/sem (à partir de 6 ans) et 20,50 €/j. ; réduc.*

– ***Espace Aquaclub*** avec piscine, sauna, hammam, mais aussi fitness, squash, *fun park*...

– ***Speed Mountain :*** piste de luge sur rail accessible en hiver et en été, la plus longue des Alpes françaises (1 000 m). Accessible dès 5 ans (de 1,10 m à 1,40 m) sur la luge des parents.

VTT : voir « Saint-Martin-de-Belleville ».

VAL THORENS

(73440) 400 hab. *Carte Savoie, C3*

Un cul-de-sac en haute montagne, qui doit son nom à l'un des six glaciers qui le surplombent, le Thorens. Le paysage est sublime, et la plus haute station d'Europe (construite en 1971 à 2 300 m d'altitude), sans avoir le charme d'un village traditionnel, a le dynamisme d'une jeune station. Elle attire une clientèle française et internationale grâce à ses pistes de ski évidemment, mais aussi grâce au confort de son hébergement et à ses restaurants gastronomiques. Et avec huit sommets skiables à plus de 3 000 m, la glisse est garantie presque toute l'année (de novembre à mi-mai), à skis et même à VTT, sur la neige ! Amateurs, en piste !

Adresse utile

Office de tourisme : *☎ 04-79-00-08-08. • valthorens.com • Tlj en saison ; permanence jusqu'à 1h dim mat pour les arrivées tardives.*

Où dormir ? Où manger ? Où boire un verre ?

Dans la station

De prix moyens à chic

Le Vieux Chalet : *rue du Soleil. ☎ 04-79-00-07-93. • contact@levieuxchalet.com • Ouv déc-avr, ts les soirs, plus sam midi. Formule 19 € sam midi ; carte env 50 €.* Le resto a recréé un intérieur de ferme comme on n'en trouve pas à Val Thorens : plancher, vieille horloge, mobilier en bois, ustensiles anciens. Et cette bonne odeur de fromage fondu qui flotte dans l'air annonce de gourmandes spécialités savoyardes. Ici, la raclette se targue d'être au lait cru, et l'ensemble des fromages d'être sélectionnés auprès des producteurs. Un gage de qualité qui ne trompe pas.

Face West Café : *pl. de Caron. ☎ 04-79-00-05-94. Tlj déc-avr 8h-2h. Carte env 30 €.* L'effort de déco est incontestable, mélangeant pierre et bois dans un style design assez réussi, mais c'est avant tout l'immense terrasse en front de neige et les fauteuils confortables qu'on apprécie à toute heure de la journée. Carte éclectique et pas donnée, surfant entre viandes, pizzas et spécialités savoyardes. Sympa aussi pour boire un verre l'après-midi, quand il y a de la musique live.

Beaucoup plus chic

Le Sherpa : *rue du Gebroulaz, en haut de la station. ☎ 04-79-00-00-70. • courrier@lesherpa.com • lesherpa.com • Ouv de mi-nov à début mai. Compter 110-220 €/pers en ½ pens selon période. Menu 35 € le soir ; carte 40 €.* Un établissement de charme dans une station qui a tendance à en manquer. De belles chambres au décor soigné (certaines en duplex), très confortables, toutes avec balcon et TV satellite, et une cuisine talentueuse à prix raisonnables font de cette adresse une valeur sûre. La preuve, les habitués reviennent d'une année sur l'autre. Sauna et cosmic sauna (panoramique, sur la terrasse), hammam et jacuzzi. Un 3-étoiles digne d'un 4-étoiles.

Sur les pistes

La Fruitière – La Folie Douce : *piste Plein Sud, restaurant d'altitude. ☎ 04-79-00-04-27. • lafoliedoucevaltho@orange.fr • Déc-avr, resto tlj le midi slt. Carte env 50 € à La Fruitière ; au self, env 25 €.* La désormais mythique *Folie Douce* connaît ici le même succès qu'à Val-d'Isère, Méribel, L'Alpe-d'Huez et Saint-Gervais. D'un côté, cuisine inspirée, plats bio et tables blanches dans un décor de coopérative laitière ; de l'autre, sur le coup de 15h, dès que le son pulse, le lieu s'embrase dans une ambiance festive ! Sur une piste de ski qui est un lieu de passage obligé depuis Courchevel, on se laisse happer sans trop de résistance sur ce dance-floor à 2 400 m d'altitude, devenu en quelque temps un véritable phénomène ! Sur l'immense terrasse, entre 2 télésièges, 2 canapés Starck et la cime Caron, on y danse jusqu'à perdre haleine sur une musique mixée par les meilleurs DJs du moment. Décoiffant, vraiment !

Les Aiguilles de Péclet : *Temples du Soleil. ☎ 04-79-00-03-76. Restaurant d'altitude au sommet du funitel de Péclet. Accès à skis ou à pied. Congés : 15 mai-20 nov. Formule déj 15 € au self ; sinon env 15-20 € au self ; plats 19,50-35 € au resto.* Ce resto est une institution à Val Thorens. Une réputation qui n'est pas usurpée, même au self : tartes, plats du jour bien tournés et crêpes pour un repas rapide entre 2 pistes. À l'étage, les habitués réservent en priorité la « salle à Matis », feutrée. La carte propose quelques plats bien présentés, préparés avec des produits qui fleurent bon le terroir. Belle terrasse avec des transats.

Où sortir ?

On vous conseille, pour l'apéro d'après-ski, des bars comme le ***Rhum Box,*** situé contre le ***Panda,*** très prisé des snowboarders. À la nuit tombée, direction ***L'Éclipse*** *(galerie Caron, • eclipse-valthorens@orange.fr • ; ouv 16 nov-14 mai, réduc de 10 % sur les consommations sur présentation de ce guide)* ou le ***Malaysia,*** la discothèque jeune et branchée de la station, à l'entrée immanquable sur le front de neige.

Où acheter de bons produits ?

La Belle en Cuisse : *immeuble L'Arcelle. ☎ 04-79-00-04-30. Tlj en hiver et en été, 9h-13h, 15h-20h30 (16h-20h juil-août).* Une institution à Val-Tho. Ici, les meilleurs fromages ont été minutieusement sélectionnés par Pierre, qui dégaine facilement son couteau pour faire déguster ses produits exceptionnels. On se pourlèche les babines d'un beaufort d'alpage, par exemple, et de charcuteries remarquables, fruit d'un travail traditionnel. Une adresse incontournable aussi bien pour une fondue entre copains (loue aussi l'appareil) que pour se faire un baluchon avant le départ.

Ski et neige

Ski alpin : domaine (1 800-3 230 m) relié à celui des Trois-Vallées. 150 km de pistes à Val Thorens, 600 km pour l'ensemble du domaine des Trois-Vallées. Forfait journée adulte : 49 € ; Trois-Vallées : 59 €. Son altitude élevée permet un enneigement exceptionnel de novembre à mi-mai. Des panoramas d'anthologie : la cime de Caron, qui offre une vue sur l'intégralité des massifs alpins (plus de 1 000 sommets) accessible en remontées mécaniques. Un autre point culminant, l'épaule du Bouchet (3 230 m), sur le secteur d'Orelle, côté Maurienne : vue sur le parc des Écrins. Quelques pistes de référence : le *col de l'Audzin* (là, on est franchement en haute montagne) ou la *Christine.* Pour skieurs moyens et pour bons skieurs, la *combe de Rosaël* et la *Marielle-Goitschel.* Et une descente originale, versant sud, vers la vallée de la Maurienne. Immense espace *freestyle.*

– ***Luge :*** *14,50 € ; gratuit jusqu'à 10 ans pour les enfants qui partagent la luge avec un adulte.* Une piste longue de 6 km, à partir de 5 ans. 45 mn de descente et 700 m de dénivelée. Trois soirées en nocturne en semaine.

– ***Tyrolienne :*** à plus de 3 000 m d'altitude. Survol d'une vallée glacière à 250 m du sol (50 € à partir de 8 ans). Départ accessible uniquement à skis. Également plongée sous glace.

Sports et loisirs d'été

– L'été, la ***carte multiloisirs*** permet un accès illimité aux remontées mécaniques (voir plus haut « Sports et loisirs d'été » aux Menuires).

– ***Centre sportif :*** *centre commercial de Caron. ☎ 04-79-00-00-76. En hiver, tlj 14h-22h ; en été, tlj 9h-21h.* Aquaclub avec piscine, bassin balnéoludique, *fun park* pour les enfants, et tout pour la remise en forme...

VTT : 21 circuits balisés (120 km) et une sacrée descente, « la descente verte », 18 km entre Val Thorens et Saint-Martin-de-Belleville.

Manifestations

– ***Concerts gratuits :*** *à l'église, chaque mar en hiver à 18h30, chaque jeu l'été à 20h30.* Musique classique ou jazz.
– ***Festivaltho :*** *3 j. fin mars. Gratuit.* Musique électronique sur les pistes.
– ***Apotheose days :*** *mi-mai.* 3 jours d'animations gratuites pour les familles à la fermeture de la saison.

DU BEAUFORTAIN AU VAL D'ARLY

Changement d'atmosphère, sinon totalement de paysage. Surtout si vous arrivez directement dans le Beaufortain depuis Chambéry et la Combe de Savoie (après avoir décidé de garder les vallées de la Maurienne et de la Tarentaise, traitées dans les chapitres précédents, pour un prochain voyage, qui sait ?). Vous passerez forcément par Albertville, par ailleurs ville-carrefour incontournable entre la Tarentaise et Annecy. Beaufortain et val d'Arly bénéficient du label « Pays d'art et d'histoire ».

Arriver – Quitter

En train

– ***Rens SNCF :*** *☎ 36-35 (0,34 €/mn).* • *voyages-sncf.com* •
➢ Albertville est une gare TGV (ligne Bourg-Saint-Maurice) : en hiver, trains directs de ***Paris*** (env 3h40).
➢ Autres liaisons nationales avec Lyon, Grenoble, Lille-Flandres, Dijon...
➢ Liaisons régionales avec

Bourg-Saint-Maurice, Chambéry, Moûtiers, Brides-les-Bains, Aix-les-Bains/Le Revard...

En bus

Un service de cars assure la correspondance à l'arrivée des principaux trains en gare d'Albertville avec la plupart des stations savoyardes. *Rens et résa (conseillée en hte saison) sur* • *altibus.com* •

À vélo

Eh oui ! Les sportifs et les courageux pourront rallier Annecy depuis Albertville, via Faverges (et inversement !), en empruntant une belle piste cyclable qui reprend l'ancien tracé de la voie ferrée sur 45 km.

ALBERTVILLE (73200) 18 970 hab. *Carte Savoie, B2*

Deux bourgs, *Conflans* et *L'Hôpital-sous-Conflans,* se partageaient cette petite plaine au confluent de l'Isère et de l'Arly jusqu'à ce que le roi Charles-Albert de Sardaigne, en 1835, les réunisse en une seule ville à laquelle, un peu mégalo, il donna son nom. Mais Albertville a toujours deux visages. Sur la rive gauche de l'Arly, un mignon bourg médiéval perché, Conflans. Sur la rive droite, une petite sous-préfecture, plate et sans réel charme, industrielle et commerçante, où personne ne prenait vraiment la peine de s'arrêter jusqu'aux J.O. d'hiver de 1992. Depuis, Albertville a trouvé une place dans la longue liste des destinations touristiques savoyardes. Dans cette ville reconnue Ville d'art et d'histoire, la culture n'est pas en reste avec, entre autres, un théâtre (Le Dôme) classé « scène nationale ».

Adresses et info utiles

Maison du tourisme du Pays d'Albertville : *11, rue Pargoud (centre-ville). ☎ 04-79-32-04-22. • pays-albertville.com • Ouv tte l'année, lun-sam 9h-12h, 14h-18h (tlj en continu en juil-août).*
– ***Guides conférenciers :*** *☎ 04-79-37-86-86.* Visites guidées (pour petits et grands).

■ ***Location de voitures :*** **Hertz,** *21, av. Victor-Hugo. ☎ 04-79-10-09-89. En face de la gare. Lun-ven 8h-12h, 14h-18h.*

Où dormir ? Où manger ?

Camping

Les Adoubes : *24, av. du Camping. ☎ 04-79-32-02-62. • hello@camping-albertville.fr • camping-albertville.fr • Au pied de la colline de Conflans (accès fléché). Compter 13-18 € pour 2 selon saison. Loc de tentes et de chalets 4-6 pers 252-500 €/sem.* Au pied de la cité médiévale de Conflans et en bord de rivière, un camping qui connaît un nouveau souffle (sanitaires récents et chauffés). Emplacements de bonne taille, bien ombragés. Animations en saison, salle TV, bibliothèque, épicerie produits locaux.

Prix moyens

Auberge de Costaroche : *1, chemin de la Pierre-du-Roy. ☎ 04-79-32-02-02. • auberge.costaroche@gmail.com • costaroche.blogspot.com • Accès par le pont du Mirantin. Doubles 69-79 €. Formule déj sem 12 € ; menus 21,50-35 €. Réduc de 10 % sur le prix de la chambre sf w-e d'hiver sur présentation de ce guide.* Au pied de la cité médiévale de Conflans et du château édifié au lieu-dit Costaroche, d'où le nom de cet hôtel. Grosse maison un peu terne mais avec un agréable jardin. Accueil charmant. Chambres rénovées plutôt agréables. Au resto, salle à la déco contemporaine et honnête cuisine qui aligne ses classiques.

Plus chic

■ ***Hôtel Million :*** *8, pl. de la Liberté. ☎ 04-79-32-25-15. • info@hotelmillion.com • hotelmillion.com • Congés : 2 sem début mai, 2 sem début nov. Doubles 179-189 € selon confort et saison, petit déj compris.* Cet élégant hôtel est un témoignage de ce qu'a pu être Albertville au tournant des XIXe et XXe s. 26 chambres plus ou moins spacieuses mais tout confort, et toutes soigneusement décorées (meubles anciens, cheminées, bibelots...). L'ensemble, très cossu, possède charme et cachet. Fait aussi resto.

Où dormir ? Où manger dans les environs ?

■ |●| ***Chambres d'hôtes La Ferme de Noémie :*** *1375, route de Pontfey, 73200* ***Mercury.*** *06-80-00-02-40. • gillesrevial@gmail.com • lafermedenoemie.com • ♿ À 10 mn d'Albertville (suivre Gilly-sur-Isère, puis route de Pontfet ; fléché). Compter 80 € pour 2, 120 € pour 4. Table d'hôtes sur résa le soir 29 €. 💻 Wi-fi Une bouteille de jus de fruits maison offerte sur présentation de ce guide.* Une ancienne ferme entièrement rénovée, devenue une maison d'hôtes comme on aimerait en dégoter souvent, avec vue et avec vie tout à la fois. 5 belles chambres, dont une suite familiale au décor épuré, laissent opérer la magie et la chaleur du bois. Des terrasses et un grand jardin permettent de profiter de l'isolement autant que de l'air pur. Copieux goûter (sur résa) au retour d'une journée de randonnée ou de ski. Écogîte remarquable, dont Gilles se fera un plaisir de vous conter l'histoire et le fonctionnement, devant un jus fait maison.

■ |●| ***Chambres d'hôtes Le Domaine du Grand Cellier :*** *73460* ***Tournon.*** *☎ 04-79-38-55-94. 06-70-89-56-25. • contact@domainedugrandcellier.fr • domainedugrandcellier.fr • ♿ À env 8 km au sud-ouest d'Albertville, bien fléché depuis l'entrée du village. Compter 75 € pour 2 en chambre, env 90 € en hébergement insolite. Gîtes 350-550 €/sem selon taille et saison. Table d'hôtes le soir 28 € avec boisson. Wi-fi* Une ferme du XVIIe s, ancienne propriété des moines de l'abbaye de Tamié. Sur 5 ha de terrain, les accueillants proprios ont aménagé des chambres d'hôtes, classiquement confortables, des gîtes pour 2 à 6 personnes. Et dans le jardin, un tonneau de vin d'Alsace de 10 000 litres transformé en chambre double, une tente sapin pour 2 ou bien encore une authentique yourte mongole (jusqu'à 4 personnes). L'ensemble peut accueillir une trentaine de personnes, on y rencontre donc parfois de joyeuses bandes de copains venus fêter anniversaires ou retrouvailles familiales.

|●| ***Chalet des Trappeurs :*** *col de Tamié, 73200* ***Plancherine.*** *☎ 04-79-32-21-44. À 11 km à l'ouest d'Albertville par la D 990 jusqu'à Gilly-sur-Isère, suivre ensuite le fléchage « col de Tamié ». Tlj sf lun. Carte env 30 €.* Un chalet d'alpage comme on pourrait se l'imaginer : de grosses poutres de bois, une cheminée, du mobilier typique et des peaux de mouton étendues sur les bancs. Des plats sans grande recherche et des desserts assez basiques, mais une belle terrasse et des transats dans le jardin. Et profitez de votre passage pour acheter du fromage aux moines de l'abbaye voisine de Tamié (voir plus loin).

|●| ***Les 16 Clochers :*** *91, chemin des 16-Clochers, 73200* ***Monthion.*** *☎ 04-79-31-30-39. • contact@les16clochers.fr • À env 9 km au sud-ouest d'Albertville par la N 90 puis la D 64. Tlj sf dim soir-mar. Formules le midi mer-ven 21-28 €, menus 38-57 €, carte env 50 €.* Les 16 clochers, on peut s'amuser à les compter depuis l'agréable terrasse qui domine la vallée, face aux sommets des Bauges.

Salle tout aussi agréable, dans le genre montagne de toujours. Cuisine au gré du marché (donc des saisons), un peu à l'instinct, inventive juste ce qu'il faut. Jolie carte de vins du coin et très gentil service.

Voir aussi un peu plus loin ***La Chatelle,*** à ***Ugine.***

À voir. À faire

Dans le centre-ville

La Maison des Jeux olympiques d'hiver : *11, rue Pargoud. ☎ 04-79-37-75-71. • maisonjeuxolympiques-albertville.org • En plein centre-ville (ne pas suivre la direction Parc olympique !). Juil-août, lun-sam 10h-13h, 14h-19h ; dim et j. fériés 14h-19h. Le reste de l'année, tlj sf dim, lun mat et j. fériés 10h-12h, 14h-18h. Entrée : 4 € ; réduc ; gratuit moins de 16 ans accompagné d'un adulte.* Un espace qui évoque l'histoire de l'olympisme (salle pleine de tiroirs à ouvrir, plutôt divertissante !) et fait revivre les J.O. de 1992, notamment la cérémonie d'ouverture signée Decouflé. L'occasion de voir de plus près les 2 000 délirants costumes créés pour ce jour-là, désormais exposés (par roulement) ici, le flambeau signé Starck (ou celui de Turin en 2006), et de se souvenir, en visionnant les vidéos du spectacle et de sa préparation, que, depuis, personne n'a fait mieux. Très intéressantes expos temporaires autour de l'olympisme, des valeurs qu'il véhicule, des idéaux qu'il promeut (ou qu'il est censé promouvoir) et de la montagne en général. Un « musée » résolument tourné vers le reste du monde, vers l'avenir.
Ceux qui veulent faire le pèlerinage complet pourront aussi aller faire un tour au Parc olympique, patiner sur la glace de la halle et voir le mât de la flamme olympique...

À Conflans

Conflans est la seule cité médiévale préservée de Savoie.

Petite balade dans la cité historique : surplombant la ville « nouvelle » d'Albertville, Conflans se visite à pied à travers places et ruelles. Par la porte de Savoie, on franchit la muraille édifiée au XIVe s. La rue Gabriel-Pérouse s'élève ensuite, jalonnée d'anciennes boutiques où travaillaient de nombreux artisans, comme en témoignent les enseignes. Aujourd'hui, les boutiques sont occupées par artistes, artisans, commerçants, galeries d'art.
Juste en face, une volée de marches grimpe vers l'*église Saint-Grat* qui cache une superbe chaire à prêcher du XVIIIe s en noyer : les figures sculptées dans le bois sont d'une grande expressivité. À noter, le décor peint dans le chœur, avec son retable baroque.
Sur la Grand-Place, immanquable avec sa façade de brique, la *Maison Rouge* (XIVe s), classée monument historique, qui abrite le musée d'Art et d'Histoire d'Albertville (voir ci-après). À sa droite, une ruelle grimpe vers les *jardins de la tour sarrasine* (XIIe s), où l'on soufflera quelques minutes sous une bucolique treille, en profitant du panorama, de la vue sur le *château Manuel-de-Locatel,* sur la ville et les équipements olympiques. Cerise sur le gâteau pour les plus chanceux : le coucher de soleil sur le massif de la Chartreuse, au loin...

Le musée d'Art et d'Histoire : *Maison Rouge. ☎ 04-79-37-86-86. • albertville.fr • Vac scol en principe tlj 10h-12h30, 13h30-18h ; hors vac scol mer-dim. Entrée : 3 € ; réduc ; gratuit moins de 18 ans accompagné d'un adulte et pour ts le 1er dim du mois. Le billet d'entrée comprend un audioguide (version adulte et enfant).* Joli petit musée un peu poussiéreux, relatant l'histoire de Conflans et de la vallée d'Albertville depuis la période gallo-romaine. Quelques salles consacrées à l'art religieux, au travail du bois, au ski et à la glisse, à la vie quotidienne dans la Savoie d'hier... Reconstitution d'intérieurs ; quelques très jolis objets et pièces de mobilier. Expos temporaires.

DANS LES ENVIRONS D'ALBERTVILLE

L'abbaye de Tamié : *à* ***Plancherine*** *(73200), sur les hauteurs d'Albertville. ☎ 04-79-31-15-52.* • *abbaye-tamie.com* • L'abbaye, fondée au XIIe s et reconstruite au XVIIe, ne se visite pas, mais on pourra de là-haut profiter de la beauté du site et faire le plein du célèbre fromage « le Tamié » qui fait, à juste titre, la fierté de la communauté. L'abbaye de Tamié jouit d'une nouvelle source de notoriété depuis le succès du film *Des hommes et des dieux* (pour lequel elle a notamment servi de lieu de retraite aux acteurs)... Présentation audiovisuelle sur la vie monastique. Vente de produits locaux et monastiques au magasin.

Le fort de Tamié : *☎ 04-79-38-58-62.* • *fort-de-tamie.com* • *Ouv avr-oct tlj 10h-18h30 ; hors vac scol mer et w-e. GRATUIT. Visite possible avec audioguide (5 €).* Dominant le col et l'abbaye, il offre une vue exceptionnelle sur la Combe de Savoie et le mont Blanc, et abrite un sentier botanique riche d'une grande variété d'espèces. Sur place, parc aventure *(Acrofort)* avec 9 parcours progressifs étalés sur 8 ha (tyrolienne, ponts de singe...) à partir de 4 ans.

Manifestations

– ***Albertville Jazz Festival :*** *fin juil.* • *albertvillejazzfestival.com* • Un rendez-vous populaire et prestigieux. Programmation diversifiée d'artistes de renommée nationale et internationale. Concerts gratuits l'après-midi.
– ***Le Grand Bivouac :*** *oct. Billetterie et rens : ☎ 04-79-32-48-64.* • *grandbivouac.com* • Festival du voyage. 15e édition en 2016. 4 jours de projections, rencontres, diaporamas, expositions, apéros, marché artisanal, etc.

ARÊCHES-BEAUFORT

(73270) 2 270 hab. *Carte Savoie, C2*

Le Beaufortain a été baptisé « le pays des mille chalets » par Roger Frison-Roche, alpiniste écrivain qui y a passé ses vacances lorsqu'il était enfant. Le ski n'y est pas inconnu (les premières remontées mécaniques datent de 1947), mais on ne lui a pas tout sacrifié.
Beaufort-sur-Doron, **gros bourg animé au confluent des torrents de l'Argentine et du Doron, a, avec son proche voisin Arêches (qui fait partie de la même commune, Arêches-Beaufort), créé une petite station de sports d'hiver où se côtoient tourisme et agriculture. Mais la grosse affaire reste bien ici la fabrication du... beaufort. Classé Site remarquable du goût, Arêches-Beaufort organise chaque automne le plus important Salon en la matière.**
À 1 080 m d'altitude, ***Arêches*** **possède de vieilles maisons serrées autour de l'église, mais aussi quelques mignonnes villas début du XXe s qui témoignent d'un tourisme déjà ancien. Les deux villages réunis jouent aujourd'hui à fond la carte du développement durable (et bénéficient d'ailleurs du label Domaine skiable écoresponsable).**

DÉVELOPPEMENT DURABLE AUTOUR DU BEAUFORT

Dans le Beaufortain, quand sont tombées les indemnités d'EDF (plusieurs barrages ont noyé les alpages), les paysans n'ont pas investi dans le béton mais dans le fromage : avec la mise en place d'une coopérative, la demande de classement en AOC et le choix de la qualité plus que de la quantité. Ils ont ainsi réinstallé sur son trône le beaufort, « prince des gruyères » selon Brillat-Savarin. Vous l'avez compris, on a su ici préserver plus qu'ailleurs une vraie culture montagnarde, tant au niveau architectural qu'agricole. C'est aussi à Arêches-Beaufort que se réunit chaque année, en mars, la crème du ski de randonnée pour le départ d'une course de 4 jours. Avec 10 000 m de dénivelée positive, la Pierra Menta reste la compétition la plus difficile du genre. Plus d'infos sur • *pierramenta.com* •

Adresses et info utiles

Office de tourisme de Beaufort : *au centre du bourg, en face de la mairie. ☎ 04-79-38-37-57. • areches-beaufort.com • Tlj sf dim hors vac scol et j. fériés.*

Office de tourisme d'Arêches : *route du Grand-Mont. ☎ 04-79-38-15-33. • areches-beaufort.com • Tlj en saison.*

Autocars Blanc : *☎ 04-79-38-10-50. • autocarsblanc.fr •* Liaison Albertville-Beaufort-Arêches.

Où dormir ? Où manger ? Où boire un verre dans le coin ?

Camping

Camping municipal Domelin : *au lieu-dit* ***Domelin.*** *☎ 04-79-38-33-88. • camping-beaufort@orange.fr • À 1,5 km à la sortie de Beaufort, direction Albertville, puis à droite. Ouv juin-sept. Compter env 14 € en hte saison ; caravane env 100 €/sem.* Une fois passées la route et la zone « artisanale » aux abords peu engageants, on arrive à ce camping, blotti au pied des montagnes. De taille moyenne, bien équipé, tranquille, assez ombragé.

De bon marché à chic

Gîte d'alpage de Plan Mya : *L'Étraz, 73270* ***Villard-sur-Doron.*** *☎ 09-88-66-49-91 (en saison). 06-08-46-03-10. • bochet.francoise@wanadoo.fr • refuge-mya.com • À 12 km d'Arêches-Beaufort. Prendre la direction du Cormet-de-Roselend jusqu'au Plan-de-la-Lai, laisser la voiture au parking ; 15 mn à pied par le GR 5 pour arriver au refuge. Tlj sur résa 15 juin-20 sept. ½ pens 40 €. Repas savoyard 14 € ; carte env 20 €.* Un authentique chalet d'alpage, celui d'Yvon Bochet, agriculteur très impliqué dans la démarche qualité du Beaufortain. On vient chez lui pour comprendre et partager le travail des alpagistes tout autant qu'un repas naturellement bon, sain et savoureux. Terrasse avec vue pour déjeuner au milieu des poules, des enfants et des chiens.

Hôtel Viallet : *au village d'Arêches, à côté de l'église. ☎ 04-79-38-10-47. • contact@hotelviallet.com • hotelviallet.fr • Doubles 60-70 € ; familiales 82-98 €. ½ pens 59-70 €/pers. Formule et menu 20-24 € ; carte env 30 €. Café offert sur présentation de ce guide.* L'institution locale. Ouvert depuis 1896 (un moniteur de ski y enseignait le télémark aux clients dès 1927) et toujours tenu par la même famille. Chambres rénovées, en bois clair et confortables.

La Marmotte : ***Le Planay.*** *☎ 04-79-38-16-27. À 3 km d'Arêches. Tlj sf dim soir-lun en basse saison. Congés : 15-28 avr, 13-28 juin et 6-30 nov. Plat du jour 13 €, menu 25 €, carte env 30 €. Génépi offert sur présentation de ce guide.* Les nouveaux propriétaires n'ont heureusement pas changé grand-chose à cette sympathique adresse. La – petite – salle est toujours un peu rustique. Et la cuisine de terroir, travaillée avec une once de savoir-faire moderne, légère (autant que faire se peut pour des plats de montagne...) et pleine de saveurs. Remarquable rapport qualité-prix, accueil et service gentils.

Le Monterminod : *Le Planay. 06-99-72-85-99. • lemonterminod@orange.fr • À 3 km d'Arêches. Tlj en saison. Menus 15 € (déj en hiver)-28 €. Café offert sur présentation de ce guide.* Un peu de folklore, ça ne fait pas de mal. Adeline sait se faire entendre, même auprès de Paul Joguet, son mari. C'est lui le chef haut en couleur de ce resto convivial perdu au bout du monde en été, mais tout près du départ des pistes en hiver. Cuisine traditionnelle, pour se régaler en terrasse, en regardant une vue reposante, quant à elle.

L'Étoile : *pl. de l'Église, 73270 Arêches. ☎ 04-79-38-10-49. • william.etoile@orange.fr • En saison, tlj sf lun ; hors saison, ouv slt ven soir et w-e. Congés : avr et de mi-nov à mi-déc. Menu 19 € ; carte env 28 €. Café offert sur présentation de ce guide.* Une petite salle, pour se faire plaisir, autour d'une carte restreinte, car « la » chef travaille seule, revisitant le terroir selon ses envies et les produits du moment. Du bio mais pas trop, du fermier à gogo ; elle aime aussi beaucoup les agrumes et les épices. Du bel artisanat, ça se fait rare.

À voir

Le vieux village de Beaufort-sur-Doron : de minuscules quartiers (Les Tours, Le Châtelard...) tout en montées et en descentes. Levez la jambe (les ruelles se transforment souvent en escaliers pour escalader la pente) et les yeux vers la débauche de tourelles qui abritent des escaliers à vis, des galeries de bois sculpté, des escaliers de bois qui grimpent vers les « chambres », sortes de « garçonnières » où les habitants des hameaux environnants se changeaient quand, par exemple, ils venaient le dimanche à la messe.

L'église Saint-Maxime : *à Beaufort. Tlj 10h-18h.* Dédiée à l'un des premiers évangélisateurs de la Tarentaise, l'église savoyarde pur jus. D'aspect austère, mais à l'intérieur richement décoré : poutre de gloire, retable baroque et, surtout, une chaire de 1722 signée Jacques Clérant, comme celle de l'église de Conflans. En noyer noirci, elle fait illusion : les statues des pères et docteurs de l'Église semblent finement ciselées dans de l'ébène.

La coopérative laitière du Beaufortain : *av. du Capitaine-Bulle, à Beaufort. ☎ 04-79-38-33-62. • cooperative-de-beaufort.com • Visite 8h-18h ; horaires plus ou moins larges selon les saisons. GRATUIT ; 2 € la visite guidée (slt en saison).* On visite la galerie d'exposition, qui évoque la fabrication du beaufort à l'alpage avec force vieux ustensiles de bois, tout en jetant un œil à l'atelier moderne qu'on aperçoit derrière la grande baie vitrée *(fabrication du fromage 9h30-12h et 20h-22h l'été, 9h30-12h l'hiver).* Les caves, où mûrit le fromage, sont restées traditionnelles. 25 000 meules, soit 960 t de beaufort, en sortent chaque année.

Si la coop produit exclusivement du beaufort (d'été et d'hiver), on peut aussi y acheter reblochon, tomme de Savoie, raclette...

– Pour info, sachez qu'il existe encore quelques producteurs de beaufort artisanal, dont *l'Alpage de Plan-Pichu (M. Didier Simon-Chautemps, 73210* ***Granier*** *; 07-81-61-65-58).* Vente directe et visite de l'exploitation.

Ski et neige

Ski alpin : 50 km de pistes (1 080-2 300 m). Forfait journée adulte : 29 €. 2 secteurs reliés par une piste ou par navette : Le Planay (à 3 km d'Arêches) et

Le Grand-Mont (accessible à pied depuis Arêches). Ski assez facile avec de douces pentes en forêt ou frôlant hameaux et chalets d'alpage, et des pistes plus techniques.

Ski nordique : 20 km de pistes, répartis sur trois sites différents. Forfait journée adulte : à partir de 7,40 €.

➢ ***Raquettes :*** plusieurs itinéraires. Randonnées accompagnées (voir liste accompagnateurs sur le site • *areches-beaufort.com* •). Nombreuses possibilités de ***ski de randonnée*** également.

Sports et loisirs d'été

➢ ***Randonnées :*** 250 km de sentiers balisés pour tous niveaux. À sillonner seul ou avec un accompagnateur (infos à l'office de tourisme). Plusieurs topoguides sur les balades et randonnées dans le Beaufortain en vente dans les Maisons de la presse et les magasins de sports d'Arêches.

VTT : 130 km de circuits balisés. Dépliant *Espace VTT* avec itinéraires disponible à l'office de tourisme. Location : ***Gaspard Sport,*** *à Arêches,* ☎ *04-79-38-19-58.*

– ***Escalade :*** rocher équipé et différents sites, renseignements auprès des guides.

– ***Via ferrata :*** au Roc-du-Vent. Panorama superbe mais assez difficile.

– ***Piscine :*** ☎ *04-79-38-35-47.* Deux bassins de plein air mais chauffés.

– ***Autres sports et activités :*** parapente, base de loisirs, parcours aventure *(06-15-84-25-26),* canyoning *(06-63-18-40-27),* pêche, tennis...

DANS LES ENVIRONS D'ARÊCHES-BEAUFORT

Le lac de Roselend : *à 12 km au sud-est de Beaufort par la D 925.* On pourra s'arrêter au col de Méraillet pour embrasser le site d'un regard. Un barrage (très beau site pour la pêche !) et une vaste étendue d'un bleu-vert, turquoise et émeraude qui reflète les grises pentes du Roc-du-Vent. Juste sublime ! Au-delà, traversée par la D 217 qui rejoint la vallée des Chapieux puis Bourg-Saint-Maurice (voir « Où dormir ? Où manger dans les environs ? » au chapitre « Bourg-Saint-Maurice »), s'étend la longue dépression du cormet de Roselend, d'une impressionnante solitude hors saison.
On peut aussi gagner le lac de Roselend par le col du Pré, depuis Arêches et le hameau de Boudin (voir plus loin) par une route superbe qui ne semble pas avoir été inventée pour l'automobile (interdite aux camping-cars)...

➢ ***Le sentier des Pointières :*** *à 15 km à l'ouest de Beaufort, en direction d'Albertville par la D 925. Passer Queige, poursuivre sur env 4 km et tourner à gauche après le 1er pont qui franchit le Doron. Monter enfin sur 5 km jusqu'au hameau des Pointières.*
Un sentier à thème bien aménagé et en boucle (de 2h à une demi-journée suivant l'intérêt que vous trouverez aux visites), pour que ne disparaisse pas le souvenir de tous ceux qui ont fait vivre en autarcie ce hameau. Au *Roselais,* on visite un ancien chalet de remues (pratique ancestrale du Beaufortain qui consiste à déplacer constamment les troupeaux, toujours à la recherche de la meilleure herbe – l'expression « remue-ménage » viendrait de là) pour découvrir une foule d'objets usuels.

À *La Baëque,* c'est la technique de la « mogne » (peignage du seigle pour fabriquer la chaume des toits) que l'on découvre. Une balade passionnante et qui évite l'écueil de la nostalgie.

Boudin : *à 3 km à l'est d'Arêches.* Un hameau superbe, aux maisons posées comme les marches d'un escalier géant sur une pente raide. Ici, on est encore fier d'être paysan, l'herbe est fauchée à la main et les piles de bois de chauffage sont de vraies œuvres d'art.

HAUTELUCE

(73620) 850 hab. *Carte Savoie, C1*

Même si l'étymologie de son nom est contestée, on trouve que « haute lumière » colle bien à ce vieux village qui serre ses claires maisons de pierre sur le versant d'une belle et profonde vallée.

Adresse utile

Point infos : *au centre du village. ☎ 04-79-38-21-64. • hauteluce.com • Ouv en juil-août et Noël-fin avr ; le reste de l'année, en mairie.* Abrite également un petit *écomusée* qui évoque, à travers quelques objets usuels, costumes et photos, reconstitution d'une ancienne classe d'école, la vie traditionnelle des vallées du Beaufortain.

Où dormir ? Où manger ?

Prix moyens

Chambres d'hôtes Chalet la Croix : *Les Prés. 06-75-38-86-16. • ej.bejuis@orange.fr • chaletlacroix.com • À 3 km au nord-est du village. Compter 90 € pour 2, familiale 130 €.* En fait de chalet, il s'agit d'une opulente ferme du XIXe s. De vastes espaces, donc, qui accueillent 4 chambres très montagne (avec des bardeaux de bois jusque dans certaines salles de bains). Un certain charme (sinon un charme certain !).

Secrets des Alpes : *rue de la Voûte. ☎ 04-79-37-56-63. • secrets.des.alpes@gmail.com • Dans la rue principale. Congés : mai-juin et sept-déc. Formule déj 18 €, menu 28 €, carte env 25 €. Café offert sur présentation de ce guide.* Un tout petit lieu à géométrie variable (salon de thé, tisanerie, bar à soupes, boutique déco, etc.). Mignon comme tout, accueillant (même si les troncs d'arbre-tabourets de la terrasse sont plus esthétiques que confortables...) et tenu par une énergique jeune femme qui propose de gentils petits plats à base de bons (et bio) produits. Fondues en terrasse (couvertures fournies !) l'hiver.

Chic

La Ferme du Chozal : *☎ 04-79-38-18-18. • informations@lafermeduchozal.com • lafermeduchozal.com • Congés : 17 avr-3 juin et 2 oct-16 déc. Résa conseillée. Doubles 130-250 € selon confort et saison ; familiales 170-375 €. Formules le midi en hiver 25-32 €, menus 32-120 €. ½ pens 52 € en plus/pers. Apéritif offert sur présentation de ce guide.* Dans un vaste chalet tout de bois clair vêtu, chambres et suites sobrement décorées, confortables (couettes épaisses, peignoirs...), plus ou moins lumineuses. Dans le salon, un feu brûle tous les soirs dans la cheminée, dont on peut profiter lové dans de confortables fauteuils. Côté restaurant, une vaste pièce baignée de lumière où trône un joli poêle en faïence. Le chef cuisine les produits locaux avec imagination et bon goût. On se régale, parfois attablé sur la belle terrasse si le temps le permet. Toujours à l'extérieur, avec une jolie vue sur la vallée, piscine chauffée et jacuzzi. Hammam, sauna. Massage possible. Et en face de l'hôtel, le télésiège qui monte...

À voir

L'église Saint-Jacques-d'Assyrie : tout en clocher ! Consacrée au premier évêque de Tarentaise venu évangéliser la vallée vers le milieu du Ve s. Construite dans la seconde moitié du XVIIe s. De style baroque mais remaniée. Façade peinte de trompe-l'œil d'une touchante naïveté. À l'intérieur, un retable, une tribune en fer à cheval qui suit presque toute la nef : vieilles marches en bois et balustrade en pierre taillée. Belle poutre de gloire à la Vierge au cœur transpercé d'un glaive de douleur, entourée de saint Jean et de Marie Madeleine au visage tourmenté. Jolie chaire en bois sculpté.

Ski et neige

Ski alpin : domaine de Hauteluce-Val-Joly (1 200-2 487 m) relié à celui des Contamines-Montjoie (voir la partie « La Haute-Savoie »). Liaison (remontées mécaniques ou en bus) depuis le village avec le domaine des Saisies et de l'espace Diamant (185 km de pistes).

LES SAISIES

(73620) 250 hab. *Carte Savoie, C1*

Station posée à 1 650 m d'altitude, au passage du col des Saisies. L'été, un faux air de décor de western avec sa longue et large grande rue bordée de maisons de bois. L'hiver, une ambiance familiale, des pistes genre grands boulevards (mais où un champion olympique, Franck Piccard, a fait ses premières descentes) et de superbes boucles de ski de fond. Des Saisies, vous pourrez rejoindre directement Flumet et le val d'Arly (si vous ne voulez pas redescendre sur Albertville).

Adresse utile

Office de tourisme : *☎ 04-79-38-90-30. • lessaisies.com • Tlj sf w-e hors saison.*

Où dormir ? Où manger aux Saisies et dans les environs ?

Hôtel Chalet Le Caribou : *1440, route du Mont-Bisanne. ☎ 04-79-38-90-79. • info@hotellecaribou.com • hotellecaribou.com • À 2 km de la station, par la D 123 en direction de Bizanne 1500. Tlj en saison. Congés : mai-juin et oct-nov. Doubles 64-79 € en été selon confort. ½ pens l'hiver 69-99 €/pers selon période. Menu déj 15 € (en été) ; carte env 30 €.* Un joli chalet tout en bois dans une clairière, à l'écart de la station mais à 100 m des pistes. L'accueil est chaleureux, comme l'atmosphère, « très montagne ». Les chambres sont mignonnes, toutes lambrissées de bois et de taille très variable. Au resto, spécialités savoyardes.

Chambres d'hôtes Le Chalet d'Éleonore : *170, av. des Jeux-Olympiques. 06-20-05-04-89. • infos@chaleteleonore.com • chaleteleonore.com • Compter 78-100 € pour 2 selon saison. Remise de 10 % sur le prix de la chambre en été et basse saison hiver à partir de 2 nuitées sur présentation de ce guide.* Tenu par Leïla Piccard (ancienne championne de ski et sœur de Franck Piccard), voilà un « chalet d'hôtes » à l'atmosphère familiale, un peu chic mais pas choc pour autant. Belles chambres spacieuses. Au-dessus du magasin familial, il donne sur une avenue, certes, mais on y dort bien quand même, rassurez-vous.

Ski et neige

Ski alpin : un domaine (1 150-2 070 m) regroupant Les Saisies-Hauteluce-Bisanne 1500, relié à Notre-Dame-de-Bellecombe, Flumet, Praz-sur-Arly et Crest-Voland-Cohennoz pour former l'espace Diamant. Au total, 192 km de pistes. Pour Les Saisies 79 km de pistes. Forfait journée adulte : 34 € ; espace Diamant : 38,80 €. Un bon enneigement malgré l'altitude moyenne. Un site dégagé (superbe vue sur le massif du Mont-Blanc, par beau temps, depuis le signal de Bisanne) et un domaine skiable spécial familles de prime abord mais qui propose aussi des pistes plus techniques.

Ski nordique : domaine nordique des J.O. (biathlon, ski de fond) ; 120 km de pistes, avec des vues splendides sur les Aravis, le val d'Arly, le massif du Mont-Blanc. Forfait journée adulte : 9,70 €.

– ***Mountain twister :*** luge sur rails, à pratiquer en solo ou à deux, été comme hiver, sur une descente de 750 m. À partir de 3 ans. Compter 5,50 € par descente.

➢ ***Raquettes :*** deux itinéraires non damés. Carte en vente à l'office de tourisme. Également 20 km d'itinéraires pour piétons.

– ***Centre aquasportif le Signal :*** *149, route du Col. ☎ 04-79-31-43-48. Ouv en saison d'hiver et d'été. Entrée : 8-16 € ; réduc.* D'un côté l'espace aqualudique avec bassins, lignes d'eau, jets, rivière, banquettes à bulles. De l'autre, espace bien-être : sauna, hammam, jacuzzis. Salle multisports.

Sports et loisirs d'été

➢ ***Randonnées :*** *descriptifs et carte (payants) disponibles à l'office de tourisme.* Un classique : la *montée du col du Véry* (3h aller). Mais aussi quelques petits sentiers de découverte (sentier des alpages, de Gargantua...).

VTT : plusieurs circuits balisés et quelques descentes sympas. *Plan payant à l'office de tourisme.*

Fête et manifestations

– ***Jeux aériens :*** *en général, 3e w-e de mars.* Rassemblement d'une vingtaine de montgolfières, baptêmes en vol captif gratuits.
– ***Étoile des Saisies :*** *1er dim d'avr.* Course de ski de fond longue distance.
– ***Fête du Beaufort :*** *15 août.*

LE VAL D'ARLY

Carte Savoie, C1

Petite vallée stratégiquement placée, trait d'union entre Savoie et Haute-Savoie (voir aussi les chapitres consacrés à Megève et Praz-sur-Arly), à deux grimpettes de cols du massif du Mont-Blanc et des Aravis. Des stations qui n'ont jamais renoncé à être des villages.

FLUMET (73590)

Petit bourg pittoresque si on le découvre depuis le pont de l'Abîme (D 228), avec ses maisons à galeries de bois acrobatiquement construites au-dessus du torrent. On peut visiter un moulin (à Tienne) qui était relié au village par un ingénieux système de téléphérique, construit en 1951, permettant de remonter les sacs de farine ! Si sa position stratégique au confluent des routes du col des Saisies et du col des Aravis lui a valu d'être capitale du Faucigny dès le XIIe s, l'intense circulation automobile qui en résulte aujourd'hui (surtout l'été) nuit un peu à sa tranquillité. Flumet, qui a fait station commune avec le charmant village voisin de *Saint-Nicolas-la-Chapelle,* est relié aux Saisies.

Adresse utile

Office de tourisme : *Le Dodécagone, av. de Savoie. ☎ 04-79-31-61-08. • val-darly-montblanc.com • Tlj sf sam ap-m et dim hors saison.*

Où dormir ? Où manger dans le coin ?

De prix moyens à chic

Chalet La Source : *73590* ***Saint-Nicolas-la-Chapelle.*** *☎ 04-79-31-62-40. • info@chalet-lasource.com • chalet-lasource.com • Au village. Tlj de début juin à mi-sept et de Noël à mi-avr ; slt sam, dim midi et j. fériés en intersaison. Congés : 10 j. en mai. Nuitée 26-34 €/pers selon saison, petit déj compris. ½ pens 41-49 €/pers. Menu-carte 24,50 €, spécialités savoyardes (min 2 pers), carte env 25 €.* Un chalet très fleuri l'été, transformé en gîte-table d'hôtes par un jeune couple sympathique. Une cinquantaine de places dans des chambres de bois clair et agréables, pour 2 à 6 personnes. Au resto, une cuisine de chef bien tournée. Ambiance très cool et clientèle disparate où se côtoient randonneurs de tous âges, familles, étudiants en stage, séminaristes... Terrasse avec vue imprenable sur le clocher « d'argent » de l'église. Très bon accueil, détendu et compétent.

Chalet-hôtel L'Eau Vive : *73590* ***Saint-Nicolas-la-Chapelle.*** *☎ 04-79-31-60-46. • infos@hotel-eauvive.com • hotel-eauvive.com • Au cœur du village, face à la fontaine. En saison, resto ouv ts les soirs, le midi sur résa. Congés : début avr-début juin et de mi-sept à mi-déc. Doubles 70-104 € selon standing et saison. Formule 16 €, menus 20-25 €. Garage. Apéritif maison offert sur présentation de ce guide.* Très joli chalet typique avec vieux balcons de bois, géraniums en été... Chambres toutes différentes, mignonnes pour la plupart. Accueil charmant. Spécialités savoyardes au resto. Organise des séjours de découverte (randos pédestres ou à raquettes) à la semaine en pension complète.

Chambres d'hôtes Cœur de Marie : *Les Glières, 73590 Flumet. ☎ 04-79-31-38-84. • contact@*

chalet-marie.com • chalet-marie.com • Entre Flumet et La Giettaz. Congés : mai. Compter 69-85 € pour 2, 95-138 € pour 3-4 pers. Gîte 4-5 pers 360-550 €/sem. Table d'hôtes 26 € tt compris. Garage pour motos et vélos. Café et digestif offerts sur présentation de ce guide. Dans une ferme du début du XIXe s joliment rénovée (la charpente de la salle à manger est à attraper un torticolis), des chambres comme on les aime aujourd'hui dans la région : du bois, des ours en peluche et des couettes fleuries. Dans certaines, un simple rideau sépare la salle de bains et les w-c du reste de la chambre. L'accueil est enthousiasmant. En bord de route, mais il n'y a pas foule à l'emprunter la nuit.

Les Balcons du Mont Blanc : *73590* ***Saint-Nicolas-la-Chapelle.*** *☎ 04-79-31-74-55. • valdarly.ternelia.com • Ouv fin déc-début avr et en juil-août. 394-585 €/pers par sem en pens complète ; réduc enfants.* Un village-club surtout apprécié des familles qui peuvent loger jusqu'à 5 dans la même chambre. Club enfants avec prise en charge des petits à partir de 3 ans. En hiver, 2 téléskis gratuits et privatifs pour faire ses premières glisses. Navette gratuite.

Le Saint-Nicolas : *Le Marteray, 73590* ***Saint-Nicolas-la-Chapelle.*** *☎ 04-79-31-71-55. • le-saintnicolas@wanadoo.fr • Tlj sf lun. Congés : 1 sem fin avr et nov-début déc. Formule déj en sem 17 € ; carte env 35 €. Café offert sur présentation de ce guide.* Une très bonne adresse installée dans un chalet récent. Accueil chaleureux et très attentionné de la patronne. 2 salles et une terrasse largement ouvertes sur la nature environnante. Jolis plats de terroir, et quelques autres recettes traditionnelles, bien tournées et pleines de saveurs. Et l'été, on peut prendre le café au bord de l'agréable piscine extérieure (chauffée).

À voir

L'église Saint-Nicolas : *à...* ***Saint-Nicolas-la-Chapelle.*** *Ouv en été (visite guidée jeu à 18h), tlj 9h-19h (sinon, récupérer les clés au bar* Le Savoy, *juste à côté).* Élégant clocher à bulbes, argenté et scintillant, d'origine médiévale. Intérieur baroque avec trois retables du XVIIIe s aux belles colonnes torses décorées de guirlandes et de feuilles de vigne pour le retable du maître-autel. Cette débauche d'or est tellement éblouissante qu'on a failli ne même pas reconnaître, au centre, saint Nicolas... Si vous en redemandez, allez voir aussi l'église Saint-Théodule, dont le plan est original (une nef et un seul bas-côté). Elle est construite sur un rocher en cargnole (tuf), creusé de tombeaux.

Ski et neige

Ski alpin : un domaine (1 000-2 070 m) relié à Notre-Dame-de-Bellecombe, Crest-Voland-Cohennoz et Praz-sur-Arly, formant l'espace Val-d'Arly. Forfait journée adulte : 31 €. Domaine skiable de l'espace Diamant (192 km de pistes ; voir « Les Saisies » et « Hauteluce ») : 38,80 €. Une station pour les familles, avec un domaine riche en pistes variées, accessibles à tous, face au mont Blanc.

Ski nordique : une boucle d'échauffement ou d'initiation de 2,5 km autour du plan d'eau, éclairée la nuit (gratuit).

➢ ***Raquettes :*** un itinéraire balisé le « circuit des Évettes » se prolongeant vers Praz-sur-Arly au départ de Flumet. Environ 2h30 de marche *(carte à l'office de tourisme).* Départ des Évettes depuis le jardin des neiges.

– ***Luge :*** deux pistes pour les enfants (aux Évettes et au niveau du plan d'eau du village), gratuites.

Sports et loisirs d'été

➢ ***Randonnées :*** *carte détaillée vendue à l'office de tourisme.* Plus de 300 km de sentiers balisés.

VTT : *carte en vente à l'office de tourisme.* Plus de 300 km dans le val d'Arly.

– ***Baignade :*** *accès gratuit, mais parking payant.* Une base de loisirs aménagée en plein cœur de Flumet, baignade surveillée en juillet-août.

Fête et manifestation

– ***Foire aux mulets et concours de poulains :*** *1er mar d'août.* Les éleveurs du coin présentent leurs plus belles bêtes.
– ***Fête de l'Attelage :*** *1er dim suivant le 15 août.* Défilé d'anciennes voitures hippomobiles, costumes d'époque, fanfares et groupes folkloriques.

NOTRE-DAME-DE-BELLECOMBE (73590)

Un village serré autour du très beau clocher à bulbes de son église, qui croule sous les fleurs en été, et deux poignées de hameaux disséminés dans un cirque de douces montagnes. Cette grande station a gardé un charme bien champêtre... Et comme l'a fait remarquer un lecteur, on ne peut qu'aimer un village dont les habitantes s'appellent les Bellecombaises.

Adresse utile

Office de tourisme : *☎ 04-79-31-61-40. ● valdarly-montblanc.com ● Tlj en saison ; hors saison, fermé sam ap-m et dim.*

Où manger dans le coin ?

La Ferme de Victorine : ***Le Planay.*** *☎ 04-79-31-63-46. À 3 km du village par la route du Planay. Fermé dim soir-lun avr-juin et sept-nov. Formule 25 € (déj sem) ; menus 31-55 €.* Superbe chalet traditionnel où hommes et bêtes cohabitaient par le passé. On adore cette ancienne épicerie-bar-ferme familiale devenue un repaire de gourmands. Dans la salle, une baie vitrée donne sur l'étable. Déco chaleureuse, très couleur locale. Grande cheminée pour l'hiver, terrasse ensoleillée face à la montagne pour l'été. Et une cuisine savoyarde joliment travaillée : nems au reblochon, veau au foin, agneau au serpolet, polenta au beaufort, etc., sans oublier les classiques fondues et raclettes.

À voir

La Maison des contes de fées : ***Le Chéloup.*** *☎ 04-79-31-07-79. ● maisondescontes.fr ● Tlj 10h-19h. Entrée : 7 € ; enfants 3-15 ans 5,50 €. Ateliers et goûters sur demande.* Il faut tirer la chevillette de ce chalet pour pénétrer dans l'univers enchanté des contes de fées ! Cinq contes sont présentés ici sous forme de scènes en relief, avec des personnages et des décors réalisés en pâte à papier par la famille Breyton, qui a travaillé environ 2 années à la confection de chaque conte ! Des grands classiques avec *Le Petit Chaperon rouge, Blanche-Neige, Les Trois Petits Cochons* et *Cendrillon,* que les enfants animent (musique, bruitages) en appuyant sur des boutons. Dans cet univers onirique, on ne s'étonne pas de croiser Alice, Gepetto et d'autres personnages familiers, tout droit sortis des livres d'enfants.

Ski et neige. Sports et loisirs d'été

Ski alpin : domaine (1 150-2 070 m) relié à ceux de Flumet, de Praz-sur-Arly et de Crest-Voland, formant l'espace Val-d'Arly (voir « Flumet »). Également relié aux Saisies (espace Diamant).

Ski de fond : une boucle de 5 km. Gratuit.

➢ ***Raquettes :*** circuits tracés (22 km).

➢ ***Randonnées, VTT :*** *carte des sentiers balisés en vente à l'office de tourisme.* Sorties accompagnées.

CREST-VOLAND-COHENNOZ (73590)

Crest-Voland : la « montagne volante » propulsée, raconte une légende locale, par un coup de pied de ce bon Gargantua. Succession de hameaux plutôt que village, cerné par la forêt, Crest-Voland fait, avec le village voisin de Cohennoz, une bien tranquille et encore pastorale station.

Adresse utile

Office de tourisme : *☎ 04-79-31-62-57. • crestvoland-cohennoz.com • valdarly-montblanc.com • Tlj en saison ; hors saison, fermé sam ap-m et dim.*

Où dormir ? Où manger ?

Le Caprice des Neiges : *1175, route des Saisies, Les Reys. ☎ 04-79-31-62-95. • info@hotel-capricedesneiges.com • hotel-capricedesneiges.com • Resto fermé le midi lun-jeu et j. fériés. Congés : de mi-avr à mi-mai et de fin sept à mi-déc. Doubles 72-138 € selon saison ; ½ pens demandée en hiver 36 € en plus/pers. Menus 30 € (en sem)-43 €.* Un grand chalet comme on en voit partout, aux murs recouverts de bois blond. À l'hôtel, confort d'un 3-étoiles. Bonne cuisine au resto.

À voir. À faire dans les environs

L'écomusée de Cohennoz : *à **Cohennoz.** ☎ 04-79-37-33-82. À 5 km de la station. Juil-août, ouv en principe l'ap-m sf ven-sam ; en hiver, ouv mer et jeu ap-m ; hors saison, ouv slt dim ap-m. Entrée : 2,50 € ; réduc.* Miniatures d'outils et d'objets usuels montagnards, réalisées par des enfants il y a une centaine d'années. Reconstitution d'une montagne avec la faune et la flore alpines.

Ski et neige

Ski alpin : domaine (1 230-2 070 m) relié à celui des Saisies, de Flumet, de Notre-Dame-de-Bellecombe, de Hauteluce et de Praz-sur-Arly pour former l'espace Diamant (voir plus haut « Les Saisies »).

Ski nordique : boucle gratuite de 2 km. Et le domaine olympique nordique des Saisies, accessible par télésiège (120 km de pistes). Accès journée : 9,40 €.

➢ ***Raquettes :*** plusieurs sentiers balisés, sorties accompagnées.

Sports et loisirs d'été

➢ ***Randonnées :*** *carte en vente à l'office de tourisme.* Plus de 90 km de sentiers balisés au départ de Crest-Voland ou de Cohennoz.

VTT : *guide en vente à l'office de tourisme.* Réseau de sentiers dans le val d'Arly. Le sentier « Diamant tour » permet de faire le tour de l'*espace Diamant* à VTT.

LA GIETTAZ *(73590)*

Gros village de montagne qui étage ses hameaux au pied du col des Aravis, la « Giette » (comme on dit ici, avec cette manie d'avaler toutes les terminaisons) a belle allure. Quant au domaine skiable, il est relié à ceux de Combloux et de Megève.

Office de tourisme : *☎ 04-79-32-91-90. ● valdarly-montblanc.com ● Tlj sf sam ap-m et dim hors saison.*

UGINE *(73400)*

Au débouché des spectaculaires gorges de l'Arly. Petite ville industrielle de fond de vallée, dont le centre ancien (une place, deux ou trois rues), datant du Moyen Âge, est à découvrir.

Adresse utile

Office de tourisme : *185, route d'Annecy. ☎ 04-79-37-56-33. ● info@ugine-tourisme.com ● En saison, lun-dim mat sf j. fériés ; sinon lun-ven sf j. fériés (plus sam pdt les vac scol).*

Où manger ?

La Chatelle : *3, rue Paul-Proust. ☎ 04-79-37-30-02. ● restaurant.lachatelle@gmail.com ● Au cœur du village. En saison, tlj sf dim soir-lun ; hors saison, tlj sf sam midi, lun et mar soir. Formules 19-26,80 € déj sem, menus 39,90 €, carte env 35-40 €.* Château médiéval transformé plus tard en bergerie, l'endroit est beau, agréable. Superbe terrasse aux beaux jours avec vue sur la vallée, dont on profite aussi très bien depuis la salle à manger aux grandes baies vitrées. Déco au goût du jour qui s'accorde joliment aux vieilles pierres. Cuisine de terroir aux accents méditerranéens. Bel accueil, bonne adresse.

À voir

Le musée d'Arts et Traditions populaires : *château du Crest-Cherel. ☎ 04-79-37-56-33 (office de tourisme). Ouv juil-août slt, tlj sf sam et j. fériés 14h-18h. Visite guidée slt : 1h30, avec des guides du patrimoine. Entrée : 4 € ; réduc.*

Plus de 1 500 objets exposés dans 12 salles, pour redécouvrir tous les métiers traditionnels du val d'Arly, disparus pour beaucoup.

Manifestations

– ***Démontagneura :*** *un w-e de sept.* Pendant 2 jours, Ugine vit la descente des alpages. Défilé des troupeaux, expositions, repas traditionnel, groupes folkloriques, démonstration des métiers d'antan.
– ***Festival des Arts équestres :*** *mi-sept.* Défilé de cavaliers, spectacles...

LA HAUTE-SAVOIE

• Carte *p. 196-197*

ABC de la Haute-Savoie

- ***Superficie :*** 4 388 km².
- ***Population :*** 760 979 hab.
- ***Préfecture :*** Annecy (52 370 hab.).
- ***Sous-préfectures :*** Bonneville (12 320 hab.), Saint-Julien-en-Genevois (12 120 hab.), Thonon-les-Bains (35 260 hab.).
- ***Point culminant :*** le mont Blanc (4 810 m, depuis 2007 !).

Haute, cette Savoie ? Dans la presque oppressante vallée de Chamonix, pas de doute. Sur les rives des lacs d'Annecy ou du Léman, pas si sûr ! Avec 1 500 m d'altitude moyenne, le département de la Savoie est d'ailleurs plus haut que la... Haute-Savoie. Mais inutile de tomber dans des querelles pointilleuses puisque, désormais, Savoie et Haute-Savoie communiquent ensemble sous la houlette de « Savoie Mont Blanc ». Si, avec le massif du Mont-Blanc, la Haute-Savoie rassemble les plus hauts sommets des Alpes, reste qu'on y arpente surtout une montagne à vaches (et quand vous aurez goûté à l'abondance ou au reblochon, vous comprendrez que cette expression n'a rien de péjoratif !), plantée de superbes chalets et de stations qui ont su rester des villages.

Adresses et info utiles

■ ***Savoie Mont Blanc Tourisme :*** *20, av. du Parmelan, BP 348, 74012* ***Annecy Cedex.*** *☎ 0820-00-73-74 (coût d'un appel local). • info@smbtourisme.com • savoie-mont-blanc.com •* Savoie et Haute-Savoie ne forment qu'une seule destination touristique : Savoie Mont Blanc. Toutes les informations sur les 2 départements sont disponibles sur leur site. Magazines, brochures hiver, printemps/été, cartes touristiques, guide séjours...

■ ***Gîtes de France :*** *16, rue Guillaume-Fichet, 74000* ***Annecy.*** *☎ 04-50-10-10-11. • gites-de-france-haute-savoie.com •* Pour tout renseignement sur les gîtes d'étape, chambres d'hôtes, gîtes ruraux.

■ ***Association des guides du patrimoine des pays de Savoie :*** *BP 52, 74320* ***Sevrier.*** *• gpps.fr •* Des guides compétents vous permettent de découvrir l'histoire et le patrimoine de la région. Plusieurs villes ou musées font appel à leurs services. Les contacter pour obtenir leur brochure et la liste des sites concernés. Certaines visites s'adressent spécialement aux juniors.

■ ***Météo :*** *☎ 32-50 (2,99 €/appel).*

La Haute-Savoie à pied, sac au dos

➢ ***Le tour du pays du Mont-Blanc :*** ne pas confondre avec le tour du Mont-Blanc (la plus prestigieuse des randos des Alpes, un peu victime de son succès).

Ce tour-là fait 140 km (11 j. au max) et ne grimpe pas au-dessus de 2 500 m. Topoguide réf. 044 FFRP ou topoguide du *Tour du Mont-Blanc* réf. 028 FFRP.

➢ ***La traversée du Léman au mont Blanc :*** 10 j. à travers la Haute-Savoie sur le fameux GR 5 de la grande traversée des Alpes. Paysages variés et territoires de caractère. Topoguide réf. 504 FFRP.

LE LAC D'ANNECY

ANNECY

(74000) 52 370 hab. Alt. : 448 m *Carte Haute-Savoie, B3*

• Plan *p. 198-199*

Un lac, hier moribond pour cause de pollution, aujourd'hui le plus pur d'Europe, cerné par la montagne, mais aux eaux qui affichent plus de 24 °C à la belle saison. Avec ses quais presque excessivement fleuris, son entrelacement de canaux et de ruelles médiévales, Annecy a tout (ou presque) pour elle. Jaloux, on voudrait bien la garder pour soi tout seul. Mais cette ville coquette, vivante et terriblement séduisante ne vit pas repliée sur elle-même, à tel point que, au cœur de l'été, la foule en devient oppressante. Cela dit, personne ne vous empêche de succomber à son charme au printemps ou à l'automne.

UN PEU D'HISTOIRE

Beaucoup d'histoires, plutôt ! Puisque c'est l'un des premiers sites des Alpes à avoir été occupés par les hommes. Deux ou trois millénaires av. J.-C., des villages avaient déjà planté leurs pilotis dans l'eau du lac. Au XIe s, la ville a colonisé les bords du Thiou, et une forteresse s'élève sur l'un des premiers contreforts du Semnoz.

En 1219, les comtes de Genève (fâchés avec leurs princes-évêques) installent pour un siècle leur capitale à Annecy, qui devient comté de Genève. L'époque est prospère pour la ville : les eaux du Thiou sont encombrées de bateaux qui apportent du bois pour les forges où sont fabriquées des épées réputées. Le château est alors résidence princière.

Le XVe s sourit moins à Annecy, devenue savoyarde à la mort du dernier comte de Genève. Mais le bon Amédée VIII de Savoie donne un sérieux coup de pouce à la ville. Avec l'arrivée de Calvin en 1535 à Genève, les évêques de Genève s'installent à Annecy. La ville se couvre de couvents, d'églises, devient « la Rome de Savoie », une capitale de la Contre-Réforme.

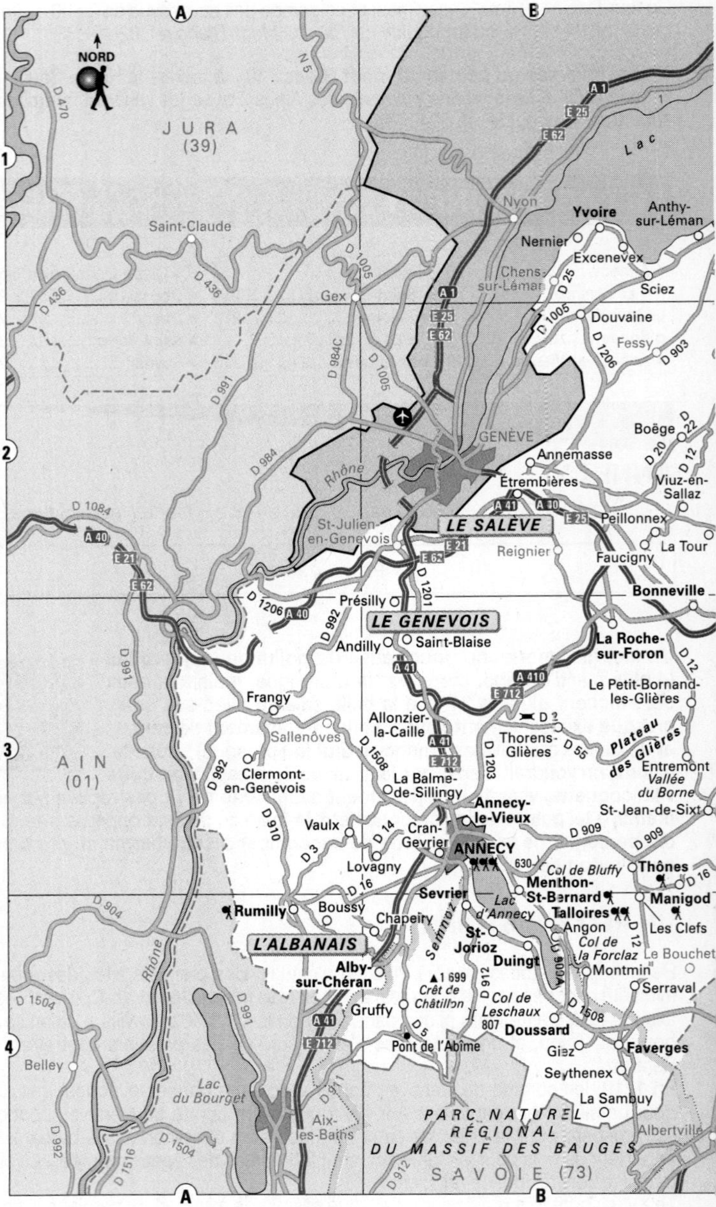

A
B
NORD
JURA
(39)
Lac
Saint-Claude
Nyon
Yvoire
Anthy-sur-Léman
Nernier
Excenevex
Chens-sur-Léman
Sciez
Gex
Douvaine
Fessy
Boëge
GENÈVE
Annemasse
Viuz-en-Sallaz
Rhône
Étrembières
Peillonnex
St-Julien-en-Genevois
LE SALÈVE
Reignier
La Tour
Faucigny
Présilly
Bonneville
LE GENEVOIS
Andilly
Saint-Blaise
La Roche-sur-Foron
Le Petit-Bornand-les-Glières
Frangy
Allonzier-la-Caille
Sallenôves
Thorens-Glières
Plateau des Glières
Entremont
Vallée du Borne
AIN
(01)
Clermont-en-Genevois
La Balme-de-Sillingy
Annecy-le-Vieux
St-Jean-de-Sixt
Vaulx
Cran-Gevrier
ANNECY
Lovagny
Col de Bluffy
Thônes
Menthon-St-Bernard
Manigod
Sevrier
Rumilly
Boussy
Chapeiry
Lac d'Annecy
Talloires
Angon
Les Clefs
L'ALBANAIS
St-Jorioz
Col de la Forclaz
Le Bouchet
Semnoz
Duingt
Montmin
Alby-sur-Chéran
1 699
Crêt de Châtillon
Serraval
Col de Leschaux
807
Gruffy
Doussard
Pont de l'Abîme
Giez
Faverges
Belley
Seythenex
Lac du Bourget
La Sambuy
Aix-les-Bains
PARC NATUREL RÉGIONAL DU MASSIF DES BAUGES
Albertville
SAVOIE (73)
Rhône
1
2
3
4
A 1
E 25
E 62
A 40
E 21
A 41
A 410
E 712
N 5
D 470
D 436
D 1005
D 984C
D 991
D 984
D 1084
D 1206
D 992
D 1201
D 1203
D 1508
D 910
D 14
D 3
D 16
D 909
D 904
D 912
D 5
D 1504
D 1516
D 25
D 903
D 20
D 22
D 12
D 55

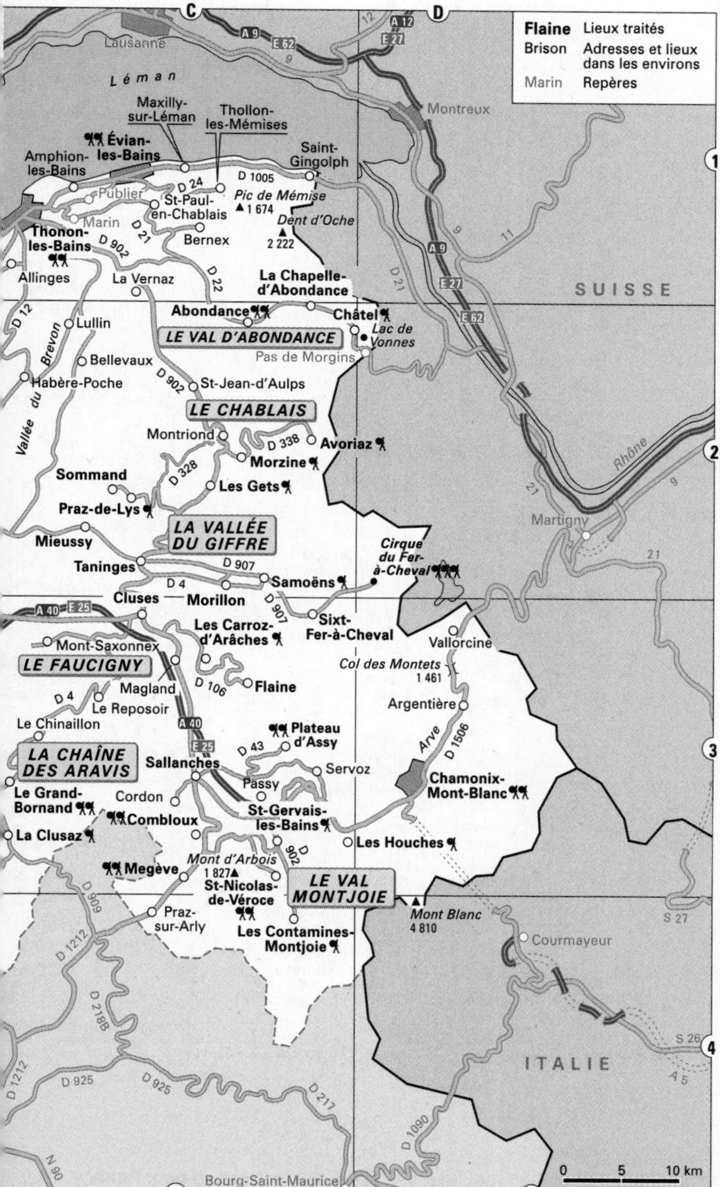

LA HAUTE-SAVOIE

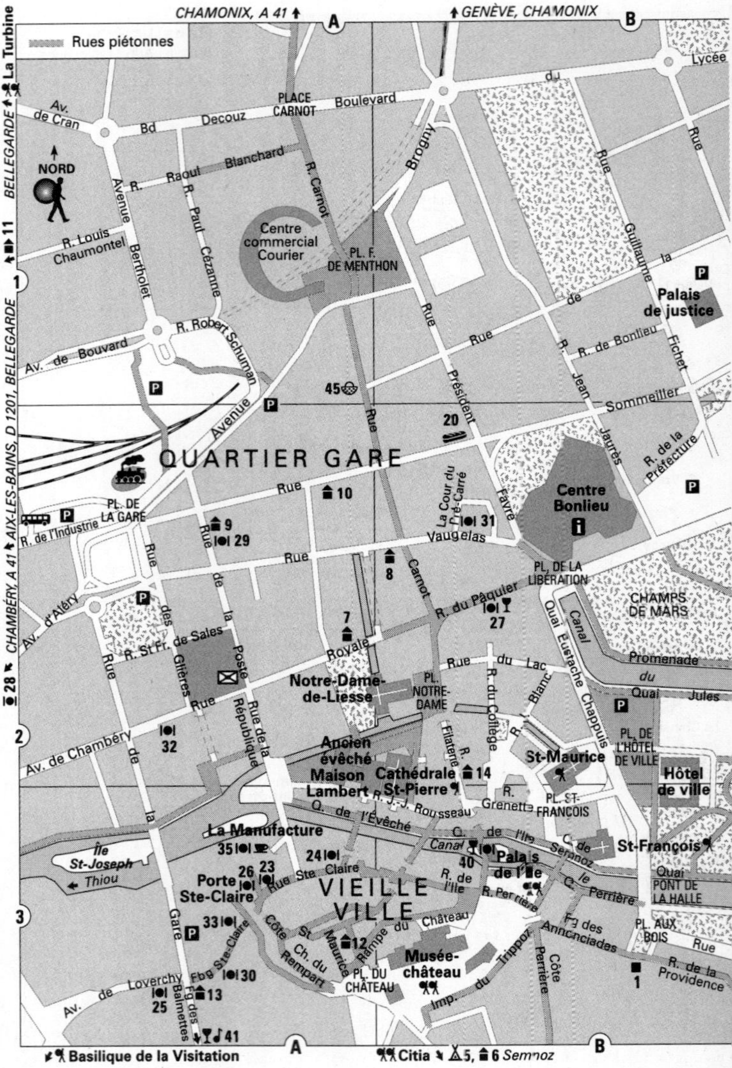

Évidemment, la Révolution met fin à cet âge d'or. Contrecoup dont Annecy se relève au début du XIXe s quand, renouant avec les vieilles habitudes, papeteries, forges et filatures utilisent à nouveau la force motrice du Thiou, transformant Annecy en une ville industrielle. Ce qu'elle est toujours aujourd'hui, même si – les apparences sont trompeuses – sa vocation touristique semble l'emporter.

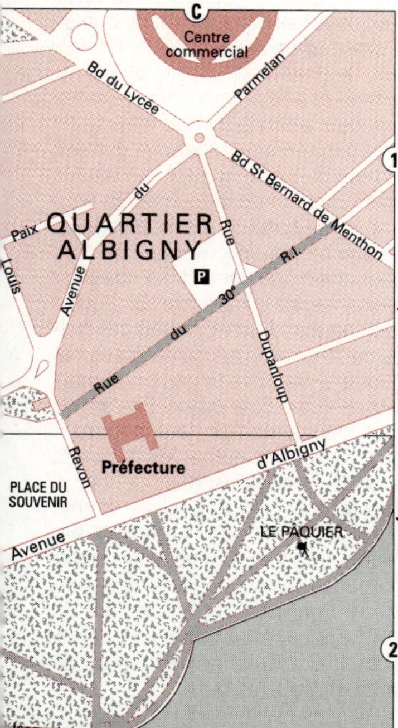

■ **Adresse utile**

- Office de tourisme

Où dormir ?

- 5 Camping municipal Le Belvédère
- 6 Auberge de jeunesse
- 7 Hôtel Central
- 8 Hôtel Alexandra
- 9 Hôtel des Alpes
- 10 Hôtel du Nord
- 11 Hôtel Les Terrasses
- 12 Hôtel du Château
- 13 Hôtel Icone
- 14 Chambres d'hôtes Les Filateries

Où manger ?

- 20 Chez Barnabé
- 23 Les Chineurs de la Cuisine
- 24 Taverne du Fréti
- 25 Le Denti
- 26 Aromatik'
- 27 L'Étage
- 28 Le Bistro du Rhône
- 29 Contresens
- 30 Minami
- 31 La Ciboulette
- 32 L'Esquisse
- 33 La Courette du Faubourg
- 34 Les Terrasses du Lac

Où manger une bonne pâtisserie et boire un bon chocolat chaud ?

- 35 Pâtisserie Philippe Rigollot

Où boire un verre ? Où écouter de la musique ?

- 40 Le Café des Arts
- 41 Le Bistrot des Tilleuls
- 42 Le Brise-Glace

Où acheter de bons fromages ?

- 45 Fromagerie Pierre Gay

ANNECY

Adresses et infos utiles

Office de tourisme (plan B2) : *centre Bonlieu, 1, rue Jean-Jaurès. ☎ 04-50-45-00-33. • lac-annecy.com • Fermé dim et j. fériés hors saison. Pour réserver un hébergement, voir le site • lac-annecy.com •*

– ***Agglomération d'art et d'histoire :*** de février à octobre, des visites guidées payantes du vieil Annecy sont proposées par des guides conférenciers agréés dans le cadre du label Agglomération d'art et d'histoire. Tout au long de l'année, différentes animations thématiques, notamment sur le patrimoine contemporain. *Rens au château ou au palais de l'Île (autrement dit le CIAP) : ☎ 04-50-33-87-30 ; • musees@agglo-annecy.fr • Ou auprès de l'office de tourisme.*

Gare SNCF *(plan A2)* **:** *pl. de la Gare. ☎ 36-35 (0,34 €/mn).* TGV pour Paris via Aix-les-Bains. Liaisons régionales avec Rumilly, Chambéry et Challes-les-Eaux, Saint-Gervais, Annemasse, La Roche-sur-Foron.

Gare routière *(plan A2)* **:** *☎ 04-50-45-00-56.*

■ ***Location de voitures :*** ***Hertz,*** *15 bis, rue de la Gare. ☎ 04-50-51-19-89. Lun-ven 8h-12h, 13h30-18h30 ; sam 8h-12h, 14h-17h.*

■ ***Location de vélos*** *(plan B3,* ***1****)* **:** ***Cyclable,*** *8, pl. aux Bois. ☎ 04-50-51-51-50. • annecy.cyclable.com • Ouv avr-oct, tlj 9h-20h.* Location de vélos classiques et électriques, de tandems.

■ ***Combi des Alpes :*** *06-61-49-25-64. • contact@combi-des-alpes.com • combi-des-alpes.com • Avr-oct en principe. Loc de combis à partir de 349 € pour 3 j./2 nuits ; balades guidées 49 €/pers. 5 % de réduc sur les balades sur présentation de ce guide.* On en a tous rêvé, de partir *on the road* dans un mythique combi Volkswagen ! Ils sont à louer, avec équipement au poil pour 4 personnes, de la gazinière aux boules de pétanques ! Aussi des balades guidées de 3h environ accompagnées par Miguel, à la découverte des plus beaux points de vue autour du lac. Également des sessions *paddle, wakeboard...* Goûter ou apéro autour de produits locaux à la fin de la visite.

– ***Marché :*** *dans la vieille ville, le mat des mar, ven et dim.* Envahies par les étals, les vieilles rues du centre retrouvent un peu de leur caractère d'antan. Pas mal de producteurs du coin y vendent leurs produits : beaux et bons reblochons fermiers, miels de montagne, légumes bio...

Circulation et stationnement

On le constate assez rapidement : la topographie de la ville rend la circulation automobile compliquée à Annecy. Abandonnez donc vite votre voiture, d'autant que la ville se visite pour l'essentiel facilement à pied. Plusieurs parkings gratuits (souvent pris d'assaut dès le matin) au bord du lac : ceux du stade et de la base nautique, Tillier ou des Marquisats. Le parking payant le plus pratique pour une visite de la vieille ville est celui de l'Hôtel-de-Ville. La plupart des hôtels du centre-ville offrent la gratuité des parkings publics la nuit. Attention, enfin, au stationnement dans les rues. Il est la plupart du temps limité à 1h30 (horodateurs).

Où dormir ?

Camping

Camping municipal Le Belvédère *(hors plan par B3,* ***5****)* **:** *8, route du Semnoz. ☎ 04-50-45-48-30. • camping@ville-annecy.fr • Bus ligne nº 6, arrêt Marquisats ; la ligne qui s'arrête au camping ne fonctionne que l'été (sinon compter 15 mn de marche depuis la ville). Ouv de fin mars à mi-oct. Compter env 14-18 € selon saison pour 2 avec tente. Également 12 chalets (7 pers) à louer 400-700 €/sem.* Un camping à taille humaine, au vert et au calme. Vraiment agréable avec ses emplacements en terrasses. Un super tuyau : le meilleur spot pour planter sa tente est en hauteur, sur la pelouse devant les chalets. De là, on a une vue dégagée sur le lac (réserver à l'avance). Laverie. Épicerie-snack.

Bon marché

Auberge de jeunesse *(hors plan par B3,* ***6****)* **:** *4, route du Semnoz.*

☎ 04-50-45-33-19. • annecy@hifrance.org • hifrance.org • ♿ Bus ligne n° 6, arrêt Marquisats ; la ligne qui s'arrête à l'auberge ne fonctionne que l'été. Sinon à 15 mn à pied du centre-ville. Congés : janv. Avec la carte FUAJ (obligatoire et en vente sur place), nuitée 23,25-25,30 €/pers selon saison, petit déj compris ; repas 10,10 €/pers. Pas loin de 115 lits en chambres pour 4 ou 5 personnes, avec douche et lavabos, toilettes sur le palier. Les bâtiments sont vastes et fonctionnels, dominant le lac, caché par les arbres. Au calme donc, au vert et loin de la ville. Belle terrasse propice à la détente, agréable pour grignoter un snack ou sa propre popote (cuisine et barbecue à disposition). Billard et bar, avec soirées à thème de temps à autre. Noter que l'AJ vous donne accès à des réductions chez bon nombre de prestataires de la région (activités sportives, visites, etc.). Bon esprit.

De bon marché à prix moyens

Hôtel Central *(plan A2,* ***7****) : 6 bis, rue Royale. ☎ 04-50-45-05-37. • hotelcentralannecy@orange.fr • hotelcentralannecy.com • Doubles 45-50 € avec lavabo (douche et w-c sur le palier) ; 65-70 € avec douche ou bains, w-c ; également des familiales. Parking à proximité, gratuit 19h-9h.* Les plus fauchés seront ravis de l'aubaine, et les nostalgiques lui trouveront un charme fou avec ses coursives recouvertes de végétation, ses balcons en fer forgé surplombant le canal et ses murs datant du XVIIIe s. Les chambres restent simples, mais c'est avec cœur (et un peu d'humour) que la sympathique propriétaire rénove progressivement cet hôtel familial, qui a de sacrés atouts en poche : emplacement exceptionnel, calme total et même un balcon pour les chambres du 3e étage, avec vue sur le canal pour certaines. Cet hôtel, le moins cher du centre-ville, est un très bon plan.

De prix moyens à plus chic

Hôtel Alexandra *(plan B2,* ***8****) : 19, rue Vaugelas. ☎ 04-50-52-84-33. • hotelalexandra@wanadoo.fr • hotelannecy-alexandra.fr • Doubles 69-99 €. Parking. Boisson sans alcool offerte à l'arrivée sur présentation de ce guide.* Un bel escalier en pierre mène à la réception de l'hôtel, au 1er étage et à une vingtaine de chambres pas bien grandes mais joliment rénovées : bruns chauds et design discret. Celles du 2e étage sur rue ont un balcon et le double vitrage, d'autres ont vue sur le canal. Ventilos pour les grosses chaleurs. Un bon plan en ville.

Hôtel des Alpes *(plan A2,* ***9****) : 12, rue de la Poste. ☎ 04-50-45-04-56. • info@hotelannecy.com • hotelannecy.com • Doubles 69-94 € selon saison ; familiales 102-152 €.* À côté de la gare, on le repère à sa façade rose qui fait un angle. Le mobilier soigneusement choisi, la déco personnalisée, les boiseries claires donnent pas mal de cachet à des chambres bien avenantes, sur cour ou sur rue (double vitrage efficace). Balcon pour certaines. Accueil cordial et décontracté.

Hôtel du Nord *(plan A2,* ***10****) : 24, rue Sommeiller. ☎ 04-50-45-08-78. • contact@annecy-hotel-du-nord.com • annecy-hotel-du-nord.com • Dans l'une des rues commerçantes du centre, entre la gare, le lac et la vieille ville. Pas mal placé, donc. Ouv tte l'année. Doubles 63-85 € selon saison ; familiales 100-115 €. TV. Le soir, gratuité sur les parkings de la ville. Un petit déj/pers offert sur présentation de ce guide pour une résa en direct.* À côté de la gare, un hôtel pratique et avenant. Chambres modernes et fonctionnelles, plutôt pimpantes, mais pas bien grandes pour les 1ers prix. Bon rapport qualité-prix toutefois et clim appréciable en été. Sur l'arrière, certaines offrent une gentille vue sur les toits de la vieille ville. Double vitrage dans les chambres côté rue. L'ensemble est bien tenu et l'accueil agréable.

Hôtel Les Terrasses *(hors plan par A1,* ***11****) : 15, rue Louis-Chaumontel. ☎ 04-50-57-08-98. • lesterrasses@*

orange.fr • hotel-les-terrasses-annecy.com • ♿ Doubles 76-118 €. 📶 Apéritif maison offert sur présentation de ce guide. Une ancienne maison bourgeoise (mais il faut le savoir) transformée en hôtel moderne et plaisant, le seul d'Annecy à avoir un jardin. Chambres toutes sobres, calmes et confortables. L'excellent rapport qualité-prix l'emporte sur le quartier, sans réel intérêt. Excellent accueil.

Hôtel du Château (plan A3, **12**) : *16, rampe du Château. ☎ 04-50-45-27-66. • hotelduchateau@noos.fr • annecy-hotel.com • Juste au pied du château. Congés : 15 j. en janv et de mi-nov à mi-déc. Doubles 70-85 € selon saison ; familiales 80-110 €. Parking selon disponibilité.* 📶 Beaucoup de charme et un emplacement privilégié, au pied du château, pour ce petit hôtel, dans la même famille depuis 3 générations. Les chambres du 1er étage, entièrement rénovées, sont spacieuses et élégantes avec leur joli carrelage qui imite le plancher. L'ensemble est nickel. En réservant à l'avance, vous aurez une chance d'avoir une chambre avec une vue sur le château et les toits du vieil Annecy. Terrasse où prendre son petit déjeuner.

Hôtel Icone (plan A3, **13**) : *1, fg des Balmettes. ☎ 04-50-45-04-12. • contact@icone-hotel.com • icone-hotel.com • ♿ Ouv tte l'année. Doubles 69-115 €. Parking gratuit 19h-8h.* 💻 📶 Hôtel idéalement situé à l'orée de la vieille ville (certaines chambres donnent sur la rue piétonne du faubourg Sainte-Claire), installé dans une maison du XVIe s offrant des chambres plutôt spacieuses, d'un vrai confort (bonne insonorisation, TV à écran plat, clim). Accueil dynamique.

Chambres d'hôtes Les Filateries (plan B2, **14**) : *15, rue Filaterie. ☎ 04-50-02-71-74. 📱 06-08-70-62-41. • lesfilateries@gmail.com • lesfilateries.com • Doubles 95-115 €.* 📶 *Pour 2 nuits, 170 € et 210 € sur présentation de ce guide.* *Les Filateries* dans la rue Filaterie, quand on est couturière de métier, ça s'imposait ! Comme de baptiser « Coton » et « Lin » ces 2 chambres, plus qu'agréables, d'un charme tout de sobriété et vraiment tranquilles, abritées par un vieil immeuble de ville.

Où manger ?

Très bon marché

Chez Barnabé (plan B2, **20**) : *29, rue Sommeiller. ☎ 04-50-45-90-62 ou 📱 06-64-92-07-09. • chauvetpa@gmail.com • Tlj sf dim 10h-19h. Barquettes à partir 4,40 € ; sinon env 10 €. Sur place et à emporter.* Il suffit de faire comme les habitués : choisir un sandwich, une salade ou glisser une pizza ou une quiche dans l'un des micro-ondes à disposition. Ne pas faire l'impasse sur les cookies. L'endroit est d'un design gentiment régressif, en accord avec son enseigne.

De bon marché à prix moyens

Les Chineurs de la Cuisine (plan A3, **23**) : *26, rue Sainte-Claire. ☎ 04-50-10-02-18. 📱 06-63-57-41-82. Ouv tte l'année, tlj. Menus 17 € (déj en sem), puis 28-38 € ; carte env 30 €. Digestif offert sur présentation de ce guide.* Au pied de la porte Sainte-Claire, ce resto chaleureux ne cache pas son béguin pour la brocante (qui se tient devant le resto tous les derniers samedis du mois). Cuisine de terroir à l'esprit voyageur, pleine de saveurs et de bonne humeur. Les 2 chineurs (l'un en salle, l'autre en cuisine) renouvellent constamment la carte, histoire de ne jamais s'ennuyer. La cuisine, elle, reste constante en qualité et en quantité. Quelques tables dehors en été. Belle carte des vins, avec de nombreuses références servies au verre.

Taverne du Fréti (plan A3, **24**) : *12, rue Sainte-Claire. ☎ 04-50-51-29-52. ♿ Ouv ts les soirs et sam-dim midi ; en été, ouv aussi au déj quand ce n'est pas jour de marché (lun, mer, jeu). Congés : 1 sem en juin. Résa conseillée. Carte env 25 €.* Dans cette rue qui a, soyons clairs, vendu son âme au tourisme, le *Fréti* reste une adresse stable de spécialités à base de fromage. Qualité et prix raisonnables sont la clé de leur succès. Au programme, une foultitude de fondues, raclettes, tartiflettes, berthoud, vacherin à la boîte... pommes de terre au bleu ou au chèvre. Salle à l'étage si le temps ne permet pas de profiter de la terrasse sous les arcades.

|●| *Le Denti* *(plan A3,* ***25****) : 25 bis, av. de Loverchy. ☎ 04-50-64-21-17. • ledenti.restaurant@orange.fr • ♿ Tlj sf mar-mer et dim soir. Menu 21 € (sf w-e et j. fériés), puis 32-43 €. Parking.* Le denti est un poisson, un grand prédateur qu'on rencontre de la Bretagne au Sénégal en passant par les côtes méditerranéennes. Une enseigne qui n'a donc pas été choisie au hasard par ce chef qui affectionne le poisson en particulier et les beaux produits en général. À moins de 5 mn de la vieille ville, la salle est d'un contemporain peut-être un peu trop glacé et s'ouvre sur le mur du cimetière. Mais, au travers d'une carte et de menus qui ne cessent de changer, la cuisine que propose ce jeune homme est tout simplement étonnante (surtout à ces prix-là). Cave intelligente et service d'une franche amabilité.

|●| *Aromatik'* *(plan A3,* ***26****) : 1, passage des Clercs. ☎ 04-50-51-87-68. Tlj sf dim-lun. Congés : 5-20 juil. Menus 22 € (déj), puis 31-41 € ; carte 40-50 €.* Carrier, Bise pour les régionaux, Rostang, Senderens après être « monté à la capitale », le CV de ce chef trentenaire en impose ; la salle beaucoup moins, et la terrasse suit un peu la pente de cette ruelle ! Mais l'important est ce qu'il y a dans l'assiette, n'est-ce pas ? Et là... cuisine au goût de l'époque, d'une éclatante fraîcheur et d'une indéniable maîtrise. Le menu affaires du déjeuner en est une. Une vraie, surtout dans la vieille ville...

|●| *Le Bistro du Rhône* *(hors plan par A2,* ***28****) : 13, av. du Rhône. ☎ 04-50-45-53-34. • bistrodurhone@wanadoo.fr • ♿ Dans le quartier de la gare. Fermé dim-lun, mar soir et j. fériés. Congés : 3 sem en août et 2 sem à Noël. Le midi en sem, formule 16 € et menu 18 € ; autres menus 25-39 € ; carte env 38 €. Kir offert sur présentation de ce guide.* À l'écart de la vieille ville, un lieu qui a une âme. Un endroit qui, avec sa nouvelle salle dans l'air du temps, repose de certaines gargotes à touristes de la vieille ville. Le chef assure pratiquer « la gastronomie au quotidien ». On lui vole la formule pour décrire cette belle cuisine qui, au gré du marché, sait inventer sans s'embarquer dans d'approximatives expérimentations. Et à des prix aussi gentils que l'accueil et le service.

|●| *Contresens* *(plan A2,* ***29****) : 10, rue de la Poste. ☎ 04-50-51-22-10. • contresens74@gmail.com • Fermé dim-lun. Menu-carte 31 €.* En une poignée d'années, ce « café culinaire », annexe bistrotière du célèbre *Clos des Sens*, a fait quelques émules autour du lac d'Annecy. En tout cas, ils y sont quelques-uns à lui avoir piqué la ludique (même si un peu complexe de prime abord...) idée de son menu-carte en forme d'abécédaire. Un A pour les entrées, un B pour les plats et ainsi de suite. Cuisine résolument contemporaine et urbaine dans un cadre design, qui sait se faire plus intime le soir venu. Service aussi pro que décontracté.

|●| 🍸 *L'Étage* *(plan B2,* ***27****) : 13, rue du Pâquier. ☎ 04-50-51-03-28. • ccetage@yahoo.fr • Tlj jusqu'à 1h ou 2h. Formule déj en sem 13 €. Menus 16,50 € (déj sf dim), puis 18,90 € ; carte env 35 €.* 💻 📶 Une valeur sûre, bien appréciée des Annéciens cravatés ou chemise ouverte qui se retrouvent au coude à coude au comptoir à l'heure du déjeuner. Une valeur sûre et stable, où l'on mange jusque tard sans déplaisir une cuisine classique à base de produits frais, servie avec une jovialité communicative. À la carte se côtoient spécialités savoyardes, viandes et salades. Sympathique terrasse sous les arcades et sur la piétonne rue du Pâquier.

|●| *Minami* *(plan A3,* ***30****) : 19, fg Sainte-Claire. ☎ 04-50-45-75-42. • minami.annecy@gmail.com • Ouv mar-sam. Congés : 2 sem à la Toussaint et à Noël. Plat du jour 12 €, menus 19,50-28 € (déj) et 29-34 € (le soir).* Marre de la tartiflette ? Envie d'exotisme mais pas forcément de sushis ? Juliette et Yasuki proposent une carte de spécialités traditionnelles franco-japonaises. Certes, la salle est petite (résa préférable), le cadre pas très glamour, mais comme on dit, la surprise est dans l'assiette. Cuisine concise et innovante.

De chic à beaucoup plus chic

|●| ***L'Esquisse*** *(plan A2,* ***32****) : 21, rue Royale. ☎ 04-50-44-80-59. • magasetph@hotmail.fr • Tlj sf mer et dim. Résa indispensable. Formules déj sem 25-34 € ; menus 39-65 €.* Au cœur de la vieille ville hyper touristique, on s'émeut de trouver une adresse d'un tel rapport qualité-prix. La cuisine réalisée par l'ancien second du *Clos des Sens* à Annecy-le-Vieux, axée sur les produits locaux de saison, est d'une infime précision. Loin d'être hasardeuses, les recettes (re)créatives se révèlent inspirées, légères et goûteuses, rehaussées d'une pointe d'inventivité et servies par des présentations ciselées à la manière d'une toile. Cadre chaleureux, atmosphère confidentielle, chaises hyper confort et pain formidable ! Service irréprochable. Bref, une adresse de choix.

|●| ***La Courette du Faubourg*** *(plan A3,* ***33****) : 4, fg Sainte-Claire. ☎ 04-50-77-14-03. Fermé dim soir-mar. Formules déj en sem 15,80-19,80 € ; menus 27,80-31,80 €.* Annecy n'en finit pas de nous surprendre : cette discrète façade cache l'une des tables les plus attachantes du moment. Grégory Bauquis, le jeune chef, formé chez Anne-Sophie Pic entre autres, a l'art de concocter tout seul, derrière ses fourneaux ouverts sur la jolie petite salle aux murs de pierre, une cuisine gourmande et originale, selon son inspiration du moment. Pour finir, sublime sélection de rhums, la passion du chef. Accueil doux et efficace de Marie, son épouse.

|●| ***La Ciboulette*** *(plan B2,* ***31****) : 10, rue Vaugelas. ☎ 04-50-45-74-57. • laciboulette74@orange.fr • Fermé dim-lun. Menus 40-78 € ; carte env 80 €.* Un chef qui est plutôt du genre confirmé, à la cuisine toujours aussi fine et créative. Il joue avec les saveurs et revisite son terroir avec maestria. Son menu « inspiration du marché » s'avère une excellente surprise et ferait presque oublier que le resto est spécialisé dans le poisson. Plateau de fromage assez inouï. Les becs sucrés garderont de la place pour le chariot de desserts. *La Ciboulette* est l'une des tables les plus élégantes de la ville, en plus d'être l'une des plus gourmandes.

|●| ***Les Terrasses du Lac*** *(hors plan par C3,* ***34****) : 7, route du Semnoz. ☎ 04-50-45-34-86. • lesterrasses@belvedere-annecy.com • Accès par la route des Marquisats (rive ouest) vers Duingt-Saint-Jorioz, puis au rond-point à droite (av. du Trésom). Fléché ensuite. Tt en haut, au bout d'une route de forêt. Parking juste devant. Formules déj sem 25 €, le soir 31-39 € ; menu extra pour les moins de 10 ans 15 € (plat et dessert en ½ portion à choisir sur la carte).* Les époux Lugrin, charmants propriétaires du *Belvédère,* un établissement chic en contrebas, ont acquis ces *Terrasses,* les ont totalement relookées et en ont confié la gestion à leur ancien second. Dans l'assiette, de belles et généreuses compositions font la part belle aux produits locaux et de saison, rehaussées d'une délicate pointe d'inventivité. En salle (préférer les tables le long de la baie vitrée) ou en terrasse, la vue surplombant les eaux scintillantes du lac est époustouflante en journée comme en soirée, lorsque le rivage se pare de mille feux.

Où manger une bonne pâtisserie et boire un bon chocolat chaud ?

|●| ☕ ***Pâtisserie Philippe Rigollot*** *(plan A3,* ***35****) : 1, pl. George-Volland. ☎ 04-50-45-31-35. • contact@philipperigollot.com • Tlj sf mer 8h-19h (13h dim). Formule plat du jour + dessert 15,50 € (boisson comprise).* Meilleur Ouvrier de France, ce n'est pas banal. Champion du monde, encore moins ! Du coup, on fonce chez ce pâtissier virtuose qui a eu la bonne idée d'installer un espace restauration, agrandi d'une vaste terrasse piétonne dès les beaux jours, pour savourer d'intéressantes formules déj ou, au goûter, profiter d'une pause sucrée. Beau choix de thés griffés Dammann, mais ne pas manquer le chocolat chaud (nature ou viennois), une pure merveille.

Où boire un verre ? Où écouter de la musique ?

Le Café des Arts *(plan B3, **40**) : 4, passage de l'Île. ☎ 04-50-51-56-40. Tlj. Café 1,70 €, planches 7-8,50 €.* Joliment situé dans l'un de ces passages qui sinuent entre ruelles et canaux, face à l'entrée du palais de l'Île. Petit bistrot de copains à la terrasse idéale pour se poser 5 mn quand on visite la vieille ville. Quelques trucs à grignoter : planche de saucisson, pain grillé et saint-félicien. Des expos régulièrement et apéros-concerts le mercredi d'avril à septembre.

Le Bistrot des Tilleuls *(hors plan par A3, **41**) : 13, chemin de la Prairie. ☎ 04-50-45-19-42. Ouv lun-ven 11h-15h, 17h30 jusqu'au dernier client parti. Congés : août.* Bistrot de quartier bien authentique, aux murs couverts de vieilles affiches, qui organise de temps en temps des concerts, de rock surtout. Patron qui n'a pas oublié ce qu'accueillir veut dire.

Le Brise-Glace *(hors plan par C3, **42**) : 54 bis, rue des Marquisats. ☎ 04-50-33-65-10. • le-brise-glace.com • Congés : de mi-juil-à fin août.* La salle de musiques nouvelles d'Annecy. Fréquents concerts tous genres confondus : world, musiques actuelles, rock, hip-hop...

Les noctambules se rendront directement à la **Cour du Pré Carré** *(plan B2)*. Véritable QG des nuits annéciennes. Grande concentration de bars et autres lieux de perdition ! ***Le Chardon d'Écosse,*** notamment, joli pub qui accueille souvent des concerts.

Où acheter de bons fromages ?

Fromagerie Pierre Gay *(plan A1, **45**) : 47, rue Carnot. ☎ 04-50-45-07-29. Tlj sf dim, lun 10h-12h, 14h-18h ; mar-sam 8h-19h.* Pierre Gay, Meilleur Ouvrier de France, incarne la 3e génération aux commandes de l'une des plus anciennes boutiques d'Annecy. Ici, le fromage est un trésor affiné sur place (voir la dalle transparente au fond de la boutique, qui permet de voir la cave) avec art et passion. En cette qualité, il fournit aussi de nombreuses tables réputées de la région... et à Paris. Chèvre, camembert, comtés côtoient les grandes stars locales : reblochon, abondance, beaufort, tomme de Savoie aux parfums si caractéristiques. Pour accompagner, vente de vins et divers produits d'épicerie.

À voir

Le vieil Annecy

On comprend pourquoi les touristes insistent pour séjourner dans la vieille ville (au risque – ça arrive parfois ! – de se retrouver à Annecy-le-Vieux qui, pour être un charmant village des environs, n'a rien à voir avec le vieil Annecy). Un charme certain, quelque part entre Bruges et Venise : jaune orangé, terre de Sienne, vert amande se mêlent sur les façades des maisons à arcades, les canaux jouent à cache-cache avec de solides églises, les quais croulent sous les géraniums...

Le musée-château *(plan B3) : pl. du Château. ☎ 04-50-33-87-30. Juin-sept, tlj sf certains j. fériés 10h30-18h ; le reste de l'année, tlj sf mar 10h-12h, 14h-17h. Derniers tickets 45 mn avt la fermeture. Entrée : 5,20 € ; réduc (5 pers 4 €) ; gratuit moins de 12 ans et pour ts le 1er dim du mois oct-mai. Billet commun avec le palais de l'Île et Citia : 7,20 €.* Situé sur le dernier contrefort calcaire du Semnoz, le musée-château d'Annecy est une forteresse dont l'élément le plus ancien, la *tour de la Reine,* date du XIIIe s. Successivement résidence des comtes de Genève et des ducs de Savoie, il est classé Monument historique en 1902. Après la Seconde

Guerre mondiale, il sert de refuge aux sans-logis. À la suite d'un incendie en 1952, il est mis aux enchères publiques et acquis par la Ville d'Annecy. À partir de cette époque commence un gros travail de restauration. Une première exposition a lieu en 1956, inaugurant les fonctions nouvelles du monument. Aujourd'hui, les expositions permanentes et temporaires réservent une place toute particulière au patrimoine régional, à la peinture, aux sculptures religieuses, au mobilier savoyard et à l'art contemporain.

– ***L'Observatoire régional des lacs alpins :*** *situé dans le logis et la tour Perrière du musée-château. Même billet.* Musée scientifique mais populaire, parfois un peu touffu (la section limnologie, par exemple) mais passionnant de bout en bout. Pour tout savoir ou presque sur les grands lacs alpins : comment dater les pilotis des villages lacustres, comment une bestiole, à priori bien sympathique, comme la moule zébrée peut détruire un écosystème, comment pêcher à l'araignée (c'est un filet...), etc. Et on réalise (aquariums aux couleurs peu engageantes à l'appui) que le lac d'Annecy revient vraiment de loin.

La rue Sainte-Claire *(plan A3)* **:** principale artère du vieil Annecy, parfois surnommée « la mangeoire » en raison de la grande concentration de restos. Franchement superbe mais définitivement trop touristique. Au nº 18, l'*hôtel Bagnoréa* accueillit en 1607 l'académie Florimontane créée par François de Sales et Antoine Favre. Probablement la dernière porte Renaissance de la ville, à gauche dans la cour pavée. Ce n'est qu'avec le marché que la rue Sainte-Claire retrouve un peu de son âme, surtout les mardi, vendredi et dimanche, quand les petits producteurs de montagne viennent y vendre miel et fromage. Brocante le dernier samedi de chaque mois. Sur la place Sainte-Claire, discrète fontaine de 1635 sculptée d'une truite, emblème de la ville. La rue se termine par la porte du même nom qui protégeait autrefois l'une des entrées de la ville (les mâchicoulis sont encore clairement visibles).

Le palais de l'Île – Centre d'interprétation de l'architecture et du patrimoine *(plan B3)* **:** *3, passage de l'Île. ☎ 04-50-65-08-14. Mêmes horaires que le château. Entrée : 3,80 € ; réduc ; gratuit moins de 12 ans et pour ts le 1er dim du mois oct-mai. Billet commun avec le château et Citia : 7 €.*

Le palais de l'Île, avec sa figure de navire de pierre fendant les eaux du Thiou, est unique. Cette ancienne maison forte du XIe s était le siège d'une première seigneurie, celle de la famille de l'Isle. Elle appartient à la puissante famille des Monthouz du XIVe s au XIXe s. En même temps, il abrite d'autres activités, comme la Chambre des comptes ou le palais de justice, et un atelier monétaire y a fonctionné au XIVe s. Longue histoire dont on découvre quelques bribes pendant la visite avec, au rez-de-chaussée, l'ancienne cuisine et sa grande cheminée pour faire fondre les métaux, et les quatre cachots du XVIIIe s où étaient entassés vagabonds, contrebandiers, voleurs...

Menacé de démolition au XIXe s, le palais de l'Île a évité le pire en étant classé Monument historique en 1900. Sa rénovation dans les années 1980 lui permet d'accueillir aujourd'hui, dans les étages, le ***Centre d'interprétation de l'architecture et du patrimoine (CIAP)*** de l'agglomération d'Annecy. Un parcours d'exposition pour découvrir l'histoire, la géographie, l'architecture, les patrimoines construits et naturels d'Annecy et des environs. Expos temporaires. Le but : découvrir une personnalité de la ville autrement plus riche que celle imaginée à priori.

L'église Saint-François *(plan B3)* **:** élevée au XVIIe s pour le premier monastère de la Visitation fondé par François de Sales et Jeanne de Chantal. Façade baroque toute blanche et toute nue (les statues ont disparu). Il ne reste plus que les grilles qui abritaient autrefois le chœur des religieuses de cet ordre cloîtré. Et des éléments du retable baroque ont été volés en 1998 ! Un certain charme dans sa déchéance. Si vous y pénétrez un dimanche matin, vous assisterez à la messe en italien, puisque c'est à la grosse communauté italienne de la ville que cette église a été affectée dans les années 1920.

L'église Saint-Maurice *(plan B2-3)* **:** savoyarde avec son vaste toit protecteur et annécienne puisque construite sur un canal, la plus ancienne église de la ville a été édifiée pour les dominicains de 1422 à 1491. Nef gothique d'une grande ampleur (caractéristique des ordres voués à la prédication) mais un peu penchée. Dans le chœur à gauche, un tombeau du XVᵉ s... en trompe l'œil : le cadavre squelettique de Philibert de Monthouz, conseiller des ducs de Savoie, pleuré par des dominicains. Toujours dans le chœur, superbe *Descente de croix* du XVIIᵉ s, attribuée à Porbus l'Ancien.

La rue Filaterie *(plan B2-3)* **:** l'une des plus belles rues à arcades de la ville et, par chance, beaucoup moins fréquentée que la rue Sainte-Claire. Elle débouche sur la *place Notre-Dame* : drôle de fontaine avec son obélisque porté par des tortues, ancien hôtel de ville du XVIIIᵉ s tout mignon et église Notre-Dame-de-Liesse dont on préfère la vieille tour carrée et un peu penchée du XVIᵉ s, à la façade néoclassique sarde. Baladez-vous aussi, après avoir contourné le vieux (XVᵉ s) puits Saint-Jean, dans la rue du Pâquier, piétonne et à arcades. Au nº 12, l'hôtel de Sales (fin du XVIIᵉ s) à l'élégante façade rose parme ornée de bustes représentant les saisons. La cour de Sardaigne y avait ses habitudes.

La rue Jean-Jacques-Rousseau *(plan A-B3)* **:** où l'on marchera inévitablement sur les traces du philosophe. Au nº 13, ancienne maîtrise où il prit ses premières leçons de musique (saviez-vous qu'il a composé un opéra ?). Au nº 10, un palais épiscopal du XVIIIᵉ s (devenu police municipale) a remplacé la maison de Mme de Warens. Dans la cour, une balustrade de bronze doré très kitsch fait écho au « balustre d'or » dont Rousseau aurait souhaité entourer l'endroit où il avait rencontré, le 21 mars 1728, sa protectrice et bientôt maîtresse (voir le chapitre « Chambéry »).

La cathédrale Saint-Pierre *(plan B2-3)* **:** construite de 1530 à 1535 pour un ordre monastique, devenue cathédrale après une grosse colère de l'évêque de Genève qui voulait cette église pour lui tout seul. Haute façade Renaissance et gothique. À l'intérieur, gothique, quelques toiles intéressantes (mais il y fait très sombre...) : étonnante *Délivrance de saint Pierre* par Mazzola au centre du maître-autel et une *Descente de croix* attribuée à l'école du Caravage.

Les bords du lac

Les jardins de l'Europe *(plan C2-3)* **:** derrière l'hôtel de ville du XIXᵉ s, ils s'avancent dans le lac en un joli arrondi. Plusieurs séquoias géants et autres ginkgos biloba, tulipier de Virginie, cèdre de l'Atlas... La charmante île des Cygnes est complètement artificielle, et les cygnes qui barbotent tout autour sont peut-être les descendants de ceux offerts à la ville par le roi de Turin en 1859. Sur le quai, étonnant gnomon (un cadran solaire, quoi !) en forme d'étoile, conçu en 1874 par un moine capucin, le père Arsène.

Le pont des Amours *(plan C2)* **:** il enjambe élégamment le canal du Vassé et ses coquettes barques à moteur en acajou briqué. Annecy, un décor d'opérette ? Allons donc !

Le Pâquier *(plan B-C2)* **:** une vaste esplanade au gazon proprement tondu, où les mômes qui jouent au foot ont remplacé les élégantes de la Belle Époque ou les foules voyeuses venues assister aux exécutions capitales qui se déroulaient ici... Un monde fou dès les beaux jours. Ces « Champs-Élysées » locaux, bordés par la rectiligne avenue d'Albigny, sont ombragés par de vénérables platanes. À l'extrémité du Pâquier se dresse *L'Impérial Palace,* seul et unique palace de la ville, qui a accueilli Winston Churchill comme Charlie Chaplin, mais dont le parc est un... jardin public. Ça, c'est de l'abolition de privilèges...

Hors du centre

Citia (hors plan par B3) : *18, av. de Trésum, dans la chapelle du Conservatoire d'art et d'histoire, 300 m² d'expo. ☎ 04-50-33-87-30. Juin-sept, tlj 10h30-18h ; le reste de l'année, lun-sam (sf mar et j. fériés) ainsi que le 1er dim du mois 10h-12h, 14h-17h. Fermé en janv. GRATUIT.* Peut-être pas la « Cité » annoncée par le C de Citia. Bel espace d'exposition néanmoins, dédié à l'histoire, à l'art et aux techniques de l'image animée, du théâtre d'ombres aux images animées par ordinateur. Salle consacrée à Émile Cohl, pionnier du cinéma d'animation. Des films d'animation à visionner, bien sûr, et d'intéressantes expositions temporaires. Citia organise le Festival international du film d'animation d'Annecy.

La Turbine (hors plan par A1) : *3, rue des Tisserands, 74960* **Cran-Gevrier.** *☎ 04-50-08-17-00. • laturbinesciences.fr • Bus n° 1, direction Poisy, arrêt Chorus. Pour les expos, tlj sf lun 14h-18h. Entrée : 5 € ; réduc et forfait famille ; gratuit moins de 6 ans et pour ts le 1er dim du mois oct-mai.* Cet ample bâtiment résolument contemporain abrite une médiathèque, un cinéma, une cyber-base mais aussi et surtout les expositions du Centre de culture scientifique, technique et industrielle. Superbes, ces expos ludiques et véritablement interactives, puisque des animateurs font tout pour que les visiteurs ne se contentent pas d'arpenter passivement ces 800 m² de métal et de béton brut. Ateliers pour les enfants, conférences pour les plus grands.

À faire

Dans et sur l'eau

Plages : des eaux très propres, dont la température tourne autour des 23 °C de mi-juin à mi-septembre. Plages gratuites et surveillées aux *Marquisats (plan C3)*, gratuites également à *Albigny-Plage (plan C2).* Plage payante (et en béton !) à côté de *L'Imperial Palace.*

– **Barques, embarcations à pédales :** *un loueur ts les deux pas le long du quai de la promenade Jacquet (plan B-C2).* Et ils sont si racoleurs qu'on n'a pas vraiment envie de grossir la foule qui s'amuse sur le lac.

➢ ***Croisières sur le lac :*** pratique si vous voulez visiter le coin en évitant les embouteillages. Possibilité également de croisières-repas.
– *Avec la* **Compagnie des bateaux du lac d'Annecy** : *2, pl. aux Bois (plan B3). ☎ 04-50-51-08-40. • annecy-croisieres.com • Embarquement près de l'hôtel de ville. Compter 14,50-18,50 €/adulte.* Deux formules au choix : la navigation commentée *(1h ; de mi-fév à mi-déc)* ou l'*Omnibus (2h ; fin avr-fin sept),* une navette qui s'arrête dans tous les ports du bord du lac (Veyrier-du-Lac, Menthon-Saint-Bernard, Talloires, Doussard, Duingt, Saint-Jorioz et Sevrier).
– *Avec les* **bateaux Arc en Ciel** : *jardins de l'Europe, face à l'île des Cygnes. ☎ 04-50-51-52-15. • arcenciel-annecy.com • Avr-11 nov, tlj. Compter 10-14,50 €/adulte.* Circuit commenté de 35 à 60 mn autour du lac en bateau de croisière ou en vedette en bois. Loue aussi des embarcations à pédales et bateaux sans permis.
– *En* **bateau-taxi du lac d'Annecy** : *Annecy Lake Safari – Cyril Moenne, 06-28-05-74-87. • water-taxi.fr • Assure env 4 rotations/j. entre Annecy et Veyrier en juil-août. Compter 5 € l'A/R.* 15 mn de traversée sur un confortable Zodiac. Transferts et excursions privés.

Vélo

🚲 ***Piste cyclable :*** Annecy-Marlens (le tour complet du lac est en cours de réalisation, avec certains tronçons déjà opérationnels). Belle balade le long du lac sur une ancienne voie ferrée, soit près de 35 km sécurisés. Beaucoup de monde aux beaux jours.

Location

■ ***Takamaka :*** *23, fg Sainte-Claire, Annecy. ☎ 04-50-45-60-61. Ouv tte l'année.*
■ ***Roul' ma Poule :*** *4, rue des Marquisats, Annecy. ☎ 04-50-27-86-83. Fermé janv. Et 47, av. du Petit-Port, à* ***Annecy-le-Vieux.*** *☎ 04-50-23-31-15. Fermé nov-mars.*
■ ***Cyclable :*** *8, pl. aux Bois, Annecy. ☎ 04-50-51-51-50.* Loue également des vélos à assistance électrique.
■ ***Pedal'Douce :*** *2, rue Jean-Jaurès, Annecy. ☎ 04-50-05-00-50. Loue principalement des vélos à assistance électrique.*
■ ***Station Rollers :*** *2, av. du Petit-Port, à* ***Annecy-le-Vieux.*** *☎ 04-50-66-04-99. Fermé nov-fév.* Rollers, vélos, trottinettes, kayaks...
■ ***Sevrier Sports Location :*** *65, pl. de la Mairie, à* ***Sevrier.*** *☎ 04-50-52-42-68. Fermé oct-mars.*

Fêtes et manifestations

– ***Carnaval vénitien :*** *de fin fév à mi-mars, selon les années.* 2 jours durant lesquels la ville prend des airs de Venise, avec plus de 250 masques qui déambulent.
– ***Marathon du lac d'Annecy :*** *avr.*
– ***Festival international du film d'animation :*** *1 sem en juin.* Il est au cinéma d'animation ce que Cannes est au cinéma tout court. Films d'animation (dessins animés, marionnettes, 3D), dont certains ont connu une belle carrière.
– ***Noctibules :*** *mi-juil. ☎ 04-50-33-44-11.* Quatre nuits de fête, dans la vieille ville. Parades musicales, théâtre et autres spectacles de rue.
– ***Fête du Lac :*** *le 1er sam d'août.* Un prestigieux spectacle pyrotechnique sur le lac. Inutile de vous dire que les places sur les gradins sont chères et que tous les hébergements sont surbookés dans un rayon de 50 km minimum...
– ***Annecy classic festival :*** *fin août.* Une trentaine de concerts en 1 semaine, dans différents lieux de la ville, avec des grands noms et virtuoses de renommée internationale !
– ***Festival du Cinéma italien :*** *en oct.* Grands noms (on y a vu Sergio Leone, Nanni Moretti...) comme jeunes auteurs. Projections, débats, etc.
– ***Retour des alpages :*** *le 2e sam d'oct.* Fête traditionnelle et défilé des troupeaux dans la vieille ville.

DANS LES ENVIRONS D'ANNECY

LE SEMNOZ

Longue et ronde montagne sur laquelle s'adosse Annecy. Petit parc animalier (cerfs, daims et mouflons de Corse) au lieu-dit *La Grande-Jeanne* sur la route qui mène au sommet. Belles balades dans la *forêt du Crêt-du-Maure.* Et au sommet (à 18 km d'Annecy par la D 41), superbe panorama depuis les alpages du *crêt de Châtillon* (1 704 m) : tellement de sommets, du Jura au massif du Mont-Blanc, qu'on est tout content d'y trouver une table d'orientation. Et l'été on peut y monter en bus ! Petit domaine skiable d'une vingtaine de pistes et domaine nordique.

LE TOUR DU LAC D'ANNECY

Pas si grand que ça (14,6 km de long sur au maximum 3,2 km de large), alimenté par tout un réseau d'eaux de ruissellement et une surprenante source sous-lacustre qui jaillit à 82 m de profondeur. À le voir si mignon avec ses eaux toujours bleues, difficile de croire que sans un sursaut des habitants de ses rives, ce lac ne serait plus aujourd'hui qu'un marigot puant. Le miraculé se porte remarquablement bien, même s'il reste sous constante surveillance. Et le lac d'Annecy, dans son écrin de montagnes, ne semble attendre que le chevalet d'un peintre. Pourtant, rares sont les grands artistes à l'avoir immortalisé : Turner avec un *Lake of Annecy* ou Cézanne avec une toute petite toile, le *Lac bleu*.

Promenade cyclable du lac d'Annecy : située sur l'emplacement de l'ancienne voie ferrée reliant Annecy à Albertville. Promenade cyclable de 35 km sans difficulté technique. Possibilité de location de vélos sur la rive gauche du lac d'Annecy (voir aussi la rubrique « À faire. Vélo » à Annecy). Petit à petit, l'autre rive est aussi aménagée et de nombreux tronçons sont déjà sécurisés.

ANNECY-LE-VIEUX

(74940) 20 650 hab. *Carte Haute-Savoie, B3*

Comme son nom l'indique, cet Annecy-là, perché sur des collines, existait bien avant son proche voisin qui s'appelait logiquement, au Moyen Âge, Annecy-le-Neuf ! Derrière des zones résidentielles un peu chic, se cache un minuscule mais très mignon centre ancien. Autour d'une placette, un bien solitaire clocher roman (XIIe s), une église fin XIXe-début XXe mais de style néosarde et la *villa Dunand* où vécut Gabriel Fauré.

Où manger ? Où boire un verre ?

Café Brunet : *18, pl. Gabriel-Fauré. ☎ 04-50-27-65-65. • cafe-culinaire@cafebrunet.com • Sur la pl. centrale. Tlj sf dim soir-lun. Résa plus que conseillée. Formule 24-27 €, menu 31 €.* La vieille enseigne, les marronniers qui ombragent l'immense terrasse, le terrain de boules dans un coin... Un décor ? Non, juste un café fondé en 1875 et qui n'a pas beaucoup changé depuis. Sinon que ce *Café Brunet* est aujourd'hui une annexe du voisin étoilé *Le Clos des Sens*. Plats de tradition, « canailles » comme on dit, mais avec un ton bien d'aujourd'hui.

L'Atelier des 4 Gourmets : *16, rue Jean-Mermoz. ☎ 04-50-23-70-41. • latelier@les4gourmets.com • Tlj sf dim 9h-21h30 (22h ven-sam). Résa indispensable (même au déj). Formule déj sem 17,50 €. Le soir, carte 35-40 € pour un repas complet. Vins au verre. Cours de cuisine à partir de 45 €.* Resto, épicerie fine, cave : les *4 Gourmets* ont pour vocation de satisfaire toutes les envies d'Italie. En salle, en terrasse ou au bar, la formule a du succès. Les grands classiques de la Botte (*bruschette,* risottos, pâtes) y sont déclinés sur ardoise, dans un style bistronomique qui sied bien à l'élégant décor. Les produits sont triés sur le volet. Témoin cette *burrata* des Pouilles irrésistible dans sa plus simple expression.

L'Enoteca de la Java : *47, av. du Petit-Port. ☎ 04-50-23-31-39. • lenotecadelajava@orange.fr • Au bord du lac, juste à la sortie d'Annecy* *direction Annecy-le-Vieux. Ouv mar-sam 17h30-23h. Planche env 20 €.* La *Java* est une cave joyeuse, à l'image de Bruno Bozzer, un sommelier qui a de la bouteille et se réjouit que chez lui le vin soit un plaisir partagé. Il a donc naturellement créé ce bar à vins contre sa cave pour grignoter sur le pouce entre deux gorgées : huîtres, escargots, charcuteries, terrines... Voilà pourquoi on y cavale sans se faire tirer par la manche. Régulièrement, des événements et des soirées dégustation autour d'un vin, d'un terroir.

La Reine des Prés : *7, av. de Chavoires. ☎ 04-50-23-50-48. • lareinedespres@orange.fr • Au bord du lac. Ouv jeu-lun 10h-19h (22h ven-sam). Carte env 30 €.* La terrasse est accueillante aux beaux jours, l'intérieur chaleureux en hiver, la dînette savoureuse, et, à toute heure, les pâtisseries renversantes ! Carine, la fille de Marc Veyrat, a hérité d'un sacré coup de main.

MENTHON-SAINT-BERNARD

(74290) 1 950 hab. *Carte Haute-Savoie, B3-4*

Sur la rive orientale du lac, la plus ensoleillée (elle s'est d'ailleurs autobaptisée la rive Plein-Soleil), la plus chicos aussi (les tarifs des hôtels et des restos s'en ressentent un peu). Petite villégiature au charme un brin désuet sur le bord du lac. En arrière-plan, un château de dessin animé et les acérées dents de Lanfon.

Adresse utile

Bureau d'information touristique : *☎ 04-50-45-00-33. • lac-annecy.com • En principe juil-août, lun-sam l'ap-m.*

Où dormir ? Où manger dans le coin ?

De bon marché à prix moyens

La Ferme de la Charbonnière : *1539, route de Thônes. ☎ 04-50-02-82-59. Au-dessus du col de Bluffy. Tlj sf lun. Résa recommandée. Menu 19 €, café compris.* Tartiflette, reblochonnade, fondue ou diots... Salade et dessert compris. Tout cela dans une ferme qui fabrique son fromage ! Des spécialités fromagères qui tiennent au corps et qui ont du goût ! Même chose pour les charcuteries. On ne peut rêver plus folklo puisqu'on mange au-dessus des vaches (vous n'aviez pas senti en entrant ?), mais l'endroit a su rester authentique. En tout cas, c'est l'un des seuls endroits qu'on connaisse où l'on vous apporte le plateau de fromage après une fondue ! Une adresse brute de décoffrage.

Le Confidentiel : *24, route des Moulins. ☎ 04-50-44-00-68. Dans le village. Tlj sf dim-lun. Congés : 1er-11 janv, 1 sem à Pâques et 15-31 août. Résa quasi obligatoire. Formule déj en sem 31 € ; carte env 40 €.* Comme son nom l'indique, une adresse très discrète. Mignonne petite salle qui se contente d'une poignée de tables, belle cuisine gastronomique, fraîche, moderne et maligne. Accueil charmant.

Plus chic

Chambres d'hôtes La Vallombreuse : *534, route des Moulins.*

☎ *04-50-60-16-33. • contact@la-vallombreuse.com • la-vallombreuse.com • Tlj. Doubles 99-150 € selon saison ; suites familiales 159-250 €.* Cette belle maison forte du XVᵉ s, blottie au pied du château de Menthon, appartient à un couple qui s'est entiché de ses murs, de son histoire, de son âme. Jean-Éric Ougier, éminent pyrotechnicien, est aussi amateur éclairé de musiques anciennes et d'art contemporain. Les 5 chambres (dont une suite familiale) sont superbes, sobres, raffinées et d'un beau volume. Tout comme le salon et les parties communes, elles accueillent les œuvres de jeunes artistes, puisque *La Vallombreuse* se veut aussi galerie d'art et lieu d'exposition. Grand salon à l'impressionnante charpente, avec coin TV et une sublime cheminée, chef-d'œuvre de ferronnerie contemporaine. Vos hôtes se feront un plaisir de vous conseiller sur les bonnes tables du coin.

À voir

Le château de Menthon : *07-81-74-39-72. • chateau-de-menthon.com • Juil-août, tlj 12h-18h ; mai-juin et sept, ven-dim et j. fériés 14h-18h. Visites guidées. Animation costumée les w-e et j. fériés. Tarif : 8,50 (sem)-9,50 € (pour les visites costumées w-e et j. fériés); réduc ; gratuit moins de 6 ans. Spectacle son et lumière en juil-août.* On le croirait sorti de quelque parc d'attractions de Floride avec ses tourelles et son donjon à mâchicoulis. C'est pourtant le contraire : Walt Disney, en vacances à Talloires dans les années 1930, se serait largement inspiré de ce château pour dessiner celui de sa Belle au bois dormant ! En fait d'authenticité, ce château, où la famille de Menthon vit encore et toujours depuis le XIᵉ s, se pose là ! Des 105 pièces, 8 se visitent : on vous montre la fenêtre par laquelle Bernard de Menthon, futur saint et fondateur de l'hospice du Grand-Saint-Bernard, aurait fui un mariage arrangé ; les superbes tapisseries d'Aubusson de la chambre de la comtesse ; les incunables de l'impressionnante bibliothèque installée dans le donjon (12 621 ouvrages !) et, dans la cuisine qui étincelle de tous ses cuivres, le passe-plat, en fait un vrai train miniature ! De la terrasse, belle vue sur le lac.

TALLOIRES

(74290) 1 700 hab. *Carte Haute-Savoie, B4*

Un prieuré du XIᵉ s (devenu centre culturel de la *Tufts University* de Boston !) et une abbaye bénédictine (transformée en hôtel de luxe). Et ce vieux village aux toits qui dégringolent vers un port de pêche et de poche. Le plus beau du tour du lac, sans conteste. Un peu huppé, battant des records de Relais & Châteaux au kilomètre carré. Mais il n'y a pas que des berlines étrangères sur les rives du lac, on y trouve aussi des joueurs de pétanque, des mômes avec des bouées fluo et des pêcheurs du dimanche. Ouf !

Adresse utile

Bureau d'information touristique : *21, rue Noblemaire. ☎ 04-50-45-00-33. • lac-annecy.com • Horaires variables selon saison, se renseigner sur son site.* Organise des visites guidées de Talloires.

Où dormir dans le coin ?

Campings

*Camping le Lac :** *les berges de la Conche, Talloires. ☎ 04-50-60-73-16. • camping@lelaccamping.com • lelaccamping.com • Ouv juin-sept. Compter 18-25 € pour 2 selon saison.* 70 emplacements au calme, sur un terrain herbeux et ombragé, les pieds dans l'eau. Tables de pique-nique, plage et ponton privé.

Camping La Chapelle Saint-Claude : *125, route du Ponton,* ***Angon.*** *☎ 04-50-60-36-97. • contact@lachapellesaintclaude.com • lachapellesaintclaude.com • Ouv de mi-avr à fin sept. Compter 16-27 € pour 2 selon saison. Loc de chalets et mobile homes 335-780 €/sem.* Un camping encore familial, tranquillement posé au bord du lac d'Annecy. Joli site qui abrite également une petite chapelle (d'où son nom). Ski nautique et *wakeboard* à 100 m.

De bon marché à prix moyens

Hôtel Roc de Chère : ***Écharvines.*** *☎ 04-50-60-19-15. • roc@rocdechere.com • rocdechere.com • Entre Menthon-Saint-Bernard et Talloires, au niveau de la réserve naturelle du Roc-de-Chère. Doubles 48-83 €, familiales 59-98 € ; les plus chères ont un coin cuisine. Sur présentation de ce guide, 10 % de réduc pour un séjour min de 3 nuits (oct-mars).* Installé, en bord de route, dans ce qui ressemble beaucoup à une vieille villa balnéaire, un sympathique hôtel de 6 chambres, propres et nettes et plutôt mignonnes, sans mauvaise surprise. L'hôtel le moins cher de Talloires est un bon plan connu des familles, qui apprécient les kitchenettes dans certaines chambres, et des parapentistes, puisque la piste d'atterrissage de Perroix est tout à côté.

Où manger ?

La Savoyarde : *route du Port. ☎ 04-50-60-71-54. Ouv mars-oct : tlj juin-sept, sinon ouv au moins ven soir-dim midi. Carte 20-30 €.* Imposante mais élégante maison bourgeoise (ancienne propriété d'un gouverneur de la Banque de France) au bord du lac. Boiseries, salon de billard, grande terrasse face aux eaux bleues. Une certaine classe donc, mais l'ambiance reste décontractée. Carte variée : salades, pizzas, grillades...

Café de la Place : *au cœur du village. ☎ 04-50-64-40-74. Menu ouvrier midi en sem 13,50 €, puis menu du café 32 €. Carte env 30 €. Apéritif offert sur présentation de ce guide.* Un café à croquer avec sa terrasse ensoleillée. C'est ici que bat le pouls du village et que l'on savoure, dans une atmosphère conviviale, une bonne cuisine de pays, généreusement servie.

Où déguster de délicieuses pâtisseries ?

La Boutique du Père Bise : *à côté de l'auberge, route du Port. ☎ 04-50-60-72-01. Fermé mar-mer hors saison.* Un flirt avec le prestigieux *Père Bise*, pour moins de 5 €, peut vite tourner au coup de foudre. Dur de garder toute sa raison devant les confitures, les chocolats, macarons et pâtisseries ensorcelantes. À déguster amoureusement devant le lac.

Sports et loisirs d'été

Plages : trois plages payantes et surveillées.

– ***Parapente :*** un des plus beaux spots des Alpes, d'après les spécialistes. Vols en biplace et stages. Un baptême de 20 à 40 mn en vol biplace permet de profiter sans aucune appréhension de la vue imprenable. En face, la rive gauche du lac et le parc national régional du massif des Bauges. Derrière, les Aravis. Le meilleur moment de la journée pour voler : en fin de journée, quand la lumière est plus rasante. Trois structures au terrain d'atterrissage de Perroix-Planfait : *l'**École des Grands Espaces** (☎ 04-50-60-79-06), **Les Passagers du Vent** (☎ 04-50-60-71-21 ; • lespassagersduvent.com •) et **Flyeo** (☎ 04-50-52-50-13). Ts les sports sur • lac-annecy.com •*

➢ ***Randos :*** *carte disponible à l'office de tourisme.* Un classique : la *réserve naturelle du Roc-de-Chère.* Départ depuis Talloires ou depuis le hameau d'Écharvines (sur la D 909 entre Talloires et Menthon-Saint-Bernard). Un petit massif calcaire qui s'avance dans le lac (et offre du coup quelques splendides panoramas). Son exposition y fait cohabiter végétation boréale comme méditerranéenne. Autre jolie balade : la *cascade d'Angon.*

– ***Canyoning :*** *à la cascade d'Angon.* Compter 3h de descente. Bon encadrement avec l'agence ***Montemedio*** *(☎ 04-50-27-76-85 ; • montemedio.com •)* qui propose aussi des sorties ***via ferrata*** et ***rafting.***

Manifestation

– ***Pyroconcerts de Talloires :*** *fin août. • lac-annecy.com •* Rencontre exceptionnelle entre musique, voix et pyrotechnie, concoctée par Jean-Éric Ougier, un des maîtres du genre (Nuits de feux de Chantilly, Grandes Eaux de Versailles). Féerique et poétique.

DANS LES ENVIRONS DE TALLOIRES

LE COL DE LA FORCLAZ

On y accède par la D 42, route qui offre déjà quelques jolies visions du lac d'Annecy. Mais c'est à l'arrivée au col (forcément très touristique en été), à 1 150 m d'altitude, que se dévoile l'un des plus beaux points de vue sur le lac. Jolie rando, dans les environs, jusqu'au col de l'Aulp. Petite station de ski l'hiver, partagée, avec Montmin.

Où dormir ? Où manger dans le coin ?

Refuge de Pré-Vérel : *route du col de l'Aulp, 74210 **Montmin.** 06-07-13-50-72. • gwenjegou@yahoo.fr • preverel.info • De Montmin, suivre le fléchage « col de l'Aulp », la route s'arrête juste avt le refuge. Ouv de mai à mi- oct. Nuitée 15 €/pers (avec draps et petit déj). ½ pens 40 €/pers. En camping, compter 15 € pour 2. Formules et menus 21-33 €.* Dans un ancien chalet d'alpage joliment rénové sans y perdre son âme. Et même si on peut y accéder à 4-roues, c'est un refuge, un vrai, avec dortoir, posé à 1 240 m d'altitude au pied de la Tournette. Un couple irlando-breton s'y est installé, lassé de bosser « en saison » dans des endroits autrement plus touristiques. Bons plats de montagne aux plantes sauvages, tartes maison à se lécher les doigts. Possibilité de planter sa tente.

La Ferme : *col de la Forclaz, 74210 **Montmin.** ☎ 04-50-68-02-44. • laforclazferme@orange.fr • Un peu en surplomb du col. Tlj en saison ; sinon ouv ts les midis, plus ven soir et sam soir. Congés : déc-janv. Résa conseillée.*

Menus 17-19,50 € ; carte env 20 €. Digestif offert sur présentation de ce guide. La ferme est une... ferme, une vraie (dont on peut, depuis la salle, voir les vaches à travers une baie vitrée). Grande terrasse avec vue sur la montagne pour l'été. Cuisine de région qui, logiquement, fait la part belle au fromage (tomme, reblochon qu'on peut acheter sur place). Ambiance franchement familiale et accueil tout de gentillesse.

FAVERGES (74210) 6 920 hab. *Carte Haute-Savoie, B4*

À 6 km des rives du lac, gros bourg assez banal dont les eaux de source alimentent le lac d'Annecy et qui vit d'une industrie pas trop voyante (on y fabrique notamment des stylos et briquets de luxe). La montagne alentour accueille une petite station.

Adresse et infos utiles

Office de tourisme des sources du lac d'Annecy – Pays de Faverges : *pl. Marcel-Piquand. ☎ 04-50-44-60-24. • sources-lac-annecy.com • Tlj pdt les vac scol ; hors saison, fermé mar-jeu et dim. Mai-sept, 1 bureau supplémentaire au bout du lac, plage de **Doussard** : ☎ 04-50-44-81-69.* Diverses visites guidées en été. Rando : 12 itinéraires de chasse au trésor ludiques et interactifs (en vente ou téléchargeable, prêt de tablette à l'OT).

Piste cyclable : *à la place de l'ancienne voie ferrée reliant Annecy et Albertville (45 km).*

– ***Marchés :*** *traditionnel, tte l'année, mer 8h-12h30, marché des producteurs ven 16h-19h30. L'été : marché des artisans d'art à **Doussard** lun 8h-13h, à **Lathuile** ven 8h-13h.*

Où dormir ? Où manger dans le coin ?

Gîte du Pas de l'Ours : *5, impasse du Charmillet, Neuvillard, 74210 **Seythenex.** ☎ 04-50-44-42-26. • gitedupasdelours@wanadoo.fr • annecy-gite.com • À 5 km de Faverges et à 5 km de la station de la Sambuy. Tte l'année sur résa. Nuitée 28 €/pers, petit déj compris. ½ pens 42 €/pers. Resto sur résa. Formules et menus 18-22 €.* Grosse maison à l'orée d'un hameau typique. Intérieur aussi chaleureux que l'accueil. Chambres de 4 lits ou dortoir de 8 places (prévoir sac de couchage ou draps et linge de toilette). Bons petits plats maison.

Hôtel Le Genève : *34, rue de la République. ☎ 04-50-32-46-90. • info@hotellegeneve.com • hotellegeneve.com • Congés : vac de Noël. Doubles 67-84 € selon confort et saison. Parking et garage clos pour motos et vélos. Café offert sur présentation de ce guide.* Un 2-étoiles au confort d'aujourd'hui dont plus rien, hormis peut-être sa façade, ne rappelle le passé de relais de poste. Sans charme ni vraie personnalité, donc, mais d'un vrai confort. Chambres plus calmes sur l'arrière et son petit bout de jardin. Fait aussi resto. Accueil souriant.

À voir. À faire

La grotte et la cascade de Seythenex : *à 2 km au sud de Faverges (accès fléché). ☎ 04-50-44-55-97. Mai-juin et 1re quinzaine de sept, tlj 10h-17h (dernière visite) ; juil-août, 9h30-17h30. Entrée : 8 € ; grotte + cascade*

+ tyrolienne 14 € ; réduc ; gratuit moins de 4 ans. Prévoir une petite laine (il fait env 10 °C dans la grotte) et de bonnes chaussures. Seul site souterrain ouvert au public en Haute-Savoie : 250 m de galeries creusées par l'eau des anciens glaciers dans une falaise calcaire. Pas de sublimes concrétions, donc, mais, le long du lit souterrain du torrent, l'occasion d'appréhender le lent travail de l'érosion. Une série de plates-formes et d'escaliers permet de voir sous tous ses angles une cascade qui dégringole de 30 m du sommet de la falaise. Expo de maquettes animées enfin : au 1/30, elles illustrent le fonctionnement des ateliers artisanaux qui utilisaient autrefois la force des torrents : taillanderie, moulin à huile, scierie. Projection d'un film : *Les Moulins à force d'eau.* Et il est possible de survoler la cascade en tyrolienne : 150 m de long, 40 m de hauteur, émotions assurées !

Le Musée archéologique de Viuz-Faverges : *855, route de Viuz. ☎ 04-50-32-45-99. • viuz.sav.org • ♿ (sf pour la crypte). Accès fléché à l'entrée de Faverges en provenance d'Annecy (direction Faverges-centre) par la D 1508. Juil-août, lun-sam 14h30-18h30 ; sept-juin, lun-ven 14h30-18h30. Fermé j. fériés. Entrée : 3 € (musée et église : 4 €) ; réduc ; gratuit moins de 5 ans. Pass 3 sites avec le muséum des Papillons et le donjon du château : 6 € ; enfant : 4,25 €.* À côté d'une discrète église qui cache un chœur roman du XIIe s et, dans sa crypte archéologique, des vestiges d'un bâtiment romain du Ier s et de trois églises des VIe, VIIIe et Xe s. Les trois salles de ce petit musée présentent le résultat de fouilles menées dans le coin. Une foule d'objets, de la préhistoire au Moyen Âge : haches en pierre polie, chaudron du IIIe s, plaque-boucle du VIIe s finement ciselée, monnaies romaines, collier d'ambre...

Le muséum des Papillons et Insectes : *chemin de la Vie-Plaine. ☎ 07-78-41-33-51. • museum-faverges.com • Dans le château (accès fléché). De mi-juin à mi-sept, tlj sf dim 14h30-18h30 ; sinon sur rdv. Entrée : 3,50 € ; réduc ; gratuit moins de 4 ans.* Petite (mais étonnante) collection privée : des insectes du Quaternaire fossilisés dans l'ambre au gigantesque *Argema mittrei* de Madagascar, papillon grand presque comme un cerf-volant. Pour les insectes vivants : plusieurs espèces de phasmes parfois déroutants.

Le donjon château : *chemin de la Vie-Plaine. Visites sur résa auprès des Amis de Viuz-Faverges. ☎ 04-50-32-45-99. Juil-août, tlj 14h30-18h30 ; sept-juin, mer 15h-16h30. Entrée : 2 € ; réduc.* Vue panoramique depuis le sommet du donjon (XIIIe s). Le château de Faverges permettait de contrôler le passage entre comté de Savoie et comté de Genève.

– Le canyon de Montmin : *à partir de 10 ans. Compter 55 €/pers. • annecycanyoning.com/fr/tyrocanyon •*

Ski et neige

Montmin – col de la Forclaz : *rens au ☎ 04-50-44-60-24.* Forfait journée adulte : 9,50 €. Deux téléskis (1 100-1 800 m) avec vue sur le massif de la Tournette ; 4 km d'itinéraires raquettes.

La Sambuy : *rens au ☎ 04-50-44-44-45. • lasambuy.com •* Un petit domaine (1 150-1 850 m), adossé au massif des Bauges, avec de bonnes possibilités de *freerando.* Forfait journée adulte : 16 €. À l'arrivée du télésiège, point de vue sur le mont Blanc et le lac d'Annecy. En été, c'est aussi un point de départ pour des randonnées (découverte d'un alpage et du Géo site, randos gratuites avec guides, VTT de descente et ateliers enfants au sommet du télésiège).

Val de Tamié – Les Combes : ski de fond : 25 km de pistes. Forfait journée adulte : 5 €. Du côté des Combes, quelques belles pistes en liaison avec le val de Tamié.
– Bon plan : *Pass'3 stations* pour skier indifféremment sur les trois stations à partir de 22 € les 2 jours.

– *Luge 4 saisons – la Sambuy 4 slide :* *mai, juin et sept w-e et j. fériés 13h-17h ; juil-août tlj 10h-18h ; en hiver, 13h30-16h30. À partir de 4 ans. 4,50 € la descente.* Une luge qui glisse au long de 600 m de rails.

DANS LES ENVIRONS DE FAVERGES

Giez : joli village historique. On ne peut plus pittoresque avec ses églises, son château, ses scieries, ses artisans... À l'écart des circuits touristiques et donc plutôt préservé.

L'abbaye de Tamié : voir plus haut, en Savoie, le chapitre « Dans les environs d'Albertville ».

DOUSSARD

(74210) 3 550 hab. *Carte Haute-Savoie, B4*

Venant de Faverges, on aborde au bien nommé Bout-du-Lac, la rive ouest du lac, la plus peuplée, qui par endroits ressemble tant à une zone commerciale qu'on est fort étonné d'y croiser des panneaux « parc naturel des Bauges ». Quelques villages sympas quand même, comme Doussard, sans charme particulier mais à l'écart de la nationale et à l'entrée de la combe d'Ire, l'un des coins les plus sauvages du tour du lac. Plage surveillée en été (parking payant), avec club nautique (voile, *paddle, wake* et canoë).

Adresse utile

Point Info Tourisme : *☎ 04-50-44-81-69. ● sources-lac-annecy.com ● Entre le camping* La Nublière *et celui du* Lac Bleu. *Ouv mai-sept.*

Où dormir ? Où manger ?

Camping

Camping La Nublière : *30, allée de la Nublière,* ***Le Bout-du-Lac.*** *☎ 04-50-44-33-44. ● nubliere@campeole.com ● camping-nubliere.com ● Sur la D 1508. Ouv de mai à mi-sept. Emplacements 17,40-26,20 € pour 2 selon saison. Loc de nombreux bungalows, chalets et mobile homes 238-1 043 €/sem. Réduc de 10 % en mai-juin et sept sur présentation de ce guide.* Un des plus grands campings du coin, avec près de 500 emplacements, mais juste au bord du lac, avec accès direct à la plage. Bien ombragé.

Bon marché

Chambres d'hôtes La Maison de Marie : *100, chemin des Charbonnières,* ***Sollier.*** *☎ 04-50-32-97-43. ● contact@maison-de-marie.com ● Prendre la direction Faverges-Albertville, tourner à gauche juste avt la discothèque, puis prendre la 1re route à droite, la maison est à peine plus loin*

LE LAC D'ANNECY

sur la droite. Double 62 €. Table d'hôtes slt pour la clientèle (le soir sur résa sf sam en juil-août) 20 €. Café et digestif offerts sur présentation de ce guide. Dans un hameau tranquille, à 2 km du lac, une vieille maison avec son petit charme et son jardin. Chambres à la déco qu'on pourra trouver un peu simplette, mais d'un honorable confort. Cuisine familiale dans une grande salle à manger. Cheminée dans le salon. L'accueil, naturellement sympathique, met instantanément à l'aise.

Prix moyens

Chez Ma Cousine : *2036, route d'Annecy,* ***Le Bout-du-Lac.*** *☎ 04-50-32-38-83. • info@chezmacousine.fr • Sur la D 1508, au bord du lac. Tlj sf dim soir-lun hors saison. Fermé janv-fév. Résa conseillée. Formule déj en sem 19 €, menus 35-45 €.* Si cette « cousine » ne fait désormais plus partie de la famille Bise, elle a conservé ses bonnes habitudes. Déco plutôt mode, qui a su ne pas gommer complètement le côté auberge d'un autre siècle. Cuisine au gré du marché et dans l'air du temps, avec poisson du lac. Délicieuse terrasse au bord de l'eau (et des transats pour la digestion...). Et une cousine qui a des envies de faire la fête, parfois...

À voir

La réserve naturelle du Bout-du-Lac : *accès non fléché ; au rond-point, prendre la direction d'Annecy puis 1re à droite. Rens au 06-26-03-14-32. • asters.asso.fr • GRATUIT ; visite guidée en été (à pied, en kayak ; également visite nocturne).* Sentier de découverte (sur pilotis) à travers une roselière où nichent de nombreux oiseaux, comme la foulque ou le grèbe huppé. Pour le *Castor fiber* (plus gros rongeur d'Europe), réintroduit en 1972, il faudra venir de nuit ou profiter des visites guidées.

DUINGT

(74410) 940 hab. *Carte Haute-Savoie, B4*

Sur une presqu'île, le plus authentique des villages du tour du lac. Tout au bout de la pointe, un vrai château de cinéma (qui, malheureusement, ne se visite pas). Et les activités nautiques ne manquent pas en été.

Adresse utile

Bureau d'information touristique : *rue du Vieux-Village. ☎ 04-50-45-00-33. En principe ouv en juil-août.* Visites guidées du vieux village par un guide du patrimoine des pays de Savoie en saison (sur inscription seulement).

Où dormir ?

Camping

Camping Le Familial : *400, route de Magnonnet. ☎ 04-50-68-69-91. • contact@annecy-camping-familial.com • annecy-camping-familial.com • De Duingt, suivre la direction d'Entrevernes puis le fléchage. Ouv avr-sept. Compter 13-16,90 € pour 2 selon saison. Loc mobile homes et apparts 4 pers 250-660 €/pers.* Ambiance familiale, on s'en serait douté. Bien équipé, bloc sanitaire récent et terrain fleuri. Le lac est de l'autre côté de la route.

SAINT-JORIOZ (74410) 5 940 hab. *Carte Haute-Savoie, B4*

Cette petite station (la plus grosse du lac) propose une belle plage de sable.

Bureau d'information touristique : *pl. de la Mairie. ☎ 04-50-45-00-33. • lac-annecy.com • De mi-mai à mi-sept, fermé dim ap-m.*

À voir

La Maison de pays du Laudon : *47, route de Tavan. ☎ 04-50-77-41-16 ou 04-50-44-65-52. De juil à mi-sept, mar et jeu 9h-12h ; ven 9h-12h, 17h-19h. GRATUIT.* Écomusée installé dans une ferme du XIXe s. Reconstitution de pièces de l'habitat traditionnel (cuisine, poêle, fruitière pour la fabrication du fromage et même salle de classe). Des bénévoles (jamais avares d'anecdotes) assurent la visite.

SEVRIER (74320) 4 020 hab. *Carte Haute-Savoie, B4*

Le bourg s'étend de part et d'autre de la nationale (les hôtels aussi, dommage...). Pas un charme fou, mais sur les rives du lac se cachent quelques jolis coins... Arrière-pays, le long du Laudon, plutôt campagne.

Où dormir ? Où manger ?

Camping

Camping Les Rives du Lac : *331, chemin des Communaux. ☎ 04-50-52-40-14. • lesrivesdulac-annecy@ffcc.fr • lesrivesdulac-annecy.com • À 1 km du centre, au bord du lac (fléché). Ouv avr-sept. Compter 18,70-24,55 € pour 2 selon saison. Loc de mobile homes 268-834 €/sem. Réduc de 10 % hors juil-août sur présentation de ce guide.* Un camping familial et bien équipé, avec accès direct au lac (plage privée).

Prix moyens

Le Bistrot du Port : *238, route du Port. ☎ 04-50-52-45-00. • ofournierfr@yahoo.fr • Juin-sept, tlj midi et soir ; sinon fermé dim soir-lun et mar soir. Congés : 20 déc-début fév. Formule déj en sem 16,50 €, menus 28-42 €.* Installé dans un rigolo kiosque tout blanc, au bord de l'eau. Belle terrasse au-dessus des flots ou véranda (chauffée !) pour bénéficier du même spectacle si le temps est maussade. Cuisine pas mal tournée, qui s'intéresse évidemment aux poissons du lac.

À voir

Le musée Paccard : *215, route de Piron (D 1508). ☎ 04-50-52-47-11. • paccard.com • Ouv tte l'année, lun-sam 10h-12h (12h30 juil-août), 14h30-17h30 (18h30 mai-sept) ; dim et j. fériés slt l'ap-m. Entrée : 6,50 € ; réduc ; gratuit moins de 6 ans. Visite guidée de la fonderie 15 avr-15 oct : ven, dim et j. fériés 14h30-17h30, plus sam 10h-12h ; août, tlj sf dim mat ; supplément de 3,50 €.*

Routards, vous connaissez la famille Paccard, ou tout du moins leurs cloches. Vous les avez entendues sonner un peu partout dans le monde, au clocher de la cathédrale de New York comme à celui de la cathédrale de Vienne. Le carillon du *Taft Memorial* de Washington comme la cloche de la Paix d'Hiroshima sont aussi signés Paccard.
L'histoire de l'entreprise est, bien sûr, évoquée dans ce passionnant musée créé par la famille Paccard. On y découvre toutes les étapes de la fabrication d'une cloche (film de 25 mn sur la coulée), l'histoire très ancienne de l'instrument (les Chinois en fabriquaient déjà au IIe millénaire av. J.-C.) et une large collection de cloches de toutes les matières (du cristal de Daum au... chocolat, bien sûr), de toutes les époques et de tous les pays (clochettes tibétaines offertes à la famille Paccard par le panchen-lama)...
On peut également visiter la fonderie elle-même, mais seulement en dehors des heures de travail ; on n'y verra donc pas la coulée des cloches *(jeu ap-m sur résa).*

UNE VOLÉE DE RECORDS

La fonderie Paccard, c'est un peu le Livre des records à elle toute seule : une des plus anciennes entreprises françaises (elle a été créée en 1796 par Antoine Paccard). Elle a fondu la plus grosse cloche de France (18 835 kg, dite « la Savoyarde », installée au Sacré-Cœur à Montmartre), et aussi la plus imposante cloche à la volée du monde (33 t) pour le monument du Millénaire édifié en 1999 à Newport dans le Kentucky...

L'écomusée du Lac d'Annecy : *pl. de l'Église. ☎ 04-50-52-41-05. • ecomusee-lacannecy.com • ♿ (partiel). Mai-juin et sept, tlj sf sam 14h30-18h ; juil-août 10h-12h, 14h30-18h. Entrée : 4,50 € (au lieu de 5 €) sur présentation de ce guide ; réduc ; tarif famille. Activités ludiques pour les enfants.* Prix d'excellence pour ce petit musée installé dans une ancienne école. Ce qui n'aurait pu être qu'une (même très complète) collection de costumes et d'objets de la fin du XIXe s au début du XXe s s'avère un délicieux petit voyage dans le monde des traditions populaires. L'équipe de bénévoles qui a créé ce musée a joué le tout-didactique. On découvre avec stupéfaction que le bonnet de ramoneur que tous les marchands de souvenirs nous vendent comme rouge était... blanc, ou que le coffre-fort savoyard n'est autre qu'un grenier au milieu des prés. Le musée rend aussi un bel hommage aux savoir-faire d'antan et aux travaux d'aiguille (broderies, dentelles à l'aiguille, au crochet, frivolités...), à l'artisanat élevé au rang d'art des paysannes-dentellières de la fin du XIXe s. Une bonne idée : à chaque objet correspond son équivalent en pain ou en cochon. Projection d'un court-métrage (un mariage, une fête de Noël au XIXe s et un autre consacré à l'enfance en Savoie fin XIXe s).

Le parc naturel régional des Bauges : le col de Leschaux (D 912) conduit au cœur du massif des Bauges, superbe et encore sauvage région (voir dans la partie « La Savoie »).

L'ALBANAIS

Entre les lacs d'Annecy et du Bourget, le moins connu des petits pays haut-savoyards. Ici, pas de sommets vertigineux mais de doux vallonnements qui cachent de petites cités de caractère, quelques châteaux et un merveilleux endroit : les Jardins secrets.

ALBY-SUR-CHÉRAN

(74540) 2 004 hab. *Carte Haute-Savoie, B4*

La route départementale évite consciencieusement ce bourg médiéval qui a vécu de la cordonnerie (un petit musée évoque cette activité traditionnelle) jusqu'au XIXe s. Si sa superbe place triangulaire bordée de maisons à arcades était située à Annecy, les foules s'y agglutineraient ; ici, personne... À voir également, l'église contemporaine qui abrite des vitraux de Manessier.

Adresse utile

Point info tourisme : *9, pl. du Trophée, dans le musée de la Cordonnerie. ☎ 04-50-68-39-44. Point info ouv juin-16 sept, mar-sam (plus lun en juil-août) ; musée ouv les mêmes jours, et l'hiver sur rdv. Visites guidées d'Alby sur résa.*

Où manger dans le coin ?

Auberge La Grange à Jules : *Le Pelvoz, 74540* ***Chapeiry.*** *☎ 04-50-68-15-07. • lagrangeajules@free.fr • À 2 km au nord d'Alby par la D 1201, puis à gauche la D 31. Fermé le soir dim-jeu, le midi mer et sam. Formules déj en sem 15-18 €, menus 29-39 €.* Façade plus hangar agricole que vieille grange... À l'intérieur : décor de vieille ferme, chaleureusement rustique, qui fait oublier la proximité de l'autoroute (qu'on n'entend pas). Cheminée pour les jours un peu frais, terrasse fleurie dans le jardin pour l'été et barbecue. Bons produits et sympathique cuisine au goût d'aujourd'hui. Organise régulièrement des concerts et des soirées à thème en fin de semaine (programme sur le site internet). Repas majorés dans ce cas.

DANS LES ENVIRONS D'ALBY-SUR-CHÉRAN

Le musée de la Nature : *Les Choseaux, 74540* ***Gruffy.*** *☎ 04-50-77-58-60. • musee-nature.com • À l'est d'Alby, par la D 31. Ouv de mi-mars à mi-nov, tlj sf lun et sam 14h-18h (tlj sf sam en juil-août 14h-18h30). Fermeture de la billetterie 1h avt. Entrée : env 5,70 € ; réduc ; gratuit jusqu'à 6 ans.* Expo sur les hôtes des bois, des montagnes et des marais... Des centaines d'animaux naturalisés, sauvages et domestiques. Salle dédiée à l'abeille : ruche vivante à découvrir derrière une vitre (avril-octobre).

Le pont de l'Abîme : *au sud d'Alby par la D 3, puis la D 911.* Plutôt spectaculaire : le pont, métallique et suspendu (depuis 1887), est jeté à travers la profonde gorge (un à-pic de près de 100 m) que creuse le torrent du Chéran à la sortie des Bauges.

RUMILLY

(74150) 13 600 hab. *Carte Haute-Savoie, A4*

Importante place forte jusqu'à sa chute devant les troupes françaises en 1630, capitale de l'Albanais (hier comme aujourd'hui), industrielle

(un des plus gros fabricants français de poêles antiadhésives !) mais bien tranquille (presque trop) petite ville. Le centre-ville a toutefois du cachet : belle place de l'Hôtel-de-Ville bordée de maisons à arcades, élégants hôtels particuliers du XVIe s autour de l'ancienne halle au blé.

UNE GIRAFE SAVOYARDE

Vous avez sûrement, dans votre tendre enfance, fait couiner une petite girafe de caoutchouc prénommée Sophie. La célébrissime Sophie la Girafe, créée en 1961, est toujours fabriquée à Rumilly. Cette cinquantenaire fringante née le jour de la Sainte-Sophie (bien sûr) reste l'un des jouets de bébé les plus vendus en France, sinon dans le monde. Depuis le début des années 2000, Sophie la Girafe est même devenue un must chez les stars hollywoodiennes. Bientôt, Sophie la Girafe, le film ?

Adresse et info utiles

i ***Office de tourisme de l'Albanais en pays de Savoie :*** *1, pl. de la Manufacture.* ☎ *04-50-64-58-32.* • *albanais-tourisme.com* • *Juil-août, tlj sf dim ap-m ; hors saison, mar-sam mat.* Demander le petit circuit « Histoire et patrimoine en Albanais », qui détaille les principales curiosités de Rumilly et d'Alby-sur-Chéran. Possibilité de visites guidées en compagnie d'un guide du patrimoine.

– ***Marché :*** *jeu mat.*

Où dormir dans le coin ?

Château de Lupigny : *74150* ***Boussy.*** ☎ *04-50-01-12-01.* 📱 *06-13-81-31-49.* • *chateaudelupigny@aol.com* • *chateaudelupigny.com* • *Depuis Rumilly, suivre la direction de Boussy mais ne pas entrer dans le village ; continuer sur la D 31 en direction d'Alby, puis tourner à droite aux pancartes. Double 65 €, familiale 80 €. Réduc de 10 % à partir de 3 nuits consécutives hors été sur présentation de ce guide.* 2 belles chambres aménagées dans la tour de cette vieille maison forte du XVe s. Le charmant proprio, qui vit seul dans cette grande bâtisse, se fera un plaisir de vous faire partager sa passion pour cette demeure familiale qu'il restaure peu à peu. À en juger par les prix, on se dit que ça vaut décidément le coup de venir se perdre dans l'Albanais.

À voir. À faire

Notre Histoire – musée de Rumilly : *« Les Tabacs », 5, pl. de la Manufacture.* ☎ *04-50-64-64-18. Ouv mer-dim 14h30-17h30. Fermé août et Noël. Entrée : 2,50 €.* L'ancienne manufacture de tabac présente le patrimoine de la ville.

– ***Base de loisirs :*** *GRATUIT.* Plan d'eau et baignade surveillée en été, karting, pêche, pistes cyclables, jeux enfants, Maison pêche-nature avec stages de pêche, Maison du vélo (stages, encadrement).

LA POÊLE DES PEOPLE

Rumilly abrite les usines Tefal qui fabriquent les « poêles qui ne collent pas ». Les ventes eurent d'ailleurs du mal à décoller. En 1961, un magazine américain publia la photo de Jackie Kennedy avec une poêle Tefal à la main. Le succès arriva enfin.

DANS LES ENVIRONS DE RUMILLY

Les Jardins secrets : *1561, route de Lagnat, 74150* **Vaulx.** *☎ 04-50-60-53-18. • jardins-secrets.com • (80 % de la visite). À 10 km au nord-est de Rumilly par la D 3 ; accès fléché depuis Vallières. Tlj de mi-avr à mi-oct ; début juil-fin août, tlj 10h30-17h30 ; horaires restreints le reste du temps, les consulter. Visite libre. Entrée : 7 € au lieu de 8,50 € sur présentation de ce guide ; réduc ; gratuit moins de 4 ans.*

Un hameau au milieu de nulle part, où se dresse une jolie palissade de bois à claire-voie. À force de se retrouver nez à nez avec des curieux qui ne pouvaient s'empêcher de vouloir savoir ce qu'elle pouvait bien cacher, la famille Moumen, âme des lieux, a décidé d'en ouvrir grand les portes. Il nous faudrait ici rassembler tous nos souvenirs de voyages au Maroc, en Turquie, en Andalousie ou en Inde, déverser sur cette page une pleine brouette de métaphores, piquer aussi quelques vers à une anthologie de la poésie pour tenter de vous décrire ces 7 000 m² de jardins et de constructions insolites qui s'étendent un peu plus chaque année, sans plan bien précis, au rythme des trois idées par seconde du maître de maison. Et encore ! Ce qui fut, il y a 30 ans, une ferme fatiguée par les années est devenue entre les doigts de doux rêveurs – Nicole et Alain Moumen et leurs trois filles – une mosaïque d'espaces tous différents et renouvelés chaque année. Ici, une cour au damier fait de mille et un petits cailloux gris et blancs, là un jardin andalou, là encore une sorte de salon oriental et partout du bois ciselé, peint, tourné, sculpté... Magique !

En été, restauration légère sur des terrasses et salon de thé *Le Petit Ryad.*

Les gorges du Fier : *74330* **Lovagny.** *☎ 04-50-46-23-07. • gorgesdufier.com • À env 10 km à l'ouest d'Annecy par la D 14 ou la D 16. 15 mars-15 oct, tlj 9h30-18h15 (19h15 15 juin-10 sept). Dernière entrée 1h avt la fermeture. Entrée : env 5,50 € ; réduc ; gratuit moins de 7 ans. Visite libre (env 1h).* On suit ces gorges, sur 250 m environ, grâce à une étroite passerelle acrobatiquement accrochée à la falaise entre 20 et 30 m au-dessus des eaux. Des gorges si étroites (les hautes et lisses falaises semblent ici ou là presque se toucher) que l'eau peut y monter de 26 m en quelques heures. Paysage franchement étonnant, notamment dans la partie dite « du Dôme » où le soleil, filtré par une voûte de verdure, donne des formes surprenantes aux rochers polis par le passage incessant des flots. À la sortie des gorges s'étend un petit espace de lapiaz (roches calcaires fissurées par l'érosion) dit « mer de rochers ».

Le château de Montrottier : *74330* **Lovagny.** *☎ 04-50-46-23-02. • chateaudemontrottier.com • Juste au-dessus des gorges du Fier (même accès depuis Rumilly). Visite guidée (compter 1h30, dernière visite 1h avt la fermeture) : juin-août, tlj 13h-18h (14h juin) visite libre le mat 10h-13h, sf salles de collections ; 15 mars-31 mai et de sept à mi-oct, tlj sf mar 14h-18h. Fermé de mi-oct à mi-mars. Entrée : 8,50 € ; réduc ; gratuit moins de 10 ans.*

Perché au-dessus des gorges du Fier, ce château conserve, vu d'en bas, un aspect de nid d'aigle avec son solide donjon cylindrique haut de 33 m (jolie vue depuis le sommet). À l'intérieur, il s'avère plus composite : si les bâtiments les plus anciens (la tour des religieuses, par exemple) remontent au XIIIe s, les autres datent du XVe s (splendide escalier hélicoïdal qui ne tient que par le mur) et toute la partie ouest a été remaniée au XIXe s.

La visite vaut aussi et surtout pour les collections qu'abrite le château, léguées, pour l'essentiel, par son dernier propriétaire, Léon Marès. Une ambiance « cabinet de curiosités », avec des objets les plus divers exposés dans de grandes vitrines à l'ancienne. Intéressante collection de faïences, qui représente presque tous les grands centres de production : Delft, Nevers, Marseille... Et, pièces maîtresses : quatre bas-reliefs en bronze, chefs-d'œuvre de la Renaissance allemande, signés Peter et Hans Vischer, fondeurs à Nuremberg au XVIe s.

Le château de Clermont : *74270* **Clermont-en-Genevois.** *☎ 04-50-69-63-15. À 13 km au nord-ouest de Rumilly par la D 910. Mai-juin et sept, w-e et j. fériés 10h30-12h30, 13h30-18h ; juil-août, tlj. Dernière visite à 17h. Visite guidée slt, ttes les heures le mat et ttes les 30 mn l'ap-m : 3 € ; réduc ; gratuit moins de 8 ans.*
Ce château a été construit entre 1575 et 1580 pour Gallois de Regard, brillant ecclésiastique qui voulait s'offrir, outre son hôtel particulier à Annecy, un pied-à-terre dans son village natal. Pas mal pour une résidence secondaire ! Un vrai petit palais Renaissance, en fait, unique en son genre en Haute-Savoie et même en France (dommage pour Gallois de Regard, il n'en a profité que 2 ans...). Superbe cour d'honneur fermée par trois galeries à double étage.
Les vastes pièces en enfilade, éclairées par d'amples fenêtres, ont retrouvé en grande partie leur mobilier et leur lustre d'antan (le château, transformé en exploitation agricole dans les années 1960, était complètement vide lors de son rachat par le conseil général). Et la visite guidée, passionnante car très axée sur l'art de vivre, permet de mieux comprendre comment la Renaissance a littéralement bouleversé la vie quotidienne en Europe.
– Le château de Clermont est aussi un centre culturel, avec une saison d'été chargée en événements : animations en soirée (musique, contes, cirque, marché traditionnel...). Concerts et spectacles (théâtre, intéressant festival de jazz) dans la cour d'honneur...

LES ARAVIS

Entre la vallée de Thônes et le val d'Arly, la chaîne des Aravis (prononcer : « Ah ! ravi ! ») forme une monumentale et quasi rectiligne muraille de dents acérées où culmine, à 2 752 m, le célèbre sommet de la pointe Percée. À son pied, des alpages qui bruissent du tintement des clarines des troupeaux, d'aimables vallées modelées par le cours des torrents où se serrent autour du clocher à bulbes de leurs églises des villages encore typiques. Des villages où l'on vit, aujourd'hui comme hier, et malgré le développement des sports d'hiver, principalement de l'élevage laitier (les Aravis sont le berceau d'un sacré fromage, le reblochon !) et de l'exploitation forestière (Thônes abrite l'une des plus grosses fabriques de cuisines françaises).

THÔNES

(74230) 6 180 hab. *Carte Haute-Savoie, B3*

Gros bourg pas désagréable, bien situé en tout cas, comme dit la pub de l'office de tourisme, « entre lac et montagnes », entre Annecy et les Aravis.

Adresse et info utiles

Office de tourisme : *4, pl. Avet. ☎ 04-50-02-00-26. • thones-valsulens.com • Tte l'année, lun-sam 9h-12h, 14h-18h ; juil-août, 9h-12h30, 14h-18h30, plus horaires réduits dim.* Petit livret-jeux pour partir avec les enfants à la découverte du patrimoine local.

Gare routière : *Voyages Crolard, ☎ 04-50-02-00-11. • voyages-crolard.com •* Liaisons régulières avec Annecy, La Clusaz et Le Grand-Bornand.

Où dormir ? Où manger à Thônes et dans les environs ?

De prix moyens à chic

Hôtel du Commerce : *5, rue des Clefs. ☎ 04-50-02-13-66. • commerce74230@gmail.com • En plein centre. Resto fermé dim soir-lun. Congés : 15 j. en oct-nov et 3 sem avr-mai. Doubles 65-85 € selon saison ; également des familiales. Formule déj en sem 18 €, menus 22-40 €.* Les chambres, fonctionnelles, sont assez classiques mais confortables, même si les salles de bains mériteraient parfois un rafraîchissement. Cuisine de bonne facture, servie dans la salle joliment rénovée et agréablement animée. En été, terrasse sur l'arrière.

Chalet d'en ô : *route de Serraval, Le Cropt, 74230* ***Les Clefs.*** *☎ 04-50-02-09-00. • lechaletdeno@hotmail.fr • lechaletdeno.com • À quelques km de Thônes direction Faverges. Fermé dim soir-lun, plus mar-mer hors saison. Double 60 €. Formule 18 € ; carte 22-29 €. Apéritif maison offert sur présentation de ce guide.* Dans une ancienne ferme, quelques plats traditionnels qui changent des plats savoyards classiques, néanmoins à la carte. Une cuisine de terroir généreuse et inventive. Le jeudi de juillet à décembre, moules du Mont-Saint-Michel ! 2 chambres à l'esprit montagnard. Une bonne adresse un peu à l'écart des circuits touristiques et belle terrasse face à la Tournette. Accueil très convivial.

Chambres d'hôtes Chalet des Burdines : *Les Burdines, 74230* ***Glapigny.*** *☎ 04-50-32-12-52. 06-09-03-03-06. • lesburdines@hotmail.fr • lesburdines.fr • À 4 km de Thônes ; prendre la route du Grand-Bornand/La Clusaz, puis la 1re à droite après le supermarché Carrefour, direction Glapigny, et ensuite une petite route (fléchage Les Burdines) sur la gauche qui se transforme vite en chemin carrossable (chaînes obligatoires en hiver). Doubles 70-80 €. Café offert sur présentation de ce guide.* Construit en 1772, c'est l'un des plus vieux chalets à être encore accrochés à ces pentes, face aux sommets du Lachat et de la Tournette. Presque solitaire, donc tranquille. 2 chambres, toutes de bois vêtues, très montagne. Respect de l'environnement avec panneaux solaires, eau de source, compostage, etc. Accueil naturellement sympathique.

À voir

L'église Saint-Maurice : élégant clocher à bulbes ajouré, surmonté d'une flèche très pointue. Retable baroque de la Trinité (XVIIe s) dans le chœur, véritablement impressionnant. Derrière l'église, agréable place de poche bordée de maisons à arcades du XVe s.

Le manoir de la Tour : *en juil-août, visite commentée hebdomadaire (rens à l'office de tourisme).* Résidence campagnarde de 1670 appartenant à la famille de Gallay, connue pour avoir accueilli Jean-Jacques Rousseau en 1730 lors d'une journée impérissable qu'il conta dans *Les Confessions*.

L'écomusée du Bois et de la Forêt : *scierie des Étouvières. ☎ 04-50-32-18-10. • ecomuseedubois.com • À 2,5 km à l'ouest du centre-ville, dans la vallée de Montremont. Avr et oct, mer 14h30-17h30 ; mai-juin et sept, mer et dim 14h30-17h30 ; juil-août, tlj sf sam 10h30-12h, 14h30-17h30. Fermé nov-mars. Démonstrations de sciage. Entrée : 4,50 €, réduc ; gratuit moins de 6 ans. En juil-août, visite « spéciale » mar et jeu à partir de 14h30 (7 €), visite de la scierie* *suivie d'une balade découverte ; prévoir 3h et de bonnes chaussures. Également démonstration de débardage par câble à l'ancienne vers 15h45.* Une ancienne scierie hydraulique comme il y en avait beaucoup dans le coin, restaurée dans ses moindres détails. Sa scie alternative entraînée par de multiples courroies fonctionne à nouveau. Démonstrations et ateliers de menuiserie pour les enfants. Accès libre au petit sentier de découverte des différentes espèces de la forêt.

Le site de Morette : *à 3 km de Thônes sur la route D 909.*
– ***La nécropole nationale des Glières :*** 105 résistants tombés pendant les combats du plateau des Glières (février-mars 1944) y reposent.
– À quelques pas de la nécropole, le ***Musée départemental de la Résistance*** et le ***mémorial de la Déportation*** : *☎ 04-50-32-18-38. Juil-août, tlj 10h-12h30, 14h-18h ; fév-juin et sept-nov, tlj sf sam 9h30-12h30, 13h30-17h. Droit d'entrée : 3 € ; réduc. Visites guidées sur résa.* Créé dans un ancien chalet d'alpage par les rescapés des événements du plateau des Glières, le musée de la Résistance est dédié à l'histoire de la Haute-Savoie durant le second conflit mondial. L'étage est consacré au maquis des Glières et à la libération du département.
Le mémorial de la Déportation, aménagé dans un ancien grenier, présente des photographies sur l'univers concentrationnaire nazi. À l'accueil, projection de documentaires, espace librairie. On aborde ici une page extrêmement marquante de l'histoire à compléter obligatoirement par la visite du site du plateau des Glières (voir ce chapitre – environ 1h de route).

La Maison de la pomme et du biscantin : *à **Serraval** (74230), face à l'église. ☎ 04-50-44-66-96. 📱 06-27-19-04-56. Juil-août, lun-ven 15h-18h ; le reste de l'année, ven ap-m ; vac scol, également mer et jeu ap-m. Visite guidée + dégustation : 2 € ; réduc.* L'Association des vergers de la vallée de Thônes s'est donné pour mission de réhabiliter les vergers fermiers de la vallée et expose ici quelques objets illustrant le travail des arboriculteurs. Vente de produits, bio notamment, dont le fameux biscantin, le cidre local.

Sports et loisirs d'été

➢ ***Randonnées :*** *carte intercommunale en vente à l'office de tourisme.* Quelques balades familiales comme le *sentier du Calvaire* ou la *forêt du Mont.* Également, nombreuses randonnées dans le val Sulens : le *tour du Sulens,* la *Tournette,* le *mont Charvin.*

VTT : *carte intercommunale en vente à l'office de tourisme.*

– ***Via ferrata :*** *rens au **bureau des guides** (☎ 04-50-02-01-33), ou **Joris Charlemagne** (📱 06-70-11-96-54).* Dans le bourg, sur la roche à l'Agathe ; 600 m de long, 2 à 3h de parcours, de difficile à très difficile.

– ***Aravis parc d'aventures :*** *aire de loisirs des Écureuils, 2, rue Saint-Blaise. ☎ 04-50-32-17-50.* Parc d'accrobranche.

Fêtes et manifestations

– ***Nordic Experience :*** *en janv, sur le plateau de Beauregard.* Fête des « activités nordiques » : ski de fond, raquettes, etc. Initiation, encadrement, animations et dégustations.
– ***Festival « Les Vocales de Thônes » :*** *1 sem fin mai.*
– ***Aravis trail :*** *en juin.* Courses en montagne, différents parcours de 25 à 65 km.
– ***Fête des Pompiers :*** *en juil.* Le corps de sapeurs-pompiers a conservé toutes ses tenues depuis sa création en 1836, et les ressort des placards pour l'occasion.
– ***Jeux M'amuse :*** *2 j. fin juil.* Festival pour découvrir la richesse de l'univers du jeu.
– ***Thôn'Arts Récup :*** *en août.* Festival d'art recyclé.

– ***Palais Gourmand :*** *1er w-e de sept.* Une soixantaine de producteurs venus de toute la France.
– ***Festival international du film à la con :*** *2 j. mi-sept (biennale). ☎ 04-50-66-86-43. • festival-film-ala-con.com •* 24h en équipe pour faire un film à la..., comme l'intitulé du festival l'indique.
– ***Rencontres du film des résistances :*** *1 sem en nov.* Un devoir de mémoire qui se passe de tout commentaire.

DANS LES ENVIRONS DE THÔNES

Le val Sulens : *au sud de Thônes par la D 12.* Une vallée miraculeusement préservée, quasiment oubliée du tourisme. Quelques villages : Les Clefs, Serraval et Le Bouchet-Mont-Charvin. Notre préféré, *Le Bouchet,* étale au pied du mont Charvin son chapelet de hameaux. En poursuivant la D 162, au-delà du Bouchet, on rejoint, via le boisé col de l'Épine, Faverges et le lac d'Annecy. Pour les courageux, on peut faire le tour du val Sulens à pied en 3 ou 4 jours.

MANIGOD (74230) 1 015 hab. *Carte Haute-Savoie, B3-4*

Du germanique *man* et *wald,* « l'homme des forêts ». Ces premiers Manigodins, hommes des forêts, étaient-ils une peuplade venue de la plaine se réfugier ici aux temps lointains des grandes invasions ? Voire les envahisseurs eux-mêmes qui, stupéfaits par la beauté de cette haute vallée du Fier, ont décidé de s'y fixer ? Quoi qu'il en soit, on ferait bien comme eux. Parce que voilà sûrement le plus beau coin des Aravis : une charmante vallée dont vergers et sapins se partagent les pentes douces semées aussi de vieilles fermes, d'oratoires et de chapelles. Cette montagne intemporelle, vous en aviez rêvé : le minuscule village de Manigod a su la conserver, presque jalousement.

Adresse et info utiles

Office de tourisme : *au centre du village. ☎ 04-50-44-92-44. • manigod.com • Ouv lun-ven 9h-12h, 14h-18h.* Bonne doc et excellent accueil.
– ***Marché savoyard :*** *mar mat en juil-août.*

Où dormir ? Où manger dans le coin ?

De prix moyens à chic

Chambres d'hôtes chez Josette Barbaud : ***Proveyroz.*** *☎ 04-50-44-95-25. • josette.barbaud@sfr.fr • josette.barbaud.free.fr • À 800 m de Manigod par la D 16 direction Thônes. Ouv tte l'année. Double 60 €, familiale 120 €. Table d'hôtes 22 €. Remise de 10 % sur le prix de la chambre (sept-oct) sur présentation de ce guide.* Dans un vaste et récent chalet, un peu perché, bien lumineux et sur plusieurs niveaux. Une chambre pour 3 avec douche, w-c et terrasse, 2 chambres pour 2 qui se partagent salle de bains et w-c (idéal pour une famille). Déco toute simple. Grande salle de séjour dotée d'une vue superbe sur la vallée et la Tournette. Petit jardin. Accueil cordial.

Hôtel de la Vieille Ferme : ***col de Merdassier,*** *station de l'Étale. ☎ 04-50-02-41-49. • hotel.vfmanigod@orange.fr • la-vieille-ferme-manigod.com • À 9 km de Manigod par la route de La Croix-Fry (D 16) ;*

au col, suivre direction col de Merdassier. Congés : 25 avr-25 juin et 15 oct-15 déc. Double 60 €, familiale 80 €. ½ pens 65 €/pers. Menus 16-22 € ; carte env 25 €. Un chalet tout ce qu'il y a de plus alpin au pied des pistes de l'Étale, à 1 500 m d'altitude. Ambiance très montagnarde. 6 chambres seulement, assez simples mais pas désagréables. Cuisine aussi typique et authentique que la salle à manger (*farcement, pela*, etc.). Terrasse avec vue sur les sommets du coin.

Où acheter de bons produits ?

La Ferme Chez Simon : *en hiver, au* ***Picard*** *(accès depuis la route de La Croix-Fry). ☎ 04-50-44-91-20. En été, à* ***Merdassier.*** *☎ 04-50-02-51-52. De Manigod, grimper jusqu'au col de La Croix-Fry, puis prendre la route de Merdassier (200 m en chemin caillouteux).* Un des meilleurs reblochons fermiers du coin. L'été, le reblochon est fabriqué à l'alpage. On peut assister à la traite des vaches et faire un petit coucou aux chèvres qui broutent derrière la ferme.

À voir

L'église Saint-Pierre : *au centre du village.* Du XVIIe s mais agrandie à la fin du XIXe s, l'une des premières églises-halles construites en Savoie. L'entrée est couverte d'un auvent qui permettait aux fidèles de discuter le coup après l'office à l'abri de la neige et de la pluie. À l'intérieur, de style sarde, monumental orgue de style italien, construit en 1996 mais inspiré des modèles du XVIIe s.

La Maison du patrimoine : *☎ 04-50-44-93-72. Juil-août, mer 15h30-18h30. GRATUIT.* Petit musée sur la vie d'autrefois dans ces montagnes.

Ski et neige

Ski alpin : le domaine de La Croix-Fry-Merdassier (1 470-1 810 m) est relié à celui de La Clusaz (voir ce chapitre pour le descriptif) : La Croix-Fry, à 6 km du village, et le col de Merdassier, à 9 km. Service de navettes l'hiver entre le village et les stations. 25 km de pistes. Forfait journée adulte : 20,70 €. La Clusaz : 36 €.*)*.

Ski nordique : un domaine, commun avec La Clusaz, sur le plateau de Beauregard (20 km de pistes). Forfait journée adulte : environ 8 €.

Ski de randonnée : *rens à l'ESF, ☎ 04-50-44-92-04. • esfmanigod.com •* Quelques classiques à la journée : la *Tournette*, le *mont Charvin*, la *pointe d'Orsière*, la *Mandallaz*, le *Sulens*.

➢ ***Sentiers raquettes :*** 6 itinéraires balisés sur le plateau de Beauregard *(sorties avec l'office de tourisme).*

➢ ***Sentiers piétons :*** sentiers balisés au départ de La Croix-Fry et le col de Merdassier. Également une ***piste de paret*** (luge) au col de Merdassier.

Sports et loisirs d'été

➢ ***Randonnées :*** *descriptifs et carte vendus à l'office de tourisme.* Des dizaines de sentiers balisés, sur lesquels vous croiserez peut-être le chapeau d'un certain Marc Veyrat qui a ouvert sa ferme d'hôtes à La Croix-Fry, dans son village natal. Quelques classiques : le lac du *mont Charvin* (balade facile, 4h aller-retour), la *pointe de Mandallaz* (belle balade de 4h à travers les alpages).

VTT : plusieurs circuits de tous niveaux. *Carte VTT Aravis* en vente à l'office de tourisme. Piste de descente et *boardercross* accessibles par télésiège. Pour la location : ***Val Sports**, au **col de Merdassier**, ☎ 04-50-02-48-22.*

– ***Piscine :*** *au col de Merdassier. Juil-août, tlj 11h-18h30. GRATUIT.* En plein air.

– ***Dévalkart :*** kart non motorisé permettant de dévaler une piste, après être monté en téléski. ***Val Sports**, au **col de Merdassier**, ☎ 04-50-02-48-22.*

– ***Escalade :*** falaise avec 10 voies courtes à Manigod et école d'escalade à Thônes.

– ***Goûters à la ferme :*** *rens à l'office de tourisme.*

LA CLUSAZ (74220) 1 880 hab. *Carte Haute-Savoie, C3*

Situé dans une gorge profonde (*cluse* signifiant « chemin étroit entre deux montagnes »), ce vrai village, blotti autour de son clocher à bulbes, abrite, mine de rien, une grande station. Les premiers chercheurs d'« or blanc » y débarquèrent dès les années 1920. La clientèle y reste familiale (et locale, Annecy et Genève sont tout près et les week-ends sont chargés...), et l'ambiance bon enfant.

Adresses et infos utiles

Office de tourisme : *à côté de l'église. ☎ 04-50-32-65-00. • laclusaz.com • Ouv été et hiver, tlj ; pdt les vac scol d'hiver, pas de pause le midi ; sinon fermé dim.* Le jeudi matin, visite du bourg avec un guide du patrimoine. Le vendredi, visite d'une ferme.

– ***Carte d'hôte :*** *infos à l'office de tourisme. Offerte dans votre lieu d'hébergement.* Elle offre quantité d'avantages et de gratuités sur les sports, loisirs et activités pendant la durée de votre séjour. Elle permet également d'emprunter gratuitement les ***Skibus*** qui, en saison (été et hiver), desservent les différents quartiers de La Clusaz et, bien évidemment, les pistes et le lac des Confins.

– ***Carte enfant roi :*** *rens à l'office de tourisme.* Cette carte estivale permet à une famille de 2 parents d'offrir le séjour (nuits + repas) à son enfant de moins de 12 ans pour tout séjour de 7 nuits en demi-pension dans l'un des hôtels participant à l'opération. L'hôtel *La Ferme*, cité plus bas, en fait partie. Également des gratuités et des réductions sur les loisirs. Valable si la réservation de l'hébergement est faite au minimum 7 jours avant la date d'arrivée.

Écoles de ski : ***École du ski français**, ☎ 04-50-02-40-83. • esf-laclusaz.com • **ESI** (École de snowboard et de ski internationale), ☎ 04-50-32-66-05. • esi-laclusaz.com • **Évolution 2 La Clusaz**, ☎ 04-50-02-81-29. • evolution2-laclusaz.com •*

Compagnie des guides des Aravis : *9, chemin de la Croix. ☎ 04-50-63-35-99. • compagnie-guides-aravis.com •* Été comme hiver, ils restent une référence en accompagnement en montagne. Randos, ski, hors-piste.

Gare routière : *☎ 04-50-02-40-11.* Liaisons tlj avec Annecy (à 32 km). ***Voyages Crolard :*** *☎ 04-50-45-08-12. • voyages-crolard.com •*

– ***Marché :*** *lun mat, pl. de l'Église, sous la grenette (ancienne halle).* Produits de terroir.

Où dormir ?

Camping

Le Plan du Fernuy : *1800, route des Confins. ☎ 04-50-02-44-75. • fernuy@franceloc.fr • franceloc.fr • À 1,5 km du centre de la station par la route des Confins. Ouv 15 juin-début sept, puis vac de Noël-fin vac de*

Pâques. Compter 20-30 € pour 2 selon saison. Loc de mobile homes, chalets et apparts 2-5 pers 231-2 338 €/ sem. Au calme, face au domaine de Balme. De beaux emplacements, dont 19 « grand confort ». Très belle piscine couverte et chauffée, un site bien tenu et pas trop grand. Épicerie, laverie automatique, terrain de jeux pour les enfants.

Bon marché

Auberge de jeunesse Le Macoret : *Les Étages. ☎ 04-50-02-41-73. • la-clusaz@fuaj.org • auberge-la-clusaz.com • Accès par la route du col de La Croix-Fry. En bus : du centre de la station, Skibus ttes les 30 mn en hiver, 6 bus/j. slt en été ; arrêt Auberge de jeunesse. Ouv déc-mars et juin-sept. Le reste de l'année, sur résa pour les groupes. Avec la carte FUAJ (en vente sur place), ½ pens env 39 €/ pers, sinon à la sem en pens complète (forfait inclus) en hiver.* Au bon vieux chalet début XXe s d'antan s'est greffée une AJ chaleureuse. La structure, au pied des pistes, reste humaine et accueillante : 65 lits en tout, répartis en chambres bien agréables de 3 à 6 lits, avec douche et lavabo. Quelques chambres doubles également. Salle à manger avec une vue superbe sur toute la chaîne des Aravis et petit bar bien chaleureux. En hiver, à partir des vacances de Noël, on privilégie ici les séjours : ski, surf, multiglisses, raquettes, etc. Nombreuses formules (pension complète, stages, location de matos...).

Gîte de séjour Le Vieux Madrier : *268, chemin des Alpages, Les Confins. ☎ 04-50-02-66-45. • levieuxmadrier@free.fr • confins.free.fr • Derrière la chèvrerie, tt au bout des Confins. Congés : de mi-mai à mi-juin et oct-nov. Doubles 60-64 €. ½ pens 52-55 €/pers imposée pdt vac d'hiver. Tisane, café, apéritif ou digestif offert(e) sur présentation de ce guide.* Cette ancienne ferme d'alpage, construite dans le plus grand respect des traditions savoyardes, est un endroit rare, pour une rupture totale avec le monde moderne... Enfin, rassurez-vous, vous trouverez ici tout le confort nécessaire. Linge de toilette non fourni (location possible). En revanche, pas de TV... mais des soirées au coin du feu qui n'en finissent plus. À table, cuisine on ne peut plus traditionnelle, majoritairement bio, et au petit déjeuner, confiture de pissenlits ou de pousses de sapin. Une adresse pour ceux qui recherchent avant tout la convivialité et les grands espaces.

Gîte de séjour Aux 4 Vents : *5073, route du Col-des-Aravis. ☎ 04-50-02-41-14. 06-21-39-28-20. • gite4vents.dan@orange.fr • gite4vents-clusaz.com • À 4 km au sud-est de La Clusaz par la D 909, sur la gauche à 2 km avt d'arriver au col. Nuitée avec petit déj 40 €/pers en chambre double. ½ pens 50-59 €/ pers suivant saison. Apéritif maison offert sur présentation de ce guide.* Un superbe chalet de pierre et de bois comme on savait autrefois en construire (celui-là date de 1820), posé à 1 300 m d'altitude. Vue imprenable garantie sur le massif de l'Étale ! Danielle (Dany pour les intimes) est une hôtesse charmante. 8 chambres lambrissées, simplement agréables. Draps fournis, mais prévoyez vos serviettes. Bonnes spécialités régionales servies sur la grande table. Billard, baby-foot.

De prix moyens à chic

La Ferme : *1078, route du Col-des-Aravis. ☎ 04-50-02-50-50. • laferme@lesfermiers.com • lesfermiers.com • Sur la piste du Crêt-du-Merle, à 300 m du centre (5 mn par le chemin piéton). Resto fermé mar-mer en intersaison. Doubles 67-115 € selon saison. Menus 15,20-41,40 € ; carte env 27 €. Apéritif maison offert sur présentation de ce guide.* Une adresse vraiment réjouissante ! Des chambres charmantes et modernes, avec balcon ou terrasse, douche à l'italienne, et, pour les familles, la possibilité d'ajouter un lit. Au resto se mélangent avec jovialité touristes et locaux. Dans la salle bien rustique ou sur la grande terrasse (transats à disposition), cuisine régionale goûteuse ainsi qu'une carte de pizzas. Poisson très frais, le vivier de truites en est la preuve ! Accueil jeune et dynamique pour une adresse qui ne manque pas de cachet.

De plus chic à beaucoup plus chic

Hôtel Alpenroc : *382, av. des Grandes-Alpes. ☎ 04-50-02-58-96. • info@hotel-alpenroc.fr • hotel-alpenroc.fr • En plein cœur de la station. Congés : 15 avr-15 juin et 15 sept-15 déc. Doubles 159-325 € selon saison. Également des formules « all inclusive » pdt les vac scol.* Bel hôtel spacieux et confortable, avec une centaine de chambres où l'on peut loger jusqu'à 4 personnes. Évidemment, on est loin de la petite pension routarde, mais on a été sensibles au confort et aux nombreuses facilités proposées aux familles. Piscine couverte et chauffée, hammam, jacuzzi, le tout en accès libre.

La Ferme du Var : *50, chemin du Var (prendre la route des Confins). ☎ 04-50-02-26-56 ou 06-87-30-79-68. • fermeduvar@lafermeduvar.com • lafermeduvar.com • Résa nécessaire. Doubles 72-135 € selon saison ; petit déj en sus 11 €. Remise de 10 % sur le prix de la chambre (mai-14 juin et 15 sept-30 nov) sur présentation de ce guide.* Face aux sentiers de randonnée et des pistes vertes, 8 chambres coquettes lovées dans une ferme du XVIIIe s, aujourd'hui cossue et ultra-confortable. Déco soignée, superbes salles de bains et salon accueillant. Possibilité d'acheter son reblochon à la *ferme de Donzelle,* juste derrière.

Où manger ?

De prix moyens à chic

Le Bercail : *route du Crêt-du-Merle. ☎ 04-50-02-43-75. • bercail74@aol.com • Prendre la route du Col-des-Aravis, puis à gauche la petite route fléchée « Le crêt du Merle » jusqu'à son terminus. En hiver, accès à skis par la piste du Crêt-du-Merle ou par le même chemin que l'été (une fois sur le parking, téléphonez aux proprios qui viendront vous chercher en scooter des neiges). De déc à mi-avr et juil-août, tlj. Formule déj 16 € en été ; plat du jour (slt en hiver) 16 € ; menus 38-60 € tt compris.* Un vieux chalet qui croule sous les siècles, en plein alpage (mais sous un télésiège). L'intérieur est presque resté dans son jus, avec sa grande cheminée où, l'hiver, les cochonnailles cuisent sous la cendre, et tout un fourbi (vieux outils, skis antédiluviens) accroché aux murs de bois. Certains trouveront justement tout ça un peu trop « rustique », vu les prix. Mais on y mange une bien bonne cuisine régionale. Terrasse ensoleillée et accueil franchement décontracté.

La Scierie : *321, route du col des Aravis. ☎ 04-50-63-34-68. • info-resa@la-scierie.com • Service continu tlj 12h-minuit en saison ; midi et soir en intersaison. Congés : de mi-mai à mi-juin. Menu 45 € ; carte env 50 €. Apéritif maison offert sur présentation de ce guide.* Pour changer du rustico-savoyard, voilà une adresse originale. Sans faire aucune concession au terroir, au contraire même, puisque les produits sont soigneusement sélectionnés et que la carte affiche de sympathiques spécialités savoyardes, les patrons ont développé ici un concept voué au succès. Dans une ambiance lounge, version retour du ski, on peut y boire d'excellents vins locaux servis au verre ou y manger pratiquement à toute heure. Ce qui est déjà un exploit en soi. Aménagé au-dessus de l'eau, dans l'ancienne scierie familiale, le resto, décoré comme un chalet de montagne, avec son immense cheminée, est sans conteste l'« endroit » sympa à La Clusaz.

La Calèche : *55, pl. de l'Église. ☎ 04-50-02-42-60. • lacalechelaclusaz@orange.fr • Service continu 12h-23h ; salon de thé l'ap-m. Congés : de mi-sept à mi-oct. L'été, formule déj 20 €, menu 26 €, carte 20-40 €.* Une bonne table à l'ambiance mi-rustique mi-chic, qui ne se cantonne pas exclusivement aux spécialités savoyardes. Néanmoins, on a dévoré la planche du skieur, qui mêle beignet de reblochon, tomme blanche et charcuterie. Beau choix de viandes, rognons, ris de veau... Mêmes proprios que ***L'Outa,*** autre bonne adresse dans la même veine.

Le Chalet du Lac : *307, chemin de Laythet. ☎ 04-50-02-53-26. • contact@lechaletdulac-laclusaz.com • ♿ Du centre, direction Les Confins ; juste avt le lac, prendre à droite un chemin de terre. Tlj sf lun-mer en basse saison. Menu 28 € ; carte env 30 €.* Comme son enseigne l'indique, un vieux chalet, le plus vieux même, 3 fois centenaire, posé en solitaire au-dessus du lac des Confins. La terrasse (ensoleillée) donne de ce côté-là. Du bois à profusion pour la déco des salles et des spécialités savoyardes bien balancées au menu, à base de produits naturels. Ambiance jeune et carrément délirante certains soirs.

Où boire un verre ? Où sortir ?

Les Caves du Paccaly : *au rond-point central. ☎ 04-50-63-37-39. ♿ Fermé en mai-juin et oct.* Grand pub savoyard devenu incontournable. Un concert par semaine en hiver.

Le Grenier : *pl. de l'Église. ☎ 04-50-32-21-45. Tlj en saison.* Des vins au verre, des cocktails et quelques planches pour grignoter. Beaucoup d'ambiance en saison.

L'Écluse : *pl. de l'Église. Ouv ts les soirs en saison ; jeu-sam hors saison. Gratuit en sem.* LA boîte de La Clusaz, où vient se trémousser une clientèle variée, comme la musique. Le ***Club 18*** s'adresse aux plus jeunes.

Où acheter de bons produits ?

On compte sur votre perspicacité pour débusquer les bonnes fermes et acheter sur place un bon reblochon fermier. Pas moins d'une quinzaine !

Cherchez dans les boutiques de la station les produits de la ***distillerie des Aravis*** fabriqués à base de plantes de montagne, dont le fameux génépi : liqueur des Aravis, bien sûr (et depuis 1878), mais aussi vinaigres, huiles, moutardes. Et les bouteilles sont très jolies. En vente un peu partout.

3 adresses réputées pour faire le plein de bonnes choses : ***Les Pousse-Midi de Jérémie,*** pour ses saveurs traditionnelles revisitées (fromages fermiers, traditionnel *farcement* des Aravis, ainsi que des tourtes au reblochon) ; la ***Crémerie des Aravis,*** où l'on trouve toutes sortes de fromages locaux. Sans oublier la ***Chocolaterie de Patrick Agnellet*** : ouverte par un enfant du pays.

À voir

Les chalets traditionnels : *dans les hameaux satellites de La Clusaz, aux Confins, au Fernuy, au Nant ou au pied de la combe, encore sauvage, de Bellachat.* Les Aravis cachent, à égalité avec le val d'Abondance, les plus beaux chalets de Haute-Savoie. Symboliques d'une architecture dictée par la montagne et ses conditions de vie (sinon de subsistance...). Sous leurs toits à deux pans couverts de « tuiles » de bois (*tavaillons* ou *ancelles*), de perches et de grosses pierres pour retenir la neige, ils sont peu ou prou toujours bâtis sur le même plan.
À l'écart (par crainte des incendies), le *mazot,* un chalet miniature, sans fenêtres, qui servait à entreposer réserve de farine tout comme vêtements du dimanche et actes notariés.

Le lac des Confins : *dans la vallée du même nom.* Joli petit lac glaciaire trois fois centenaire, sur fond de chaîne des Aravis. Les environs sont un peu urbanisés, mais les rives, protégées, restent nature. L'hiver, les pistes de ski nordique et les sentiers de marche sur neige passent à proximité du lac gelé. Le site est régulièrement choisi pour accueillir la Coupe du monde de ski de fond. À l'amorce du printemps, place à un autre sport délirant, le *water slide* : on s'élance, à skis (ou posé sur tout autre objet glissant qui ne doit surtout pas flotter !), depuis les rives encore enneigées, et on glisse, glisse sur l'eau du lac jusqu'à ce que... plouf ! Le but du jeu étant toutefois d'arriver à traverser le lac !

La Maison du ski : *au cœur de la station, à côté de l'ESF. ☎ 04-50-32-65-00 (office de tourisme). ♿ Ouv 19 déc-30 avr et juil-août, jeu-ven 17h-19h. Entrée : 2,50 € ; réduc ; gratuit moins de 5 ans.* Toute l'histoire du ski à La Clusaz, des traces des premiers skieurs (qui utilisaient le ski comme moyen de déplacement !) aux champions d'aujourd'hui comme Vincent Vittoz. À l'entrée, belle maquette de ferme.

Ski et neige

Ski alpin : un domaine (1 100-2 600 m) de plus de 130 km de pistes. Forfait journée adulte : 36 € (La Clusaz-Manigod). Les moniteurs ESF sont aussi formés « Handiski ». Un domaine vaste et varié, avec des remontées mécaniques qui couvrent les cinq massifs surplombant le village (Beauregard, l'Étale, l'Aiguille, la Balme et Manigod). Un bon enneigement (les Aravis font barrière), notamment sur les massifs de l'Aiguille et de la Balme. Vue sur le mont Blanc depuis la gare d'arrivée du télésiège du col des Balme. Sur l'Étale, une longue piste rouge, baptisée *Régine-Cavagnoud*, rend hommage à la championne locale tragiquement décédée. Les débutants favoriseront le domaine de Beauregard. Pour les skieurs costauds, plusieurs autres rouges sur le massif de l'Aiguille, et, pour ceux qui aiment les bosses (naturelles), la piste noire *Mur Edgar* (Grospiron, évidemment...) et la longue noire de *Lapiaz*. Quant aux petiots, aucune inquiétude à avoir, la station est labellisée Famille plus.

DES SPORTIFS AU SOMMET

Le village de La Clusaz aligne dix champions du monde à ce jour, un record ! De Guy Périllat (1966) au fou de bosses Edgar Grospiron (médaillé olympique en 1992), sans compter Vincent Vittoz, 1er Français champion du monde en ski de fond en 2005, ou encore le freestyler Candide Thovex, champion du monde de freeride en 2010. En 2014, c'était à Loïc Collomb-Patton de remporter ce titre. Et bien sûr, Régine Cavagnoud, championne du monde Super-G (2001), décédée la même année lors d'un entraînement à Innsbrück. Et avec tout ça, La Clusaz n'a même pas les chevilles qui enflent ! Elles sont juste très sollicitées.

Ski nordique : deux domaines, le plateau de Beauregard (voir le chapitre « Manigod ») et le plateau des Confins (1 450 m ; 50 km de pistes, dont une liaison de 7 km avec la station du Grand-Bornand). Forfait journée adulte : 8,30 €. Le site des Confins offre quelques belles pistes, mais vous y serez rarement seul (Coupe du monde oblige)...

– ***Speed riding :*** un sport qui mélange ski et parapente, qu'on peut pratiquer avec **Flyeo** (*📱 06-25-98-31-26 ; ● flyeo.com ●).*

➢ ***Sentiers piétons :*** 30 km balisés et damés sur les plateaux des Confins et de Beauregard.

– ***Patinoire :*** *☎ 04-50-02-48-45. Tlj de mi-déc à fin avr. Entrée : 4,20 € ; réduc.* Presque 1 000 m² de glace. Couverte. Soirées disco le jeudi soir pendant les vacances scolaires. Jardin des Glaces réservé aux 2-10 ans, sur certains horaires.

Sports et loisirs d'été

➢ ***Randonnées :*** *carte vendue à l'office de tourisme.* Quelques classiques : le *bélier des Aravis* (une journée de trail à travers les alpages), le *lac de Tardevant* (3h), la *combe de Borderan* (2h30). Agréable *sentier d'interprétation* au départ de la station pour se rendre au pôle patrimoine du Pont-de-la-Scie. Avec le *bureau des guides des Aravis* (*☎ 04-50-63-35-99 ; ● compagnie-guides-aravis.com ●*), randonnées accompagnées.

– Goûter à la ferme des Corbassières : *☎ 04-50-32-63-81. Prendre la télécabine de Beauregard. Puis 20 mn de descente (sentier La Clusaz par les Corbassières). Ensuite, compter 1h pour redescendre à la station. Sur résa de mi-juin à mi-sept. Tarifs : 11 € ; 8 € moins de 10 ans.* Pour une halte revigorante à partager en famille, dans une ferme d'alpage. À peine le temps d'aller saluer les vaches à l'arrière qu'on vous apporte pain, confiture, lait, reblochon et tomme ! Et nous vous laissons découvrir le dessert ! En hiver, la vente de reblochon se fait au village *(98, chemin du Var ; route qui mène aux Confins ; ☎ 04-50-02-58-33).*

VTT : 120 km de sentiers balisés pour toute la famille. Et les moins aguerris peuvent tester les VTT électriques ! Espace *freeride* du débutant au confirmé. Location : ***La Randonnée,*** *Confins, ☎ 04-50-02-40-60.* ***Sport Boutique,*** *village, ☎ 04-50-02-42-05 ;* ***Le Schuss,*** *Champ Giguet, au pied des remontées mécaniques, ☎ 04-50-02-42-68.*

– Espace aquatique : *☎ 04-50-02-43-01. ● espaceaquatique-laclusaz.com ● En plein air et couvert. Ouv également l'hiver (baignade avec vue imprenable sur les Aravis enneigés !).*

– Via ferrata : *à 5 km du village sur la route des Aravis.* 700 m de long, 300 m de dénivelée, 3-4h de parcours aller-retour à travers une belle barre calcaire, mais difficile.

– Autres sports : parapente, rafting, escalade, golf, alpinisme, luge d'été, équitation... Infos à l'office de tourisme.

– Bun J Ride, Saint-Jean-de-Sixt : *à 3 km de La Clusaz par la D 909, en allant vers Le Grand-Bornand. ☎ 04-57-41-68-41. ● bun-j-ride.com ● Ouv tte l'année, sur résa. Compter 65 € le saut ; tandem 115 €.* Skis ou surf fournis, mais pas les chaussures. Schuss sur le tremplin, et ça décolle ! Et on peut faire le malin sans craindre une mauvaise chute, puisque ce saut à skis est sécurisé par des élastiques. Ce qui le rend accessible aux jeunes à partir de 13 ans (40 kg minimum). Bon, les prix le sont moins. On peut même dire qu'ils décollent, comme l'adrénaline. L'été, saut possible à vélo !

Fêtes et manifestations

– Carnaval : *en fév ou mars.* Une institution à La Clusaz, qui accueille chaque année quelque 7 000 visiteurs. Fanfare et parade de rue, chars à thème, feu d'artifice... Location de costumes et maquillage à l'office de tourisme.
– Radio Meuh Circus Festival : *début avr.* 5 jours de musique sous la houlette de la web-radio locale.
– Défi-foly : *1 j. fin avr. Sur le lac des Confins (lire plus haut « À voir » à La Clusaz).*
– Roc des Alpes : *3 j. mi-juin.* Événement VTT.
– Aravis et Cie : *4 j. mi-juil dans les 4 stations des Aravis.* Festival de sport pour les familles, avec des initiations et des soirées gratuites.
– Fête du Reblochon : *mi-août.* Le reblochon est fabriqué dans la rue et on peut le manger fraîchement moulé (c'est la fameuse tomme blanche qu'on ne trouve que

dans les Aravis). Également des démonstrations de travail « à l'ancienne » : tonte de moutons, mouture du café...
– ***Foire de la croix :*** *mi-sept, sur le Pré-de-Foire.* L'occasion de vendre et d'acheter des vaches. Une tradition qui date de... 1602. Élection des plus belles bêtes et concours des meilleurs chevrotins, persillés et reblochons. Quand on vous dit que cette station n'a jamais oublié qu'elle était un village !
– ***Coupe du monde de ski de fond :*** *ts les 2 ans, les années paires, en déc.*

LE GRAND-BORNAND

(74450) 2 185 hab. *Carte Haute-Savoie, C3*

Dans l'une des vallées les plus ouvertes et – ce qui ne gâte rien – les plus ensoleillées des Aravis, encore un village typique, dénombrant 400 chalets anciens pour la plupart bicentenaires (le plus vieux, datant de 1664, est toujours habité par la même famille !), et où pointe un clocher à bulbes. La station moderne s'est développée sur les hauteurs, au *Chinaillon,* et le chef-lieu, Le Grand-Bornand, est resté semblable à ce qu'il a toujours été, ou presque : un village où il y a quasiment autant de vaches que de Bornandins (c'est le plus gros troupeau de vaches d'Abondance de Haute-Savoie).

LA TRADITION DU REBLOCHON

Il existe depuis le XIIIe s, quand les alpages du col des Annes appartenaient aux moines de l'abbaye du Reposoir. Le paysan, soumis au système du métayage, payait son loyer avec une partie de sa production de lait. Quand le régisseur des moines venait assister à la traite pour vérifier la production laitière, le métayer prenait bien soin de ne pas traire à fond. Puis il « reblochait », pinçait une seconde fois le pis de la vache. Ce lait de fin de traite, beaucoup plus gras, était immédiatement utilisé pour fabriquer un fromage qui prit, logiquement, le nom de « reblochon ».

« Le Grand-Bo », comme on dit ici, abrite le plus important marché de gros de reblochon, qui s'y tient depuis 1795. Et une dizaine de producteurs ouvrent été comme hiver les portes de leurs exploitations (renseignements à l'office de tourisme). Le Grand-Bornand peut s'enorgueillir d'être la station française comptant le plus d'athlètes récompensés lors des Jeux olympiques de Sotchi, en février 2014, avec quatre médaillés.

Adresses et infos utiles

Office de tourisme : *pl. de l'Église.* ☎ *04-50-02-78-00.* • *legrandbornand.com* • *Tlj en saison d'été et d'hiver ; fermé dim et j. fériés en intersaison.* Accueillant. Également un bureau au ***Chinaillon*** : ☎ *04-50-09-60-09.*

Gare routière : ☎ *04-50-02-20-58.* • *voyages-crolard.com* • Plusieurs liaisons tlj avec la gare d'Annecy via Thônes, tte l'année. Les w-e de mi-déc à mi-avr, liaison avec l'aéroport de Genève et de Lyon-Saint-Exupéry.

■ ***Bureau des guides :*** *à la Maison du tourisme.* ☎ *04-50-02-78-18.* • *compagnie-guides-aravis.com* • Excursions en montagne : VTT, escalade, randonnée, ski hors-piste...

■ ***École de ski de fond :*** ☎ *04-50-02-78-17.* • *esf-skidefond.com* •

– ***Marché :*** *mer mat.* Plus qu'un marché, c'est le dernier marché au reblochon (vieux de plus de 2 siècles), le dernier lieu de rencontre entre producteurs et négociants... quand le fromage quitte la ferme pour la cave d'affinage.

Où dormir ?

Campings

Camping L'Escale : à L'Escale. ☎ 04-50-02-20-69. • contact@campinglescale.com • campinglescale.com • À deux pas du centre du village. Ouv fin mai-fin sept et de mi-déc à mi-avr. Compter 16-23 € pour 2 selon saison. Loc de chalets et de mobile homes 4-14 pers 290-3 760 €/sem, et d'apparts 2-10 pers 150-1 730 €/sem. Bien équipé (piscine de 240 m² semi-couverte, avec balnéothérapie) et accueillant. 2 terrains de tennis l'été, ping-pong, billard, baby-foot et aire de jeux pour enfants. Le bar-resto *La Ferme du Pépé* est juste à la sortie du camping (voir plus loin « Où manger ? »).

Camping Le Clos du Pin : au Clos-du-Pin. ☎ 04-50-02-27-61. • contact@le-clos-du-pin.com • le-clos-du-pin.com • À 1,5 km du Grand-Bornand par la route de la vallée du Bouchet. Ouv de mi-juin à fin sept et de début déc à mi-mai. Résa conseillée. Compter env 17 € pour 2 en hte saison. Loc d'apparts 270-890 €/sem. Dans un coin sympa, des emplacements pour tentes et caravanes au bord du torrent du Borne.

De bon marché à prix moyens

***Chambres d'hôtes La Chèvrerie :* Le Grand-Champ.** *☎ 04-50-02-31-43. • contact@chevrerie-grandbornand.com • chevrerie-grandbornand.com • À 3,5 km du Grand-Bornand. Du départ des télécabines, prendre la route de Nant-Robert, puis suivre la direction « Le Croix », la maison est sur la droite avt d'arriver au Croix. Congés : mai (sf les ponts) et automne. En ½ pens slt, 45-55 €/pers, vin compris.* À 1 200 m d'altitude, dans un chalet dominant la vallée du Bouchet et offrant une vue sur la chaîne des Aravis. Tout autour paissent chèvres et vaches. Une poignée de chambres mansardées, à la déco sobre et chaleureuse, pour 2 à 5 personnes et avec des lits individuels, idéales donc pour les familles. À la table d'hôtes, une bonne cuisine familiale à base de produits fermiers. Pour les enfants, une balançoire dans le jardin. Accueil adorable. Une adresse formidable !

***Chalet La Bournerie :* Le Chinaillon.** *☎ 04-50-27-00-28. • labournerie@orange.fr • labournerie.com • Sur les pistes, vers le télésiège de la Floria : on y accède en gravissant 170 marches ! Resto tlj en saison ; fermé fin avr-fin juin et sept-nov. Doubles 82-138 € (avec petit déj) ; ½ pens déc-avr, 69-80 €/pers. Au resto, carte env 15 € le midi, 23 € le soir.* Dans un chalet du XIXe s resté très authentique, 5 chambres mignonnes (dont une familiale) et d'une vraie rusticité (planches mal équarries sur les murs, fenêtres miniatures). Chacune a sa salle de bains et ouvre sur un grand salon. Il y a aussi un resto ouvert à tous, où il fait bon se réchauffer près de la cheminée : assiettes qui constituent un vrai repas le midi et spécialités locales le soir. Ambiance très conviviale. La maîtresse de maison, Sylvie, est charmante, volubile et passionnée de parapente.

Hôtel La Croix-Saint-Maurice : *29, pl. de la Grenette, BP 42. ☎ 04-50-02-20-05. • info@hotellacroixsaintmaurice.com • hotellacroixstmaurice.com • Au centre, face à l'office de tourisme. Congés : de fin sept à mi-oct. Selon saison, doubles 72-155 €, familiales 105-170 €. ½ pens 64-106 €/pers. Menu 27,50 € ; carte env 35 €.* Chambres dans le style montagne, avec du bois en veux-tu, en voilà et tout le confort. Certaines sont mansardées (et du coup, basses de plafond !), d'autres sont communicantes et plusieurs disposent d'un balcon plein sud, face aux Aravis. Sauna, hammam, jacuzzi en accès libre. Très bon rapport qualité-prix, au final. Grande terrasse ou salle à manger chaleureuse pour une aimable cuisine de tradition et de région.

🏠 🍽 ***Hôtel de la Pointe-Percée :*** *71, pl. de la Grenette. ☎ 04-50-02-20-02. • info@hotel-pointe-percee.com • hotel-pointe-percee.com • En face de l'office de tourisme, en plein centre-ville. Congés : de mi-avr à mi-juin et de mi-sept à mi-déc. Doubles 60-85 € selon saison ; familiales 86-111 €. ½ pens 58-73 €. Menus 14 € (déj en sem), puis 24-35 €.* Une grosse maison qui porte le nom du plus beau sommet de la chaîne des Aravis. Chambres simples mais pas chères et au cœur du village. Certaines ont un balcon plein sud avec vue. Spécialités évidemment savoyardes. Bon accueil.

🏠 🍽 ***Hôtel Les Glaïeuls :*** *au pont de Suize. ☎ 04-50-02-20-23. • info@hotel-lesglaieuls.com • hotel-restaurant-grand-bornand.fr • À la sortie du village, au départ des télécabines. Congés : oct-nov. Doubles 58-105 € selon saison. Menus 19 € (déj), puis 23-29 €. Apéritif offert sur présentation de ce guide.* Hôtel idéalement situé au départ des remontées mécaniques l'hiver. Chambres agréables, fonctionnelles et sobrement montagnardes, avec balcon pour certaines, salon chaleureux, accueil sympathique des propriétaires, qui se sont relevé les manches pour faire de gros travaux de rénovation. Bonne table et petit déj de qualité. Terrasse ensoleillée.

De chic à plus chic

🏠 🍽 ***Les Fermes de Pierre et Anna :*** *hameau Les Plans. ☎ 04-50-51-54-99. • contact@fermes-pierre-anna.com • fermes-pierre-anna.com • À 5 km du Grand-Bornand, direction vallée du Bouchet. Doubles 90-145 € ; petit déj 13 €. ½ pens 90-104 €/pers à certaines périodes (séjour de 1 nuitée, majoration de 25 €/chambre). Apéritif de bienvenue offert sur présentation de ce guide.* Situé sur les pistes de ski de fond, c'est un beau chalet de 7 chambres, où il fait bon vivre. Tout y est douillet : les chambres aux édredons moelleux, la salle à manger avec ses délicieux clafoutis maison et ses jeux de société à l'heure du goûter. Les chambres de 1 à 5 personnes sont toutes personnalisées, très confortables et joliment décorées ! Activités multiples, dont chaises longues en été ! Accueil chaleureux et attentif de Marie-Christine Périllat, la maîtresse des lieux. Luxe, calme et volupté... voilà sans aucun doute l'une de nos meilleures adresses dans la région !

🏠 ***Hôtel Les Cimes :*** ***Le Chinaillon.*** *☎ 04-50-27-00-38. • info@hotel-les-cimes.com • hotel-les-cimes.com • Congés : 25 avr-9 juin et 15 sept-15 oct. Doubles et suites 109-289 € ; petit déj 17 €. Parking.* L'immeuble est, comme la station du Chinaillon, de création récente. Et pourtant, c'est un saut dans le temps que l'on fait en grimpant au 1er étage. L'intérieur est celui d'un chalet de toujours : du bois partout, des meubles anciens, des couettes douillettes dans chacune des 8 chambres... Du charme à revendre, donc. Un endroit où se laisser dorloter, du réconfortant petit déj pris dans la cuisine au sauna-hammam.

Où manger ?

Voir également ci-dessus les hôtels qui font resto.

Sur les pistes

Prix moyens

🍽 ***Le Châtillon :*** *La Côte,* ***Le Chinaillon.*** *☎ 04-50-27-02-76. • thierry.missilier@orange.fr • ♿ Accès : l'été par la route depuis Le Chinaillon (suivre direction Les Outalays, puis La Côte) ; l'hiver, à l'arrivée de la télécabine du Rosay et au départ de celle du Lachat. Tlj 9h-17h l'hiver, 9h-21h l'été. Congés : 15 avr-20 juin, 1er sept-20 déc. Menu 19 € ; carte env 30 €. Digestif offert sur présentation de ce guide.* L'adresse casse-croûte, dans un chalet récent sur les pistes. Salle sobrement décorée et véranda jouissant d'une vue somptueuse. Cuisine simple et vraie (comme l'accueil). Inévitables spécialités régionales qui caleront bien les gros appétits. L'hiver, repas avec retour aux flambeaux.

En station

Prix moyens

La Ferme du pépé : *route de la Patinoire. ☎ 04-50-02-76-63. • contact@lafermedupepe.com • À côté du camping* L'Escale *et de la patinoire. Tlj. Congés : de mi-avr à mi-mai et oct-nov. Menu 19 € ; carte env 28 €. Digestif offert sur présentation de ce guide.* Un vénérable chalet du XVIIIe s, où l'on sert les repas au rez-de-chaussée, dans l'ancienne chambre, ou à l'étage, dans la grange. Décor d'une vraie authenticité donc pour une cuisine dans le même esprit : plats savoyards ou de tradition. Excellente ambiance : l'accueil y est aussi pour quelque chose !

Le Chalet Venay : *1031, route du col de la Colombière,* ***Le Chinaillon.*** *☎ 04-50-27-02-01. • smidol@lechaletvenay.com • Fermé lun, plus mar hors saison. Congés : de mi-avr à mi-mai et nov. Résa recommandée. Menus 16 € (midi)-19 € ; carte 25 €. Digestif offert sur présentation de ce guide.* Grand chalet rustique en pierre et bois, chauffé par un feu de cheminée revigorant. Généreuses spécialités savoyardes qui ne grèvent pas le budget, servies avec gentillesse et simplicité. Fondue mémorable et, pour une poignée d'euros, beignets de pomme de terre irréprochables.

De chic à plus chic

Confins des Sens : *Le Villavit. ☎ 04-50-69-94-25. • confinsdes sens@orange.fr • Presque à la sortie du bourg, direction La Clusaz, sur la gauche. Fermé mer et dim soir (sf fêtes). Congés : 3 sem en juin et nov. Formule déj en sem 25 €, menus 42-78 €.* La salle est vraiment très chouette : au goût d'aujourd'hui entre de solides piliers de pierre comme ceux d'un chalet d'autrefois. Et la cuisine est raccord avec le décor. Les 2 jeunes chefs du pays n'oublient pas leur terroir mais ne se gênent pas pour sérieusement le dépoussiérer et cèdent autant qu'ils le peuvent à des tentations beaucoup plus exotiques. Le service (très pro mais bourré d'humour) a tendance à mettre beaucoup de petits plats entre les grands, et on sort véritablement repu. Sinon, rien d'autre à écrire que : belle table !

Où acheter de bons produits ?

Charcuterie Régis Bozon-Liaudet : *résidence Le Forclaz. ☎ 04-50-02-32-13. Fermé à l'intersaison.* Sous l'agence du *Crédit agricole*. Toute la charcuterie de montagne : saucisson fumé et un jambon assez exceptionnel.

À la Ferme : vente de reblochon (fermier, s'il vous plaît, reconnaissable à sa pastille de caséine verte), LE produit star de la station. Une cinquantaine de fermes sont en activité *(liste à l'office de tourisme).*

À voir

La Maison du patrimoine : *L'Envers-de-Villeneuve. ☎ 04-50-02-79-18. • patrimoine-bornandin.fr • De mi-juin à début sept, visite libre lun-ven 10h-12h, 15h-17h, dim se renseigner ; visite guidée lun-ven à 17h. De Noël à fin avr, visite libre lun-ven 14h-16h (10h-12h pdt vac scol), dim se renseigner ; visite guidée lun-ven à 16h. En intersaison, visite libre slt, lun-ven 14h-17h. Visite libre : 3 € ; visite guidée : 5,50 € ; réduc. Entrée libre pour l'expo temporaire.* Si vous vous étiez contenté d'admirer de loin les chalets traditionnels des Aravis, voici l'occasion d'en visiter un. Ici, rien ne semble avoir bougé depuis le milieu du XIXe s : le *peille* empli de tous les ustensiles nécessaires à la fabrication du reblochon, l'écurie avec, dans un coin, ses deux bancs où venaient s'installer les femmes pour filer la laine, bavarder et surveiller les vaches, la cuisine, pièce assez froide malgré sa gigantesque cheminée (et pour cause, cette pyramide de bois aspirait à la fois fumée et air chaud pour fumer jambons et saucissons !), et au fond de la *loge* (balcon couvert), les *cacatis*. La sagacité de nos lecteurs devrait leur permettre de deviner à quel usage cette dernière pièce était dévolue... La visite guidée permet également de découvrir, au milieu de la grange, la pièce maîtresse, la « pointe d'âne », sur laquelle repose toute la charpente, emblématique de l'ingéniosité des bâtisseurs d'antan. Une exposition thématique chaque année.

OH ! LA VACHE

« Des vaches par monts et par veaux », disséminées dans le village. Ne restez pas les deux pieds dans le même sabot et arpentez donc les rues du village et du Chinaillon pour débusquer ces œuvres d'art dédiées au ruminant disséminées au Grand-Bornand. Sculptures, peintures, fresques, des œuvres éphémères ou durables réalisées par des artistes haut-savoyards. Un plan, distribué à l'office de tourisme, permet de les repérer. Un musée à ciel ouvert, qui en « émeuh » plus d'un.

Le vieux village du Chinaillon : *à 7 km au nord-est du Grand-Bornand par la D 4. Début juil-fin août, visite guidée du vieux village jeu à 10h. Tarif : 5,50 € ; réduc.* Interrogation quasiment métaphysique : qui est le plus incongru dans le paysage, la station moderne du Chinaillon ou ce hameau où de vieux chalets se pelotonnent autour de la mignonne chapelle Notre-Dame-des-Neiges ?

Ski et neige

Ski alpin : domaine (1 000-2 100 m) relié à celui de La Clusaz par navette (gratuite avec le forfait Aravis). 90 km de pistes (220 km avec le forfait Aravis). Forfait journée adulte : 33,50 €. Assez vaste, le domaine skiable s'étend sous le mont Lachat : 2 100 m et un beau panorama sur les Aravis à l'arrivée du télésiège. Une belle noire pour en redescendre (deux murs dont un plutôt redoutable même si trompeur...) ou deux rouges. Pour le reste, Le Grand-Bornand offre un ski plus familial. La bleue de la *Duche* traverse une petite vallée et croise de typiques chalets d'alpage et une source miraculeuse, lieu de pèlerinage pour les autochtones. Quant aux plus petits, la station, qui n'est pas avare d'initiatives à leur égard. Elle est d'ailleurs labellisée Famille plus. Et que les plus expérimentés se rassurent, belles descentes assurées, testées et approuvées par Tessa Worley, la championne du Grand-Bornand !

Ski nordique : deux domaines ; la (superbe !) vallée du Bouchet et Le Chinaillon. Environ 70 km de pistes. Forfait à la journée : 8,30 €. Stade de biathlon Sylvie-Becaert (double championne du monde et médaillée olympique bornandine). Le Grand-Bornand a reçu une compétition de la Coupe du monde en 2013. Prochain rendez-vous en 2017.

– ***Patinoire couverte :*** *au Grand-Bornand. ☎ 04-50-02-79-06. Ouv de mi-déc à mi-avr ; horaires variables selon saison. Entrée : 3,70 € + 3,60 € loc patins.*

– ***Ski joëring et promenades en traîneau :*** *06-15-65-11-11. • aravis-passion.com •* Nombreuses activités à cheval hors des sentiers battus dans tout le massif des Aravis.

Sports et loisirs d'été

➢ ***Randonnées :*** quelques classiques, les *alpages du col des Annes* (une demi-journée), le *lac de Peyre* (une demi-journée), le *lac de Lessy* (5h30 aller-retour), le *refuge de Gramusset* (6h aller-retour).

VTT : nombreux circuits balisés.

– ***Parapente :*** du mont Lachat, un site exceptionnel qui a d'ailleurs accueilli la seule étape française de la Coupe du monde en 1998. Baptêmes et stages.

– ***Via ferrata :*** *rens auprès de l'office de tourisme.* À partir du hameau des chalets Cuillery, compter 30 mn de marche pour arriver au début de la *via ferrata.* 1 100 m de long, 450 m de dénivelée, 5 à 6h de parcours. Classée difficile (D) à très difficile (TD).

– ***Goûters à la ferme :*** *rens à l'office de tourisme.* Découverte de la fabrication du reblochon.

– ***Piscine :*** ☎ *04-50-02-79-06.* Avec toboggan, jacuzzi, nage à contre-courant, etc.

– ***Escalade, canyoning :*** *s'adresser au bureau des guides et accompagnateurs,* ☎ *04-50-02-78-18.*

Fêtes et manifestations

– ***La Bornandine :*** *début fév.* Course de ski de fond.
– ***Glisse en Cœur :*** *fin mars.* Une compétition amicale réunissant people et anonymes pour 24h de ski non-stop et en musique, afin de collecter des dons pour une grande cause liée à l'enfance.
– ***Fête champêtre de Lormay :*** *3e dim de juil, au village.* Démonstration de vieux métiers.
– ***Fête de l'Alpage :*** *1er dim d'août, au Chinaillon.* On prend les mêmes et on recommence ! Défilé de chars, élection de la reine de l'alpage.
– ***Festival international de spectacles jeune public « Au Bonheur des Mômes » :*** *fin août, pdt 1 sem, non-stop 10h-21h.* Le plus grand festival de spectacle vivant pour jeune public en Europe. Une centaine de compagnies pour plus de 400 représentations et 90 spectacles différents : marionnettes, cirque, théâtre, chanson... sous des chapiteaux et en plein air. Une franche réussite, et près de la moitié des spectacles sont gratuits !

DANS LES ENVIRONS DU GRAND-BORNAND

LE REPOSOIR (74950)

Depuis Le Grand-Bornand, on y accède, en une vingtaine de kilomètres, par la jolie route de montagne du col de la Colombière ; l'été seulement (la neige bloque la route l'hiver). Un village montagnard typique – qui n'est pas sans rappeler certains voisins suisses – niché à 875 m d'altitude, dans une mignonne vallée, au pied du Bargy et de la pointe d'Arreu. À peine à l'écart du village, la ***chartreuse du Reposoir*** a été fondée en 1161, mais le vaste ensemble de bâtiments qui domine superbement un petit lac date des XVIIe et XVIIIe s. Elle abrite désormais une communauté de carmélites. Accès au cloître et à l'église possible *(tlj 8h30-12h, 14h30-18h30)* et visites guidées *(sur résa auprès du syndicat d'initiative ;* ☎ *04-50-98-18-01).* Toute petite station de sports d'hiver.

Où dormir ? Où manger ?

Chambres d'hôtes L'Abeille 1834 : *Les Frasses. ☎ 04-50-98-63-08. • jb.mn.b@orange.fr • labeille1834.com • Sur la route du Col-de-la-Colombière (c'est très bien fléché). Tte l'année. Double 76 €. Dîner sur résa 16 €. Nuitée à 70 € sur présentation de ce guide.* Grosse ferme ancienne presque planquée, en pleine nature, dans la plaisante vallée de Béol. Grosses dalles de pierre au sol et lambris aux murs : les 4 chambres (dont 2 suites familiales) sont toutes simples, mais on y a ses aises. Cuisine à disposition (mais il serait presque dommage de ne pas goûter aux petits plats maison). Accueil disponible et d'une franche gentillesse. Possibilité d'acheter le reblochon produit sur place.

LA VALLÉE DU BORNE

Petite vallée longue d'une quarantaine de kilomètres et un peu hors circuits touristiques, qui permet de rejoindre Bonneville et le Faucigny via une route qui se glisse d'abord presque péniblement dans le bien nommé ***défilé des Étroits.*** Le paysage s'ouvre ensuite pour accueillir le (bien nommé lui aussi) village d'*Entremont.* Après *Le Petit-Bornand-les-Glières,* la route plonge à nouveau dans les étroites et spectaculaires ***gorges des Évaux.***

Où dormir ? Où manger ?

Chic

Chambres d'hôtes – Chalet le Marfanon : *Le Chambaudian, 74130* ***Entremont.*** *☎ 04-50-25-03-05. 06-07-63-77-15. • helene@marfanon.fr • chambres-hotes-aravis.com • Suivre le fléchage « Marfanon » depuis le rond-point au centre du village. Double 98 €. Dîner sur résa 32 €. Apéritif et digestif offerts sur présentation de ce guide.* Dans un joli chalet, tranquille sur les hauteurs du village, 2 chambres séduisantes entre leurs murs bardés de bois. Et si on vous dit que la proprio officiait autrefois derrière les fourneaux d'un renommé resto du Beaujolais, peut-être aurez-vous envie de goûter à sa cuisine.

À voir

L'église Notre-Dame-de-Tous-les-Saints : *74130* ***Entremont.*** *Visite couplée à celle du musée du Prieuré. ☎ 04-50-03-54-79. Juil-août, sur résa mar et ven à 15h. Tarif : 4 € ; réduc.* Façade recouverte d'une fresque en trompe l'œil. Cette petite église doit son nom aux nombreuses reliques qu'elle renferme : une châsse en bois doré du XIIe s, un bras reliquaire du XIIIe... Superbes stalles de bois du XVe s autour du chœur. Cette église est le seul vestige d'une abbaye fondée en 1150, dont l'histoire est évoquée dans le petit *musée du Prieuré* voisin.

LE FAUCIGNY

Une petite région qui a conservé le nom de la famille qui la dirigeait autrefois, ces sires du Faucigny dont les historiens ne savent pas grand-chose sinon que leur pouvoir s'étendait, à l'époque médiévale, de Megève au Chablais.

Enclave dauphinoise en terre savoyarde jusqu'en 1355, français pendant une poignée d'années au XIVe s, le Faucigny s'est ensuite rallié à la maison de Savoie pour former l'une des six provinces du duché. Historiquement, le Faucigny englobait tout le bassin versant de l'Arve, donc la vallée de son plus gros affluent, le Giffre. Entité géographique aujourd'hui un peu plus floue, le Faucigny se limite grosso modo à la basse vallée de l'Arve : des villes de plaines industrialisées, et, sur les versants, des stations de sports d'hiver futuristes comme des villages hors du temps.

LA ROCHE-SUR-FORON

(74800) | 10 800 hab. | *Carte Haute-Savoie, B3*

Pas peu fière d'avoir été l'une des premières villes d'Europe à bénéficier en 1885 de l'éclairage électrique public et d'organiser aujourd'hui un Salon international de la machine-outil et du décolletage. On l'imagine grise et industrielle, mais son centre est au contraire tout pimpant et médiéval.

Adresse et infos utiles

i *Office de tourisme :* *pl. Andrevetan. ☎ 04-50-03-36-68. • larochesurforon.com • Ouv tte l'année, lun-sam.* Petite documentation et plans du circuit balisé « La promenade médiévale » et du jeu « Les défis de la licorne ». Organise des visites guidées payantes de la cité médiévale de mai à août (visites contées nocturnes en été) et des « chasses au trésor » spécial famille.

SNCF : *☎ 36-35 (0,34 €/mn). • sncf.fr •* TER depuis Annecy, Annemasse et Saint-Gervais.

– ***Marchés :*** gros marché traditionnel le jeudi matin sur la place Andrevetan (demandez la place du Marché, les Rochois l'appellent plutôt comme ça) ; d'avril à octobre, petit marché de producteurs locaux sous la Grenette (marché couvert) le vendredi (17h-20h).

À voir à La Roche-sur-Foron et dans les environs

La vieille ville : capitale du comté de Genève entre 1033 et 1219, La Roche-sur-Foron jouait au XIVe s à armes égales avec Annecy ou Genève. Ce qui explique les nombreux hôtels particuliers qui jalonnent la rue Perrine (maison Boniface de la Grange, au no 79, avec ses linteaux de fenêtre gravés d'inscriptions latines) et la rue du Silence.

Avant de grimper vers le quartier du « Plain-Château », jetez un œil à l'église Saint-Jean-Baptiste : massifs murs de pierre du XIe s, deux belles chapelles de style gothique du XVIe s, un orgue réalisé par Giovanni Franzetti (1861) et classé Monument historique. Le clocher à bulbes est un ajout du XIXe s. La rue des Fours (remarquez, après la porte d'enceinte Falquet, les trois mesures à grains en pierre de 1558) grimpe vers la tour-donjon du XIIIe s, ultime vestige du château des comtes de Genève, posé sur un gros bloc de roche qui a donné son nom à la ville. Pour les amateurs de panoramas (ici, du Léman au massif du Giffre), 137 marches permettent de grimper à son sommet *(juil-août, en principe tlj 14h-18h30 ; mai-juin et sept, w-e slt ; entrée : 2 € ; réduc ; gratuit moins de 6 ans).*

En suivant le parcours balisé de la « Promenade médiévale » ou en se baladant au hasard des rues de ce vieux quartier (joliment restauré), on découvrira encore des hôtels particuliers (ne manquez pas la maison des chevaliers de l'Annonciade, du XVIe s, avec son appareillage en calcaire blanc) et deux châteaux : celui de l'Échelle, avec son très beau parc public, et celui du Saix. Enfin, les courageux pousseront jusqu'à la Bénite Fontaine, avec sa chapelle et son oratoire (à 1 km), lieu de pèlerinage réputé pour ses eaux aux vertus curatives.

La plaine des Rocailles : *à une dizaine de km au nord de La Roche-sur-Foron par la D 903 ; à Reignier-Eculaz, suivre le fléchage « Plaine des Rocailles – Pierre-aux-Fées ».* La curiosité géologique du secteur : d'énormes (pour certains) blocs de pierre qui se sont détachés d'une falaise il y a environ 10 000 ans, abandonnés là par le glacier qui couvrait autrefois la vallée de l'Arve. Des blocs comme ceux-là, il y en a, en fait, un peu partout autour de La Roche-sur-Foron (un des plus gros, la Pierre-Balmyre, se trouve, par exemple, vers le village de Scientrier), mais ce coin-là en concentre quelques-uns de façon plutôt spectaculaire et dans un environnement encore nature. À voir aussi, le dolmen de la Pierre-aux-Fées, daté de 2 000 à 3 000 ans avant notre ère.

Manifestation

– ***Festival international de musique bluegrass :*** *fin juil-début août.* Une trentaine de groupes venus de toute l'Europe et, bien sûr, des États-Unis, berceau de cette musique acoustique traditionnelle. Le plus grand festival en Europe, avec 50 concerts gratuits durant 5 jours et plein d'animations pour tout public.

LE PLATEAU DES GLIÈRES

Carte Haute-Savoie, B3

À l'orée du massif des Aravis. L'accès le plus aisé se fait (depuis Annecy ou La Roche-sur-Foron) par la D 2 jusqu'à Thorens-Glières, fléché ensuite (14 km de route de montagne). On peut aussi y grimper par Petit-Bornand-les-Glières (voir la partie consacrée à la vallée du Borne). Un plateau comme suspendu à 1 450 m d'altitude, cloisonné par deux crêtes hérissées d'épicéas et de pins crochets. Est-ce l'immensité quasi sauvage ? Est-ce l'empreinte de l'histoire ? Ces maquisards qui périrent fin mars 1944 face aux hommes en noir de la milice et à 12 000 soldats d'une division allemande, une bataille dont pourtant la Résistance sortira grandie ? On ne sait, mais le plateau des Glières nous a littéralement soufflés. Voir aussi, plus haut, à Thônes.

Adresse utile

Accueil : *bâtiment d'accueil « Mémoire du maquis », sur le plateau des Glières. ☎ 04-50-33-21-31. De mi-déc à juin et en sept, tlj sf sam 9h30-12h30, 13h30-17h ; juil-août, tlj 10h-12h30, 14h-18h. Fermé d'oct à mi-déc. Tte l'année, visites guidées et animations payantes sur résa. Tarif : 3 €.*

Où dormir ? Où manger ?

Café des Frêtes – Chez Constance : *plateau des Glières, 74130* ***Le Petit-Bornand.*** *☎ 04-50-22-45-61. • laetitia.chezconstance@wanadoo.fr • les-glieres.fr • Ouv ts les midis (le soir sur résa), fermé dim soir. ½ pens 50 €/pers en dortoir, env 60 €/pers en chambre double. Menus 14,50-20 €. Café offert sur présentation de ce guide.* Une institution locale ! Ce bistrot de montagne donne dans le registre « cuisine de terroir roborative » : crudités, plat du jour accompagné de ses fameux beignets de pomme de terre (considérés par beaucoup comme les meilleurs de la région), tomme et reblochon du plateau, et tarte aux fruits pour finir... Mais le pire, c'est que c'est tellement bon qu'on n'en laisse pas une miette ! Pour digérer, rien de mieux qu'une belle balade sur le plateau. Un dortoir (penser à prendre draps et serviettes) et quelques chambres à l'étage pour ceux qui risquent l'implosion.

À voir. À faire sur le plateau et dans les environs

Le Monument national à la Résistance : immanquable (21 m de long et 15 m de large), cette œuvre abstraite du sculpteur Émile Gilioli, dont la blancheur tranche sur le vert presque noir des sapins. Tel un V de la victoire, l'une des deux flèches du monument monte vers le ciel en signe d'espérance et supporte, dans un fragile équilibre, un gigantesque disque solaire, symbole de liberté, toujours menacée... À l'intérieur, lieu de méditation.

➢ ***Itinéraire de découverte historique :*** en janvier 1944, le plateau a été choisi comme lieu de parachutage d'armes à destination des différents maquis de Haute-Savoie. Sous les ordres du lieutenant Tom Morel, plusieurs centaines de maquisards locaux (465 dont – l'histoire l'a un peu oublié – une soixantaine de républicains espagnols) se regroupent sur ce plateau, véritable forteresse naturelle, pour les réceptionner. Les mauvaises conditions météo de février diffèrent malencontreusement les parachutages. Lorsqu'ils arrivent enfin, le 10 mars, l'étau des troupes de Vichy puis de la Wehrmacht s'est déjà refermé sur les Glières, ce « nid de terroristes ». Encerclés, les combattants du plateau des Glières tiennent ferme, malgré la neige, les nuits passées dans les chalets d'alpage par - 15 °C. Devant l'insuccès des forces de Vichy, l'armée allemande passe à l'attaque. Dès le 12 mars, la Luftwaffe largue quotidiennement ses bombes sur le plateau. Le 26 mars au matin, une reconnaissance offensive de grande envergure (mêlant miliciens et soldats allemands) est lancée contre le maquis des Glières.
Devant la disproportion des forces, le capitaine Anjot (Morel a trouvé la mort à Entremont le 9 mars) donne l'ordre de dispersion en pleine nuit. 129 maquisards et 20 résistants des vallées seront exécutés ou morts en déportation. Le bilan est lourd. Qu'importe, début août 1944, c'est à nouveau sur le plateau des Glières que 3 000 maquisards se regroupent pour réceptionner armes et munitions parachutées par les Alliés. Grâce à cet approvisionnement massif (et au courage du bataillon des Glières !), le 19 août, la Haute-Savoie, cas unique en France, est libérée par les seules forces de la Résistance.
Cette randonnée balisée de 2h environ au départ de la terrasse du bâtiment *Mémoire du maquis* permet de découvrir ce pan de l'histoire, de se souvenir de ces jeunes gens enthousiastes et idéalistes qui avaient choisi de « vivre libres ou mourir ». Et de comprendre comment et pourquoi le plateau des Glières est, avec le Vercors, « entré dans la légende de la Résistance », comme le rappelait André Malraux lors de l'inauguration du monument en 1973.

➢ ***Sentier nature et paysages :*** balade de 1h30 au départ du parking du monument, jalonnée de petits panneaux explicatifs pour découvrir le milieu particulier des tourbières, comment la végétation s'adapte à des conditions climatiques parfois extrêmes...

Le château de Thorens : *à la sortie de* ***Thorens-Glières,*** *sur la route du Plateau.* ☎ *04-50-22-42-02.* • *chateauthorens.fr* • ♿ *(rdc). Avr-juin et sept-oct, ouv mer, w-e et j. fériés 14h-18h ; juil-août, tlj 14h-19h (dernière entrée 1h avt la fermeture). Entrée : 8 € ; réduc ; réduc de 1 € sur présentation de ce guide ; gratuit moins de 7 ans.*

Il dresse sa belle silhouette (malgré une histoire mouvementée) dans un joli coin de nature. C'est à l'un des comtes de Genève qu'on doit, en 1060, le premier château. Un donjon gothique (toujours debout et assez exceptionnel) lui a été ajouté au XIIIe s. Confisqué aux puissants seigneurs de Compey par le duc de Savoie en 1479, le château a été vendu en 1559 par Sébastien de Luxembourg à la famille de Sales (celle du célèbre saint François), qui l'occupe encore aujourd'hui (ça fait quand même 4 bons siècles !). Malmené pendant la Révolution, le château de Thorens a été restauré en 1830. Surprenantes salles souterraines aménagées entre le XIe et le XIIe s pour servir de salles d'armes, de réserves et d'accès aux passages souterrains. Superbes voûtes de pierre et monumentale cheminée.
Au rez-de-chaussée, important ensemble d'objets ayant appartenu à saint François de Sales. Appartements richement meublés et décorés : tapisseries des Flandres du XVIe s et une remarquable galerie de tableaux. Mobilier du comte de Cavour, grand architecte de l'unité italienne, dont le fameux bureau (Boulle) Napoléon III sur lequel fut signé le traité d'annexion de Nice et la Savoie à la France (1860).
Pour ceux qui souhaitent prolonger le plaisir, le château abrite 1 ***chambre d'hôtes*** et 2 ***gîtes.***

BONNEVILLE

(74300) 12 320 hab. *Carte Haute-Savoie, B3*

Petite ville dont un incendie, au XVIIIe s, a sérieusement mis à mal le patrimoine. On peut cependant s'y dégourdir un peu les jambes en faisant le tour de la place de l'Hôtel-de-Ville qui a conservé quelques maisons d'architecture sarde, bien campées sur leurs arcades. Immanquable et étonnante maison des têtes, typique du baroque... allemand avec ses masques en façade. À quelques pas de la place de l'Hôtel-de-Ville se dressent les vestiges d'un médiéval château des Faucigny (XIIIe s) : deux tours rondes et une enceinte, bien conservées.

Adresse utile

Office de tourisme : *148, pl. de l'Hôtel-de-Ville.* ☎ *04-50-97-38-37.* • *tourisme-faucigny-glieres.fr* • *Tte l'année lun-sam.* Visites du patrimoine et sorties à thème l'été.

À voir dans les environs

Faucigny *(74130) :* *à 6 km au nord de Bonneville par la D 12.* Un petit village qui abrite (logiquement !) les discrètes ruines du premier château des sires de Faucigny *(accès libre ; juil-août, visites mar et jeu à 17h ; tarif : 6 € ; réduc ;* ☎ *04-50-36-89-18).* De là, belle vue sur la vallée. Profitez de votre arrêt à Faucigny pour jeter un coup d'œil aux fresques de l'***église*** (XIXe s), qu'on aperçoit depuis le sas (l'église est fermée à clé). On peut également visiter un sympathique musée, ***Les Ornements de la Femme*** : *457, route de Chez-Dubois ou chemin de Létieux (même adresse, suivre le fléchage « expo-musée »).* ☎ *04-50-03-90-37. Ouv mai-oct, l'ap-m, sur résa slt. Entrée : 5 € ; réduc ; gratuit moins de 6 ans.* Dans une ancienne ferme, jolie collection de vêtements anciens.

DE BONNEVILLE À CLUSES

Un petit itinéraire pour amateurs de « hors des sentiers battus » reliant Cluses à Bonneville par la « haute route », soit la D 186 ; une route de montagne ici ou là plutôt spectaculaire, au pied du massif du Bargy, où planent quelques gypaètes barbus, les plus grands rapaces français.

MONT-SAXONNEX *(74130)*

Posé sur une terrasse qui domine la vallée de l'Arve, un gros village typique qui, avec ses 15 km de pistes, fait une petite station de ski familiale. Attraction locale : le panorama. Du parvis de l'église Notre-Dame-de-l'Assomption (de 1829, néoclassique et en forme de croix grecque), la vue porte jusqu'au Jura. Au hameau de Pincru, mignonne chapelle du XVIIᵉ s, qui abrite un éclatant retable baroque classé. Jolie balade possible jusqu'au lac Benit (2h à pied ou en télésiège).

Adresse utile

ℹ ***Office de tourisme :*** *294, route de l'Église. ☎ 04-50-96-97-27. • mont-saxonnex.info • En saison, tlj sf dim ; hors saison, mar-dim (mer slt le mat).*

Où dormir ? Où manger ?

Le Jalouvre : *45, rue de la Gorge-du-Cé. ☎ 04-50-96-90-67. • info@lejalouvre.com • lejalouvre.com • ♿ (resto + 1 chambre). Resto fermé sam midi et dim. Double 85 € ; familiales 3-4 pers 95-105 € ; tarif dégressif sur la chambre en ½ pens. Formule 15 € (déj en sem) ; 22,50-40 € au resto ; carte env 40 €. Parking.* Une très plaisante adresse, avec des chambres qui font le lien entre montagne éternelle (la déco tout bois) et monde contemporain (connexion Internet, TV à écran plat...). Cuisine bien travaillée au resto.

CLUSES

(74300) 17 950 hab. *Carte Haute-Savoie, C3*

Bienvenue dans la « décolletage vallée » ! Comme la vallée du Doubs autour de Sochaux-Montbéliard avec l'automobile, toute cette portion de la vallée de l'Arve vit du décolletage, fabrication en série de pièces métalliques utilisées par toute l'industrie ou presque. D'où le maillage urbain très serré des environs de Cluses, petite ville qui semble s'étendre dans toute la plaine, au débouché d'une des plus importantes... cluses (évidemment !) des Alpes. Entièrement détruit par un incendie en 1844, le centre ancien, réaménagé comme beaucoup (trop !) d'autres pendant les années 1990, n'a rien de franchement emballant. Poussez toutefois la porte (à l'heure des offices) de l'église, ancienne chapelle d'un couvent, qui abrite un impressionnant bénitier en pierre du XVIᵉ s, surmonté d'une croix délicatement ciselée.

Adresses utiles

Office de tourisme : *Espace Carpano et Pons, 100, pl. du 11-Novembre. ☎ 04-50-96-69-69. • cluses.fr • Juil-août, mar et jeu-sam 9h-12h, 13h30-18h, lun, mer et dim le mat slt ; sept-juin fermé dim-lun et mer ap-m.* Visites guidées du patrimoine en juillet-août (payant).

Location de voitures : Hertz, *10, av. des Alpes ; ☎ 04-50-98-63-21 ; ouv lun-ven 8h-12h, 14h30-18h, fermé w-e.* **Europcar,** *5, rue du 8-Mai ; ☎ 04-50-98-79-07 ; ouv lun-ven et sam mat.* **Avis,** *175, rue Achille-Benoît ; ☎ 04-50-93-73-10 ; ouv lun-sam mat.*

Où manger à Cluses et dans les environs ?

Dolce et Pasta : *3, pl. de l'Église. ☎ 04-50-47-98-06. • ladolcepasta@free.fr • Tlj sf dim. Carte env 15 € ; menu étudiant (à emporter) 5 €.* C'est devant l'église, sur la place piétonne, que la pause a des accents méditerranéens ! Rien de bien compliqué, une bonne *pasta* à accompagner d'une sauce maison, des pizzas, des bruschettas, ça ne fait pas de chichis et satisfait toute la famille. Également des salades en été, élaborées avec des produits frais et transalpins. Une petite adresse pleine de bonne humeur !

Le Café de Balme : *route des Grottes-de-Balme, 74300* **Magland.** *☎ 04-50-91-26-31. • info@cafedebalme.com • À 4 km au sud de Cluses par la D 1205 ; au carrefour avec la D 6 (vers Les Carroz, mais pas accessible directement depuis la route principale). Lun-sam 9h-18h. Formule et menu 17,50-21 €.* Un café de bord de route à la façade jaune, à l'ancienne. Sauf que de café à l'ancienne (c'en était un), il n'a plus que l'allure. C'est en fait une boutique de matériel (plutôt haut de gamme) de cuisine. Et comme il faut bien que ce matériel serve, la propriétaire propose, autour de quelques tables, un joli petit menu au gré du marché et de ses idées. Atypique !

À voir

Le musée de l'Horlogerie et du Décolletage : *Espace Carpano et Pons, 100, pl. du 11-Novembre. ☎ 04-50-96-43-00. • musee-cluses.fr • Juin-sept, tlj 10h-12h, 13h30-18h ; le reste de l'année, tlj sf mar 13h30-18h. Entrée : 5 €. Compter 2 € de plus pour une visite guidée (sur résa).* Installé dans les locaux d'un des pionniers du décolletage. Deux sections bien distinctes : l'une est consacrée au décolletage, activité qui débuta à Cluses à la fin du XIXe s. Un atelier (qui fonctionne) retrace le procédé industriel : des pièces réalisées à partir de barres de métal usinées sur des tours. Bon, plutôt technique, ça va sans dire... Par ailleurs, intéressante section consacrée à l'horlogerie. Une activité introduite dans le Faucigny au XVIIIe s par un certain Claude Ballaloud, qui avait appris le métier à Nuremberg. Limitée au départ à de petits ateliers artisanaux (comme dans le haut Doubs ou le Jura suisse, où elle assurait un nécessaire complément l'hiver aux paysans), cette activité passe au stade industriel au milieu du XIXe s, après l'ouverture à Cluses de la prestigieuse École royale d'horlogerie. Fondée par le gouvernement sarde en 1848 pour concurrencer l'horlogerie genevoise, cette école, devenue nationale, a accueilli des élèves jusqu'en 1989. Quelques petites merveilles sont exposées ici, comme des montres à aiguille unique de l'époque Louis XIV. Notez que tous les mouvements fonctionnent ! À voir aussi, les complexes échappements (ici agrandis) qui permettaient de faire tourner les montres avant l'avènement du quartz et de l'électronique.

Manifestations

– ***Festival Image et Neige :*** *autour du 20 janv.* Festival de photo autour de la neige.
– ***Marché du commerce équitable :*** *fin avr.* Artisanat, produits alimentaires, animations, concert...
– ***Musiques en stock :*** *début juil, 4 j. de concerts en centre-ville, 100 % gratuits ! • musiques-en-stock.com • Infos à l'office de tourisme.* Pop, rock, scène française et internationale... Têtes d'affiche, tremplin régional, conférences, expos, B.D., etc.
– ***Esperluette :*** *3e w-e de nov. Entrée libre.* Salon du livre de Cluses.
– ***Cluses O'clock :*** *1er w-e de déc. Entrée libre.* Journée sur le thème de l'horlogerie : antiquaires, conférences, expos, animations pour les enfants.

LES CARROZ-D'ARÂCHES

(74300) 1 720 hab. *Carte Haute-Savoie, C3*

Arâches, l'ancien village de paysans-horlogers, n'a, avec sa mairie, sa poste et son église, rien ou presque changé à ses habitudes. Laissant aux Carroz le soin de développer – modestement, pour le béton c'est plus haut – une station de sports d'hiver bien familiale. D'ailleurs, la station bénéficie du label Famille plus, qui n'est pas usurpé, loin de là !

Adresse utile

Office de tourisme : *9, pl. de l'Ambiance, Les Carroz. ☎ 04-50-90-00-04. • lescarroz.com • En saison, tlj ; hors saison, fermé sam ap-m, dim et j. fériés.*

Où dormir ? Où manger ?

De bon marché à chic

Hôtel Les Airelles : *346, route des Moulins, Les Carroz. ☎ 04-50-90-01-02. • hotel.les.airelles@gmail.com • chalet-lesairelles.com • À 400 m du centre. Au pied des pistes et du téléski du Figaro. Congés : fin avr-fin juin et de fin sept à mi-déc. Doubles 103-123 € ; familiales et chalets 140-388 €. Formule déj 20 €, menus 31-42 €, carte env 30 €. Apéritif maison offert sur présentation de ce guide.* Joli chalet de bois abritant un petit hôtel de 8 chambres charmantes dans le genre « Alpes de toujours ». Les chambres standard sont un peu petites, mais on gagne quelques mètres carrés dans les supérieures. Aussi de superbes suites (apparts sans cuisine) installées dans de petits chalets indépendants : un agréable séjour au rez-de-chaussée, avec canapé convertible, et 2 chambres à l'étage. Bonne cuisine de région dans un cadre tout aussi empli de cet intemporel charme montagnard : cheminée de pierre, vieux bois, trophées de chasse... Terrasse.

Les Flocons verts : *123, route des Servages. ☎ 04-50-90-04-46. • grandmassif@ternelia.com • grandmassif-ternelia.com • À partir de 327 €/pers par sem (pens complète) ; réduc enfants.* Au pied des pistes, ce village de vacances est un bon plan pour les familles avec enfants, pris en charge à partir de 3 mois. Animateurs rôdés, et accompagnement à l'école de skis inclus. Appartements de 4 à 8 personnes avec coin cuisine. Sauna et piscine chauffée en été.

Le Tire-Fesses : *519, route de la Télécabine. ☎ 04-50-90-38-48. • letirefesses@bbox.fr • Tlj en saison sf mar en été ; hors saison, fermé dim-lun. Congés : de mi-oct à mi-nov et de mi-avr à début juin. Carte env 20 €.* Au pied de la télécabine, une adresse conviviale avec sa terrasse chauffée qui prolonge la petite salle animée. Le midi, une dizaine de plats à l'ardoise pour une cuisine pas compliquée (burgers, galette du jour, salade...) mais goûteuse. Pratique au retour des pistes ou entre 2 cours de ski. Le soir, les spécialités savoyardes côtoient des plats plus élaborés. On apprécie le menu-enfants et les plats variés.

Refuge de Hautecombe : *Plaine-Joux, Les Carroz. ☎ 04-50-90-32-91 ou 06-14-83-91-55. • lionel@haute-combe.fr • haute-combe.fr • Accès en 15 mn à pied (plus rapide à skis en hiver) depuis le parking des Molliets (à 4 km du centre sur la route de Flaine). Ouv saisons d'hiver et d'été. Compter 34-62 €/pers en chambre 2-9 lits, petit déj inclus (réduc à partir de 3 nuits). Repas 20-33 €. Digestif offert sur présentation de ce guide.* Posé à flanc de montagne, le chalet a de la prestance ! À l'intérieur, une chaleureuse pièce à vivre chauffée au poêle, où l'on tape volontiers le carton avant de passer à table, parfois en musique, quand un client se met au piano. Plancher patiné (gare aux craquements et aux échardes !) dans les 9 chambres au cachet indéniable, mais au confort assez basique (on est en refuge, ne l'oublions pas !). 7 d'entre elles sont situées au 1er étage, et la plupart partagent w-c et douche. Au 2e étage, la chambre « Roi de carreau », pour 6 personnes, assez spacieuse, a ses propres sanitaires, comme « L'Excuse », pour 4, avec accès indépendant et petit balcon. Peu de rangements en tout, mais on vient d'abord pour l'ambiance, franchement conviviale, la magnifique terrasse face aux Aravis et aussi pour le spa (payant). Cuisine simple et de qualité, à l'image du lieu ! Skis aux pieds en hiver, mais liaison pas évidente. On préfère se faire tracter par la chenillette de l'adorable proprio !

Auberge Alpage de l'Airon : *route de Flaine. ☎ 04-50-90-33-84 ou 06-11-22-53-68. • jclnavillod@wanadoo.fr • 6 km des Carroz par la D 16 en direction de Flaine, tourner à gauche (route forestière) vers l'alpage de l'Airon, se garer dans le virage et continuer à pied. Env 20 mn de marche. Après 18h, accès possible en voiture (2 km de piste). Ouv juin-sept, sur résa de préférence (et comme cette sympathique adresse est connue, ne vous y prenez pas au dernier moment !). Plat du jour 16 € ; carte env 26 €.* Un vrai chalet d'alpage, à 1 780 m d'altitude, avec écurie, fromagerie et tout et tout. La salle ne pouvait pas faire autrement qu'être rustique, avec toutes ses pierres, toutes ses poutres bien en vue. Et la cuisine est, bien entendu, de terroir. La carte des vins ne sort pas non plus de la Savoie.

Sur les pistes

L'Anfionne : *au pied du télésiège Plein-Soleil. ☎ 04-50-90-20-61. Ouv de mi-déc à mi-avr. Service continu de 9h à la fermeture des pistes. Plats env 10-20 €.* Ah, la belle terrasse panoramique ! Vue extra sur la vallée, Saint-Gervais et Megève au loin. On passe commande directement au comptoir, à la bonne franquette. Pas de réservation possible : les clients avertis passent dès le matin, entre deux pistes, réserver leur plat du jour ! Pas d'inquiétude s'il n'y en a plus, des en-cas simples et faits maison font largement l'affaire : soupes, salades, bons sandwichs chauds et desserts gourmands. Sympa aussi pour boire un verre. Service efficace.

Ski et neige

Ski alpin : domaine (1 140-2 500 m) du Massif (Les Carroz, Morillon-Samoëns et Sixt) relié au Grand-Massif (Flaine en plus ; et une vue imprenable sur la chaîne du Mont-Blanc). Forfait journée adulte Massif : 38,50 € ; Grand-Massif : 45,50 €. Consigne à skis aux pieds de la télécabine de la Kédeuze (49 € pour 5 nuits et jusqu'à 4 paires de skis et chaussures, séchoir inclus). Les Carroz est un domaine situé sur un haut plateau ensoleillé, indiqué pour les skieurs débutants. Les skieurs plus « extrêmes » choisiront, bien sûr, l'option Grand-Massif. Quelques pistes techniques toutefois aux Carroz, comme la très belle *Corbalanche,* aux portes du domaine skiable de Flaine.

Ski nordique : 30 km de pistes sur les domaines d'Agy et Pierre-Carré (à 10 km des Carroz). Forfait journée adulte : 7,60 €.

– ***Patinoire :*** *ouv déc-mars. Rens à l'office de tourisme.* Naturelle.

– Également *l'espace aquatique Aquacîme* (voir ci-après « Sports et loisirs d'été »), des sentiers raquettes, *snake glisse* (luges emboîtées les unes dans les autres), *ski joëring,* chiens de traîneaux...

Sports et loisirs d'été

– ***Escalade :*** *rens au bureau des guides (☎ 04-50-90-06-55 ou 06-99-20-24-01), à la Maison de la montagne ou auprès de Montagne Activités (☎ 04-50-90-07-91).* Des sites parmi les plus beaux de la région. Organisent également *via ferrata,* spéléologie, canyoning, rafting, hydrospeed, dans le canyon de Balme notamment.

➢ ***Randonnées :*** *carte en vente à l'office de tourisme.* Quelques suggestions : le *mont Favy,* la *croix des Sept-Frères, La Colonnaz.*

VTT : *carte disponible à l'office de tourisme.* Plusieurs circuits (200 km balisés). Cinq pistes de descente permanentes accessibles par télécabine. Plusieurs possibilités de location à la station.

– ***Piscine Aquacîme :*** *☎ 04-50-90-24-80. Ouv en saisons d'hiver et d'été. Entrée : 16 € ; réduc.* Trois bassins, dont un extérieur et chauffé même en hiver, grands espaces verts, jets ludiques et toboggans pour les enfants, espace cardio-fitness, sauna, hammam.

Manifestation

– ***Les Samedis Vintage :*** *16 janv, 20 fév et 26 mars.* Les Carroz fêtent leurs 80 ans avec un programme 100 % eighties.

FLAINE

(74300) *Carte Haute-Savoie, C3*

***Flainoz,* en patois savoyard, signifie « oreiller », pour désigner le moelleux vallon sur lequel on a construit Flaine. À l'image des stations intégrées (Avoriaz, La Plagne, Les Arcs...), Flaine a été conçue ex nihilo dans la frénésie des années 1960 par l'architecte Marcel Breuer, l'un des maîtres du Bauhaus (le siège de l'Unesco à Paris ou le Whitney Museum à New York, c'est lui). Avec ses longues barres de béton brut organisées autour d'un forum, Flaine ne remporte évidemment pas tous les suffrages en matière d'urbanisme. N'en déplaise à ses détracteurs, Flaine n'a plus à mettre en avant ses atouts : démarche architecturale innovante avec des sculptures monumentales de Dubuffet, Picasso et Vasarely en plein air, riche vie culturelle, secteur piéton... C'est ça, la griffe de Flaine. Dans le quartier historique, l'immeuble *Le Flaine,* emblème de la station avec son solarium suspendu le long de la falaise, est classé à l'inventaire supplémentaire des Monuments historiques.**

À l'écart, 80 chalets colorés, d'inspiration scandinave, ont été construits dans les années 1990 et forment le Hameau de Flaine. Un troisième quartier, Flaine Montsoleil, privilégie les résidences haut de gamme. Enfin, nous, ce qu'on préfère, c'est la vue imprenable sur le massif du Mont-Blanc et les kilomètres de glisse qui nous font jouer à saute-mouton d'une station à l'autre (Morillon, Les Carroz, Samoëns, Sixt).

Adresse et info utiles

Office de tourisme : *galerie marchande Flaine Forum. ☎ 04-50-90-80-01. • flaine.com • Tlj sf w-e hors saison.*

Centre culturel : *☎ 04-50-90-41-73.* Organise le mardi à 14h une visite guidée gratuite autour des œuvres d'art et de l'architecture de la station.

Où dormir ? Où manger ?

Terminal Neige – Totem : *Flaine forum. ☎ 04-30-05-03-40. • contact@tn-totem.com • Ouv en hiver slt. Doubles 150-290 €, petit déjeuner inclus ; également des suites. Carte déj env 25-40 € ; le soir, buffet 42 €.* L'unique hôtel de Flaine, ouvert en 2015, a repris les codes de la station : matériaux bruts, lignes épurées et design sixties. Une centaine de chambres à l'espace optimisé et à la veine artistique. Chacune est décorée d'une fresque graphique inspirée par Dubuffet. Au resto, le mobilier vintage et les tissus amérindiens réchauffent les colonnes de béton. À midi, quelques plats bien choisis : burger des cimes, cocotte du moment, gratin ; le soir, le buffet permet de picorer selon ses envies dans des corners thématiques... Le spa (jacuzzi, sauna sec et humide) est en supplément (15 €) pour les chambres classiques et club.

Le Refuge du Golf : *lieu-dit Les Gérats. ☎ 04-50-18-94-50. • refuge.golf@odalys-vacances.com • odalys-vacances.com • À côté du golf. Fermé mai et sept-déc. Parking payant. À partir de 360 €/sem pour un 2-pièces 4 pers. Possibilité de ½ pens.* Sur les hauteurs de la station, une résidence fringante qui propose des chalets et appartements haut de gamme (chaque chambre a sa salle de bains) meublés avec raffinement. On ne se lasse pas de la vue sur la vallée depuis le restaurant, la terrasse et le vaste accueil. Piscine intérieure chauffée et spa. En hiver, location de skis sur place et départ skis aux pieds ; en été, les activités sportives (tennis, tir à l'arc, golf) sont incluses, ainsi que les animations enfants et ados.

Ski et neige

Ski alpin *(1 600-2 500 m)* **:** si on additionne le domaine du Massif à celui de Flaine, on obtient alors le Grand-Massif (quatrième domaine skiable relié skis aux pieds de France). Forfait journée adulte : 39,50 €. Grand-Massif : 45,50 € (pour plus de détails, voir le chapitre consacré à Morillon). La plus haute station et le plus vaste domaine skiable du Grand-Massif. Abandonnant aux débutants les bleues desservies par les télésièges, *Le Désert Blanc, Têtes des Verds* et des *Grands Vans,* les bons skieurs se lanceront sur de diaboliques rouges et noires : *Faust, Méphisto, Lucifer* ou la noire de la *Styx* qui descend vers le joli lac de Gers. Pas mal aussi dans son genre, la *Diamant noir* qui dégringole du sommet du téléphérique des Grandes-Platières (2 480 m). On y embrasse l'une des plus saisissantes vues des Alpes : Grandes Jorasses, aiguille du Midi, mont Maudit, mont Blanc...

Ski nordique : 5 km de pistes tracées en skating et alternatif au col de Pierre-Carré, à 1 844 m d'altitude, ce qui en fait le plus haut domaine nordique des Alpes. Accès gratuit.

➢ ***Raquettes :*** plusieurs parcours balisés.

– ***Patinoire :*** ☎ *04-50-90-89-31.* Naturelle et découverte.

– Également des ***balades à chiens de traîneaux, espace aquatique*** (voir ci-après)...

Sports et loisirs d'été

Bon plan : le *Pass Flaine été,* gratuit si l'on réserve chez un hébergeur participant sur Flaine, donne accès à de nombreuses activités : tennis, tir à l'arc, fitness, châteaux gonflables, *big air bag,* trampolines, clubs enfants, minigolf, prêt de matériel sportif...

➢ ***Randonnées :*** un grand nombre dans le coin, évidemment, avec un incontournable, le désert de Platé, au sommet des Grandes-Platières. Accessible par le téléphérique du même nom. Étonnant paysage que celui formé par ce vaste (un des plus grands d'Europe) plateau karstique. Un désert minéral, effectivement presque blanc, où apparaissent, ici ou là, quelques plaques d'herbes rases, et sillonné de lapiaz (profondes fentes creusées par l'érosion, typiques de ce genre de relief). Un océan recouvrait le coin il y a plusieurs millions d'années. Difficile à croire, avec le mont Blanc qu'on a l'impression de pouvoir toucher du doigt ! Belles balades sur des sentiers balisés *(pack avec carte et 10 fiches de rando ts niveaux + 2 fiches d'orientation en vente à l'office de tourisme)* et guide de découverte géologique offert au bas du téléphérique des Grandes-Platières (attention toutefois au brouillard et à la neige, même début juillet !).

– ***Golf :*** à 1 900 m d'altitude, c'est l'un des plus hauts d'Europe (18 trous). Stages à partir de 7 ans.

– ***Espace aquatique :*** *dans la résidence CGH Le Centaure, mais ouv aux pers extérieures hiver comme été. Entrée : à partir de 12 €/adulte, 3 €/enfant.* Sauna, hammam, bains bouillonnants et soins esthétiques. Bassin enfants.

Manifestations

– ***Les One Man-Woman Shows de Flaine :*** *à l'auditorium, pdt les vac scol d'hiver.*
– ***Les Printemps de Flaine :*** *de la fin des vac de fév à la fermeture de la station.* Concerts de musique classique, fusion, électro, rock, pop, DJ, musiques du monde, spectacles gratuits sur les pistes et les terrasses en après-ski.
– ***Les enfants sont rois avec le parc Astérix :*** *1 sem en été et 1 sem en hiver.*
– ***Académie internationale de musique :*** *1re quinzaine d'août.* Les professeurs, comme les stagiaires, donnent régulièrement des concerts gratuits de musique classique.
– ***Musique à Flaine :*** *2de quinzaine d'août.* Dans un superbe auditorium de 500 places, concerts de musique de chambre.

LE PAYS DU MONT-BLANC

Un spectacle grandiose, presque oppressant aussi. Le même souffle coupé par l'émotion esthétique qu'à l'approche des 7 000 ou 8 000 m himalayens... 31 km de sommets, de pics, de dents, d'aiguilles, d'arêtes, de glaciers. Plus

de 10 sommets dépassant les 4 000 m et 60 les 3 000 m, aux noms désormais inscrits dans l'inconscient collectif : les Drus, les Grandes Jorasses... Et le sommet le plus haut d'Europe qui trône au-dessus de Chamonix, le seul, l'unique mont Blanc. Au pied de ces mythiques sommets s'est formée une microrégion touristique, le pays du Mont-Blanc. On y trouve des stations huppées (Megève !) ou familiales (Les Contamines), des villages ou des hameaux « dans leur jus » (Saint-Nicolas-de-Véroce ou Bionassay) et la « capitale », Chamonix, bien sûr.

SALLANCHES

(74700) 16 250 hab. *Carte Haute-Savoie, C3*

Ville de plaine et de passage, c'est tout de même à Sallanches que s'offre le premier vrai tête-à-tête avec le mont Blanc. De plus, la petite ville, malgré une tradition commerciale et industrielle (les skis *Dynastar,* c'est ici !), a un certain cachet avec ses larges quais de part et d'autre du torrent et son côté néo-classique sarde. Totalement détruite par un incendie en 1840, Sallanches a été reconstruite à l'image de Turin : larges rues bordées de maisons à arcades, halle aux grains en granit, imposant hôtel de ville. Dommage, simplement, que le centre soit régulièrement noyé dans la circulation automobile...

Adresse et infos utiles

Office de tourisme : *32, quai de l'Hôtel-de-Ville. ☎ 04-50-58-04-25. • sallanches.com • Ouv lun-sam 9h-12h, 14h30-18h (juil-août 9h-12h30, 14h-18h30, plus dim 9h30-12h30).*

SNCF : *☎ 36-35 (0,34 €/mn). • sncf.fr •* En saison, TGV directs jusqu'à Paris. Nombreuses ***liaisons en bus et autocars*** permettant de rejoindre les différents villages et stations des environs. Horaires, tarifs, résas (fortement recommandées) sur *• sat-montblanc.com •* Si vous êtes plusieurs, renseignez-vous sur les tarifs et les forfaits négociés par les taxis.

– ***Marché :*** *sam mat, sur la place.*

Où dormir ? Où manger ?

Auberge de l'Orangerie : *3, carrefour de la Charlotte. ☎ 04-50-58-49-16. • orangerie74@orange.fr • orangeriemontblanc.fr • À 3 km à l'est du centre-ville par la D 13 direction Passy. Resto ouv le soir mar-sam ainsi que le midi dim et j. fériés. Congés : 4-25 janv. Doubles 89-109 €. Menu 36 € ; carte env 40 €.* L'hôtel est posé au bord d'un rond-point, mais les chambres franchement confortables sont bien insonorisées. Celles qui sont dans l'annexe, plus en retrait, sont les plus récentes, les plus spacieuses et les plus chères. La plupart ont un balcon (avec vue sur le mont Blanc, pour certaines). Jacuzzi et balançoire dans le jardin. Au resto se côtoient touristes et clientèle locale pour une cuisine travaillée avec finesse et souci du détail. Ambiance familiale.

La Maison bleue : *65, pl. du Commissaire-Chesnay. ☎ 04-50-91-16-10. • anniepelloux@orange.fr • Double 60 €. 10 % de réduc hors vac scol sur présentation de ce guide.* La maison bleue n'est pas adossée à la colline, mais derrière l'église. Les 2 chambres du bas, lumineuses, modernes et coquettes, communiquent entre elles. Logiquement, on trouve un grand lit dans l'une et 2 lits simples dans la seconde, ainsi qu'un micro-ondes. Au premier, une 3e chambre avec 2 lits. Petit déj servi en compagnie des charmants propriétaires.

Où acheter de bons produits ?

Fromagerie Rey : *impasse du Couvent. ☎ 04-50-58-34-28. Depuis l'église, de l'autre côté de la rivière la Sallanche, dans un renfoncement. Ouv lun-sam 8h30-12h30, 14h30-19h ; ven-sam en continu.* Une adresse tout simplement excellente pour acheter des fromages de belle qualité, affinés ici (reblochon, abondance, beaufort, tomme et bien d'autres moins connus) et vendus à prix doux, avec le sourire.

À voir

L'église Saint-Jacques : du XVIIe s, l'ancienne église ayant brûlé dans un incendie. Imposante et très italianisante, comme les églises de Chambéry (stucs, peintures en trompe l'œil, etc.), elle est élevée au rang de collégiale au XIVe s. Ses fresques ont été réalisées au XIXe s par des artistes piémontais. Orgue monumental.

Le Centre de la nature montagnarde : *château des Rubins. ☎ 04-50-58-32-13. • e.schaller@centrenaturemontagnarde.org • À 200 m à gauche de la pl. de l'Église. Juin-sept, lun-sam 10h-12h30, 14h-18h30 ; dim 14h-18h. Oct-mai, mer-sam 14h-18h, petites vac scol lun-sam 10h-12h, 14h-18h. Entrée : env 6 € ; réduc et tarif famille ; gratuit moins de 6 ans.* Ce centre d'interprétation vaut le détour autant pour son emplacement, dans le château des Rubins (XIVe s), ancienne résidence seigneuriale, que pour son contenu. Il est dédié au patrimoine naturel montagnard et au développement durable dans les Alpes. Sur cinq niveaux, il aborde des thèmes aussi variés que les changements climatiques, le retour des grands prédateurs, l'eau, la formation des Alpes, la faune et la flore alpine... Animaux naturalisés, films 3D, courts-métrages, CD, écrans tactiles rendent la visite attractive. Les explications, pédagogiques et vivantes, sont évidemment alarmantes et montrent combien les richesses naturelles des Alpes sont sévèrement menacées. Depuis la terrasse, jolie vue sur le massif de Warens. Une boutique permet de soutenir l'association dans ses actions.

Les lacs des Ilettes et le lac de Passy : dans les environs proches de Sallanches, des plages (il y en a même une de sable à Passy) au bord de plusieurs petits lacs. Histoire de se baigner avec vue sur le mont Blanc. Pêche et autres activités nautiques. Pas mal (sinon beaucoup) de monde en été.

DANS LES ENVIRONS DE SALLANCHES

LE PLATEAU D'ASSY (74190)

Un plateau (bien sûr) où étaient installés avant la Seconde Guerre mondiale nombre de sanatoriums. Il en reste quelques superbes bâtiments, comme celui de Martel-de-Janville signé Pol Abraham et Henry Jacques Le Même, prestigieux architectes de l'époque. Douze œuvres monumentales, signées Calder, Semser, Féraud et bien d'autres, semées dans la nature ou dans les villages, jalonnent en effet le chemin baptisé « route de la Sculpture » : une bonne entrée en matière avant de découvrir l'église Notre-Dame-de-Toute-Grâce.

Adresses utiles

Office de tourisme de Passy : *35, pl. du Docteur-Joly, Plateau-d'Assy. ☎ 04-50-58-80-52. • passy-mont-blanc.com • Ouv tte l'année, tlj sf dim*

9h-12h, 14h-18h (ouv dim juil-août et vac Noël et d'hiver). Des dépliants bien détaillés sur tous les sites du plateau. En hiver, une antenne au chalet d'accueil *(ouv tlj).*

Chalet de la réserve naturelle de Passy : *321, chemin des Parchets, à* **Plaine-Joux.** *☎ 04-50-90-23-07. Pdt les vac scol zone A (fév ttes zones), mer-dim 10h-18h (● passy-mont-blanc.com ●). Entrée libre ; animations et ateliers payants (sur résa).* Toutes les infos sur la réserve. Petite expo.

Où dormir ? Où manger ?

Camping

Aire naturelle de camping : *321, chemin des Parchets, Plaine-Joux, 74190* **Passy.** *☎ 04-50-58-80-17. 06-33-98-21-01. ● j.serre@mairie-passy.fr ● Juin-sept, ainsi qu'une aire d'accueil en saison d'hiver pour les camping-cars. Accueil 9h-12h, 15h-18h. Emplacement env 10 € pour 2.* Un équipement restreint au minimum et pas 1 cm² d'ombre sur ce petit bout de prairie, mais une vue superbe de quelque côté de sa tente. Et des sentiers qui n'attendent que vous.

Bon marché

Le Café du jardin : *à l'entrée du jardin des Cimes (lire ci-après la rubrique « À voir. À faire »). ☎ 04-50-21-50-87. Tlj en juil-août ; ven-dim midi en juin et sept-oct. Assiette végétarienne 14 € ; ven soir, Apéros'jardin diots grillés et dessert 18 €.* Souriante petite cuisine (gratins, légumes farcis, salades...) à base (dans la mesure du possible) de produits du jardin ou de produits locaux. Adorable terrasse. Brunch et déjeuner. Salon de thé l'après-midi.

À voir. À faire

L'église Notre-Dame-de-Toute-Grâce : *tlj 9h-18h30 (sf pdt les offices).* Contemporaine (elle a été consacrée en 1950) mais trapue et coiffée d'un toit à double pente, posé sur des murs de grosses pierres comme l'étaient les églises de montagne. Principal attrait : sa décoration, que l'architecte Novarina a confiée à tout ce que l'art moderne comptait de grands noms. Personne ne manque à l'appel, sinon peut-être Picasso, qui a déclaré forfait. Fernand Léger a signé les mosaïques de la façade sur le thème des litanies de la Vierge (pour un marxiste...), Rouault des vitraux, Braque la porte du tabernacle (bronze), Bonnard et Matisse ont décoré les autels latéraux... Cette église est un véritable musée ! Difficile de tout évoquer : le *Christ en Croix* de Germaine Richier devant le maître-autel, qui fit scandale, la superbe tapisserie de Jean Lurçat représentant la *Femme victorieuse du dragon,* une scène de l'Apocalypse qui fait dans l'abondance d'éléments végétaux (remarquez le vert profond, couleur de l'espoir, de l'arbre de Jessé), le puissant *Passage de la mer Rouge,* céramique de Chagall... N'oubliez pas d'aller visiter la crypte, située sous le chœur.

Le jardin des Cimes : *447, route du Docteur-Davy. ☎ 04-50-21-50-87. ● jardindescimes.com ● (partiel). Ouv juin-début oct : juil-août, tlj 9h30-18h30 ; juin et sept-oct, mer-dim 10h-18h. Entrée : env 6,50 € en été ; 5 € au printemps et à l'automne ; réduc ; gratuit moins de 4 ans. Également des ateliers pour les enfants.* Un projet récent qui fait travailler des jeunes en réinsertion sociale. Dans un cadre exceptionnel (vue sur le mont Blanc, Saint-Gervais et Combloux en face), on déambule dans un jardin alpin entre potager et collections botaniques. Une visite pédagogique rafraîchissante et qui met tous les sens en éveil. L'été, des festivals ont lieu dans l'amphithéâtre. Sur place, petite librairie, herboristerie, vente de quelques produits du jardin et café-resto (voir « Où manger ? »).

La réserve naturelle de Passy : *accès par la D 43 jusqu'à Plaine-Joux.* La réserve couvre 2 000 ha et englobe des massifs très différents, de la Promenaz aux impressionnantes falaises de la chaîne des Fiz. Quelques jolis petits lacs à découvrir en vous baladant sur ses sentiers, où vous aurez peut-être également la chance d'apercevoir l'étonnant gypaète barbu.

Le lac Vert : *3 km après Plaine-Joux (c'est fléché).* Petit lac cerné de montagnes et de sapins. Un sentier botanique en fait le tour (15 mn). Très (très) joli site dont malheureusement il est difficile de profiter en promeneur solitaire...

– ***Parapente :*** Plaine-Joux est un spot renommé. Trois écoles sur place.

Manifestation

– ***Salon du livre de montagne :*** *pdt 3 j. début août à Passy.* Inauguré en 1990 avec Samivel, Frison-Roche et Bernard Amy, un salon consacré à toutes les montagnes et à tous les livres qui les célèbrent : récits, romans, ouvrages historiques ou de photos...
– ***Trail du tour des Fiz :*** *dernier dim de juil.* Trois parcours différents. Activités ludiques pour les familles.

CORDON *(74700)*

À 4 km au sud-ouest de Sallanches par la D 113, le « balcon du mont Blanc » bénéficie naturellement d'un superbe panorama sur le mont Blanc. Brigitte Bardot, déjà, avait repéré le coin. Mais ce charmant village n'a pas connu le destin de Saint-Tropez...

Adresse utile

Office de tourisme : *☎ 04-50-58-01-57. • info@cordon.fr • En saison, tlj ; hors saison, fermé dim en moyenne saison, le w-e hors saison.* Toute l'année, visite à la ferme tous les jours (gratuit). En été, balade patrimoniale le lundi à 18h. Location de vélos électriques en été. Compter 10 €/h ; tarifs dégressifs.

Où manger ?

Le Darbelin (Chez Mireille) : *275, voie de la Charité, Frébouge-d'en-Bas. ☎ 04-50-58-06-04. • chezmireille@ledarbelin.com • À 4 km env du village ; accès par un petit chemin (fléché) qui prend à droite de la route. Tlj de mi-déc à fin mars (selon enneigement) 9h-17h30 ; fermé jeu soir en basse saison. Formule en sem 16 €, menus-carte 21-29 €.* Petit resto dans un chalet moderne, en pleine nature (sur les pistes, l'hiver, accès à skis donc ou à pied en 5 mn depuis le parking). Accueil gentil comme tout, ambiance familiale et cuisine à l'unisson, simple mais bonne. Grande terrasse avec (c'est presque un pléonasme dans le secteur) une vue superbe sur la chaîne du Mont-Blanc.

À voir

L'église Notre-Dame-de-l'Assomption : *tlj 9h-18h (19h en été). Visite guidée possible ven mat (résas à l'office de tourisme).* Presque un archétype d'église savoyarde. Superbement rénovée, classée, petite et solide, elle est coiffée par un clocher à bulbes. Surprenantes (des planches de bois peintes) statues en trompe l'œil en façade. À l'intérieur, l'inévitable retable baroque, où dominent verts et rouges, tout scintillant d'or. Au plafond, cernées par une ribambelle d'angelots et quelques guirlandes, des fresques du XVIIIe s retracent les vies du Christ et de la Vierge dans une coupole en trompe l'œil.

Ski et neige

Ski alpin : domaine (1 000-1 600 m). 12 km de pistes. Forfait journée adulte : 17,70 € ou *Ski pass Mont-Blanc.* Un domaine de poche, idéal pour les débutants et les enfants.

– ***Autres activités :*** luge, raquettes, balades à la lanterne, etc.

COMBLOUX

(74920) 2 195 hab. *Carte Haute-Savoie, C3*

À 1 000 m d'altitude, le paysage le plus carte postale du pays du Mont-Blanc : une trentaine de plantureuses fermes, des chalets cossus et un clocher à bulbes qui se détache sur fond de neiges éternelles.

Adresse et info utiles

Office de tourisme : *☎ 04-50-58-60-49. • combloux.com • Tlj en saison d'hiver 9h-18h45 ; été tlj 9h-18h30 ; le reste de l'année 9h-12h, 14h-18h sf dim et j. fériés.* Document gratuitement distribué : *Les Sites remarquables.* Balade d'environ 1h30 pour une vingtaine de lieux à découvrir. Sentier du Baroque (20 km aller). Conseillé en 2 étapes. L'office organise également des visites de fromageries (ferme pédagogique le mardi 10h-12h avec inscription préalable).

– ***Pass montagne :*** *en vente à l'office de tourisme, 16 € (3 j. consécutifs)-44 € (7 j. consécutifs).* Ce pass estival offre un accès piéton et VTT illimité aux remontées mécaniques, au plan d'eau biotope, au centre de détente, 5-15 descentes en luge d'été, ainsi que des réductions sur plusieurs activités à Combloux et Passy.

Où dormir ? Où manger ?

Prix moyens

Hôtel Les Aravis : *1018, route de Saint-Gervais. ☎ 04-50-58-63-93. • info@hotel-lesaravis.com • hotel-lesaravis.com • Entre Combloux et Saint-Gervais. Doubles 58-78 € selon saison. Possibilité de ½ pens en hiver (le soir slt) 29,50 €/pers. Apéritif maison offert sur présentation de ce guide.* Situé à quelques centaines de mètres du centre du village, cet hôtel extérieurement banal n'est pas plus engageant qu'un autre. Sur les conseils avisés de nos lecteurs, on a poussé la porte et on a bien fait ! Une douzaine de chambres en bois (communicantes pour certaines), retapées dans le style savoyard. Déco chaleureuse et soignée, moquette moelleuse. Une bonne adresse, un peu isolée.

Chambres d'hôtes – Chalet des Alpages : *441, chemin des Fovrents. ☎ 04-50-93-50-14. • reservation@lesalpages.com • lesalpages.com • Prendre la direction des pistes, puis route du Bouchet et le Vernet. 10 mn de marche (en hiver, les appeler,*

LE PAYS DU MONT-BLANC

ils viennent vous chercher en 4x4). Congés : 2 sem fin avr, 2 sem en oct. Double 70 €. En saison d'hiver, ½ pens demandée 58-60 €/pers. Table d'hôtes 25 €. Il fallait la débusquer, cette adresse perchée sur les hauteurs du village ! La persévérance est ici récompensée ! Ce couple d'anciens restaurateurs a installé 5 chambres spacieuses baignées de lumière dans un beau chalet. Une excellente adresse pour un séjour nature sans aucune habitation à la ronde. Vaste salon où prédominent des bois de cerf et d'élan, et grande terrasse face au mont Blanc pour prendre son goûter au retour des pistes. Quant à l'accueil, il est comme le reste, formidable !

Côté Lac : *plan d'eau de Plan-Perret. ☎ 04-50-58-94-27. • cotelac74@orange.fr • J. de fermeture variables, appeler. Congés : 3 sem au printemps et 3 sem à l'automne. Formule 26 € midi sem, menu 32 €.* Face au plan d'eau biotope et à la vallée de l'Arve ; la vue est vraiment extra ! De la large terrasse, on embrasse le mont Blanc (à droite !). Belle salle qui échappe pour une fois à l'atmosphère rustico-savoyarde bien appuyée. Carte assez courte et bien balancée qui tranche par son originalité et par ses suggestions marines. Les plats changent régulièrement, ce qui ravit les habitués, impatients de découvrir les associations culinaires du moment, qui naviguent entre voyages et métropole. Le chef distille ses épices au gré de l'inspiration, et c'est réussi. Bon rapport qualité-prix. Rhum arrangé offert en fin de repas.

De chic à plus chic

Hôtel Le Coin Savoyard : *300, route de la Cry. ☎ 04-50-58-60-27. • info@coin-savoyard.com • coin-savoyard.com • En face de l'église. Fermé lun hors saison. Congés : de mi-avr à début juin et fin sept-début déc. Résa conseillée (longtemps à l'avance !). Doubles 90-170 €. Carte env 38 €. Café offert sur présentation de ce guide.* Plantureuse ferme du XIXe s, joliment modernisée. Décor « tout en bois », naturellement chaleureux. Chambres tout simplement charmantes et bien entretenues. La no 7 est spacieuse et bien agréable avec sa terrasse plein sud. On peut aussi y prendre un verre dans les anciennes caves de la ferme ou, entre amis, faire un sort à une fondue aux cèpes. Belle terrasse ensoleillée face au mont Blanc. Piscine découverte agréable en été. Accueil charmant.

À voir

L'église Saint-Nicolas : son clocher à double bulbe et ses galeries sont définitivement célèbres ! L'église baroque construite au XVIIIe s est typique des églises de montagne avec, à l'intérieur, l'inévitable retable du maître-autel.

La Ferme à Isidore : *le musée de la Pente, 109, chemin de la Promenade. ☎ 04-50-58-60-49 (office de tourisme). • museedelapente.free.fr • Un peu en contrebas du centre du village. Ouv juil-août, tlj sf jeu 15h30-18h30. Mer-dim, jusqu'à mi-sept. Entrée : 2,50 € ; gratuit moins de 18 ans.* Installé dans une ferme typique de 1832, construite selon les traditions ancestrales, avec des matériaux trouvés sur place (voir le chapitre « Habitat » dans « Hommes, cultures et environnement ». Une maison d'avant-garde, puisque le « cacati » (w-c) était déjà accolé à la maison. Et cette vieille ferme accueille en juillet, août et mi-septembre d'intéressantes expos autour du patrimoine de Combloux *(visite guidée de la ferme certains jeu).*

Ski et neige

Ski alpin : le domaine *Les Portes du Mont-Blanc* (Combloux, Jaillet, Giettaz, Cordon – 1 100-1 930 m) fait partie de l'ensemble Évasion Mont-Blanc. Sur Les

Portes du Mont-Blanc proprement dites (Combloux), 100 km de pistes. Forfait journée adulte : 34 €. Le domaine skiable s'adresse aux skieurs tous niveaux. Pour le domaine Évasion Mont-Blanc et ses 445 km (sur Les Portes du Mont-Blanc, Megève, Saint-Gervais, Les Contamines...), compter 44 €. Attention, ces pistes ne sont pas reliées « skis aux pieds ». Des *Skibus* gratuits permettent de relier le centre de Combloux à la télécabine de la Princesse (accès Megève, Saint-Gervais, Saint-Nicolas).

Ski nordique : 5,5 km de pistes (une piste bleue et une piste verte). Accès gratuit.

➢ ***Raquettes :*** *descriptif gratuit à l'office de tourisme.* Circuits balisés à travers les alpages. Possibilité de sorties (demi-journée, journée et nocturne) encadrées par des accompagnateurs.

➢ ***Sentiers piétons :*** 30 km, au départ du village et du haut des pistes à la Cry en empruntant les télésièges de Beauregard et Pertuis.

– ***Luge :*** trois parcs de luge, enfants sécurisés. Piste aménagée pour les jeunes enfants au départ de la Cry, à côté des *Skibus.* Piste de Cuchet plus ludique et une dernière proche de l'église pour les jeunes enfants.

Sports et loisirs d'été

➢ ***Randonnées :*** 50 itinéraires balisés et balades à thèmes. *En vente à l'office de tourisme, la carte et le livret* Les Belvédères du Mont-Blanc. Une petite balade thématique jalonnée de panneaux explicatifs : le *sentier du Granit* (1 km, accessible à tous), pour découvrir les techniques d'exploitation du granit, activité qui existe ici depuis le XIXe s (Sallanches a été reconstruite en granit de Combloux) et dont une entreprise perpétue encore la tradition aujourd'hui. Combloux est aussi le point de départ du *sentier du Baroque* (20 km) qui va d'église en chapelle, de Combloux à Notre-Dame-de-la-Gorge. Visites guidées organisées en été *(résas à l'office de tourisme).*

➢ ***VTT :*** nombreux itinéraires balisés (tous niveaux). En juillet-août, ouverture des remontées mécaniques des Portes du Mont-Blanc. Infos à l'office de tourisme.

➢ Pour s'essayer aux ***sports d'eaux vives*** *(rafting, hydrospeed, canoraf)* dans la plaine de Passy, à 15 km de Combloux, des formules découverte, action ou sensation sont en vente à l'office de tourisme.

– ***Plan d'eau :*** *en contrebas de Combloux, sur la route de Sallanches. De mi-juin à début sept, tlj 11h-19h. Infos à l'office de tourisme. Entrée : env 5 € ; réduc ; gratuit moins de 6 ans.* Des plans d'eau pour la baignade, on en connaît, mais celui-ci est unique en son genre. D'abord, il y a la chaîne du Mont-Blanc en décor de fond. Ensuite et surtout, c'est le premier plan d'eau biotope en France ! L'eau y est régénérée naturellement par une sélection de végétaux aquatiques et oxygénée par une cascade. Intéressante initiative, et le coin est vraiment sympa.

– ***Espace détente « Éveil des sens » :*** *sur résa.* ☎ *04-50-53-46-14. Fermé de mi-nov à mi-déc. Session sauna, hammam et jacuzzi 20 €. Également des soins.* En bordure du plan d'eau biotope, un sauna, un hammam, un jacuzzi, une douche massante, une balnéothérapie et une salle de détente, répartis dans de petits chalets en bois. Large baie vitrée pour apprécier la vue imprenable sur les chaînes du Mont-Blanc, des Fiz, des Aravis...

– ***Tennis :*** trois courts face au mont Blanc, à côté du plan d'eau biotope.

➢ ***Promenade en calèche avec goûter à la ferme :*** la calèche vous conduit dans une ferme différente chaque jour, en empruntant des routes panoramiques et parfois des chemins pittoresques face au mont Blanc. Goûter réconfortant à déguster dans la cuisine rustique : tartines, confiture, boissons fraîches et chaudes, charcuteries, fromages, pâtisseries... *Adulte et enfant + 9 ans (!) 28 € ; enfants 5-9 ans 24 € ; 2-4 ans 17 € (hiver/été) ; résa à l'office de tourisme.* Vraiment dommage que les tarifs soient si exorbitants...

Manifestations

– ***La Crève-Cœur :*** *1 j. en janv.* Épreuve de ski de randonnée avec un parcours découverte en parallèle pour essayer le ski de rando.
– ***Festival de la Gastronomie régionale et du Patrimoine :*** *5 j. en fév.* Marché géant, foire aux vins, veillées, visites guidées des fermes. Et c'est gratuit !
– ***La Quinzaine Spa :*** *1 sem en mars.* Animations autour du bien-être et de la détente (soins et initiation à des techniques de détente).

MEGÈVE (74120) 3 694 hab. *Carte Haute-Savoie, C3*

La célébrissime ! Véritablement lancée en 1921 par la baronne Noémie de Rothschild, qui voulait faire de ce village, né autour d'une abbaye de bénédictins, un Saint-Moritz français. Mission accomplie ! Des magasins de luxe, des palaces, une fresque signée Cocteau aux murs de la brasserie *Les Enfants Terribles,* tout témoigne de ce que fut Megève et de ce qu'elle est encore : une capitale du ski mondain. C'est aussi un très joli village avec ses deux torrents qui ricochent entre de bien vieilles maisons à tourelles (son nom viendrait du celte *Mag-Eva,* « habitation et eau »), sa place centrale presque trop typique, sinon que... deux mairies s'y font face. Eh oui, un cas unique en France, Megève accueille sur son territoire la mairie de la commune voisine, *Demi-Quartier...* Joli mais presque trop policé. Même les sommets environnants, tout ronds, tout doux, ont l'air d'avoir pris des leçons de maintien. Pourtant, quand on enlève son manteau de fourrure à la grande dame, la réalité est plus nuancée : il y a encore des vaches à Megève et quelque 60 fermes toujours en activité (d'ailleurs, il paraît qu'on prononce « meuh... gève »...).

Adresse et infos utiles

ℹ ***Office de tourisme :*** *maison des Frères.* ☎ *04-50-21-27-28.* • *megeve.com* • *Tlj sf dim hors saison. Point info à la gare routière près du palais des sports w-e des vac scol en hiver.*

Gare routière : *rens auprès de la* ***SAT*** *(☎ 04-50-21-25-18 ; • sat-montblanc.com •) ; pour Albertville, on s'arrête à Flumet (• mobisavoie.fr •).* Nombreux bus en saison pour les stations et villages des environs, et surtout pour les différentes gares : Sallanches (à 12 km avec TGV et trains de nuit) ou Le Fayet, Genève (gare routière et aéroport) avec la *SAT* ou *Borini...*
– ***Navette hippomobile :*** en hiver, les détenteurs du forfait Évasion Mont-Blanc peuvent profiter d'une calèche de 12 places pour relier le massif de Rochebrune avec celui du Jaillet.

Où dormir ?

Camping

Camping Bornand : *57, route du Grand-Bois, à* ***Demi-Quartier.*** *☎ 04-50-93-00-86 ▯ 07-81-21-25-22.* • *camping.bornand@aliceadsl.fr* • *camping-megeve.com* • ♿ *Au rond-point sous la télécabine de la Princesse, longer le parking, prendre la route des Poëx sur 100 m, puis la route du Grand-Bois sur la gauche. Ouv de mi-juin à fin août. Compter 13,50 € pour 2. Chalets 4 pers tte l'année 330-592 €/sem.* 69 emplacements en terrasses, sur l'herbe, sous la télécabine de la

Princesse. Calme et agréable. Pas de restauration sur place, mais un camion à pizzas vient 2 fois par semaine.

Prix moyens

Alp'Hôtel : *434, route de Rochebrune. ☎ 04-50-21-07-58. • alp.hotel@wanadoo.fr • alp-hotel.fr • Suivre la direction Rochebrune. Ouv fin déc-15 avr et début juil-fin sept. Doubles 77-99 € selon saison. ½ pens 78-86 €/pers. Resto ouv midi et soir en été, slt le soir en hiver. Compter 27 € (slt en été le midi). Apéro offert sur présentation de ce guide.* Une maison façon chalet qui distille un peu l'ambiance des pensions de famille d'autrefois, avec ses habitués qui somnolent dans les fauteuils du salon. Accueil fort aimable pour cet hôtel parmi les moins chers de la station. Chambres rustiques comme on l'envisageait il y a quelques années mais qui restent confortables. Petit bout de jardin. Et le téléphérique de Rochebrune est à deux pas.

Résidence Odalys Lune Argent : *725, route du Gollet. ☎ 04-50-18-17-71. • megeve@odalys-vacances.com • Prendre la route du mont d'Arbois. Juste après la sortie du village, sur la droite. À 800 m de l'embranchement et de la navette des bus. Fermé en mai et de sept à mi-déc. À partir de 260 € le studio 4 pers. Parking payant.* Perchée sur les hauteurs de la station, la résidence a une vue qui se mérite. Autant dire qu'il est quasi obligatoire d'être motorisé (et équipé de chaînes en hiver) ! Parmi la soixantaine de logements, du studio au 3-pièces (6 personnes), on vise en priorité ceux qui ont la vue plongeante sur le village, même si tous les apparts ont un balcon agréable. Calme absolu dans tous les cas, et une déco en harmonie avec le lieu apaisant. Rangements fonctionnels et coin cuisine équipé. Espace détente avec sauna et bain bouillonnant (payant).

Chic

La Chaumine : *36, chemin des Bouleaux, Les Mouilles. ☎ 04-50-21-37-05. • lachauminemegeve@orange.fr • hotel-lachaumine-megeve.com • Accès par le chemin sans issue le long de la patinoire extérieure. Congés : de mi-avr à fin juin et de début sept à mi-déc. Doubles 112-136 € selon saison ; familiales 4-5 pers 144-181,50 €.* Un des bons plans de Megève, où les adresses à prix décents sont rares. L'hôtel se situe sur les hauteurs du village, et donc au calme (mais attention : à pied, ça grimpe... ; et pour les voitures, pneus neige obligatoires !). Chambres coquettes et agréables, pouvant accueillir des familles. Petite restauration l'hiver. Une bonne adresse, avec pas mal de cachet. Accueil charmant.

Hôtel Le Cœur de Megève : *44, av. Charles-Feige. ☎ 04-50-21-25-30. • info@hotel-megeve.com • hotel-megeve.com • En plein centre, cela va de soi. Fermé mer-jeu hors saison. Doubles 100-254 € selon saison ; familiales 162-567 €. Formule et menu déj 25 €, carte 50 €.* Les chambres, avec balcon ou terrasse pour certaines, ne sont pas immenses mais elles sont réellement ravissantes : de vrais petits intérieurs de chalets alpins avec portes peintes, larges planches de bois clouées sur les murs, meubles sculptés de rosaces ou d'étoiles, tissus à carreaux... Salon avec cheminée. Un peu cher en saison, mais on est vraiment au cœur de Megève, et ça, ça se paie !

Où manger ?

Dans la station

De bon marché à prix moyens

Les Marronniers, Chez Maria : *18, impasse Le Chamois (pl. de l'Église). ☎ 04-50-21-22-01. Fermé mar hors saison. Carte env 20 €.* Dans une petite rue du centre, une salle de poche rustique et chaleureuse qui croule sous une impressionnante collection de cafetières. C'est d'abord une crêperie, mais on peut aussi y manger le plat du jour, une raclette ou encore une salade, sur une petite terrasse bien isolée, contre la rivière. Sympa en été.

L'Alpage des Têtes : *route de Leutaz-Véry. 06-09-40-55-12. • lal page@orange.fr • Accès par la route de Rochebrune ; se garer au parking du Leutaz (La Sauvageonne) et continuer 30-45 mn à pied (ou à raquettes en hiver). Ouv sur résa de mi-déc à mi-avr et de mi-juin à mi-sept, tlj sf lun midi (plus lun soir hors saison). Menu 28 € ; carte env 35 €.* Ferme-auberge installée dans un authentique chalet d'alpage (déplacé suite à une avalanche). On aime bien l'atmosphère on ne peut plus simple et familiale, à mille lieues de l'idée que l'on se fait de Megève. Sur les nappes à carreaux rouges et blancs, honnêtes spécialités de fondues, à base de fromages fabriqués sur place. Même la charcuterie est maison... Vente de fromages de chèvre en été.

Prix moyens

Flocons Village : *75, rue Saint-François-de-Sales. ☎ 04-50-78-35-01. Tlj. Plat du jour 20 € ; menus 30-37 €.* La 2de adresse d'Emmanuel Renaut, qui ne s'endort pas sur ses étoiles, a un franc succès. Le cadre mêle discrètement bois traditionnel et touches plus contemporaines. Quant à la carte, elle reste accessible. En arrivant, on peut toujours jeter un œil aux cuisines, où s'ébat une escouade rodée, de celles qui connaissent les combinaisons gagnantes. La formule est finalement simple, comme les plats, joliment travaillés, mais qui gagneraient sûrement à oser davantage de fantaisie. La carte révise ses classiques en mettant à l'honneur des produits de saison d'une fraîcheur irréprochable. L'essentiel est là, dans l'assiette, fort bien présenté.

Chic

Le Torrent : *18, rue Ambroise-Martin. ☎ 04-50-58-92-21. • le-torrent@orange.fr • 15 juin-15 sept, tlj ; vac de la Toussaint tlj ; 15 déc-20 avr, fermé au déj lun-jeu. Congés : 15 oct-15 déc. Formules et menus 25-30 € l'été ; carte env 45 €.* Une adresse chaleureuse, en contrebas de la chaussée et le long du fameux torrent. L'une de celles où l'on vient aussi bien en amoureux qu'entre amis, quand on n'a pas de problème de trésorerie. Salle éminemment chaleureuse avec ses boiseries aux murs, ses bougies sur les tables et ses coussins poilus sur les bancs. À la carte, une cuisine conviviale, où l'on se régale aussi bien d'une bonne côte de bœuf que d'une fondue aux cèpes. Quelques parfums d'enfance jalonnent la carte des desserts, comme la tarte de fraises Tagada recomposée en bocal.

En altitude

Chic

L'Alpage de Pré Rosset : *au sommet du téléski des Lanchettes. ☎ 04-50-93-58-84. • contact@megeve-altitude.com • Tlj au déj en saison (hiver et été) et le soir sur résa. Plats 20-27 € ; plat du jour 19,90 €. 4 chambres 145 €/pers en ½ pens.* S'il le faut, on traverse sans hésiter le massif pour aller déjeuner dans cette ancienne ferme qui a une terrasse exceptionnelle ! Par mauvais temps, on échange ses chaussures contre une paire de pantoufles et on essaie de se caler près du poêle ! La cuisine, d'une qualité constante, fait la part belle aux produits de montagne : escalope de veau à la crème de reblochon et polenta, risotto alpin... La viande, goûteuse et aux cuissons bien maîtrisées, provient de l'élevage des propriétaires. Une très bonne adresse où on ne se fait pas pour autant plumer (et on avait oublié que c'était possible dans la station !).

Où boire un verre ? Où sortir ?

Bar-tabac Saint-Paul : *43, quai du Prieuré. ☎ 04-50-91-93-03. Ouv tte la journée ; hors saison, fermé dim ap-m et lun. Congés : oct.* Un beau bar en pierre surmonté de zinc et quelques tables autour desquelles se pressent locaux et touristes. Quand on vous dit que Megève n'a pas perdu son âmeuh...

Les Cinq Rues : *19, passage des Cinq-Rues. ☎ 04-50-89-65-68. Ouv de mi-déc au w-e de Pâques, ts les soirs.* Une institution ! LE club de jazz mythique qui fait les nuits plus belles à Megève depuis plusieurs décennies. Concerts live (jazz ou rock) régulièrement organisés. Ces soirs-là, ça se bouscule dans la petite salle aux boiseries patinées. Clientèle gentiment hétéroclite et de tous âges. Et ça, on adore ! Les soirs sans concert, à peine plus calmes, on y viendra pour boire un verre près de la cheminée. Les consos ne sont toutefois pas données (et le vestiaire est obligatoire).

Palo Alto : *192, rue Charles-Feige. ☎ 04-50-91-82-58. En face du casino. Tlj 20 déc-20 mars et en août ; le w-e le reste de l'année.* La boîte de nuit un peu chic de Megève.

LE PAYS DU MONT-BLANC

Où acheter de bons produits ?

Au Père Sotieu : *19, rue du Général-Muffat-Saint-Amour. ☎ 04-50-21-67-51. Face au Crédit Agricole. Tlj 8h-19h30. Fermé 3 sem en nov.* Difficile de ne pas succomber aux spécialités qui nous font outrageusement de l'œil : chocolats de Megève (praliné entouré d'un meringage), *Mégevan* (macaron noisette fourré framboise), millefeuille pistache... À déguster sur place au salon de thé ou à emporter.

Laiterie Gaiddon : *79, rue Ambroise-Martin. ☎ 04-50-21-22-31. Magasin ouv tlj sf dim ap-m en intersaison.* Magnifique sélection de fromages, mais aussi du miel, des confitures, des yaourts maison... Un enchantement pour les sens !

À voir. À faire

Le calvaire : un chemin de croix réplique de celui de Jérusalem. Quinze oratoires et chapelles, abritant des peintures ou sculptures, œuvres d'artistes piémontais au XIXe s d'un joyeux mélange de styles : gothique, toscan, baroque, rococo. Au pied du chemin (bien aménagé), jetez un coup d'œil (discret, elle est habitée...) vers la villa très années 1930 construite par et pour l'architecte Le Même.

L'église Saint-Jean-Baptiste : fondée par les bénédictins en 1085 mais fort composite. Clocher à bulbes, nef du XVIIe s, chœur gothique flamboyant aux colonnes de tuf du XIVe s (la partie la plus ancienne de l'église), dans lequel on pourra voir un retable du XVIIIe s exécuté par le sculpteur d'un souverain autrichien, payé par un enfant du pays qui avait fait fortune à Vienne. À côté, la chapelle Sainte-Anne (sainte patronne des Avalanches) abrite un autel moderne. Plusieurs fois reconstruite, sa façade de granit date de 1860.

Le musée du Haut-Val-d'Arly : *88, rue du Docteur-Charles-Socquet. ☎ 04-50-91-81-00. • museehautvaldarly.free.fr • Juil-sept et 22 déc-30 avr, tlj sf sam 15h-19h. Entrée : 3,50 € ; réduc.* Installé dans une vieille ferme encore riche en souvenirs. De nombreux objets, un mobilier intact et même des vêtements soigneusement empilés dans les armoires évoquent les activités traditionnelles du val d'Arly : la fabrication du fromage, le tissage de la laine, la culture du chanvre, la saboterie, etc. Une belle collection (skis de bois, antiques raquettes, etc.) permet aussi de rappeler les débuts des sports d'hiver dans le coin. Jardin potager.

La place du village : absolument charmante et harmonieuse avec ses tours qui se font face, ses deux mairies (sic !) et sa chaussée pavée. Élégante, toujours, avec les prestigieuses enseignes qui la bordent. Jetez aussi un œil au lavoir, rue d'Arly. Même si certains trouveront que Megève fait, ici ou là, un peu décor, on se promène fort agréablement dans les rues du centre-ville, entièrement piétonnes. C'est aussi sur la place du village que stationnent des calèches, ces élégants attelages tirés par un cheval. *Compter 24 € pour 15 mn de balade dans le village, 29 € pour 20 mn, 34 € pour 30 mn (jusqu'à 4 pers).*

– ***Survol en avion :*** *avec* ***Aérocime,*** *3368, route de la Côte-2000, altiport de Megève. ☎ 04-50-21-03-21. • aerocime.com • Tte l'année, sur résa (en fonction de la météo). Compter 70-140 €/pers selon le circuit (20-40 mn ; réduc enfants ; promos à partir de 3 pers dans le même avion).* Survols spectaculaires du massif du Mont-Blanc en *Jodel 140 « mousquetaire ».* Au choix, quatre boucles : Megève, Chamonix, la vallée Blanche et le massif du Mont-Blanc. Beaucoup moins cher que l'hélico et tout aussi impressionnant. Vols 2 à 4 personnes.

Ski et neige

Ski alpin : domaine (1 050-2 350 m) relié à celui d'Évasion Mont-Blanc. 445 km de pistes. Forfait Les Portes du Mont-Blanc (Megève + Combloux) : 34 € ; réduc. Forfait journée adulte Évasion Mont-Blanc (45 €) permet de skier sur Megève, Saint-Gervais, Saint-Nicolas-de-Véroce, Combloux, La Giettaz et Les Contamines. Depuis 2016, le forfait inclut Chamonix (aiguille du Midi, le train du Montenvers, les Grands-Montets, Balme, Les Houches). Le cœur du village est relié directement par télécabine, puis par téléphérique, aux deux principaux secteurs du domaine skiable : le Mont-d'Arbois et Rochebrune. Plus en altitude, on trouve les secteurs de l'Alpette, Cote 2000 et Mont-Joux. Sur l'autre versant, on skie, au Jaillet, sur l'un des premiers contreforts des Aravis. Même si Megève aligne un bon nombre de pistes sans danger et accessibles à tous, même si, à l'instar de Courchevel, la station est plus connue pour sa vie mondaine et nocturne que pour son ski, il y a ici des pistes qui ne sont pas de danse ! La plutôt technique *Émile-Allais* en témoigne !

Ski nordique : 40 km de pistes. Forfait journée adulte : 8 €. Accès gratuit à certains domaines : Plaine-d'Arly, Mont-d'Arbois et Cassioz.

– ***Patinoires intérieure et extérieure :*** *rens à l'office de tourisme. Entrée adulte : 5,50 € + 3,50 € loc de patins ; réduc.*

Sports et loisirs d'été

➢ ***Randonnées :*** *carte en vente à l'office de tourisme.* De nombreux sentiers balisés. Quelques suggestions : le *mont Joly,* le *col de Véry,* le *Christomet,* le *Petit-Croisse-Baulet,* le *crêt du Midi,* le *mont d'Arbois,* le *Calvaire, Javen, chemin de l'Eau.*

VTT : *descriptif des circuits disponible à l'office de tourisme.*

– ***Piscine :*** un bassin olympique chauffé en plein air, un bassin couvert au palais des Sports ; ***courts de tennis*** également (extérieurs et intérieurs) ; ***patinoire*** couverte.

– ***Spa des sports :*** *au palais des Sports. ☎ 04-50-18-87-95. Entrée : 19 € ; sur résa.* Après le sport ou après une journée sur les pistes, place à la détente : hammam, sauna, jacuzzi.

– Et aussi : ***golf*** 18 trous, ***parapente, équitation, survol du mont Blanc, parc aventure, paintball...***

Manifestations

- ***Polo sur neige :*** *1 w-e en janv.*
- ***Coupe du monde de skicross :*** *en janv.*
- ***Grande Odyssée Savoie Mont Blanc :*** *une dizaine de j. en janv.* Sur les 1 000 km parcourus, la course de chiens de traîneaux qui réunit les meilleurs *mushers* mondiaux foule la neige de Megève.
- ***Megève Jazz Contest :*** *mi-juil.* Compétition de groupes de jazz de style Nouvelle-Orléans.
- ***Jumping international Edmond-de-Rothschild :*** *12-17 juil 2016.*
- ***Instants musique :*** *juil-août.* Concerts de musique baroque, jazz ou de musique classique répartis pendant l'été.
- ***Blues Festival :*** *en août.*
- Et plein d'autres événements organisés tout au long de l'année (compétitions sportives, parade aux flambeaux, matchs de hockey sur glace, marchés des producteurs locaux...).

DANS LES ENVIRONS DE MEGÈVE

PRAZ-SUR-ARLY *(74120)*

Station-village à la « frontière » des deux Savoies, dans une vallée bien ouverte qui privilégie un ski de découverte dans de superbes paysages, entre étendues du Beaufortain et forêts du val d'Arly. Un peu perturbée par la nationale, mais quelques belles fermes témoignent de son côté encore pastoral. Pas moins de six appellations fromagères sur le territoire de la commune : quatre AOC (beaufort, reblochon, abondance et chevrotin des Aravis) et deux IGP (tomme et emmental de Savoie). Pour la petite histoire, Praz-sur-Arly fut la première station à accueillir des classes de neige (1950).

Adresse utile

Office de tourisme : *☎ 04-50-21-90-57. • prazsurarly.com • Tlj sf sam ap-m et dim hors saison.*

Où dormir ? Où manger ?

Hôtel La Griyotire : *50, route de La Tonnaz. ☎ 04-50-21-86-36. • hotel@griyotire.com • griyotire.com • (resto). Resto fermé lun soir en été. Congés : de Pâques à mi-juin et de mi-sept aux vac de Noël. Doubles 95-160 €. ½ pens conseillée en hiver 43-46 €/pers. Carte 35-45 €. Café offert sur présentation de ce guide.* Hôtel de charme au centre de la station. Chambres d'un goût exquis, toutes différentes mais dans le même ton : du bois à profusion, de moelleux édredons. Un rêve de chalet alpin. Il y a même une salle de jeux pour les enfants. Également un resto le soir. Jardin bien paisible, sauna, hammam et piscine l'été, salle de massage.

Ski et neige

Ski alpin : domaine (1 036-2 070 m) relié, « skis aux pieds », à l'*Espace Diamant* (Flumet, Notre-Dame-de-Bellecombe, Les Saisies, Crest-Voland). 185 km de pistes. Forfait journée adulte : 38,80 €. Voir au chapitre « La Savoie ». La petite station-village et le domaine skiable qui va avec.

Ski nordique : 5 km de pistes. Gratuit.

➢ ***Raquettes :*** 20 km d'itinéraires. Et deux itinéraires balisés (Les Évettes et la boucle de Cassioz), des balades forestières assez faciles.

Sports et loisirs d'été

➢ ***Randonnées pédestres :*** très nombreux circuits offrant une belle vue sur le mont Blanc et le massif des Aravis. Fin mars, la rando « Le chemin des contrebandiers » rassemble environ 300 personnes.

VTT : *plan disponible à l'office de tourisme.* Nombreux itinéraires balisés relient des stations de l'Espace Diamant.

– ***Montgolfière :*** été comme hiver, vol de découverte de 1h30 à 3h au-dessus de Praz et Megève, en face du mont Blanc. Mais bon, encore faut-il en avoir les moyens...

– ***Minigolf paysager d'art singulier :*** *ouv juil-août 10h-19h. Tarifs : 6 € ; réduc.* 20 œuvres en plein air jalonnent le parcours.

Manifestations

– ***Montgolfiades :*** *2e w-e de janv.* Rassemblement de montgolfières. Superbe spectacle, évidemment.
– ***Championnat de France de Yooner :*** *fin janv.* Le paret (sorte de luge traditionnelle) revisité pour glisser encore plus vite...
– ***Les Médiévales du Praz :*** *un w-e début août.* Combats de joute, spectacles, banquets, animations, ateliers.
– ***Festival Montagne et Bien-être :*** *début août.* Animations pour découvrir le milieu naturel montagnard : ateliers nature, activités...

LE VAL MONTJOIE

Petite vallée suspendue entre Saint-Gervais et le col du Bonhomme où coule le Bon-Nant. Les Romains, pas fous, y avaient déjà construit une voie (romaine !) pour rallier l'Italie. Et au XIIIe s, la princesse Béatrice de Savoie, littéralement amoureuse de cette vallée perdue, en fit sa devise : « Montjoie est ma joie. » On ne le lui fait pas dire...

SAINT-GERVAIS-MONT-BLANC

(74170) 5 740 hab. *Carte Haute-Savoie, C3*

Le territoire communal commence au Fayet, à 580 m d'altitude, pour se terminer à... 4 810 m, au sommet du mont Blanc : la plus forte dénivelée de France. En plus d'un sacré bol d'air (c'est une station climatique), Saint-Gervais offre donc un vrai cocktail de paysages : tout au fond de la vallée, on trouve *Le Fayet* (bourg-gare sans réel intérêt) et l'établissement thermal ;

à la montagne, *Le Bettex,* station de ski à la mode suisse, et *Saint-Nicolas-de-Véroce,* adorable village qui méritait bien un chapitre pour lui tout seul. À mi-pente, *Saint-Gervais-les-Bains,* où, comme dans toutes les villes de cure un peu déchues, règne hors saison une indéfinissable nostalgie à la Tchekhov. Quoique. Car on y a l'agréable impression d'un village qui se repeuple, qui revit et vit même à l'année. D'un village coquet, à l'atmosphère Belle Époque, qui a pris conscience de ses atouts et où il fait bon vivre en toute saison. Dernière info de taille, enfin, le mont Blanc est à cheval sur trois pays, mais son pic se trouve à Saint-Gervais !

Adresses et infos utiles

Office de tourisme : *43, rue du Mont-Blanc. ☎ 04-50-47-76-08. • saintgervais.com • Fin juin-fin août, tlj 9h-19h (19h30 sam de mi-juil à mi-août) ; horaires réduits hors saison.* Propose un circuit balade libre dans la ville en 11 étapes, à la découverte du patrimoine et des vestiges de maisons fortes, construites du Moyen Âge au XVIe s pour protéger le bourg et l'entrée du val Montjoie.

Gare SNCF : *Le Fayet. ☎ 36-35 (0,34 €/mn). • sncf.fr •* Le week-end, TGV directs depuis Paris (4h22). Pour rejoindre le centre de Saint-Gervais, possibilité d'emprunter le *TMB* (voir plus loin) ou le bus. Sans oublier le ***TER*** *(le Mont-Blanc-Express),* qui dessert toutes les gares de la vallée jusqu'à son terminus à Martigny, en Suisse (lire plus loin la rubrique « À voir. À faire »). Sinon, nombreux ***cars*** pour Saint-Gervais depuis Genève ou Sallanches *(**Société Alpes Transport,** ☎ 04-50-78-05-33, • sat-montblanc.com • ; ou **Autocars Borini** – transports aéroport –, ☎ 04-50-21-18-24, • borini-autocars.com •).*

Compagnie des guides et des accompagnateurs : *à l'office de tourisme. ☎ 04-50-47-76-55. • guides-mont-blanc.com •*

Où dormir ? Où manger ?

Camping

Les Dômes de Miage : *197, route des Contamines. ☎ 04-50-93-45-96. • info@camping-mont-blanc.com • camping-mont-blanc.com • À 2 km de Saint-Gervais sur la route des Contamines. Ouv mai-sept. Compter 21,20-28,50 € pour 2 selon saison. Chalet 630-2 030 €/sem.* Un camping, un vrai, réservé aux campeurs ! Un seul hébergement locatif, et c'est un très vieux chalet, transporté des alpages jusqu'ici. Le terrain est plaisant, remarquablement entretenu, les emplacements sont vastes et l'accueil jeune et sympa, vraiment à l'écoute.

De bon marché à prix moyens

Hôtel La Maison Blanche : *64, rue du Vieux-Pont. ☎ 04-50-47-75-81. • hotelresa@chaletlamaisonblanche.com • chaletlamaisonblanche.com • Dans la rue qui descend derrière l'église, en plein centre. Congés : mai et oct-15 déc. Resto fermé le midi (plus dim soir hors saison). Doubles 75-90 € selon saison ; familiales 100-120 €. ½ pens demandée aux vac scol 65-79 €/pers. Menu 24 € ; carte env 32 €. Apéritif offert sur présentation de ce guide.* Dans une mignonnette maison, si paisible qu'on se croirait à la campagne. Ambiance gentiment familiale. Chambres pas déplaisantes, au calme, mais qui commencent à porter le poids des années... Petit salon avec cheminée, rustique comme on l'entendait dans les années 1970. Resto ouvert seulement le soir et réservé aux résidents.

Le Bistrotserac : *49, av. du Mont-Paccard. ☎ 04-50-98-43-35. Au cœur du village. Tlj. Formule déj en sem 19 € (plat et dessert). Menu 26 € ;*

carte 26 €. Café offert sur présentation de ce guide. Raphaël Le Mancq, jeune chef dynamique, vient d'ouvrir son bistrot, en face de son gastro *Le Sérac.* Un petit bistrot moderne et branchouille, au décor contemporain, déjà très fréquenté par les locaux. Un signe ! Cuisine canaille de grand-mère, délicieuses viandes saisies au feu de bois, légumes de saison cuits au four et de fabuleux desserts à choisir dans la vitrine de l'épicerie contiguë (ah, ce baba au rhum...). Fait salon de thé l'après-midi. Service pro et enjoué.

Restaurant 4 Épices : *128, av. du Mont-d'Arbois. ☎ 04-50-47-75-75. • restaurant4epices@orange.fr • Fermé le mardi. Congés : 15 nov-15 déc. Menus 15 € (déj)-23,50 € ; carte env 30 €.* En plein centre de la station, en voilà une bonne petite adresse ! Déco éminemment savoyarde, avec ses clarines, ses chaises en bois sculpté et ses grosses poutres. On a aimé les initiatives culinaires du chef, qui propose aussi bien les incontournables spécialités locales que des plats plus imaginatifs et bien ficelés, ainsi que de délicieuses crêpes. Généreusement garnies de produits du cru, comme le reblochon, elles nous ont laissé un souvenir ému !

Pur Bar : *101, av. du Mont-Paccard. ☎ 04-50-18-62-76. Au centre, juste à côté du grand parking gratuit. Hors saison, fermé dim-lun et le midi mar-mer. Congés : 15 nov-1er déc. Formule midi 15 €.* Une adresse partie pour être un bar de nuit (le décor auquel on peut coller l'étiquette de lounge en témoigne), devenue un resto, sous la houlette des proprios de *L'Ô à la Bouche* aux Contamines. Burger party le mercredi, sushis le jeudi et tapas à grignoter en terrasse aux beaux jours.

De chic à plus chic

Hôtel La Féline Blanche : *138, rue du Mont-Blanc. ☎ 04-50-96-58-70. • welcome@lafelineblanche.com • lafelineblanche.com • Doubles 75-120 €, familiales 140-190 €.* Cet hébergement de charme récemment repris, à mi-chemin entre la maison d'hôtes et l'hôtellerie, est un heureux événement dans cette station encore bien plan-plan. D'autant que la déco, volontairement contemporaine, évite soigneusement le côté « montagne de toujours » qui fait, depuis quelque temps, florès dans les adresses du coin. Plus scandinave qu'alpine d'ailleurs, cette déco entre camaïeux de gris, de blanc et de grège, meubles design et une foule de bonnes idées qu'on ne s'étonne pas de retrouver en pleine page dans moult magazines de déco. Aux 2e et 3e étages, les chambres avec balcon ont vue sur la place du village et la chaîne des Aravis.

La Ferme de Cupelin : *198, route du Château. ☎ 04-50-93-47-30. • lafermedecupelin@yahoo.fr • lafermedecupelin.com • Sur les hauteurs du village, à 5 mn en voiture du centre. Congés : oct-nov. Fermé lun midi, jeu et ven midi. Doubles 85-95 €. Menu 32 €.* Ce beau chalet écolo est, sans surprise, une ancienne ferme qui abrite aujourd'hui 7 chambres (dont 2 suites) cosy et élégantes. On apprécie tout autant son aspect extérieur (toit en mélèze, les balcons en bois) que l'accueil prévenant et le confort. Cuisine maîtrisée au resto, à base de produits de saison. Et la vue imprenable sur le mont Blanc est la cerise sur le gâteau !

Le Sérac : *22, rue de la Comtesse. ☎ 04-50-93-80-50. Au centre, à côté de l'église, au sous-sol de l'hôtel Val Este. Tlj sf lun et mer midi (plus mer soir hors saison). Formules en sem 35-40 € ; menu 52 €. Café offert sur présentation de ce guide.* La salle, discrètement design et largement ouverte sur la vallée, est simplement jolie. L'accueil et le service sont naturellement charmants. Et la cuisine de ce jeune chef, qui mixe souvenirs de son enfance dans le Sud, produits de montagne et leçons apprises chez quelques grands (dont Rostang), est franchement emballante. Un presque sans-faute. Presque... parce qu'on a trouvé que le vin (même au verre) voire le café faisaient assez vite grimper l'addition... À quelques pâtés de maison, boutique-traiteur et bistrot.

Où dormir ? Où manger dans les environs ?

Gîte de séjour L'Eterlou : *2173, route d'Orsin, Saint-Gervais. ☎ 04-50-93-46-80. • gite_eterlou@yahoo.fr • gite-eterlou.com • Accès par la route qui mène à Saint-Nicolas-de-Véroce. Congés : 9-24 avr et à la Toussaint. Nuitée 39-45 €/pers, petit déj inclus (draps 10 €/lit). Digestif offert sur présentation de ce guide.* Elle ne manque pas de cachet, cette ancienne ferme rustique où l'on est accueilli avec chaleur et simplicité ! 8 chambres (de 2 à 4 personnes) avec lavabo et une chambre familiale avec salle de bains, et lits superposés dans certaines. Douches communes très propres. Cuisine à disposition hors saison d'été. Agréable jardin aux beaux jours, et la vue sur le massif du Mont-Blanc est toujours saisissante ! La table d'hôtes a bonne réputation.

Gîte de séjour La Mélusine : *49, chemin du Creux, Saint-Gervais. ☎ 04-50-47-73-94. • info@lamelusine.com • lamelusine.com • Congés : nov. Nuitée 34 €/pers. ½ pens 49 €/pers. Digestif maison offert sur présentation de ce guide.* Une ancienne ferme datant de 1832, à mi-chemin entre la station du Bettex et le centre de Saint-Gervais. 12 chambres au confort simple mais avec sanitaires privés (draps fournis) et bien tenues. Si vous ne souhaitez pas profiter de la table d'hôtes, cuisine à disposition. Salle à manger avec cheminée, salons... et un grand jardin. Pour un séjour on ne peut plus nature. Également gîte rural pour une capacité de 35 personnes en tout. Accueil charmant.

O'Communailles : *1635, route des Communailles, Saint-Gervais. ☎ 04-50-93-17-48. • contact@ocommunailles.com • À 8 km de Saint-Gervais par la route de Megève puis celle du Bettex. Tlj en saison. Résa conseillée le soir. Formule déj 19 € ; carte env 29 €. Apéritif offert sur présentation de ce guide.* Face au mont Blanc, sûrement l'une des plus belles terrasses du coin, dont on peut déjà profiter pour boire un verre. La salle est plus classiquement celle d'un resto sur les pistes d'il y a une ou deux décennies, mais une artiste locale y a laissé quelques vaches bien délirantes. Rigolote petite cuisine de montagne et d'ailleurs. Et une ambiance internationale qui n'est, évidemment, pas pour nous déplaire.

Où acheter de bons produits ?

Léon d'la Savoie : *517, av. du Mont-d'Arbois. ☎ 04-50-93-58-21. En contrebas du centre, direction Megève. En saison, tlj 9h-19h30 ; en intersaison, fermé dim.* Une adresse réputée pour ses charcuteries et ses fromages, qui ne nous ont pas laissés insensibles. Beau choix.

Chocolatier Zanin : *111, av. de Chamonix,* ***Le Fayet.*** *☎ 04-50-78-27-03. Ouv mar-ven 7h-19h, w-e 7h30-19h (18h dim). Fermé lun.* Impossible d'arriver ou de quitter Saint-Gervais sans un stop chez *Zanin,* membre du très sélect club des « Relais dessert », regroupant une centaine de pâtissiers chocolatiers à travers le monde, triés sur le volet. Au poids, en tablette, en pâte à tartiner (vraiment fameuse), à fondre ou en pâtisserie, le chocolat y est roi. Beau choix de macarons, diablement bons aussi. Le tout dans un élégant écrin contemporain de couleur... chocolat !

À voir

La maison forte de Hautetour : *au centre du bourg. Tlj sf lun, mar-dim 14h-18h ainsi que mer-ven 10h-12h30. Congés : nov. Entrée : 5 € ; réduc.* Une maison forte du XIIIe s entièrement restaurée, qui abrite aujourd'hui la Maison transfrontalière des guides. Une récente scénographie interactive permet de découvrir l'histoire de la compagnie des guides de Saint-Gervais, et de réaliser virtuellement l'ascension du mont Blanc. Expos temporaires.

L'église de Saint-Gervais : construite en 1697. Façade baroque peinte et surmontée d'un beau clocher à bulbes ajouté au XIXe s sur le maître-autel, l'inévitable retable débordant d'ornementations.

Les anciens palaces : désormais reconvertis en appartements, ils jalonnent l'avenue du Mont-Paccard à Saint-Gervais. Remarquez notamment l'ancien *hôtel du Mont-Joly,* au n° 448, avec sa débauche de tourelles, son décor de brique et sa marquise Art déco, ou le *Splendid,* au joli hall début XXe s.

Le parc de l'établissement thermal : Le Fayet. • *thermes-saint-gervais.com* • Saint-Gervais est connu pour ses eaux sulfureuses depuis le début du XIXe s, une clientèle évidemment mondaine fréquentant la station sous le Second Empire. Le parc, planté de sapins et de séquoias séculaires et traversé par un torrent, n'est pas dénué de charme. Il est jalonné de sculptures en fonte. L'établissement thermal est, lui, aujourd'hui tout neuf et propose des soins balnéo thermaux à base d'eau naturellement chaude et un récent espace consacré à la forme et au bien-être, qui commence à l'intérieur et se poursuit à l'extérieur, dans un décor très contemporain et quelques jeux de lumières colorées ; pensez aux nocturnes ! : *Les Bains du Mont-Blanc, ☎ 04-50-47-54-57. • thermes-saint-gervais.com • Vac scol : lun-sam 9h30-21h, dim 13h30-19h45. Réserver. Plusieurs formules 21-36,50 €.*

L'EAU MIRACULEUSE

Aujourd'hui, on fréquente l'établissement thermal autant pour son bien-être qu'à des fins médicales. Les bienfaits de l'eau du mont Blanc, qui jaillit à 38 °C, sont reconnus depuis le XIXe s. Dès les années 1960 et 1970, on y traite les affections des voies respiratoires et les grands brûlés, l'eau ayant des vertus cicatrisantes...

À faire

Le tramway du Mont-Blanc : *gare de départ du* **Fayet** *(en face de la gare SNCF), autre arrêt à Saint-Gervais. ☎ 04-50-53-22-75. • compagniedumontblanc.com • Circule de mi-déc à mi-avr et de mi-juin à mi-sept, 4-12 départs/j. selon saison. Compter 1h15 de trajet. Résa fortement conseillée, surtout en juil-août. A/R adulte : 31 € jusqu'à Bellevue (hiver) ; 36 € jusqu'au Nid-d'Aigle (été) ; réduc et forfaits famille. Tarifs intéressants dans le cadre du* Multipass de la Compagnie du Mont-Blanc *(voir plus loin, au chapitre « Chamonix-Mont-Blanc », rubrique « À faire », « Le Montenvers – La mer de Glace »).*

Un des derniers trains à crémaillère de France, qui vous emmène jusqu'au Nid-d'Aigle (2 372 m), au pied du glacier de Bionnassay, face à l'aiguille du Goûter et à l'aiguille de Bionnassay (l'hiver, arrêt à Bellevue, à 1 794 m d'altitude, au cœur du domaine skiable Les Houches-Saint-Gervais). Machine arrière, direction 1913 : les élégantes en robe longue, bottines lacées et tout le barda, découvrent la haute montagne grâce au tramway et rêvent, comme les constructeurs, d'aller encore plus haut, pourquoi pas, jusqu'au sommet du mont Blanc. Projet un peu fou auquel la Première Guerre mondiale mettra un terme définitif.

Le *TMB,* comme on appelle affectueusement ces deux wagons, est aujourd'hui électrique mais il ne va guère plus vite qu'hier (15 km/h ; il faut l'excuser, la pente accuse de 8 à 9 % et jusqu'à 25 %), ce qui laisse tout loisir pour profiter de la vue inoubliable sur le massif du Mont-Blanc... Si le trajet est déjà un plaisir en soi, on trouve là-haut plusieurs randonnées faciles de 1h à 2h30 (bien penser à se renseigner sur les conditions météo, été comme hiver). Les VTTistes peuvent monter jusqu'à Bellevue (uniquement) par le premier train du matin et le dernier train l'après-midi, en fonction des places disponibles, et redescendre à VTT.

Le Mont-Blanc Express : *gare de départ du* ***Fayet*** *(en face de la gare SNCF). Infos ☎ 09-69-32-21-41. • ter.com • train-mont-blanc.fr • 12 départs/j., 7h-19h. Compter 2h30 l'aller.* Une ligne historique qui relie Saint-Gervais à Martigny, dans le Valais en Suisse, depuis le début du XXe s. La voie est unique et métrique, c'est-à-dire plus étroite que les voies de chemin de fer habituelles, ce qui permet des courbes plus accentuées (vous le remarquerez assez vite !). Et ce train grimpe des pentes plutôt rudes (jusqu'à 9 %) et sans crémaillère ! Le *Mont-Blanc Express* permet de rejoindre, côté Suisse, le barrage d'Émosson (voir la partie consacrée à Vallorcine).

Ski et neige

Ski alpin : domaine (850-2 350 m) faisant partie du domaine Évasion Mont-Blanc (Saint-Gervais, Saint-Nicolas-de-Véroce, Megève, Les Contamines, Combloux et La Giettaz). 235 km de pistes. Forfait journée adulte Évasion Mont-blanc : 45 € pour Saint-Gervais. Trois domaines skiables s'étendent en altitude de part et d'autre du bourg : le secteur de Bellevue-Prarion et celui du Bettex-Mont-d'Arbois relié à Megève. Un bel itinéraire pour ceux qui veulent skier sur Les Houches : prendre le *TMB* (tramway du Mont-Blanc ; lire plus haut) jusqu'à Bellevue, aller skier au col de Voza, s'offrir une belle descente sur Les Houches, puis revenir en empruntant le téléphérique de Bellevue.

Ski nordique : 30 km de pistes. Gratuit. Belle piste en balcon entre Saint-Nicolas-de-Véroce et Le Bettex.

– ***Patinoire :*** *☎ 04-50-93-50-02. De mi-déc au 1er mai et fin juin-début sept. Entrée : 4,50 € + 3 € loc patins ; réduc.* Couverte.

Sports et loisirs d'été

➢ ***Randonnées :*** 180 km de sentiers balisés dans les environs. Quelques suggestions : le *sentier du val Montjoie,* qui relie Le Fayet à Notre-Dame-de-la-Gorge en passant par le sentier du Baroque ou les profondes gorges du Bonnant, la *tête de Prarion,* la *cascade de Crespin,* le *col de la Forclaz.*

– ***Piscine :*** une couverte dans le parc thermal. *☎ 04-50-78-06-97. Lun-sam 14h-19h pdt les vac scol (zone A) en hiver et juil-août.*

– ***Centre aquatique :*** *798, av. de Miage. ☎ 04-50-93-42-87.* ♿ L'ancienne piscine municipale a mué. Elle est désormais un « centre aquatique » tout beau tout neuf : bassin de nage de 25 m avec enceintes immergées, petit bassin, ainsi qu'un bassin extérieur, hammam et sauna.

➢ ***Randonnées avec un âne :*** *avec* ***Les Ânes Montagnards,*** *55, chemin du Creux. 📱 06-51-28-56-35. Juin-sept.* Plusieurs formules de 1h à une semaine pour partir en autonomie ou accompagné. Vendent aussi du savon au lait d'ânesse, pour avoir la peau aussi « douche » que Cléopâtre !

Manifestations

– ***Festival d'Humour :*** *1 sem début mars.* Depuis plus de 30 ans, du one-man-show à la caricature, l'humour sous toutes ses formes.

– ***Pandathlon WWF :*** *juin.* Cet événement écosportif devrait permettre de trouver les fonds pour financer les programmes WWF de sauvegarde du massif du Mont-Blanc.
– Et des ***concerts*** réguliers, du blues à l'opéra, en saison d'hiver comme d'été.

DANS LES ENVIRONS DE SAINT-GERVAIS

Bionnassay : *à 3,5 km au sud-est de Saint-Gervais par la D 902, puis à gauche la route de Bionnay.* Le hameau de Bionnassay, l'un des plus authentiques du coin, mérite qu'on y grimpe (même si la route est ici ou là un peu hasardeuse) : une poignée de fermes anciennes, perdues dans la montagne, au pied des glaciers.

SAINT-NICOLAS-DE-VÉROCE *(74170)*

À 7 km au sud de Saint-Gervais par la D 43. Petit (250 habitants), peinard et charmant, ce village de montagne posé au soleil, sur un replat à 1 180 m d'altitude et sur la même commune que Saint-Gervais (domaine skiable relié). En face, plein de sommets de la chaîne du Mont-Blanc se sont donné rendez-vous : les dômes de Miage, l'aiguille de Bionnassay... On comprend que le coin ait attiré quelques hôtes célèbres : Claudel, Gide, Mauriac, Julien Green... C'est aussi une étape incontournable sur le sentier du Baroque qui relie Combloux aux Contamines.

Adresse utile

Office de tourisme : *4054, route de Saint-Nicolas. ☎ 04-50-93-20-63. (☎ 04-50-47-76-08 Saint-Gervais) • saint-gervais.com • Déc-avr, tlj sf mer (tlj vac scol) ; juil-août, tlj (vérifier sur le site).*

Où dormir ? Où manger ?

Chalet Mont-Joye : *4240, route de Saint-Nicolas. ☎ 04-50-93-20-22. • contact@chaletmontjoye.com • chaletmontjoye.com • Au centre du village. Congés : d'oct à mi-déc. Gîte de séjour 44 €/pers la nuitée en ½ pens (30 € la nuitée seule).* Dans une maison façon chalet, une dizaine de chambres pour 2 à 4 personnes, propres et nettes, avec lavabo seulement, mais balcon pour certaines (et vue imprenable sur la chaîne du Mont-Blanc). Accueil franc et direct.

À voir. À faire

L'église : *tlj 9h-19h. Visites guidées le ven ap-m pdt vac scol été et hiver (infos et résas à l'office de tourisme).* Une des plus belles du coin. Sans tergiverser, le plus beau site baroque de la vallée (d'autant plus au terme d'une récente campagne de travaux). De la toiture en ardoise du Canada à la façade en passant par les peintures néoclassiques de 1856 qui ont retrouvé leur bleu indigo original, la rénovation est totale. Façade au fronton brisé pour laisser une ouverture vers le ciel. Dans les niches, on observe les statues de saint Pierre, saint Paul et saint Jean. À l'intérieur, plafond du XIXe s, aux superbes fresques entièrement restaurées elles aussi, évoquant la vie de saint Nicolas. Dans le chœur, le retable de saint Nicolas, on ne peut plus baroque, aux élégantes colonnes torsadées garnies de pampres de vigne, et qui explose littéralement de couleurs.

Le musée d'Art sacré : *3847, route de Saint-Nicolas. ☎ 04-50-91-72-47. Dans l'ancien presbytère, à côté de l'église. Ouv mer-dim 15h-18h (visite guidée avec l'église ven 15h en saison). Entrée : 3,50 € ; réduc ; gratuit moins de 5 ans.* Un petit mais très joli espace muséographique entièrement rénové, qui abrite le trésor de l'église, dont le célèbre bras reliquaire en argent de saint Nicolas (XVIIIe s). Vêtements liturgiques, ostensoirs, navettes, burettes, calices et autres encensoirs : le trésor est riche de 600 pièces au total. Étonnamment riche même, pour un aussi petit village. Il faut dire que les habitants de Saint-Nicolas qui se sont exilés entre les XVe et XVIIIe s aux « Allemagnes » (terme générique qui englobait également la Suisse centrale, l'Autriche...) et qui, pour certains, y ont fait fortune, se sont montrés fort généreux avec leur village natal. De très didactiques panneaux racontent, en parallèle à la découverte du trésor, l'histoire de ces « émigrés ».

LES CONTAMINES-MONTJOIE

(74170) 1 225 hab. *Carte Haute-Savoie, C4*

Le val Montjoie s'achève ici, dans ce fond de vallée ensoleillé où les sapins n'ont pas peur de pousser très haut en altitude. Une station familiale dominée par les dômes de Miage, qui reste un vrai village avec des chalets tout en bois, de vieilles fermes aux toits de tuiles qui s'épanouissent en de nombreux hameaux jadis regroupés en condominium (propriété indivisible), d'où le nom de... Contamines. Et cette petite station pratique pour l'hébergement des prix beaucoup plus doux que la plupart de ses voisines.

Adresses et infos utiles

Office de tourisme : *18, route de Notre-Dame-de-la-Gorge. ☎ 04-50-47-01-58. • lescontamines.com • Tlj en saison (pause déj) ; hors saison, fermé w-e.* Excellente documentation sur la station. Possibilité de visite guidée du village et des hameaux.

– ***Central de réservation :*** *☎ 04-50-47-05-10. • reservation.lescontamines.com •*

Bureau des guides accompagnateurs : *☎ 04-50-47-10-08. • guides-contamines.com •*

Gares SNCF : les plus proches sont au Fayet-Saint-Gervais, à Annecy ou encore à Bellegarde *(☎ 36-35, 0,34 €/mn ; • sncf.fr •)*, puis ***liaisons en bus SAT*** *(horaires, infos et résas au ☎ 04-50-78-05-33 ; • sat-montblanc.com •).*

Où dormir ?

Camping

Le Pontet : *2485, route Notre-Dame-de-la-Gorge. ☎ 04-50-47-04-04. • campinglepontet74@orange.fr • campinglepontet.fr • ♿ À 2 km du centre par la D 902, direction Notre-Dame-de-la-Gorge. Ouv 20 déc-dernier w-e de sept. Compter 16 € ; nuitée en gîte 12,80-15,40 €/pers. Chalets en loc 4-6 pers 395-650 €/sem.* Dans un joli petit coin de nature au bord du Bon-Nant et à côté d'un petit lac de montagne (centre de loisirs avec tennis, minigolf...). Camping bien équipé et petite épicerie sur place.

De prix moyens à chic

Hôtel La Clef des Champs : *574, route de la Frasse. ☎ 04-50-47-06-09. • hotelclefdeschamps@free.fr • Accès par la rue qui monte en face de l'office de tourisme. Congés :*

23 avr-18 juin et 10 sept-20 déc. Résa obligatoire. Double 55 € ; ½ pens 48-52 €/pers. Petite adresse routarde sur les hauteurs de la station, genre pension de famille à l'ancienne. Une vieille ferme rénovée d'un bon rapport qualité-prix. Chambres sans prétentions, pas immenses. Certaines ont un balcon qui domine la vallée. Agréable petit jardin. Le resto n'est ouvert qu'aux pensionnaires.

Hôtel La Gélinotte : *91, chemin de la Revenaz. ☎ 04-50-47-01-61. • lagelinotte@free.fr • hotel-contamines-mont-blanc.fr • À 1,5 km des remontées mécaniques, à 10 mn à pied du village. Resto tlj sf le midi ven-sam, 15 mai-29 sept et 20 déc-25 avr. Doubles 58-64 €. Menus 15 € déj en sem, puis 17-22 €. Remise de 10 % sur le prix de la chambre hors périodes scol sur présentation de ce guide.* Maison genre chalet dans un coin tranquille. Excellent accueil, ambiance familiale, chambres toutes simples, gentiment rénovées. Bonne cuisine traditionnelle (avec, surprise, quelques spécialités exotiques !). Une adresse à la fibre sportive, où les randonneurs de l'été (le tour du Mont-Blanc passe tout près) sont aussi bien accueillis que les skieurs (en formule club) de l'hiver.

Chambres d'hôtes La Ferme de Bon Papa : *35, impasse de la Bérangère. ☎ 04-50-90-33-28. • lafermedebonpapa@sfr.fr • En face de l'office de tourisme et légèrement en retrait. Double 80 €, 3 pers 100 €.* Dans cette ancienne ferme de famille retapée dans les règles de l'art, avec toit en tavaillons, pierre et bois, 5 chambres adorables, à la déco raffinée et toutes décorées avec goût, pour 2 à 3 personnes. Le séjour a été aménagé à l'étage pour le petit déj, dans l'ancienne grange. Une atmosphère d'antan joliment conservée, mais un confort tout à fait actuel.

Hôtel Le Gai Soleil : *288, chemin des Loyers (BP 4). ☎ 04-50-47-02-94. • contact@gaisoleil.com • gaisoleil.com • Juste au-dessus de l'église. Congés : de mi-avr à mi-juin et de mi-sept à mi-déc. Doubles avec douche et w-c ou bains 80-90 € selon saison ; familiale env 100 €. ½ pens demandée pdt les vac scol. Plat du jour 11 € ; menus 15-28 €. Café offert et réduc de 10 % sur le prix de la chambre (juin, sept et janv hors vac scol) sur présentation de ce guide.* Cette ancienne ferme tout en bois, bâtie en 1823, est devenue un hôtel joliment décoré et soigné comme une maison de famille sur laquelle on veille précieusement. Mignonne façade aux volets orange pétant. Excellent accueil. Chambres confortables. Certaines, avec mezzanine, accueillent parents et enfants.

Où manger ?

Le Husky : *114, route de Saint-Gervais. ☎ 04-50-47-03-13. Dans la rue principale, à la sortie de la station direction Saint-Gervais, sur la droite. Fermé le soir dim-jeu hors saison. Congés : 4 juin-4 juil, 15-30 nov. Menus 14,50 € (déj), puis 24-26 €. Apéritif maison offert sur présentation de ce guide.* Resto populaire presque banal où, même quand on y débarque pour la première fois, on a l'impression d'être un habitué tant l'accueil est chaleureux. Casse-croûte à toute heure et cuisine de montagne. Spécialités dans le même ton à la carte : reblotine, fondue aux cèpes, etc.

L'Ô à la Bouche : *route de Notre-Dame-de-la-Gorge. ☎ 04-50-47-81-67. Fermé lun hors saison. Congés : 11 nov-18 déc. Formule déj 19 € (au Marmott's) ; menus 29-48 €, carte env 35 €.* Une salle sobrement moderne, avec son carrelage en schiste et quelques photos colorées de fruits et légumes aux murs. La cuisine met en avant de beaux produits, travaillés avec originalité et surtout beaucoup de plaisir ! Si les plats ont du goût, c'est que Fabrice et Mélanie Boidard (en salle en bas, côté bistrot) y mettent du cœur ! Des associations bienheureuses, parfois exotiques. Un service attentionné et l'indiscutable satisfaction de mettre l'eau à la bouche des clients. À l'étage en dessous, le restaurant de viandes et de spécialités savoyardes *Marmott's* vous met au défi de terminer la côte de bœuf de 700 g !

À voir. À faire

L'église Notre-Dame-de-la-Gorge : à 4 km des Contamines (accès fléché). Ouv tte l'année, tlj 9h-18h en principe. Visites guidées. Rens à l'office de tourisme. La rumeur locale attribue sa construction à un drôle de miracle : un berger affligé d'un goitre vit s'opérer ici le transfert de son infirmité sur la poitrine trop plate de sa bien-aimée ! Détruite plusieurs fois, la chapelle a été reconstruite presque intégralement au XVIIe s. Baroque donc. La façade reste sobre, mais l'intérieur fait dans la débauche d'ornementation. Le mobilier est signé Jacques Clairant, à qui l'on doit aussi l'église de Saint-Nicolas-de-Véroce. Superbes retables.

Le sentier du Baroque : entre Combloux, Les Contamines et Notre-Dame-de-la-Gorge, un sentier balisé d'une vingtaine de kilomètres pour découvrir les églises et sites baroques.

La réserve naturelle : *rens au ☎ 04-50-66-47-51.* La réserve s'étend sur 5 500 ha, du Bon-Nant aux dômes de Miage, jusqu'à la frontière italienne. Plus haute réserve naturelle de France, c'est la seule à posséder un domaine glaciaire. Extraordinaire diversité de milieux et de paysages, nombreux sentiers de randonnée.

Ski et neige

Ski alpin : domaine (1 164-2 500 m) intégrant celui de Hauteluce (Savoie) et relié au domaine Évasion Mont-Blanc (accès par la route). 120 km de pistes. Forfait journée adulte Les Contamines-Hauteluce : 38,50 €. Quand on entre dans le village, surprise : pas un pylône à l'horizon ! Le domaine skiable s'est développé plus haut, sur un versant de la vallée entre l'aiguille de la Roselette et l'aiguille Croche, derrière laquelle se cache Megève. Très chouettes paysages. Les mouvements des vents autour du mont Blanc garantissent l'enneigement, même les années sans neige. Domaine assez tranquille pour clientèle familiale, mais également de très bons hors-piste.

Ski nordique : 25 km de pistes dans le site superbe de Notre-Dame-de-la-Gorge. 6,90 €. Une piste éclairée un soir par semaine. Stade de biathlon avec initiation ouverte à tous.

– D'autres activités comme la ***cascade de glace,*** le ***ruisseling,*** le ***speed riding,*** le ***snakegliss,*** les ***balades en calèche*** ou le ***parapente*** peuvent se pratiquer sur Les Contamines.

– ***Luge :*** *rens à l'office de tourisme.* Plusieurs pistes pour s'amuser selon son âge. Les plus petits (3-6 ans) peuvent s'essayer sur la piste du parc nordique.

– ***Patinoire :*** *ouv déc-mars.* Extérieure, semi naturelle, au village.

– ***Raquettes :*** voir « Randonnées » plus loin.

– ***Chiens de traîneaux :*** ***Bruno Stritmatter,*** *☎ 04-50-47-13-99. • lescontamines.net/musher •*

Sports et loisirs d'été

➢ ***Randonnées :*** *carte de randonnées du val Montjoie ainsi que des fiches (pédestres, VTT, patrimoine) en vente à l'office de tourisme.* 120 km de sentiers balisés (en hiver, parcours de randonnées à raquettes). Quelques suggestions : les *chalets d'Armancette,* le *mont Joly,* les lacs *Jovets,* les *alpages du Truc.* Deux télécabines permettent aux piétons et VTTistes d'accéder plus facilement en altitude.

Les accompagnateurs proposent un programme de sorties à la demi-journée et à la journée pour tous.

– ***Le parc de loisirs du Pontet :*** *☎ 04-50-47-05-89. Juil-août, tlj ; avr-juin et sept, j. d'ouverture variables. Se renseigner.* Plusieurs formules avec accès à la carte ou accès illimité aux différentes activités. Sur place, parcours aventure, tir à l'arc, minigolf, practice de golf, tennis, lac de baignade, rocher d'escalade, biathlon, location d'ânes... plus de 20 activités sur 30 ha !

VTT : *pochette de fiches-circuits en vente à l'office de tourisme. Loc de VTT sur place et sorties accompagnées (juil-août).*

– ***Alpinisme :*** *rens au bureau des guides, ☎ 04-50-47-10-08. • guides-contamines.com •*

LA VALLÉE DE CHAMONIX

À noter que les communes de Chamonix, Les Houches, Servoz et Vallorcine ont mis en place une *Carte d'hôte,* remise à chaque vacancier qui passe au moins une nuit dans la vallée de Chamonix. Cette carte permet toute l'année la gratuité dans les navettes (sauf celle de nuit) et sur la ligne de train reliant les quatre communes. Se renseigner auprès des offices de tourisme des communes concernées.

LES HOUCHES

(74310) 3 074 hab. *Carte Haute-Savoie, C3*

En vrai village de montagne qui se respecte (de 800 à 4 304 m !), Les Houches est un village-centre et un chapelet de hameaux. Une spécificité : sa piste, la *Verte,* une des plus célèbres... noires du monde. Même en pleine furie touristique, Les Houches reste un village résolument tranquille, estampillé Famille plus, label qui garantit bon nombre de services et de facilités pour les familles avec enfants. Et on y trouve les dernières vaches de la vallée (ce qui, pour un village dont le nom en celte signifie « terres labourables », est la moindre des choses).

Adresses et info utiles

Office de tourisme : *pl. de l'Église (BP 9). ☎ 04-50-55-50-62. • leshouches.com • Tlj sf dim hors saison.*

SNCF : *☎ 09-69-32-21-41. • ter-sncf.com • sncf.fr •* Le TER reliant Saint-Gervais-Le Fayet à Martigny, en Suisse, dessert tous les villages de la vallée.

Bureau des guides : *pl. de la Mairie. ☎ 04-50-54-50-76.*

Où dormir ? Où manger ?

Auberge Le Montagny : *490, lieu-dit Le Pont. ☎ 04-50-54-57-37. • contact@aubergedumontagny.com • aubergedumontagny.com • Par* *une petite route à gauche fléchée (mais les pancartes sont discrètes) à l'entrée du village quand on arrive de Chamonix. Congés : 6 avr-20 juin et 10 sept-19 déc. Double 92 € ; familiales 106-120 €. Réduc de 10 % hors vac scol sur présentation de ce guide.* Au cœur d'un bien paisible hameau, sur les hauteurs. Une adresse pleine de charme, de ce charme cosy et intemporel que distillent les boiseries. Très jolies chambres, vastes et dotées, ce qui ne gâche rien, de superbes et lumineuses salles de bains. Les nos 206 et 207 ont une vue grandiose sur la vallée de Chamonix. Accueil sincèrement attentif.

Chambres d'hôtes Suomi : *746, route de la Côte-des-Chavants. ☎ 04-50-54-40-63. 06-72-26-34-89. • info@chalet-suomi.com • location-bochatay-leshouches.com • Du centre, suivre le fléchage « école de physique ». Doubles 65-84 €. Apparts avec terrasse 2-4 pers à louer à la sem.* Dans un chalet récent un peu perdu sur les hauteurs, juste à côté de l'école de physique. 2 grandes chambres sous les toits, avec du bois partout et des meubles traditionnels. Sympa, comme la vue, sur la chaîne du Mont-Blanc, évidemment. Accueil d'une vraie gentillesse d'une proprio qui a publié des bouquins autour des recettes de grand-mères savoyardes (dommage, d'ailleurs, qu'on ne puisse y manger).

Gîte les Méandres : *1474, montée de Coupeau. ☎ 04-50-54-56-66. • emmanuel.ratouis@wanadoo.fr • Ouv tte l'année. Compter 20 € la nuitée avec sdb privée ou commune ; petit déj 6 € ; ½ pens 39,80 €. Repas 13 €. Café offert sur présentation de ce guide.* Face au massif du Mont-Blanc, un beau chalet qui renaît de ses cendres après être parti en fumée dans un incendie. Le propriétaire, guide de haute montagne, a reconstruit un gîte chaleureux et confortable, avec des chambrées spacieuses de 2 à 6 personnes, où prédomine le bois. Ici, les chaussures restent à l'entrée, on ne circule qu'après avoir enfilé des pantoufles, prêtées pour ceux qui auraient oublié leurs charentaises ! Cuisine à l'étage pour se faire sa tambouille dans une ambiance conviviale.

À voir

L'église Saint-Jean-Baptiste : *rens à l'office de tourisme.* Une des rares églises (XVIIIe s) à avoir conservé son chœur baroque : portail, niches pour abriter les statues.

Le Musée montagnard : *2, pl. de l'Église. ☎ 04-50-54-54-74. Ouv 14h-18h : de juil à mi-sept, tlj sf mar ; Noël-fin avr, lun, mer et ven. Visite guidée possible. Entrée : 4 € ; réduc ; gratuit moins de 18 ans.* Dans une maison du XVIIIe s. Reconstitution de trois pièces du logement traditionnel : l'*outa* (la cuisine), le *pèle* (chambre et pièce à vivre) et le *sarto* (qui, comme son nom l'indique, sert à tout...). Section d'art et traditions populaires, qui met en scène de nombreux objets de la vie quotidienne. À l'extérieur, grenier, « coffre-fort » traditionnel des maisons de montagne. Expos temporaires également.

Le parc de Merlet : *☎ 04-50-53-47-89. • parcdemerlet.com • À 6 km des Houches. Traverser le centre, suivre le fléchage « gare SNCF », puis « parc de Merlet » jusqu'au parking. Env 15 mn de marche après le parking pour atteindre l'entrée du parc. Juil-août, tlj 9h30-19h30 ; mai-juin et sept, tlj sf lun 10h-18h. Entrée : 7 € ; réduc ; gratuit jusqu'à 3 ans.* En balcon face à la chaîne du Mont-Blanc, 20 ha de nature sillonnés par des sentiers balisés pour découvrir une petite dizaine d'espèces représentatives de la faune montagnarde. Bouquetins, chamois, mouflons, daims, cerfs sikas et même quelques lamas se baladent ici en liberté. L'occasion de les observer de très près (ce qui n'est pas toujours évident en montagne). Pour les marmottes, venez vers 16h, elles adorent, paraît-il, prendre leur quatre-heures.

Ski et neige

Ski alpin : domaine (1 000-1 900 m) de 55 km de pistes. Forfait journée : 42 €. Un domaine de moyenne montagne varié, donc idéal pour les familles. On a déjà évoqué plus haut la célèbre piste la *Verte,* 3 343 m de long, 870 m de dénivelée, et moins de 2 mn pour qu'un descendeur entre dans la légende. Pour le reste, Les Houches offrent du ski relax et ensoleillé sur les plateaux de Bellevue et du Prarion.

Ski nordique : 10 km de pistes au plateau du Prarion. Gratuit, mais accès payant avec la télécabine.

– ***Saut à skis :*** *rens à l'office de tourisme.* On peut (les intrépides surtout), aux Houches, s'initier à cette discipline (la première à avoir été enseignée au ski-club local dès 1930).

– Sinon, ***raquettes*** (itinéraires tracés et balisés), ***patinoire*** (artificielle et au cœur du village) et ***ski joëring*** (ski tracté à l'aide d'un cheval).

Sports et loisirs d'été

Pêle-mêle : escalade en salle, parc d'aventure dans les arbres, parapente, pêche, alpinisme, VTT, balade avec des ânes, tennis, téléphérique et télécabine ouverts en été, élevage de saint-bernard...

Manifestations

– ***Kandahar :*** *19-20 fév 2016.* La Coupe du monde de ski alpin hommes revient sur la mythique piste *Verte* ! Descente et combiné.
– ***Houches Kids Contest :*** *1 j. mi-fév ou en mars.* La compétition de nouvelles glisses la plus importante pour les jeunes de 7 à 14 ans.
– ***Cinekid Mont-Blanc :*** *pdt les vac de printemps.* Festival du cinéma jeune public.

DANS LES ENVIRONS DES HOUCHES

SERVOZ *(74310)*

Posé à 816 m d'altitude, sur une plaine qui accueillait autrefois un lac. Succession de hameaux plus qu'un village (dans le coin, vous commencez à avoir l'habitude), suffisamment à l'écart de l'autoroute Blanche pour avoir su rester authentiques avec leurs fermes typiques et les bassins à eau rénovés. Pas mal de balades à pied ou à raquettes (l'hiver) à faire dans le coin.

Adresse et info utiles

Office de tourisme : *Le Bouchet.* ☎ *04-50-47-21-68.* ● *servoz.com* ● *Ouv lun-sam. Fermé hors saison.* Situé dans la *Maison de l'alpage,* qui propose une intéressante expo permanente sur les alpages ou une expo temporaire.

SNCF : ☎ *09-69-32-21-41 (TER Rhône-Alpes).* ● *ter-sncf.com* ● *sncf.fr* ● Le TER reliant Saint-Gervais-Le Fayet à Martigny, en Suisse, dessert tous les villages de la vallée.

Où dormir ? Où manger ?

Gîtes de L'Alpe : *chemin du Rucher, Le Bouchet. ☎ 04-50-47-22-66. • lalpe74@orange.fr • lalpe.jimdo.com • Apparts 4-6 pers 400-1 200 €/sem.* Très belle maison, récente mais construite dans le style des fermes du coin : du bois, de la pierre, de la terre cuite. Trois gîtes de 2 à 6 personnes confortables et pas dénués de charme. Excellent accueil. Le proprio, moniteur de ski et guide de haute montagne, sera évidemment de bon conseil pour vous faire découvrir le secteur. Cartes et topoguides également à disposition.

Les Gorges de la Diosaz : *Sous-le-Roc. ☎ 04-50-47-20-97. • info@hoteldesgorges.com • hoteldesgorges.com • Doubles 85-95 €. Resto tlj sf dim soir-lun. Formules déj (sf dim) 21-25 € ; menu 32 €.* Ce gros chalet, juste en face de l'entrée des gorges et qui fait auberge depuis la fin du XIXe s, abrite une poignée de chambres, simplement mais agréablement rénovées. Mais c'est la cuisine qui impose un arrêt. Le chef, qui a autrefois œuvré dans quelques palaces de Courchevel (et dont on avait eu l'occasion de remarquer le talent à Chamonix), propose de jolis plats dans un registre « terroir modernisé » et dans le respect des produits et des saisons. Et il s'attache à conserver ce qu'on peut appeler un remarquable rapport qualité-prix.

À voir

Les gorges de la Diosaz : *à l'entrée de Servoz quand on arrive de Chamonix. ☎ 04-50-47-21-13. • gorgesdeladiosaz.com • Juin-sept, tlj : juil-août, 9h-18h ; juin et sept, 9h30-17h (env 1h30). Entrée : 6,50 € ; réduc ; gratuit moins de 5 ans.* Un sentier (facile), des passerelles suspendues et des petits ponts permettent de découvrir les facéties de la rivière dans cette étroite faille. Le torrent de la Diosaz dégringole à travers ces gorges formant plusieurs cascades : la bien nommée cascade des Danses, celle, spectaculaire et bruyante, de la Barme-Rousse, les trois sursauts successifs de l'imposante (la plus grande des gorges) cascade de l'Aigle... En juillet-août, le bon débit de l'eau permet d'admirer les cascades dans toute leur splendeur.

La Maison du lieutenant : *hameau du Mont. Accès balisé depuis la gare (40 mn de marche). 07-78-24-96-77. Ouv fin juin-fin sept, mar-jeu 14h-18h ; l'hiver pdt les vac scol mar-jeu 14h-17h. GRATUIT.* À Servoz, les alpages se racontent à travers un parcours pédagogique et ludique, dans une bâtisse du XVe s. Expositions, vidéos, en plus d'un riche programme d'animations et de sorties.

Manifestations

– ***Servoz en ébullition :*** *en juil.* Festival de cinéma et musique sur 3 jours.
– ***Le trail des Aiguilles rouges :*** *dernier w-e de sept.* Le parcours en semi-autonomie réunit les amateurs de terrains très techniques au cœur d'une nature aussi sauvage qu'exceptionnelle.
– ***Combat des reines :*** *1er dim d'oct (mais des combats de reines ont lieu chaque année dans d'autres villages de la vallée).* Une fête traditionnelle qu'évoque Frison-Roche dans *Premier de cordée.* Ces reines, qui livrent ici bataille, ce sont celles du troupeau, de solides vaches donc. Animations folkloriques, vente et dégustation de produits fermiers.
– ***Foire aux moutons :*** *2e dim d'oct.*

CHAMONIX-MONT-BLANC

(74400) 9 318 hab. *Carte Haute-Savoie, D3*

• Carte La vallée de Chamonix *p. 281* • Plan Chamonix-Mont-Blanc *p. 285*

« Chamoni » (en oubliant le x), ou « Cham » quand on veut faire celui qui y vient souvent, n'est pas un village, mais une ville, certes petite, mais très touristique et dynamique, au pied du... mont Blanc.
Chamonix ne vit d'ailleurs que du tourisme. En été, les campings regorgent de tentes, les magasins de peluches qui sifflent et de cannes décorées d'edelweiss. Dans ses rues, les alpinistes aux visages creusés par la fatigue croisent des familles de toutes nationalités, venues elles aussi profiter du panorama exceptionnel depuis la mer de Glace ou l'aiguille du Midi, mais sans cordes ni crampons. Car Chamonix, c'est aussi la haute montagne à la portée de tous !
Comme quoi, le charme de cette ville opère toujours. Sûrement à cause du mont Blanc sur lequel toujours, inévitablement, le regard revient se poser...

UN PEU D'HISTOIRE

Tout commence pour le petit village paisible de Chamouny, ainsi qu'on l'appelait jusqu'au début du XXe s, avec l'arrivée en 1741 de deux Anglais, l'explorateur et naturaliste Richard Pococke et son ami le jeune aristocrate William Windham qui se risquent jusqu'à la célèbre mer de Glace. En 1760, c'est au tour du physicien et naturaliste genevois Horace-Bénédict de Saussure de suivre la trace de nos légendaires pionniers : en bon savant de son siècle, il veut tout connaître du mont Blanc, quitte à grimper jusqu'à son sommet. Saussure rétribue des Chamoniards pour qu'ils lui préparent le terrain. Les marches d'approche se multiplient et ***le 8 août 1786, Jacques Balmat,*** paysan et cristallier, ***et Michel-Gabriel Paccard,*** médecin à Chamonix, ***atteignent pour la première fois le sommet du mont Blanc.*** Pendant longtemps, la montée tiendra de l'expédition, et la mer de Glace sera le sujet de prédilection des artistes romantiques, venus chercher l'inspiration au bord de ses « rives imaginaires ». Le phénomène prend une ampleur sans précédent en 1860, avec la venue de Napoléon III. En 1880, on construit le *Grand Hôtel du Montenvers* ; en 1910, on inaugure le train ; et en 1993, on y accède enfin en plein hiver.

TOP DU TOP

Le mont Blanc, le sommet à la mode, est devenu une course... aux records farfelus. Au plus fort de la saison, 300 personnes foulent chaque jour le sommet mythique. Un sommet qui a tout connu : on y a installé un piano à queue, largué une bagnole, on a voulu le peinturlurer en rose. Un couple y a même conçu un enfant pendant que le guide, pudiquement, détournait le regard... Peut-être pour donner naissance au Père Noël ?

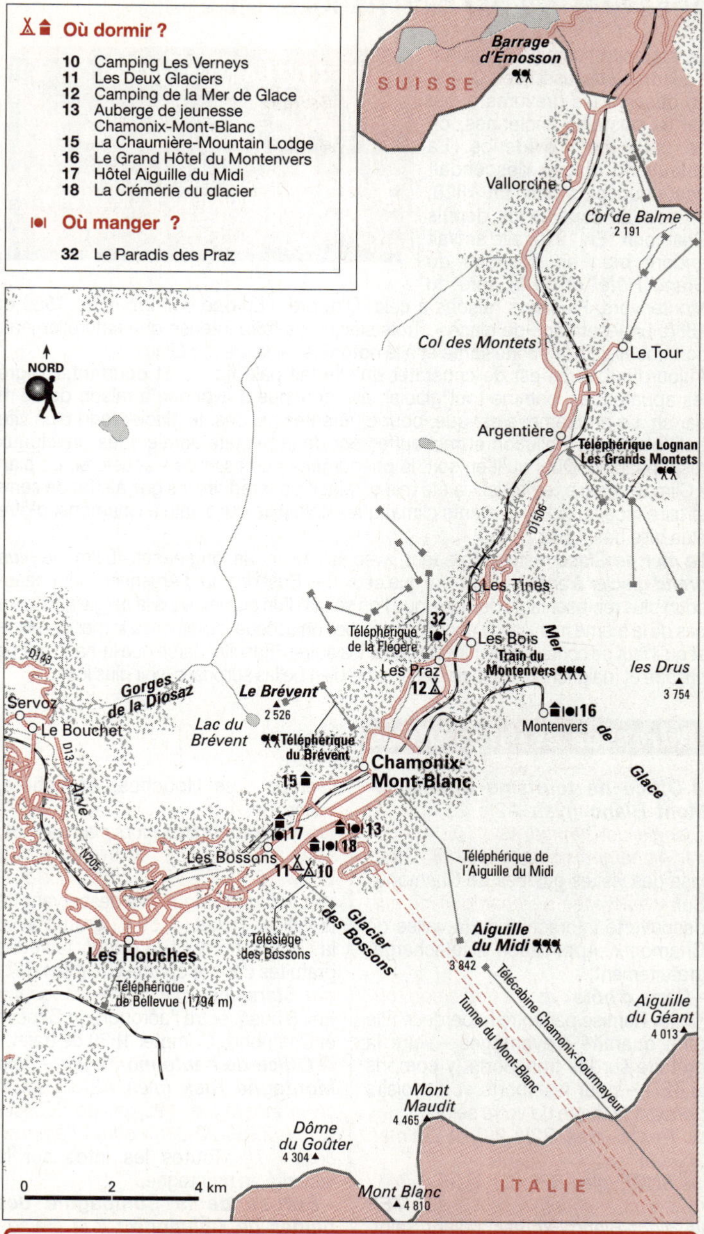

LA VALLÉE DE CHAMONIX

QUESTION : LE GLACIER RECULE-T-IL ?

De mémoire humaine, le glacier n'a jamais été aussi fluet. Quand on observe les gravures et les cartes postales anciennes, on ne peut nier l'évidence. La langue du glacier descendait beaucoup plus bas. En 1820, on pouvait l'apercevoir depuis Chamonix. En 1910, elle arrivait encore bien en dessous du *Grand Hôtel* et de la gare du Montenvers. Plusieurs raisons à cela. D'abord, l'Europe connut, entre 1550 et 1880, un « petit âge de glace ». Trois siècles de froid intense qui, naturellement, contribuèrent à la bonne santé et à la notoriété de la mer de Glace.

FAITES DE LA MONTAGNE !

*En 2012, un alpiniste découvrit sur le glacier des Bossons une boîte renfermant une centaine de pierres précieuses. Ce trésor caché proviendrait du crash d'un avion d'*Air India *survenu en 1966.*

Aujourd'hui, force est de constater qu'elle fait pâle figure. Et pourtant, malgré les apparences, comme tout glacier, elle continue à avancer, à raison de 98 m par an. Le problème, c'est que, pour différentes raisons, le glacier fond plus vite qu'il n'avance. Pollution et réchauffement de la planète seraient les principaux responsables. Quoi qu'il en soit, le phénomène ne cesse de s'accélérer. Le plan « Climat-énergie territorial » a été mis en place pour réduire les gaz à effet de serre et faire face aux changements climatiques. Initiative qui a valu à Chamonix d'être élue Ville des Alpes 2015.

La mer de Glace reste malgré tout, avec ses 12 km de long et ses 40 km^2, ***le plus grand glacier français.*** Il est vrai que ceux des Bossons ou d'Argentière sont beaucoup plus représentatifs de l'idée que l'on se fait d'un glacier. Mais la magie n'y opère pas de la même manière. D'abord, parce que l'on accède facilement à la mer de Glace et qu'il faut se contenter de jumelles pour les autres. Ensuite, parce que là-haut, même grisâtre et maigrichon, le glacier réserve de bien belles surprises (voir plus loin).

Adresses et infos utiles

i ***Office de tourisme Chamonix-Mont-Blanc*** *(plan A2)* **:** *85, pl. du Triangle-de-l'Amitié.* ☎ *04-50-53-00-24.* • *chamonix.com* • *Ouv tlj.* Organise des visites guidées de Chamonix. Sur • *ma-vallee-de-chamonix.com* •, découverte interactive de la vallée de Chamonix. Application à télécharger gratuitement.

– ***Carte d'hôte :*** *rens à l'office de tourisme.* Remise par votre hébergeur. Elle offre quantité d'avantages – voire la gratuité sur les transports (y compris le TER) – pour les sports et les loisirs pendant la durée de votre séjour.

✉ ***Poste*** *(plan B2)* **:** *89, pl. Balmat.* ☎ *36-31 (appel gratuit).*

SNCF *(plan B2)* **:** ☎ *36-35 (0,34 €/mn).* • *ter-sncf.com* • *sncf.fr* • Le ***TER*** (le *Mont-Blanc Express*) reliant Saint-Gervais-Le Fayet à Martigny, en Suisse (et sa fameuse Fondation Gianadda), dessert tous les villages de la vallée (Servoz, Les Houches, Argentière, Vallorcine...).

Chamonix Bus *(hors plan par A3)* **:** *591, promenade Marie-Paradis.* ☎ *04-50-53-05-55.* • *chamonix-bus.com* • Lignes régulières desservant tte la vallée. Ticket : 1,50 € ; gratuit avec la *Carte d'hôte.* Et ***le Mulet,*** navettes gratuites dans le centre-ville *(plan B2).*

Starshipper : • *starshipper.com* • Env 8 bus/j. entre l'aéroport de Genève et Chamonix. Compter 1h30 de trajet.

■ ***Office de haute montagne – Pôle Montagne Risk*** *(plan A2)* **:** *Maison de la montagne, 190, pl. de l'Église.* ☎ *04-50-53-22-08.* • *ohm-chamonix.com* • *Tlj.* Toutes les infos sur la sécurité en montagne.

– ***Bureau de la Compagnie des guides de Chamonix :*** *à la Maison de la montagne, 190, pl. de l'Église.* ☎ *04-50-53-00-88.* • *chamonix-guides.com* •

LA VALLÉE DE CHAMONIX

Où dormir ?

Campings

⛺ ***Camping Les Verneys*** *(plan La vallée de Chamonix,* ***10****) : Montquart,* ***Les Bossons.*** *☎ 04-50-53-15-84. • info@les2glaciers.com • ♿ À env 3 km au sud-ouest de Chamonix par la N 205, puis une route à gauche, direction « Tremplin de saut ». Ouv de mi-juin à mi-sept. Compter 16 € en hte saison. CB refusées.* Petit camping à la campagne, paisible et à taille humaine, au pied du glacier des Bossons. Tranquille et bon marché pour le coin.

⛺ ***Les Deux Glaciers*** *(plan La vallée de Chamonix,* ***11****) : 80, route des Tissières,* ***Les Bossons.*** *☎ 04-50-53-15-84. • info@les2glaciers.com • les2glaciers.com • ♿ À côté du Camping* Les Verneys *(même gérance). Congés : de mi-nov à mi-déc. Résa obligatoire en hiver, conseillée en été. Compter 17,50 € en hte saison. Loue aussi chalets et mobile homes 180-635 €/sem.* Emplacements agréables sur un terrain un peu pentu, traversé par une petite rivière. Sur place, resto *Le Glaçon*.

⛺ ***Camping de la Mer de Glace*** *(plan La vallée de Chamonix,* ***12****) : 200, chemin de la Bagna,* ***Les Praz.*** *☎ 04-50-53-44-03. • info@chamonix-camping.com • chamonix-camping.com • ♿ Accès par la route des Praz. Ouv mai-début oct. Compter 22,50-27,90 € pour 2 selon saison. CB refusées.* Dans une grande clairière de la forêt des Bois, soit dans un coin nature des environs de Chamonix. Emplacements délimités par des haies. Superbe vue sur les Drus et le mont Blanc. Très fleuri et de bon confort.

Bon marché

🏠 🍽 ***Auberge de jeunesse Chamonix-Mont-Blanc*** *(plan La vallée de Chamonix,* ***13****) : 127, montée Jacques-Balmat,* ***Les Pèlerins-d'en-Haut.*** *☎ 04-50-53-14-52. • chamonix@hifrance.org • auberge-chamonix.com • À 30 mn à pied du centre-ville. En bus : de Chamonix, navette « Pèlerins-d'en-Haut ». Congés : 3-17 mai et oct-nov. Avec la carte FUAJ, env 42 €/pers la nuitée avec le petit déj ; repas 13 €.* 📶 Superbement située, au pied du glacier des Bossons. AJ assez récente et évidemment très fréquentée par une clientèle internationale ! Avec 120 places, elle n'a rien de la petite structure, mais elle est spacieuse et propose des formules hiver et été défiant toute concurrence, incluant le tramway du Mont-Blanc (en été), le téléphérique de l'aiguille du Midi et la mer de Glace (hiver et été) pour 3 € de plus par jour (au lieu de 58 € !). Une vraie aubaine... Chambres de 2 à 6 lits, avec lavabo (et douche dans les doubles). Laverie, billard, baby-foot.

De prix moyens à chic

🏠 ***Hôtel Les Crêtes blanches*** *(plan A-B1,* ***14****) : 16, impasse du Génépy. ☎ 04-50-53-05-62. • cretes-blanches-chamonix@wanadoo.fr • cretes-blanches.com • Doubles 69-140 € selon confort et saison.* 📶 Une bien jolie surprise se cache au fond de cette discrète ruelle du centre-ville. Cet hôtel à l'architecture typique du début du XXᵉ s a fort belle allure. Une jolie terrasse et une véranda à l'ancienne ont été aménagées dans la courette. L'intérieur a lui aussi du charme à revendre. Déco différente dans chacune des chambres, qui ont toutes vue sur le mont Blanc, et balcon pour certaines. Possibilité d'accueillir des familles entières, notamment dans le chalet attenant, avec coin cuisine. Un coup de cœur à Chamonix, au rapport qualité-prix avantageux. Le salon de thé *Mat'Cha* propose, dans une atmosphère très japonisante, quelques gourmandises sucrées et salées en plus des traditionnels thés.

🏠 ***Hôtel La Chaumière – Mountain Lodge*** *(plan La vallée de Chamonix,* ***15****) : 322, route des Gaillands. ☎ 04-50-53-13-25. • info@chaumierelodge.com • chaumierelodge.com • Doubles 86-122 € selon saison (moins cher en hiver). Au resto, menu 19 €.* 📶 En bordure de route et à quelques centaines de mètres du centre-ville, un hôtel sympa tenu par un couple de Scandinaves. Des chambres à la salle de resto, tout est nickel, sobre et pratique (bien vues, les veilleuses de lecture), dans un esprit jeune et contemporain. Personnel serviable et resto plaisant, tout comme la terrasse à l'arrière. Un bon plan dans la station.

Le Grand Hôtel du Montenvers *(plan La vallée de Chamonix, **16**) : hôtel-refuge surplombant la mer de Glace, face aux Drus, accessible par le train du Montenvers. ☎ 04-50-53-22-75* (Compagnie du Mont-Blanc). *• info@compagniedumontblanc.fr • Hôtel ouv slt en juil-août, resto fermé oct-nov. Résa fortement conseillée. Compter 48 €/pers la ½ pens en dortoir et 68 €/pers la ½ pens en chambre double. Côté resto, plat env 25 €.* Une adresse mythique. Ce superbe chalet Belle Époque, qui en son temps accueillait les pionniers (et les pionnières) de la glisse et de l'escalade, héberge encore (en été seulement) les aventuriers qui rêvent de passer une nuit à 1 913 m d'altitude. Les belles boiseries centenaires n'ont pas bougé, tout juste ont-elles été restaurées, et la salle à manger a décidément bien du cachet. On peut, au choix, dormir en chambre double ou dans le dortoir (36 couchages), sous les combles. Les chambres, meublées dans un style 1880, ont encore leur lit et leur lavabo d'origine. Honnête cuisine de terroir (quasiment toute l'année), qui fait le bonheur des randonneurs et des innombrables touristes se pressant chaque jour à la mer de Glace. Toute l'année, à l'heure du déjeuner, on se prélasse en terrasse, profitant ainsi de l'une des vues les plus scotchantes qui soient... Évidemment, en saison, c'est un peu l'usine, et si vous n'êtes pas du genre zen et patient, ce n'est pas forcément la peine d'insister. Revenez donc hors saison ! Et si le temps vous oblige à vous retrancher à l'intérieur, vous profiterez de l'agréable feu de cheminée. Petit musée sur place (voir plus loin) et soirées à thème l'été.

Hôtel Aiguille du Midi *(plan La vallée de Chamonix, **17**) : 479, chemin Napoléon, **Les Bossons**. ☎ 04-50-53-00-65. • info@hotel-aiguilledumidi.com • hotel-aiguilledumidi.com • À 3 km du centre. Congés : de mi-avr à mi-mai et de mi-sept à mi-déc. Doubles 77-162 € selon saison ; familiales 134-275 € ; petit déj 13-14 €. Formule 20 €, menus 25-54 €. Parking.* Tranquillement posé dans le paisible hameau des Bossons et tenu par la même famille depuis 1908. Il a, rassurez-vous, été rénové depuis, mais on a le droit de trouver la déco de certaines chambres un peu dépassée. Mais il y en a finalement pour tous les budgets (quelques-unes moins chères sous les toits, avec toilettes et douche sur le palier), et le confort est cependant là avec en prime le professionnalisme de la famille Farini. Cette bonne maison cumule plusieurs avantages : grand parc avec piscine chauffée, tennis, pétanque, sauna, spa. Et l'accueil souriant et disponible aussi. Cuisine de tradition servie au resto, dans la rotonde donnant sur le jardin. Plantureux petit déj.

La Crémerie du glacier *(plan La vallée de Chamonix, **18**) : 333, route des Rives, **Les Bossons**. ☎ 04-50-55-90-10. • info@lacremerieduglacier.com • lacremerieduglacier.com • À 1,5 km du centre-ville. Resto ouv tlj. Congés : du 20 sept à mi-déc. En ½ pens slt, 75 €/pers. Repas env 22 €.* Une bicoque jaune crème (bien sûr !) et vert, entre maison d'Heidi et petite gare de campagne repeinte par un chef de gare amoureux. Chambres étroites mais coquettes, fréquentables pour les randonneurs plus à cheval sur la vue (sur le glacier des Bossons) que sur le confort.

De plus chic à beaucoup plus chic

Hôtel Pointe Isabelle *(plan B2, **19**) : 165, av. Michel-Croz. ☎ 04-50-53-12-87. • info@pointeisabelle.com • pointeisabelle.com • Doubles 89-180 € ; familiales 4 pers 149-270 €. Formule 17,70 €, menus 32,50-45 €. Apéritif offert sur présentation de ce guide.* Rénové de fond en comble, l'hôtel affiche 2 étoiles fringantes et bien dans l'air du temps. Une entrée spacieuse, avec tomettes au sol et canapé Chesterfield, une déco contemporaine,

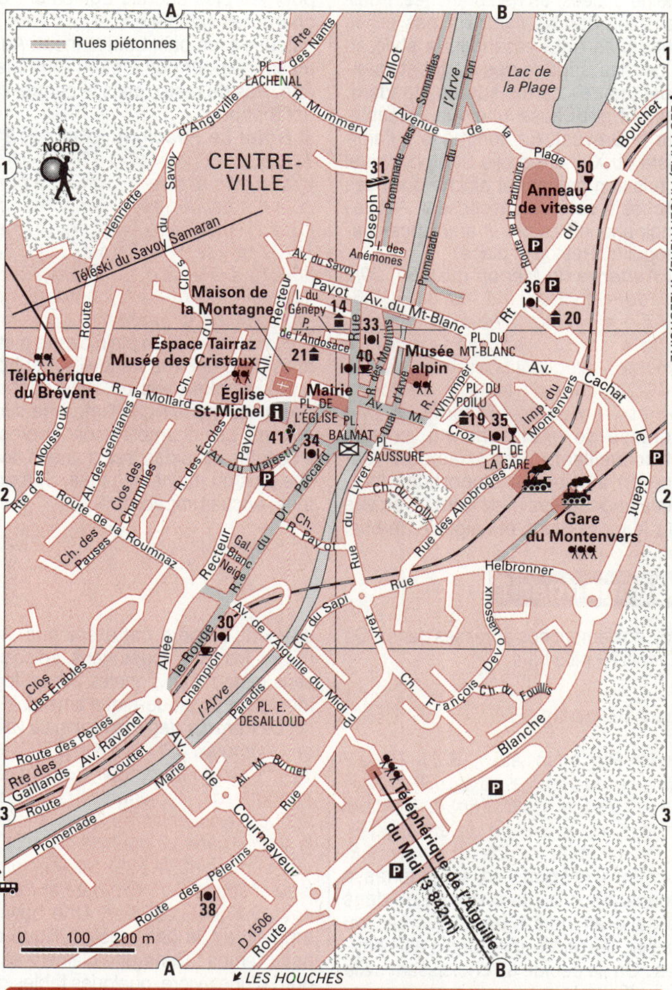

CHAMONIX-MONT-BLANC

■ **Adresse utile**

- Office de tourisme

Où dormir ?

- **14** Hôtel Les Crêtes blanches
- **19** Hôtel Pointe Isabelle
- **20** Auberge du Manoir
- **21** Hôtel Le Faucigny

Où manger ?

- **30** Pie
- **31** Papillon
- **33** Bistrot des Sports
- **34** La Calèche
- **35** Moö
- **36** La Maison Carrier
- **38** L'Impossible

Où manger une bonne pâtisserie ? Où déguster une glace ?

- **40** Le Gouthé
- **41** Richard

Où boire un verre ? Où sortir ?

- **50** Microbrasserie de Chamonix

pleine d'idées, un rien branchée. Pourtant, les prix ne flambent pas et les chambres ont l'essentiel, le style en plus : les supérieures gagnent quelques mètres carrés sur les standard, qui ont elles aussi une vue agréable, sur le Brévent. En hommage à l'alpiniste du XIXe s Isabelle Straton, l'hôtel a pris son prénom et affiché quelques clichés à côté de l'ascenseur. Accueil anglophone très pro et ambiance cosmopolite. Resto sur place.

Auberge du Manoir (plan B1, **20**) : *8, route du Bouchet. ☎ 04-50-53-10-77. • contact@aubergedumanoir.com • aubergedumanoir.com • Doubles avec douche ou bains env 140-240 € selon taille et période ; suites un peu plus chères.* Une adresse de grand charme, cossue et accueillante. Des chambres tout confort aux belles proportions, boisées et décorées avec goût, avec vue sur le mont Blanc et l'aiguille du Midi pour les plus chères. Également des chambres familiales, et un bout de pelouse avec bain bouillonnant. Aussi un sauna pour compléter l'offre bien-être. Pas de resto, mais le centre-ville est tout près.

Hôtel Le Faucigny (plan A2, **21**) : *118, pl. de l'Église. ☎ 04-50-53-01-17. • reservation@hotelfaucigny-chamonix.com • hotelfaucigny-chamonix.com • Face à l'office de tourisme. Congés : 1er-27 nov et 16-31 mai. Doubles 80-275 €. Parking. Remise de 10 % sur le prix de la chambre (hors promo ou offres Internet) sur présentation de ce guide.* En plein centre piéton mais dans une rue tranquille, cet hôtel a été relooké dans un style contemporain qui ne fait pas l'impasse sur le charme. Les chambres sont sobres et élégantes mais pas très grandes, avec vue plus ou moins dégagée. Spa pour tous. Accueil impeccable.

Où manger ?

Voir également nos adresses dans « Où dormir ? » plus haut.

Sur le pouce

Pie (plan A2-3, **30**) : *73, av. Ravanel-le-Rouge. ☎ 04-50-78-25-29. Tlj sf mar 8h30-18h30. Formule tarte salée et salade en été 9,50 € ; tarte salée et soupe en hiver 7 €.* Comme il fait bon vivre sur la terrasse donnant sur la rue piétonne ou dans la salle en bois blond ! Sucrées ou salées, les tartes sont toutes alléchantes ! On se décide en choisissant celle qui affiche la meilleure mine derrière la vitrine (choix cornélien). Tout est délicieux, depuis le petit déj jusqu'à l'heure du goûter, quand on craque pour une pâtisserie à accompagner d'une tasse de thé ou d'un chocolat chaud maison.

Papillon (plan B1, **31**) : *416, rue Joseph-Vallot. ☎ 04-50-96-65-13. Tlj 11h (16h dim)-20h. Plat et salade env 8 €.* Un snack de qualité, pour un repas sain à emporter, mitonné avec des produits maison frais, avec une touche de fantaisie. Et comme il y a un vrai concept derrière cette épicerie vitaminée, les plats végétariens, épicés ou sans gluten sont signalés par un logo. Idéal pour un pique-nique amélioré !

Le Paradis des Praz (plan La vallée de Chamonix, **32**) : **Les Praz.** *06-63-10-42-38. À côté du golf, sous le téléphérique de la Flégère. Traverser le petit pont qui enjambe l'Arve et suivre le sentier dans les bois sur 200 m. Ouv mai-sept, tlj 10h-19h. Salade, omelette et soupe 8-10 €, croûte et fondue env 13 €. CB refusées.* Une buvette en plein air, le cadre est idyllique par beau temps ! Dans une clairière et au bord d'une rivière, quelques tables disséminées sous les arbres et d'autres ramassées dans une petite salle. Bref, un lieu ultra-champêtre pour un casse-croûte simple mais de qualité. Et pour les enfants, des balançoires, un bac à sable et possibilité de balades à poney.

De bon marché à prix moyens

Bistrot des Sports (plan B2, **33**) : *182, rue Joseph-Vallot.*

☎ 04-50-53-00-46. • lebistrotdessports.chamonix@orange.fr • Tlj. Menus 23-27 € ; carte env 38 €. Digestif offert sur présentation de ce guide. Une adresse indissociable de l'histoire de Chamonix (elle a appartenu un temps à Frison-Roche), qu'on pourrait aller visiter comme un musée. Plats de toujours et spécialités savoyardes sont servis avec entrain, dans une ambiance animée. C'est simple, mais la cuisine se défend très honorablement.

La Calèche *(plan A2, **34**) : 18, rue Paccard. ☎ 04-50-55-94-68. • contact@restaurant-caleche.com • En plein centre. Service continu tlj en saison 12h-23h. Résa conseillée. Formule déj 21 €, puis 26,50-32,50 €.* Un décor de chalet de montagne d'une richesse inouïe : salles tout bois, sur plusieurs niveaux, encombrées d'un invraisemblable bric-à-brac qui remplirait facile 2 musées d'arts et traditions populaires. Côté cuisine, cette affaire familiale ouverte depuis 1946 tient la route, avec des plats de terroir incontournables. Terrasse côté rue (piétonne). Une adresse très touristique mais sympa.

Moö *(plan B2, **35**) : 239, av. Michel-Croz. ☎ 04-50-55-33-42. Presque en face de la gare. Tlj. Le midi, plat du jour 11,90 € ; le soir, plats 15-20 €.* Une adresse plus pêchue que gastronomique, où l'on vient entre copains s'envoyer un godet au bar ou s'attaquer à un copieux burger. Aussi des salades relevées et des plats fusion, servis dans une ambiance jeune et insouciante.

Chic

La Maison Carrier *(plan B1, **36**) : 44, route du Bouchet. ☎ 04-50-53-00-03. • infos@hameaualbert.fr • À deux pas du centre, quasiment en face de l'ENSA. Fermé lun hors juil-août. Congés : 29 mai-17 juin et nov-9 déc. Le midi en sem, formules 20-25 €, menu 31 € ; menu « tout cochon » 42 € ; carte env 70 €.* La famille Carrier a réalisé un travail exceptionnel dans le somptueux *Hameau Albert Ier* pour le plaisir des plus riches. Pour les autres, *La Maison Carrier,* leur petite adresse, rend la perfection accessible au plus grand nombre. Pour cela, ils ont recréé une authentique ferme chamoniarde de 1794 avec ses meubles, son tuyé (la fameuse cheminée pour fumer les jambons, saucissons, etc.) et, surtout, un souci maniaque du moindre détail. Quant à la cuisine, elle est un exemple parfait de réflexion sur le terroir, avec l'immanquable et gargantuesque menu « tout cochon », qui prend des allures de repas royal.

L'Impossible *(plan A3, **38**) : 9, chemin du Cry (route des Pèlerins). ☎ 04-50-53-20-36. • info@restaurant-impossible.com • Tlj sf mar-mer hors saison. Menu 32 € ; carte env 40 €. Apéritif offert sur présentation de ce guide.* Sous la charpente d'une bien vieille ferme, une jolie table emmenée par un chef italien passionné de cuisine... italienne. Cuisine transalpine donc, inventive juste ce qu'il faut, tout au service de beaux produits (presque exclusivement bio). Accueil tout sourire et avec une pointe d'accent.

LA VALLÉE DE CHAMONIX

Où manger une bonne pâtisserie ?
Où déguster une glace ?

Le Gouthé *(plan B2, **40**) : 95, rue des Moulins. ☎ 04-50-78-36-20. • legouthe@gmail.com • Tlj jusqu'à 18h30 en saison, fermé mar-jeu hors saison. Congés : 20 mai-15 juin. Formule déj 9,90 €. Café offert sur présentation de ce guide.* En plein centre de Chamonix, une halte gourmande où les tartes sucrées présentées en bandes (vendues au poids) feront succomber les plus stoïques. Également des chocolats chauds et quelques tartes salées pour une fringale gourmande, à déguster sur place sur l'une des quelques tables, ou à emporter.

Richard *(plan A2, **41**) : 10, rue Paccard. ☎ 04-50-53-56-88. Tlj. 2,50 € la boule de glace.* Une pâtisserie renommée dont les glaces et sorbets sont devenus LA référence de Chamonix. Goûtez la mont-blanc, avec meringue et marron glacé. Une autre boutique, ***Côté Macarons,*** *136, rue Joseph-Vallot.*

Où boire un verre ? Où sortir ?

Un des spots du moment s'appelle la ***microbrasserie de Chamonix*** *(**MBC** ; plan B1, **50**),* tenue par des Canadiens (d'où le logo en feuille d'érable) qui ont installé leurs cuves à deux pas de la gare, au 365, route du Bouchet. Déco de bric et de broc, ambiance débridée (et, Chamonix oblige, anglophone...) et bonne bière brassée sur place. Et si vous voulez de l'animation, les bars de nuit s'alignent avec une belle régularité le long de la piétonne rue des Moulins *(plan B2).* Récemment rachetée par André Manoukian, la ***Maison des Artistes,*** au 84, chemin de la Tournette *(plan B2),* programme des concerts de jazz d'artistes en résidence.

À voir

À savoir : le *Pass musées* donne un accès illimité à tous les musées de la vallée (sauf la maison de Barberine). Tarif : 11 €. Vendu aux caisses des musées.

Le « vieux » Chamonix *(plan A-B2)* **:** du village originel, il faudra bien fouiller (le centre-ville a été en quasi-totalité détruit par un incendie en 1885) pour retrouver quelques traces, comme l'*église Saint-Michel* (place de l'Église) du XVIIIe s, avec un inévitable clocher à bulbe et dotée, de part et d'autre de l'entrée, de vitraux fort peu catholiques, consacrés aux... sports d'hiver. Le « vieux » Chamonix est en fait celui des Années folles et concentre ses édifices autour de la place Jacques-Balmat : au nº 1, une vieille enseigne *Au Cristal de Roche* ; au nº 12, la banque *Laydernier,* pur Art déco ; au nº 43, le café *La Terrasse,* style nouille cette fois et immanquable avec ses colonnes d'un mauve très seyant. Au centre de la place, Balmat et Saussure, coulés dans le bronze, condamnés à toujours pointer le doigt vers le mont Blanc et à finir dans des millions d'albums photo... Sur l'une des maisons, au 76, rue Paccard, immense fresque en trompe l'œil, hommage aux guides et alpinistes qui ont marqué la vallée : on reconnaît Marie Paradis et Frison-Roche devant le bureau des guides tel qu'il était en 1821. Une autre fresque, en trompe l'œil également, représente un tournage à Chamonix en compagnie de Claude Lelouch. Les cinéphiles y retrouveront notamment Jean-Paul Belmondo et Jean Rochefort pour *Les Tribulations d'un Chinois en Chine* ou encore Pierce Brosnan, alias James Bond, pour *Le monde ne suffit pas.* Logiquement, elle se trouve derrière le cinéma.

CRIME OU SUICIDE ?

Le 9 janvier 1934, on retrouva le corps de l'escroc Stavisky dans son chalet de Chamonix. Il s'était tiré une balle dans le crâne... à 3 mètres. Il avait le bras long ! Finies les arnaques aux vieux et les compromissions politiques. La presse douta du suicide. L'enquête était menée par l'inspecteur Bonny, qui fut ensuite mis à pied et devint collabo de la Gestapo de la rue Lauriston.

Le Musée alpin *(plan B2)* **:** *89, av. Michel-Croz. ☎ 04-50-53-25-93. À deux pas de la pl. Jacques-Balmat. Vac scol, tlj sf mar 10h-12h, 14h-18h ; hors vac scol, tlj sf mar 14h-18h. Se renseigner pour les périodes de fermeture annuelle. Entrée : 5,50 € ; réduc ; gratuit moins de 18 ans.* La sacoche de Jacques Balmat, la reconstitution du « salon chinois » de l'observatoire Vallot, premier à être construit en 1890 sur le mont Blanc, du matériel d'alpinisme du XIXe s, des gravures, des peintures et une collection d'affiches publicitaires : c'est l'histoire du massif du Mont-Blanc qui est évoquée ici, dans l'ancien *Chamonix Palace.* Pas d'écrans tactiles interactifs, pas de vitrine high-tech, mais des grandes salles un peu solennelles. Expositions temporaires. Et un musée qui s'avère au bout du compte aussi charmant que passionnant.

L'Espace Tairraz, musée des Cristaux et l'Espace alpinisme *(plan A2)* **:** *615, allée du Recteur-Payot (parvis Saint-Michel). ☎ 04-50-55-53-93. ♿ Tlj 14h-18h (10h-13h, 14h-18h pdt les vac scol ; 10h-18h juil-août). Visites guidées jeu à 14h30 et 16h30. Entrée : 5,50 € ; réduc ; gratuit moins de 18 ans.*
Le *musée des Cristaux* renferme une très belle collection d'ici ou d'ailleurs (Brésil, Madagascar, États-Unis...). Beaucoup de quartz, le minéral le plus répandu dans le monde, dont pas mal ont été trouvés dans le massif du Mont-Blanc où les cristalliers (dont un certain Jacques Balmat) risquaient leur vie pour répondre à la passion des collectionneurs du XVIIe s (Goethe était du lot). Des cristaux qui ne se contentent pas d'être jolis puisqu'ils sont largement utilisés, notamment dans l'horlogerie (la montre à quartz, vous connaissez ?).
Dans la continuité du musée, l'*Espace alpinisme.* Plus qu'un musée, c'est une expérience à vivre, qui convoque des technologies modernes : ascensions virtuelles des voies mythiques des Alpes, simulateur (pas facile du tout, au début !) d'escalade... Jolies expos temporaires et un espace cinéma avec des films anciens et plus récents.

La Maison de la mémoire et du patrimoine Jany-Couttet *(plan B2)* **:** *90, rue des Moulins. ☎ 04-50-54-78-55. De mi-avr à fin sept, mar, ven et dim 14h-19h ; mer et sam 10h-12h, 14h-19h.* Découverte du patrimoine de la vallée à travers les archives, mises au jour par roulement, pour les expositions.

À faire

Chamonix, c'est aussi les panoramas les plus fantastiques accessibles aux non-alpinistes, l'ivresse des sommets à portée de câble... Un monde fou l'été bien évidemment, donc des files d'attente assez impressionnantes, notamment pour l'aiguille du Midi. À cette saison, c'est entre 7h et 8h que la luminosité est la meilleure.
Quelques petits rappels : si la plus grosse concentration de téléphériques du monde a mis la haute montagne à la portée de tous, elle n'en présente pas moins toujours quelques dangers. Les températures à l'arrivée ne sont pas celles du fond de vallée, même aux plus étouffants jours de l'été : prévoir donc des vêtements chauds et de vraies chaussures (même si son nom peut prêter à confusion, on ne se balade pas en tongs au bord de la mer de Glace...). Dans votre sac, glissez de quoi boire (l'air est très sec là-haut), crème solaire, lunettes de soleil et casquette (le soleil tape fort en altitude !). Quelques précautions supplémentaires pour les enfants : jusqu'à 3 ans, ne pas dépasser 2 000 m.

Le Montenvers – La mer de Glace *(gare ; plan B2)* **:** *par le chemin de fer à crémaillère du Montenvers. ☎ 04-50-53-22-75. • compagniedumontblanc.fr • Compter 20 mn de montée. Gare en bordure de la route Blanche. En service tlj sf courant oct : juil-août, 8h-18h30, départ ttes les 20-30 mn ; mai-juin et sept, 8h30-17h (17h30 1er-15 sept), départ ttes les 20-30 mn ; 16-30 sept, 8h30-17h (ttes les 30-60 mn) ; Toussaint-avr, 10h-16h30 (ttes les 30-60 mn selon affluence). A/R pour Montenvers « Voyage à la mer de Glace » : 31 € ; réduc. Il existe un forfait d'été, le* Multipass, *idéal slt quand on a l'intention de tt voir et de tt faire. Reste un avantage (énorme en hte saison) : le* Multipass *permet de ne pas faire la queue à la caisse. Compter 60 €/adulte (1 j.) pour un accès illimité aux 8 sites (Montenvers, aiguille du Midi, tramway du Mont-Blanc, Grands-Montets...).*
Un conseil pour éviter la foule : arriver à l'ouverture.

Une excursion toujours aussi pittoresque qu'à l'époque du *Voyage de monsieur Perrichon* d'Eugène Labiche, qui se déroulait dans ce décor. À deux pas de la gare d'arrivée, au premier étage du *Grand Hôtel du Montenvers* (construit en 1880 ; voir aussi « Où dormir ? »), un *musée* (ouvert quasiment à l'année ; accès libre avec le ticket de train) évoque le site, la construction du train, les visiteurs illustres : Goethe, Byron, Hugo... Juste après, d'anciennes écuries accueillent le *Glaciorium,* véritable témoin des changements climatiques de notre siècle ; le Montenvers méritait bien un espace dédié à la glaciologie ! La mer de Glace, sa formation, son histoire, ses évolutions futures, voilà ce qui est présenté dans ce lieu interactif et pédagogique. En sortant de l'hôtel, nombreux circuits, bucoliques à souhait, pour découvrir la faune et la flore des alpages. À l'autre bout du site, une *galerie des cristaux* creusée dans la roche a été aménagée en salle d'exposition de cristaux de la région et du Brésil, avec d'imposants spécimens.
En télécabine, ou l'été par un petit sentier escarpé, on gagne la ***mer de Glace,*** qui doit son nom aux formations de « vagues » de glace (voir plus haut). Un paysage superbe, toujours propre à frapper les imaginations, même si le glacier se rétracte et même s'il est envahi par les touristes. Le spectacle le plus fascinant se situe de toute façon au cœur de la glace. Chaque année (depuis plus de 50 ans !), une *grotte* est taillée dans le glacier. Mais son accès est parfois fermé à cause des réaménagements nécessaires : avec l'avancée du glacier, la grotte est creusée chaque année un peu plus en aval en raison de la fonte du glacier, et il faut désormais près de 400 marches après la descente de la télécabine pour y accéder (voir plus haut « Question : le glacier recule-t-il ? »). Si l'aménagement est assez kitsch, la teinte bleutée que l'on observe là-dessous est un phénomène unique et féerique, saisissant de beauté.

L'aiguille du Midi *(gare du téléphérique ; plan B3)* **:** *accès en téléphérique ; 2 tronçons de 10 mn chacun. ☎ 04-50-53-22-75. • compagniedumontblanc.com • Départs tlj, tte l'année sf pdt fermeture annuelle de mi-nov à mi-déc env ; horaires variables, se renseigner sur le site. Résa conseillée en saison. A/R Chamonix-plan de l'Aiguille (2 317 m) : 30,50 €/adulte en été, 16,50 € en hiver. Compter 58 €/adulte pour l'aiguille du Midi (3 777 m) ; réduc. Si vous restez plusieurs j. ou visitez un autre site dans la même journée, on vous conseille l'une des formules proposées par le* Multipass *(voir plus haut). L'ascension est à éviter avec de jeunes enfants en raison de l'altitude (et de la foule au pic de la saison)...*
Le téléphérique a plus de 50 ans (mais la gare de départ a été réhabilitée par le célèbre architecte Jean-Michel Wilmotte). Le premier tronçon grimpe jusqu'au plan de l'Aiguille (2 317 m), au pied des aiguilles aux arêtes déchiquetées dominées par le mont Blanc, immense et cotonneux. Le second tronçon vous emmène ensuite (et à la vitesse assez impressionnante de 45 km/h) jusqu'au piton nord de l'aiguille du Midi, qui, à 3 777 m (pensez à la petite laine !), surplombe les crevasses et séracs du glacier des Pèlerins et défie l'aiguille Verte, les Grandes Jorasses, la dent du Géant... Si vous voulez faire une overdose de panoramas, vous pouvez emprunter l'ascenseur du piton central, pour accéder au sommet de l'aiguille du Midi à 3 842 m (pensez à la petite laine !).
À noter, quelques nouveautés « au sommet », parmi lesquelles « Le Pas dans le vide », frisson garanti en avançant sur une paroi de verre surplombant 1 000 m de vide, un musée de l'Alpinisme de pointe, l'« Espace vertical», à 3 777 m d'altitude, et un « Espace histoire » pour patienter sur le circuit retour, transformé en exposition sur la construction du téléphérique. Ceux qui veulent jouer les filles de l'air s'offriront un survol des glaciers avec la télécabine *Panoramic Mont-Blanc* (en été seulement) qui rejoint en 50 mn la pointe Helbronner en Italie. Non, cette télécabine ne tombe pas sans arrêt en panne : les arrêts sont voulus, pour s'imprégner de ce paysage sublime !

Le Brévent – La Flégère *(gare du téléphérique ; plan A2)* **:** *en télécabine, puis par téléphérique. ☎ 04-50-53-22-75. • compagniedumontblanc.com • A/R sommet : 31 € ; A/R intermédiaire : 17 €, compris là encore dans le* Multipass. Un domaine relié par téléphérique qui vous permet de faire le balcon sud depuis l'intermédiaire, une superbe randonnée face au plus beau panorama sur le mont Blanc de l'autre côté de la vallée. Le point de départ idéal des randonneurs estivaux qui profitent ainsi d'un ensoleillement inégalé et d'une vue inoubliable (lac Blanc, lac des Chéserys...).

Ski et neige

Ski alpin : côté forfaits, *Chamonix Le Pass* donne accès aux trois domaines skiables de Chamonix (Brévent-Flégère, Balme et Grands-Montets hors sommets) ainsi qu'aux domaines de bas de vallée. 118 km de pistes. Tarif journalier adulte : 49 € ; 43,50 € pour 4h. Autre possibilité : *Mont Blanc Unlimited* (470 km de pistes) qui ouvre, en plus des domaines ci-dessus, Les Grands-Montets jusqu'à 3 300 m, Les Houches, Courmayeur (Italie), Verbier (Suisse), l'aiguille du Midi et les deux trains de montagne (Montenvers et tramway du Mont-Blanc). Tarif journalier adulte : 60 €. Noter enfin qu'il existe de nombreuses formules famille, juniors, etc. Chamonix, ce n'est pas une station, mais plusieurs stations en une. Répartis sur trois versants, les domaines skiables s'étendent sur plusieurs massifs reliés par navette ou le *Mont-Blanc Express* (train). Chaque domaine a ses spécificités, à choisir donc suivant son niveau, sa forme physique, la météo, etc. On vous propose ci-après un petit descriptif de chacun d'entre eux (les Grands-Montets sont logiquement traités avec Argentière).

– ***Les Planards*** *(1 062-1 242 m)* **:** un espace débutant à deux pas du centre-ville. Également une descente en luge avec piste sur rails de 1 300 m : un grand huit au cœur des montagnes.

– ***Brévent-Flégère*** *(1 050-2 525 m)* **:** au pied du ***Brévent,*** le *Savoy* est un domaine pour débutants. Puis on commence à passer aux choses sérieuses ! Ce domaine d'altitude bien ensoleillé dévoile un éventail de pistes tous niveaux, face au mont Blanc. Les petits skieurs s'offriront un ski agréable et varié dans la bleue de la *combe des Vioz.* Aux bons skieurs, on ne peut que conseiller la noire *Charles-Bozon* : un itinéraire long de 2 550 m, très technique, à flanc de montagne. Si le mur de départ vous fait flipper, il existe une variante plus facile, mais vous ratez ce qui est peut-être l'un des plus beaux panoramas des Alpes ! Liaison par téléphérique avec les pistes de la ***Flégère,*** à 2 km en amont de Chamonix.

Pistes variées et qui, toutes ou presque, offrent de jolis points de vue sur la mer de Glace ou le massif du Mont-Blanc. Belles descentes, à travers de larges combes.

– ***Balme*** *(1 462-2 270 m)* **:** un joli domaine familial sur deux versants, permettant un ski varié sur de larges pistes côté Chamonix et dans les sapins du côté de Vallorcine. Pas de sueurs froides à se faire pour les débutants, avec un téléski adapté à un ski tranquille.

La vallée Blanche : entre toutes les possibilités qu'offre le coin, un itinéraire classique que tout skieur doit avoir fait au moins une fois dans sa vie : 20 km, 2 800 m de dénivelée depuis l'aiguille du Midi, des panoramas féeriques. Praticable de janvier à mai selon les conditions (équivalent d'une piste rouge). On vous conseille fortement de faire la *vallée Blanche* avec un pro (guide de haute montagne), parce qu'on skie sur glacier, et qui dit glacier dit crevasses... Compter de 4 à 6h pour la descente. La tradition veut que l'on s'arrête pique-niquer à la *Salle à Manger...*

Ski nordique : 53 km de pistes sur l'ensemble de la vallée de Chamonix. Forfait journée : 12 €.

➢ ***Sentiers piétons :*** 17 km de sentiers balisés.

– ***Patinoire :*** *juil-début sept, tlj 14h-17h (nocturne mer 21h-23h) ; l'hiver, tlj 14h-18h (nocturne mer). Entrée : 6 € (loc patins 4,10 €) ; réduc.* Olympique et couverte. On y joue aussi au curling (un club existe à Chamonix depuis 1925 !) et au hockey avec la fameuse équipe des Chamois.

Sports et loisirs d'été

➢ ***Randonnées :*** *infos à l'office de tourisme et à l'office de haute montagne ; guide avec carte des randonnées en vente à l'office de tourisme.* Évidemment de quoi user quelques paires de chaussures avec 350 km de sentiers, mais inutile de vous préciser qu'en été vous n'y serez pas tout seul. Quelques grands classiques : le *lac Blanc,* le *plan de l'Aiguille-Montenvers,* le *refuge Albert-Ier*. Attention, on grimpe vite en altitude et le mal des montagnes, ça existe... Plein de balades familiales toutefois de 40 mn *(la cascade du Dard)* à 2h *(le chalet des Pyramides).*

– ***Alpinisme, courses en haute montagne :*** *contacter la prestigieuse* ***Compagnie des guides de Chamonix-Mont-Blanc*** *(plan A2), Maison de la montagne, pl. de l'Église. ☎ 04-50-53-00-88. • chamonix-guides.com •* Que ceux qui veulent « faire » le mont Blanc se le disent : ce n'est pas une balade familiale mais une vraie course, qui nécessite une expérience en alpinisme (et un encadrement par des pros est évidemment recommandé).

🚲 ***VTT :*** 130 km de cross-country de Servoz à Vallorcine et pistes à Balme et aux Houches. *Plan dispo dans les offices de tourisme de la vallée (gratuit).*

– ***Centre nautique :*** *au centre sportif Richard Bozon, 214, av. de la Plage. ☎ 04-50-53-23-70. Ouv tte l'année. Entrée adulte : 6 € ; réduc.* Bassin de 25 m couvert, ainsi qu'un bassin extérieur de 50 m, bassin ludique couvert, toboggan couvert de 130 m, jacuzzi...

Fêtes et manifestations

– ***Les Piolets d'or :*** *4 j début avr.* Célébration de l'alpinisme et de l'esprit de cordée. L'occasion de faire connaître les grandes ascensions et la motivation qui anime ces alpinistes chevronnés. Conférences, expos, projections...
– ***Cosmo Jazz Festival :*** *9 j. fin juil-début août. • cosmojazzfestival.com •* Concerts en plein air et en altitude (il y en a également quelques-uns à Chamonix même) pour le festival le plus haut d'Europe ! Imaginé par le médiatique et désormais chamoniard André Manoukian.
– ***Fête des Guides :*** *14-15 août.* Dans la journée, hommage rendu aux disparus en montagne et aux guides, remise des médailles aux clients émérites, messe et bénédiction des hommes, des piolets et des cordes. En soirée, concert, spectacle son et lumière et feu d'artifice.

DANS LES ENVIRONS DE CHAMONIX

ARGENTIÈRE *(74400)*

Petite station au pied du glacier d'Argentière et du célèbre et sportif domaine skiable des Grands-Montets. Beaucoup plus village que Chamonix, avec ses vieilles maisons autour du clocher à bulbes habillé d'écailles de fer-blanc de son église.

Adresse et info utiles

Office de tourisme : *24, route du Village. ☎ 04-50-54-02-14. • chamonix.com • Ouv en saison slt.*
SNCF : *☎ 36-35 (0,34 €/mn). • ter-sncf.com •* Le TER reliant Saint-Gervais-Le Fayet à Martigny, en Suisse, dessert tous les villages de la vallée.

Où dormir ? Où manger ?

De bon marché à prix moyens

Auberge-refuge La Boerne : *288, Trélechamps. ☎ 04-50-54-05-14. • contact@la-boerne.fr • la-boerne.fr • À 2,5 km au nord d'Argentière par la D 1506. Accessible à pied l'hiver, quand la route est fermée, depuis le parking de la gare SNCF Montroc-le-Planet. Congés : de mi-nov à début déc. Résa conseillée. Nuitée 20 €/pers ; petit déj 10 € (!). ½ pens 40 €/pers imposée l'été. Carte env 16 €. Remise de 10 % sur le prix de la chambre hors w-e et vac scol sur présentation de ce guide.* Un vieux chalet d'alpage dans un superbe hameau, à l'écart des pistes. Authentique avec sa *boerne*, grande cheminée où l'on faisait jadis sécher les jambons. Aujourd'hui, ce sont les gants et les vestes de montagne qui y sèchent par mauvais temps ! Un vrai refuge, avec dortoirs et bat-flanc (une trentaine de places en tout), duvets qui prennent l'air, et randonneurs avec les marques du sac à dos sous le bronzage. Chambrées compactes, mais quelques planques pour ranger ses affaires si les dessous de lits ne suffisent pas. Casse-croûte, bonnes tartes maison et spécialités régionales. Étape sur le tour du mont Blanc, donc résa conseillée.

Hôtel Les Randonneurs : *39, route du Plagnolet. ☎ 04-50-54-02-80. • les-randonneurs@orange.fr • lesrandonneurs.fr • À la sortie d'Argentière, direction Chamonix, face au parking des Grands-Montets. Congés : de nov à mi-déc. Nuitée 20 €/pers en dortoir 6 pers, draps inclus. Doubles avec lavabo ou douche (w-c sur le palier) 40-50 €. Menus 14-17 € ; carte env 26 €.* Le chalet rose aux volets bleus posé en retrait du rond-point est l'un des meilleurs plans de la vallée de Chamonix. Petit hôtel aux chambres toutes simples (certaines avec balcon) mais bien tenues.

La P'tite Verte : *89, rue Charlet-Straton. ☎ 04-50-54-54-54. Fermé mar, plus lun soir hors saison. Congés : mai et nov. Menus 16 (midi en sem)-19 € ; carte env 35 €. Apéritif offert sur présentation de ce guide.* Ne traversez pas trop vite le centre-ville d'Argentière, cette adresse joliment arrangée mérite une halte. Pas une cuisine extravagante (le régime savoyard est de mise ici), mais c'est frais et savoureux. Contrastant avec la sobriété du décor plutôt moderne, les fondues, croûtes et autres spécialités riches en calories sont copieusement servies sur la longue tablée ou en terrasse face à la gare.

La Crèmerie du glacier : *766, chemin de la Glacière. ☎ 04-50-54-07-52. Par le chemin de la Glacière, suivre le fléchage ; on peut aussi grimper à pied en 15 petites mn depuis la télécabine des Grands-Montets. Tlj sf mer saison hiver. Congés : de mi-mai à mi-juin et de mi-sept à mi-déc. Carte env 20 €. Apéro offert sur présentation de ce guide.* Petit chalet un peu perdu dans la forêt. Selon le principe des « crèmeries » traditionnelles de la vallée, on peut y casser la croûte dans une ambiance chaleureuse : et les croûtes, justement, sont fameuses ! À l'intérieur, on est un peu à l'étroit, mais le charme opère et le rapport qualité-prix est excellent.

Beaucoup plus chic

Hôtel Les Grands Montets : *340, chemin des Arbérons. ☎ 04-50-54-06-66. • info@hotel-grands-montets.com • hotel-grands-montets.com •*

Doubles 145-230 € selon confort, vue et saison ; également des suites en duplex et des chambres familiales communicantes 250-415 €. Garage couvert (payant). Apéritif offert sur présentation de ce guide. Le genre d'adresse qui ne donne guère envie de quitter la chambre... les amoureux seront ravis ! Les familles aussi, car les enfants peuvent dîner à la table d'hôtes (mais pas les parents !). Salon cossu où l'on se détend dans de confortables fauteuils club dans une ambiance montagne très étudiée. Les chambres, rénovées dans un style « montagne », plus sophistiqué que rustique, sont assez luxueuses : beaux tissus et belles matières, moquette épaisse, plusieurs rangées de coussins sur les lits... Vaste et magnifique piscine couverte, hammam, sauna, jacuzzi extérieur ou salle de fitness (le tout en accès libre). Le téléphérique se situe à 50 m et de nombreuses balades sont possibles au départ de l'hôtel. Un confort qui se paie au prix fort.

À voir. À faire dans les environs

La réserve naturelle des Aiguilles-Rouges : *col des Montets. ☎ 04-50-54-02-24. • rnaiguillesrouges.org • Maison d'accueil ouv tlj l'été et aux vac scol de la Toussaint. Fermé de nov à mi-mai. GRATUIT.* 3 300 ha et une flore et une faune évidemment exceptionnelles. C'est la première réserve à avoir été créée, par une association, à l'initiative du curé d'Argentière. Dans le chalet d'accueil, animaux naturalisés, cristaux et autres roches scintillantes, et au sous-sol, un laboratoire scientifique en libre-service avec microscopes et tout, et tout. Animateurs compétents et passionnés, qui peuvent aussi vous mener sur le sentier de découverte voisin. Et évidemment, de nombreuses balades dans la réserve, où vous finirez bien par croiser quelques marmottes, chamois et bouquetins.

Stations de ski

Ski alpin : là encore, plusieurs domaines accessibles avec le forfait *Chamonix Le Pass* (environ 118 km de pistes) : 49 €/adulte et par jour (sauf accès au top des Grands-Montets) ; ou *Mont Blanc Unlimited* : 60 €/adulte.

– ***Les Chosalets*** *(1 230 m)* **:** à l'entrée d'Argentière. Deux téléskis pour un vaste stade d'apprentissage, parfait pour que le petit dernier fasse ses premiers pas sur des planches.

– ***Les Grands-Montets*** *(1 235-3 300 m)* **:** attention, mythe ! Pour ceux qui veulent skier dans la cour des Grands. Tous les fondus de la glisse en parlent, avec des trémolos dans la voix, comme de l'un des plus beaux spots du monde. Les pistes se répartissent sur trois versants : le glacier d'Argentière à l'est, Lognan au nord et la combe de la Pendant à l'ouest. Une qualité de neige exceptionnelle d'un bout à l'autre de la saison. Une dénivelée extraordinaire (plus de 2 000 m, 8 km qu'on peut s'avaler d'une traite si on tient la forme !). Et pour ne rien gâcher, une vue imprenable sur le massif du Mont-Blanc. Évidemment, on n'est pas les seuls à vanter les qualités des Grands-Montets ; s'attendre donc à quelques bonnes files d'attente, notamment à l'accès au deuxième tronçon du téléphérique (à tel point qu'il est préférable de réserver au moins la veille son horaire de montée). Des pistes noires d'exception, des itinéraires hors piste tout aussi superbes (cachant évidemment quelques pièges, prudence, prudence...) comme dans la *combe de la Pendant.*

– ***Le Tour-Vallorcine*** *(1 453-2 270 m)* **:** au-dessus du dernier village de la vallée de Chamonix, l'un des plus enneigés de France. Quelques chouettes descentes, pas trop difficiles sans être barbantes, depuis le col de Balme (emmitouflez-vous sur le dernier tronçon, il y a souvent du vent). Vue exceptionnelle, une fois de plus, sur le massif du Mont-Blanc.

VALLORCINE (74660)

Des hameaux qui se sont dispersés sur la pente pour éviter les couloirs d'avalanche, et des vaches dont on avait failli oublier l'existence dans la très urbaine vallée de Chamonix. Un bout du monde. Un vrai. Vallorcine n'a été reliée à sa voisine suisse (la vallée du Trient, voir le *Routard Suisse*) qu'en 1840. Côté français, l'hiver, le col des Montets reste parfois pris dans les neiges, mais cet enclavement garantit aujourd'hui l'authenticité de Vallorcine.

Adresse et info utiles

Office de tourisme : *la maison du Betté, D 1506. ☎ 04-50-54-60-71. • vallorcine.com • Tlj pdt les vac scol 9h-12h, 14h30-18h30 (17h30 hors saison) ; sinon fermé mer et dim.*

SNCF : *☎ 36-35 (0,34 €/mn). • ter-sncf.com • sncf.fr •* Le TER reliant Saint-Gervais-Le Fayet à Martigny, en Suisse, dessert tous les villages de la vallée.

Où dormir ? Où manger ?

De prix moyens à chic

Chambres d'hôtes L'Anatase : *Les Plans. ☎ 04-50-54-64-06. 06-72-28-52-05. • info@lanatase.com • lanatase.com • Un peu en retrait de la route, sur la gauche, à la sortie du village, en direction de la frontière suisse. Congés : de mi-nov à mi-déc. Doubles 65 (w-c sur le palier)-93 € selon confort et saison ; familiales 103-123 €. Réduc de 10 % (15 mai-15 juin et 1er oct-15 nov) sur présentation de ce guide.* Dans une grosse maison extérieurement un peu sévère (comme elles savent l'être à la montagne), à 50 m des remontées mécaniques. L'intérieur est, lui, bourré de charme : du bois, de la pierre, des meubles séculaires et 5 belles chambres. Cuisine à disposition. Les proprios connaissent bien le pays du Mont-Blanc : lui est instructeur en parapente et elle monitrice de ski !

Résidence Odalys L'Ours bleu : *lieu-dit Le Plan-de-l'Envers. ☎ 04-50-18-19-41. • ours.bleu@odalys-vacances.com • Fermé en mai et sept-déc. À partir de 275 €/sem pour un 2-pièces 4 pers.* Pratique, la résidence haut de gamme est située au pied de la télécabine. Le confort et la déco sont particulièrement soignés dans les grands studios et les appartements : meubles aux lignes épurées, moquettes épaisses, équipements de grand confort (Internet, lecteur de DVD). Belle piscine couverte chauffée, espace remise en forme, sauna, hammam. Animations gratuites pour les enfants et les ados, et randonnées de 2 demi-journées avec accompagnateur offertes en été.

L'Arrêt-Bougnète : *pl. de la Gare, Le Plan-de-l'Envers. ☎ 04-50-54-63-04. • larretbougnete@hotmail.fr • Tlj sf lun soir (plus mar soir hors saison). Congés : mai et oct-nov. Menu 14 € ; carte env 23 €. Café offert sur présentation de ce guide.* Le buffet de la gare, en fait ! Et sur la ligne du *Mont-Blanc Express* (Martigny-Chamonix), s'il vous plaît ! Une halte improbable, où l'on sert, dans un cadre rustique, une cuisine qui l'est tout autant. Petite carte de crêpes et salades, et spécialités régionales comme le berthoud. Convivial et sympa.

Café Comptoir : *89, rue Charlet-Straton. ☎ 04-50-18-72-43. • berguerand.nathalie@gmail.com • Entre la gare et les pistes, à côté de la télécabine. Tlj sf dim soir-lun et mar soir hors saison. Menu déj 18 €, le soir 30 € ; carte 25-30 €. Génépi offert sur présentation de ce guide.* Il faut l'énergie de la jeunesse pour bâtir un magnifique chalet avec de solides madriers. Le sol est en pierre, la charpente apparente, et des peaux de bête recouvrent les bancs ! C'est cet élan inspiré qui a poussé le couple de Lyonnais aux rênes de cette charmante adresse à faire une cuisine innovante sans être compliquée. Le midi, le saucisson en apéro est inclus dans la formule, et les plats sont réussis, comme les ravioles à la truffe ou la sublime tarte au citron en dessert. Pas d'entrées au choix à la carte, mais elle est comprise dans le plat et commune pour tous ! Service charmant.

À voir dans le coin

La maison-musée de Barberine : *hameau de* ***Barberine.*** *☎ 04-50-54-63-19. Accès par une petite route à gauche, juste avt le poste de douane. Juil-août, tlj 14h30-17h30 ; le reste de l'année, sur rdv. Entrée : 3 € ; gratuit pour les moins de 18 ans.* Dans une vieille et belle ferme du XVIIIe s (superbes poutres sculptées), un petit musée d'arts et traditions populaires pour mieux comprendre, en passant dans les différentes pièces de la maison, la vie dans cette vallée souvent coupée du monde. L'occasion de découvrir ce que sont une *bourne,* un *pèle,* un *vret* ou une *delabre...* Une visite très vivante, commentée par des bénévoles passionnés.

Le barrage d'Émosson : *juste à la frontière mais côté suisse (prévoir donc une pièce d'identité). Accès en voiture possible de mi-mai à mi-oct env (selon enneigement) ; sinon, de début juin à mi-sept env, avec le train* Mont-Blanc Express *jusqu'à la gare de Finhaut, puis bus jusqu'au lac d'Émosson (horaires sur • tmrsa.ch •). Compter 11,80 CHF (11 €) l'aller simple. On peut également y accéder depuis Châtelard-Village via 2 funiculaires et le petit train panoramique du « VerticAlp Emosson », c'est l'option la plus chère mais c'est magnifique par beau temps ; se renseigner au ☎ 00-41-27-769-11-11 ou sur • verticalp-emosson.ch • De fin-mai à mi-oct, départs fréquents selon saison et affluence (10-30 mn), compter 40 CHF soit 36 € (gratuit moins de 6 ans). En été, visites guidées gratuites 3 fois/j. avec passage dans le mur du barrage (s'annoncer une fois sur place ; max 10 pers). Restaurant sur place.*
De la gare du Châtelard VS (village, à ne pas confondre avec Châtelard-frontière), on s'embarque pour une petite expédition ferroviaire (compter 30 à 45 mn/trajet pour les 3 installations). Bienvenue, dans un premier temps, à bord du funiculaire le plus raide du monde (jusqu'à 87 % de déclivité !) qui grimpe jusqu'aux Montuires. On profite d'une très chouette vue sur les Alpes et la haute vallée du Rhône avant d'embarquer dans un train, lui aussi panoramique, qui mène jusqu'au pied du barrage. Encore un petit coup de « Minifunic » pour grimper jusqu'à la gare Lac-d'Émosson, située à 1 960 m d'altitude (et à 30 m au-dessus du couronnement du barrage). Panorama tout simplement incroyable sur toute la chaîne du Mont-Blanc.
Le barrage, construit entre 1969 et 1975, n'est pas mal non plus dans son genre : haut de 180 m, long de 554 m et épais de 48,50 m à sa base, il retient quelque 225 millions de mètres cubes d'eau. Nombreuses possibilités de randos autour de la seconde plus grande retenue d'eau suisse, dont une vous mènera sur les traces des dinosaures (5h de marche aller-retour). En 2016, le barrage d'Émosson accueille la 17e étape du Tour de France.

Ski et neige

Ski alpin : domaine de la Poya (1 320 m), deux remontées mécaniques et un fil neige ; 4 km de pistes. Tarif : environ 15 €. Pour le domaine de Balme (voir plus haut « Ski et neige » à Chamonix), liaison directe par télécabine depuis le centre du village. Et les Grands-Montets ne sont qu'à 8 km.

Ski nordique : 10 km de pistes qui se baladent entre épicéas et mélèzes, longeant la rivière l'Eau-Noire. Forfait journée : 8 €. Également 8 km de sentiers piétons.

Sports et loisirs d'été

➢ ***Randonnées :*** *carte des sentiers en vente à l'office de tourisme.* 80 km de sentiers. Quelques suggestions : le *mont Buet,* le *refuge de la Loriaz,* la *cascade de Bérard.* Un sentier thématique : celui des diligences, en fond de vallée, qui permet de découvrir le patrimoine vallorcin.

– ***Escalade :*** au moins trois sites.

LA VALLÉE DU GIFFRE

Dans la basse vallée, ample comme toute vallée glaciaire qui se respecte, la montagne est pleine de mesure, les sommets ont des figures presque bonhommes et certains villages mériteraient d'être classés Monuments historiques. Tout en haut, la route vient buter contre le grandiose cirque du Fer-à-Cheval où il semblerait, comme dans la fable de la grenouille et du bœuf, que les Préalpes calcaires veuillent se faire aussi grosses que les voisins de granit du massif du Mont-Blanc.

MIEUSSY

(74440) 2 150 hab. *Carte Haute-Savoie, C2*

À l'entrée de la vallée et à 660 m d'altitude, un tout petit village un peu ignoré des touristes, plutôt typique pourtant, avec ses maisons serrées autour du clocher à bulbes de l'église, sa fruitière et sa Maison du goût (que l'on peut visiter). Surtout connu toutefois comme capitale historique du parapente, puisque c'est ici qu'a été inventé ce drôle d'engin, en 1978, par trois enfants du pays.

ℹ ***Office de tourisme :*** *☎ 04-50-34-25-05 et 04-50-43-02-72. • prazdelys-sommand.com •*

Où dormir ? Où manger à Mieussy et dans les environs ?

Gîte de séjour – La Ferme du Château : *121, chemin de la Ferme-du-Château, Lapraz. ☎ 04-50-43-07-07 ou 06-82-50-41-28. • jlbessonamn@orange.fr • gite-ferme-chateau.fr • Depuis Mieussy, suivre la direction Sommand pdt 2 km, puis fléchage. Congés : nov. Nuitée 16 €/pers, en gestion libre.* Jean-Luc, accompagnateur en moyenne montagne, a aménagé ce petit gîte convivial juste à côté de la ferme de ses parents. Une quinzaine de lits (superposés et en pin naturel !), répartis en 4 chambres modulables selon le nombre de personnes. Lavabos, douche et w-c communs. Cuisine en gestion libre. Et tout ça à prix doux. Navette pour la station de Praz-de-Lys à 200 m.

La Cabane du Pêcheur : *lac du Môle, 74250* ***La Tour.*** *☎ 04-50-36-91-23. • la.cabane.du.pecheur@*

wanadoo.fr • À une dizaine de km à l'ouest de Mieussy par la D 306, fléché sur la gauche après La Tour. Fermé lun (slt le soir 14 juil-31 août) et le soir dim, mar. Le midi en sem, formule 14,90 € ; menu 31,90 €. Carte env 40 €. Café offert sur présentation de ce guide. En fait de cabane, il s'agit plutôt d'une belle salle entièrement rénovée, dont les baies s'ouvrent largement sur un charmant petit lac. Accueil fort aimable. Cuisine soignée, comme on dit, classique mais avec quelques idées d'aujourd'hui. Pas mal de poisson ; grenouilles et gibier en saison. Belle terrasse, côté lac bien sûr.

À voir

Croq'Alp – Le Secret des Fromages (Maison du goût ; la fruitière des Hauts-Fleury) : *☎ 04-50-94-47-50. • croqalp.fr • Ouv tte l'année. Mer, ven et sam 9h-12h, 15h-18h ; juil-août, mar-sam. Visite + dégustation : 4,50-7 € (avec film) ; réduc ; gratuit moins de 5 ans.* Pour tout savoir sur la tomme et le reblochon (une fruitière est bien, dans les Alpes comme dans le Jura, l'endroit où l'on fabrique du... fromage !). D'une part, la fruitière et la fabrication du fromage, d'autre part un centre d'interprétation qu'on parcourt avec une baguette interactive : film en 3D, espace multimédia sur les enjeux, les contraintes et l'évolution de l'agriculture de montagne. Boutique où acheter, bien sûr, la production maison, entre autres produits régionaux.

– ***L'Escargotière d'Arno :*** *Sous-Châtel. 06-03-07-80-11. Visite juin et sept, w-e (l'ap-m) ; juil-août, mer-ven 10h-12h30, 14h-19h. Entrée : 3 € ; réduc.* Un élevage de 120 000 escargots. Film et parcours découverte pour les enfants. Dégustation.

Sports et loisirs d'été

– ***Parapente :*** évidemment ! ***Les Choucas*** *(☎ 04-50-43-05-13),* première école à avoir été créée en France. Baptêmes en biplace, stages tous niveaux avec ***AirOne Parapente*** *(en été slt, 06-85-74-03-87)* et ***Mieussy Parapente Système*** *(☎ 04-50-43-06-91).*

– ***Escalade :*** Mieussy est le deuxième site du département après Chamonix. Tous niveaux.

DANS LES ENVIRONS DE MIEUSSY

Le Musée paysan : *680, av. de Savoie,* ***Viuz-en-Sallaz*** *(74250). ☎ 04-50-36-89-18. • paysalp.fr • Dans le village, c'est fléché. Sept-juin, lun-sam 10h-12h30, 13h30-17h ; juil-août, lun-ven 9h-12h, 14h-18h et dim 14h-18h. Entrée : 5 € ; réduc.* Petit musée qui évoque, avec pertinence et sans nostalgie aucune, la vie quotidienne d'un village à la campagne il y a 2 siècles. Dans un coin trône une guimbarde, outil de travail du colporteur, l'un des symboles de la nécessaire émigration. Les villages étaient animés, vivant en quasi-autarcie, comme en témoignent ici les nombreuses reconstitutions d'habitats traditionnels (un chalet d'alpage avec table pliante et tabouret à traire), de boutiques (il y a même un bon vieux bistrot), d'ateliers d'artisans (cordonnier, menuisier...). Le même bâtiment abrite une ancienne salle de classe, avec leçon de morale et écriture à la plume.

Le prieuré : *à* ***Peillonnex*** *(74250). ☎ 04-50-36-89-18. • paysalp.fr • Ouv en juil-août slt : mar et jeu, visite commentée à 15h. Entrée : 5 € ; réduc.* Construit au XIIe s, de styles roman et baroque. Son et lumière pour découvrir le chœur du XVIIIe s.

TANINGES

(74440) 3 480 hab. *Carte Haute-Savoie, C2*

Un bourg-carrefour entre Aravis et Chablais que, du coup, on pourrait se contenter de traverser. Mais qui mérite qu'on s'y pose quelques instants pour sa chartreuse, son petit bout de centre Renaissance et son étonnant carillon.

Adresse utile

Office de tourisme : *62, rue de la Poste. ☎ 04-50-34-25-05. • prazdelys-sommand.com • Ouv lun-sam 9h-12h, 14h-18h.*

À voir

La chartreuse de Mélan : *☎ 04-50-34-25-05. Juil-août, mar-dim 10h-12h, 14h-18h. Entrée libre. De mi-juin à mi-sept, visite guidée avec un guide du patrimoine (renseignements à l'office de tourisme, 3 € ; gratuit moins de 16 ans).* Fondée en 1285 par Béatrix de Faucigny, l'église devait abriter sa sépulture et celle de son fils. Les chartreuses quittèrent les lieux après 5 siècles. De très beaux restes subsistent d'un incendie destructeur (1967). Une église en grande partie du XIIIe s d'une majestueuse simplicité, un cloître typique du gothique tardif (XVIe s) aux formes architecturales bien adaptées au rude climat des Alpes. Il a été filmé dans les *Rivières pourpres* de Matthieu Kassovitz. Intéressantes expositions d'art contemporain en été, ainsi que de nombreux concerts (juillet-août). Autour de la chartreuse, des sculptures contemporaines sont disséminées depuis le bourg jusqu'aux berges du Giffre.

L'église Saint-Jean-Baptiste : *visite guidée du clocher-musée mar à 18h de fin juin à mi-sept.* Du XIXe s, néoclassique et énorme (c'est même la plus grande du genre dans la région), l'église vaut surtout pour son ***carillon*** (le plus grand également du département), qu'on entend jouer, comme dans les Flandres, tous les jeudis (jour du marché) à 10h20 précises ! L'accès au clocher – donc au carillon – se fait par l'arrière de l'église pour entendre jouer le carillonneur sur ces 40 cloches dont l'une, de 1767, est classée. Étonnant. En montant, on découvre dans les étages du clocher un petit musée consacré à l'art campanaire et quelques harmoniums. Concerts en nocturne l'été également et festival de Contes au clocher début août (renseignements à l'office de tourisme).

Le bourg ancien : *en juil-août, visite guidée, renseignements à l'office de tourisme.* Au débouché de la déjà pittoresque Grande-Rue (très petite), on englobe presque d'un seul regard la place du marché, sa fontaine du XIXe s, sa maison du XVe (au no 7) aux très jolies fenêtres à meneaux et aux sculptures allégoriques, et l'ancienne chapelle Sainte-Anne (XVIe s) aux faux airs russes sous son tout petit clocher à bulbe. De la place part la bien nommée rue des Arcades avec la Maison du patrimoine, espace dédié aux métiers et à la vie d'autrefois *(accès libre, juil-août).*

PRAZ-DE-LYS-SOMMAND

(74440) *Carte Haute-Savoie, C2*

Station familiale qui disperse ses petits immeubles sur un superbe plateau côté Praz-de-Lys. Sommand, qu'on rejoint l'été par le col de la Ramaz, est un peu plus nature et abrite d'ailleurs l'une des plus belles tourbières des Alpes françaises.

Adresses utiles

Office de tourisme de Praz-de-Lys : *☎ 04-50-34-25-05. • prazdelys-sommand.com • Ouv en saison slt, tlj. Sinon rens à Taninges et Mieussy : ☎ 04-50-34-25-05.*

Office de tourisme de Sommand : *☎ 04-50-34-30-69. • prazdelys-sommand.com • Ouv en saison slt. Sinon rens à Taninges et Mieussy : ☎ 04-50-34-25-05.*

Où dormir ? Où manger ?

Chalet hôtel Vacca Park : *2, route du Col-de-la-Ramaz, Sommand, 74440* ***Mieussy.*** *☎ 04-50-34-20-88. • info@sommand.fr • vaccapark.com • (1 chambre). Au pied du col de la Ramaz. Accès par la D 308 depuis Praz-de-Lys ou Mieussy. Congés : 3 avr-14 mai et 3 nov-12 déc. Doubles 85-144 € suivant saison. ½ pens supplément de 35 €/j./pers. Formule déj en sem 16,90 €, menus 23-27 €. Café offert sur présentation de ce guide.* Cet hôtel affiche une déco d'un design relax, de la réception aux chambres. On s'attendrait d'ailleurs plus à rencontrer ce genre d'adresse au cœur d'une ville que tranquillement posée, à 1 420 m d'altitude, juste à côté d'une tourbière. Bonne cuisine de tradition au resto. Belle piscine couverte, sauna et jacuzzi. Et les pistes sont vraiment tout près.

Ski et neige. Sports et loisirs d'été

Ski alpin : domaine 1 250-2 000 m. 50 km de pistes. Forfait journée adulte : 26 € (20,50 € samedi) ; tarif w-e hors vacances scolaires 39 €. Un bon enneigement (même si le relief n'a rien d'agressif, on est quand même en altitude), un bon ensoleillement aussi pour ce tranquille domaine familial.

Ski nordique : 60 km de pistes. Carte journée adulte : 8,20 €. Superbe domaine (ce vaste plateau permet le tracé de belles boucles) et quelques chouettes panoramas sur le massif du Mont-Blanc.

➢ ***Sentiers piétons et VTT*** *(en été)* **:** plus de 150 km, balisés.

– ***Autres sports et loisirs :*** raquettes, parapente, traîneaux à chiens, etc.

MORILLON (74440) 570 hab. *Carte Haute-Savoie, C2*

Le nom de la commune viendrait des grosses morilles qui, paraît-il, pullulent dans les environs. Mais cela ressemble à de la publicité mensongère... Parce que, plus prosaïquement, Morillon dériverait de *mor,* appellation locale d'un ancien éboulement rocheux sur lequel est construit ce village-rue où pointe le clocher d'une église du XVIe s. Autour du hameau des Esserts, à 5 km du village, un éditeur de livres d'art genevois, pote de Cocteau et de Picasso, a développé dans les années 1950 une petite station de sports d'hiver : Morillon 1100. On y trouve une patinoire et on peut y pratiquer sorties à raquettes, luge, conduite de *pulka*...

Office de tourisme : *☎ 04-50-90-15-76. • morillon.fr • Ouv tlj en saison, en sem slt hors saison.*

À voir

L'église Saint-Christophe : la tour-clocher est en tuf et se dresse depuis 1500. À l'intérieur, trois petites nefs voûtées d'ogives. À Morillon aussi (voir plus loin « Samoëns »), maçons et tailleurs de pierre savaient travailler...

Ski et neige

Ski alpin : domaine (700-2 500 m) intégré à celui du Massif et même du Grand-Massif. Le domaine skiable du Massif comprend Morillon, Samoëns, Les Carroz et Sixt, soit un total de 145 km de pistes. Forfait unique pour l'ensemble de ces stations : 39,50 € par jour et par adulte. Le Grand-Massif inclut Flaine à ceux déjà cités. Ce qui donne près de 265 km. Compter alors 45,50 €.

SAMOËNS

(74340) 2 390 hab. *Carte Haute-Savoie, C2*

Sur les armes du bourg de Samoëns (prononcer « Samouin ») figurent sept monts surmontés d'un sapin qui rappellent les sept alpages concédés au XIVe s aux habitants (les Septimontains) par les comtes de Savoie. Un blason qui n'a rien perdu de sa pertinence : un bon millier de vaches et quelques moutons broutent encore, en été, l'herbe drue des pâturages à l'orée d'un épais manteau forestier. Samoëns arbore l'image d'une station familiale animée en conservant toujours le visage d'un gros bourg agricole.

LES *FRAHANS* DE MANNEDINGUE

La vallée du Giffre en général et Samoëns en particulier ont engendré plusieurs générations de maçons et de tailleurs de pierre. Ils ont laissé ici ou là, dans le coin, quelques beaux exemples de leur talent, ouvrez l'œil ! Dès le XVIIe s, la réputation de leur savoir-faire avait dépassé les limites de la vallée, et ils s'absentaient de longs mois pour « travailler du maçon » (et non du chapeau !), voyageant (à travers toute l'Europe et jusqu'en Louisiane) en bandes, sous la conduite de leurs patrons, pour construire ponts, églises et autres monuments. Vauban leur confia l'édification de plusieurs de ses inexpugnables citadelles (à Besançon, Mont-Dauphin...), et Voltaire la construction de son aimable petit château à Ferney.
Le mode de vie communautaire de ces maçons et tailleurs de pierre, surnommés *frahans* (ou *frahants*), a donné naissance à un langage joliment poétique, le *mourmé*. En *mourmé*, Samoëns devient *Mannedingue*.

Adresse et infos utiles

Office de tourisme : *66, pl. de l'Office-de-Tourisme. ☎ 04-50-34-40-28. • samoens.com •* Se renseigner pour les visites guidées de Samoëns.
Trains et TGV jusqu'à Cluses, à 20 km *(☎ 36-35, 0,34 €/mn ; • sncf.fr •)*, puis liaisons en bus *SAT* jusqu'à Samoëns *(☎ 04-50-37-22-13, gare routière)*.
– **Marché :** *mer mat.* Un des plus sympathiques marchés de la région, qui envahit quasiment tout le centre du bourg. Stationnement vite compliqué ce jour-là...

Où dormir ?

Camping

⛺ ***Le Giffre :*** *La Glière. ☎ 04-50-34-41-92. • camping.samoens@wanadoo.fr • camping-samoens.com • ♿ À 1 km de Samoëns par la D 4, direction Morillon. Ouv tte l'année. Résa plus que conseillée en juil-août. Emplacement 14,35-20,75 € pour 2 selon saison. Loc de studios équipés pour 5 pers et de bungalows toilés 190-650 €/sem selon saison.* Camping municipal situé dans un joli coin, entre le Giffre et le petit lac aux Dames. Piscine (en été, à 200 m), tennis et practice de golf à proximité. Laverie. Resto à proximité.

Chic

🏠 🍽 ***Hôtel-restaurant L'Edelweiss :*** *La Piaz. ☎ 04-50-34-41-32. • hotel-edelweiss@wanadoo.fr • edelweiss-samoens.com • À 800 m du centre, sur les hauteurs de Samoëns. Resto fermé le midi. Congés : 9 avr-4 mai et 15 oct-18 déc. Doubles 76-100 € selon saison. Menus 26-33 € ; carte env 40 €. 💻 📶 Café offert sur présentation de ce guide.* Genre de grand chalet bardé de bois surplombant le bourg. Seuls voisins (ou presque) : les sapins. Au calme, donc. Hôtel un brin cossu et à l'ambiance mi-bourgeoise, mi-familiale. Accueil bienveillant. Chambres à la déco d'un bon goût classique et tout confort. Essayez d'en dégoter une avec balcon (avec vue sur la vallée et exposition plein sud !). À la carte, foie gras maison et poisson de lac.

🏠 ***Résidence La Renardière :*** *chemin des Forestiers, Le Quart. ☎ 04-50-34-45-62. • contact@renardiere.com • renardiere.com • ♿ À deux pas du centre de Samoëns. Congés : de mi-avr à mi-juin et de début sept à mi-déc. Doubles avec douche et w-c ou bains 210-260 € pour 2 nuits. Le plus souvent, loc d'apparts 2 pers à la sem 510-790 €. 📶 Apéritif offert sur présentation de ce guide.* Une jolie résidence hôtelière, genre chalet, toute fleurie l'été et pleine de ce charme que savent distiller boiseries et meubles peints. Studios et appartements jusqu'à 6 personnes sont dotés d'un grand confort : bonne literie, kitchenette équipée (frigo, plaques électriques, lave-vaisselle...), balcon. Équipement ad hoc : 2 piscines (intérieure et de plein air) et jacuzzi en accès libre, hammam et sauna (payants), spa avec soins à la carte, etc.

Où manger ?

– Voir également la rubrique « Où dormir ? ».

Prix moyens

🍽 ***Crêperie La Fandioleuse :*** *chemin de la Cour. ☎ 04-50-34-98-28. Au centre de Samoëns. Fermé dim en hiver sf pdt les vac scol. Congés : mai-juin et 20 sept-20 déc. Menu env 10,50 € ; compter 18 € à la carte pour un repas de crêpes.* En *mourmé,* cette drôle et poétique langue née au XVe s et propre aux tailleurs de pierre, une *fandolieuse* est une danseuse. Dans cette petite crêperie, joliment aménagée dans une maison du XVIe s, chaque crêpe porte ainsi un nom en *mourmé.* Au chapitre « particularismes locaux », on pourra aussi goûter (pour deux et à commander au moins la veille) la fameuse soupe châtrée qu'on mangeait autrefois pour la Saint-Christophe, potage pour le moins roboratif à base de pain, de tomme et d'oignons. Également des fondues, raclettes et tartiflettes (sur commande).

🍽 ***Le 8 M des Monts :*** *pl. du Gros-Tilleul. ☎ 04-50-21-30-01. • resto.8mdesmonts@yahoo.fr • Au cœur du village. Fermé jeu midi (plus soir hors saison) et dim. Congés : juin et de mi-oct à mi-déc. Résa conseillée le soir. Carte env 40 €.* Le p'tit bar-resto de village. Sauf que celui-là propose une salle (et une terrasse) dans l'air du temps, un accueil charmant et une cuisine maligne à base de produits du coin, donc frais et souvent bio, qui trahit, parfois, les origines bretonnes du chef. Et zut, emballés qu'on était par cette petite adresse, on a complètement oublié de demander à ce chef, qui fait de fréquentes visites en salle, d'où venait le drôle de nom de resto.

Chic

Le Monde à l'Envers : *pl. Criou. ☎ 04-50-34-19-36. En saison, fermé lun ; hors saison, fermé dim soir-mar. Formule déj env 17 € ; carte env 40 €.* On se sent tout de suite à l'aise dans ce resto qui respire la bonne humeur, où l'on s'attable sans perdre de vue la cheminée. Côté cadre, plancher et boiseries sont de mise, et le soir, l'atmosphère devient plus feutrée. Le menu du déjeuner, servi sur une ardoise permet à l'addition de garder la raison dans ce *Monde à l'Envers.*

Où acheter de bons produits ?

À la Jaÿsinia : *Grande-Rue. ☎ 04-50-34-40-31. Tlj sf mer 7h-12h, 15h-19h.* Pâtisserie-salon de thé. Tout un tas de douceurs (confiseries, chocolat, gâteaux) pour lesquelles le péché de gourmandise semble avoir été inventé. Parmi les spécialités, la framboisine (nougatine, framboise et financier, hmm !). Également des tables pour un petit déjeuner ou un goûter sur place. Cerise sur le gâteau : vous serez accueilli par M. Froissard, Meilleur Ouvrier de France en glace !

À voir

Un sacré patrimoine pour une si petite cité. Des visites commentées (payantes) par des guides du patrimoine ou des monuments permettent de découvrir l'histoire, l'architecture et la vie traditionnelle de la ville et des hameaux alentour. Se renseigner auprès de l'office de tourisme.

La place du Gros-Tilleul : réussie, dans le genre place de village ! Une fontaine de 1763, belle avec sa vasque de pierre et ses figures de bronze, une *grenette* (halle) édifiée au XIXe s. Et sur la place du Gros-Tilleul, il y a un... tilleul qui, depuis 1438, est devenu très gros, très haut, poussant ses racines jusque dans les caves des maisons avoisinantes.

GRÈVE DE LA FAIM

Si on jette plus qu'un vague coup d'œil à la halle de la place du Gros-Tilleul, on remarque qu'il manque quelque chose aux deux piliers centraux : l'artisan qui devait, en 1844, y sculpter les armoiries du bourg s'est mis en grève illimitée parce que la municipalité ne lui avait pas, comme convenu, fait porter son déjeuner ! Non mais !

L'église Notre-Dame-de-l'Assomption : reconstruite au XVIe s, elle conserve toutefois quelques vestiges de l'édifice roman initial, comme, flanquant le portail, ces deux lions accroupis portant deux colonnes torsadées. Toujours au portail, des inscriptions armoriées (mais pas mal mutilées) rappellent deux gloires locales : le cardinal Gerdil et monseigneur Biord (évêque de Genève resté célèbre pour ses embrouilles avec Voltaire). L'intérieur, banalement moderne, n'est pas d'un intérêt primordial. Remarquez tout de même, témoignage du coup de ciseau des tailleurs de pierre, le bénitier sculpté dans un seul bloc de marbre noir en 1844.

Le jardin de la Jaÿsinia : *☎ 04-50-34-49-86. Tlj 8h-12h, 13h30-19h (16h30 oct-avr et fermé s'il y a de la neige !). GRATUIT.* Jardin alpin créé en 1906 par la fondatrice de *La Samaritaine,* Marie-Louise Cognacq, née Jaÿ – d'où ce nom de

Jaÿsinia –, sur la pente où, enfant, elle menait paître les chèvres. Un petit ruisseau bondissant, une vieille chapelle, un sentier en zigzag qui grimpe entre pommes de mai de l'Himalaya, séquoias, catalpas ou noisetiers des sorcières (2 500 espèces de la flore de montagne, de la plus discrète à la plus imposante) jusqu'aux ruines du château féodal de Tornalta (XIIe s). Un peu artificiel mais mignon tout plein.

L'écomusée du Clos-Parchet : *à 5 km de Samoëns sur la route du col de Joux-Plane. ☎ 04-50-34-46-69. • le-clos-parchet.com • Ouv avr-Toussaint ; l'hiver, si le temps le permet. Visite guidée (compter 2h) : juil-août, mar, jeu et ven à 14h30 ; le reste de l'année, jeu à 14h30. Résas sur place. Entrée : 7 € ; réduc ; gratuit moins de 12 ans.* Une vieille ferme qui semble n'avoir pas bougé depuis sa construction au XVIIIe s. Il y en a, bien sûr, quelques autres dans le même ton dans la vallée, mais les visites commentées de Simone Dechavassine valent bien le déplacement ! Avec son mari Pierre (aujourd'hui disparu), ils ont transformé cette bâtisse séculaire en écomusée, pour faire partager son histoire aux visiteurs. Un vrai cours d'histoire, à la fois populaire et savant, fourmillant d'anecdotes, sur la vallée du Giffre et ses activités traditionnelles. Il faut dire que Simone Dechavassine connaît bien l'ancienne maison de sa belle-famille, et qu'elle ne devait pas rester les deux pieds dans le même sabot ! Si ce n'est elle, c'est un guide passionné qui mime avec ardeur les travaux quotidiens de la ferme, sortant les ustensiles adéquats : fabrication du beurre, du fromage ; explications de la taille de la pierre, outils en main, ou de la vie dans les alpages... À la fin de la visite, on partage un gâteau de Savoie et un verre de cidre maison. Vous comprendrez qu'on ne débarque pas ici à l'improviste, et donc que la réservation est plus que conseillée.

Ski et neige

Ski alpin : le domaine de Samoëns (720-2 560 m) est englobé dans celui du Massif (voir les tarifs dans le chapitre consacré à Morillon) et il est également relié à celui du Grand-Massif (voir le chapitre « Les Carroz-d'Arâches »).
Du village, on peut atteindre Samoëns 1600 en 8 mn avec le *Grand-Massif Express,* skis aux pieds. Sinon, des remontées mécaniques commencent à 3 km de Samoëns au hameau de Vercland. Plusieurs pistes noires dégringolent de la tête des Saix (et sur l'autre versant s'ouvrent les domaines de Flaine et des Carroz). Les skieurs vraiment débutants trouveront un secteur complet pour eux, et pour les skieurs moyens, direction les télésièges de Chariandes ou le télésiège du Grand-Crêt d'où descend une belle rouge, la *Vélarge.* Les amateurs de ski sauvage sur neige non damée apprécieront la combe de Gers, un espace *freeride* sécurisé.

Ski nordique : 40 km de pistes répartis sur deux sites ouverts en alternance, selon l'enneigement. Navette pour rejoindre celui du col de Joux-Plane. Carte journée adulte : 8 €.

➢ ***Raquettes, luge, patinoire couverte, chiens de traîneaux...***

– ***Speed riding :*** *☎ 04-50-34-95-80. • parapente-samoens.com •* Activité encore jeune qui consiste à voler le long d'une pente, équipé d'une paire de skis, d'une sellette et d'une aile de petite surface, facile à piloter.

Sports et loisirs d'été

➢ ***Randonnées :*** nombreux sentiers balisés sur la vallée du Giffre. Quelques classiques : le *lac de Gers,* le *col de la Golèse,* le *lac du Folly,* perdu dans un paysage polaire et désertique, le *hameau de la Rosière* (par la route, mais superbe vue sur le mont Blanc).

VTT : des pistes balisées et quelques jolies descentes (voir le chapitre consacré à Sixt). Plusieurs possibilités de location.

– ***Base de loisirs :*** *autour du lac aux Dames.* Tennis, piscine, parcours aventure, pêche, paintball, practice de golf sur l'eau, tir à l'arc...

– ***Rafting, canoë-kayak :*** ou *canoraft, airboat...* les moyens de dévaler le Giffre ne manquent pas. Normal, c'est un spot extraordinaire ! De nombreuses structures proposent baptêmes, stages, etc. Liste à l'office de tourisme.

– ***Escalade :*** plusieurs falaises équipées.

– ***Spéléo :*** *liste des prestataires à l'office de tourisme.* La région cache l'un des gouffres les plus profonds du monde (record du monde de descente avec 1 610 m, eh oui !).

– ***Parapente :*** ***Pégase Air Samoëns,*** *☎ 04-50-34-95-80.* ***Les Tontons Volants,*** *☎ 04-50-89-82-30, 📱 06-20-30-75-53. Liste des prestataires à l'office de tourisme.*

Manifestations

– ***Les Journées botaniques :*** *juin.* Le rendez-vous des amoureux de la botanique.
– ***Le Samoëns American Festival :*** *juil.* La référence country des Alpes.
– ***Académie opéra d'été :*** *juil.*
– ***Les Pépites :*** *juil-août.* Une programmation musicale éclectique d'artistes auteurs-compositeurs reconnus ou en devenir.
– ***Europa Musa :*** *2 sem en juil.* Concerts lyriques gratuits.
– ***Les hivernales du Haut-Giffre :*** *janv.* Initiation aux activités nordiques, ambiance festive.
– ***Grande Odyssée Savoie Mont Blanc :*** *janv.* Course internationale de chiens de traîneaux.

SIXT-FER-À-CHEVAL

(74740) 800 hab. *Carte Haute-Savoie, C3*

Passé les jolies gorges des Tines se trouve ce village plus paisible, peut-être aussi plus austère que Samoëns, mais tout aussi typique de la vallée : encore une place avec un énorme tilleul, une église, de solides maisons de pierre. Ce caractère pittoresque lui a valu d'être classé parmi les Plus Beaux Villages de France (surtout justifié pour les sites naturels classés, ce dont les Sizerets peuvent s'enorgueillir). Avec la cascade du Rouget, dite « reine des Alpes », et le somptueux cirque du Fer-à-Cheval qui a rejoint Gavarnie et la pointe du Raz au sein du cercle très fermé des grands sites nationaux, Sixt a quelques atouts dans sa manche, qui ont en leur temps attiré Maurice Chevalier, Picasso, Max Jacob ou Marie Laurencin.

Adresse utile

ℹ ***Office de tourisme :*** *pl. du Tilleul. ☎ 04-50-34-49-36. • sixtferacheval.com • Ouv tlj en saison, mer-sam hors saison.*

Où dormir ? Où manger ?

De prix moyens à chic

Chambres d'hôtes Le Mont : *Le Mont. ☎ 04-50-34-95-10. • chantal.lemont@orange.fr • lemont.e-monsite.com • De Sixt, prendre la D 907 direction Samoëns, puis une tte petite route (fléchée « Le Mont ») sur la droite. Congés : 15 nov-30 avr. Doubles 70-75 € ; familiales 110-115 €. Dîner sur résa 2 fois/sem 22 €. Apéritif et digestif offerts sur présentation de ce guide.* Le XXIe s semble presque avoir oublié de grimper la toute petite route qui conduit à ce superbe hameau, sa chapelle et son four à pain. De l'unique rue goudronnée, un sentier conduit jusqu'à cette vieille ferme de famille qui abrite 2 chambres (dont une suite familiale) sobrement séduisantes. Accueil enthousiasmant. Belle vue depuis le balcon où peut se prendre le petit déjeuner.

Résidence Petit Tétras : *route de la Cascade-du-Rouget,* ***Salvagny.*** *☎ 04-50-34-42-51. • ptitetra@club-internet.fr • le-petit-tetras.fr • À 1,2 km au sud de Sixt par la D 29. Doubles 54-75 € ; familiales 92-135 € ; pas de petit déj. 10 % de réduc sur présentation de ce guide hors période scol.* Un gros chalet du genre à avoir été construit dans les années 1970, tranquille à l'écart du hameau. Chambres et studios sans prétention mais confortables, avec balcon ou terrasse (TV, frigo, micro-ondes, bouilloire). Piscine extérieure chauffée.

À voir à Sixt et dans les environs

L'abbaye : de l'ancienne abbaye, fille d'Abondance, fondée en 1144, ne subsistent que l'église abbatiale (lire ci-après) et trois corps des bâtiments conventuels.

L'église Sainte-Marie-Madeleine : *ouv occasionnellement.* Deux églises en une, en fait. D'une part, l'église abbatiale de la première moitié du XIIIe s, dont le chœur, rectangulaire, était réservé aux moines (les stalles sont toujours là), et d'autre part, l'église paroissiale, autrefois séparée par un jubé, où l'on remarquera surtout le cénotaphe de Ponce de Faucigny, fondateur de l'abbaye, taillé en 1885 dans un très pur marbre noir.

La Maison de la réserve : *rue de la Gare. ☎ 04-50-34-91-90. Suite à un incendie, la réhabilitation des locaux est en cours. Se renseigner auprès de l'office de tourisme. GRATUIT.* Évocation – un peu réalisée avec les moyens du bord – de la réserve naturelle de Sixt : 9 200 ha protégés (c'est la plus grande réserve naturelle de Haute-Savoie), soit 75 % du territoire communal. Organise, en plus d'expos, des sorties à thème (été comme hiver) en compagnie de l'animateur de la réserve, des conférences, des diaporamas, des sorties pour les enfants pendant les vacances scolaires. Et vous y trouverez plein de documentation sur les randonnées, la faune et la flore, etc.

Le cirque du Fer-à-Cheval : *à 6 km du bourg. Parking payant en été (à 5 mn à pied du cirque) : env 3,50 €. Rens à l'office de tourisme ou à la mairie (☎ 04-50-34-44-25) pour les conditions d'accès suivant les saisons.* Grandiose. Un amphithéâtre de sévères falaises calcaires, hautes de 700 m pour certaines, transpercées par mille et une cascades (enfin, une bonne trentaine à la fonte des neiges...) aux noms plutôt évocateurs (Pissevache, la Pissette...) et qui dégringolent dans un bruit d'enfer. Du plan du Lac (au pied du cirque), un sentier bien tracé grimpe (une bonne heure et demie) jusqu'au « bout du monde », par le fond de la Combe (carte IGN). Site grandiose, une fois encore, où l'on assiste à la naissance du Giffre au pied de glaciers suspendus.

La cascade du Rouget : *à 4 km par la D 29.* Immanquable en été, vu la foule massée à ses pieds. Surnommée « la reine des Alpes », ce qui est peut-être un tout petit peu exagéré. Mais sacrément impressionnante toutefois : on jurerait même que l'expression « tomber de haut » (90 m ici) a été inventée pour cette cascade...

Ski et neige

Ski alpin : le domaine de Sixt (800-1 650 m) fait partie intégrante de celui du Massif (voir tous les détails et tarifs dans le chapitre consacré à Morillon). Il est également relié par navettes gratuites à celui du Grand-Massif (voir le chapitre « Les Carroz-d'Arâches »). 35 km de pistes. Forfait journée adulte « local » : 18 €. Petite station familiale, idéale pour les débutants ! Depuis les Grandes-Platières à Flaine (2 500 m), ne manquez pas la descente de la piste des Cascades jusqu'à Sixt, une bleue de 14 km avec plus de 1 700 m de dénivelée, le long de la réserve naturelle !

Ski nordique : 39 km de pistes, dont 12 km à Sixt, jusqu'au cirque du Fer-à-Cheval. Carte à la journée : 8 €. Liaison avec les domaines de Samoëns et Morillon ainsi que par navette (payante) jusqu'au col de Joux-Plane (1 700 m) et au cirque du Fer-à-Cheval.

➢ **Raquettes :** plusieurs itinéraires balisés ; sorties accompagnées organisées chaque semaine par des accompagnateurs en montagne, la Maison de la réserve et l'École du ski français (topoguide payant disponible).

Sports et loisirs d'été

➢ **Randonnées :** quelques classiques : les *cirques des Fonts* et du *Fer-à-Cheval*, l'*alpage de Salvadon*, le *mont Buet* (3 100 m), les *refuges d'Alfred-Wills-Anterne, de Sales* et *de la Vogealle*, le *tour des Dents-Blanches*, le *tour du Ruan* et le *tour des Fiz*. Topoguide *Promenades et Randonnées dans le haut Giffre* disponible à l'office de tourisme. Le fameux GR 5 passe par là en reliant Sixt à Chamonix (12h) via le col d'Anterne.

➢ **Randonnées avec ânes :** *avec* **Les Ânes du Haut Giffre.** *06-89-30-10-10. • anesduhautgiffre.com • À la journée ou sur plusieurs j.*

VTT : *carte et topoguide en vente à l'office de tourisme. Loc :* **Narcisse Sport,** ☎ *04-50-34-42-47.* Nombreux circuits balisés. La descente depuis le Fer-à-Cheval jusqu'à Samoëns est, paraît-il, un must.

– ***Escalade :*** rochers d'initiation, nombreuses voies tous niveaux et la *via ferrata du Mont* (assez difficile à difficile).

– ***Rafting, parapente...***

– ***Équitation :*** *au cirque du Fer-à-Cheval (l'été slt).* ***Hippoloisirs :*** *07-71-07-98-00 ou 06-08-28-55-48.* Promenades à cheval et en calèche dans le cirque.

Manifestation

– ***Festival de Contes autour du monde :*** *3 j. en août.*

LE HAUT-CHABLAIS

Car il y a deux Chablais : le Haut-Chablais, une montagne-campagne, de larges vallées et de superbes chalets, qui se distingue du Bas-Chablais, avec ses vastes plaines presque méridionales, que viennent lécher les eaux du Léman.

LES PORTES-DU-SOLEIL

Le Haut-Chablais abrite, avec les Portes-du-Soleil, un des plus grands domaines skiables du monde avec 300 pistes qui jouent à saute-frontière entre France et Suisse et relient 12 stations. En France : Abondance, Avoriaz, Châtel, La Chapelle-d'Abondance, Les Gets, Montriond, Morzine et Saint-Jean-d'Aulps.

– Intéressant : de mi-juin à mi-septembre, pour 2 €/jour, le *Multi Pass* donne un accès illimité aux remontées mécaniques des Portes-du-Soleil à condition de loger chez un hébergeur participant à l'opération. Le pass offre d'autres avantages parmi une cinquantaine d'activités : gratuité piscines, patinoires, tennis, réductions...

– Pour les adultes débutant à ski, formule *Youcanski* pour leur apprendre à skier sans complexes. Les packages de 3 jours ou 6 jours comprennent le forfait, les cours et la location de matériel. Infos sur • *portesdusoleil.com* •

– ***Rock the Pistes Festival :*** *5 j. mi-mars.* • *rockthepistes.com* • Un festival rock bien pêchu qui programme une semaine de concerts gratuits sur les pistes des Portes-du-Soleil et en station. Pour la 6e édition du festival en 2016, encore de belles têtes d'affiches et un cadre toujours exceptionnel pour écouter de la musique...

– ***La Pass'Portes du Soleil MTB :*** *3 j. fin juin.* Une rando VTT de 80 km dans la montagne au départ de plusieurs stations des Portes-du-Soleil. En parallèle, un salon autour du VTT.

Arriver – Quitter

En train + correspondance en bus

– ***Rens SNCF :*** ☎ *36-35 (0,34 €/mn).* • *voyages-sncf.com* •

➢ ***De/vers Morzine :*** liaison **TGV** avec Cluses ou Thonon, les 2 gares les plus proches de Morzine (env 30 km), puis correspondances en **bus** *(SAT).* • *altibus.com* •

🚌 ***Gare routière de Morzine :*** ☎ *04-50-79-15-69.*

➢ ***De/vers Les Gets :*** liaison **TGV** avec Cluses (22 km des Gets) ou Thonon (env 35 km des Gets), puis correspondance en **bus** *(SAT).*

🚌 ***Gare routière des Gets :*** *La Soulane.* ☎ *04-50-79-78-51.*

➢ ***De/vers Avoriaz 1800, Morzine et Les Gets :*** liaison **TGV** avec Cluses (41 km d'Avoriaz) ou Thonon (44 km d'Avoriaz), et **bus** *(SAT).*

🚌 ***Gare routière d'Avoriaz :*** ☎ *04-50-74-05-05.*

➢ ***De/vers Abondance :*** liaison **TGV** avec Thonon, puis correspondance en **bus** *(SAT).* ☎ *04-50-71-00-88.* • *altibus.com* •

En bus

➢ ***De/vers Avoriaz 1800, Morzine et Les Gets :*** *rens au ☎ 04-50-38-42-08.* Noël-Pâques, liaisons tlj avec Genève.

LES GETS

(74250) 1 250 hab. *Carte Haute-Savoie, C2*

Petite station assise sur un col discret. Point de passage qui, toujours, a valu à ce charmant village relié à la vallée de Morzine un développement prospère. Il aurait d'ailleurs été fondé au XIVe s par des juifs (en savoyard, *gets*) chassés de Toscane. Un village de montagne typiquement savoyard, parsemé de chalets traditionnels en pierre et en bois. On y coule des jours prospères hiver comme été, bercé par le son des clarines. Les contemplatifs y trouveront leur compte, comme les skieurs acharnés qui ne perdent pas de vue le domaine skiable d'envergure, relié aux Portes-du-Soleil.

Adresse et info utiles

Office de tourisme : *☎ 04-50-75-80-80. • lesgets.com • Tlj en saison ; sinon fermé dim et j. fériés.*

– ***Les Gets réservation :*** *☎ 04-50-75-80-51. • reservation.lesgets.com •*

Où dormir ? Où manger ?

De prix moyens à chic

Le Chasse-Montagne : *2296, route des Chavannes, Les Folliets. ☎ 04-50-75-55-51. • contact@lechassemontagne.com • lechassemontagne.com • Du centre, suivre la direction « Les Chavannes ». Congés : de début mai à mi-juin et de mi-sept à mi-déc. ½ pens 120-135 €/pers selon saison (demandée en saison). 4 chambres familiales. Formule déj 18-27 € ; carte env 32 €. Digestif offert sur présentation de ce guide.* Sur les hauteurs, cette ancienne ferme du XIXe s vient d'être superbement rénovée avec de beaux matériaux (pierre, tavaillons) et transformée en hôtel de charme qui abrite aujourd'hui 11 chambres. Cheminée centrale, magnifique vue sur la vallée et le mont Chéry, vaste terrasse plein sud, et l'hiver on peut partir skis aux pieds ! Jacuzzi.

Hôtel Bellevue : *125, route du Front-de-Neige. ☎ 04-50-75-80-95. • info@bellevue-lesgets.com • hotelbellevue-lesgets.com • Dans le centre de la station. Congés : 15 avr-30 juin et 1er sept-22 déc. Doubles 94-226 €, petit déj compris. ½ pens demandée en hiver 100-156 €/pers selon saison. Menus 22 € (déj)-29 €. Parking. Garage payant.* À côté de l'école de ski et à deux pas de la télécabine des Chavannes. Bien situé, donc, pour les skieurs. Les chambres, avec balcon ou terrasse, ont été joliment rénovées (dans le style chalet alpin mais sans en rajouter) et présentent un bon rapport qualité-prix pour la région. Jacuzzi, sauna et hammam, salle de jeux pour les enfants. Accueil charmant.

Le Vieux Chêne : *581, rue du Centre. ☎ 04-50-79-71-93. • levieuxchene74@gmail.com • Tlj. Congés : mai-juin et oct-nov. Carte env 28 €.* Un bar-resto central au cadre sobre et récent, qui sert une cuisine traditionnelle de bon aloi. Seuls les gourmands (ou les persévérants) se délecteront vraiment : ce sont les pâtisseries qui sont exceptionnelles ! La tarte aux myrtilles à la crème soufflée et caramélisée a de quoi aguicher et corrompre les ascètes les plus rigoureux. Spécial voraces, une assiette gourmande propose un assortiment de pâtisseries, fruits et glaces. Une belle récompense après une journée de sport !

À voir

Le musée de la Musique mécanique : *vieux village. ☎ 04-50-79-85-75. • musicmecalesgets.org • En saison d'hiver, tlj sf sam et 1er janv 14h15-19h15 ; juil-août, 10h15-19h15 ; le reste de l'année, 14h15-19h15. Dernière visite guidée à 18h. Fermé début nov-20 déc. Visite guidée env 1h30. Entrée : 9 € ; réduc.* Ce musée est désormais le plus grand d'Europe consacré à la musique mécanique. Superbe collection présentée dans des décors reconstitués (salon de musique, fête foraine, cabaret début XXe s, salle de cinéma muet). Et pendant la visite (guidée), tout ce petit monde d'instruments se met en marche : orgues de Barbarie, tableaux animés, limonaires, carillons et pianos automatiques.

L'orgue Aeolian de l'église des Gets : *concerts gratuits en saison. Infos : ☎ 04-50-79-85-75.* Pour rester dans le même univers (il fait d'ailleurs partie de la collection du musée). Unique en Europe, classé Monument historique et aujourd'hui restauré, cet orgue philharmonique automatique ne compte pas moins de 1 000 tuyaux (violons, flûtes, voix humaines...).

LE HAUT-CHABLAIS

Ski et neige

Ski alpin : domaine (1 172-2 460 m) relié à celui des Portes-du-Soleil (120 km de pistes sur Les Gets). Forfait journée adulte : 38 €. Portes-du-Soleil : 49,50 €. Village situé sur un col, on skie donc sur deux versants : le mont Chéry, en majeure partie exposé plein sud, donc ensoleillé dès le matin, qui offre un très beau panorama sur le mont Blanc ; et le domaine beaucoup plus étendu des Chavannes, par lequel on rejoint directement les pistes des secteurs du Pléney et de Nyon-Chamossières (sur Morzine). Ski dans l'ensemble facile. Les bons skieurs pourraient presque se cantonner au mont Chéry.

Ski nordique : 13 km de pistes. Deux domaines également : les Chavannes (accessible en voiture) et le mont Chéry (accessible par télécabine payante). Accès gratuit.

➢ **Sentiers piétons :** 12 itinéraires dont 7 damés et 40 km de sentiers raquettes et piétons en hiver.

– **Patinoire :** *06-82-93-41-93. Entrée : 7 €, patins inclus.* Artificielle et en plein air.

Sports et loisirs d'été

➢ **Randonnées :** *guide des* Balades et Découvertes à pied *et carte topographique en vente à l'office de tourisme.* En été, 180 km de sentiers balisés. Quelques suggestions : le *mont Chéry,* le *sentier-balcon* du mont Chéry au mont Caly. Se renseigner également sur les nombreuses possibilités de randonnées hivernales.

VTT : un des points forts de la station, qui a développé un vaste *bike park.* Des circuits balisés, des pistes de descente en nombre (avec accès par remontées mécaniques)...

– **Autres activités :** baignade (petit lac avec une eau à 22 °C en été), *Aventure parc,* golf 18 trous...

Fêtes et manifestations

– ***Festival international de la musique mécanique :*** *en juil, les années paires. Rens : • musicmecalesgets.org •* Concerts, mais aussi ateliers, conférences, etc., autour d'un grand thème.
– ***Biennale des musiques mécaniques :*** *2 j. mi-juil, les années impaires.* Des concerts et autres spectacles dans des lieux parfois insolites.
– ***Lounge Music Festival :*** *en août.* Une trentaine de concerts : blues, jazz, gospel. Ateliers et spectacles pour les enfants.
– ***Semaine des 4 éléments :*** *en août.* Nombreux ateliers, activités, visites, spectacles, sorties autour des quatre éléments.

MORZINE

(74110) 2 973 hab. *Carte Haute-Savoie, C2*

Parmi les plus importantes stations de Haute-Savoie sinon de France, avec des chalets à étages sur les deux rives du torrent, Morzine vit pourtant toujours comme un village. La découverte de l'or blanc, après le boom des ardoisières au XVIIIe s ou l'exploitation de quelques mines d'or, aurait bien pu tourner la tête des Morzinois ! Eh bien, non ! Même si un ski-club existe ici depuis 1910, même si le premier téléphérique y a été construit en 1934, on continue à vivre en tuant le cochon l'hiver, en montant les vaches à l'alpage l'été, comme si de rien n'était. La construction d'Avoriaz, à quelques kilomètres, y est peut-être aussi pour quelque chose...

Adresse et info utiles

ℹ ***Office de tourisme :*** *☎ 04-50-74-72-72. • morzine-avoriaz.com • En saison, ouv tlj 8h30-19h30 ; hors saison, lun-sam 9h-12h, 14h-18h (fermé dim et j. fériés).* Visites guidées du vieux bourg, de l'étable et de la fruitière...
– ***Central de réservation :*** *☎ 04-50-79-11-57. • resa-morzine.com •*

Où dormir ?

De prix moyens à chic

Le Grand Tétras : *25, chemin de la Salle. ☎ 04-50-74-74-82. • hotellegrandtetras@wanadoo.fr • hotellegrandtetras.com • Doubles 75-95 €, petit déj inclus ; également 2 chambres communicantes. En hiver, ½ pens 71-76 €/pers. Parking.* À quelques enjambées du centre, un hôtel avantageux qui dispose d'une petite vingtaine de chambres plus ou moins spacieuses mais agréables, réparties dans 2 chalets. Les plus confortables ont été rénovées récemment. Celles avec balcon plein sud, qui dominent le village, sont évidemment nos préférées. Bonne ambiance au bar et accueil chaleureux.

Hôtel L'Hermine blanche : *chemin du Mas-Métout. ☎ 04-50-75-76-55. • info@hermineblanche.com • hermineblanche.com • À 400 m du centre, sur la rive gauche du torrent, sur les hauteurs de la station. Congés : 16 avr-26 juin et 6 sept-19 déc. Doubles 79-150 € selon période. ½ pens 68-105 €/pers. Menu unique (différent tlj) 25 €. Parking. Apéritif offert sur présentation de ce guide.* Gros chalet régulièrement modernisé mais où l'ambiance reste celle d'un hôtel familial. Chambres à la déco sobrement contemporaine et tout simplement confortables. Également des chambres

LE HAUT-CHABLAIS

familiales avec coin enfant séparé. Piscine couverte et chauffée, sauna, fitness. Excellent accueil.

Très chic

La Bergerie : *103, route du Téléphérique. ☎ 04-50-79-13-69. • info@hotel-bergerie.com • hotel-bergerie.com • Congés : fin avr-fin juin et de mi-sept à mi-déc. Doubles 150-310 € ; studios et 2-pièces avec kitchenette jusqu'à 365 € ; gratuité pour les enfants dormant dans la chambre des parents. Apéritif offert sur présentation de ce guide.* À quelques pas des remontées mécaniques et en plein centre de Morzine, un hôtel de charme chaleureux, familial et en aucun cas guindé malgré ses 4 étoiles. Il nous a totalement séduits par son confort douillet, son atmosphère conviviale et son décor de bois blond, façon chalet de charme. Tout est prévu pour que vous passiez le séjour le plus agréable possible. Piscine extérieure chauffée, salle de fitness, sauna et même des massages et soins esthétiques sur place. Bar et coin cheminée. Salon de thé l'après-midi et table d'hôtes le soir pour les enfants.

Où manger ?

La Chamade : *90, route de La Plagne, La Crusaz. ☎ 04-50-79-13-91. • restaurant@lachamade.com • Au centre de la station, à deux pas de l'office de tourisme. Congés : 15 nov-10 déc. Menu 23 € ; carte env 35 €. Apéritif ou digestif offert sur présentation de ce guide.* Une institution locale très prisée des locaux et des vacanciers, où se côtoient à la carte pizzas et plats de terroir adroits. Le chef a du goût pour le cochon, du pâté de tête aux atriaux en passant par le porcelet de montagne. Et la table d'hôtes ouverte sur la cuisine est un gage de convivialité. Pour partager les coups de cœur viticoles de *La Chamade*, rendez-vous au bar à vins, juste en face. Ambiance animée à l'apéro, qu'on peut prolonger par un grignotage informel avec une assiette de tapas, assis sur des peaux de bête, en salle ou en terrasse.

Le Clin d'œil : *63, route du Plan. ☎ 04-50-79-03-10. • info@restaurant-leclin.com • En plein centre. En hiver, fermé le midi dim et j. fériés ; en intersaison, sam midi, dim et j. fériés. Congés : mai-juin et oct. Menus 15 € (midi en sem)-23 € ; carte env 35 €.* Si la griffe rustico-savoyarde est présente dans la déco, la cuisine, elle, a des accents du Sud-Ouest ! Clin d'œil aux origines périgourdines et pyrénéennes des patrons, le cassoulet est ici mitonné avec ferveur, et les haricots tarbais se consomment avec gourmandise.

Où boire un verre ?

Restaurant-bar Le Tremplin : *166, taille de Mas-du-Pléney. ☎ 04-50-83-15-59. Menu 20 € ; carte env 22 €. Digestif offert sur présentation de ce guide.* Au pied de la télécabine du Pléney et des pistes, c'est sur la grande terrasse qu'on se jette un godet pour être au cœur de l'action. Ambiance festive l'hiver avec DJ ou groupes live, selon les soirs.

Où acheter de bons produits ?

L'Alpage, la ferme de la Fruitière : *337, route de La Plagne. ☎ 04-50-79-12-39. Visite commentée par le fromager en hiver mer et jeu à 9h.* Une adresse 100 % terroir. Cette fruitière fabrique artisanalement son fromage : reblochon (on est encore sur le territoire AOC), abondance et tomme. Affinage de beaufort (excellent) et vente de charcuteries. On peut même y prendre ses repas. La tête nous en tourne encore !

LE HAUT-CHABLAIS

Ski et neige

Ski alpin : domaine (1 000-2 470 m) relié à celui des Portes-du-Soleil (soit 650 km de pistes, dont une centaine sur Morzine). Forfait journée adulte : 38 €. Portes-du-Soleil : 49,50 €. Deux secteurs skiables : Morzine-Les Gets et Morzine-Avoriaz. Sur les pentes moyennes et boisées du Pléney et du bas de Nyon- Chamossière, débutants et skieurs moyens trouveront des pistes à leur goût. Pour les bons skieurs, la très belle et longue noire des *Creux* (11,5 km) depuis le sommet de Chamossière (vue vraiment exceptionnelle sur le mont Blanc), l'*Aigle-Rouge* (c'en est une) depuis la pointe de Nyon, la noire des *Hauts-Forts,* côté Avoriaz. Et bien sûr, la possibilité de rejoindre les pistes des Gets d'un côté, d'Avoriaz de l'autre, depuis le centre de la station ou via le téléphérique des Prodains (navette). Que l'embarras du choix.

Ski de fond et activités nordiques : secteur de la *Vallée de la Manche,* du *Pléney* (superbe vue sur le Mont Blanc) et *Super Morzine.* Beau et grand domaine nordique dans un environnement de haute montagne (1 500-1 800 m). Pistes damées pour les piétons et domaine de ski de fond. Ensoleillé avec des passages sauvages en forêt. Aussi des balades sans difficulté à pied ou à raquettes au **Parc des Dérêches** au centre de Morzine.

– ***Patinoire :*** ☎ *04-50-79-08-43.* • *parc-dereches.com* • *Infos à l'office de tourisme.* Couverte ou extérieure. En hiver, le *pass loisirs* (gratuit avec un hébergement en meublé participant à l'opération) donne un accès gratuit à la patinoire et à la piscine.

– Également un ***espace aquatique avec balnéo*** (saunas et hammams ; ☎ *04-50-79-01-69*), des sorties nocturnes en luge avec ou sans repas servi sous un tipi, *yooner, ski joëring,* promenade en traîneau, plongée sous glace, balades en calèche, Segway... *Infos à l'office de tourisme.*

LE HAUT-CHABLAIS

Sports et loisirs d'été

➢ ***Randonnées :*** *guide de balades été/hiver, gratuit, disponible à l'office de tourisme.* 200 km de sentiers balisés. Quelques suggestions : le *col de Cou,* les *crêtes du Pléney,* le *col du Fornet,* la *pointe de Ressachaux,* les *crêtes de Super-Morzine.*

VTT : un immense domaine VTT en été avec 650 km de sentiers balisés, accessibles par 25 remontées mécaniques, 5 *bike parks* et un circuit de 80 km labellisé FFC. Guide gratuit à l'office de tourisme.

– ***Piscine :*** ☎ *04-50-79-01-69.* Trois bassins dont un olympique, extérieur en été, et un long toboggan.

– ***Autres activités :*** parapente, parcours acrobatique en forêt, luge, plongée sous glace, canyoning, *via ferrata,* randonnées avec des ânes, golf, équitation, tennis, pêche, montgolfière...

AVORIAZ 1800

(74110) 250 hab. *Carte Haute-Savoie, C2*

Née en 1966, Avoriaz est une station contemporaine de caractère qui se démarque par la cohérence de son architecture. Si on accepte le principe de la station créée de toutes pièces, Avoriaz est plutôt réussie avec ses immeubles recouverts de cèdre rouge qui jouent le mimétisme avec les éléments

naturels, ses pistes de ski à la place des rues où les traîneaux remplacent les voitures. Futuriste, certes, mais pas datée. La station a la cote, comme le prouve l'éclosion de nouveaux quartiers.

Adresse et infos utiles

Office de tourisme : *04-50-74-02-11. • avoriaz.com • Tlj en saison 8h30 ou 9h-19h ; fermé dim ap-m.*

– **Parking :** *04-50-74-07-76. • avoriaz.com • Payant.* Au choix, découvert ou couvert (dans ce cas, réservation obligatoire).

– **Central de réservation :** *04-50-74-02-11.*

Où dormir ? Où manger ?

Tout le monde n'a pas les moyens de se payer l'*Hôtel des Dromonts,* seul hôtel d'Avoriaz ! Ici, on ne boude pas les résidences de tourisme, pour un prix variant selon la saison et le confort.

De bon marché à chic

Le Chalet d'Avoriaz – Chez Lenvers : *04-50-74-01-30. En haut de la station. Ouv en saison d'hiver slt. À la carte, dès 14 € ; cuisine savoyarde traditionnelle env 25-32 €.* Tenu par la même famille de père en fils, qui nous régale d'une spécialité unique dans la station : le triolet de fondues (nature, cèpes et chanterelles), à dévorer dans un intérieur rustique ou sur l'une des 2 belles terrasses, face aux pistes. Après-ski électro à partir de 16h avec DJ ou concerts. Ça groove sur la terrasse !

Beaucoup plus chic

Hôtel des Dromonts – Les Enfants Terribles : *04-57-74-74-74 (résas). • contact@hoteldesdromonts.com • hoteldesdromonts.com • Doubles 160-450 € selon confort en hiver.* Une bonne trentaine de chambres, de tailles variables et d'un goût impeccable. Cet hôtel, dont le métronome a suivi les pulsations du festival du Film fantastique, fut la première construction de la station. Un mythe qui perdure grâce à la rénovation complète qui vient de s'achever. Les clients peuvent aussi se détendre et se refaire une beauté au spa (dont un jacuzzi et un sauna extérieurs), à condition d'avoir le portefeuille bien portant. Plus abordable, la pause goûter avec de délicieuses gaufres à enfourner en terrasse avec un chocolat chaud.

La Réserve : *résidence L'Épicea. 04-50-74-02-01. Ouv déc-avr. À la carte slt, env 50 € ; suggestion du jour env 25 €.* Une cuisine de grand-mère servie dans un cadre rustique. Bien vu, le bar à vins, pour se retrouver simplement autour d'un verre.

Où boire un verre ? Où sortir ?

La Cabane : *pl. des Ruches. 04-50-74-20-60. Tlj 16h-2h. Congés : fin avr-déc. Menu 30 €.* À la fois bar et resto (bonne cuisine du monde), on danse même entre un cocktail et une partie de billard.

The Place : bar-boîte très fréquenté par la clientèle étrangère, où se produisent des groupes de rock. Juste en dessous, le pub le ***Shooters*** est sympa pour boire une pinte.

Pour les *riders,* le ***Changabang,*** en contrebas de la station, à la fois « pro-shop », bistrot et resto (spécialité du chef : le *popof,* on vous laisse essayer).

Où acheter de bons produits ?

Aux Délices d'Antan : *04-50-74-79-57. En bas de l'ascenseur des Hauts-Forts. Tlj en saison 8h-19h30.* Salaisons, confitures et fromages avec une petite tendance bio. Des produits qui fleurent bon le terroir…

LE HAUT-CHABLAIS

Ski et loisirs

Ski alpin : au cœur du domaine des Portes-du-Soleil (1 800-2 466 m); 650 km de pistes réunissant 14 stations entre la France et la Suisse. Forfait journée adulte Portes-du-Soleil : 49,50 €. *• portesdusoleil.com •* La vraie station « skis aux pieds » (on skie d'ailleurs même dans les rues !). Un vaste domaine très ensoleillé. Pour les bons, deux musts absolus : la *combe du Machon,* qui dégringole vers Les Prodains, et le *Mur suisse.* On ne vous en voudra pas si vous n'osez pas vous aventurer sur ce vertigineux mur de bosses qui descend vers la station suisse des Crozets. Ouf, il y a des alternatives pour skier chez les voisins suisses à Champéry, Champoussin ou Morgins.

Ski nordique : 45 km de pistes sur Avoriaz. Accès gratuit.

– **_Aquariaz :_** *142, route des Rennes. ☎ 04-50-74-24-42. Entrée : 8 ou 10 €/adulte ; réduc et forfaits.* Plutôt déconcertant, cet immense univers aquatique tropical perché à 1 800 m d'altitude : sur fond de végétation luxuriante venue tout droit du Cambodge, une piscine améliorée avec cascades, geysers, toboggans, mur d'escalade, *half-pipe* pour bouées, jacuzzi extérieur...

Manifestations

– **_Avoriaz Jazz up Festival :_** *en avr.* Concerts et dîners-concerts autour d'une programmation internationale.
– **_Rock on Ultimate :_** *1 sem mi-déc.* L'événement coïncide avec l'ouverture du domaine skiable : animations, test de matériel, concerts, initiation au snowboard.

LA VALLÉE D'AULPS

Carte Haute-Savoie, C2

Dominée par le roc d'Enfer (tout un programme !), une petite vallée creusée profondément ici ou là (notamment dans les gorges du Pont-du-Diable, tout un programme, là encore !) par la Dranse de Morzine, trait d'union entre les sommets du Chablais et le Léman. Longue d'à peine plus d'une vingtaine de kilomètres mais riche en découvertes et encore bien traditionnelle : son nom est d'ailleurs dérivé du latin *alpibus,* « alpages »...

Adresse utile

Office de tourisme de la Vallée d'Aulps : *à* ***Saint-Jean-d'Aulps*** *(74430). ☎ 04-50-79-65-09. • valleedaulps.com • En saison, tlj 9h-12h, 14h-18h ; hors saison, fermé le w-e.* Brochures à télécharger sur son site.

Où manger ?

Auberge de la Terche (Chez Le Père Bill) : *route de La Moussière-d'en-Haut, La Grande-Terche, 74430* ***Saint-Jean-d'Aulps.*** *☎ 04-50-74-20-09. • chezleperebill@aol.com • Dans la petite station de La... Grande-Terche. Ouv début juil-début sept et 20 déc-20 avr midi et soir sur résa. Carte et menu env 30 €.* Grand chalet avec agréable terrasse et beau panorama. Vous y dégusterez le meilleur de la cuisine savoyarde et d'originales spécialités. Outre les traditionnelles raclette, fondue, tartiflette, croûte savoyarde et autres reblochonnades, goûtez, en dessert, aux doux « nichons de Grésy » du père Bill. En prime, les prix tout à fait raisonnables, l'accueil chaleureux du même père Bill et une super atmosphère.

À voir

L'abbaye Notre-Dame-d'Aulps (domaine de découverte) : *à* **Saint-Jean-d'Aulps.** *☎ 04-50-04-52-63. • abbayedaulps.fr • Accès bien fléché depuis le village. (sf jardins). De mi-juin à mi-sept, tlj 10h-19h ; le reste de l'année, tlj sf sam 14h-18h30. Fermé de mi-nov à mi-déc. Entrée : 6 € (8,50 € pour la visite guidée, mer à 16h en été) ; réduc ; gratuit moins de 6 ans et* Multipass *en été. Audioguide : 2,50 €.* Vestiges d'une abbaye fondée au XIe s par des cisterciens, dissidents de l'abbaye de Molesme en Bourgogne. Puissante au Moyen Âge, l'abbaye d'Aulps décline doucement par la suite. Et les six derniers moines font leurs bagages en 1792, un peu aidés par les troupes révolutionnaires. L'histoire de l'abbaye, la vie des moines et le secret des plantes médicinales sont évoqués dans l'ancienne ferme monastique : bel espace contemporain, aéré et ludique. À l'extérieur, de l'église abbatiale du XIIIe s ne subsiste qu'une façade, joliment dressée au-dessus de la reconstitution d'un jardin des simples. Intéressante visite guidée pour qui voudrait tout savoir de l'abbaye. Boutique, tisanerie où se sustenter, comme les moines, d'un bol de soupe ; expos temporaires, et fête médiévale, fête du Miel (w-e en août).

Le lac de Montriond : *entre Morzine et Saint-Jean-d'Aulps, par la D 228.* Un joli lac de montagne, tout en longueur et enserré dans une forêt de sapins. En poursuivant son chemin, toujours par la D 228, on croisera la *cascade d'Ardent* avant d'arriver, au terme de quelques jolis lacets, aux *Lindarets,* village habité presque exclusivement par des... chèvres. Très touristique mais rigolo.

Les gorges du Pont-du-Diable : *Le Jotty, 74200* **La Vernaz.** *☎ 04-50-72-10-39. • info@lepontdudiable.com • Sur la D 902 entre Thonon-les-Bains et Morzine. Fin avr-fin sept, tlj 9h30-17h (18h juil-août). Entrée : 5,10 € au lieu de 6,10 € sur présentation de ce guide ; réduc ; gratuit moins de 6 ans.* Compter environ 1h de visite (un peu plus les jours d'affluence de plein été !). Passerelles et escaliers permettent, depuis la fin du XIXe s, de se glisser dans la partie la plus spectaculaire des gorges creusées par la Dranse de Morzine. La rivière a dessiné ici un paysage fantasmagorique : des falaises comme froncées et hautes parfois de plus de 60 m, de profondes marmites de géants, le tout sculpté dans un marbre dont le soleil du matin fait chatoyer les reflets. À la fin de l'époque glaciaire, la partie supérieure des gorges s'est effondrée, créant également un impressionnant chaos rocheux et une splendide arche naturelle qu'empruntaient jadis les gens du coin : voilà le pont du Diable !

Ski et neige

Ski alpin : espace Roc-d'Enfer (950-1 800 m) commun avec Bellevaux-La Chèvrerie (voir le chapitre « La vallée du Brevon »). *• espacerocdenfer.com •* 40 km de pistes. Forfait journée adulte : 23,70 €. Petit domaine mais dans une nature préservée et avec une vue superbe sur les Alpes et le Léman. Très familial du côté de la Chèvrerie.

Fête et manifestation

– **Journée Cocktail nordique :** *fév au col du Corbier.* Activités comme le *ski joëring* (ski tiré par des chevaux) ou course de chiens de traîneaux.

– ***Grande fête médiévale :*** *3e w-e d'août dans l'abbaye d'Aulps.* Jongleurs, chevaliers et gentes dames : l'abbaye revit l'époque médiévale le temps d'un week-end.

LE VAL D'ABONDANCE

Une vraie montagne à vaches. Et quelles vaches ! Acajou et robustes, de bonnes laitières auxquelles la nature a offert de grosses lunettes en trompe l'œil comme pour mieux contempler les alpages piquetés de fleurs en été. Tout cela ne pouvait donner qu'un fromage d'une belle couleur jaune pâle, tout naturellement appelé fromage d'abondance, comme celles à qui il doit le lait entier qui lui donne son goût et son identité. Une tradition pastorale si vivante que le tourisme, fût-il de sports d'hiver, ne parviendra sûrement jamais – croisons les doigts – à faire disparaître... Et qui est pour beaucoup dans le charme du val d'Abondance, à égalité avec ses massifs chalets aux balcons sculptés, parmi les plus beaux des Alpes, et sa nature, sauvage mais presque jardinée comme chez le proche voisin suisse.
Pas étonnant dès lors que cette vallée, qui a su conserver et valoriser son patrimoine, ses paysages et son environnement montagnards, son architecture et, on le disait, son activité pastorale, soit dotée du label Pays d'art et d'histoire. Cette reconnaissance concerne les six villages de la vallée d'Abondance : Abondance, La Chapelle-d'Abondance, Châtel, Bonnevaux, Chevenoz et Vacheresse.

Adresse utile

🛈 ***Service du patrimoine « Pays d'art et d'histoire » :*** *au syndicat intercommunal à la carte de la vallée d'Abondance (SICVA). ☎ 04-50-73-57-31. • vpah.culture.fr •* Organise visites, expositions, ateliers pédagogiques et animations (adultes et enfants). En liaison avec la Maison du val, l'abbaye d'Abondance, la Vieille Douane à Châtel et la Maison des sœurs à La Chapelle (voir plus loin).

ABONDANCE

(74360) 1 485 hab. *Carte Haute-Savoie, C2*

Gros village paisible, s'allongeant au confluent de la Dranse et du torrent de Malève. Son histoire se confond avec celle de sa prestigieuse abbaye fondée au XIIe s et qui fut, jusqu'au XVIe s, l'un des plus importants foyers monastiques des Alpes.

Adresse et info utiles

🛈 ***Office de tourisme :*** *☎ 04-50-73-02-90. • abondance.org • En saison, ouv lun-sam 14h-18h, dim 9h30-12h.* Propose des randos nocturnes, en hiver, au refuge des Tinderets, encadrées par Serge Bigot, accompagnateur en montagne. Ascension (1h de marche), repas et redescente *(env 40 €/pers).* Une expérience ludique et inédite qui nécessite aussi une bonne condition physique. Possibilité de nuit sur place. *Rens à l'office de tourisme ou au refuge : 📱 06-75-00-34-73. • refuge.tinderets@gmail.com •*

– ***Marché :*** *dim mat.* Beaux produits frais à prix raisonnables.

Où dormir ? Où manger ? Où boire un verre ?

Prix moyens

Hôtel de l'Abbaye : *☎ 04-50-73-02-03. • contact@hotel-abbaye-abondance.com • hotel-abbaye-abondance.com • Resto ouv tlj sf dim soir hors saison. Congés : 20 avr-15 mai et 4 oct-20 déc. Double 90 €, familiale 4 pers 140 € ; ½ pens 75 €/pers. Menus 28-45 €.* Bel hôtel situé au cœur du village, à la vénérable façade dégoulinante de géraniums à la belle saison. Belle terrasse au bord de la rivière. 20 chambres tout confort, contemporaines, fonctionnelles mais agréables. Ambiance familiale. Au resto, spécialités du coin : berthoud, féra, cèpes, fondues... Salle de remise en forme, sauna et jacuzzi. Franchement, difficile de trouver un meilleur rapport qualité-prix !

Chambres d'hôtes Le Vieux Chalet : *chez Liliane et Pierre Berthet, lieu-dit Charmy-l'Envers. ☎ 04-50-73-02-79. • lillianeberthet@orange.fr • Fléché depuis Abondance. Congés : début oct-Noël. Double 56 € ; 4 pers 92 € ; ½ pens 40 €/pers (à partir de 3 nuits). Dîner sur résa 18 €.* Sur la route du lac des Plagnes, un superbe chalet du XVIIIe s, typique du val d'Abondance. 4 chambres, simples et campagnardes. L'accueil de Liliane peut paraître un peu timide de prime abord, mais vous l'appellerez vite Lily, comme les habitués : « J'suis une pure race d'Abondance », dit-elle non sans humour. Avec son mari, Pierrot, elle élève vaches et chèvres, et fabrique des fromages (chevrotin, abondance) que l'on retrouve à la table d'hôtes, avec d'autres bons produits fermiers.

Restaurant-pension de Savoie : *pl. de l'Église. ☎ 04-50-73-31-02. Tlj sf dim soir-lun. Menus 17-31 €.* Un bistrot ouvert en 1815 et qui semble n'avoir pas bougé depuis. Un zinc, un vrai, avec des têtes de vaches sculptées le long du comptoir, des chaises de bois, un plancher usé... le décor de ce café pas peu fier d'avoir accueilli la reine d'Angleterre en 1991 a juste été rénové, à l'identique. Un lieu hors du temps, pour boire un vin chaud en hiver ou un blanc frais en été sur la petite terrasse qui guigne vers l'abbaye. Ou, dans la salle à manger tout en boiseries, faire honneur à une cuisine qui cache du métier et moult saveurs sous son apparente simplicité.

Où acheter de bons produits ?

Boulangerie de l'Abbaye : *en face de l'abbaye, comme son nom l'indique. ☎ 04-50-73-02-51. Tlj (fermé entre 13h et 15h).* De bons produits maison, un pain au levain qui a sa petite notoriété, des pâtisseries savoyardes et l'occasion de goûter aux rissoles campagnardes, de délicieux petits chaussons avec une marmelade poire-coing. Une tradition du haut Chablais. Ne manquez pas non plus les succulentes tartes aux myrtilles.

Boucherie-charcuterie Maulaz : *à l'entrée du village. ☎ 04-50-73-01-35. Tlj 7h-19h ; fermé jeu en intersaison et dim ap-m.* Une vraie bonne adresse pour goûter et rapporter saucisson sec pur porc fumé au genièvre, coppa, jambon, saucisses... Pour faire un pique-nique dans la neige, au soleil, ou au bord de la rivière en été, difficile de trouver mieux !

GAEC du Mont Chauffé : *Le Mont. ☎ 04-50-81-68-22. Tlj sf dim 9h-12h, 14h-18h30.* Une référence pour qui veut découvrir le vrai fromage d'Abondance. L'adresse régale une clientèle amatrice de ce fromage reconnaissable à sa belle croûte concave, qui doit rester au moins 3 mois en cave pour un affinage correct.

À voir

L'abbaye Notre-Dame : une des rares, en Haute-Savoie, à avoir aussi bien traversé les siècles. Sanctuaire dès le IVe s, prieuré à l'origine (XIe s), elle a accédé

au rang d'abbaye placée sous la règle de saint Augustin dès le XIIe s. Propriétaire des terres de la haute vallée, l'abbaye d'Abondance a, au Moyen Âge, rayonné sur toutes les Alpes du Nord, ses chanoines fondant les abbayes de Sixt et d'Entremont. En 1607, les augustins, dont les mœurs se relâchaient (même François de Sales ne parvint pas à les remettre dans le droit chemin), seront remplacés par les feuillants, une branche de la grande famille cistercienne. Mais le prestige de l'abbaye avait déjà fort diminué et elle fut dissoute en 1761, avant même la Révolution.
– ***L'église abbatiale :*** *tlj. Accès libre.* Du XIIIe s mais, victime de pas moins de trois incendies, elle a été remaniée : la façade est néogothique et de la fin du XIXe s, le clocher, de type savoyard, a été reconstruit au XVIIIe s. Nef quelque peu étriquée, peut-être pour souligner l'ampleur du transept et du chœur entouré de sept chapelles rayonnantes. Remarquez, à droite de l'entrée, la tribune en bois du XVe s (dont on ignore l'usage exact), très montagnarde avec ses bouquets de fleurs peints entre les XVIIe et XVIIIe s. Dans le chœur, statues en trompe l'œil peintes au XIXe s par Vicario, l'artiste de la cathédrale Saint-François-de-Sales de Chambéry. Mais les plus belles pièces sont du XVe s et dans le chœur : siège abbatial aux bas-reliefs délicatement sculptés et stalles en noyer d'une belle sobriété. Le déambulatoire est flanqué de colonnes qui datent de l'époque de construction de l'église.
– ***Le cloître :*** *☎ 04-50-81-60-54. ♿ Déc-avr et oct, lun-ven 14h-17h (visites à la bougie pdt vac de fév) ; mai-juin et sept, tlj 9h30-12h, 14h-17h ; juil-août, tlj 9h30-12h30, 14h-18h (20h jeu). Entrée : 4 € ; réduc ; gratuit moins de 8 ans. Visite guidée (+ 2 €) lun-ven 15h, à partir de 4 pers. Billet groupé avec la Maison du val : 6 €. Atelier enfants en été 6 €.*
Des quatre galeries construites au XIVe s, deux seulement subsistent (la molasse supporte mal l'usure du temps...), élégantes encore même si elles ont été mutilées. Belles clefs de voûte figurant, dans la tradition romane, les signes du zodiaque et les travaux des mois de l'année.
Mais l'intérêt primordial du cloître reste bien ce qui subsiste des peintures murales du XVe s. Ces fresques évoquent tout autant la vie de la Vierge que celle des paysans haut-savoyards ! *La Fuite en Égypte* serait plutôt la fuite dans le Chablais avec le Léman en toile de fond, le toit de la cabane de la Nativité est recouvert d'ardoise et, dans *Les Noces de Cana,* si l'habitat est piémontais, à gauche de la scène, jambons et saucisses pendent dans une haute cheminée ! L'ancien chauffoir de l'abbaye abrite une collection d'art sacré : luxueux vêtements liturgiques (XVIIe-XXe s), livres de chants joliment calligraphiés (XVe s)... Reconstitution d'une cellule comme celles qu'occupaient les moines avant la Révolution. Expos temporaires en juillet-août.

LE VAL D'ABONDANCE

La Maison du val : *plaine d'Auffaz. ☎ 04-50-73-06-34. À la sortie, direction Thonon. Mai-sept, tlj sf dim mat 9h30-12h, 14h-18h ; de mi-déc à avr et d'oct à mi-nov, mar-sam 9h30-12h, 14h-17h30. Mêmes tarifs que pour le cloître. Visite libre ou guidée (4 pers min). Atelier enfants 6 € et dégustation pour les adultes 2 €.* Vitrine du « Pays d'art et d'histoire ». Centre d'interprétation du patrimoine et découverte de la vallée d'Abondance, au travers de son fromage. Expositions temporaires à thème. Film, diaporama pour les enfants. Fréquentes animations en été : poterie, sculpture de colombes...

Le lac des Plagnes : *à 5,5 km d'Abondance (c'est fléché).* Au long de la petite route qui y conduit sont plantés quelques-uns de ces plantureux chalets traditionnels de la vallée. Au terminus, à 1 181 m d'altitude, se dévoile dans un écrin de montagnes et de sapins un joli petit lac prisé des pêcheurs.

Ski et neige

Ski alpin : 25 km de pistes à Abondance même, mais la station est reliée au domaine skiable des Portes-du-Soleil par navette toutes les heures (voir plus haut « Ski et neige » à Avoriaz).

Ski nordique : 5 km de pistes. Gratuit. Deux petites boucles et liaison avec les autres domaines du val d'Abondance. Plus deux autres indépendantes au lac des Plagnes.

Ludoffaz : espace ludique au centre du village, dédié à l'apprentissage du ski et aux glissades en tout genre.

Fête

– ***Fête des Chardons bleus :*** *15 août.* Défilé de chars représentant les hameaux de la commune.

LA CHAPELLE-D'ABONDANCE

(74360) 845 hab. *Carte Haute-Savoie, C1-2*

Un petit village, une belle église qui superpose trois bulbes sur son clocher et des hameaux plantés de chalets centenaires aux balcons délicatement sculptés, soit un parfait condensé de ce qu'est le val d'Abondance. En prime, côté fourneaux, quelques-unes des meilleures adresses du pays !

Adresse utile

Office de tourisme : *☎ 04-50-73-51-41. • lachapelle74.com • En saison, tlj ; hors saison, fermé dim et j. fériés.*

Où dormir ? Où manger ?

Prix moyens

Hôtel L'Alpage : *à la sortie du village, direction Châtel. ☎ 04-50-73-50-25. • hotel-lalpage@valdabondance.com • hotel-lalpage.com • Congés : de mi-avr à mi-mai et d'oct à mi-déc. Doubles 75-125 €. Menus 23-35 € ; carte env 40 €. Apéritif offert sur présentation de ce guide.* Un petit hôtel chaleureux avec sauna et jacuzzi pour les uns, bar et solarium pour les autres. Chambres à la déco toute simple, dans l'esprit montagne. Certaines peuvent accueillir jusqu'à 7 personnes. Comme c'est l'un des rares de la station à ne pas appartenir à la famille Trincaz, et qu'il est près du bar à bières le plus coté de la vallée, on n'allait pas manquer de vous le signaler.

De chic à plus chic

Hôtel L'Ensoleillé : *rue Principale. ☎ 04-50-73-50-42. • info@hotel-ensoleille.com • hotel-ensoleille.com • Resto fermé mar. Doubles 100-190 € selon confort. ½ pens demandée pdt les vac scol 80-155 €/pers. Menus 17-23 € (déj en sem), puis 24-44 € ; carte env 50 €. Digestif offert sur présentation de ce guide.* Ce gros chalet au cœur du village mérite complètement les éloges des habitués. Chambres douillettes, dont la déco, très couleur locale, rappelle qu'il y a ici quelques vastes forêts. Resto tout aussi typique pour une belle cuisine à base de produits soigneusement choisis. L'impression de bien-être total tient aussi à l'accueil de la famille Trincaz, jamais pris en défaut depuis l'ouverture de cet hôtel, à la toute fin des années 1950. Piscine couverte et chauffée et jacuzzi en prime !

Hôtel Les Gentianettes : *route de Chevenne. ☎ 04-50-73-56-46. • bienvenue@gentianettes.fr • gentianettes.fr • À 50 m du centre du village. Fermé le midi lun-mer hors saison. Congés : de Pâques à l'Ascension et de mi-sept à mi-déc. Doubles 118-249 € selon saison. Formules midi en sem 19,90-29,90 € ; menus 29,90-51,90 €.* Encore un joli chalet d'un vrai confort, à l'écart de la route, donc du bruit, et à deux pas des pistes de ski de fond. Une trentaine de chambres, toutes différentes, à la déco très personnelle. *Le Carnotzet,* décoré comme un musée d'art et traditions populaires, réunit, le soir, les amateurs de fromages : fondues, berthoud. Au restaurant, sous les poutres et les cloches, belle cuisine entre authenticité et modernité. Piscine couverte, jacuzzi et sauna.

Les Cornettes : *rue Principale. ☎ 04-50-73-50-24. • lescornettes@valdabondance.com • lescornettes.com • Congés : de fin mars à mi-avr et de mi-oct à mi-déc. Doubles 125-170 € selon saison, 20 €/pers supplémentaire. ½ pens 95-140 €/pers. Menus 25-46 €. Apéritif offert sur présentation de ce guide.* Une institution, au cœur même du village ; mieux : un mini-« Club Med » géré par une grande famille (des Trincaz, toujours !) depuis les années 1930. Des chambres et des studios pour tous les styles, reliés par un tunnel menant à la piscine. Et des salles de resto pour tous publics qui ne désemplissent pas et vous proposent aussi bien une bonne truite du lac que des spécialités montagnardes. Sans oublier une boutique de produits régionaux et l'attraction pour les soirs de fête : le musée du Papy-Gaby, aménagé dans un vieux chalet savoyard ayant gardé son style des années 90 (1790, bien sûr). Également un espace spa (hammam, sauna, jacuzzi).

Où boire un verre ?

Le Fer Rouge : *à la sortie de La Chapelle-d'Abondance. ☎ 04-50-73-50-29. • le-fer-rouge@wanadoo.fr • Ouv ts les soirs en saison (16h-1h) sf mar en sept. Congés : de mai à mi-juin et d'oct à mi-déc.* Belle atmosphère dans ce lieu qui est à la fois microbrasserie, bar à bières et resto de nuit. Car c'est la nuit que Benoît Mouthon travaille, se partageant entre la blonde et la brune tandis que sa moitié à l'étage en dessous sert des *bitter* à de grandes tablées. On peut également y manger : spécialités savoyardes ou des plats « aux petits houblons », style berthoud à la bière. Vraiment sympa. Et les soirs de match, devant l'écran géant, le ton monte alors que le niveau des verres descend à grande vitesse.

À voir

Les chalets traditionnels : un des plus beaux, un des plus emblématiques se trouve à La Fontaine, vers Châtel, mais on en rencontrera tout au long de la route (D 22) entre La Chapelle-d'Abondance et Châtel, notamment au hameau de Sous-le-Saix. Immanquables ! Et pour cause, ce sont les plus imposants de toutes les Alpes françaises, cousins des cossues fermes suisses ou tyroliennes. Originalité : ils sont doubles et pouvaient abriter sous leurs vastes toits (percés de cheminées jumelles et symétriques) deux grandes familles côte à côte. Les colombes en bois de la vallée d'Abondance qu'on sculptait délicatement à l'Opinel, le soir à la veillée, seraient symboliques de ces relations de bon voisinage. Autre particularité : le balcon. Les balcons plutôt : un, deux, parfois même trois, aux décorations toutes différentes. L'hiver, quand le bois avait durci, les hommes ajouraient les balustrades à la scie. Ils prenaient le temps de découper edelweiss ou trèfle à trois feuilles, gracieuses arabesques ou fins entrelacs au gré de leur imagination. Superbe.

La Maison des sœurs : *au-dessus de l'office de tourisme.* ☎ *04-50-73-51-41.* Comme son nom l'indique, c'était autrefois une école dirigée par des religieuses. Si on ne peut la visiter, elle accueille en revanche d'intéressantes expositions temporaires et une bibliothèque.

Le musée du Ski ancien : *La Ville-du-Nant.* ☎ *04-50-81-37-96. Visite sur résa, slt l'hiver. Entrée : 3 €.* L'occasion déjà de découvrir, de l'écurie à la cuisine, une ferme typique du XVIIe s. Ensuite, si vous avez fait vos premières descentes sur des « paraboliques », vous constaterez qu'au tout début du XXe s les skis ne ressemblaient pas du tout à ça !

Ski et neige

Ski alpin : domaine (1 000-2 433 m) relié directement à skis aux autres stations des Portes-du-Soleil. Forfait : 49,50 € (accès à environ 650 km de pistes). Sur La Chapelle même 50 km de pistes. Forfait journée adulte : 28,50 €. Deux domaines en fait, reliés par bus gratuits. Un intérêt, la télécabine de la Panthiaz qui permet d'accéder skis aux pieds, via la station suisse de Torgon, au domaine des Portes-du-Soleil.

Ski nordique : 40 km de pistes. Carte journée : 7,50 €. Le plus beau domaine du coin.

➢ ***Raquettes :*** itinéraires balisés *(guide 2 € à l'office de tourisme).* Randonnées accompagnées organisées par le magasin de sport ***Planet'Gliss,*** ☎ *04-50-73-52-04.*

LE VAL D'ABONDANCE

Sports et loisirs d'été

➢ ***Randonnées :*** *carte des sentiers avec descriptifs en vente à l'office de tourisme.* Quelques grands classiques : le *mont de Grange* (réserve naturelle où l'on croisera chamois, mouflons et marmottes), les *cornettes de Bise,* le *lac d'Arvouin,* les *chalets de Mens,* le *pas de la Bosse.* Ces sites font partie du Géopark Chablais qui s'étend des bords sud du Léman aux sommets des Portes-du-Soleil.

– ***Via ferrata du Saix de Miolène :*** *accès en 15 mn par le sentier du menhir, depuis le parking en bordure de la D 22. À l'entrée de La Chapelle.* Compter 3 à 5h (retour en 30 à 45 mn). Trois tronçons de différents niveaux de difficulté.

Manifestations

– ***Festival Fraxis Musica :*** *en juil-août, dans l'église.* Concerts de musiques traditionnelles des Alpes.
– ***Burn Mountain Rock Festival :*** *3 j. en juil.*

CHÂTEL

(74390) 1 280 hab. *Carte Haute-Savoie, C-D2*

À 1 235 m d'altitude, la station la plus élevée de la vallée d'Abondance. Une bonne soixantaine d'années de tourisme ont considérablement modifié la physionomie de ce village tout en longueur. Mais, comme en Suisse voisine (la frontière est à deux pas), à Châtel on a plus d'inclination pour les chalets

(une anagramme !) que pour le béton. Et ici, snowboarders et paysans font toujours bon ménage...
Un charme et une animation qui font de Châtel l'une des stations les plus fréquentées du domaine des Portes-du-Soleil. À tel point que, en saison hivernale, la route menant aux remontées de Pré-la-Joux connaît parfois des embouteillages et les parkings sont bien souvent saturés. Gageons que les nouveaux télésièges qui relient les deux domaines Super-Châtel et Linga en passant par Vonnes désengorgera le cœur du village...

Adresse et infos utiles

ℹ ***Office de tourisme :*** *☎ 04-50-73-22-44. • chatel.com • En hiver, tlj 8h30-19h ; en été, tlj 9h-19h ; hors saison, lun-sam 9h-12h, 14h-18h. Sur résa, visites de fermes et chalets dans le village.*

– ***Central de réservation :*** *☎ 04-50-73-30-22. • chatelreservation.com •*
– ***Marché de producteurs :*** *mer mat. En été, sur la pl. de l'Église. En hiver, en contrebas de la pl. de l'Église.*

Où dormir ?

Camping

⛺ ***L'Oustalet :*** *1428, route des Freinets. ☎ 04-50-73-21-97. 📱 06-78-79-33-96. • contact@oustalet.com • oustalet.com • ♿ À 2 km du centre de la station par la route du Linga-col de Bassachaux (c'est fléché). Navette gratuite. Ouv de mi-juin à début sept et de mi-déc à fin avr. Résa conseillée. Compter 19-28,50 € pour 2 selon saison. Loc de mobile homes et chalets pour 2-9 pers 360-2100 €/sem. Réduc de 10 % pour tt séjour de plus de 7 nuitées en emplacement sur présentation de ce guide.* 📶 Dans un coin superbe, au bord de la Dranse, un 4-étoiles très bien équipé et parfait pour profiter des joies de la montagne été comme hiver. On est déjà sur la route qui mène aux remontées mécaniques, et le centre-ville n'est pas bien loin à pied. Mobile homes bien équipés, bien chauffés, spacieux et fonctionnels, avec terrasse. Tennis, piscine chauffée, sauna (payant), épicerie à 100 m.

De bon marché à prix moyens

🏠 ***1861 Châtel Hostel :*** *1423, route de Pré-la-Joux. ☎ 04-50-81-05-03. Nuit en dortoir 15-33 €. Entre le Linga et Pré-la-Joux. Doubles 55-75 € ; familiales 4 pers 110-150 €.* Une auberge de jeunesse flambant neuve installée en bordure de rivière. Chambres simples mais soignées avec cabine de douche. 2 dortoirs de 4 et 6 personnes avec plancher, liseuses et cabine douche dans la chambre. Également une « *box-room* » de 14 personnes, avec des lits sur 2 niveaux séparés par des cloisons pour préserver son intimité. Séjours ski incluant le forfait à prix intéressants. Cuisine, bar, salon TV et bibliothèque, terrasse, location de vélos...

🏠 ***Hôtel L'Alpaka :*** *101, route de la Béchigne. ☎ 04-50-73-33-02 ou 📱 06-85-75-84-70. • hotelalpaka@gmail.com • val-joli.com • Un peu en contrebas du centre du village. Ouv slt en été. Doubles 44-55 €. CB refusées. Parking. Cadeau personnalisé offert sur présentation de ce guide.* L'hiver, ce petit chalet (12 chambres) moderne est réquisitionné par des skieurs venus de pays nordiques. Mais l'été, *L'Alpaka* offre sûrement le meilleur rapport qualité-prix de la station. Chambres propres et nettes, certaines avec balcon (et une jolie vue).

🏠 ***Hôtel-chalet d'Alizée :*** *dans la rue principale, au cœur du village. ☎ 04-50-73-00-53. • patricia@hotel-alizee.fr • hotel-alizee.fr • Doubles 68-109 € selon période et type de chambre.* Un petit 2-étoiles qui ne déçoit pas. Les chambres, de taille variable, ont presque toutes été redécorées dans un style contemporain et affichent un bon confort (literie, insonorisation). L'excellent petit déj-buffet, la chaleur de l'accueil et la situation stratégique qui permet de tout faire à pied en ville contribuent, somme toute, à l'excellent rapport qualité-prix.

Gîte de séjour Le P'tit Cornillon : *452, route de Pré-la-Joux. ☎ 04-50-81-35-49. • bienvenue@lepetitcornillon.fr • lepetitcornillon.fr • Doubles 60-80 € selon saison ; familiales 3-4 pers 120-160 €. Remise de 5 % sur le prix de la chambre de 4 pers en été et Multipass des Portes-du-Soleil en été 2 €/j. par pers sur présentation de ce guide.* Un gros chalet récent, idéal pour qui recherche de petites structures d'hébergement. Jacqueline et Florent Crépy-Marglais sont un exemple, parmi d'autres, de personnes pratiquant une double activité à Châtel. Florent a un troupeau de vaches laitières, génisses et veaux de race abondance (on vous dit tout !), et lorsqu'il a fini son travail à la ferme, il rejoint sa femme Jacqueline pour choyer les pensionnaires. Bon accueil assuré donc, chambres simples et nettes, petit sauna (payant).

Hôtel Le Roitelet : *731, route de Thonon. ☎ 04-50-73-24-79. • roitelet.hotel@orange.fr • hotel-le-roitelet.com • À la sortie de Châtel, direction Thonon, sur la gauche. Congés : de mi-avr à mi-juin et de mi-sept à mi-déc. Doubles 57-82 €. ½ pens 55-78 €/pers. Menus 26 € (midi)-32 € ; carte env 26 €. Apéritif maison offert sur présentation de ce guide.* Puisqu'on est à la montagne, la maison a des airs de chalet et un roitelet géant est peint en façade. Pour le reste, un hôtel d'habitués à l'ambiance décontractée, tenu par un couple accueillant, à la bonne et saine cuisine de tradition et aux chambres pas compliquées mais confortables. Évitez toutefois, pour votre tranquillité et la vue, celles côté route.

De chic à plus chic

Hôtel Fleur des Neiges : *564, route de Vonnes. ☎ 04-50-73-20-10. • information@hotel-fleurdeneige.fr • hotel-fleurdeneige.fr • Doubles 105-270 € selon saison ; ½ pens 90-175 €/pers.* Notre hôtel-restaurant préféré dans cette rubrique ! Il jouit d'un emplacement de choix, à proximité du nouveau télésiège reliant Super-Châtel au Linga. Ouvert en 1937, il fut l'un des premiers hôtels de Châtel. Depuis, la famille Trincaz l'a complètement modernisé dans un style charme chic-montagnard. Mobilier et parquet en bois, couettes moelleuses, plaids en (fausse) fourrure, teintes actuelles, lumières tamisées et jolies mezzanines pour les duplex familiaux (l'un d'entre eux peut accueillir jusqu'à 6 personnes). Aucune fausse note. On ne va pas mentir, celles côté vallée ont largement notre préférence, mais elles sont plus chères aussi. Spa, piscine couverte et excellente cuisine régionale.

Hôtel Belalp : *382, route de Vonnes. ☎ 04-50-73-24-39. • info@hotelbelalp.com • hotelbelalp.com • Congés : avr-juin et de sept à mi-déc. Doubles 70-145 € ; ½ pens 58-99 €/pers selon saison. Menus 20 (sf dim)-30 € ; carte env 38 €. Apéritif offert et 10 % de remise sur le prix de la chambre l'été et hors vac scol en hiver sur présentation de ce guide.* À quelques pas du centre, cet hôtel 3 étoiles tenu par la famille Trincaz dispose d'une vingtaine de chambres pas bien grandes mais récemment redécorées et modernisées. On y apprécie particulièrement la vue des chambres côté vallée, dotées d'une grande terrasse pour celles du 1er et de balcon pour les étages supérieurs. Même confort côté rue, et excellente insonorisation. Belles chambres familiales pouvant accueillir jusqu'à 5 personnes. Et, atout non négligeable, un espace détente pour l'après-ski ou l'après-rando ! Au resto, cuisine traditionnelle de terroir et spécialités savoyardes, et une vue magique sur la vallée. Ambiance familiale et très bon accueil.

Hôtel La Perdrix Blanche : *Pré-la-Joux. ☎ 04-50-73-22-76. • info@laperdrixblanche.com • laperdrixblanche.com • (resto slt). À 2,5 km du centre, prendre la direction du Linga jusqu'au parking. Congés : 25 avr-25 juin et 10 sept-1er déc. Doubles 70-140 €. ½ pens (demandée pdt vac scol d'hiver) 70-94 €/pers. Menus déj 16-20 €. Apéritif maison offert sur présentation de ce guide.* Gros chalet de bois, posé au pied des remontées mécaniques. Parfait l'été pour le VTT et l'hiver pour le ski et les adeptes des nouvelles glisses, puisque le départ se fait du parking devant l'hôtel. 11 chambres – dont 5 familiales et 2 en duplex – dans l'esprit montagne, simples mais plaisantes, chaleureuses et relativement spacieuses. Celles côté parking ont toutes un balcon et le soleil le matin. Nos préférées, côté piste, sont ensoleillées l'après-midi. Sinon, belle terrasse bien exposée pour prendre un verre et le soleil. Cuisine sans surprise (tartiflette, berthoud, fondue, raclette, etc.), mais copieuse (idéal après une journée de ski ou de randonnée). La grande salle a quelque chose d'impersonnel, mais le soir, le service se fait près de la cheminée. Excellent accueil (même au plus fort de la saison...).

Beaucoup plus chic

Hôtel Macchi : *94, chemin de l'Étringa. ☎ 04-50-73-24-12. • contact@hotelmacchi.com • hotelmacchi.com • Au centre de la station. Doubles et suites 90-600 € selon saison et confort ; très beau petit déj-buffet 16 €. Menu le soir en sem 25 € ; à la carte env 35 €. Apéritif maison offert sur présentation de ce guide.* Un des établissements les plus confortables de la vallée, pour qui recherche des prestations vraiment haut de gamme. Chic mais pas pesant. Ici, les chambres rénovées portent le nom d'un champion de ski. Normal, puisque l'hôtel a été fondé par les parents de Françoise Macchi, championne de ski des années 1970. Ambiance savoyarde feutrée et raffinée, et cuisine gastronomique comme il se doit. Mais il y a aussi un coin pour les fondus de fondues. Piscine couverte, salle de muscu et un superbe spa particulièrement prisé pour la qualité des soins ayurvédiques (résa indispensable)... Navette gratuite pour les remontées mécaniques l'hiver.

Où manger ?

De bon marché à plus chic

L'Abreuvoir (chez Ginette) : *hameau de Vonnes. ☎ 04-50-73-24-89. À 1 km du centre par la D 22, direction la Suisse, juste au-dessus du lac de Vonnes. En principe, tlj sf lun. Menu 15 € ; carte env 20 €.* Une adresse qui fait vraiment campagne profonde et dont on s'étonne, année après année, qu'un promoteur n'ait pas encore mis la pelleteuse dessus. Chaises dépareillées sur la petite terrasse et salle rustico-kitsch dans un pavillon genre Sam'suffit qui domine joliment le lac de Vonnes. L'endroit où goûter au berthoud, incomparable spécialité de cette superbe vallée, puisque Ginette, une célébrité locale, sert, un peu à toute heure, ces cubes de fromage d'abondance marinés dans du vin blanc et du madère, piqués d'ail et fondus au four. Attention, parfois l'attente est longue. Quelques autres solides spécialités savoyardes au programme et un accordéon parfois de sortie ! Animations musicales les samedis.

La Table d'Antoine : *145, route de Thonon. ☎ 04-50-73-29-53. Ouv en hiver slt, ts les soirs. Carte env 30-35 €.* Dans un joli décor savoyard aux lumières tamisées, on sert ici cuisine régionale à vocation gastronomique. Les incontournables montagnards côtoient le filet de bœuf aux morilles, un magret de canard sauce aux myrtilles et le burger de veau des sommets ! Beau choix de desserts et un généreux café gourmand pour les becs sucrés. Une très bonne adresse malgré un service parfois long en saison... Mêmes propriétaires au chalet d'altitude *La Pierre aux Loups* (télésiège de Pierre-Longue).

Le Vieux Four : *55, route du Boude. ☎ 04-50-73-30-56. Au centre de Châtel. Tlj sf lun. Congés : de mi-avr à mi-juin et de mi-sept à début déc. Menus 15 (midi sf dim)-48 €. Digestif offert sur présentation de ce guide.* Un resto plein de charme, aménagé dans une ancienne ferme. À l'entrée, sur la droite, le four du boulanger, autrefois utilisé par le grand-père de la patronne : c'était ici, dans cette pièce laissée en l'état, que tous les Châtellans venaient acheter leur pain. La salle principale de ce lieu haut en couleur était auparavant l'étable (l'emplacement et le nom de chaque vache en attestent !). Aujourd'hui, c'est une bonne table, qui ne s'endort pas sur le terroir.

La Poya : *196, route de Vonnes. ☎ 04-50-81-19-34. • johannamaxit@gmail.com • Dans la rue principale de Châtel. Fermé lun midi ainsi que le soir dim-lun hors saison. Congés : début juin et de mi-sept à mi-oct. Formule déj en sem 15 €, menus 29-49 €. Digestif maison offert sur présentation de ce guide.* Mignon décor de bistrot alpin pour une cuisine pas mal balancée. Viandes de qualité et fromages du village. La formule du midi, servie sur une planche, cale pour la randonnée ou l'après-midi sur les skis. Accueil et service à la fois très pro et très cool. Petite terrasse.

La Ripaille : *184, route de Pré-la-Joux. ☎ 04-50-73-32-14. En face du télésiège du Linga. Tlj sf lun. Congés : mai-juin et oct-nov. Menus midi en sem 16 €, puis 22,50-38 € ; carte env 32 €.* L'une des bonnes tables familiales de Châtel, réputée pour sa cuisine locale à base de produits du cru.

Le Pierrier : *63, route du Centre, à côté de la mairie. ☎ 04-50-73-24-15. • stephane.vuaraud@gmail.com • Tlj sf mar et jeu midi. Formule déj 23 € ; menus 31,50-43 € ; pizzas le midi 9,50-14 ; carte env 32 €. Apéro offert sur présentation de ce guide.* Certes, on y trouve de la salade landaise et des escargots de Bourgogne, mais les spécialités savoyardes restent le fer de lance de la carte : pierrade, fondue, raclette, reblochonnade... Parmi les musts, ne pas passer à côté du fameux berthoud et du filet de bœuf aux morilles. Incontournable par sa situation stratégique au cœur de la station, l'ambiance toujours festive et l'accueil aussi enjoué que sympathique.

En altitude

La Ferme des pistes « Luessert » : *sur les pistes du domaine du* **Linga.** *☎ 04-50-81-35-81. • lafermedespistes@orange.fr • Ouv fin déc-fin avr. À la carte slt, env 13-18 €.* Ici, on vous dira qu'on va « chez Constant », un point c'est tout. La terrasse de son resto se trouve à la hauteur de l'arrivée de la télécabine du Linga. Constant sert les spécialités locales préparées avec soin.

Ferme-auberge d'alpage Chez Denis : *à* **Plaine-Dranse.** *☎ 04-50-73-36-29. • chezdenis.plainedranse@hotmail.fr • Congés : de mai à mi-juil et de mi-sept à fin nov. Carte env 20 €. Digestif offert sur présentation de ce guide.* Denis David-Rogeat vit avec sa petite famille tout l'hiver sur les pistes, dans son chalet d'alpage transformé en resto traditionnel. Une vraie bonne table dans un petit hameau qui devient un carrefour incontournable l'hiver, par sa situation, pour les skieurs qui « font » les Portes-du-Soleil. Plats traditionnels simples à base de fromages fabriqués sur place, comme le berthoud.

Où acheter de bons produits ?

GAEC Barbossine : *Le Terroit, route de Thonon. ☎ 04-50-73-27-05. 06-24-49-44-23. • barbossine@orange.fr • À 1,5 km de Châtel en direction d'Abondance. Tlj 7h-12h, 17h-20h.* Parmi la dizaine de fermes en activité sur Châtel celle-ci assure la plus grosse production de fromage d'Abondance : 45 vaches traites 2 fois par jour produisent 800 l de lait quotidiens, soit 8 meules de 45 cm de diamètre et 8 kg environ chacune ! Vente sur place, à la boutique. En y allant le matin, vous apercevrez sans doute Emmanuel et Corinne David qui reproduisent, derrière la vitre, les gestes ancestraux de la fabrication de l'abondance. Organisent également des goûters à la ferme (voir ci-dessous « À voir. À faire »).

Le Grenier Savoyard : la vitrine gourmande de la Savoie. Salaisons, fromages, confitures, miel, génépi... et autres spécialités de montagne. Impossible d'en sortir le panier vide. Sélections pointues, prix justes, conseils et accueil adorables.

À voir. À faire

– *Goûter à la ferme* : *résas au 06-24-49-44-23.* Une rencontre avec les « gens de là-haut ». C'est l'occasion de connaître la vie en alpage, le travail à la ferme, au village, et la fabrication du fromage d'Abondance (AOC), tout en dégustant les produits locaux : saucisson, jambon de pays, gâteau de Savoie, beurre et confiture fabriqués par la maîtresse des lieux, le tout arrosé de vin de Savoie, de thé ou de chocolat chaud. Un vrai régal...

– ***Fabrication du fromage d'Abondance*** : *jeu mat ; inscription à l'avance à l'office de tourisme.* Possibilité d'assister à la fabrication du fromage d'Abondance dans l'une des fermes du village, qui, pour la plupart, arborent la traditionnelle colombe en bois taillée à l'Opinel.

Centre d'interprétation de la contrebande : *La Vieille-Douane, 1277, route de Vonnes. ☎ 04-50-71-75-11. Ouv tlj sf sam (et mar mat juil-août) 10h-12h, 14h-18h (20h mar juil-août) ; hors vac scol, l'ap-m slt. Fermé de début nov à mi-déc et de mi-mai à mi-juin. Entrée : 4 € ; réduc ; gratuit jusqu'à 7 ans. Audioguide : 1 €. Excellentes visites guidées sur résa (4 pers min) : 2 €/pers en plus du billet.* La commune de Châtel étant mitoyenne avec la Suisse, c'est tout naturellement ici, dans cette ancienne douane rachetée par la commune, que le Centre de la contrebande a été créé. L'occasion de revenir sur quelques exemples rocambolesques de trafics transfrontaliers. Nombreux témoignages et objets qui donnent une autre vision des Portes-du-Soleil ! Passionnant.

Le lac de Vonnes : *sur les hauteurs de Châtel en direction de la Suisse.* Un tout petit lac qui commence à être un peu cerné par les constructions mais reste prisé des pêcheurs. Jet d'eau au milieu du lac, à 1 300 m d'altitude, ce qui en fait, paraît-il, le plus haut de France ! Quelques kilomètres plus haut par la D 228, au pas de Morgins qui marque la frontière entre France et Suisse, s'étend le lac de Morgins, plus nature.

– ***Forme d'O, Centre aquatique de Châtel*** : *188, chemin de l'Étringa. ☎ 04-50-72-04-31. Tlj 10h-20h (22h mer) ; pause sam 13h-14h. Entrée : à partir de 13 € (adulte), 9 € (3-16 ans) ; réduc et pass famille.* En lieu et place de l'ancienne piscine, un vaste centre rutilant regroupant des espaces aquatiques intérieur et extérieur, un spa et un complexe bien-être, sans compter les activités destinées autant aux enfants qu'aux adultes.

Ski et neige

Ski alpin : domaine (1 100-2 200 m) relié à celui des Portes-du-Soleil. Forfait journée adulte : 40 € ; et pour les Portes-du-Soleil : 49,50 €. Le domaine de Châtel s'étend sur deux massifs reliés qui se font presque face : Super-Châtel/Barbossine (relié avec Morgins et Torgon en Suisse) et Linga/Pré-la-Joux/Plaine-Dranse (directement relié à Avoriaz), sans oublier les téléskis du village. 130 km de pistes. Comme un peu partout dans le coin, gros intérêt de la situation de Châtel : la possibilité de s'échapper vers les pistes – qui jamais (ou presque !) ne finissent – des Portes-du-Soleil. Mais pour se mettre en jambes, le vaste domaine de la station fait largement l'affaire. Douces descentes en forêt comme l'itinéraire de Chalet-Neuf sur Super-Châtel pour les débutants, et belles pistes sportives et techniques sur le secteur de Linga.

Ski nordique : liaison avec les autres domaines du val d'Abondance qui compte au total 40 km de pistes. Forfait journée : 7,50 €.

– ***Patinoire :*** ☎ *04-50-73-34-12.* Artificielle et découverte, dans un cadre naturel assez agréable, à côté du lac de Vonnes.

➢ ***Raquettes :*** 7 itinéraires et liaison directe avec La Chapelle-d'Abondance et Morgins (Suisse).

Sports et loisirs d'été

– Intéressant : de mi-juin à début septembre, pour 2 €/jour (tarif dégressif), le *Multipass* donne un accès illimité aux remontées mécaniques des Portes-du-Soleil à condition de loger chez un hébergeur participant à l'opération. Le *Pass* offre d'autres avantages : gratuité piscines, patinoires, tennis, réductions... • *portesdusoleil.com/ete.html* •

➢ ***Randonnées :*** 90 km de sentiers balisés autour de Châtel avec accès direct aux Portes-du-Soleil, qui en comptent environ 850 km !

VTT : un *bike park* (avec une piste familiale) à Pré-la-Joux et ses 20 tracés à profil descendant ses *zones shore,* un espace trial, des randonnées VTT accompagnées ou non sur les 650 km de sentiers balisés, aux Portes-du-Soleil.

– ***Fantasticâble :*** ☎ *04-50-73-34-24. Fin juin-début sept, tlj 10h-16h45 (dernier vol). Le vol : 36 € ou 72 € en tandem (20 % de réduc sur présentation du* Multipass*).* Une tyrolienne géante (assez unique dans le genre). On dévale sur 2 523 m de long, à une hauteur maximale de 240 m ! La vitesse de pointe oscille entre 80 et 100 km/h. Pour amateurs de sensations fortes, dont le poids est compris entre 35 et 120 kg. Fonctionne aussi en hiver !

– Et toutes les ***activités d'été*** (plus d'une vingtaine au total, parapente, escalade, équitation, rafting, en passant par le bob-luge *rollherbe* et *dévalkart* à Pré-la-Joux). Liste des structures à l'office de tourisme. Également un nouveau centre aquatique avec bassins extérieur et intérieur ainsi qu'un espace de remise en forme.

DANS LES ENVIRONS DE CHÂTEL

Le val d'Illiez : *côté suisse, par le pas de Morgins (D 22).* Les stations de Morgins et Champéry, petites cousines valaisannes de Châtel (la plus suisse des stations françaises !), offrent elles aussi de beaux paysages, des pistes qui sinuent entre les sapins et quelques bonnes tables. Très facile de jouer à saute-frontière avec le forfait des Portes-du-Soleil. Toujours en Suisse, n'oubliez pas Troistorrent avec son vieux moulin, les mines de sel à Bex et le *Suisse vapeur parc* au Bouveret. Mais là, vous ne couperez pas à l'achat de l'excellent *Routard Suisse* !

Fête et manifestations

– ***Les Neiges étoilées :*** *ts les 2 ans (années paires), 4 j. en janv (3e sem). Sur le parking du Linga.* Festival de gastronomie avec une épreuve de cuisine pour les chefs français et suisses rassemblés à Châtel pour l'événement. Ateliers, dégustations, conférences... Bref, un rendez-vous gourmand !
– ***Rock the Pistes :*** *5 j. en mars.* Festival rock sur les pistes des Portes-du-Soleil, en accès libre avec le forfait de ski. Également des concerts en station. En général, beaucoup de monde.
– ***Fête de la Saint-Laurent :*** *1er w-e d'août.*

– ***La Belle Dimanche :*** *3e dim d'août à* ***Plaine-Dranse.*** Une des plus anciennes fêtes des alpages de la région, qui réunit dans la bonne humeur bergers, producteurs de fromages, artisans, touristes et gens du cru au son des cors des Alpes. Messe de plein air, pour la bénédiction des troupeaux, apéro, dégustation, jeux d'alpage et orchestre champêtre. Un grand moment ! Compter environ 30 mn à pied de Pré-la-Joux. Sinon accès gratuit par navette ou télésiège.

LE PAYS DU LÉMAN

Avec ses 310 m de profondeur (on y planterait à l'aise la tour Eiffel) et ses 58 000 ha, le lac Léman est une véritable mer intérieure qui marque la frontière avec la Suisse depuis 1567. Tellement grand qu'on fait généralement la distinction entre le « Petit Lac » (entre Genève et Yvoire, que les Genevois appellent lac de... Genève) et le « Grand Lac » qui s'étend largement entre Lausanne et Évian, Montreux et Saint-Gingolph. Hier extrêmement pollué, le Léman revient de loin, comme son voisin, le lac d'Annecy, et ses eaux restent sous surveillance constante. Avec ses 50 km de rives où s'alignent petits ports de pêche et plages de sable, et son immédiat arrière-pays déjà planté de sommets, le Léman ressemble à un concept marketing : vivez la mer à la montagne !

Adresse utile

i ***Léman sans Frontières :*** *pour la France, relais à l'office de tourisme de Thonon. • leman-sans-frontiere.com* • Les premiers signes de la coopération transfrontalière visant à faire une agglomération commune. Affaire à suivre... 41 sites touristiques adhérents. Brochures disponibles dans les offices de tourisme, et téléchargeable sur leur site internet.

ÉVIAN-LES-BAINS

(74500) 8 410 hab. *Carte Haute-Savoie, C1*

• Plan *p. 331*

Le site est superbe : des maisons qui dégringolent des premiers contreforts du Chablais, une large promenade qui s'étire nonchalamment au bord du lac. Au vu de la carrière internationale que s'est offerte l'eau d'Évian, on s'attend à découvrir une grande ville, jeune et internationale, à l'image de Lausanne, sa voisine d'en face. Raté : la séduisante ville aux proportions bien

modestes, aussi paisible que photogénique, vit au rythme des cures, des tournois de golf et du festival de musique classique. Prestige du nom oblige, le thermalisme attire curistes et touristes. Hors saison, Évian distille la même atmosphère surannée que beaucoup d'autres villes thermales... L'été, c'est une ville dont la population rajeunit pas mal et qui vit un peu la nuit, surtout sur les bords du lac.

SOURCE DE REVENUS

*La découverte de la source Cachat, qui a lancé la réputation d'Évian-les-Bains, s'est faite par hasard au XVIII*e *s : le marquis de Lessert s'abreuva un jour par hasard à la fontaine Sainte-Catherine. Il réalisa que l'eau apaisait ses maux de reins et de foie. Pas fou, le propriétaire du terrain, un certain M. Cachat, enclot son terrain et commercialisa son eau. L'eau d'Évian fut vendue exclusivement en pharmacie jusqu'en 1964 !*

HISTOIRE D'EAUX

Même si une jolie légende prétend qu'on connaissait déjà les bienfaits de l'eau d'Évian dès le Moyen Âge, la découverte de la source Cachat date du XVIIIe s. Un premier et tout petit établissement thermal est ouvert en 1826. Deux ans plus tard, le roi de Sardaigne accorde une autorisation d'embouteillage. En 1864, la ville est officiellement rebaptisée Évian-les-Bains et commence à faire la fête : têtes couronnées comme artistes fréquentent les palaces (notamment le prestigieux *Splendid,* démoli en 1983 !), et les hommes d'affaires genevois font tourner le casino... avant que les cures ne se démocratisent.

La Société des eaux d'Évian est créée en 1869, et la fameuse bouteille à étiquette rose commence à être commercialisée à grande échelle : 2 millions de litres dès 1898. D'abord exclusivement vendue en pharmacie, l'eau d'Évian prend d'assaut les linéaires des supermarchés dans les années 1960. Et la Société des eaux d'Évian est aujourd'hui le premier producteur d'eau minérale au monde.

LES ACCORDS D'ÉVIAN

*La signature de ce célèbre traité de paix, en 1962, mit fin à la guerre d'Algérie. Une clause secrète permettait aux Français de continuer leurs recherches aérospatiales au Sahara pendant 5 ans. On put ainsi envoyer notre 1*er *satellite dans l'espace en 1965 (il s'appelait Astérix !).*

La ville restera aussi dans l'histoire comme lieu de signature des fameux accords d'Évian en 1962, qui ont mis fin à la guerre d'Algérie, même s'ils ont été négociés ailleurs.

Adresses et infos utiles

Office de tourisme *(plan A1) : pl. d'Allinges. ☎ 04-50-75-04-26. • evian-tourisme.com • Juil-août, lun-ven 9h30-18h30, w-e 10h-18h ; mai-juin et sept, fermé entre 12h et 14h (15h dim) ; oct-avr, lun-sam 9h-12h, 14h-18h (17h sam).* Demandez leur circuit historique, très complet, détaillant les plus beaux bâtiments, Art nouveau pour la plupart. Visites guidées sur inscription (5 €) d'avril à septembre.

Gare SNCF *(hors plan par A2) : ☎ 36-35 (0,34 €/mn). • sncf.fr •* TGV avec changement à Bellegarde *(direct pdt les vac scol, certains w-e).*

Bus express depuis Annecy, mais aussi depuis Genève, Thonon... Correspondances pour Thollon, Bernex... *Compagnies **SAT** (☎ 04-50-71-85-55) ou **Frossard** (☎ 04-50-26-41-32) basées à Thonon.*

Services réguliers sur le Léman

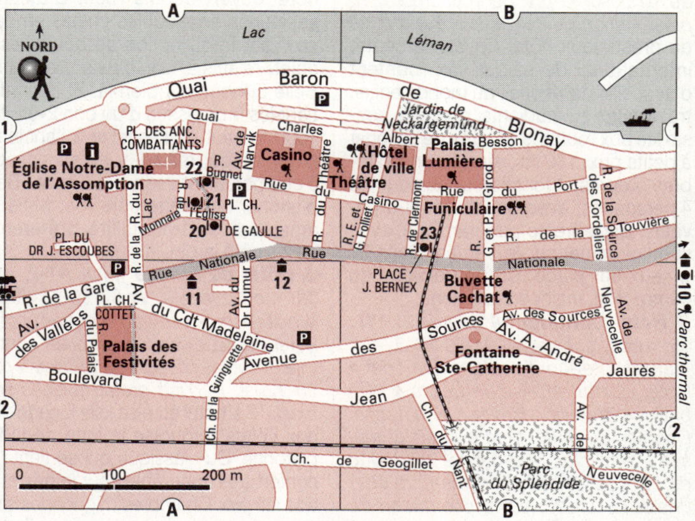

ÉVIAN-LES-BAINS

- **Adresse utile**
  - Office de tourisme
- **Où dormir ?**
  - **10** Éthic Étapes – Côté Lac
  - **11** Hôtel Continental
  - **12** Hôtel de France
- **Où manger ?**
  - **20** Tuk-tuk
  - **21** L'Instant Gourmand
  - **22** La Fourchette de l'Église
  - **23** Le Muratore

(plan B1) : ***Compagnie générale de navigation,*** *☎ 04-50-70-73-20. • cgn.ch •* Fréquence et horaires aléatoires. Traversée du lac en 35 mn. Compter 36 € l'aller-retour en 2de classe. Permet de relier Lausanne toute l'année par la voie des eaux et, en saison estivale, Montreux, Chillon, Yvoire et Genève (via Lausanne).

■ ***Petit train touristique :*** *résas au ☎ 04-50-83-30-62. Juil-août, tlj ; mai-juin et sept, tlj sf lun. Départ du ponton, devant le casino, ttes les 45 mn. Tarif : 6,20 € ; réduc.*

■ ***Parkings :*** difficile d'échapper aux parkings souterrains, pas plus chers qu'en extérieur. Le plus simple est de se garer à celui de l'office de tourisme. *Compter 0,60 €/h.*

Où dormir ?

De bon marché à prix moyens

■ **Éthic Étapes – Côté Lac** (hors plan par B1, **10**) : *av. de Neuvecelle, BP 31. ☎ 04-50-75-35-87. • info@cotelacevian.com • cotelacevian.com • Sur les hauteurs d'Évian (suivre le fléchage depuis le centre-ville). Résa préalable nécessaire. Compter 54,90-61,50 € pour 2 pers, 77-103,75 € pour 3-4. Repas complet 13,85 € au self-service. Parking. Réduc* *de 10 % sur le prix de la chambre sur présentation de ce guide.* Tout proche du prestigieux hôtel *Royal,* ce centre international de séjour, non content d'accueillir des jeunes du monde entier, travailleurs ou étudiants, donne la possibilité aux routards en virée de se loger à petits prix. 180 lits, répartis en chambres propres et fonctionnelles pour 1 à 4 personnes, avec douche et w-c privatifs. Bar et resto panoramique, avec vue (lointaine) sur le Léman. Salle TV et jeux sur place. Un peu éloigné du centre-ville, malheureusement.

Hôtel Continental *(plan A2,* ***11****) : 65, rue Nationale. ☎ 04-50-75-37-54. • info@hotel-continental-evian.com • hotel-continental-evian.com • En plein centre-ville, dans la rue piétonne. Doubles 60-96 € selon confort et saison ; familiales 90-98 €. Réduc de 10 % sur le prix de la chambre pour une résa directe sur présentation de ce guide.* Au fil de plusieurs années de rénovation, les accueillants propriétaires ont eu l'intelligente idée de conserver l'atmosphère initiale de cet hôtel ouvert depuis 1868. D'affiches anciennes en meubles chinés en passant par la collection de bouteilles et objets relatifs à l'eau d'Évian, le charme Belle Époque est bien là. Et le confort tient les promesses d'un bon 2-étoiles. Tout en haut de l'escalier à l'ancienne (au 4e étage, mais il y a l'ascenseur), 3 chambres ont vue sur le Léman. Beau plancher en chêne côté rue. Mais les amateurs de tranquillité préféreront celles côté jardin.

Hôtel de France *(plan A1-2,* ***12****) : 59, rue Nationale. ☎ 04-50-75-00-36. • hotel-france-evian@wanadoo.fr • hotel-france-evian.fr • En plein centre-ville. Doubles 65-85 € ; familiales 4 pers 90-120 €. Parking gratuit (places limitées).* L'hôtel étire sa jolie façade ocre aux volets turquoise le long de la rue piétonne. Du classique qui se tient : un confort très honorable pour le prix et un accueil pro. Chambres mignonnes sans être très grandes, avec plancher flottant et bonne literie, plus bruyantes côté rue piétonne (mais la vue sur le lac peut compenser). Agréable jardin à l'arrière.

Où dormir dans les environs ?

Chic

Chambres d'hôtes La Garenne du Lac : *170 B, rue de la Garenne, 74500* ***Amphion-les-Bains.*** *☎ 04-50-81-82-02. 06-22-36-79-78. • odile.chambe@hotmail.com • lagarennedulac.fr • À 4 km à l'ouest d'Évian en direction de Thonon. Dans une impasse qui part à gauche (c'est fléché) de la route qui mène au port. Double 85 €.* Pas au bord du lac, malgré son nom (mais il est à 100 m). La maison n'a pas un charme fou, mais les 4 belles chambres largement plus, et les salles de bains sont spacieuses. Accueil vraiment très sympathique et ambiance d'une maison de vacances. Jardin fleuri où peut se prendre le petit déj aux beaux jours.

Chambres d'hôtes Chez Mathilde : *1345, route D 1005, 74500* ***Maxilly-sur-Léman.*** *☎ 04-50-83-07-10. 07-85-45-68-74. • mathilde.jacquier@outlook.fr • À 4 km à l'est d'Évian en direction de Lugrin, côté lac. Doubles 105-125 € ; familiale 200 €. Table d'hôtes sur résa 35 €, hors boisson.* La grosse maison posée au bord du lac avec ses 3 magnifiques chambres à l'étage, c'est le fruit d'un tandem énergique. Mathilde, cuisinière de formation, et son pêcheur de père Éric font sort commun : il fournit à sa fille poissons et écrevisses pour la table d'hôtes, afin qu'elle s'adonne à sa véritable passion, la cuisine. Avec le goût de la perfection que lui a inculqué le métier, Mathilde a arrangé ses chambres spacieuses avec goût, en prenant soin des moindres détails. Meubles de famille, le plus souvent chinés et restaurés par le grand-père ébéniste, plateau de courtoisie, peignoir, serviette de plage... Évidemment, toutes les chambres donnent sur le lac. Aux beaux jours, repas servis dans le jardin et trempette de rigueur. Conserverie artisanale sur place (terrine de poissons) avec les produits du papa et possibilité de partir à la pêche.

Où manger ?

Bon marché

Tuk-tuk (plan A1, **20**) : *6 bis, rue de l'Église. ☎ 04-50-38-25-79. En plein centre. Tlj sf dim-lun. Plat du jour 7,50 € ; carte env 15 €. Café offert sur présentation de ce guide.* Une adresse bien connue des jeunes pour ses classiques thaïlandais à prix serrés. Nems et samoussas, pad thaï et autres réjouissances sont servis dans une salle un peu kitsch. Copieux et efficace, même si le sourire n'est pas aussi spontané qu'au royaume de Siam.

Prix moyens

L'Instant Gourmand (plan A1, **21**) : *10, rue de l'Église. ☎ 04-50-04-74-98. Au centre, entre la zone piétonne et le bord du lac. Tlj sf dim-lun. Résa conseillée. Le midi sem, formule 15 € et menu 18 € ; le soir, menus-carte 29-34 €.* Même pas 10 tables entre la terrasse et la minuscule salle façon bistrot d'aujourd'hui. Ce petit comité réussit au chef lorrain qui excelle aux fourneaux. Une carte courte mais équilibrée, comme souvent quand les produits sont frais et de qualité, pour une cuisine limpide, assez épatante. Dès la formule du midi, on goûte des plats délicieux, admirablement maîtrisés, où les produits locaux sont bien mis en avant. Les mises en bouche éveillent déjà les papilles, et jusqu'au dessert, le chef distille un brin de génie dans ses assiettes, aussi belles que gourmandes.

La Fourchette de l'Église (plan A1, **22**) : *5, rue Bugnet. ☎ 04-50-79-93-43. • lafourchettedeleglise@gmail.com • ♿. Derrière l'église Notre-Dame. Tlj sf dim-lun. Résa conseillée. Formule déj en sem 15 €, menus 26-32 €.* Une toute petite adresse à l'ombre du clocher de l'église. Toute petite salle aux couleurs de l'époque : orange tibétain, vert anis... Toute petite terrasse tranquille et, au gré de la toute petite (également !) carte, la jolie cuisine d'un tout jeune chef, qui travaille avec sincérité et simplicité des produits bien choisis et d'une éclatante fraîcheur. Accueil gentil comme tout.

Chic

Le Muratore (plan B1, **23**) : *pl. Jean-Bernex (rue Nationale). ☎ 04-50-92-82-49. Au centre, dans la zone piétonne. Tlj sf dim soir-lun. Plat du jour 11 € ; menus 19 € le midi et 32-45 € ; carte 25-30 €.* Dans un décor bistrotier à l'aise dans cette maison début XXe s, une brasserie au goût d'aujourd'hui qui aligne ses classiques (tartare, filets de perche meunière...), des salades et quelques petits plats plus ensoleillés l'été. Ce n'est pas mal fait du tout, le service est diligent, les vins bien choisis (c'est également un bar à vins) et la terrasse très agréable.

À voir

Le front de lac

Évian était autrefois, comme Yvoire, une petite cité médiévale aux remparts pied dans l'eau. L'actuelle promenade a donc été gagnée sur les eaux en 1912. Face à cette double avenue qui longe agréablement le lac sur 2 km, un bel ensemble de bâtiments alignés comme à la parade :

Le palais Lumière (plan B1) : *ouv slt pdt les expositions tlj 10h (14h lun)-19h.* Derrière cette imposante façade jaune et blanche en pierre et brique vernissée se cachent en fait les anciens thermes construits entre 1900 et 1902 et reconvertis en un centre culturel et de congrès. On peut, librement, découvrir le splendide hall d'entrée de ce bâtiment qui accueille fréquemment de prestigieuses expos d'art *(rens : ☎ 04-50-83-15-90).*

L'hôtel de ville (plan B1) : *par la rue de la Source-de-Clermont, accès libre au hall, au grand salon et au salon doré, lun-ven 9h-11h30, 13h30-17h.* Il est installé depuis 1927 dans la cocasse *villa Lumière,* l'une des maisons de vacances des parents des deux frangins inventeurs du cinématographe. Derrière la lourde porte de chêne encadrée par des atlantes copiés sur ceux que Puget a laissés à l'hôtel de ville de Toulon (les Lumière possédaient également une maison à La Ciotat) se dévoile un intérieur résolument rococo qui n'a quasiment pas changé depuis la fin du XIXe s. Par un escalier dont la rampe est soutenue par une lionne (grandeur nature et fougueuse !), on gagne le grand salon et le salon doré : cheminées de marbre, parquets de chêne, lustres de cristal, meubles d'époque, pas de doute, la famille Lumière savait vivre !

Le théâtre et le casino (plan A-B1) : le théâtre, fin XIXe, est de style néoclassique et signé d'un élève de Charles Garnier. Sa salle accueille encore chaque été des pièces de boulevard dans le cadre des Estivales théâtrales. Le casino a quelques années de moins (début XXe s) et est, lui, néobyzantin sous sa coupole et... très *african queen* pour l'intérieur.

Le funiculaire (plan B1) : *rue du Port, juste derrière le palais Lumière. ♿ Mai-sept, tlj 10h (9h15 mar et ven)-12h30, 13h15-19h30. Un trajet ttes les 15 mn. GRATUIT.* Un funiculaire construit en 1907, qui permet de grimper jusqu'à Neuvecelle via la buvette Cachat et les palaces des hauts d'Évian. C'est d'ailleurs, à l'origine, pour l'usage exclusif des clients de ces palaces, *Le Royal* et *Le Splendid* (aujourd'hui disparu), que ce funiculaire avait été installé. Entièrement rénové, il reste une étape pittoresque incontournable le temps d'un arrêt dans chacune de ses six gares, avec carreaux blancs biseautés.

La maison Gribaldi (plan B1) : *rue du Port, près du funiculaire. ☎ 04-50-83-15-94. Début avr-fin oct, tlj 14h-18h. Entrée : 3 € ; réduc ; gratuit moins de 10 ans.* Cette maison d'époque Renaissance accueille sur 350 m² un espace d'exposition et un lieu de consultation des archives numérisées.

L'église Notre-Dame-de-l'Assomption (plan A1) : sous son clocher carré dont la base date du XIe s, basse et trapue, elle évoque quelque monument roman. C'est pourtant un parfait exemple du premier âge gothique savoyard (fin du XIIIe s). À l'intérieur, à droite du chœur, la chapelle du Rosaire abrite une Vierge à l'Enfant dite *Notre-Dame-de-Grâce,* délicat bas-relief en bois polychrome et doré de la fin du XVe s. Il a été offert par Louise de Savoie au couvent des clarisses, où elle avait pris le voile. Du XVe s également, les stalles en noyer situées dans le chœur. Au fond de la nef, superbes grandes orgues inaugurées en 2014 et réalisées par l'un des meilleurs facteurs français (Quoirin).

Les jardins d'eau du Pré-Curieux : *☎ 04-50-83-30-62. Accès par bateau électrosolaire depuis le ponton face au casino. Tlj en juil-août ; mer-dim en mai-juin et sept ; départs à 10h, 13h45 et 15h30. Compter env 12,20 € ; réduc ; gratuit moins de 6 ans.* Joli site, propriété du Conservatoire du littoral depuis 1995. Une maison néocoloniale entourée d'un vaste parc où découvrir faune et flore des zones humides : reconstitution d'un delta, d'un torrent, d'un étang...

Le centre-ville

La buvette Cachat (plan B2) : *19, rue Nationale (rue principale et piétonne).* Extravagant pavillon de bois et de verre typiquement Art nouveau (il a été construit en 1903). Il est couvert d'une coupole à tuiles vernissées, ajourée de grands vitraux semi-circulaires à motifs végétaux. Au rez-de-chaussée, petite expo sur l'eau d'Évian. Par la ruelle du Griffon-Cachat, à gauche de la buvette, on grimpe

vers l'ancienne fontaine Sainte-Catherine, où – étonnant ! – la source coule comme à ses origines, librement, dans une petite fontaine sous les arcades. Soir et matin, les gens du coin viennent remplir leurs bouteilles...
– Sur place, ***exposition sur le thème de l'eau :*** *de mi-mai à mi- juin, lun-sam 14h30-18h30 ; de mi-juin à mi-sept, tlj 10h-12h, 15h-19h. GRATUIT.*

Le parc thermal *(hors plan par B1) : entre la ville et le port, au débouché de la rue Nationale. ☎ 04-50-75-02-30. • lesthermesevian.com •* À demi enterré, l'*espace thermal* se fait discret. Mais la buvette construite par Novarina est toujours là, très années 1950, dans l'esprit de la villa de *Mon oncle* de Tati, avec ses grandes baies ouvertes sur le port.

Sports et loisirs d'été

Baignade : *piscine-plage d'Évian, av. du Général-Dupas (hors plan par A1).* Deux piscines extérieures chauffées, un super toboggan, des espaces verts, une plage sur le lac *(de fin avr à mi-sept, entrée : 4,60 € ; réduc enfants et après 17h30),* un port de 800 places, une école de voile...

➢ ***Croisières :*** en bateau électrosolaire *(☎ 04-50-83-30-62)* ou à bord d'une barque traditionnelle de 35 m à voile latine, reconstitution d'un modèle du XIXe s *(📱 06-86-49-05-45),* belle balade (en saison) sur le lac Léman. Ou encore sur les bateaux à vapeur de la *Compagnie générale de navigation* (voir « Adresses et infos utiles » plus haut).

– Et bien entendu, ***golf, canoë, tennis, équitation, rafting,*** via l'agence *Takamaka (☎ 04-50-73-80-98 ; • takamaka.fr •),* bien rodée dans les sports aventure et qui propose aussi rafting, ski nautique, randos VTT, canyoning, *via ferrata...*

Manifestations

– ***Rencontres musicales d'Évian :*** *2-10 juil 2016. ☎ 04-50-26-85-00. • rencontres-musicales-evian.fr •* Un moment de musique classique et parfois contemporaine.
– ***Estivales théâtrales :*** *en août, dans le théâtre du XIXe s.*
– ***Évian Championship :*** *mi-sept.* Compétition de golf rassemblant les meilleures joueuses mondiales.
– ***Le Fabuleux Village :*** *de mi-déc à début janv.* Un marché de Noël pas comme les autres. La ville accueille l'étonnant décor de bois flotté d'un village lacustre où vivent de drôles de petits personnages, les Flottins.

DANS LES ENVIRONS D'ÉVIAN-LES-BAINS

BERNEX *(74500)*

À une dizaine de kilomètres d'Évian, un village de montagne serré autour de son église à l'italienne, et des hameaux qui se dispersent sur ce vaste plateau dominé par l'altière silhouette de la dent d'Oche. Au cœur d'une adorable microrégion, le pays de Gavot, où l'on produit un guilleret petit cidre. En hiver, c'est une sympathique station où l'on pratique un ski familial sur une vingtaine de pistes.

Adresse utile

ℹ ***Office de tourisme :*** *le clos du Moulin. ☎ 04-50-73-60-72. • bernex.fr • ♿ Tlj en saison (sinon, voir le site).* 💻

Où dormir ? Où manger dans les environs ?

🏠 🍽 ***Hôtel Le Bois Joli :*** *210, route du Chenay, La Beunaz, 74500* ***Saint-Paul-en-Chablais.*** *☎ 04-50-73-60-11. • info@hotel-bois-joli.fr • hotel-bois-joli.fr • Accès bien fléché depuis la D 52 entre Bernex et Saint-Paul. Resto fermé dim soir et mer. Doubles 88-98 €. Menu 26 €.* 📶 Gros chalet solitaire avec son beau balcon en bois sculpté, en pleine nature, donc éminemment tranquille. En hiver, un feu de cheminée revigorant vient animer le chaleureux salon. Ambiance encore bien familiale malgré les 3 étoiles, et chambres de bonne taille, avec parquet flottant, nombreux rangements, balcon et charme en bonus. Salles de bains un peu vintage, ce qu'on oublie vite après quelques brasses dans la piscine chauffée. Également jacuzzi, sauna, hammam et salle de sports : tout pour un séjour, quoi ! Bonne table de tradition.

🏠 🍽 ***Chambres d'hôtes L'Ourserie :*** *376, chemin des Rebet (angle rue du Pardon), Chez Bochet, 74500* ***Saint-Paul-en-Chablais.*** *☎ 04-50-73-33-72. • info@lourserie.com • lourserie.com • Congés : nov. Accès par la D 152 puis une petite route fléchée sur la droite, mais pas évident à trouver. Double 95 € ; familiales 4 pers 135-155 €. Dîner sur résa 30 €.* 📶 *Café et digestif offerts sur présentation de ce guide.* Tranquille au cœur de son jardin et à l'orée d'un hameau, cette ferme de 1790 pourrait être la maison des trois ours : Teddy, Winnie et Panda, qui ont laissé leurs noms à de vastes et superbes chambres. Une 4e chambre, baptisée « Yogi » (encore un ours), a été aménagée par les propriétaires ultra-bricoleurs. Ils ont eux-mêmes planché pour tout rénover, avec goût et savoir-faire. Légumes (bio) du potager, miel de leurs ruches, produits du lac et de la montagne à la table d'hôtes. On se sent instantanément bien à *L'Ourserie* (et l'accueil y est aussi pour beaucoup).

À faire

La distillerie de la Dent d'Oche : *au pont de l'Ugine. ☎ 04-50-81-76-94. • distillerie-artisanale.com • Ouv tte l'année. Visite commentée sur rdv. GRATUIT.* La dernière distillerie artisanale de Haute-Savoie vaut bien une halte. Geneviève et Jean-Pierre descendent de quatre générations de bouilleurs de crus ambulants. Magasin et alambic.

➢ ***Randonnées :*** *cartes et guides randos vendus à l'office de tourisme.* Deux classiques : la *dent d'Oche,* bien sûr (2h30 depuis la Fétuière et quelques passages aériens), à 2 222 m d'altitude, pour les bons randonneurs. Et le tour du *mont Bénand,* sentier à thème (2h) accessible à tous. En hiver, balades à raquettes (4 circuits balisés) et un petit domaine pour le ski de fond.

🚲 ***VTT :*** *carte vendue à l'office de tourisme.* Plus de 100 km sur l'ensemble du pays de Gavot. *Loc de vélos en été chez* ***Sport 2000*** *(☎ 04-50-73-62-31).*

– ***Baignade :*** *à la plage de La Beunaz (à* ***Saint-Paul-en-Chablais****). ☎ 04-50-72-14-37. • indianaventures.com • En principe de mi-juin à début sept. Entrée : 3,50 € à partir de 6 ans ; Pass activités 18 €.* Une plage à 1 000 m d'altitude, au bord du lac Bleu. Jeux aquatiques payants.

– ***Alpages :*** partez à la découverte des alpages d'Oche (1h15 de marche) et de Pré-Richard (accessible en voiture). Fabrication et vente de fromage de vache et de chèvre. Les chiens doivent être tenus en laisse, et n'oubliez pas de refermer les clôtures derrière vous !

THOLLON-LES-MÉMISES *(74500)*

Encore une petite station familiale, avec une poignée de hameaux, au pied cette fois du pic des Mémises (1 677 m), qui offre une vue véritablement somptueuse sur le Léman (on y parvient en suivant un gentil chemin de crêtes depuis l'arrivée de la télécabine). En hiver, dominer le lac alors qu'on est à skis est une belle expérience !

Adresse utile

Office de tourisme : *à la station. ☎ 04-50-70-90-01. • thollonlesmemises.com • Ouv lun-sam.*

Où dormir ? Où manger ?

Hôtel Bon Séjour : *Le Nouy. ☎ 04-50-70-92-65. • infos@bon-sejour.com • bon-sejour.com • À peine à l'écart du centre de la station. Resto fermé sam midi et dim soir hors saison. Congés : des vac de la Toussaint à mi-déc. Doubles 68-72 € ; ½ pens 68 €/pers. Menus 19,50-27 € ; carte env 35 €. Pour les pensionnaires, apéritif offert sur présentation de ce guide.* Ici, on vit, on travaille et on vous accueille en famille. Et depuis 1933 ! Se côtoient donc les habitués qui prennent pension, les gars du coin qui cassent la croûte côté bar. Accueil d'une très grande gentillesse. Chambres toutes simples, bien tenues mais d'un autre temps (salles de bains au diapason), certaines avec balcon et vue appréciable sur les montagnes. Préférer les chambres rénovées. Au resto, bonne et généreuse cuisine de tradition et de montagne à prix modérés. Terrasse fleurie et jardin.

Chambres d'hôtes Balcon du Léman : *chez les Vesin, dans un hameau charmant, à côté de la fontaine. ☎ 04-50-70-23-53. • gallandgy@aliceadsl.fr • balcon-du-leman.com • Résa conseillée. Double 59 € ; familiale 4 pers 95 €. Dîner 20 €, boissons comprises.* Dans un hameau tranquille au pied de la station et dans une ancienne ferme. Chapeau bas pour les 5 chambres chaleureuses, où prédomine le bois, et dont les thématiques évoquent sobrement d'autres horizons. Yves, aidé de sa femme Ghislaine, a tout fait de ses dix doigts ! La table d'hôtes fait évidemment honneur aux produits du terroir. Accueil franc et disponible (le proprio est accompagnateur en moyenne montagne, donc de bon conseil pour les balades dans le coin).

À faire

– ***Parapente :*** stages et baptêmes en biplace. Infos à l'office de tourisme. Également du ***VTT*** (boucles balisées sur le plateau du Gavot).

➢ ***Randonnées :*** quelques suggestions : le *pic des Mémises* (bien sûr...), le *pic de Boré,* le *pic de Blanchard,* le *col de Cornien.*

– En hiver, une cinquantaine de pistes de ***ski.***

SAINT-GINGOLPH (74500)

Ce qui semble être, quand on le traverse rapidement, un gros bourg des bords du Léman est en fait deux villages : Saint-Gingolph et... Saint-Gingolph, séparés par le torrent de la Morge qui fait, depuis 1569, frontière avec le Valais. Mais en l'absence de poste de douane, on a quelque peine à réaliser que, une fois franchi le petit pont sur le torrent, on est en Suisse.

CERCUEIL SANS FRONTIÈRE

Deux Saint-Gingolph de part et d'autre de la frontière, donc deux mairies, deux églises, mais un seul cimetière, en France. Où, par tradition, les habitants du Saint-Gingolph suisse se font inhumer. On a donc vu, sous l'Occupation, quelques enterrements qui prêtaient presque à sourire ; les familles suisses se découvrant soudain plein de nouveaux cousins qui profitaient du convoi funéraire pour passer la frontière les poches pleines. Il se murmure même que certains morts étaient bien particuliers, les cercueils servant à cacher armes ou victuailles pour la Résistance.

À voir

Le musée des Traditions et des Barques du Léman : *château de Saint-Gingolph. ☎ (00)-41-(0)24-481-82-11. • museedestraditions.com • Juil-août, tlj 14h-17h30 ; juin et sept, slt sam ap-m ; visites guidées tte l'année sur rdv. Entrée : 5 € ; réduc ; gratuit moins de 16 ans.* Un musée associatif installé dans le château XVIe s de Saint-Gingolph (côté suisse !). Si dans les anciennes caves et la section « traditions » on fait quelques découvertes comme la culture de perles dans le Léman jusqu'en 1970, le plus intéressant reste l'évocation de la navigation sur le lac, une vraie réalité économique au XIXe s. Au travers, notamment, d'une trentaine de belles maquettes exposées au dernier étage du château sous une charpente de hêtre (et d'époque). Les « cochères », grandes barques à voile latine, ont longtemps été fabriquées à Saint-Gingolph.

THONON-LES-BAINS (74200) 35 260 hab. *Carte Haute-Savoie, C1*

• Plan *p. 339*

L'ancienne capitale du Chablais est désormais une petite sous-préfecture, joliment bâtie en surplomb du lac et de son pittoresque port de pêche. Discrètement thermale, touristique mais pas seulement, Thonon est une ville vivante et animée toute l'année.

Adresses et infos utiles

Office de tourisme *(plan A2) : château de Sonnaz, 2, rue Michaud. ☎ 04-50-71-55-55. • thononlesbains.com • Lun-sam 9h-12h15, 13h45-18h30 (17h30 nov-mars) ; juil-août, lun-sam 9h-18h30. Kiosque l'été sur le port de Rives (plan B1), tlj 10h-18h30.* En toute saison, l'office propose des découvertes encadrées du terroir et du patrimoine, des visites guidées, des activités nautiques, des randonnées (raquettes en hiver) et des activités réservées aux 7-12 ans. Réservation d'hébergement en ligne avec *Easy-Thonon (2 j. min)* (nombreuses réducs) et *Pass touristique* pour les

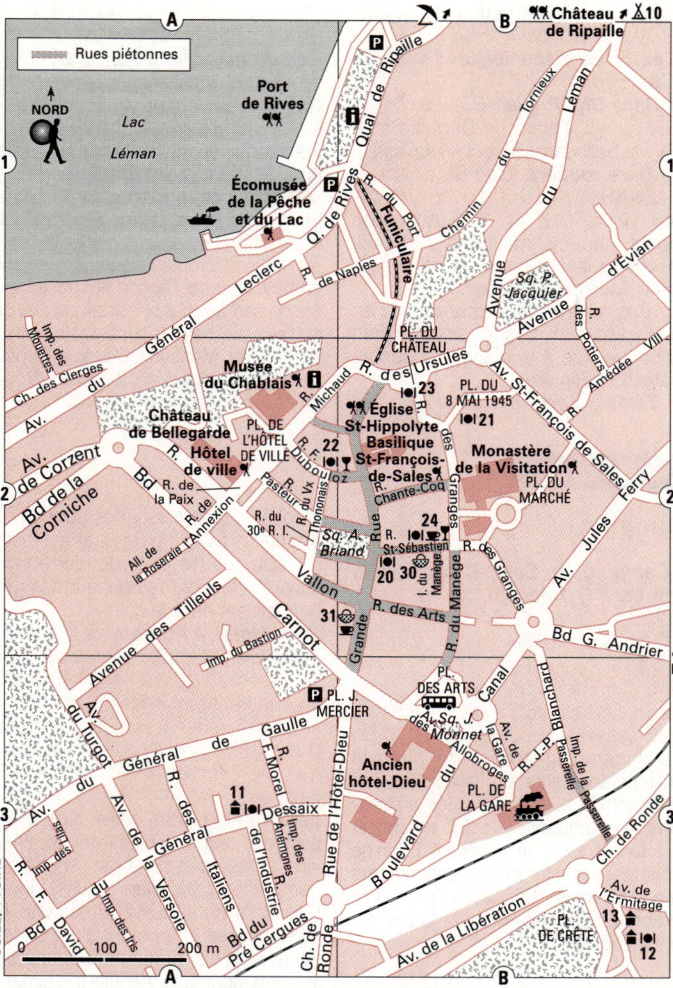

THONON-LES-BAINS

Adresse utile

Office de tourisme

Où dormir ?

10 Camping de Saint-Disdille
11 Hôtel-café du Palais
12 Hôtel À l'Ombre des Marronniers
13 Hôtel Arc-en-Ciel

Où manger ? Où boire un verre ?

20 Pol
21 Ma Femme est Formidable
22 Place O Soleil
23 La Brasserie du Général
24 Chez Fernand
25 Le Palais de l'Inde

Où acheter de bons produits ?

30 Fromagerie Boujon
31 Le Comptoir des Saveurs

visites à la journée (réduc et gratuité) • easy-thonon.com •
– **Central de disponibilités :** • thononlesbains.com •
Gare SNCF (plan B3) : ☎ 36-35 (0,34 €/mn). • sncf.fr • Depuis Paris, TGV via Bellegarde (direct en saison).
Gare routière (plan B3) : compagnies **SAT** (☎ 04-50-71-85-55) ou **Frossard** (☎ 04-50-81-74-74). Bus express depuis Annecy, mais aussi depuis Genève, Évian... Correspondance pour Châtel, Morzine ou Avoriaz...
Bus interurbains thononais : en été, l'après-midi, bus toutes les 45 mn du centre-ville à la plage et jusqu'au château de Ripaille.
Taxis : central **Taxis Thonon** (☎ 04-50-71-01-00) ; **Taxi Matthieu** (📱 06-77-33-93-36).
– **Funiculaire :** en été slt, entre le port de Rives et la ville haute. 15 avr-30 sept, tlj 8h-21h (23h, juil-août) ; oct-14 avr, lun-sam 8h-12h30, 13h30-18h30. Accès : 1 €. Pittoresque et salutaire pour les mollets qui veulent s'économiser 50 m de dénivelée.
Services réguliers sur le Léman (plan A1) : **Compagnie générale de navigation,** • cgn.ch • Infos à l'office de tourisme. Toute l'année, des liaisons en bateau entre Thonon et Lausanne (la liaison sert aussi aux frontaliers) ; en saison estivale, dessert aussi par la voie des eaux Yvoire, Montreux, Chillon et Genève.
P Parking Jules-Mercier (plan A3) : gratuité les 30 premières mn, puis 1,10 €/h.

Où dormir ?

Camping

Camping de Saint-Disdille (hors plan par B1, **10**) : 117, av. de Saint-Disdille, **Vongy.** ☎ 04-50-71-14-11. • camping@disdille.com • disdille.com • ♿ À 3,5 km du centre. Ouv avr-sept. Compter 15-24 € pour 2 selon saison. Loc de mobile homes, chalets et bungalows 200-889 €/sem. 💻 📶 Un grand camping arboré de plus de 500 emplacements, où l'ambiance sait rester familiale. D'ailleurs, les distractions ne manquent pas : club enfants et jeux, tennis, location de vélos... Et on ne s'y entasse pas (grands emplacements bien ombragés). Sanitaires propres et nombreux. Le lac Léman (et la plage !) sont à 200 m.

De bon marché à prix moyens

Hôtel-café du Palais (plan A3, **11**) : 11, bd du Général-Dessaix. ☎ 04-50-71-32-94. • hotelcafedupalais@orange.fr • hotelcafedupalais.com • ♿ Resto ouv en sem slt. Congés : 1 sem en mai. Doubles 65-70 €. Formule et menu déj 12-21 € ; carte env 30 €. 📶 *Apéritif maison offert sur présentation de ce guide.* Dans un quartier un peu populaire, pas loin du centre. Petites chambres sobrement rénovées, bien tranquilles sur l'arrière. Accueil (très sympathique) au bistrot d'à côté, où les plats du jour bons et sans chichis font le bonheur des gens qui bossent dans le coin.

Hôtel À l'Ombre des Marronniers (plan B3, **12**) : 17, pl. de Crête. ☎ 04-50-71-26-18. • info@hotellesmarronniers.com • hotellesmarronniersthonon.com • À 5 mn à pied du centre. Resto fermé dim. Congés : fêtes de fin d'année. Doubles 62-74 €. Menus 15 € (en sem), puis 24-36 €. 📶 Cocasse petite maison, entre chalet alpin et villa balnéaire, sur une place qui domine la ville, à deux pas de la gare. Chambres compactes mais bien tenues, dotées d'un charme suranné. Beaucoup ont été rénovées et arborent alors un look beaucoup plus moderne, certaines dans le genre montagne. Accueil fort aimable. Accès à la piscine de l'hôtel *Arc-en-Ciel.* Les familles préféreront loger dans les appartements spacieux (2 chambres) et tout confort dans une annexe, *La Villa des Fleurs,* avec un joli petit jardin.

Hôtel Arc-en-Ciel (plan B3, **13**) : 18, pl. de Crête. ☎ 04-50-71-90-63. • info@hotelarcencielthonon.com • hotelarcencielthonon.com • ♿ À 5 mn à pied du centre. Congés : fêtes de fin d'année. Doubles 69-89 € ; familiales 4 pers 94-115 €. Parking. 💻 📶 Juste à côté des *Marronniers* (mêmes propriétaires, d'ailleurs)

LE PAYS DU LÉMAN

mais avec une étoile de plus : sans charme particulier, on prend cependant vite ses aises dans cet hôtel moderne aux chambres bien équipées (kitchenette dans certaines) et avec balcon. Joli rapport qualité-prix au final et pas mal d'espace. Et l'accueil fait la différence. Jardin, piscine et demi-pension possible avec l'*Hôtel À l'Ombre des Marronniers.*

Où manger ? Où boire un verre ?

Si vous séjournez un dimanche et un lundi à Thonon, il faudra vous armer de patience pour trouver un restaurant ouvert ! À moins de vous promener dans les quartiers populaires, notamment du côté de la rue des Italiens *(plan A3)*, qui aligne des restos de toutes les nationalités. Nous, on a opté pour l'indien. Pour les bourses bien remplies, il reste l'excellente table du chef Raphaël Vionnet au port de Rives, ouvert le dimanche.

– Voir aussi plus haut « Où dormir ? ».

Pol *(plan B2, **20**)* **:** *1, rue Saint-Sébastien. ☎ 04-50-70-98-41. • paola74200@gmail.com • Ouv lun-sam 8h-20h. Formule tarte ou wok 7,90 € ; menu 12,50 € ; pâtisserie env 3 €. Café offert sur présentation de ce guide.* Une adresse informelle, bien dans l'air du temps, où l'on vient casser la graine à toute heure de la journée, sans perdre de temps. Des plats malins, à base de produits majoritairement bio, qu'on choisit comme au self. Des bagels, des plats présentés en bocaux, des jus, des soupes et d'autres idées qui font mouche, simples et appétissantes. Le tout à grignoter à l'étage, sur les tables en bois blond, ou à emporter.

Ma Femme est formidable *(plan B2, **21**)* **:** *5, pl. du 8-Mai-1945. ☎ 04-50-71-53-36. • mafemmeestformidable@hotmail.fr • Fermé w-e, ouv les j. fériés. Congés : 15 j. en juil et en hiver. Menus 14-19 € le midi en sem, puis 29-34 €.* L'enseigne est – volontairement ? – trompeuse. Parce que, si on ne doute pas une seconde que la femme de l'accueillant patron est formidable, ce n'est pas elle qu'on retrouve en cuisine, mais un talentueux jeune chef, formé chez quelques prestigieux voisins. Jolis petits plats à l'ardoise. Jolie carte des vins. Déco sympathique, en rouge et noir, comme chantait l'autre, qui parvient à faire oublier ce quartier franchement tout sauf emballant. Et prix très, très raisonnables.

Place O Soleil *(plan A-B2, **22**)* **:** *5, rue Ferdinand-Dubouloz. ☎ 04-50-71-40-54. Ouv mar-sam 10h-19h30. Résa très conseillée. Menu 17,50 € ; carte env 20 €.* Sympathique épicerie méditerranéenne, où les produits frais, maison et de qualité fleurent bon le soleil : *antipasti*, charcuteries, *bellota*... Comme tout est délicieux et que l'accueil est jovial, on prend vite ses habitudes chez ce traiteur qui fait aussi resto. Quelques tables dans la petite salle colorée ou en terrasse (pas bien grande non plus). Bonne sélection de vins de vignerons indépendants.

La Brasserie du général *(plan B2, **23**)* **:** *1, pl. du Château. ☎ 04-50-26-64-66. Fermé dim-lun. Formule et menu midi en sem 19,50-26 €, autre menu 36 €. Digestif offert sur présentation de ce guide.* Avouons que cette nouvelle brasserie à l'ancienne a de la gueule ! D'ailleurs, elle n'a pas été créée ex nihilo. Longtemps fermé, cet établissement historique a ressuscité en gardant son cachet d'origine, son ambiance animée et son cadre chaleureux. Les prix sont certes un peu musclés, mais on est en plein centre névralgique, en terrasse quand il fait beau, et la cuisine de tradition tient bien la route. Que demander de plus ?

Chez Fernand *(plan B2, **24**)* **:** *6, rue Saint-Sébastien. ☎ 04-50-81-31-45. Tlj au déj sf dim-lun et j. fériés, ainsi que le soir jeu-sam (tapas). Assiettes 13,50-16,50 €.* Une petite adresse « sur le pouce », rigolote et branchée, avec un accueil à la cool. Un peu design, un peu conceptuel, mais des confiotes du petit déj aux petits plats malins du midi en passant par les jus de fruits pressés à la minute l'équipe de *Chez Fernand* a tout bon. C'est tout petit, donc, malgré la terrasse quand il fait beau, il est parfois difficile de s'y faire une place.

Le Palais de l'Inde *(hors plan par B2-3,* ***25****)* **:** *6, av. des Vallées. ☎ 04-50-81-77-24. Dans le prolongement du bd G.-Andrier et à 200 m de la gare, direction Morzine. Tlj. Buffet 11 € au déj (sf dim), café inclus ; menus 18-22 €.* Changement de décor et de cuisine : nous voici entre Delhi et Bangalore ! Cadre certes kitsch, mais bonne cuisine qui décline les grands classiques de la cuisine indienne pour un prix très raisonnable (le midi, le buffet varié est à volonté). Le dimanche, c'est l'une des rares tables ouvertes à Thonon.

La Tasse à Moustache : *au château de Ripaille (lire plus loin la rubrique « À voir »).*

Où dormir ? Où manger dans les environs ?

Camping L'Orée des Bois : *18, pl. de Choisy, 74140* ***Sciez.*** *☎ 04-50-72-78-31. • demolis-hubert@wanadoo.fr • demolis-camping-gites-sciez.fr • Ouv de mi-avr à mi-oct. Emplacement 15 € pour 2. Mobile homes 350-600 €.* Le joli hameau de Choisy, situé sur les hauteurs de Sciez, n'est qu'à 1 km du lac. C'est dans un cadre verdoyant, autour de la solide maison de pierre qui abrite le restaurant *Le Piano à Bretelles,* qu'une quarantaine d'emplacements sont répartis. Tout simple et chaleureux. Poney-club à proximité.

Restaurant Les Cygnes « Chez Jules » : *4, route des Mouettes, port de Séchex, 74140* ***Sciez.*** *☎ 04-50-72-63-10. • chezjules@wanadoo.fr • restaurant-les-cygnes.fr • (resto). À 5 km au sud-ouest de Thonon par la D 1005 ; à Margencel, prendre direction « port de Séchex » par la D 33. Fermé mer et dim soir hors saison. Congés : de mi-déc à mi-fév. Formules déj en sem 18-22 €, menus 26-40 €.* Adresse pied dans l'eau dans un petit port entre Thonon et Yvoire. Une institution locale (dans le coin, on dit tout simplement « Chez Jules »). On y vient bien sûr pour manger ce poisson (du lac) qui a fait, dès les années 1930 (et fait encore et toujours), la renommée de la maison. Il n'est pas rare que le patron et son petit-fils aillent le pêcher eux-mêmes. Splendide terrasse au bord de l'eau. Une adresse prisée des groupes.

Auberge d'Anthy : *2, rue des Écoles, 74200* ***Anthy-sur-Léman.*** *☎ 04-50-70-35-00. • info@auberge-anthy.com • auberge-anthy.com • À 5,5 km au sud-ouest de Thonon. Resto fermé dim soir-lun. Doubles 75-92 € selon type et saison. Menus 19 € le midi sem, puis 23,20-45 €.* L'archétype de l'auberge de village pur jus, qui accueille habitués et touristes depuis... 1927 ! Côté chambres, les supérieures ont un balcon et une double porte (pas mal pour l'isolation phonique) dont on se passe dans les chambres standard. Elles sont simplement arrangées mais tranquillement agréables. Côté resto, des menus qui proposent un choix restreint et des plats forcément de tradition. Jolie terrasse, côté jardin, face à la fontaine du village.

La Pom'de Pin : *11, rue des Pêcheurs, 74200* ***Anthy-sur-Léman.*** *☎ 04-50-70-61-50. • lapomdepin@gmail.com • À 5,5 km au sud-ouest de Thonon. Fermé lun, mar soir et mer. Menus 17 € (midi en sem)-34 € ; carte env 35 €.* Dans ce village cossu voisin de Thonon, le resto installé dans une maison au calme contente familles, bandes de copains ou jeunes tourtereaux venus se faire plaisir avec une bonne grillade cuite au feu de bois, dont la maison s'est fait une spécialité. Terrasse, dès qu'il fait beau !

Où acheter de bons produits ?

Fromagerie Boujon *(plan B2,* ***30****)* **:** *7, rue Saint-Sébastien. ☎ 04-50-71-07-68. Lun 9h-12h30, mar-sam 8h30-12h30, 14h30-19h.* Une des plus belles sélections de la région en fromages de Savoie : vacherin des Bauges, beaufort d'alpage et autres abondance et reblochon.

Le Comptoir des saveurs *(plan B2,* ***31****)* **:** *16, Grande-Rue.*

LE PAYS DU LÉMAN

☎ *04-50-71-63-23. Lun 14h30-19h, mar-sam 9h-19h.* Pâtisserie où l'on retrouve des spécialités de la région : biscuit de Savoie, meringue à l'ancienne, financiers... Mais aussi les macarons. Salon de thé à l'étage pour déguster sur place une pâtisserie ou un menu diététique au déjeuner.

Le grand marché en plein air du jeudi *(plan B2)* **:** *pl. du Marché et autour.* Petits maraîchers et producteurs de fromages s'y retrouvent.

À voir

La ville

L'église Saint-Hippolyte *(plan B2)* **:** *accès par la basilique Saint-François.* Romane à l'origine (sa crypte à trois nefs – dont il faut prendre la peine de voir les chapiteaux – en témoigne), mais rénovée au cours du XVIIe s dans le style italianisant qui faisait fureur à l'époque : la sobriété romane a donc cédé la place à une extravagance baroque parmi les plus remarquables de Savoie. De récentes restaurations ont mis au jour de nouvelles fresques du XVIe s.

La basilique Saint-François-de-Sales *(plan B2)* **:** construite entre la fin du XIXe s et le début du XXe pour remplacer l'église Saint-Hippolyte. Mais les fidèles, attachés à leur vieille église, ont empêché sa destruction. Ce qui explique que les deux édifices communiquent aujourd'hui largement. Cette basilique (depuis 1993 seulement) est classiquement néogothique mais mérite toutefois une visite pour ses peintures murales signées Maurice Denis, un membre des Nabis : le *Chemin de Croix* et deux scènes de la Passion.

Le monastère de la Visitation *(plan B2)* **:** *2, pl. du Marché.* Le troisième de l'ordre fondé par François de Sales, construit au XVIIe s. Les bâtiments principaux abritent la médiathèque, mais la chapelle accueille sous ses voûtes des expos très pointues d'art contemporain *(accès par le nº 24, rue des Granges ; mer-dim 14h30-18h ; GRATUIT).*

L'hôtel-Dieu *(plan B3)* **:** *rue de l'Hôtel-Dieu (dans le prolongement de la Grande-Rue).* Un harmonieux bâtiment, ancien couvent des Minimes, édifié entre 1649 et 1686, et de style purement toscan. Jusqu'en 1885, l'aspect du bâtiment se transforme suivant sa fonction. Il abrite aujourd'hui le palais de justice. Ne se visite que pendant les Journées du patrimoine, mais on peut franchir son portail baroque pour admirer son vaste et très élégant cloître.

Le musée du Chablais *(plan A2)* **:** *2, rue Michaud.* ☎ *04-50-70-69-49. Ouv av-nov, mer-dim 14h30-18h (juil-août, tlj 10h-12h, 15h-18h30). Entrée : env 2,30 € ; réduc ; gratuit moins de 11 ans.* Intéressant musée installé dans les caves voûtées du château de Sonnaz, maison forte du XVIIe s, et consacré à l'histoire locale. À travers une série de dessins façon B.D. anecdotique réalisés par un ancien douanier, une salle présente avec humour l'histoire de la contrebande dans la région, exemples cocasses à l'appui. Une autre salle est consacrée à la batellerie sur le Léman (jolies maquettes). Dans la troisième enfin, on découvre l'atelier de Marguerite Peltzer, artiste longtemps installée à Thonon, et quelques-unes de ses sculptures.

L'hôtel de ville *(plan A2)* **:** *pl. de l'Hôtel-de-Ville (pardi !).* Solennel bâtiment du XIXe s, aux arcades typiquement sardes qui s'ouvrent sur une cour intérieure joliment pavée de galets roulés par la Dranse. *La Sirène* est une sculpture de Marguerite Pelzer. Sur l'arrière, en se glissant sous la gothique porte des Lombards (dernière de Thonon à être encore debout), on découvre l'ancien château des seigneurs de Bellegarde (XVIe s), sa tour carrée (un des ultimes vestiges des fortifications) et, sous une galerie à colombages, sa frise de bois sculptée très... polissonne. Jolie vue sur le Léman et ses rives suisses.

Le port

Le port de Rives *(plan A1)* **:** on peut y descendre par le funiculaire construit en 1886, désormais électrique et panoramique mais toujours amusant. À pied, depuis les vestiges de remparts blottis à gauche de l'hôtel de ville, un petit sentier conduit aux quelques petites maisons colorées de l'ancien village de pêcheurs. Sur les quais du petit port de pêche se dressent le château de Montjoux (du XIIIe s pour ses parties les plus anciennes) et la solitaire petite tour des Langues, qui tire (sic !) son nom d'une bien étrange coutume : jusqu'en 1773, tous les bouchers du coin devaient y déposer, en guise d'impôt, la langue de chaque bœuf tué.

L'écomusée de la Pêche et du Lac (plan A1) **:** *port de Rives. ☎ 04-50-70-69-49. Juin et sept, mer-dim 14h30-18h ; juil-août, tlj 10h-12h, 15h-18h30 ; oct-mai, visite sur résa pour les groupes. Entrée : env 2,30 € ; réduc ; gratuit moins de 11 ans.* Une entité bien vivante du port de Rives, un écomusée, sans écrans numériques ni effets spéciaux, qui évoque, dans trois cabanes de pêcheurs, la pêche professionnelle sur le Léman ainsi que la faune lémanique. Dans sa « guérite » (terme local désignant l'atelier du pêcheur), le pêcheur – entre autres activités – y répare les filets quand il « dépêche » le poisson. Puis dans quatre aquariums sont présentées les principales espèces piscicoles (perches, ombles chevaliers...). Les oiseaux lacustres sont eux... empaillés. Mur-image présentant l'écosystème du lac Léman. Enfin, un diaporama expliquant la journée d'un pêcheur professionnel peut être présenté sur demande.

Au bord du lac

Le château de Ripaille *(hors plan par B1)* **:** *☎ 04-50-26-64-44. • fondation@ripaille.fr • À la sortie de la ville, direction Évian. Accès fléché. Visites avr-oct, tlj ; également des visites guidées tte l'année sur résa. Entrée : 9 € (11 € avec audioguide) ; réduc. Compter 1h30 de visite.*

Avec le château de Chambéry, c'est l'un des lieux emblématiques de l'histoire de la Savoie. À l'origine, pavillon de chasse construit pour Amédée V, il a été transformé à partir de 1371 en résidence de plaisance par Bonne de Bourbon, épouse d'Amédée VI, dit « comte vert ». C'est au XVe s qu'est bâti le château, que l'on découvre aujourd'hui au milieu de son vignoble. Il a été construit pour Amédée VIII, premier duc de Savoie qui, en pleine gloire, abdiqua et vint fuir le monde à Ripaille. D'ermite, Amédée VIII devint antipape (pape irrégulier) en 1439 sous le nom de Félix V. Abandonné, puis ruiné pendant les guerres de Religion, Ripaille fut ensuite offert aux chartreux qui, autour d'un prieuré initial, construisirent d'autres bâtiments monastiques.

À la fin du XIXe s, le château devint la propriété d'un riche industriel alsacien qui le redécora dans un style *Art and Craft* plutôt rare en France. Ce mouvement néogothique, né en Grande-Bretagne, fut annonciateur de l'Art nouveau, qui fera fureur quelques années plus tard. La visite du château et des salles d'exposition présentent la vie dans les états de Savoie au XVe s, puis la restauration du château en 1892 (également un support audiovisuel de 12 mn sur grand écran).

FAIRE RIPAILLE

Amédée VIII, duc de Savoie et antipape au XVe s, décida de renoncer à ses titres pour se retirer au château de Ripaille, près de Thonon-les-Bains. Il y régnait une atmosphère de méditation et de chasteté (ce n'était pas si grave, il était veuf !). En revanche – et selon Voltaire –, Amédée compensait en organisant d'énormes banquets, bien arrosés, où l'on faisait ripaille.

LE PAYS DU LÉMAN

En outre, le domaine produit l'un des meilleurs vins de Savoie (le *Château de Ripaille*). Ripaille est d'ailleurs reconnu Site remarquable du goût *(vente et dégustation à l'entrée du jardin, tte l'année : ☎ 04-50-71-75-12).*

En saison, sympathique resto sur place, ***La Tasse à Moustache*** : *06-70-54-34-93. Ouv à la même période que le château ts les midis sf sam. Menu 17 €. CB refusées.* Une petite salle avec un cachet fou et une agréable terrasse dans le jardin. On y sert au déjeuner une cuisine familiale : un plat unique renouvelé tous les jours et des casse-croûte (planches de charcuterie ou de fromage, tartes sucrées-salées). En bref, une halte reposante et atypique, à prix super abordable. Et l'accueil enjoué d'un chef sympathique est un vrai bonus.

– ***La forêt de Ripaille :*** *autour du château.* Un arboretum, des sentiers balisés et la clairière des Justes, mémorial en hommage à ceux qui ont aidé, caché, sauvé des juifs pendant la Seconde Guerre mondiale *(ouv mai-sept 10h-19h, hors saison 10h-16h30 ; fermé en déc).*

La réserve naturelle du Delta-de-la-Dranse : *accès par l'av. de Saint-Disdille, à 2,5 km du centre. ☎ 04-50-81-49-79. GRATUIT. Possibilité de visites guidées en été sur résa auprès de l'office de tourisme.* Un espace naturel aux portes de la ville, avec une île qui abrite nombre d'oiseaux lacustres, dont le goéland cendré, et des arbres taillés comme des crayons qui ne laissent aucun doute sur la présence de castors sur ces rives. Sentiers de découverte.

À faire

Croisières : ***Compagnie générale de navigation,*** *• cgn.ch • Infos à l'office de tourisme.* Balade sur le lac et à travers le temps avec les derniers bateaux à vapeur du Léman. Embarquement au port de Rives d'avril à octobre. Billets et croisières gourmandes en vente à l'office de tourisme. Voir aussi « Adresses et infos utiles ».

Baignade : *plage municipale au bout du quai de Ripaille.* Pelouses sous les pins, plage sur le lac, quatre piscines dont trois chauffées. Entrée payante (de fin avril à mi-septembre). Deux autres plages, gratuites cette fois : la *Pinède* un peu plus loin, toujours sur le quai de Ripaille, vaste plage de galets et une succession de criques (dont une naturiste), et la *plage de Saint-Disdille* au cœur du domaine de la Châtaigneraie (surveillée l'été).

Manifestations

– ***Montjoux Festival :*** *début juil, sur 3 soirs. ☎ 04-50-71-55-55.* Musiques du monde dans le parc du château de Montjoux, au bord du Léman.
– ***Les Fondus du Macadam :*** *début août pdt 4 j. Rens : ☎ 04-50-26-21-07. • lesfondusdumacadam.com •* Festival de théâtre et autres spectacles de rue. Soirées musicales à la guinguette du festival.
– ***Foire de Crête :*** *1 sem en sept.* La grande fête populaire du coin. Point d'orgue : le grand marché du 1er jeudi de septembre qui envahit toute la ville, l'une des plus vieilles foires de France puisqu'elle existerait depuis 1514.

DANS LES ENVIRONS DE THONON-LES-BAINS

Les châteaux et la chapelle des Allinges : *à 10 km au sud de Thonon par la D 903. À Allinges, suivre direction « Les châteaux » (attention, les pancartes sont* *discrètes). GRATUIT. Visite guidée animée par des guides du patrimoine en juil-août. Rens : ☎ 04-50-71-55-55 (office de tourisme).* Belles ruines dressées sur un promontoire, d'où l'on domine tout le Léman, le Jura... Un lieu qui, même l'été, reste d'une quiétude presque irréelle quand on arrive des plages surpeuplées. À droite, le Château-Vieux, ancienne propriété des barons du Faucigny, alliés des dauphins du Dauphiné. À gauche, à environ 100 m, son challenger, le Château-Neuf (XIIe s) des comtes de Savoie. Entre les deux, trois siècles de bagarres incessantes ! Les boulets devaient voler bas ! Dans l'ancienne enceinte du Château-Neuf, une discrète chapelle romane qui cache la plus ancienne fresque de Savoie (XIe s) : un *Christ en majesté* qui semble presque irradier de la voûte de l'abside.

***Le domaine du Guidou :** à **Sciez** (74140). 10 km au sud-ouest de Thonon par la D 1005.* À deux pas du lac, outre des zones naturelles protégées (et un petit théâtre), ce domaine accueille deux musées et des spectacles animaliers.

– ***Le musée de Préhistoire et de Géologie :** ☎ 04-50-72-60-53. • musee-prehistoire-sciez.com • Juil-août, tlj 10h-18h ; avr-juin et sept, w-e 14h-18h. Entrée : 4 € (6 € pour la visite guidée) ; réduc. Ateliers et animations en été.* Modeste musée qui évoque le passé des rives du Léman, notamment au travers d'outils et d'objets usuels trouvés sur place, des derniers mammouths au bronze final. Reconstitution d'une tombe du Néolithique, armes et poteries de cette époque. Quelques jolis fossiles dans la salle de géologie. Petit sentier de l'évolution (accès libre) devant le musée. Expos temporaires et conférences.

– ***Le musée des Sapeurs-Pompiers de Haute-Savoie :** ☎ 04-50-72-39-68. • museesapeurspompiers74.fr • ♿ Juil-août, tlj sf lun mat 9h-18h ; mai-juin et sept, w-e et j. fériés 14h-18h. Entrée : 4,50 € ; réduc.* Sur deux niveaux et plus de 1 000 m² d'une ancienne grange, une quarantaine de véhicules : des vieilles pompes à bras du XIXe s à de plus récents fourgons. Grandes échelles (celle des Contamines de 1936), belle collection d'extincteurs. Un bel hommage, en fait, rendu aux « soldats du feu ».

– ***Les Aigles du Léman :** ☎ 04-50-72-72-26 • lesaiglesduleman.fr • ♿ (partiel). 3 juil-août tlj 10h-18h ; juin tlj 10h-18h (15h lun-mar, jeu-ven). Spectacles à heures fixes. Entrée : 10 € le mat jusqu'à 14h, 13 € l'ap-m (½ journée), 17 € (journée) ; réduc ; gratuit moins de 3 ans. Snack-bar sur place et pique-niques autorisés.* Une bonne centaine de rapaces, de l'aigle pêcheur (ce centre travaille à sa réintroduction) au milan royal en passant par le spectaculaire condor des Andes, qu'on découvre dans leur volière ou mis en scène lors de spectacles commentés. Outre les rapaces, on peut assister à des tournois médiévaux, des spectacles de fauconnerie équestre ou de cape et d'épée. Ne pas rater le grand show des aigles, avec plusieurs dizaines de rapaces qui frôlent les têtes des visiteurs.

LA VALLÉE DU BREVON

À une quinzaine de kilomètres au sud de Thonon par la D 26. Encore moins connue que ses deux proches voisines, la vallée d'Aulps et la vallée Verte, cette petite vallée a pourtant pas mal de charme. Le bourg principal, Bellevaux, tire d'ailleurs son nom de la première impression qu'en ont eue au XIIe s trois moines bénédictins : « *bella vallis* », belle vallée ! Pays natal du « Fanfoué », personnage de B.D. que vous croiserez un peu partout ici.

Adresses utiles

***Offices de tourisme :** à **Bellevaux** (74470), ☎ 04-50-73-71-53 ; • alpesduleman.com • Un autre à **Lullin** (74470), ☎ 04-50-73-82-05.*

Où dormir ? Où manger ?

Hôtel Christania : *Hirmentaz, 74470* ***Bellevaux.*** *☎ 04-50-73-70-77. • info@hotel-christania.com • hotel-christania.com • (2 chambres). Dans la station d'Hirmentaz. Congés : de mi-avr à mi-juin et de mi-sept à mi-déc. Doubles 75-85 € ; ½ pens l'hiver 65-73 €/pers. Formule déj 14 €, menus 20-28 €.* Gros chalet au pied des pistes et largement ouvert sur les montagnes. Chambres confortables où l'on a ses aises, même si la déco commence à dater un peu. Cuisine très classique et inévitables spécialités montagnardes. Mais aussi et surtout, une plaisante ambiance familiale. Piscine avec vue l'été. Motards bienvenus.

À voir. À faire

L'église Notre-Dame-de-l'Assomption : *à* ***Bellevaux.*** Petite église classique de ces vallées, avec, sous son clocher à bulbe, fresques et retables signés d'artistes piémontais. Juste devant, très beau christ du XVIe s. Petit jardin alpin tout à côté. Et dans la vallée, en contrebas, se cache l'un des derniers ***ponts couverts*** du Chablais où, à la croisée des chemins, les habitants des hameaux pouvaient échanger les dernières nouvelles sans crainte de la pluie ou de la neige.

Deux petits musées ***à Bellevaux*** *(rens : ☎ 04-50-73-71-53 ; fermé 1er oct-vac de Noël sf vac scol).*

– ***La Maison de la belle vallée :*** *à côté de l'office de tourisme. Juil-août, jeu 15h-17h30, sinon mer 16h30-18h. Entrée : 3,50 € ; réduc ; gratuit moins de 4 ans.* Reconstitution d'un atelier de sabotier, de la pièce à vivre d'une vieille ferme et une foule d'objets : de la cloche de vache aux anciennes cartes de l'école communale. Le temps de la visite, les enfants peuvent endosser un costume savoyard.

– ***Le musée de la Faune :*** *en face de la poste. Juil-août, lun 10h-12h, mer 15h-17h30 ; hors saison, mer 14h-16h. Entrée : 3,50 € ; réduc ; gratuit moins de 4 ans.* Genre muséum d'histoire naturelle avec plus d'une centaine d'animaux des Alpes présentés dans des dioramas qui reconstituent leur milieu naturel et des bornes interactives pour tout savoir sur ces bestioles.

Le lac de Vallon : au creux d'un cirque de montagne, dominé par le roc d'Enfer, un joli lac, même s'il est né en 1943, d'un éboulement qui a noyé plusieurs chalets et deux scieries (on distingue encore parfois les fondations d'une maison au fond des eaux). Deux chapelles témoignent encore de la présence ancienne d'une chartreuse.

Ski alpin : deux domaines à Bellevaux, celui du Roc-d'Enfer (voir la partie la vallée d'Aulps) et celui d'Hirmentaz (1 100-1 610 m, relié aux Habères dans la vallée Verte). Forfaits 19,80 € (Hirmentaz), 23,20 € (Roc-d'Enfer) et 23,70 € (domaine relié). La station familiale dans toute sa splendeur.

Ski nordique : 35 km de pistes. Carte journée : 8 €.

➢ ***Raquettes :*** 10 km d'itinéraires balisés *(topo payant à l'office de tourisme),* notamment dans le joli site du vallon de la Chèvrerie. Également des pistes piétonnes.

LA VALLÉE VERTE

À une trentaine de kilomètres au sud de Thonon par la D 12. Une petite vallée aux pentes douces, presque secrète puisqu'on n'y accède de quelque côté

que ce soit qu'en franchissant un col. Huit villages et une petite station de ski, Les Habères.

Adresse utile

Office de tourisme : *au centre du village, 74420* ***Habère-Poche.*** *☎ 04-50-39-54-46. • alpesduleman.com • En hiver vac scol, tlj sf dim ap-m 9h-12h, 14h-18h ; hors vac lun-sam ; juil-août lun-dim mat 9h30-12h30, 15h-19h ; hors saison voir le site.* Tous les renseignements sur la vallée Verte : carte des randos, des circuits VTT, nuit en igloo, sentier découverte « Secrets de fées » (livret en vente), etc.

Où dormir ? Où manger ?

Chambres d'hôtes du Chalet : *chez Novelly, 74420* ***Boëge.*** *☎ 04-50-39-12-35. • chambreduchalet@hotmail.fr • De Boëge, prendre la direction du col de Saxel. Doubles avec douche 60 (w-c sur le palier)-65 € (tarif dégressif dès la 2e nuit).* Jolie ferme (en activité, les vaches produisent du lait pour le fromage d'Abondance), un peu isolée à flanc de vallée (vue assez emballante, donc !). Chambres lambrissées, toutes simples mais mignonnes. Petite salle aux murs de pierres apparentes, une cheminée pour les jours un peu frais, une terrasse pour profiter du soleil.

Le Tiennôlet : *74420* ***Habère-Poche.*** *☎ 04-50-39-51-01. • denisvanson0579@orange.fr • Au centre du village. Fermé mer, plus dim soir et mar soir hors saison. Congés : 3 sem en juin et de mi-oct à mi-nov. Formule déj en sem 17 €, menus 29-42 €.* Heureuse surprise que ce petit resto au décor tout bois et à la terrasse plein soleil. Accueil et service irréprochables, jolis produits des lacs et vallées du coin (ou de plus loin), cuisine de tradition et de terroir avec un tour de main plutôt actuel.

Chic

Chambres d'hôtes La Fontaine d'Argence : *Argence, 74420* ***Habère-Poche.*** *☎ 04-50-39-57-11. 📱 06-89-29-17-30. • lafontainedargence@gmail.com • lafontainedargence.net • ♿ À 2,5 km au sud-ouest d'Habère-Poche par la D 312 B puis la D 40, à l'entrée du hameau sur la droite. Doubles 60-100 € ; familiales 3 pers 110-140 €. Dîner parfois, sur résa, 20 €.* Grosse maison traditionnelle superbement actualisée (il a quand même fallu quelque 6 années de travail aux proprios...) avec une vraie conviction écolo, du bois, de la pierre, un mélange de pièces contemporaines et de meubles anciens... Très jolies chambres qu'on n'a plus envie de quitter, comme le jardin qui offre une superbe vue sur la vallée. Sauna, bain nordique. Excellent accueil (mais vous vous en seriez douté).

À voir. À faire

La montagne des Voirons : accès depuis Boëge par le col de Saxel (D 320), puis suivre la direction du monastère de Bethléem. Du parking du monastère, un chemin (compter 1h en boucle) grimpe un peu pour continuer plus doucement jusqu'au grand signal des Voirons : panorama évidemment superbe, du mont Blanc au Léman.

Ski alpin : domaine Hirmentaz-Les Habères qui relie deux toutes petites stations familiales avec une cinquantaine de kilomètres de pistes. Forfait journée adulte : environ 25 € (deux versants).

Fête et manifestations

– ***Fête des Vieux Métiers et des Vieilles Mécaniques :*** *dernier dim de juil, ts les 2 ans, années paires, à* ***Habère-Poche.***
– ***Rock'n Poche Festival :*** *dernier w-e de juil, à* ***Habère-Poche.*** Sympathique festival dans les alpages.
– ***Feufliazhe :*** *2e w-e d'août (ts les 2 ans, années impaires).* Fête des musiques alpines.

YVOIRE

(74140) 850 hab. *Carte Haute-Savoie, B1*

Un village médiéval qui s'avance dans le lac : la tour massive d'un château dressé au-dessus d'un petit port, des ruelles tortueuses qui dégringolent vers le lac entre de vieilles maisons de pierre croulant sous les fleurs... Pas de doute, Yvoire mérite le label Plus Beau Village de France. Mais, inévitable corollaire, la foule des grands jours en été, des parkings tous payants (et pour certains à des tarifs carrément dissuasifs). L'automne et le printemps sur les bords du Léman sont sublimes, profitez-en pour découvrir Yvoire...

Adresses et infos utiles

Office de tourisme : *pl. de la Mairie. ☎ 04-50-72-80-21. • yvoiretourism.com • Tlj en été 9h30-18h30 ; fermé dim en hiver.* Organise en été des visites du bourg médiéval animées par un guide du patrimoine des pays de Savoie. Infos sur les excursions en navette solaire sur le lac.

Bureau annexe : *sur le port de plaisance. ☎ 04-50-72-87-06. Ouv slt mai-sept.*

Gare SNCF : *☎ 36-35 (0,34 €/mn).* Gare de Thonon.

Bus réguliers pour Thonon, Sciez et Douvaine.

Services réguliers sur le Léman : ***Compagnie générale de navigation,*** *sur le port de plaisance. ☎ 00-41-848-811-848. • cgn.ch •* Aller-retour Yvoire-Nyon tout au long de l'année (une minicroisière, en somme !). En saison, quelques navettes permettent de rejoindre par la voie des eaux Genève ou Lausanne. Horaires et fréquence extrêmement variables.

– ***Parking :*** obligatoire, le centre-ville étant entièrement piéton. *Horodateur ou forfait journalier 2 € au parking privé des Remparts.*

Où dormir ? Où manger ? Où manger une glace ?

Sur le pouce

Glacier les Galets : *rue de l'Église. ☎ 04-50-72-69-73. • stephane.richard6@bbox.fr • En saison, tlj 12h-18h ; hors saison, fermé jeu.* Le concept d'une adresse vraiment gourmande, c'est qu'on peut s'y régaler à toute heure ! Ce glacier qui fait aussi crêperie sert en outre de délicieuses gaufres bruxelloises, évidemment préparées minute ! Aussi sympa pour une glace maison à emporter que pour une halte sur la grande terrasse verdoyante à l'arrière, même si les prix sont un peu gonflés.

De prix moyens à chic

Le Pré de la Cure : *1, pl. de la Mairie. ☎ 04-50-72-83-58. • lepredelacure@wanadoo.fr • pre-delacure.com • Fermé du nov-fév. Doubles 100-115 €. Menus 20 € (en sem), puis*

LE PAYS DU LÉMAN

28,50-52 €. Parking gratuit, garage payant. Élégant mais pas sophistiqué, *Le Pré de la Cure* est l'un de ces hôtels qui se distinguent dans un village où la concurrence fait rage. Les belles prestations, le sens de l'accueil et l'excellent rapport qualité-prix lui permettent de tirer son épingle du jeu. Chambres spacieuses et modernes, au confort soigné, donnant sur le village et le lac (même si on n'est pas aux premières loges, la vue est sympa depuis le 2e étage) ou sur le charmant jardin fleuri. Salles de bains rénovées et pimpantes, w-c séparés. Coup de cœur pour la piscine couverte et le spa. Au resto, cuisine raffinée servie sur la grande terrasse en été. Bref, une valeur sûre.

Le Bateau Ivre : *Grande-Rue. ☎ 04-50-72-81-84. • laurentlavanchy@orange.fr • Menus déj 19 €, puis 29,90-43 € ; carte env 45 €. Apéritif offert sur présentation de ce guide.* Dans l'une des jolies maisons du village, un sympathique bistrot où l'on s'attable sans manière dans la joyeuse petite salle ou en terrasse, pour être au plus près de l'animation de la rue principale. Après quelques turbulences, *Le Bateau Ivre* a remonté la barre : cuisine de marché et poissons du lac bien préparés (féra, perche), ainsi que les traditionnelles spécialités savoyardes. Accueil sympa.

Les Jardins du Léman : *Grande-Rue. ☎ 04-50-72-80-32. • jardins-du-leman@wanadoo.fr • Fermé mar soir-mer hors juil-août. Congés : 29 nov-3 fév. Menus 22,50 € sf sam soir-dim, puis 33-42,50 € ; carte env 60 €. Café offert sur présentation de ce guide.* Assurément une belle adresse pour qui veut se faire plaisir dans un cadre élégant, en salle ou sur la belle terrasse qui surplombe le village, le jardin des Cinq-Sens et le Léman ! Le chef, qui a de la bouteille, n'a pas usurpé son titre de maître-restaurateur, et la carte donne un bel aperçu de sa cuisine, qui privilégie avant tout les recettes du terroir, raffinées et de qualité. Plusieurs menus qui se renouvellent sans cesse.

La Vieille Porte : *2, pl. de la Mairie. ☎ 04-50-72-80-14. • info@la-vieille-porte.com • À l'entrée du vieux village. Fermé dim soir-lun et jeu soir hors saison. Congés : 30 nov-11 fév. Formule déj en sem 28,50 €, menus 32-40 €. Café offert sur présentation de ce guide.* Les mosaïques au sol, la monumentale cheminée et les vestiges de l'ancienne tour, visibles dans la salle de resto, sont les vestiges de 7 siècles d'histoire ! Mais finalement, ce n'est rien si l'on considère que c'est la même famille qui occupe les murs depuis 1587. On tient là un record, assurément. Aujourd'hui, c'est une table élégante, où la cuisine est globalement satisfaisante, même si on vient plutôt pour le cadre. Il y a même un jardinet où les enfants peuvent se dégourdir les jambes entre 2 plats. La terrasse, au pied des remparts, offre une vue imprenable sur le lac.

LE PAYS DU LÉMAN

À voir

Le labyrinthe-jardin des Cinq-Sens : *rue du Lac. ☎ 04-50-72-88-80. • jardin5sens.net • ♿ Ouv de mi-avr à mi-oct tlj 10h-18h (fermeture fluctuante, se renseigner sur leur site). Visites guidées sur résa. Entrée : 10 € au lieu de 12 € sur présentation de ce guide ; réduc et forfait famille ; gratuit moins de 6 ans. Questionnaire découverte pour les enfants. Boutique.* Ce petit labyrinthe végétal, aménagé dans le jardin du château (habité par la même famille depuis le XVIe s), dans l'art et la symbolique du Moyen Âge et pour le plaisir de vos cinq sens, est classé Jardin remarquable. Ancien potager du château, puis laissé à l'abandon, il a été conçu à l'initiative des propriétaires en 1986. Il propose un parcours sensoriel original. En tout, 9 jardins. Évidemment, un pour chacun des sens, ainsi qu'une prairie alpine, un sous-bois, un damier végétal et le cloître avec les plantes médicinales. On se laisse facilement surprendre par l'armoise au parfum de *Coca-Cola*, les plantes aux odeurs de miel ou de curry ! Au jardin du toucher, ce sont les textures qui étonnent : une feuille hérissée de piquants, un leurre puisqu'elle ne fait aucun mal. Ailleurs, les glouglous de l'eau et les roucoulements des tourterelles de la volière en fond sonore. Charmant et instructif, surtout en visite guidée.

La Châtaignerie : *☎ 04-50-72-26-67. ♿ À la sortie d'Yvoire en allant vers Excenevex. Accès à pied (en suivant la voie verte depuis le parking le plus proche du village ; compter 20 mn aller) ou en bateau solaire (en saison slt) ; rens à l'office de tourisme. Accès libre au domaine de Rovorée. Pour l'exposition : juin- sept, tlj 10h-18h. Entrée : 3 € ; gratuit moins de 8 ans et pour ts le 1er dim du mois.* Superbe coin, 24 ha de nature encore sauvage en bord de lac. Intéressantes expositions temporaires autour du patrimoine régional dans une grosse maison bourgeoise des années 1920, ancienne résidence de vacances d'un soyeux lyonnais, rachetée par le conseil général. Balades thématiques dans le parc accessible toute l'année (brochures gratuites).

DANS LES ENVIRONS D'YVOIRE

EXCENEVEX *(74140)*

Une longue (la plus longue du Léman, d'ailleurs) plage de sable fin, bordée d'une pinède. On se croirait (presque...) quelque part sur la côte méditerranéenne ! Propriétés chicos et campings populaires se partagent la rive. Noir de monde évidemment en été. *Parking payant en saison : 5 € (gratuit après 17h).*

LE LÉMAN EST D'OR

De la flamme de la statue de la Liberté au dôme des Invalides en passant par le coq du clocher voisin d'Yvoire, vous avez sûrement déjà vu briller le travail de la maison Dauvet, dernière entreprise de battage d'or de France, installée depuis 1936 à Excenevex.

Où dormir ? Où manger ?

Camping

Camping Campéole La Pinède : *10, av. de la Plage. ☎ 04-50-72-85-05. • pinede@campeole.com • camping-lac-leman.info • ♿ Au bord du lac (c'est fléché). Ouv de mi-avr à mi-sept. Compter 15-29,60 €. Loc de mobile homes et de bungalows toilés 294-1 015 €/sem selon type d'hébergement et saison.* Une plage de sable et au bord d'un lac de montagne : ça existe ici, et l'accès est direct. Et pour parfaire l'impression d'être ailleurs, de solides pins ombrageant les (nombreux) emplacements de ce camping tout confort. Piscines couverte et découverte, coin balnéo.

De prix moyens à chic

Hôtel de la Plage : *chemin de l'Hôtel-de-la-Plage. ☎ 04-50-72-81-12. • hoteldelaplage@sfr.fr • hoteldelaplage-excenevex.com • ♿ Au bord du lac. Doubles 96-106 € ; familiales 4 pers 150-160 €. Menus 25-40 €. Un petit déj/chambre offert sur présentation de ce guide.* Il y a d'abord la situation, des plus enviable : les pieds dans le Léman, au bord de l'une des plus belles plages et, en prime, sans vis-à-vis. Claude Lelouch y a tourné des scènes de *Tout ça pour ça.* Mais cet hôtel familial n'a pas pris la grosse tête et reste simple, sans faire de compromis sur le confort et encore moins sur l'accueil. Cette grosse villa à l'allure un peu rétro abrite une douzaine de chambres agréablement rénovées, avec des salles de bains équipées de belles cabines de douche. Au resto (terrasse magnifique), cuisine bien tournée, mitonnée par un maître restaurateur. Plage privée pour faire trempette.

La Guinguette de la Plage : *chemin de l'Hôtel-de-la-Plage (à côté de l'Hôtel de la Plage). ☎ 04-50-70-14-72. Mai, ouv mer et w-e 10h-1h ; juin-sept, tlj 10h-1h.* En bordure de plage, c'est sur les tables posées dans l'herbe qu'on vient casser la croûte en sortant de l'eau, sous les parasols. Entièrement en extérieur, ce snack-restaurant est évidemment réservé aux journées ensoleillées. Carte sans fioritures : salades, pizzas, brasérade le soir, hamburgers et kebabs, sans oublier la soirée guinguette du vendredi avec musette et chant !

NERNIER *(74140)*

Encore un village de charme qui se visite à pied (parking payant). Celui-ci est peut-être moins spectaculaire que celui d'Yvoire, mais Nernier est beaucoup, beaucoup plus paisible, ce qui le rend naturellement plus romantique...

À voir dans les environs

Le musée des Granges de Servette : *224, chemin des Granges-de-Servette, Collongette, 74140* ***Douvaine.*** *☎ 04-50-94-10-55. • granges-de-servette.com • Accès bien fléché depuis la D 20 entre Chens-sur-Léman et Douvaine. Juil-août, tlj 15h-19h. GRATUIT.* Drôle d'endroit : une grange du XVIIe s complètement isolée au milieu des champs. Drôle de musée ouvert depuis 1958, qui, dès l'année suivante, exposait de l'« art nègre ». Aujourd'hui, la grange mélange sous ses superbes charpentes les vieux outils d'un musée d'Arts et traditions populaires (le musée Milouti) et la collection d'œuvres contemporaines d'une galerie d'art. Curieux mélange, mais qui, dans ce vaste espace, fonctionne bien. Expos temporaires dans l'écurie. Concerts l'été.

LE GENEVOIS

Terme officiel utilisé pour désigner l'agglomération urbaine qui s'est développée autour de Genève mais de l'autre côté de la frontière (l'appellation exacte est d'ailleurs « Genevois français »). Cette petite région n'a évidemment pas grand-chose à voir avec le Genevois historique, qui ne comportait qu'une petite partie du très grand comté de Genève. Le Genevois, qui profite largement du dynamisme de la proche voisine, s'avère plutôt urbanisé au nord et nord-ouest mais a su conserver quelques jolis coins de nature, à commencer par la monumentale barrière du Salève.

LE SALÈVE

Carte Haute-Savoie, B2

Longue d'une vingtaine de kilomètres, dominant Genève de falaises abruptes (rongées depuis le Moyen Âge par de disgracieuses carrières), une montagne (avec 1 379 m d'altitude au Grand Piton, elle en mérite le nom) qui

trompe un peu son monde : si géographiquement on serait tenté de la ranger dans les Alpes, géologiquement, le Salève est jurassien. Si « Salève » ne vous évoque peut-être pas grand-chose, vous connaissez sans nul doute « varappe » devenu un presque synonyme d'escalade. Parce que c'est dans l'une des étroites gorges qui traversent le Salève, baptisée la Varappe, que l'escalade est doucement devenue une discipline sportive au cours du XIXe s. De l'escalade donc, au parapente, en passant par la rando et le VTT, le Salève est aujourd'hui un formidable terrain de jeu, notamment pour les proches voisins suisses (on l'appelle d'ailleurs un peu ironiquement la « montagne des Genevois »). Le premier train à crémaillère électrique du monde disparu, une route (la D 41a) y fait des zigzags depuis l'entre-deux-guerres, et on y grimpe facilement par un téléphérique qui circule depuis 1932. Autant dire qu'aux beaux jours vous ne serez pas tout seul sur le Salève.

Où dormir autour du Salève ?

Hôtel Rey : *131, route d'Annecy, col du Mont-Sion, 74350* ***Saint-Blaise.*** *☎ 04-50-44-13-29. • contact@hotel-rey.com • hotel-rey.com • Sur la D 1201. Congés : fin déc. Doubles 92-125 € selon type et saison ; familiales 3-5 pers 111-195 €.* Chambres fonctionnelles, pas immenses, certaines plus modernes que d'autres. Piscine, tennis, ping-pong.

À voir. À faire

Le téléphérique du Salève : *Le Pas-de-l'Échelle, 74100* ***Étrembières.*** *☎ 04-50-39-86-86. • telepherique-du-saleve.com • Depuis l'A 40, sortie Annemasse puis Saint-Julien. De l'A 41, sortie Archamps. De janv à fin mars, ven-dim 9h30-17h ; de mai à fin sept, tlj 9h30-19h (23h jeu-sam). A/R : 11,30 € ; réduc.* Révolutionnaire lors de son lancement en 1932, victime de l'ouverture de la route, il cesse son activité en 1975 pour s'élancer à nouveau le long de son câble d'un seul tenant en 1984. Jolie vue au cours du trajet et encore plus depuis la gare d'arrivée sur Genève (on voit clairement le célèbre jet d'eau), le Léman, les Alpes. Restos et une buvette-snack.

Annemasse : la plus grosse ville du Genevois, posée juste à la frontière, ce qui en fait un peu (sinon beaucoup) une banlieue de Genève. Plutôt urbanisée, Annemasse a toutefois conservé de nombreux parcs et jardins. L'un d'eux abrite la *Villa du Parc* *(12, rue de Genève ; ☎ 04-50-38-84-61 ; • villaduparc.org •)*, intéressant Centre d'art contemporain.

La Maison du Salève : *775, route de Mikerne, 74160* ***Présilly.*** *☎ 04-50-95-92-16. • maisondusaleve.com • Accès fléché. Juil-août, tlj 10h-18h ; hors saison, mer-dim 14h-16h. Entrée : 6 € ; réduc ; gratuit moins de 6 ans.* Installée dans une ferme du XVIIe s, ancienne dépendance de la chartreuse de Pomier (lire ci-dessous), un espace muséographique comme on en fait aujourd'hui, à la fois technique et ludique, pour tout apprendre ou presque du Salève : de la géologie à son côté jet-set du XVIIIe (Wagner qui prend des vacances à Mornex, Courbet et Corot qui posent leur chevalet dans le coin, Verdi qui se marie à Collonges), de ses habitants du Paléolithique à son devenir. Expos temporaires. Sympathique jardin (où l'on peut pique-niquer). Boutique de produits locaux.

La chartreuse de Pomier : *allée des Chartreux, Pomier, 74160* ***Présilly.*** *À proximité de la Maison du Salève (c'est fléché).* Fondée en 1170 grâce à une donation du comte de Genève, cette chartreuse a été ravagée par la Révolution. Elle a toutefois conservé de beaux restes : caves voûtées médiévales, cloître du

XVIIIe s. Sauvé d'une ruine annoncée, le lieu, joliment rénové, ne se visite pas. Mais on a le droit d'y jeter un coup d'œil.

Le Petit Pays : *610, route d'Annecy, 74350* ***Andilly.*** *☎ 04-50-32-73-64. • lepetitpays.com •* Une dynamique association locale gère plusieurs activités et spectacles touristiques dans ce même coin du Genevois. Des sorties tout indiquées en famille *(en été, billet groupé pour les 3 sites : se renseigner).* Organise également une très populaire fête médiévale (prochaine édition 14-16 mai et 21-22 mai 2016).

– ***Le hameau du Père Noël :*** *au col du Mont-Sion, sur la D 1201. Ouv tte l'année sf sept et début oct, mer-dim 14h-18h ; juil-août, tlj ; horaires variables hors saison, voir le site internet. Entrée : 8-12 € ; réduc ; gratuit moins de 3 ans.* Ce n'est bien sûr pas la « vraie » maison du Père Noël, dont tout le monde sait qu'elle est au pôle Nord, mais l'un des « camps de base » où il se repose (il dort généralement quand on visite son hameau...) avant de refaire le plein de jouets. Il y a donc des lutins qui vivent au hameau, fabriquent des jouets, trient le courrier pour le Père Noël, dorment dans de tout petits lits, se baignent dans de toutes petites baignoires... Vous l'avez compris, c'est très bien conçu et rigolo comme tout (la machine à fabriquer les suppositoires, la table du Père Noël adaptée à son tour de taille...). Il y a des contes (et c'est la Mère Noël qui s'en charge), un goûter... Les enfants en ressortent ravis.

– ***Le parc des Épouvantails :*** *vers Jussy, bien fléché. Juil-août, tlj 10h-18h. Entrée : 10 € ; réduc ; gratuit moins de 3 ans.* Une forêt, une vraie, mais un peu magique, qui, outre des épouvantails, cache des animaux de ferme, un labyrinthe géant, un château invisible et même une plage.

– ***Le Tout Petit pays :*** *après Saint-Symphorien. Juil-août et vac scol zone A (hors fév), tlj 14h-18h. Entrée : 5 € ; réduc ; gratuit moins de 3 ans.* Dans et autour de l'ancien presbytère du village, reconstitution d'une classe d'autrefois et de jardins médiévaux.

Les ponts de la Caille : *sur la D 1201, près d'****Allonzier-la-Caille.*** Deux ponts jetés côte à côte au-dessus d'un défilé où coule la rivière des Usses. Franchement spectaculaire. Surtout le pont Charles-Albert, le plus ancien (construit en 1839 mais encadré à chaque extrémité de tours très médiévales), suspendu à quelque 147 m au-dessus de la rivière et réservé aux piétons. Son voisin, le pont Caquot (dit aussi « pont Neuf »), est finalement plutôt impressionnant, lui aussi : cette arche de béton (non armé) longue de 140 m fut à l'époque de sa construction (1924-1928) l'une des plus grandes du monde.

➢ ***Randonnées :*** une bonne cinquantaine de sentiers balisés sur le Salève. Quelques classiques comme la *Grande-Gorge,* tracé au départ de Collonges dès 1854 par le Club alpin suisse, le *sentier de l'Orjobet* depuis Le Coin ou bien encore le chemin du *Salève-des-Pitons* qui permet de rejoindre le point culminant de la montagne. Attention, ce n'est pas parce que l'autoroute passe à son pied que le Salève n'est pas une vraie montagne, avec tous les dangers inhérents (c'est d'ailleurs sur le Salève qu'est née la première compagnie de secours en montagne du monde).

– ***Parapente :*** ***Salève Airlines,*** *167, chemin de Verdun, Le Pas-de-l'Échelle, 74100* ***Étrembières.*** *☎ 04-50-39-71-59. • saleveairlines.com •*

LE VAL DES USSES

Carte Haute-Savoie, A-B3

Cette petite région doucement vallonnée tire naturellement son nom de la petite rivière qui y coule, Les Usses, qui prend sa source au Salève. Balades sympas sur la montagne du Vuache (on prononce « Ouache » !) qui culmine

à 1 106 m d'altitude et appartient encore, comme le Salève voisin, au massif jurassien.

Adresse utile

i ***Office de tourisme du val des Usses :*** *35, pl. de l'Église, à* ***Frangy*** *(74270). ☎ 04-50-32-26-40. • office-tourisme-frangy.com • Juil-août, lun-sam 9h-12h, 14h18h (16h30 jeu et sam) ; sept-juin, mar-jeu, ven ap-m et sam mat.*

À voir

Le musée de la Vache et des Alpages : *601, rue du Grand-Pont, à* ***Frangy*** *(74270). ☎ 04-50-32-27-02. • museedelavacheetdesalpages.fr • De début juin à mi-sept, mer-dim 14h-18h. Entrée : 6 € ; réduc ; gratuit jusqu'à 16 ans.* Dans l'écurie de l'ancienne ferme familiale, la collection d'une passionnée : plus d'un millier d'objets qui, vu l'intitulé du musée, ont forcément un rapport avec les vaches et les alpages : des cloches, des moules à beurre ou à fromage. Reconstitution de plusieurs pièces : la chambre du berger et la laiterie d'un chalet d'alpage, l'habitation-étable où les moutons chauffaient les lits !

Le parc des jardins de Haute-Savoie : *au bord du lac de* ***La Balme-de-Sillingy*** *(74330). • lesjardindehautesavoie.com • Juin et sept, tlj 10h-18h ; juil-août, tlj 9h-19h. Accès libre.* Une cinquantaine de petits jardins paysagers pour autant de communes de cette partie de la Haute-Savoie : chacune met en avant ses particularismes sur sa parcelle. On reconnaîtra, par exemple, les ponts de la Caille, le Rhône...

COMMENT Y ALLER ?

EN VOITURE

– ***Tarifs autoroutiers :*** pour connaître le coût de l'usage des principaux tronçons autoroutiers de l'Hexagone, consulter le site • *autoroutes.fr* •
– ***Le covoiturage :*** le principe est simple, économique et écologique. Il s'agit de mettre en relation un chauffeur et des passagers afin de partager le trajet et les frais, que ce soit de manière régulière ou exceptionnelle (pour les vacances, par exemple). Renseignements sur • *blablacar.fr* •

EN TRAIN

Au départ de Paris (gare de Lyon, ou gare d'Austerlitz pour les trains de nuit) et de la province

➢ ***TGV directs*** à destination d'Annecy (env 3h45), Chambéry (env 3h), Aix-les-Bains (env 3h10), Bourg-Saint-Maurice (4h30) et Modane (4h30). Pour les mêmes destinations, de nombreuses liaisons supplémentaires avec changement.
➢ ***TGV avec correspondance :*** Thonon-les-Bains/Évian (changement à Bellegarde), Saint-Gervais/Le Fayet (changement à Annecy ou Bellegarde), Bourg-Saint-Maurice (changement à Chambéry ou Aix-les-Bains).
➢ ***Trains de nuit directs, en saison :*** Annecy, Saint-Gervais/Le Fayet, Chambéry, Aix-les-Bains et Bourg-Saint-Maurice.
➢ ***Lille-Annecy :*** TGV avec changement à Lyon ou à Paris (changement de gare). Env 6h de trajet.
➢ ***Lille-Chambéry :*** TGV avec changement à Lyon ou à Paris (avec changement de gare). Env 5h de trajet.
➢ ***Marseille-Annecy :*** TGV jusqu'à Valence ou Lyon, puis TER. Compter entre 3h45 et 4h30 de trajet.
➢ ***Marseille-Chambéry :*** TGV jusqu'à Lyon, puis TER. Compter env 3h15.
➢ ***Depuis Nantes :*** TGV jusqu'à Lyon, puis correspondances.

Pour préparer votre voyage

– ***e-billet :*** réservez, achetez et imprimez votre e-billet sur Internet.
– ***m-billet :*** plus besoin de support papier, vous pouvez télécharger le code-barres de votre voyage correspondant à votre réservation directement dans votre smartphone, à l'aide de l'application *SNCF Direct.*
– ***Billet à domicile :*** achetez votre billet par Internet ou par téléphone *(au ☎ 36-35 – 0,34 €/mn, hors surcoût éventuel de votre opérateur),* la SNCF vous l'envoie gratuitement à domicile sous 48h, en France.

Pour voyager au meilleur prix

La SNCF propose des tarifs adaptés à chacun de vos voyages.
➢ ***Prem's :*** des petits prix disponibles toute l'année jusqu'à 90 j. avant le départ. Billets non échangeables et non remboursables (offres soumises à conditions). Impossible de poser des options de réservation sur ces billets : il faut les payer immédiatement.
➢ ***Les IDTGV :*** des prix mini, à saisir sur Internet uniquement.
➢ ***Les tarifs Loisir :*** une offre pour programmer votre voyage tout en gardant des billets modifiables : ils sont échangeables et remboursables. Pour bénéficier des meilleures réductions, pensez à réserver vos billets à l'avance

Avec Le Routard,
faites le tour des merveilles
de la Suisse
Le Grand Tour
de Suisse
Le Routard
GRAND TOUR
hachette
routard.com
Le Routard
Une boucle de 1 600 km à travers de magnifiques
sites naturels, culturels, architecturaux ou urbains
dont 11 classés au Patrimoine mondial de l'Unesco.

(les réservations sont ouvertes jusqu'à 90 j. avant le départ) ou à voyager en période de faible affluence.

➢ ***Les cartes de réduction :*** pour ceux qui voyagent régulièrement, profitez de réductions garanties tout le temps avec les cartes *Enfant +*, *Jeune 12-17*, *Jeune 18-27*, *Week-end* ou *Senior +* (valables 1 an).

Renseignements et réservations

– ***Internet :*** *• voyages-sncf.com •*
– ***Téléphone :*** *☎ 36-35 (0,34 €/mn).*
– Également dans les gares, les boutiques SNCF et les agences de voyages agréées.

Comment circuler en Savoie et Haute-Savoie ?

TER

La région Rhône-Alpes et la SNCF vous proposent des trains en direction des principaux sites touristiques et de découverte. Des tarifs régionaux permettent de sillonner la région à prix intéressants :
– la ***carte TER Illico Liberté*** pour voyager avec 50 % (w-e et j. fériés) ou 25 % de réduction (en sem), pour le titulaire et jusqu'à 3 accompagnants sur tous les trajets en Rhône-Alpes ;
– la ***carte TER Illico Liberté Jeunes*** (moins de 26 ans) : 50 % de réduction toute l'année sur toute la région pour le titulaire et jusqu'à 3 accompagnants. Tous les samedis (hors vacances scolaires Rhône-Alpes), bénéficiez de 40 % de réduction sur le tarif normal (pour tous) et de la gratuité pour les enfants de moins de 12 ans.

Pour tout renseignement

– ***Par Internet :*** *• ter-sncf.com/rhone-alpes •*
– ***Par téléphone :*** *☎ 09-69-32-21-41, appel non surtaxé.*

▲ **VOYAGES-SNCF.COM**
Infos et résas depuis la France : • voyages-sncf.com • et sur tablette et mobile avec les applis V. (trains) et V. Hôtel (hôtel).
– Réserver un vol, un hôtel, une voiture : ☎ 0899-500-500 (1,35 € l'appel, puis 0,34 €/mn).
– Une question ? Rubrique Contact ou au ☎ 09-70-60-99-60 (n° non surtaxé).
Voyages-sncf.com, distributeur de voyages en ligne de la SNCF, vous propose ses meilleurs prix de train, d'avion, d'hôtel et de location de voitures en France et en Europe. Accédez aussi à ses services exclusifs : billets à domicile (en France), Alerte Résa, calendrier des prix, offres de dernière minute...

EN BUS

▲ **EUROLINES**
☎ 0892-89-90-91 (0,35 €/mn), lun-sam 8h-21h, dim 10h-18h. • eurolines.fr •
Eurolines propose 10 % de réduction pour les jeunes (12-25 ans) et les seniors. 2 bagages gratuits par personne en Europe. 20 points de réservation en France.
Première *low cost* par bus en Europe, Eurolines dessert Chamonix depuis Paris et Lille ainsi que Chambéry depuis Belfort, Besançon, Brive, Clermont-Ferrand, Dijon, Périgueux, Strasbourg, Tulle et Ussel.

▲ **OUIBUS**
Infos et résas au ☎ 0892-68-00-68 (0,40 €/mn), lun-sam 8h30-20h. • ouibus.com • Depuis Lyon, le service de bus de la SNCF assure des liaisons avec Grenoble, Marseille, Montpellier, Nice, Nîmes, Paris Bercy ou La Défense, Gérone, Londres et Turin.

EN AVION

Les compagnies régulières

▲ **AIR FRANCE**
Rens et résas au ☎ 36-54 (0,35 €/mn – tlj 6h30-22h), sur • airfrance.fr •, dans les agences Air France et dans ttes les agences de voyages. Fermées dim.
➢ Air France dessert ***Lyon*** plusieurs fois/j. au départ de Roissy ou Orly. Également des vols directs au départ

de Biarritz, Bordeaux, Brest, Caen, Clermont-Ferrand, Lille, Limoges, Marseille, Montpellier, Nantes, Nice, Rennes, Strasbourg et Toulouse.

➢ ***Genève-Cointrin :*** plusieurs vols/j. au départ de Roissy.

Air France propose à tous des tarifs attractifs toute l'année. Pour consulter les meilleurs tarifs du moment, allez directement sur la page « Meilleures offres et promotions » sur ● *airfrance.fr* ●

Flying Blue, le programme de fidélisation gratuit d'Air France-KLM, permet de cumuler des *miles* et de profiter d'un large choix de primes. Cette carte de fidélité est valable sur l'ensemble des compagnies membres de *Skyteam.*

▲ HOP! AIR FRANCE

Rens et résas sur ● hop.com ● ou ● airfrance.fr ●, dans ttes les agences de voyages et aux centres d'appel au ☎ 36-54 (0,35 €/mn) ou au ☎ 0892-70-22-22 (0,35 €/mn, tlj).

Depuis Lyon, vols directs vers Biarritz, Bordeaux, Brest, Caen, Clermont-Ferrand, La Rochelle, Lille, Marseille, Montpellier, Mulhouse-Bâle, Metz-Nancy, Nantes, Nice, Paris-Orly, Pau, Poitiers, Rennes, Strasbourg, Toulouse, Bologne, Bruxelles, Florence, Göteborg, Milan, Prague, Rome et Venise.

Les compagnies low cost

Plus vous réserverez vos billets à l'avance, plus vous aurez des chances d'avoir des tarifs avantageux. En outre, les pénalités en cas de changement de vols sont assez importantes. Il faut aussi rappeler que plusieurs compagnies facturent maintenant les bagages en soute et limitent leurs poids. En cabine également, le nombre de bagages est strictement limité (attention, même le plus petit sac à main est compté comme un bagage à part entière). À bord, tous les services sont payants (boissons, journaux). Attention également, au moment de la résa par Internet, à décocher certaines options qui sont automatiquement cochées (assurances, etc.). Au final, même si les prix de base restent très attractifs, il convient de prendre en compte les frais annexes pour calculer le plus justement son budget.

▲ EASYJET

● *easyjet.com* ●

➢ Liaisons pour ***Lyon*** au départ d'Ajaccio, de Bastia, Brest, Nantes, Nice, Bordeaux, Toulouse et Bruxelles.

➢ Liaisons pour ***Genève*** au départ de Paris-Orly, d'Ajaccio, de Bastia, Bordeaux, La Rochelle, Lille, Nantes, Nice, Toulouse et Bruxelles.

HOMMES, CULTURE, ENVIRONNEMENT

ALPINISME

Pourquoi gravir les sommets « parmi l'aigle et la foudre », si ce n'est pour satisfaire une curiosité scientifique ? C'est ainsi que Pline le Jeune dégringola dans le cratère de l'Etna. La flamme est reprise au XVIIIe s par un « savant » de Genève, Horace-Bénédict de Saussure, obsédé par l'idée de vaincre le mont Blanc. Il y parvient un an après la première ascension réalisée par le Chamoniard Jacques Balmat et son compagnon Michel-Gabriel Paccard, le 8 août 1786. Il y mesure l'humidité de l'air, calcule la température d'ébullition de l'eau, etc. Mais en 1820, une autre expédition se solde par un drame. C'est alors qu'une « Compagnie des guides » va naître à Chamonix, autant pour former des professionnels que pour protéger ceux-ci de l'aveuglement des clients. Et quelques années plus tard naît, au pied du Salève, la première organisation de secours en montagne.

ARCHITECTURE

Deux siècles – les XIXe et XXe – ont considérablement marqué la Savoie dans sa pierre. Cette région, occupée par l'homme depuis qu'il est homme (les gravures rupestres d'Aussois en témoignent), a conservé quelques vestiges de la colonisation romaine, comme le temple de Diane et l'arc de Campanus à Aix-les-Bains. La puissante maison de Savoie et ses vassaux ont planté des ***châteaux*** sur le moindre contrefort : Miolans, Flumet, Aime, Les Allinges, Menthon-Saint-Bernard... La liste est longue ! On ne se lasse pas d'arpenter des ruelles restées telles qu'au ***Moyen Âge,*** dans le vieux Chambéry serré autour de son château, dans le sublime village d'Yvoire posé sur la rive du Léman ou dans le bourg de Conflans surplombant Albertville. Et les hôtels particuliers des XVe et XVIe s abondent à Annecy, Chambéry, Rumilly.

L'influence de la Restauration sarde

C'est l'époque dite « de la Restauration sarde », entre 1815 et 1860, qui modifie considérablement la physionomie des villes, acclimatant en Savoie une architecture néoclassique très à la mode à l'époque (à Paris, par exemple, s'élèvent l'Arc de Triomphe de l'Étoile, la colonne Vendôme...). Les architectes piémontais et leurs homologues savoyards puisent à la ***source antique,*** largement inspirés par les premières fouilles archéologiques des sites de Pompéi ou d'Herculanum. L'hôtel de ville d'Annecy, édifié en 1848, est un parfait exemple de cette ***architecture néoclassique*** : façade d'une belle régularité, sur trois niveaux, triple portail en plein cintre surmonté de quatre colonnes ioniques et d'un fronton inévitablement triangulaire. Les hôtels de ville de Bonneville, Thonon-les-Bains ou de La Roche-sur-Foron ne sont pas mal dans le genre, eux aussi. À l'instar de l'ancien sénat de Savoie (actuel palais de justice) construit à Chambéry à partir de 1850.
À Chambéry toujours, la rue de Boigne se borde d'arcades à la mode turinoise tout comme les avenues percées au cœur de Saint-Jean-de-Maurienne. ***À grands coups de badigeons pastel,*** les villes prennent de la couleur, des balcons de fonte moulée s'accrochent aux façades. Des colonnes se dressent ici ou là :

à Bonneville en l'honneur du roi Charles-Félix, à Chambéry pour célébrer le général de Boigne au-dessus de la plus qu'originale fontaine des Éléphants. Certaines villes comme Cluses et Sallanches, ravagées par des incendies, sont même intégralement reconstruites : plan en damier sur le modèle turinois toujours, constructions en îlots avec des bâtiments d'une volontaire symétrie...
Dans la très catholique Savoie, les églises ne pouvaient échapper à ce mouvement. Dans le diocèse de Chambéry, ce sont plus des trois quarts des édifices religieux qui sacrifient au néoclassicisme, plus de la moitié pour celui d'Annecy. Seules les ***églises baroques*** (voir « Le baroque savoyard » plus loin) des hautes vallées échappent au mouvement.
Et c'est en réaction à ce néoclassicisme que la Savoie produit à la fin du XIXe s deux de ses plus étonnants décors religieux, avec la restauration dans un style dit « gothique-troubadour » de l'abbaye de Hautecombe et les extravagantes fresques en trompe l'œil de la cathédrale et de la chapelle du château de Chambéry.
Enfin, c'est sous la Restauration sarde que, pour protéger le Piémont d'une éventuelle invasion française, la haute Maurienne s'est piquetée de cinq forts, dans le genre impressionnant, connus sous le nom de barrière de l'Esseillon.

De villages en stations

Après la Restauration sarde, c'est, au XXe s, le développement des sports d'hiver qui va carrément révolutionner le paysage savoyard. Le tourisme hivernal s'affirme véritablement au lendemain de la Première Guerre mondiale. Les ***premières stations de ski*** naissent dans les ***années 1920 et 1930.*** Elles sont aujourd'hui appelées « stations spontanées » ou – logiquement ! – de première génération. Apparues autour de petits villages encore profondément ruraux, à une altitude qui ne dépasse que de peu les 1 000 m, ces stations pionnières s'appellent Megève, Le Revard, La Clusaz, Le Grand-Bornand, Morzine, Arêches, Peisey-Nancroix ou Chamonix. Et elles attirent déjà quelques grands noms de l'architecture : comme Henry Jacques Le Même, qui offre en 1929 à Megève, avec l'hôtel *Albert Ier* (un cube de béton sous coupole, largement influencé par Le Corbusier), un des premiers exemples d'une architecture résolument contemporaine à la montagne. Premier d'une longue série.
Si la bourgeoisie urbaine montée sur des skis fait, au départ, naître quelques sourires (jaunes parfois) chez une population rurale complètement hermétique à l'idée même de tourisme, dans les villages savoyards on découvre assez vite la valeur de l'or blanc. Et les stations grimpent en altitude (vers 1 600-1 800 m) pour offrir aux skieurs de vraies pentes et une neige en abondance.
Les vaches à l'alpage voient donc apparaître, ***après la Seconde Guerre mondiale,*** les ***stations dites de « deuxième génération »,*** créées, cette fois, ex nihilo. La première, en 1945, est baptisée Courchevel et n'est conçue que pour la pratique des sports d'hiver. Le domaine skiable échafaudé par le champion Émile Allais est d'ailleurs tracé bien avant que ne s'élèvent les premiers bâtiments.
Le cadre en amphithéâtre, les immeubles en front de neige font école chez les ***stations de troisième génération*** dites ***« intégrées »,*** qui poussent en nombre entre le début des ***années 1960*** et le milieu des ***années 1970.*** « Intégrées » n'est pas à prendre au sens premier (vous le constaterez d'ailleurs facilement ici ou là...) mais signifie que ces stations ont été pensées de manière globale. Avec le « plan neige », le gouvernement offre en effet à des promoteurs la possibilité de gérer tous les aspects d'une station : immeubles, commerces, remontées mécaniques... Puisqu'il faut construire des villes à la montagne pour répondre à l'affluence de plus en plus grande des skieurs, autant éviter l'intense spéculation et le développement quelque peu anarchique qui ont prévalu jusque-là.
L'architecture contemporaine gagne les sommets. C'est, pour l'hiver 1961, Flaine et ses blocs de béton brut signés d'un des maîtres du Bauhaus, Marcel Breuer, ou les premiers immeubles de Plagne-Centre où se dresse, au tout début

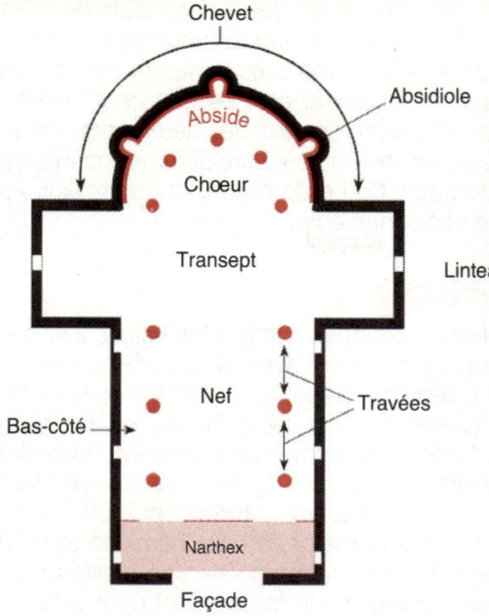

PLAN D'UNE ÉGLISE ROMANE

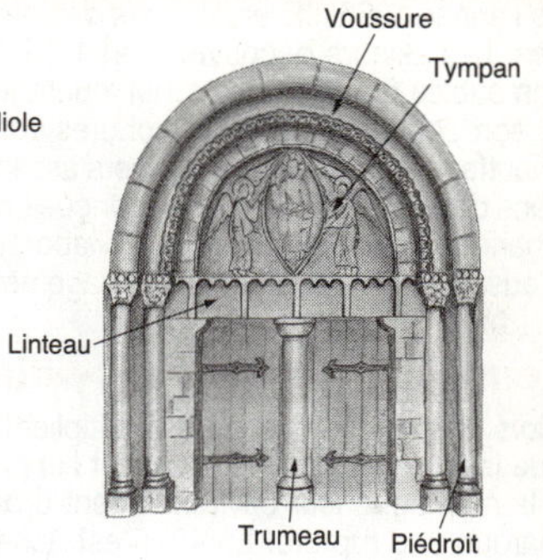

PORTAIL D'ÉGLISE ROMANE

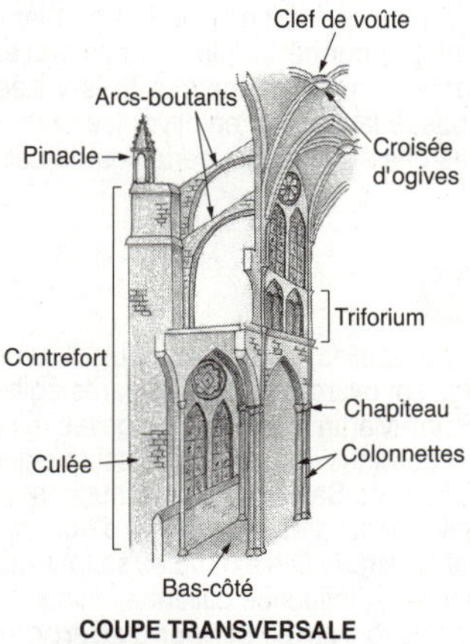

COUPE TRANSVERSALE D'UNE ÉGLISE GOTHIQUE

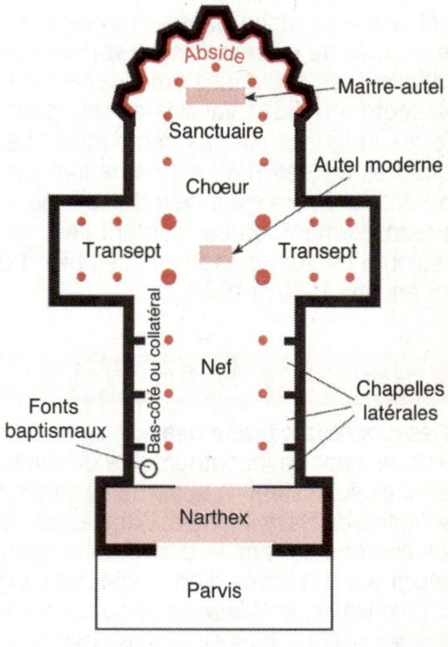

PLAN D'UNE ÉGLISE GOTHIQUE

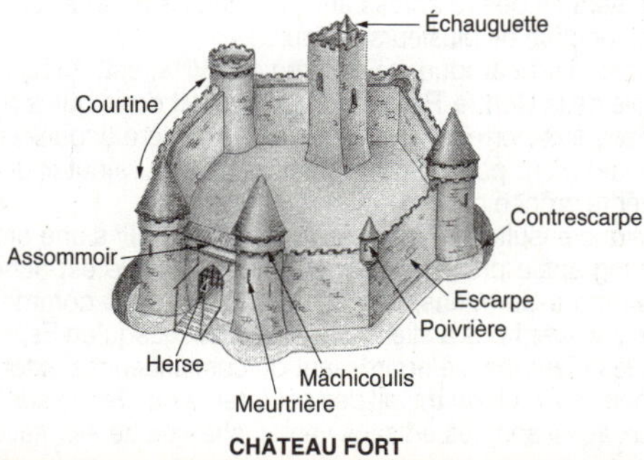

CHÂTEAU FORT

de l'année 1966, l'Everest, l'une des premières tours des Alpes, haute de 14 étages. Les skieurs découvrent en 1967 Avoriaz, forcément fantastique avec ses immeubles contemporains qui jouent le mimétisme avec la nature environnante et son concept novateur : voitures volontairement écartées du centre-station, chauffage électrique... Un univers assez proche de celui des deux premières stations des Arcs (1600 et 1800) conçues par une équipe d'architectes encadrée par Charlotte Perriand, ancienne collaboratrice de Le Corbusier, qui signe aux Arcs d'aussi design qu'inventifs aménagements intérieurs.

Le retour aux stations-villages

Alors que commencent à se multiplier les critiques contre « les usines à skis » et que les touristes d'hiver donnent l'impression de n'avoir plus envie de retrouver à la montagne leur environnement urbain quotidien, le milieu des années 1970 marque une rupture. En 1975 est achevé à La Plagne le Paquebot des Neiges d'Aime 2000, dernière ou presque construction typique de ces « villes nouvelles » qui ont colonisé les montagnes. À quelques vallées de là, Valmorel ouvre en 1976 : une station créée de toutes pièces mais qui ressemble fortement à un... village, certes un peu idéalisé mais un village quand même, à taille humaine et ne faisant pas trop tache dans le paysage. Un exemple type de ces ***stations* dites *de quatrième génération*** ou ***stations-villages.*** Un mouvement dans lequel les stations des générations précédentes vont s'engouffrer : La Plagne avec Plagne-Bellecôte en 1981 ; Val-d'Isère qui, pour les Jeux olympiques de 1992, plaque pierres et lauzes sur ses immeubles ; Les Menuires, où un bâtiment emblématique des années 1960 est carrément dynamité pour céder place à des chalets. La petite dernière est à ce jour La Tania, sur le même domaine des Trois-Vallées. Paradoxalement, en se tournant vers un passé largement enjolivé, les stations d'aujourd'hui font presque ressembler à des cités utopiques, certaines de celles des années 1960 et 1970...

LE BAROQUE SAVOYARD

Si les ***clochers à bulbe*** des églises et autres chapelles, inspirés de ceux d'Europe centrale, sont un incontournable du paysage savoyard, si quelques rares églises romanes subsistent (la superbe basilique Saint-Martin d'Aime et les belles ruines de l'église de Saint-Pierre d'Extravache), si le gothique conserve lui aussi quelques jolis fleurons comme le cloître de la cathédrale de Saint-Jean-de-Maurienne, ***le baroque*** est la forme d'art religieux à laquelle il vous sera impossible d'échapper en ***Tarentaise,*** en ***Maurienne*** ou dans le ***val Montjoie*** (les exemples se font rares dans les plaines, plus éloignées des cols donc de l'influence italienne) en suivant, par exemple, les « ***chemins du Baroque*** » en Savoie ou le « ***sentier du Baroque*** » en Haute-Savoie. Parce qu'il existe, typiquement, un ***style baroque montagnard*** (on rencontre également des retables baroques dans le Jura) sinon savoyard. Un style né de la conjonction de plusieurs facteurs :

– Religieux d'abord : l'art baroque, né à Rome au XVIe s, est, depuis le concile de Trente, le symbole de la Contre-Réforme et ne pouvait donc que s'épanouir dans cette Savoie posée aux portes d'une Genève tout entière acquise au protestantisme. Il s'agit clairement pour l'église catholique d'en rajouter une couche en réaction à l'austérité prônée par la religion réformée.

– Socio-économique ensuite : la Savoie connaît en ce XVIIe s une prospérité nouvelle et une démographie presque galopante. Et la Savoie est riche d'artisans : des maçons comme à Samoëns, des sculpteurs sur bois comme à Bessans ; des artisans qui n'hésitent pas à aller travailler au loin, jusqu'en Espagne, en Allemagne ou dans les Flandres, se nourrissant de ces influences extérieures, s'inspirant, par exemple, à Brest, du travail des sculpteurs de marine sur les figures de proue. Nombreux aussi sont les artisans venus, chargés de leur savoir-faire et de leurs traditions, offrir leurs bras à la Savoie depuis la Lombardie, le val de Suse en Piémont, Lugano en Tessin. Bref, dans ces montagnes, on va faire du baroque, mais comme M. Jourdain faisait de la prose, sans le savoir, puisque le terme ne sera inventé que bien plus tard par les historiens d'art.

Si, en Italie ou dans le comté de Nice, le baroque s'affirme dès la rue, en Savoie, les églises se font discrètes à l'extérieur, à l'exception du val Montjoie où se dévoilent quelques façades peintes en trompe l'œil. Tout se passe, en fait, à l'intérieur de ces églises presque toutes bâties sur le même plan (celui des églises halles, sans bas-côtés). Un ***intérieur,*** lui aussi ***d'une évidente simplicité,*** parce qu'il faut que le regard du fidèle soit comme aspiré par l'essentiel ornement de l'église : le ***retable,*** qui occupe tout le fond du chœur, derrière l'autel. Retable principal, parfois sinon souvent, accompagné d'autres retables à peine plus discrets et installés dans les chapelles.

L'art classique aime la ligne droite, ***le baroque chérit la courbe*** (sinon la double courbe !). Sculptés dans du pin cembro (que les insectes ne trouvent pas à leur goût), volontairement conçus comme un décor, les retables savoyards offrent donc tout un festival de colonnes torses à feuilles de vignes ou d'acanthes, de grappes de raisins, de pommes de pin, de drapés, de miroirs bombés emballés de cuir...

Le retable remplit une ***double fonction*** : émerveiller le fidèle en le noyant dans un déluge d'ors et de couleurs franches, et lui offrir une leçon de catéchisme imagée. Un retable baroque est comme une porte ouverte sur le paradis (où les anges, en nombre, semblent cacher quelques rondeurs sous leurs tuniques à la romaine). Il évoque des scènes classiques du Nouveau Testament, se « lit » de bas en haut. À la base, des saints proches des croyances populaires, protecteurs ou guérisseurs ; au sommet, Dieu, bien évidemment...

CUISINE

Outre les quelques produits fournis par l'altitude (génépi, gentiane...), les Alpes se contentent de produire de la crème et des fromages, du porc et des poissons, des pommes de terre et des fruits. Les Savoyards ont toujours su accommoder du mieux qu'ils peuvent ces maigres trésors (mais n'oublions pas que les choses les plus simples sont souvent les meilleures), en empruntant à la Suisse (la fondue) et à l'Italie (l'omniprésente polenta). Cela suffit à réjouir les estomacs fourbus – et même à les lester, si grand qu'ait été l'effort de la journée, de quelques kilos supplémentaires. Cela a aussi permis à la Savoie de compter sur son territoire le plus grand nombre de chefs réputés aujourd'hui pour faire l'une des meilleures cuisines d'Europe, eh oui... Prix à la hauteur, ce qui est moins drôle. Voici les grands moments de ces robustes fêtes. Par ailleurs, un certain nombre de produits estampillés marque Savoie sont gage de qualité. • *marque-savoie.com* • permet d'en savoir plus et de découvrir les recettes savoyardes.

– ***Fromages :*** dans le club des meilleurs dérivés du gruyère, le *beaufort* talonne le *comté franc-comtois.* Une pâte cuite en robe noire, issue du lait des vaches tarentaises, et qu'on affine près d'un an pour lui conférer tout son fruit. L'*abondance* en est une version locale (frotté à l'ail, arrosé de vin blanc de Savoie ou de Madère puis gratiné, c'est le *berthoud*). Populaire, la *tomme de Savoie,* et sa cousine plus rustique, la *tome des Bauges.* Mais

ALORS LE GRUYÈRE ? DES TROUS OU SANS TROUS ?

Toute l'ambigüité vient du fait qu'il existe deux types de gruyère : le suisse (sans trou) et le français (obligatoirement avec des trous pour le différencier de son voisin). Mais alors, d'où viennent ces trous ? Ce sont de minuscules particules de foin qui dégagent des bulles de gaz lors de la fermentation du lait.

le meilleur fromage de Savoie n'est-il pas le *reblochon* (fermier, avec la pastille verte !), onctueux, adouci par de fréquents lavages ? Un site internet • *reblochon.fr* • lui est même consacré. Ces fromages sont tous protégés par une AOC. Même l'*emmental,* si célèbre et si galvaudé (produit, on vous le rappelle, en majorité en Ille-et-Vilaine), est protégé par une IGP, équivalent européen de nos AOC. Encore faut-il exiger du véritable emmental de Savoie ! Mais il ne faut pas dédaigner pour autant les excellents petits *fromages de chèvre, chevrotins des Aravis,* le très confidentiel *bleu de Termignon* ou encore le *persillé de Tignes.* Plus d'infos sur • *fromagesdesavoie.fr* •

– ***Fondues & co :*** empruntées à la Suisse, la raclette, la fondue et les croûtes (coulée de fromage et vin blanc sur tranche de pain) sont devenues de grands classiques savoyards. Là encore se pose de façon criante la question de la qualité du fromage. On trouve le pire et le meilleur. Trop de restos ont malheureusement pris l'habitude de se fournir en fromages industriels, quand ils ne servent pas carrément de la fondue lyophilisée ! La raclette n'échappe pas à la règle, puisque le fromage, qui n'est protégé par aucune appellation, est lui aussi en grande partie fabriqué et affiné en Bretagne (y compris les Label rouge !). Et franchement, ça change tout !

– ***Pommes de terre (et tartiflette) :*** à première vue, peu d'alternatives aux fondues, aux raclettes ou à l'inusable pomme de terre, localement désignée sous mille noms dérivés de « tartufe » : trafola, tiffère, etc. Quand il n'est pas consommé en *fricot* (avec des poires), en *farcement* (avec des fruits et du lard), en soupe et même en crêpe (les *matafans*), ce tubercule vit une histoire d'amour avec le fromage : gratins au beaufort, *pela* des Aravis (au reblochon, bien sûr), ancêtre de la désormais incontournable tartiflette.

LE SECRET DE LA TARTIFLETTE

Quelle riche idée de goûter aux bonnes recettes d'antan ! Oui, mais la tartiflette est un concept marketing du Syndicat interprofessionnel du reblochon, né dans les années 1980. Une bonne recette mélangeant pommes de terre, lardons et vin blanc.

– ***Viandes, saucisses et salaisons :*** le cochon, appelé « caïon » en Savoie, est décliné sous toutes ses formes, le plus souvent salé, séché ou fumé : *atriaux* (une farce d'abats) dans le Chablais et le Faucigny, *sang de caïon* (boudin mêlé d'oignons), et une infinité de saucisses, comme les *diots,* ou les *pormoniers* et les *longeoles,* rustiques et savoureuses versions, enrichies de légumes. Ne pas manquer le jambon cru local, affiné plus de 7 mois dans l'air pur des sommets. L'apport en protéines est souvent assuré par les œufs, d'où la pondéreuse omelette savoyarde, enrichie de beaufort râpé, de jambon cru et de crème. En fait, par tradition, on trouve peu de viande de bœuf, de veau ou d'agneau. Ce qui n'empêche pas certaines recettes familiales et ancestrales (au foin, aux herbes de montagne...) d'apparaître çà et là sur les cartes des restos où les chefs veulent sortir un peu de l'ordinaire (loués soient-ils !).

– ***Poisson :*** mets inattendu dans ces montagnes, le poisson constitue une agréable alternative au fromage. Le plus célèbre est le *lavaret* (appelé *féra* sur les bords du lac du Léman ou d'Annecy, en souvenir d'une espèce aujourd'hui éteinte). Au vermouth à Chambéry, aux cèpes à Aix-les-Bains, les apprêts ne manquent pas ! Et les chefs regorgent d'imagination quand il s'agit de le cuisiner... Les *filets de perches* (ou, mieux, de perchots) se dégustent, avec les doigts, en friture. Autres poissons de lac ou de rivière, la classique – mais non moins délicieuse – *truite de montagne,* ou l'*omble chevalier,* le plus souvent d'élevage...

– ***Pâtes et gratins :*** dans la course à l'accompagnement le plus souvent servi, arrivent (à quasi-égalité avec la polenta), les *crozets,* délicieuses petites pâtes savoyardes de forme carrée, confectionnées, le plus souvent, à partir de farine de sarrasin. En sauce, à la crème ou en gratin, c'est un délice, un peu bourratif certes, mais dont on ne saurait se lasser ! Pâtes fraîches, farcies de fromage frais, fréquemment servies en raison de l'influence italienne dans toutes les Alpes. Côté gratins, il existe en Savoie une version du gratin dauphinois qui utilise du bouillon à la place du lait pour faire cuire les pommes de terre émincées et du fromage râpé.

– ***Tartes salées et sucrées :*** tout est prétexte à la tarte. Le jambon, les pommes de terre, les champignons, les herbes ou les feuilles (des légumes ; car ici, plus qu'ailleurs, rien ne se perd !), les courges, et bien sûr le fromage blanc, les framboises, les myrtilles. Pommes et poires ont aussi trouvé ici un terroir de prédilection.

– ***Desserts :*** à l'ombre du fantastique *gâteau de Savoie,* pâte mousseuse et légère, prospèrent toutes sortes de friandises : *rézules* (rissoles), *bugnes, brioche de Saint-Genix, épogne aux pralines* et la version sucrée du célèbre *matafan.*

LA SOUPE AU CAILLOU

Voici une recette bizarre que l'on déguste encore dans certaines fermes. Tous les légumes du potager se retrouvent dans la marmite : pommes de terre, poireaux, navets, carottes, oignons, haricots... et un caillou. Au fur et à mesure de la cuisson, le galet s'agite dans l'eau en ébullition et broie consciencieusement tous les ingrédients.

ÉCONOMIE

Idéalement placées entre Italie, Suisse et France, boostées au nord par Genève, à l'ouest par Lyon, la Savoie et la Haute-Savoie jouissent aujourd'hui d'un grand dynamisme économique. Le tourisme n'y est évidemment pas étranger et fait vivre directement, été comme hiver, une partie de la population (15 % de l'emploi salarié). Il faut dire que Savoie comme Haute-Savoie ont quelques arguments ! Les deux départements abritent, toutes stations confondues, le plus vaste domaine skiable du monde (donc le plus fréquenté du monde !), le mythique massif du Mont-Blanc, quelques lacs et non des moindres (Léman, Bourget, lac d'Annecy, d'Aiguebelette), et drainent donc logiquement chaque année des millions de visiteurs. En conséquence, le secteur des services est surreprésenté dans l'économie de la région. Le commerce y joue également à armes égales avec l'industrie.

C'est pourtant la révolution industrielle qui a fait sortir les vallées alpines de quelques siècles de quasi-misère, avec la découverte – une première mondiale ! –, à la fin du XIXe s, de la « houille blanche », l'électricité produite par les torrents. Imposants barrages et épaisses conduites forcées sont aujourd'hui des éléments constitutifs du paysage savoyard. Les vallées de la Maurienne et de la Tarentaise abritent les principaux centres industriels alpins. Et électrochimie et métallurgie s'y alimentent toujours en énergie hydroélectrique. Dans la vallée de l'Arve, de Bonneville à Cluses, on perpétue un autre savoir-faire, celui du décolletage (plus de la moitié des emplois nationaux dans cette activité) et de la mécanique de précision, hérités de l'horlogerie. Et si elles se font discrètes dans le paysage, certaines entreprises régionales spécialisées dans l'équipement de la maison portent des noms presque devenus communs : *Tefal, Opinel...* Quelques entreprises phares également dans l'agroalimentaire avec *la société des Eaux* à Évian ou *Alpina* à Chambéry, deuxième producteur français de pâtes. À Thônes, c'est l'une des plus importantes fabriques de cuisines intégrées qui est installée. Et grâce à ce travail du bois, les forêts sont largement exploitées.

Dans les deux Savoies, de vastes pâturages restent dévolus aux bovins. Et même si le nombre d'agriculteurs se réduit comme peau de chagrin, leurs produits,

fromages surtout, bénéficient souvent d'un label AOC. En plaine et sur les pentes les mieux exposées, l'élevage cède la place aux vignes, vergers et céréales.
Enfin, le panorama ne serait pas complet si on n'évoquait l'emploi frontalier qui bénéficie largement aux rives du Léman et au Genevois (avec quelque 70 000 personnes habitant la Haute-Savoie et travaillant en Suisse).

ÉMIGRATION

Plutôt que d'hiberner 5 mois d'hiver dans le gel et la solitude, les Savoyards ont longtemps employé leurs bras en plaine, comme cochers, chauffeurs de taxi, petits ramoneurs (pour les doués de l'escalade), porteurs d'eau, déménageurs, forts des halles ou montreurs de marmotte, avant de revenir au printemps pour les foins. Préférant l'expatriation totale, d'autres ont laissé des descendants à Genève, à Vienne, à New York... Au XIXe s, on vit même un village entier émigrer en Argentine.

LES COLS ROUGES DE DROUOT

De 1860 à 2010, « les Savoyards », aussi appelés « cols rouges » à cause de la couleur de leur col mao, ont eu le monopole du transport et de la manutention à l'hôtel Drouot. Cette brigade de 110 cols rouges créée sous Napoléon III était unie dans une société en nom collectif. Même nés à Paris, tous étaient savoyards et cooptés. L'implication de plusieurs manutentionnaires dans des affaires de vol a jeté le discrédit sur la corporation et a mis fin à un monopole de 150 ans.

ENVIRONNEMENT

Nul besoin de vanter la beauté des deux départements savoyards, situés au cœur des Alpes. De Lille, de Marseille ou de Québec, on s'y rend avec le même élan. Pourquoi ? Parce que, été comme hiver, ils offrent le meilleur de la montagne et deviennent cette immense cour de récréation où certains se sont un peu trop amusés ! Espace convoité et livré à des spéculations négligeant parfois le milieu naturel, il a fallu des mesures de sauvegarde pour préserver ce territoire. Réserves naturelles, parcs naturels régionaux et nationaux jouent alors pleinement leur rôle, en assurant une protection globale de l'environnement et en préservant Dame Nature des dégradations du vilain humain. En plus d'offrir un espace où la faune et la flore sont reines, ces parcs suscitent un engouement pour l'activité traditionnelle du pastoralisme et invitent à la découverte des milieux naturels.

Changements climatiques

Mais l'humain n'en garde pas moins quelques vices. Trop souvent, il oublie qu'en maltraitant l'environnement ce sont ses arrière-petits-enfants qu'il prive peut-être du plaisir de la glisse. À cela s'ajoute un autre problème, celui des changements climatiques. Bien sûr, il s'agit là d'un sujet universel qui touche évidemment aussi les Alpes. Démonstration : une hausse des températures moyennes, c'est pêle-mêle moins de chutes de neige, un raccourcissement de la durée de la saison d'hiver en moyenne altitude (1 jour en moins chaque année), la mort programmée du ski d'été et donc des incidences sur l'industrie du tourisme et les collectivités liées aux sports d'hiver. Mais ce sont aussi des problèmes aggravés de pollution de l'air, le recours accru à la neige de culture, longtemps décriée mais aujourd'hui plus respectueuse en terme d'impact sur les ressources naturelles. Et la liste des réjouissances pourrait être bien plus longue. Pourquoi parler de cela ? Parce que le réchauffement climatique constitue un facteur aggravant de la fonte des glaciers et des accidents qui peuvent lui être liés. Le recul d'un grand nombre de glaciers, constaté aussi bien dans les Alpes que dans l'Himalaya, est plus qu'inquiétant.

FAUNE ET FLORE

La flore

La végétation

Elle dépend de plusieurs facteurs, essentiellement climatiques : température, vent, ultraviolet, neige, exposition, climat et nature du sol. Généralement, les cultures grimpent jusqu'à 1 000 m. Au-dessus, les conifères sont rois. Les alpages prennent ensuite le relais de 1 800 à 2 500 m. À partir de 2 800 m, les rochers sont dénudés, laissant juste quelques lichens s'accrocher.

Les arbres

– ***Le sapin :*** très connu, il se caractérise par son écorce lisse et sa couleur grisonnante. Il est très présent jusqu'à 1 500 m, puis se fait plus rare. Le sapin ne laisse pas passer la lumière, et ses aiguilles, en rendant le sol acide, interdisent la subsistance de la végétation.
– ***L'épicéa :*** on le trouve jusqu'à 2 200 m. Il aime être exposé au froid. Son écorce tire sur le rouge. D'aspect très large vers le bas, ses lourdes branches se rétrécissent en allant vers sa cime, très pointue.
– ***Le pin cembro,*** ou ***arolle :*** tellement présent en haute montagne que ce résineux, emblématique de Savoie Mont Blanc, est aussi appelé pin des Alpes. Il pousse en altitude (entre 1 300 et 2 500 m), et son bois est très apprécié en ébénisterie, notamment pour la confection des coucous. L'oiseau appelé casse-noix moucheté assure la reproduction du pin cembro : il enterre les graines pour se faire des provisions, mais oublie pas mal de ses cachettes ! Ça a dû être le cas à la réserve du Plan de Tuéda, qui abrite l'une des plus vastes forêts de pin cembro. Il peut atteindre 25 m de hauteur et vivre plusieurs siècles !
– ***Le mélèze :*** originaire des Alpes, on le trouve souvent près des pins cembros. Le feuillage caduc de ce conifère en fait une exception : tous les ans, à l'automne, il perd d'un coup ses aiguilles. Imputrescible, le bois de mélèze est prisé en menuiserie, notamment pour la réalisation de toitures.
– ***Le hêtre :*** qu'on appelle ici « fayard » ou « foyard ». Un des rares feuillus de ces forêts alpines majoritairement constituées de résineux, où d'ailleurs il ne s'épanouit guère, préférant pousser à l'écart. Son tronc souvent recouvert d'une fine couche de lichen est surtout utilisé comme bois de chauffage.

Les fleurs

La flore de haute montagne constitue un jardin unique en France par sa variété.
– ***L'edelweiss*** représente le symbole de la flore alpine. Il ressemble à une étoile très blanche, au milieu de laquelle de petites fleurs sont blotties. Il apprécie le gazon ensoleillé, les failles des rochers et l'altitude (jusqu'à 3 400 m).
– ***La gentiane printanière*** est reconnaissable par son bleu velouté très intense. Elle aime le gazon et la haute altitude.
– ***La soldanelle des Alpes,*** que l'on rencontre jusqu'en juin, se compose de clochettes penchées, de couleur violette. On la trouve dès la disparition des névés.
– ***La lavande vraie :*** bien connue de tous pour sa douce odeur, elle fleurit en juillet.
– ***L'arnica :*** composée d'une haute tige qui accueille une sorte de marguerite jaune jusqu'à 2 800 m. Elle fleurit en juillet-août.
– ***Le lis martagon*** prend des teintes rosées tirant parfois vers le rouge. Lorsqu'il s'épanouit, sa lourde fleur fait plier la tige alors que les pétales s'enroulent en

arrière. On le rencontre tout l'été sur les alpages humides et en altitude. L'espèce est protégée.
– ***Le rhododendron ferrugineux :*** il fleurit tout l'été et se présente comme un arbrisseau aux fleurs rouges rassemblées en bouquets. Il pousse surtout dans les pâturages.

La faune

Sur les pistes, pas beaucoup de chances de rencontrer un chamois. En revanche, le randonneur ou le skieur de fond aura certainement l'occasion, s'il sait ouvrir les yeux, d'en apercevoir un à la recherche de nourriture, ou de voir une marmotte dressée sur ses pattes l'été. Il y a quelques années, la faune alpine semblait en perdition. Depuis la création des réserves et des parcs, la menace semble s'enrayer. Mais, hors des espaces protégés, elle voit régulièrement son espace vital réduit et son espace sonore perturbé.
– ***Le chamois :*** ses petites cornes recourbées le rendent facilement reconnaissable. Très agile et rapide, il est à l'aise dans les passages difficiles et sur les rochers peu accessibles. Il se déplace souvent en harde, se nourrit d'herbage l'été, d'aiguilles et de bourgeons l'hiver. Demandez aux offices de tourisme, il y a souvent un sentier qui permet de les observer.
– ***Le bouquetin*** était menacé de disparition. Le roi Victor-Emmanuel II, en créant la réserve du Grand-Paradis, sauva l'espèce. Les actions de protection et de réintroduction qui suivirent ont éloigné le danger. Animal pacifique et docile qui aime se prélasser sur les pentes herbeuses, il est sans merci lorsqu'il s'agit de lutter pour conquérir une étagne (femelle). L'hiver, il affectionne les zones dépourvues de neige (crêtes ventées) ; l'été, il reste à la limite des névés.
– ***Le lynx*** a été réintroduit avec succès.
– ***Le lièvre variable :*** d'autant moins visible qu'il est rare. Sa seule défense est un mimétisme parfait : blanche l'hiver, sa fourrure prend des teintes marron-gris l'été. Il fréquente surtout les alpages de haute altitude.
– ***La marmotte*** a depuis longtemps résolu son problème de nutrition hivernale. « Qui dort dîne », dit le dicton. « Qu'à cela ne tienne », répondent les marmottes. L'été, elles se promènent en bande et accumulent des réserves de graisse qu'elles laisseront fondre en dormant tout l'hiver. Pour se protéger du froid et des prédateurs, elles creusent des galeries de plusieurs mètres de profondeur, où elles prennent place en groupe.
– ***L'aigle royal :*** son vol, presque exempt de battements d'ailes, est spectaculaire. Son envergure, sa façon de repérer sa proie puis d'attaquer en font le roi de tous les rapaces. Il est reconnaissable à sa queue en éventail. L'espèce est protégée.
– Parmi les autres espèces alpines, il faut citer le ***lagopède*** (perdrix des neiges), le ***tétras-lyre*** (magnifique coq de bruyère), le ***chocard à bec jaune*** (« corbeau de l'altitude ») et le ***gypaète barbu,*** le plus grand oiseau, donc rapace, d'Europe (2,70 à 3,20 m d'envergure) réintroduit avec succès dans les Alpes.
– ***Le loup :*** son retour naturel en France (dans le massif du Mercantour) en 1992, depuis l'Italie, suscite plus que jamais débats et controverses.
Dans les zones de pastoralisme, afin de prévenir tout accident, gardez vos distances à l'approche d'un troupeau accompagné d'un chien patou, qui protège son cheptel des menaces éventuelles.

GÉOGRAPHIE

Savoie Mont Blanc regroupe l'ensemble des stations, villes et villages des départements de Savoie et de Haute-Savoie. C'est dans cette partie des Alpes que l'on côtoie le toit de l'Europe occidentale – le mythique mont Blanc (4 810 m) – ainsi que d'autres massifs d'une grande beauté (les Aravis, la Vanoise...).

Une chaîne récente

Il est vrai que cette chaîne, qui sépare l'Europe du Nord de celle du Sud, est d'histoire récente. Il a fallu 72 millions d'années pour séparer l'Europe de l'Afrique en ouvrant la Méditerranée. Il y a 110 millions d'années, pourtant, l'Afrique est revenue pousser le sud de l'Europe : un arc de montagnes bourrelait bientôt le Vieux Continent. Axé nord-sud près de son point d'impact (Alpes du Sud), puis est-ouest dans sa longueur (Europe centrale), cet arc, ici saisi dans son coude, adoptait l'orientation sud-ouest/nord-est. Dans ce mur, les glaciers du Quaternaire ont pris plaisir à creuser de larges gouttières (vallées de l'Arve, de l'Isère, de l'Arc...) et des lacs (Léman, du Bourget, d'Annecy...), pour l'épanouissement de l'*Homo sapiens.*

Verticales et horizontales

De 800 à 1 000 m, on trouve les vallées et les plateaux couverts de prés et de vergers. Jusqu'à 1 800 m, les prés alternent avec les forêts. Les arbres rabougrissent dans les 200 m suivants (rhododendrons, bruyères...), où débutent les pelouses des alpages.

Plus haut commence la haute montagne, avec son cortège d'éboulis, de chaos, de neiges et de glaciers. Aux amples vallées des massifs cristallins s'opposent les précipices et les falaises inaccessibles des massifs calcaires (Chablais, Chartreuse, Bauges), qui culminent péniblement à 3 000 m. Malgré leur allure sauvage et leur altitude, les Aravis ne sont ainsi que des Préalpes, de même que les Bauges, perchés par-dessus le lac d'Annecy. Au sud, la Vanoise des glaciers et des dents rocheuses, encadrée par deux vallées majeures, la Maurienne et la Tarentaise.

HABITAT

Dans l'inconscient collectif, sommet semble rimer avec chalet. C'est l'inévitable Jean-Jacques Rousseau qui introduit ce mot dans la langue française dans un passage de *La Nouvelle Héloïse* en 1761. Un mot qui devrait donc ne désigner que le... ***chalet d'alpage,*** construit en altitude, un peu avec ce que le berger trouvait sur place et où il ne se réservait qu'une toute petite pièce, préférant conserver de l'espace pour la grange, la cave à fromages... En fait, hormis le chalet d'alpage, le « chalet » n'existe que dans une version contemporaine et sans racines locales. Parce qu'en Savoie l'***habitat traditionnel,*** c'est, comme dans toutes les zones rurales, la ***ferme.*** Des fermes souvent plantureuses (autour de 500 m² de surface au sol) parce qu'il fallait caser entre quatre murs plusieurs générations d'une même famille, le bétail (vaches, porcs, chèvres...) et des réserves de foin permettant de faire face à l'isolement de presque 6 mois d'hiver. On y entre par un escalier de pierre, sur le côté (appelé *d'vant d'la maison,* allez savoir pourquoi !). Au pied, l'*étrâble* (écurie du cheval). Un mur, sur lequel s'appuie la gigantesque cheminée pyramidale de la cuisine où sèchent les jambons, coupe l'habitation en deux. Jouxtant la cuisine et adossé à l'étable des vaches qui le réchauffent, le *pèle* (ou *peille*), chambre d'hiver où l'on mange, dort et fabrique le reblochon. Deux chambres d'été occupent les angles du chalet. Sur l'arrière, semi-enterrée dans la pente, la cave aux murs blanchis à la chaux et de faible grandeur pour activer la fermentation des reblochons. À l'étage supérieur, une galerie (le *solaret*) double la grange *(soli)* où était stocké le foin. Ces fermes savoyardes partagent quelques grands principes de construction, dictés par le relief et un climat pas foncièrement clément : les ***toits,*** par exemple, débordent largement pour stocker à l'abri bois de chauffage ou matériel agricole et affichent une pente savamment étudiée pour que la neige puisse s'y accumuler et servir d'isolant sans que son poids fasse s'effondrer la charpente. Les ***longs balcons*** de bois ne sont pas accrochés aux façades pour le plaisir de « manger en terrasse » mais pour faire sécher linge, bois

ou... bouses de vaches (le combustible des montagnes sans forêts, comme la haute Maurienne).
Logiquement, les fermes savoyardes se sont posées sur le versant sud (l'adret) des vallées et profitent de la pente où s'adosse l'arrière de la maison pour permettre de charger plus aisément le foin. Et ces fermes sont construites avec des matériaux strictement locaux : de la ***pierre*** (quand il y en a) mais aussi et surtout du ***bois.*** Dans les hautes vallées (Tarentaise, Maurienne) où les forêts se font rares, les toits sont recouverts de lourdes dalles de pierre (schiste ou calcaire) appelées ***lauzes.*** Dans les boisés Aravis, les couvertures sont en ancelles ou en ***tavaillons*** (petites tuiles de bois posées ou clouées). À Morzine, c'est l'ardoise locale qui prédomine. Autrefois très bon marché, ces toitures traditionnelles cèdent aujourd'hui le terrain à la tôle. Mais ne dramatisons pas, en Savoie Mont Blanc, les fermes traditionnelles sont, d'une vallée à l'autre, d'une séduisante variété.
Et un peu partout en Savoie, de tout aussi solitaires ***greniers*** construits à l'écart pour les isoler des ***risques d'incendie.*** Sur pilotis pour éviter que les rongeurs ne puissent y grimper, ces greniers abritaient toutes les richesses de la famille : du certificat d'études au costume du dimanche, des salaisons et autres viandes fumées aux actes notariés. Ces greniers sont d'ailleurs appelés « trésors » en Maurienne (même si le terme de « ***mazot*** » d'origine suisse tend à se généraliser). Cousins savoyards du « challot » des Vosges saônoises, du « raccard » valaisan ou de l'« hórreo » asturien, ces greniers prouvent que l'ingéniosité des montagnards ne connaît pas de frontières.

HISTOIRE

La rudesse du climat, la hardiesse des sommets n'ont pas rebuté les premiers hommes : Neandertal a laissé quelques outils de silex dans une grotte d'Onnion en Haute-Savoie. À la période charnière du Néolithique se dressent sur les rives des lacs Léman, du Bourget, d'Annecy ou bien encore d'Aiguebelette, des villages lacustres dits « palafittiques ».
Mais c'est au début du IIIe s av. J.-C. que se constitue une entité propre (qui correspond peu ou prou aux deux Savoies actuelles et à l'Isère) : l'Allobrogie. Les ***Allobroges*** sont des Celtes, décrits par les auteurs antiques comme l'un des peuples les plus puissants de la Gaule. Ils refoulent d'ailleurs dans les hautes vallées la population d'origine ligure et établissent leur capitale à Vienne (Isère !). Leurs fromages, déjà, sont célèbres !
Les Ligures se liguent à ***Hannibal,*** qui marche sur Rome en 218 av. J.-C., en franchissant (avec ses éléphants !) un col dont les historiens peinent encore à définir l'emplacement exact : Petit-Saint-Bernard, Mont-Cenis, Mont-Genèvre ? Les Romains parviennent à intégrer la région à la province de la Narbonnaise en 121 av. J.-C. Aix vit déjà de ses bains, Annecy, Aime, Faverges, Moûtiers ou Rumilly deviennent de petites cités prospères. En 443, Rome octroie aux Burgondes (enfin, il déplace un peu de force ce peuple germain), l'ancienne Allobrogie et une partie de l'Helvétie, région désormais appelée ***Sapaudia, « le pays des sapins », d'où***

CRÉTIN DES ALPES !

La célèbre injure a une réalité historique plus sombre qu'il n'y paraît. Ceux que l'on a nommés « crétins » sont, à l'origine, des habitants des montagnes frappés par cette maladie due à un manque d'iode. Cette carence provoquait chez eux de grosses malformations physiques (goitres) et des troubles du langage. Rejetés et moqués, ces hommes dont l'espérance de vie ne dépassait pas les 30 ou 40 ans étaient confinés aux tâches les plus ingrates. « Crétin » vient de « chrétien », en référence à la parabole « heureux les simples d'esprit ».

le nom de Savoie. Genève devient la capitale du royaume burgonde. La division de l'empire de Charlemagne fait passer ce « pays des sapins » dans le giron du royaume de Bourgogne. Royaume de Bourgogne (et de Provence) qui, en 993, se place sous l'emprise du ***Saint Empire romain germanique.*** C'est donc loin de l'empereur que vont s'affirmer certaines seigneuries. Comme celle des comtes de Maurienne. C'est l'un de ces comtes, Humbert Ier (dit « Humbert aux Blanches Mains ») qui, au début du XIIe s, étend son territoire au Bugey, au Chablais, au val d'Aoste, et installe sa ***capitale à Chambéry en 1232.*** C'est l'acte de naissance de la ***maison de Savoie*** qui, du XIIIe au XVe s, voit encore plus grand, s'accapare la Bresse, le pays de Vaud et le Genevois. Ce qui crée quelques tensions avec les voisins du Dauphiné, surtout quand, en 1355, celui-ci est rattaché à la France.

La Savoie devenue duché (un cadeau de l'empereur romain germanique Sigismond) ***est réunie au Piémont en 1419.*** Cette puissante maison de Savoie fait logiquement, chez le voisin français, naître quelques convoitises. Louis XI épouse Charlotte de Savoie pour s'allier au duché. François Ier prétexte sa guerre avec Charles Quint pour occuper la Savoie. Il y régnera quelques années, comme son successeur, Henri II. En 1559, le traité du Cateau-Cambrésis rétablit le duché de Savoie dans ses terres. Mais le duc Emmanuel-Philibert préfère s'éloigner quelque peu de ces envahissants Français en quittant Chambéry pour installer sa capitale à Turin. Et comme on n'est jamais trop prudent, il épouse la sœur d'Henri II. Ce qui n'empêchera pas la Savoie d'être plus tard plusieurs fois envahie, notamment par les troupes de Richelieu. Finalement, les traités d'Utrecht, ***en 1713,*** régularisent un peu la situation. ***Victor-Amédée II de Savoie fait un peu de troc avec les Habsbourg :*** il échange la Sicile contre la Sardaigne. ***La Savoie devient partie intégrante du royaume sarde.***

« RETOURNER SA VESTE ! »

Le duc de Savoie Charles-Emmanuel Ier, petit-fils de François Ier, s'allia alternativement avec la France et l'Espagne. D'ailleurs, sa tunique était blanche d'un côté (pour la France) et rouge de l'autre (pour l'Espagne).

En 1792, nouvelle occupation française : celle des révolutionnaires. L'assemblée des Allobroges réunie à Chambéry obtient le rattachement de la Savoie à la France (qui durera 23 ans). Les six provinces historiques de la Savoie deviennent le ***département du Mont-Blanc.*** La Constitution civile du clergé passe mal dans la très catholique Savoie. La période de l'Empire apporte quelques années plus calmes à la Savoie, même si, cette fois, c'est la conscription qui passe mal dans les vallées. Les défaites de l'Empire napoléonien permettent à Victor-Emmanuel Ier de recouvrer en grande partie ses terres, dont le Piémont et la Savoie, lors du traité de Paris en 1815. C'est la période dite du « *buon governo* » (« bon gouvernement »).

C'est l'unité italienne qui va rendre la Savoie définitivement française. Victor-Emmanuel II négocie l'aide de Napoléon III dans sa lutte contre les Autrichiens, en échange de la cession à la France du comté de Nice et de la Savoie. ***Le traité de Turin en 1860 « rattache » la Savoie à la France,*** sous réserve de l'acceptation du fait par ses habitants. Un plébiscite populaire (que certains trouvent aujourd'hui douteux, préférant « annexion » à « rattachement ») confirme ce rattachement définitif de la Savoie, qui, depuis, n'a plus changé de mains, même en 1944, grâce aux rudes combats des résistants au plateau des Glières.

FASHION WEEK

À la messe, les femmes devaient porter un châle de la même couleur que la chasuble du curé. Et le coloris changeait souvent. Les plus riches possédaient autant de châles qu'il y avait de dimanches. Les plus modestes se cachaient au fond de l'église.

Quelques dates

– ***IIIe s av. J.-C. :*** les Allobroges occupent un territoire qui correspond peu ou prou aux deux départements savoyards et à l'Isère.
– ***218 av. J.-C. :*** guidée par Hannibal, une armée d'éléphants piétine les neiges. Avec des pertes, elles aussi, très lourdes.
– ***121 av. J.-C. :*** Rome conquiert les Alpes en battant les Celtes (Allobroges), puis les Germains (Cimbres et Teutons).
– ***443 :*** Aetius, général romain, installe les Germains burgondes au « pays des sapins », la Sapaudia (Savoie).
– ***1034 :*** Rodolphe, maître du nord de la Savoie, lègue son royaume à l'empereur germanique.
– ***XIVe s :*** devenus ducs, les comtes de Savoie créent un véritable État, avec pour capitale Chambéry. « Portiers des Alpes » contrôlant quatre cols sur six, ils s'opposent aux dauphins.
– ***1419 :*** la Savoie est réunie au Piémont avant d'obtenir, au XVIIIe s, la Sardaigne.
– ***XVIe s :*** menacé par la France, le duc de Savoie déménage sa capitale à Turin.
– ***1786 :*** première ascension du mont Blanc.
– ***1792 :*** les armées de la Révolution occupent la Savoie, qui devient le département du Mont-Blanc.
– ***1858 :*** en échange d'une aide française pour conquérir l'Italie, le duc de Savoie (roi de Piémont-Sardaigne) cède à Napoléon III ses possessions alpines et le comté de Nice. Les Savoyards vont plébisciter l'accord.
– ***1860 :*** naissance des deux départements Savoie et Haute-Savoie.
– ***1921 :*** lancement de Megève, première station de sports d'hiver française, inspirée des voisines suisses et autrichiennes.
– ***1924 :*** premiers J.O. d'hiver, à Chamonix.
– ***1944 :*** nombreux foyers de Résistance, notamment au plateau des Glières.
– ***1955 :*** le téléphérique de l'aiguille du Midi (le plus haut du monde à l'époque) offre l'ivresse des sommets à tout un chacun.
– ***1962 :*** création du parc national de la Vanoise, le premier du genre en France.
– ***1968 :*** J.O. d'hiver à Grenoble : Killy remporte trois médailles d'or. Cocorico !
– ***1992 :*** Albertville accueille les J.O. d'hiver. Jolie moisson de médailles et cérémonie d'ouverture inégalée (Decouflé, c'est gonflé !).
– ***1999 :*** incendie du tunnel du Mont-Blanc, qui fait 39 morts.
– ***Mars 2002 :*** réouverture du tunnel, avec circulation alternée des poids lourds, malgré de vives polémiques.
– ***2009*** : championnats du monde de ski alpin à Val-d'Isère.
– ***2013 :*** la skieuse du Grand-Bornand, Tessa Worley, décroche, en cadeau de Saint-Valentin, le titre de championne du monde en slalom géant. Cocoricoooo !
– ***2015 :*** championnats du monde d'aviron sur le lac d'Aiguebelette.

HISTOIRE DU SKI

Skis aux pieds...

L'homme était à peine sorti des cavernes qu'il skiait déjà (on a retrouvé en Scandinavie des skis qui datent de 2 000 ans av. J.-C.), imitant le sabot glissant du renne afin de pister le mammouth. Développé par les peuples du Grand Nord – Finnois et Sibériens –, le ski conquiert Moscou au Moyen Âge, avant

LA GALETTE DES ALPES

Traditionnellement, les régiments de chasseurs alpins portent un spectaculaire couvre-chef : un béret tout plat de la taille d'une belle pizza qui se pose crânement de guingois sur la tête. Cette « tarte » faite de feutre a une fonction bien utile : en montagne, lors d'un bivouac, elle peut servir de chausson douillet pour éviter les engelures aux pieds...

d'apprivoiser l'immense hiver scandinave. Ce sont les habitants du village de Telemark, au sud de la Norvège, qui transforment le ski en engin sportif. Ils affinent et cintrent la planche de bois, et organisent les premières compétitions : courses et saut. Le ski nordique est né.
Devenu alpin (dans les Alpes, logiquement...) dans les années 1880, le ski va raccourcir et s'équiper d'attaches en métal qui enthousiasment les chasseurs alpins dès 1901. La Belle Époque s'entiche de ce sport baroque, dont les adeptes doivent encore remonter à pied ce qu'ils ont descendu. En 1921, Megève devient la première station de sports d'hiver française. ***En 1924,*** Chamonix accueille la Semaine internationale des sports d'hiver, ***premiers J.O. d'hiver,*** en fait. Mais la grande vogue du ski attendra les années 1930, avec les premières remontées mécaniques installées dans les villages, dont les responsables illuminés de l'époque entrevoient les possibilités exceptionnelles. Le premier télésiège biplace se prenait dos à la pente et après avoir enlevé ses skis. Tôt le matin, les pistes étaient damées à pied par les skieurs. En 1937 pourtant, Megève crée l'événement avec la construction d'un premier téléphérique. En 1940 débute le chantier de celui de l'aiguille du Midi. La presse de l'époque crie (déjà !) au désastre écologique.

... et stations de ski

Dès 1890, Cluses est desservie par le chemin de fer, mais il faut attendre la fin de la Seconde Guerre mondiale et surtout les Jeux olympiques de Grenoble en 1968 pour que le ski connaisse un véritable essor. Dès le début des années 1960, les stations dites « intégrées », conçues pour un tourisme « skis aux pieds », font appel à plusieurs grands noms de l'architecture (Charlotte Perriand, Jean Prouvé, Jacques Labro, Prix de Rome 1961, Marcel Breuer...). Naissent ainsi dans la pente des bâtiments fonctionnels aux formes audacieuses : La Plagne en 1961, Avoriaz, Flaine, Le Corbier en 1967, Les Arcs en 1968 et Val Thorens en 1972.
Aujourd'hui, la sophistication croissante des remontées, l'exploitation des champs de neige et les raccords intercommunaux du domaine skiable font des sports d'hiver la formule magique des vacances courtes.

LANGUE RÉGIONALE

En 1902, dans le volume « Haute-Savoie » de la célèbre collection des guides régionaux Boule, Joseph Désormaux (grand dialectologue savoisien) écrivait : « En Savoie, on parle français. » Perspicace, le Joseph, me direz-vous ! Pas tant que ça finalement, puisque, à l'époque, bon nombre de personnes s'imaginaient qu'avant l'annexion de la France, en 1860, l'italien était le langage usuel. Oui, on y parle bien le français, même si la Savoie vit actuellement les dernières décennies d'un bilinguisme pluriséculaire entre le patois et la langue de Molière.

POURQUOI AUTANT DE NOMS EN -AZ ?

Souvenir de l'arpitan, la langue parlée dans les Alpes et en Suisse romande. En ajoutant le suffixe -az, les clercs distinguaient les mots écrits en latin de ceux provenant du patois. Il ne s'agit que d'une convention d'écriture, qui n'est pas utilisée dans le langage. Voilà pourquoi la terminaison -az ne se prononce pas.

Pas besoin de laisser longtemps traîner l'oreille pour dénicher quelques notes de ce particularisme régional. Pourquoi cet accent quelque peu traînant, presque suisse, d'où cette inversion des mots, des genres, pourquoi cette altération de certaines finales (Chamonix se prononce « Chamoni », La Clusaz « La Cluz »...) ? Pas de quoi être surpris, c'est le petit savoyard qui revient. Le patois savoyard n'est

ni d'oïl ni d'oc, il appartient à la famille du franco-provençal. Ne cherchez pas : ni français de Provence, ni provençal de France, encore moins mélange de français et de provençal ; il s'agit là d'une langue à part entière – l'appeler patois serait presque l'insulter – restée langue de référence pour la majeure partie de la population jusqu'au XXe s, et pourtant bien méconnue. Elle est présente dans toute la Suisse romande, la vallée d'Aoste, trois vallées piémontaises, la Bresse, le Bugey, le Forez, la moitié du Dauphiné jusqu'à Lyon... Le franco-provençal n'a jamais été la langue d'un État et a souffert de l'éparpillement des divers dialectes, non écrits, dont les différences de vocabulaire et de prononciation limitaient parfois l'intercommunication. Cependant, dans leur *Manifeste pour le développement de la langue savoyarde* (26 septembre 1999), les défenseurs du patois ne l'entendent pas ainsi. « On nous dit qu'on ne peut pas se faire comprendre d'une commune à l'autre, c'est faux ! Ceux qui parlent le savoyard se comprennent généralement bien, et les petites différences permettent de situer la communauté ou le village d'origine. La langue française aussi a ses différences ! »
Alors bien sûr, comme tout dialecte minoritaire, le patois savoyard devrait être amené à disparaître, mais que notre visiteur en quête d'authenticité se rassure : pendant encore 20 ans au moins, le curieux devrait pouvoir entendre chanter le petit savoyard dans les réunions familiales ou les veillées récréatives. Un dernier conseil : les montagnards sont fiers de leur idiome « savoisien » – savoyard, qui rime avec tête de lard, est devenu politiquement incorrect. Ne laissez pas les mots vous jouer des tours !

PERSONNAGES

– ***Jacques Balmat*** *(1762-1834)* **:** Chamoniard, cristallier et guide, il est le premier, après plusieurs tentatives infructueuses, à atteindre, le 8 août 1786 à 17h50 précises, le sommet du mont Blanc avec son compagnon, Michel-Gabriel Paccard. Jacques Balmat disparaît en cherchant de l'or dans le massif dont il avait reçu du roi de Sardaigne le droit de porter le nom.
– ***Yann Barthès*** *(né en 1974)* **:** le présentateur du Petit Journal est né à Chambéry où il poursuit ses études à l'université. Journaliste fraîchement émoulu, c'est déjà à Canal + qu'il fait ses premières armes. Il reçoit en 2009 le prix du meilleur journaliste au Trophée des jeunes talents. Le quadra corrosif devrait apparaître prochainement au cinéma dans le film la *Main sur le cœur.*
– ***Claude-Louis Berthollet*** *(1748-1822)* **:** on doit à ce chimiste, né à Talloires, l'invention de l'eau de Javel. Pourquoi Javel, d'ailleurs ? Tout simplement parce que son atelier était installé dans le quartier de Javel, à Paris.
– ***André Dussollier*** *(né en 1946)* **:** né à Annecy, cette figure populaire des écrans (grands et petits) a passé son enfance entre Cruseilles et la Bourgogne. Pensionnaire de la Comédie-Française dès 1972, il s'installe devant une caméra grâce à Truffaut et restera – malgré quelques incartades – fidèle au cinéma d'auteur, notamment à Alain Resnais. *On connaît la chanson* lui vaut le césar du meilleur acteur en 1998.
– ***Laurence Ferrari*** *(née en 1966)* **:** la célèbre présentatrice de télévision née à Aix-les-Bains s'est d'abord fait connaître avec le magazine « Sept à huit » avant de devenir la star du journal télévisé de TF1, puis de I-Télé. Si sa vie de journaliste l'a éloignée de sa ville natale, elle redevient volontiers savoyarde pendant ses vacances.
– ***Roger Frison-Roche*** *(1906-1999)* **:** l'auteur à succès de *Premier de cordée* a porté comme une croix d'être né dans la plaine, mais on lui pardonne, car il a été guide à Chamonix.
– ***Louis Lachenal*** *(1921-1955)* **:** la Tournette, le Parmelan ou l'Arcalod, proches sommets d'Annecy sa ville natale, Louis Lachenal y grimpait déjà enfant. Adulte, il s'attaquera à beaucoup plus gros jusqu'à vaincre, en 1950, l'Annapurna. Il laisse

quelques orteils dans l'Himalaya mais y gagne un statut de légende de l'alpinisme. Une crevasse de la vallée Blanche lui sera fatale.

– ***Alphonse de Lamartine*** *(1790-1869)* **:** venu à Aix soigner sa mélancolie, il s'y éprend d'une jolie Créole et l'emmène canoter sur le lac du Bourget : c'est là qu'une minitempête surprend les amants. D'où « Un soir, t'en souviens-tu / Nous voguions en silence... », et autres « Ô temps, suspends ton vol... ».

– ***Benoît Le Borgne*** *(1751-1830)* **:** cet aventurier extravagant fut mercenaire des maharajahs, trafiquant de soie et de diamants, époux simultané de deux femmes. De retour dans son Chambéry natal, il servit sans complexe les souverains successifs de la France, pour mieux rester fidèle au seul qu'il ait connu : lui-même.

– ***Christophe Lemaitre*** *(né en 1990)* **:** le sprinter français, né à Annecy, a pulvérisé le record de France du 100 m (en moins de 10 s, ce qui fait de lui le premier athlète blanc à avoir réalisé cet exploit !). L'athlète bardé de médailles vise désormais les J.O. d'été en 2016 à Rio. Le secret d'une telle rapidité ? Des tendons d'Achille plus courts que le commun des mortels.

– ***Jeannie Longo*** *(née en 1958)* **:** la plus connue – sinon la seule... – des coureuses cyclistes est née à Annecy. Si elle a commencé par le ski à Saint-Gervais, c'est sur deux roues qu'elle a aligné un palmarès unique : 59 titres nationaux et 13 mondiaux.

– ***Xavier de Maistre*** *(1763-1852)* **:** le *Routard* ne pouvait que se souvenir de l'auteur du *Voyage autour de ma chambre* ! Écrivain donc (et précurseur du romantisme), militaire (il finira sa vie comme général aux côtés du tsar) et peintre, dont on peut découvrir les œuvres au musée des Beaux-Arts de Chambéry, sa ville natale.

– ***Louis Mandrin*** *(1724-1755)* **:** eh oui, Mandrin a existé, même si on a prêté beaucoup d'aventures, qu'il n'a sans doute pas vécues, à ce contrebandier devenu, en son temps, un vrai héros populaire pour sa manière bien à lui de narguer gabelous et fermiers généraux. Son arrestation par la France en Savoie déclencha un incident diplomatique. Ce qui n'empêcha pas son exécution.

– ***Nicoletta*** *(née en 1944)* **:** cette attachante chanteuse, dont Ray Charles a dit qu'elle « est la seule Blanche à avoir une voix de Noire » et qui restera pour toujours « Mamy Blue », est née Nicole Grisoni à Vongy, dans les environs de Thonon-les-Bains.

– ***Valère Novarina*** *(né en 1947)* **:** fils de l'architecte Maurice Novarina, l'auteur très joué en Avignon et connu notamment pour *L'Atelier volant* et le *Monologue d'Adramelech,* habite un village de Haute-Savoie.

– ***Joseph Opinel*** *(1872-1960)* **:** la main couronnée qui fleurit les lames des Opinel figure sur les armoiries de Saint-Jean-de-Maurienne. C'est tout près de là, en effet, à Albiez-le-Vieux, que le taillandier Joseph Opinel débuta, en 1890, la fabrication d'un couteau de poche en 12 tailles différentes. Un couteau qui a conquis la planète, jusqu'à être exposé au musée d'Art moderne de New York.

– ***Jean-Jacques Rousseau*** *(1712-1778)* **:** c'est à Annecy que le jeune Jean-Jacques, fuyant Genève, rencontre en 1728 « maman », c'est-à-dire Mme de Warens, la première en date de ses protectrices. Il la rejoindra durant l'été 1735 à Chambéry, dans la maison des Charmettes.

– ***Saint François de Sales*** *(1567-1622)* **:** l'un des ténors de la Contre-Réforme. Ce barbu soucieux a ramené dans la « vraie foi » (catholique) les habitants du Chablais. Fondateur d'un ordre (la Visitation), il terminera évêque d'Annecy.

– ***William Windham*** *(1717-1761)* **:** jeune Anglais intrépide et découvreur de la mer de Glace. Il ne serait pas allé au bout de l'aventure sans son acolyte Richard Pococke.

Les skieurs

Les Alpes ont, bien évidemment, fourni leur lot de champions de ski. Impossible, bien sûr, de les citer tous ici (désolés pour ceux qui ne le sont pas). Mais quelques grands noms ne peuvent être oubliés. À commencer par ceux des pionniers comme ***Émile Allais,*** qui fut le premier médaillé olympique français en 1936, ***Henri Oreiller, Jean Vuarnet,*** qui inventa la position dite « de l'œuf ». Les années 1960 seront celles de la démocratisation du ski et des sports d'hiver, et les brillantes performances des ***sœurs Goitschel*** ou d'un ***Jean-Claude Killy*** y sont sûrement pour quelque chose, comme l'« effet J.O. d'Albertville » dans les années 1990.

Tout le monde connaît ***Edgar Grospiron*** et ses bonds dans les bosses. Les noms de ***Perrine Pelen, Franck Piccard, Jean-Luc Crétier, Luc Alphand,*** de la regrettée ***Régine Cavagnoud*** sonnent aussi familiers que ceux d'un Prost ou d'un Zidane. Dans la lignée des champions, ***Antoine Dénériaz*** (champion olympique de descente à Turin en 2006), ***Jean-Baptiste Grange*** (champion du monde de slalom en 2011), ***Marie Marchand-Arvier*** (vice-championne du monde de ski alpin à Val-d'Isère en 2009), ***Ingrid Jacquemod*** (plusieurs fois championne de France, notamment en vitesse et super G), une nouvelle génération a pris le relais sur les podiums : ***Tessa Worley,*** la skieuse du Grand-Bornand, ***Steve Missillier, Alexis Pinturault*** et ***Victot Muffat-Jeandet.*** Certains autres formés aux nouvelles glisses, comme le quadruple champion du monde ***Guerlain Chicherit*** *(freeride),* les *freestylers* ***Candide Thovex, Kevin Rolland, Marie Martinod*** et ***Xavier Bertoni*** ou, pour le skicross, ***Jean-Frédéric Chapuis, Arnaud Bovolenta*** et ***Jonathan Midol*** qui ont trusté le podium à Sotchi en 2014. Côté fondeurs, ***Vincent Vittoz, Sylvie Becaert*** (biathlon), ***Vincent Jay*** et ***Marie-Laure Brunet*** (biathlon) qui ont raflé à eux deux quatre médailles aux J.O. de Vancouver en 2010...

SÉCESSION

« SE » : cette curieuse plaque ornant le derrière des autos immatriculées 73 et 74 indique la Savoie, non la Serbie. Elle sert d'emblème aux quelque 3 000 adhérents du Parti savoisien – ou Ligue savoisienne –, créé en 1994 pour restaurer l'indépendance de l'État de Savoie. Gag ? Pas tout à fait. On se souvient comment le duché de Savoie, borné à l'ouest par un puissant royaume, avait tourné ses ambitions vers l'Italie et mis la main sur le Piémont. Mais lorsque Turin devint sa capitale, les Savoyards s'émurent d'en être désormais réduits à jouer les supplétifs.

Quand vint l'heure de l'unité italienne, le Savoyard Cavour, président du Conseil de Victor-Emmanuel II, troqua l'aide militaire de Napoléon III contre la cession de la Savoie et du pays niçois. Sous réserve d'un référendum qui, en 1860, sera approuvé à 99,8 % (un score qui laisse aujourd'hui rêveur...). Les régions du Nord, géographiquement tentées par le rattachement à Genève, se prononçant pour le « Oui et zone », c'est-à-dire l'établissement d'une zone franche, qui sera très vite supprimée... C'est ce référendum que conteste aujourd'hui le Parti savoisien. En dépit d'un passéisme revendiqué – le retour aux racines –, les Savoisiens se veulent plus proches de la Ligue lombarde que du FN et, tout en lorgnant sur un rattachement à la Suisse romande, bornent leurs revendications au cadre local : rapatriement des sièges sociaux du tunnel du Mont-Blanc et de la Compagnie des Alpes, détentrices du pactole des stations de ski.

VINS ET ALCOOLS

Depuis que certains bistrots les servent à Paris, les vins de Savoie ne se contentent plus d'abreuver les fiestas d'après-ski. Issus de 25 cépages (certains exclusifs à la zone), ce sont en majorité des blancs, toujours secs et même un rien pétillants, soit 22 crus regroupées en 4 AOC (la petite dernière étant le crémant). Pour compliquer le tout, le vin est tantôt désigné par son cépage, tantôt par le lieu de production, tantôt par la méthode de vinification. Pour faire bref, l'AOC roussette-de-savoie regroupe quatre vins blancs (frangy, marestel, monterminod et monthoud). Vient ensuite le seyssel (dont le vignoble s'étend sur les rives du Rhône à 20 km de la frontière suisse). Restent tous les autres, vendus sous l'appellation générique « vins de Savoie ». On y trouve pourtant quelques merveilles, comme le succulent chignin-bergeron, le rare château-de-ripaille, l'original abyme, le sympathique marin... et bien évidemment l'apremont, le chignin, le pétillant de Savoie, qui prend du galon en 2016 avec l'obtention d'une nouvelle appellation crémant-de-savoie. Sans oublier les quelques vins rouges (et rosés) à base de mondeuse (le plus typique) mais aussi de gamay et de pinot : chautagne, jongieux, arbin, saint-jean-de-la-porte...

La Région Savoie Mont Blanc, afin de répondre à une demande croissante d'œnotourisme, a mis en place un label Vignobles et Découverte (pour les vignobles situés autour du lac du Bourget et en Combe – ou Cœur – de Savoie), une route des vins (110 caves, domaines et châteaux ouverts au public). Tous renseignements sur • *vindesavoie.net* •

Après tout ça, vous saisirez l'occasion de redécouvrir le vermouth de pépé – spécialité de Chambéry –, un vin doux macéré de multiples aromates. Et pour finir, essayez quelques eaux-de-vie : framboise, mûre, gentiane, un marc de Savoie ou une chartreuse. À moins que vous ne préfériez un génépi (liqueur à base d'armoise mutelline).

ℹ ***Syndicat régional des vins de Savoie :*** *Maison de la vigne et du vin, chef-lieu, 73190* ***Apremont.*** ☎ *04-79-33-44-16.* • *vindesavoie.net* • Pour obtenir la liste des producteurs et toute la doc nécessaire.

SAVOIE MONT BLANC UTILE

INFOS UTILES

Carte internationale d'étudiant (carte ISIC)

Elle prouve le statut d'étudiant dans le monde entier et permet de bénéficier de tous les avantages, services et réductions dans les domaines du transport, de l'hébergement, de la culture, des loisirs, du shopping...
La carte ISIC permet aussi d'accéder à des avantages exclusifs (billets d'avion spécial étudiants, hôtels et auberges de jeunesse, assurances, cartes SIM internationales, location de voiture...).

Renseignements et inscriptions

- ***En France :*** • *isic.fr* •
- ***En Belgique :*** • *isic.be* •
- ***En Suisse :*** • *isic.ch* •
- ***Au Canada :*** • *isiccanada.com* •

Carte d'adhésion internationale aux auberges de jeunesse (carte FUAJ)

Cette carte vous ouvre les portes des 4 000 auberges de jeunesse du réseau *HI-Hostelling* International en France et dans le monde. Vous pouvez ainsi parcourir 90 pays à des prix avantageux et bénéficier de tarifs préférentiels avec les partenaires des Auberges de Jeunesse *HI*. Enfin, vous intégrez une communauté mondiale de voyageurs partageant les mêmes valeurs : plaisir de la rencontre, respect des différences et échange dans un esprit convivial. Il n'y a pas de limite d'âge pour séjourner en auberge de jeunesse. Il faut simplement être adhérent.

Renseignements et inscriptions

- ***En France :*** • *hifrance.org* •
- ***En Belgique :*** • *lesaubergesdejeunesse.be* •
- ***En Suisse :*** • *youthhostel.ch* •
- ***Au Canada :*** • *hihostels.ca* •

Si vous prévoyez un séjour itinérant, vous pouvez réserver plusieurs auberges en une seule fois en France et dans le monde : • *hihostels.com* •

ACTIVITÉS D'ÉTÉ

À pied

Itinéraires balisés, topoguides, gîtes et refuges sont là pour vous permettre de découvrir la montagne sans prendre de risque, alors respectez les consignes qu'ils vous donnent. Équipez-vous toujours de bonnes chaussures, de vêtements chauds, d'une gourde et de barres énergétiques. Pensez à consulter la météo avant de partir et à avertir vos amis ou voisins de la direction que vous avez décidé de prendre. Évaluez surtout, pour les périples en altitude, le temps nécessaire au retour. Il vaut mieux partir tôt le matin pour éviter les évolutions de la météo (orages, baisse de température) et se garder une marge confortable avant la nuit.

Enfin, évitez de picorer les baies qui se trouvent trop près du sol, car, hélas, elles peuvent être souillées par des animaux atteints de l'échinococose (maladie parasitaire mortelle chez l'homme...), ainsi que par ceux qui paissent et urinent, tout simplement, comme moutons, renards et chamois (idem pour l'eau des torrents).

Au-dessus du vide

– Les *via ferrata* : originaires des Dolomites, ce sont les militaires italiens qui développèrent ces voies de vertige, des itinéraires à travers des falaises équipées d'échelons, d'échelles, parfois même de plates-formes solidement scellées dans la roche. Les *via ferrata* permettent à tout un chacun de gravir des parois vouées à l'escalade. L'assistance d'un professionnel est cependant vivement recommandée, et un équipement minimal (harnais d'escalade, sangles et mousquetons, casque) est indispensable. En effet, il est nécessaire de bien se renseigner sur le niveau de la *via ferrata,* la durée du parcours, et son côté vertigineux qui peut impressionner !
– Les *via cordata* (ou *via corda*) : pratique plus récente mais similaire, où le câble ligne de vie est remplacé par la corde à laquelle on est arrimé. Les prises sont moins nombreuses et permettent de ressentir les sensations de l'alpinisme.
– *L'escalade,* bien sûr. De nombreux sites, plus ou moins équipés, séduisent les amateurs, du rocher « école » aux prestigieuses voies en paroi de grande hauteur.

À cheval

L'équitation dans le coin ne manque pas d'attraits, d'autant que le réseau des clubs équestres s'est considérablement développé dans les Alpes. Il y a les « pros » qui, en vrais baroudeurs, réalisent de grandes traversées, d'après les itinéraires signalés sur les topoguides, et... ceux qui montent sur des canassons « dressés » aux petits périples autour des stations et villages.

À vélo

Le VTT, vélo tout-terrain, est un sport vedette ici. Il n'est plus un office de tourisme qui ne propose un itinéraire.
Il existe des parcours classés par difficultés, pour tous les niveaux et tous les publics. On peut donc pratiquer le VTT tranquillement ou de manière plus sportive. C'est alors fatigant et pas très évident, mais sensations garanties ! Pour résoudre le problème des montées épuisantes, les stations ont converti les télésièges en *télébikes* qui vous mènent sans effort au sommet des pistes de ski ; puis redescente par herbe et chemins forestiers, jusqu'à la station. Les VTT électriques, désormais à la location, permettent de grimper en fournissant un effort minimum.
Savoie Mont Blanc est un terrain de jeux pour les cyclotouristes et les cyclosportifs... Pour les cycloflâneurs, plus de 110 itinéraires sont regroupés en deux grandes familles : les ***vélos routes,*** permettant la pratique du cyclo à moyenne et longue distances dans de bonnes conditions ; et les ***voies vertes,*** offrant des aménagements réservés aux déplacements non motorisés.
Les 5 610 km d'itinéraires cyclos sont balisés et classés par difficultés au départ des différentes grandes villes de Savoie Mont Blanc.
Les « 115 défis du cyclogrimpeur » sont des itinéraires faits pour découvrir Savoie Mont Blanc de façon sportive et originale.
Entre Savoie et Haute-Savoie, on compte 68 cols et montées remarquables. Ces montées conjuguent à la fois beauté des paysages et difficultés techniques.
Quant à la « route des 100 cols », elle regroupe petits et grands cols mythiques en une grande randonnée cyclosportive de plus de 2 000 km et 45 000 m de dénivelées ! Cette itinérance a également été déclinée en quatre randonnées. Plus d'une vingtaine d'itinéraires sont équipés de puces électroniques pour chronométrer ses

performances. Renseignements dans les offices de tourisme et appli vélo Savoie Mont Blanc à télécharger.

Dans les airs

Parapente et deltaplane sont très prisés en montagne, mais ce sont des sports qui requièrent beaucoup de prudence.
Les écoles de vol libre se multiplient et proposent baptêmes et stages. Attention, cette activité est réglementée dans les parcs et les réserves. En station, le speed riding, mélange de kitesurf, parapente et ski (ou snow) se développe. À réserver aux accros de sensations fortes et aux bons skieurs.

Dans l'eau

Plutôt que de faire trempette dans une bonne vieille piscine, essayez les activités sportives qui font fureur !
– *L'hydrospeed :* ou nage en eaux vives. Une espèce de luge des eaux à laquelle on s'accroche avant de se laisser emporter dans les eaux tourbillonnantes des torrents ; parfois un peu impressionnant.
– *Le rafting :* une sorte de gros radeau pneumatique, où l'on tente de pagayer sans pagaille à plusieurs. Plus les eaux sont fantasques, plus les sensations sont fortes.
– Quant au *canyoning,* il consiste à descendre le cours d'un torrent en franchissant cascades, falaises, vasques le long d'un canyon. Descente par corde de rappel, plongeons, natation, escalade : c'est un sport complet et vivifiant.
Ces trois disciplines demandent un matériel spécial, de la technique, et se pratiquent uniquement sous forme de sorties organisés et encadrés par des professionnels. Dans un esprit plus bord de mer, n'oublions pas la voile, pratiquée sur les lacs !

Sous terre

Plus qu'une simple balade sous terre, la spéléologie est une activité à pratiquer avec beaucoup de prudence.
Elle exige un sacré sens de l'orientation, une connaissance aiguë des roches et de données spécifiques, telles les prévisions de montée des eaux. Non-initiés, s'abstenir ! En revanche, ne pas hésiter à tenter l'aventure quand l'activité est encadrée par les professionnels ou proposée en initiation dans les stations.

Été comme hiver, à quels professionnels s'adresser ?

– ***Les moniteurs nationaux :*** ils donnent des cours de ski sur les pistes et peuvent également accompagner leurs élèves en hors-piste ou en randonnée. En revanche, l'accès au domaine glaciaire et aux lieux nécessitant du matériel d'alpinisme leur est interdit, ainsi que les raids avec nuit en refuge. Leur travail est d'enseigner le ski. Dans les stations, s'adresser aux moniteurs de l'École de ski français (ESF) ou de l'ESI (École de ski internationale). Bien étudier les formules et les effectifs des cours collectifs. Il va de soi qu'on paie plus cher un cours à 8 élèves qu'à 12 (officiellement, car c'est plutôt 15 élèves pendant les vacances scolaires !), mais les progrès s'en ressentent nettement !
– ***Les guides de haute montagne :*** leur rôle est de vous accompagner en montagne, quelle que soit la difficulté. Ils peuvent aller partout à skis ou à pied. La plupart des guides sont également moniteurs de ski et, à fortiori, accompagnateurs de moyenne montagne. Ils sont de plus en plus souvent appelés « guides de montagne ».
– ***Les accompagnateurs en moyenne montagne :*** ils vous feront une véritable visite guidée de la montagne (géologie, cartographie, faune, flore, habitat). Ils n'ont le droit ni de fouler le terrain glaciaire ni d'utiliser du matériel d'alpinisme.

– ***Les pisteurs :*** les saint-bernard des pistes. Ils surveillent, mine de rien, tout ce qui se passe. Ils ouvrent et ferment les pistes, assurent la sécurité, préviennent des risques d'avalanche, conseillent les skieurs.

BUDGET

Nous vous indiquons ci-dessous l'échelle des tarifs auxquels nous nous référons dans ce guide et pour l'ensemble de nos guides France.

Recommandation à ceux qui souhaitent profiter des réductions et avantages proposés dans le *Routard* par les hôteliers et les restaurateurs.

À l'hôtel, pensez à les demander au moment de la réservation ou, si vous n'avez pas réservé, **à l'arrivée.** Ils ne sont valables que pour les réservations en direct et ne sont pas cumulables avec d'autres offres promotionnelles (notamment sur Internet). Au restaurant, parlez-en **au moment** de la commande et surtout **avant** que l'addition ne soit établie. Poser votre *Routard* sur la table ne suffit pas : le personnel de salle n'est pas toujours au courant et une fois le ticket de caisse imprimé, il est souvent difficile de modifier le total. En cas de doute, montrez la notice relative à l'établissement dans le *Routard* de l'année et, bien sûr, ne manquez pas de nous faire part de toute difficulté rencontrée.

Hébergement

D'une manière générale, nous indiquons des fourchettes de prix allant de la chambre double la moins chère en basse saison à celle la plus chère en haute saison. Ce qui implique parfois d'importantes fourchettes de prix, pas toujours en adéquation avec la rubrique dans laquelle l'établissement est cité. Le classement retenu est donc celui du prix de la majorité des chambres et de leur rapport qualité-prix. À noter que lorsque les lieux d'hébergement sont équipés d'un accès Internet et/ou wifi, nous le mentionnons sans autre précision.
– Les tarifs des ***campings*** sont calculés sur la base d'un emplacement pour deux avec voiture et tente en haute saison. Ils sont classés en tête de rubrique « Où dormir ? ».
– Les ***auberges de jeunesse*** et ***gîtes d'étape*** pratiquent en règle générale des tarifs « bon marché » pour une nuitée en dortoir (avec ou sans les draps). Le tarif indiqué est celui du lit en dortoir et/ou parfois de la chambre double, quand il y en a.
– En ***chambres d'hôtes,*** les prix sont donnés sur la base d'une chambre double. Ils incluent le petit déjeuner. Les cartes de paiement sont rarement acceptées. Dans les cas contraires, nous indiquons « petit déj en sus » et « CB acceptées ».
– Concernant les ***hôtels,*** la base reste celle d'une nuit en chambre double (sans petit déjeuner), sauf exception, notamment pour les chambres familiales.

– ***Bon marché :*** jusqu'à 50 € ;
– ***Prix moyens :*** de 50 à 80 € ;
– ***Chic :*** de 80 à 120 € ;
– ***Plus chic :*** de 120 à 150 € ;
– ***Beaucoup plus chic :*** au-delà de 150 €.

Restos

Au restaurant, notre critère de classement est le prix du premier menu servi le soir (hors boissons). Les notions de « prix moyens » ou « plus chic » n'engagent

donc que les prix. Autrement dit, certains restos chic proposant parfois d'intéressantes formules, notamment au déjeuner, pourront malgré tout être classés dans la rubrique « Plus chic ».
- ***Très bon marché :*** moins de 15 € ;
- ***Bon marché :*** de 15 à 25 € ;
- ***Prix moyens :*** de 25 à 35 € ;
- ***Chic :*** de 35 à 50 € ;
- ***Plus chic :*** plus de 50 €.

LA GRANDE FAMILLE DU SKI

LE SKI ALPIN

Il procède d'une technique fondée sur le virage. « Fléchir les genoux vers l'avant » et « se jeter dans la pente » sont des prières que formulera bien souvent votre moniteur lors des premiers cours. Vous n'y parviendrez pas du premier coup. Bien souvent, désabusé, vous vous laisserez choir sur le côté, en voyant défiler, à l'allure d'un *Exocet,* une bande de marmots hauts comme trois pommes. Vous avez tout compris ! Pour être à l'aise, il faut commencer tôt. Mais tout n'est pas perdu, car la plupart des blocages que connaît l'adulte débutant sont psychologiques. Sa capacité à progresser rapidement sera en fait proportionnelle à sa volonté de se sentir à l'aise et à celle du moniteur de lui démontrer que le ski, c'est avant tout du plaisir, la technique n'étant qu'un moyen de l'atteindre. De plus, vous avez de la chance : la réelle évolution du matériel, avec de nouvelles formes de ski et de nouveaux matériaux (lire plus loin), permet aujourd'hui un apprentissage nettement plus facile !

Les pistes et les couleurs

La difficulté est déterminée par quatre couleurs : on distingue les pistes vertes (les plus faciles), les bleues (larges boulevards possédant quelques difficultés infimes), les rouges (plus difficiles, au dessin plus varié) et les noires (les plus coriaces : champs de bosses, couloirs délicats, murs, grands schuss).
Le niveau des pistes est en fait assez relatif : une rouge vous paraîtra plutôt rose quand la neige sera bonne et qu'une légère couche de poudreuse amortira vos chutes. Cette même rouge vous fera une peur bleue et vous donnera l'humeur noire pour peu qu'elle soit gelée.

LES ACTIVITÉS NORDIQUES

- ***Le ski nordique*** désigne notamment le ski de fond. Depuis les J.O. d'hiver de 1968, le ski de fond ne cesse de faire des adeptes, au point que toute station, même célèbre pour son domaine de ski alpin, se fait un devoir de mettre en place son parcours nordique. Les pistes tracées pour le classique pas alternatif (deux traces bien parallèles dans lesquelles on fait glisser ses skis l'un après l'autre, comme si l'on marchait) ont presque toutes été complétées par un damage « à plat » pour le *skating* (ou pas de patineur, technique proche de celle du patin à glace justement ou du roller) plus sportif.

> **TOUT SCHUSS !**
>
> *Schuss en allemand signifie « coup de feu ». Il s'agit donc de descendre à skis, à toute vitesse et, si possible, tout droit.*

Les semelles des skis sont à écailles (uniquement pour le pas alternatif) ou à fart. Le ski de fond se pratique à tout âge, et au moins, vous êtes sûr de ne pas prendre froid ! Combiné au tir, c'est la célèbre discipline du biathlon.
Il est quasiment partout obligatoire d'acheter un forfait ski de fond, pour un prix nettement inférieur à celui du ski alpin.
– ***Le ski joëring :*** ou ski attelé. Très populaire dans les pays nordiques, cette discipline (un cheval tire sur le plat un skieur qui le dirige à l'aide d'une longue rêne), apparue dans les Alpes dès le début du XXe s (les premières courses ont eu lieu à Saint-Moritz en 1906), avait quasiment disparu. On peut désormais à nouveau s'y essayer dans plusieurs stations dans des espaces sauvages à l'écart des remontées mécaniques.
– ***La raquette :*** ce moyen de locomotion existerait au moins depuis l'an 4000 av. J.-C. Dans leur lente migration vers le Grand Nord canadien, les peuples d'Asie centrale étaient chaussés de ces grands cadres de bois sur lesquels étaient tendues des lanières de peau. Longtemps méconnue dans les Alpes, la raquette est l'activité qui connaît le plus fort développement depuis les années 1990. Le matériel a d'abord considérablement évolué : les raquettes sont désormais en plastique, donc hyper légères, équipées de fixations articulées comme les skis de fond. Ensuite, ça ne coûte rien ou presque. Une paire de bonnes godasses de randonnée, des raquettes (on en trouve partout à la location), des bâtons, et à vous la sereine beauté des grands espaces : on vous conseille de faire vos premiers pas sur le plat et sur un chemin damé. Parce que, même si une balade à raquettes est accessible à tous, trouver la bonne position en descente n'est pas toujours aisé. Enfin, la montagne, même sans grimper en altitude, ne s'improvise pas.
Si vous ne savez pas lire une carte et si vous n'êtes pas équipé (pelle, sonde, appareil de recherche avalanche), mieux vaut faire appel à un professionnel.
– ***Les traîneaux à chiens :*** raportés des solitudes nordiques dans le haut Jura par Paul-Émile Victor, les traîneaux à chiens ont aujourd'hui colonisé tous les massifs. Toutes les stations ou presque proposent initiation à la conduite d'attelage, comme balades de plusieurs jours. Pour se prendre pour un héros de Jack London, dans le bruit acide du crissement des traîneaux, les cris d'encouragement des *mushers* (conducteurs de l'attelage) et les halètements des chiens, huskies, malamuts ou samoyèdes. À ne pas manquer, en janvier, l'une des courses internationales de chiens de traîneau les plus importantes : la Grande Odyssée Savoie Mont Blanc, course entre le Grand Massif, et la haute Maurienne en passant par Les Gets, les montagnes du Giffre et Megève. Autre discipline : le *ski-pulka* qui se pratique avec un seul chien et un petit traîneau manœuvré par un fondeur.

LE SKI DE RANDONNÉE

En pleine expansion, le ski de randonnée allie le plaisir des descentes sur pentes vierges du ski alpin et l'effort parfois héroïque du ski de fond. L'équipement est adapté : en montée, le talon est libéré et permet une poussée alternative sur les skis qui accrochent la neige ; en descente, on refixe le talon au ski, qui devient alpin. Pour grimper les pentes quelle que soit l'inclinaison, on place sous les skis des « peaux de phoque », qui n'en portent que le nom car elles sont en matière synthétique antidérapante.

LE HORS-PISTE

Ski pratiqué hors des pistes balisées et surveillées, mais dans un domaine skiable accessible depuis le sommet des remontées mécaniques. L'expression « hors-piste » s'est convertie en *freeride* ! Il se pratique sous l'entière responsabilité du skieur, seul juge de ses capacités et des dangers auxquels il est confronté. Certaines stations ont aménagé un domaine « hors-piste » balisé, surveillé mais non damé : les dangers y sont moindres. De manière générale, il est préférable de skier hors-piste avec un guide ou un moniteur. Il connaît les meilleurs « spots » et il peut évaluer les risques avec une plus grande justesse. De toute façon, il est nécessaire d'aller consulter le service des pistes pour connaître conditions de descente et risques d'avalanche. Ils effectuent des relevés de niveaux météo et sont sur le terrain, ce qui leur permet d'avoir la connaissance la plus actualisée de la situation.

LES NOUVELLES GLISSES

Depuis les années 1980, c'est presque un nouveau sport de glisse par an qui a été inventé sur l'eau, le bitume et, bien sûr, la neige ! Petite revue de détail de ces drôles de sports que vous rencontrerez inévitablement sur les pentes des Alpes.

Le snowboard

Le snowboard n'a pas perdu sa capacité à créer des émotions fortes à la montagne. Au lieu d'attendre la vague, le surfeur va lui-même à la recherche des creux et des bosses, dans les pentes supérieures à 40°.
Le snowboard rompt complètement avec la technique du ski. Quel que soit votre niveau de ski, en tant que nouveau surfeur, vous serez un débutant. On distingue deux différences principales : les pieds sont l'un derrière l'autre, en position oblique sur une même planche, et on n'utilise pas de bâtons. La recherche d'équilibre s'en trouve totalement transformée. Les neiges souples tolèrent mieux les erreurs. Plus vous irez vite, plus votre stabilité sera grande... et la chute sévère. Outre la griserie due à la vitesse, le snowboard permet de découvrir des domaines hors-piste où la technique traditionnelle connaît ses limites. Le snowboard se pratique aussi bien sur les pistes non damées que sur les pistes de ski traditionnelles ou les snowparks, espaces réservés aux *freestylers* (skieurs et snowboarders).
Le snowboard est, tout autant qu'un sport, un mode de vie. Avec son parler, subtil mélange de mots piqués à d'autres cultures – jeunes comme le hip-hop, d'anglicismes en pagaille et de tout un tas d'expressions comprises seulement des initiés, du genre « envoyer du gros » ou « peuf ». Le *rider* soigne aussi son look : vêtements tout de sobriété (mais qui cachent une foule de détails techniques) et la bonne paire de lunettes de soleil ! Mais parents et adultes s'y mettent de plus en plus, et le snowboard tend à perdre son caractère « tribal ». Ce qui conduit les fans de la première heure, les puristes refusant l'institutionnalisation de ce sport et sa gigantesque récupération commerciale, à ne plus jurer que par le *freeride.*

Quelques disciplines du snowboard

– ***Le slalom parallèle (dual) alpin :*** sur une piste de 80 m environ où sont plantés des piquets à intervalles réguliers, deux coureurs s'élancent dans des tracés identiques, afin d'arriver premier en bas.
– ***Le half-pipe :*** c'était la discipline *freestyle* retenue pour les J.O. de Nagano au Japon, en février 1998. Inspiré des rampes de skateboard, le *half-pipe* est un demi-tube de neige dans lequel les *riders* exécutent des figures. Résultat, un enchaînement de 360°, de 720°, de 900° et de figures aux noms anglais tous plus compliqués les uns que les autres, parfois la tête en bas, mais toujours dans les airs et pour le plus grand plaisir des spectateurs. Les skieurs *freestyle* s'aventurent aussi dans les *half-pipes.*
– ***Le big air :*** voilà, en quelques mots, en quoi consiste le *big air* : prendre de l'élan, décoller, réaliser une figure et se poser.
– ***Le boardercross :*** c'est une discipline spectaculaire qui nécessite des qualités de surfer alpin et *freestyle.* Lors des compétitions, les snowboarders s'élancent par quatre sur un parcours d'obstacles avec les objectifs suivants : prendre la tête de la course, ne pas tomber lors des réceptions de saut et arriver dans les deux premiers afin d'accéder au tour suivant. Merci à l'Association française de snowboard pour tous ses bons tuyaux !

Le ski nouvelle manière

– ***Les skis paraboliques :*** dits aussi de *carving*. Ils ont désormais remplacé les skis traditionnels. Leur grosse tête (des spatules surdimensionnées) et leur taille de guêpe permettent des virages coupés, c'est-à-dire rapides et très serrés, donc des sensations autres qu'avec des skis droits, proches de celles du snowboard, en fait.
– ***Le snowblade :*** des miniskis (de 60 à 90 cm de long) faciles à maîtriser (on se débrouille après 1h de cours). Le *snowblade* se pratique sans bâtons, sur piste (amples courbes) ou dans un snowpark (figures sur les modules ou dans un *half-pipe*).
– ***Le télémark :*** style d'une vraie élégance, mais pratique d'une grande technicité : on négocie les virages en pliant fortement les genoux (l'arrière de la chaussure n'est pas fixé) pour placer le ski aval très en avant du ski amont. Comptez quand même de longues heures d'entraînement avant de réussir un *loop* (cercle parfait). Le télémark se pratique sur piste comme en *freeride.*
– ***Le skwal :*** hybride du surf et de l'éphémère monoski, inventé à Val-Cenis, en Maurienne (pour une fois pas par les Américains, tiens !). La planche (longue de 1,70 m) est plus étroite que celle d'un snowboard et le skwaleur descend face à la pente.
– ***Le kilomètre lancé :*** sur une piste toute droite et bien raide. Pour les amateurs de sensations fortes (même si l'amateur ne passera pas les 200 km/h souvent franchis par les cadors de la discipline). Il n'est malheureusement plus possible de s'essayer à cette pratique en Savoie Mont Blanc.
– ***Le snowkite :*** cette pratique récente permet d'utiliser la force du vent pour une ascension à skis, snow ou télémark, en étant tracté par une grande voile dont la taille est à mi-chemin entre le cerf-volant et le parapente. Assez technique, ce sport ne s'improvise pas, vous l'aurez compris.
– ***Le speed riding :*** ce sport spectaculaire associe le parapente et le ski en descente (contrairement au snowkite, qui se pratique sur la montée), et permet d'alterner la glisse et le vol. Aussi dangereux que magnifique à regarder, contentez-vous du spectacle, à moins d'être un expert !
– ***Le backcountry :*** lancée il y a une poignée d'années dans les Rocheuses, une nouvelle pratique à mi-chemin entre le ski de randonnée et le ski alpin (*freeride,* pour rester dans les anglicismes) avec des skis à écailles pour ne pas reculer dans les montées mais beaucoup plus « glissants » (à condition de bien les farter !) que des skis de rando classiques.

LES AUTRES SPORTS D'HIVER

– ***Le patin à glace :*** un grand classique, pas nécessairement alpin d'ailleurs. Toutes les grandes villes occidentales possèdent, depuis la fin du XIXe s, des patinoires (la première patinoire artificielle d'Europe a été ouverte à Londres en 1876). Pour l'anecdote, le patinage artistique a longtemps été le seul sport venu du froid à figurer au programme des J.O. d'été.
– ***La luge :*** le plus démocratique des sports d'hiver. Une pente, un peu de neige, une vieille luge ressortie du grenier mais encore toute fringante avec ses deux patins de bois que le menuisier du coin avait courbés à la vapeur, et le tour est joué ! Un petit détail pour ceux qui ont la mémoire qui flanche : la luge se dirige avec les pieds. Pas de grenier ? Un simple sac en plastique peut faire l'affaire (et occasionner quelques bleus...).
– ***Le bobsleigh :*** les Indiens micmacs glissaient sur un engin de bois recourbé à l'avant, appelé *tobaakun.* Importé en Europe, doté d'un volant, de freins, d'un carénage aujourd'hui digne de celui d'une Formule 1, le *tobaakun* devenu bobsleigh est l'un des plus spectaculaires sports d'hiver. On peut s'y essayer à La Plagne, sur la piste des J.O. de 1992. Véritablement impressionnant (on dégringole dans ce couloir de glace à plus de 80 km/h) mais sans danger : ce bob-là (appelé *bob-raft*) est guidé automatiquement et freine tout seul !

– ***Le curling :*** une vraie curiosité inventée (enfin, ils s'en vantent) par les Écossais au XVIe s sur les lacs gelés de Calédonie. Une sorte de pétanque sur glace (même si les pratiquants préfèrent rapprocher cette discipline du billard). Deux équipes de quatre joueurs s'appliquent à envoyer des « stones », petits blocs de granit très denses et très lourds (20 kg), dans la « maison », une cible de 3,70 m tracée sur la glace d'une patinoire. Spectacle assez étonnant : la pierre lancée, deux balayeurs la précèdent en frottant énergiquement la surface de la glace pour créer un effet d'aquaplaning. Même si ce sport est beaucoup plus populaire en Suisse (comme le hockey, d'ailleurs), on peut s'essayer au curling à Pralognan, en Savoie, et voir des clubs à l'entraînement à Chamonix, par exemple.
– ***Le yooner :*** plus une modernisation qu'une invention, le *yooner* est une sorte de *paret* (luge en bois surélevée) allégé, relooké et customisé. Cette nouvelle version, à la différence de son ancêtre, est munie d'un amortisseur qui, croyez-le, rend sa pratique bien plus agréable ! Autrefois utilisé, principalement, par les enfants de la vallée de Manigod (Haute-Savoie), le côté ludique du *yooner* séduit aujourd'hui les plus grands. Une option de glisse moins physique et moins risquée que le ski mais tout aussi sensationnelle !
– ***La cascade de glace*** (ou plus communément appelée ***escalade de glace***) **:** c'est une activité hivernale à part entière. Vous grimperez à l'aide de piolets-traction et de crampons le long de parois glacières. Pour se lancer, connaître et pratiquer l'escalade traditionnelle est un vrai avantage. De nombreux stages existent si vous voulez devenir un glaciairiste confirmé !
– ***Le yukigassen :*** cette bataille de boules de neige est plus codifiée qu'il n'y paraît. Importé du Japon, le *yukigassen* a fait son apparition en force dans nos stations d'altitude ! Deux équipes de 7 joueurs s'affrontent pour prendre le drapeau du camp adverse !

LIVRES DE ROUTE

Résistance, alpinisme et grand frisson... voilà les mots qui viennent à l'esprit quand on cherche à caractériser l'imaginaire littéraire des Alpes.
On pense d'abord à Frison-Roche et à son mémorable *Premier de cordée* (J'ai lu), où il raconte l'histoire du Chamoniard Pierre Servetaz, dont la vie bascule à la mort de son père, un guide chevronné foudroyé en montagne. Ce sont donc les sommets acérés des Jorasses, des Drus, de l'aiguille Verte, qui plantent le décor vertigineux dans *La Grande Crevasse,* et dans la suite, *Retour à la montagne.* Le guide Zian nous embarque dans ses courses risquées, parsemées de sentiments à l'eau de rose.
Quant au grand alpiniste Gaston Rébuffat, il raconte dans *Étoiles et Tempêtes* (Hoëbeke ; 2012) son ascension des six faces nord les plus connues des Alpes.
De crampons en pic à glace, on en vient à Henri Troyat et son magnifique *La Neige en deuil* (J'ai lu ; 2000). Les Alpes inspirent aussi les auteurs de polars et les aficionados de l'adrénaline : *Les Rivières pourpres* de Jean-Christophe Grangé (Le Livre de Poche ; 2001) sont célèbres pour leur adaptation à l'écran avec Vincent Cassel et Jean Réno. On n'hésitera pas à prolonger le plaisir en images, avec les superbes photographies de Matevž Lenarčič dans *Croisière au-dessus des Alpes, du Mont-Blanc au Triglav* (Glénat ; 2011). Un livre de photographies qui, en plus de rendre compte de la beauté de la plus grande chaîne montagneuse d'Europe, donne à réfléchir sur la fragilité de cette dernière, menacée par le réchauffement climatique. Et on ne sait pas toujours qu'Alphonse Daudet a écrit une suite à *Tartarin de Tarascon,* qui se nomme... *Tartarin sur les Alpes* (Hoëbeke ; 1999 ; illustrée par Samivel) !
Sur la période trouble de l'Occupation, le best-seller des années 1970, *Un sac de billes* (Le Livre de Poche ; 1990) de Joseph Joffo évoque largement Aix-les-Bains ou Rumilly.
Enfin, côté popote, reportez-vous à *Cuisinière savoyarde,* dans sa dernière édition (2014 ; Les Cuisinières). Pour soi-même ou à offrir, *La Cuisine à l'Opinel,* publié aux éditions Lagon Rouge (2010) et qui met l'eau à la bouche avec 25 recettes de chefs.

L'Herbier de montagne de Claude Meslay et Marie-Françoise Delarozière (Édisud ; 2008) vous fera gravir des sommets et découvrir la flore des hauteurs. En plus des magnifiques aquarelles, vous trouverez quantité d'informations sur les usages et les bienfaits des plantes illustrées, ainsi que de nombreuses recettes pour les cuisiner.

PARCS

Les parcs nationaux

Ils ont été créés pour protéger de vastes espaces naturels particulièrement riches sur le plan de la géologie, de la flore et de la faune. À cet impératif s'ajoute un autre objectif : le développement d'un tourisme lié à la connaissance de la nature. Ils se composent d'un grand territoire inhabité, réserve naturelle où il est strictement interdit de perturber faune et flore, et de zones habitées par l'homme, qui font l'objet d'une surveillance très stricte en matière d'environnement et d'une mise en valeur culturelle toute particulière.
En Savoie Mont Blanc, on trouve l'un des parcs nationaux français : ***la Vanoise.*** Premier parc national français créé en 1963, avec 53 000 ha, jouxtant le parc italien du Grand-Paradis et s'étageant de 1 280 à 3 855 m.

Les parcs naturels régionaux

Ce sont de vastes zones habitées par l'homme. Les parcs régionaux ont été créés pour protéger un environnement, mais aussi pour développer les activités locales et initier les touristes à la nature.
On compte deux parcs régionaux en Savoie Mont Blanc :
– ***le parc naturel régional de la Chartreuse :*** il regroupe, à cheval sur l'Isère et la Savoie, 63 communes sur 86 000 ha ;
– ***le parc naturel régional des Bauges :*** sur une superficie de 80 000 ha, il regroupe 58 communes, entre la Savoie et la Haute-Savoie, et abrite une réserve nationale de chasse de 5 400 ha.
Également deux ***géoparcs,*** qui sont des espaces présentant un attrait géologique et soutenus par l'Unesco : le massif des Bauges et le Chablais.

PERSONNES HANDICAPÉES

Le label Tourisme et Handicap

Ce label national, créé par le secrétariat d'État à la Consommation et au Tourisme en partenariat avec les professionnels du tourisme et les associations représentant les personnes handicapées, permet d'identifier les lieux de vacances (hôtels, campings, sites naturels, etc.), de loisirs (parcs d'attractions, etc.) ou de culture (musées, monuments, etc.) accessibles aux personnes handicapées. Il apporte aux touristes en situation de handicap une information fiable sur l'accessibilité des lieux. Cette accessibilité, visualisée par un pictogramme correspondant aux quatre types de handicaps (moteur, visuel, auditif et mental), garantit un accueil et une utilisation des services proposés avec un maximum d'autonomie dans un environnement sécurisant. Pour connaître la liste des sites labellisés : • *rendezvousenfrance.com* • (rubrique « Tourisme et Handicap »).

TOURISME & HANDICAP

Par ailleurs, dans notre guide, nous indiquons par le logo ♿ les établissements qui possèdent un accès ou des chambres pouvant accueillir des personnes handicapées. Certaines adresses sont parfaitement équipées selon les critères les plus modernes. D'autres, plus simples, plus anciennes aussi, sans répondre aux normes les plus récentes, favorisent l'accueil des personnes handicapées en facilitant l'accès à leur établissement, tant sur le plan matériel que sur le plan humain. Évidemment, les handicaps étant très divers, des lieux accessibles à certaines personnes ne le seront pas pour d'autres. Appelez donc auparavant pour savoir si l'équipement de l'hôtel ou du resto est compatible avec votre niveau de mobilité.
Malgré les combats menés par les nombreuses associations, l'intégration des personnes handicapées à la vie de tous les jours est encore balbutiante en France. Il tient à chacun de nous de faire changer les choses. Une prise de conscience est nécessaire, nous sommes tous concernés.

Zavatta (Cirque)

les ROUTARDS sur la FRANCE 2016-2017

(dates de parution sur • *routard.com* •)

Découpage de la FRANCE par le ROUTARD

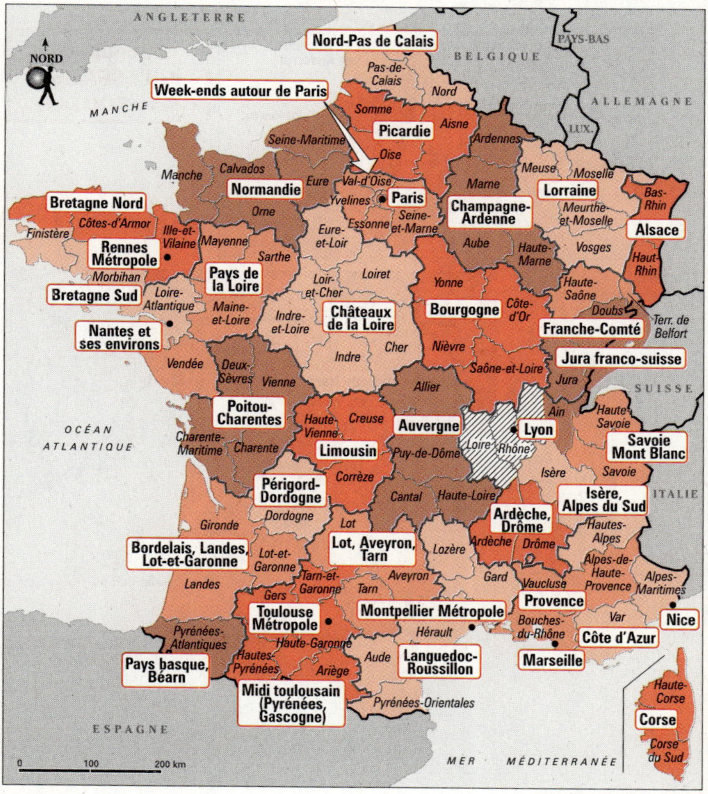

Autres guides nationaux

- La Loire à Vélo
- La Vélodyssée (Roscoff-Hendaye ; mai 2016)
- Nos meilleurs campings en France
- Nos meilleures chambres d'hôtes en France
- Nos meilleurs restos en France
- Nos meilleurs sites pour observer les oiseaux en France
- Tourisme responsable

Autres guides sur Paris

- Paris
- Paris à vélo
- Paris balades
- Restos et bistrots de Paris
- Le Routard des amoureux à Paris
- Week-ends autour de Paris

les ROUTARDS sur l'ÉTRANGER 2016-2017

(dates de parution sur • **routard.com** •)

Découpage de l'ESPAGNE par le ROUTARD

Découpage de l'ITALIE par le ROUTARD

Autres pays européens

- Allemagne
- Angleterre, Pays de Galles
- Autriche
- Belgique
- Budapest, Hongrie
- Crète
- Croatie
- Danemark, Suède
- Écosse
- Finlande
- Grèce continentale
- Îles grecques et Athènes
- Irlande
- Islande
- Madère
- Malte
- Norvège
- Pologne
- Portugal
- République tchèque, Slovaquie
- Roumanie, Bulgarie
- Suisse

Villes européennes

- Amsterdam et ses environs
- Berlin
- Bruxelles
- Copenhague
- Dublin
- Lisbonne
- Londres
- Moscou
- Prague
- Saint-Pétersbourg
- Stockholm
- Vienne

les ROUTARDS sur l'ÉTRANGER 2016-2017

(dates de parution sur • **routard.com** •)

Découpage des ÉTATS-UNIS par le ROUTARD

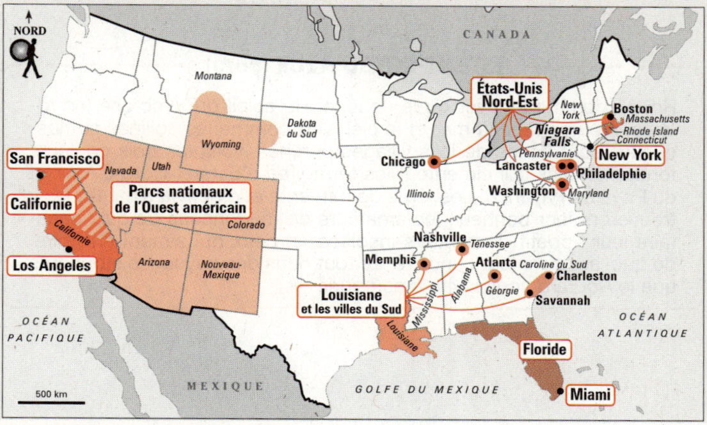

Autres pays d'Amérique

- Argentine
- Brésil
- Canada Ouest
- Chili et île de Pâques
- Équateur et les îles Galápagos
- Guatemala, Yucatán et Chiapas
- Mexique
- Montréal
- Pérou, Bolivie
- Québec, Ontario et Provinces maritimes

Asie et Océanie

- Australie côte est + Ayers Rock (mai 2016)
- Bali, Lombok
- Bangkok
- Birmanie (Myanmar)
- Cambodge, Laos
- Chine
- Hong-Kong, Macao, Canton
- Inde du Nord
- Inde du Sud
- Israël et Palestine
- Istanbul
- Jordanie
- Malaisie, Singapour
- Népal
- Shanghai
- Sri Lanka (Ceylan)
- Thaïlande
- Tokyo, Kyoto et environs
- Turquie
- Vietnam

Afrique

- Afrique de l'Ouest
- Afrique du Sud
- Égypte
- Kenya, Tanzanie et Zanzibar
- Maroc
- Marrakech
- Sénégal
- Tunisie

Îles Caraïbes et océan Indien

- Cuba
- Guadeloupe, Saint-Martin, Saint-Barth
- Île Maurice, Rodrigues
- Madagascar
- Martinique
- République dominicaine (Saint-Domingue)
- Réunion

Guides de conversation

- Allemand
- Anglais
- Arabe du Maghreb
- Arabe du Proche-Orient
- Chinois
- Croate
- Espagnol
- Grec
- Italien
- Japonais
- Portugais
- Russe
- G'palémo (conversation par l'image)

Les Routards Express

Amsterdam, Barcelone, Berlin, Bruxelles, Budapest (nouveauté), Dublin (nouveauté), Florence, Istanbul, Lisbonne, Londres, Madrid, Marrakech, New York, Prague, Rome, Venise.

Nos coups de cœur

- Nos 52 week-ends dans les plus belles villes d'Europe (nouveauté)
- France
- Monde

NOS NOUVEAUTÉS

ESTÉREL-CÔTE D'AZUR (paru)

Rouge comme le lever ou le coucher du soleil qui embrase les roches, bleu comme la mer et le ciel, vert comme les collines sur lesquelles sont posés de jolis villages perchés, voilà les trois couleurs fondamentales qui cimentent les territoires d'Estérel-Côte d'Azur et du Pays de Fayence. Les férus de farniente et d'activités nautiques y trouveront leur bonheur, les amateurs de randonnées de quoi satisfaire leur appétit de sentiers insolites, et ceux qui aiment l'histoire, de quoi assouvir leur curiosité. Le tout dans des paysages étonnants que le *Routard* vous invite à parcourir.

LE PAYS DES PORTES DE GASCOGNE (avril 2016)

Les Portes de Gascogne, un nom évocateur qui respire une vraie douceur, le bon vivre, la bonne chère, le partage et la convivialité. Nous sommes dans le Gers, le décor du *Bonheur est dans le pré.* Ce Pays, à la longue tradition d'hospitalité, ouvre ses portes avec générosité. Voici une terre où les coteaux dorés présentent des rondeurs fécondes, les cours d'eau dessinent des tracés discrets, et les bastides offrent leurs jolies places aux jours de marchés. Un Pays où il faut prendre le temps de se balader pour aller débusquer de véritables trésors cachés et déguster ses délicieux produits du terroir.

NOS NOUVEAUTÉS

LE PAYS DE LA BAIE DU MONT-SAINT-MICHEL (mai 2016)

Aux confins de la Manche, le Pays de la Baie du Mont-Saint-Michel recèle une multitude d'aspects et autant d'attraits. Si l'emblème de cette région reste, bien sûr, le fameux Mont-Saint-Michel, il serait dommage de réduire ce Pays à cette seule image, tant il a de splendeurs à offrir. Que vous aimiez lézarder sur ses plages, aller à la recherche des coquillages qui composeront votre repas, prendre la mer ou, tout simplement, vous promener dans une très belle campagne. À la découverte des chemins insolites à cheval ou à vélo, le Pays de la Baie du Mont-Saint-Michel provoque bien des émerveillements.

LE PAYS DE RETZ (mai 2016)

Au sud de l'estuaire de la Loire, à une petite cinquantaine de kilomètres de Nantes, le Pays de Retz se parcourt au fil de l'eau. Côté océan, c'est la Côte de Jade qui égrène de jolies stations balnéaires comme Saint-Brevin et Pornic pour les adeptes des sports nautiques. À l'intérieur des terres, on découvre un Pays de rivières et de marais facile et propice aux balades à vélo ou en canoë. Et c'est encore d'eau qu'il s'agit avec le canal maritime de la basse Loire qui encadre le Pays de Retz au nord et le lac de Grandlieu à l'est. Un des plus grands de France en hiver, mais peut-être un des plus méconnus, que ce guide vous invite à découvrir.

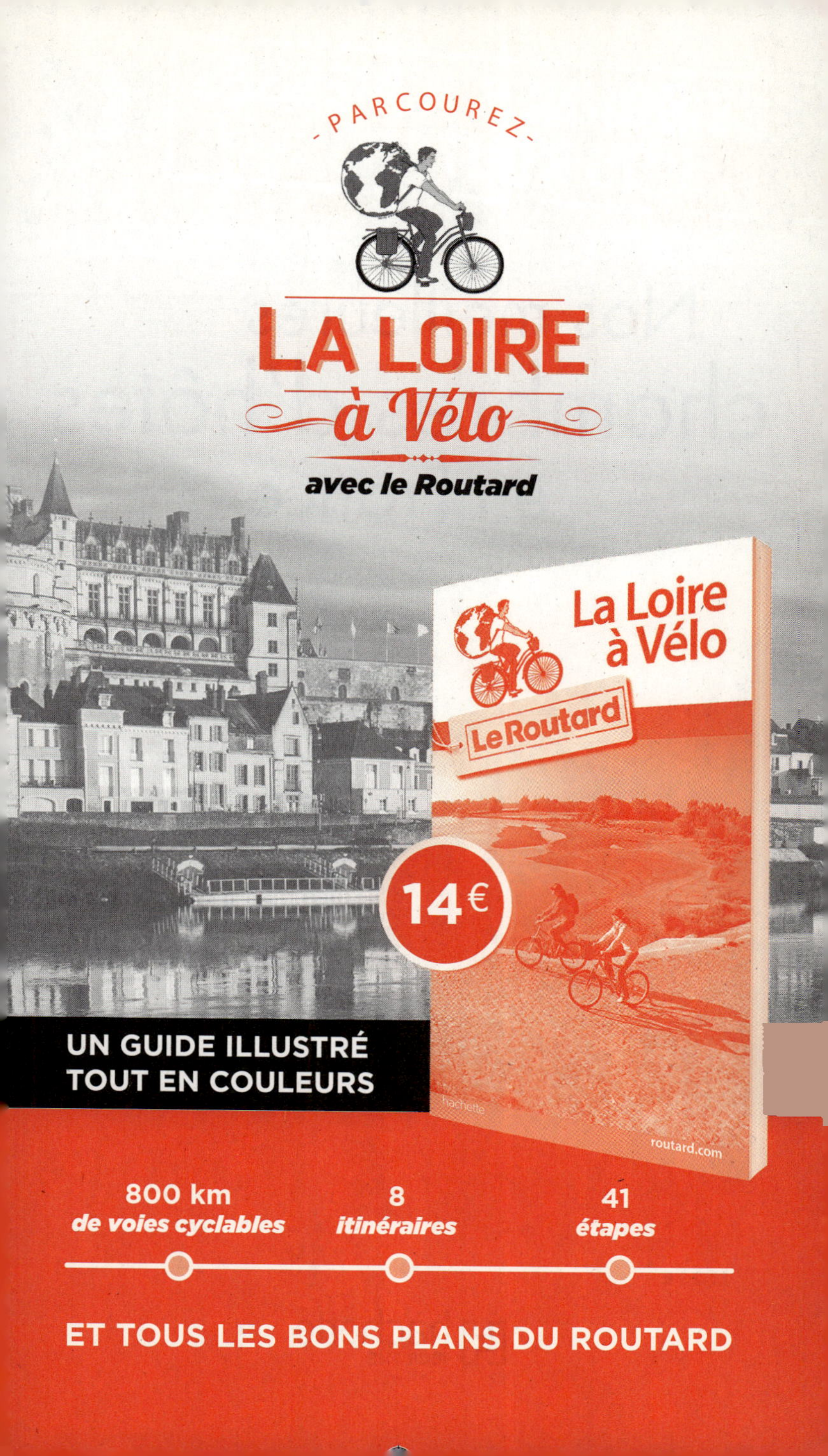
PARCOUREZ
LA LOIRE
à Vélo
avec le Routard
La Loire
à Vélo
Le Routard
14€
hachette
routard.com
UN GUIDE ILLUSTRÉ
TOUT EN COULEURS
800 km
de voies cyclables
8
itinéraires
41
étapes
ET TOUS LES BONS PLANS DU ROUTARD

PETITS TRUCS ET ASTUCES POUR ÉVITER LES ARNAQUES !

Un routard informé en vaut deux ! Pour éviter les arnaques en tous genres, il est bon de les connaître. Voici un petit vade-mecum destiné à parer aux coûts et aux coups de bambous. À commencer par **l'affichage des prix** : dans les hôtels comme dans les restos, il est **obligatoire** et doit être situé à l'extérieur de l'établissement, de manière visible. Vous ne pouvez donc contester des prix exorbitants que s'ils ne sont pas clairement affichés.

À L'HÔTEL

1 - Arrhes ou acompte ? : au moment de réserver votre chambre par téléphone – par précaution, toujours confirmer par écrit (ou mail) – il n'est pas rare que l'hôtelier vous demande de verser à l'avance une certaine somme, celle-ci faisant office de garantie. Il est d'usage de parler d'arrhes et non d'acompte (en fait, la loi dispose que « sauf stipulation contraire du contrat, les sommes versées d'avance sont des arrhes »). Légalement, aucune règle n'en précise le montant. Toutefois, ne versez que des arrhes raisonnables : 25 à 30 % du prix total, sachant qu'il s'agit d'un engagement définitif sur la réservation de la chambre. Cette somme ne pourra donc pas être remboursée en cas d'annulation de la réservation, sauf cas de force majeure qu'il vous faudra justifier (maladie ou accident) ou en accord avec l'hôtelier si l'annulation est faite dans des délais jugés raisonnables. Si, au contraire, l'annulation est le fait de l'hôtelier, il doit vous rembourser le double des arrhes versées. À l'inverse, l'acompte engage définitivement client et hôtelier.

2 - Subordination de vente : comme les restaurateurs, les hôteliers ont interdiction de pratiquer la subordination de vente. C'est-à-dire qu'ils ne peuvent pas vous obliger à réserver plusieurs nuits d'hôtel si vous n'en souhaitez qu'une. Dans le même ordre d'idées, on ne peut vous obliger à prendre votre petit déjeuner ou vos repas dans l'hôtel ; ce principe, illégal, est néanmoins répandu dans la profession, toléré en pratique, surtout en haute saison... notamment dans les zones touristiques, où la demande est bien plus importante que l'offre ! Bien se renseigner.

> **« QUI DORT DÎNE ! »**
>
> *Cet adage, venu du Moyen Âge, signifie que les hôteliers imposaient le couvert aux clients qui prenaient une chambre. Déjà de la vente forcée !*

3 - Les réservations en ligne : elles se sont généralisées. Par l'intermédiaire de sites commerciaux ou en direct sur les sites des hôtels, elles sont simples et rapides. Mais voilà, les promesses ne sont pas toujours tenues et l'on constate parfois des dérives, notamment via les centrales de résa telles que promos bidons, descriptifs exagérés, avis d'internautes truqués... Des hôteliers s'estiment étranglés par les commissions abusives. N'hésitez pas à contacter l'hôtel sur son site pour vous faire préciser le type de chambre que l'on vous a réservé (sur rue, sur jardin ?).

4 - Responsabilité en cas de vol : un hôtelier ne peut en aucun cas dégager sa responsabilité pour des objets qui auraient été volés dans la chambre d'un de ses clients, même si ces objets n'ont pas été mis au coffre. En d'autres termes, les éventuels panonceaux dégageant la responsabilité de l'hôtelier n'ont aucun fondement juridique.

5 - En cas d'annulation : si vous avez réservé une chambre (sans avoir rien versé) et que vous avez un empêchement, passez un coup de téléphone pour annuler, c'est la moindre des politesses. Trop peu de gens le font, ce qui rend les hôteliers méfiants.

AU RESTO

1 - Menus : très souvent, les premiers menus (les moins chers) ne sont servis qu'en semaine ou que le midi, et avant certaines heures (12h30 et 20h30 généralement). C'est parfaitement légal, à condition que ce soit clairement indiqué sur le panneau extérieur : à vous d'être vigilant et d'arriver dans les bons créneaux horaires ! Il peut arriver que ce soit écrit en tout petit. Par ailleurs, bien vérifier que le « menu d'appel », le moins cher donc, est toujours présent dans la carte qu'on vous donne une fois installé. Il arrive qu'il disparaisse comme par enchantement. N'hésitez pas à le réclamer si vous êtes entré pour ce menu précis.

2 - Le « fait maison » : cette grande « tendance culinaire » de ces dernières années s'oppose aux plats sous-vide ou congelés achetés par les restaurateurs, réchauffés sur place et « agrémentés » d'une petite touche personnelle pour noyer le poisson (ou la souris d'agneau). Depuis 2013, le label « fait maison » permet de vérifier si les plats sont réellement préparés ou non sur place.

3 - Commande insuffisante : il arrive que certains restos refusent de servir une commande jugée insuffisante. Sachez, toutefois, qu'il est illégal de pousser le client à la consommation. Mais l'on peut également comprendre que commander un seul plat pour 3 personnes peut agacer un tantinet le restaurateur. Tout est une question de juste équilibre.

4 - Eau : une banale carafe d'eau du robinet est gratuite – à condition qu'elle accompagne un repas – sauf si son prix est affiché. On ne peut pas vous la refuser, sauf si elle est jugée impropre à la consommation par décret. La bouteille d'eau minérale quant à elle doit, comme le vin, être ouverte devant vous. L'arnaque dans certains restos « pousse-conso » consiste à proposer d'emblée une eau minérale et de la facturer 7 €, voire plus… À la question du serveur : « …et pour l'eau, Badoit ou Vittel ? » vous êtes en droit de répondre « une carafe ! ».

5 - Vins : les cartes des vins ne sont pas toujours très claires. Exemple : vous commandez un bourgogne à 16 € la bouteille. On vous la facture 32 €. En vérifiant sur la carte, vous découvrez que 16 € correspondent au prix d'une demi-bouteille. Mais c'était écrit en petits caractères illisibles. Attention au prix parfois exorbitant des vins au verre. Abus bien courant, l'année de référence n'est plus disponible : on vous sert un millésime plus récent mais au même tarif ! Vous devez obligatoirement en être informé avant le débouchage de la bouteille.

6 - Couvert enfant : le restaurateur peut tout à fait compter un couvert par enfant, même s'il ne consomme pas, à condition que ce soit spécifié sur la carte. Parfois il est libellé « Enfant ne mangeant pas », tant d'euros ! Cela dit, ce n'est quand même pas courant et ça donne une petite idée de la générosité du restaurateur !

7 - Sous-marin : après le coup de bambou et le coup de fusil, celui du sous-marin. Le procédé consiste à rendre la monnaie en plaçant dans la soucoupe (de bas en haut) : les pièces, l'addition puis les billets. Si l'on est pressé, on récupère les billets en oubliant les pièces cachées sous l'addition. Malin !

N'oublions pas que l'hôtellerie et la restauration sont des métiers de service, qui ne souffrent ni l'approximation, ni les (mauvais) écarts. Nous supprimons de nos guides tous les établissements qui abusent. Mais la réciproque est aussi valable : tout est question de respect mutuel.

Bonne route !

INDEX GÉNÉRAL

A

B

C

D-E

F

G

H

I-J-K

L

M

N-O

P

INDEX GÉNÉRAL

R

S

T

U-V-Y

LISTE DES CARTES ET PLANS

Nous tenons à remercier tout particulièrement Loup-Maëlle Besançon, Thierry Bessou, Gérard Bouchu, François Chauvin, Grégory Dalex, Fabrice Doumergue, Cédric Fischer, Carole Fouque, Michelle Georget, David Giason, Claude Hervé-Bazin, Emmanuel Juste, Dimitri Lefèvre, Fabrice de Lestang, Romain Meynier, Éric Milet, Pierre Mitrano, Jean-Sébastien Petitdemange et Thomas Rivallain pour leur collaboration régulière.

Perrine Attout
Emmanuelle Bauquis
Jean-Jacques Bordier-Chêne
Michèle Boucher
Sophie Cachard
Caroline Cauwe
Lucie Colombo
Agnès Debiage
Jérôme Denoix
Tovi et Ahmet Diler
Clélie Dudon
Sophie Duval
Perrine Eymauzy
Alain Fisch
Cécile Gastaldo
Bérénice Glanger
Adrien et Clément Gloaguen
Bernard Hilaire
Sébastien Jauffret
Jacques Lemoine
Jacques Muller
Caroline Ollion
Justine Oury
Martine Partrat
Odile Paugam et Didier Jehanno
Émilie Pujol
Prakit Saiporn
Jean-Luc et Antigone Schilling
Alice Sionneau
Caroline Vallano
Camille Zecchinati

Direction: Nathalie Bloch-Pujo
Contrôle de gestion: Jérôme Boulingre et Alexis Bonnefond
Secrétariat: Catherine Maîtrepierre
Direction éditoriale: Catherine Julhe
Édition: Matthieu Devaux, Géraldine Péron, Olga Krokhina, Gia-Quy Tran, Julie Dupré, Emmanuelle Michon, Jeanne Cochin, Sarah Favaron, Flora Sallot, Quentin Tenneson, Clémence Toublanc et Sandra Vavdin
Préparation-lecture: Marie Sanson
Cartographie: Frédéric Clémençon et Aurélie Huot
Fabrication: Nathalie Lautout et Audrey Detournay
Relations presse France: COM'PROD, Fred Papet. ☎ 01-70-69-04-69. • *info@comprod.fr* •
Illustration : Anne-Sophie de Précourt
Direction marketing: Adrien de Bizemont, Lydie Firmin et Clémence de Boisfleury
Contacts partenariats: André Magniez (EMD). • *andremagniez@gmail.com* •
Édition des partenariats: Élise Ernest
Informatique éditoriale: Lionel Barth
Couverture: Clément Gloaguen et Seenk
Maquette intérieure: le-bureau-des-affaires-graphiques.com, Thibault Reumaux et npeg.fr
Relations presse: Martine Levens (Belgique) et Maureen Browne (Suisse)
Régie publicitaire: Florence Brunel-Jars

Remarque importante aux hôteliers et restaurateurs

Les enquêteurs du *Routard* travaillent dans le plus strict anonymat. Aucune réduction, aucun avantage quelconque, aucune rétribution n'est jamais demandé en contrepartie. Face aux aigrefins, la loi autorise les hôteliers et restaurateurs à porter plainte.

Avis aux lecteurs

Le Routard, ce n'est pas comme le bon vin, il vieillit mal. On ne veut pas pousser à la consommation, mais évitez de partir avec une édition ancienne. Les modifications sont souvent importantes.
Les réductions accordées à nos lecteurs ne sont jamais demandées par nos rédacteurs afin de préserver leur indépendance. Les hôteliers et restaurateurs sont sollicités par une société de mailing, totalement indépendante de la rédaction, qui reste donc libre de ses choix. De même pour les autocollants et plaques émaillées.

Avec routard.com, choisissez, organisez, réservez et partagez vos voyages !

✓ Rejoignez la plus grande communauté francophone de voyageurs : plus de **2 millions** de visiteurs !

✓ Échangez avec les routarnautes : forums, photos, avis d'hôtels.

✓ Retrouvez aussi toutes les informations actualisées pour choisir et préparer vos voyages : plus de 200 fiches pays, une centaine de dossiers pratiques et un magazine en ligne pour découvrir tous les secrets de votre destination.

✓ Enfin, comparez les offres pour organiser et réserver votre voyage au meilleur prix.

Les **Routards** *parlent aux* **Routards**

Faites-nous part de vos expériences, de vos découvertes, de vos tuyaux. Indiquez-nous les renseignements périmés. Aidez-nous à remettre l'ouvrage à jour. Faites profiter les autres de vos adresses nouvelles, combines géniales... On adresse un exemplaire gratuit de la prochaine édition à ceux qui nous envoient les lettres les meilleures, pour la qualité et la pertinence des informations. Quelques conseils cependant :
– Envoyez-nous votre courrier le plus tôt possible afin que l'on puisse insérer vos tuyaux sur la prochaine édition.
– N'oubliez pas de préciser l'ouvrage que vous désirez recevoir, ainsi que votre adresse postale.
– Vérifiez que vos remarques concernent l'édition en cours et notez les pages du guide concernées par vos observations.
– Quand vous indiquez des hôtels ou des restaurants, pensez à signaler leur adresse précise et, pour les grandes villes, les moyens de transport pour y aller. Si vous le pouvez, joignez la carte de visite de l'hôtel ou du resto décrit.
– N'écrivez si possible que d'un côté de la lettre (et non recto verso).
– Bien sûr, on s'arrache moins les yeux sur les lettres dactylographiées ou correctement écrites !
En tout état de cause, merci pour vos nombreuses lettres.

122, rue du Moulin-des-Prés, 75013 Paris

• *guide@routard.com* • *routard.com* •

Routard Assurance *2016*

Édité par Hachette Livre (58, rue Jean-Bleuzen, CS 70007 92178 Vanves Cedex, France)
Photocomposé par Jouve (45770 Saran, France)
Imprimé par Jouve 2 (Quai n° 2, 733, rue Saint-Léonard, BP 3,
53101 Mayenne Cedex, France)
Achevé d'imprimer le 25 mars 2016
Collection n° 15 - Édition n° 01
89/5945/8
I.S.B.N. 978-2-01-912470-0
Dépôt légal : mars 2016

PAPIER À BASE DE FIBRES CERTIFIÉES